媒介·权利·表达：
新闻传播与网络化社会
安徽省第七届新闻传播学科研究生论坛论文集

MEIJIE QUANLI BIAODA XINWEN CHUANBO YU WANGLUOHUA SHEHUI

安徽大学新闻传播学院　编

姜　红　蒋含平　主编

合肥工業大學出版社

图书在版编目(CIP)数据

媒介·权利·表达:新闻传播与网络化社会:安徽省第七届新闻传播学科研究生论坛论文集/姜红,蒋含平主编.—合肥:合肥工业大学出版社,2016.10

ISBN 978-7-5650-2979-0

Ⅰ.①媒… Ⅱ.①姜…②蒋… Ⅲ.①新闻学—传播学—文集 Ⅳ.①G210-53

中国版本图书馆 CIP 数据核字(2016)第 221467 号

媒介·权利·表达:新闻传播与网络化社会
——安徽省第七届新闻传播学科研究生论坛论文集

姜 红 蒋含平 主编   责任编辑 朱移山 张 慧

出 版	合肥工业大学出版社	版 次	2016 年 10 月第 1 版
地 址	合肥市屯溪路 193 号	印 次	2016 年 11 月第 1 次印刷
邮 编	230009	开 本	710 毫米×1000 毫米 1/16
电 话	总 编 室:0551-62903038	印 张	34.75
	市场营销部:0551-62903198	字 数	616 千字
网 址	www.hfutpress.com.cn	印 刷	安徽联众印刷有限公司
E-mail	hfutpress@163.com	发 行	全国新华书店

ISBN 978-7-5650-2979-0   定价:58.00 元

如果有影响阅读的印装质量问题,请与出版社市场营销部联系调换。

编 委 会

目　录

区域·传播·交往

媒介使用新趋势

融媒时代下的新闻生产

媒介文化与传播史论

区域·传播·交往

"弦外之音":场域视角中的戏曲民间化图景

——以安庆市岳西县地方戏曲圈为例①

（吴伦羽 钟 婷 李 敏 安徽大学）

摘 要:近年来,在国家大力扶持地方戏曲的背景下,越来越多的普通人开始喜爱并参与到戏曲活动中来,官方垄断的戏曲资源也开始向民间流动,一场轰轰烈烈的戏曲民间化活动正在展开。但笔者发现,在戏曲民间化背后,并非如表面看到的风平浪静。本文正是以笔者家乡岳西县的地方戏曲圈为例,通过场域的视角来窥探岳西戏曲民间化进程中各方的冲突与共生,并最终为读者还原出了一个真实的戏曲民间化图景。

关键词:地方戏曲;场域;冲突;共生

一、引言

近年来,随着人们物质生活的日益丰富以及国家对地方文化发展的大力扶持,地方戏曲日益成为不少普通人日常精神生活的一部分,人们自发组织的民间戏曲组织如雨后春笋般出现。在笔者的家乡安庆市岳西县就是如此,这个人口仅40万的山区小县城,竟在短短几年内成立了三十多个民间戏曲艺术团,欣赏黄梅戏已经成了山城居民晚饭后必不可少的精神文化生活。随着民间戏曲组织和业余爱好者的增多,由他们所组织的戏曲演出活动也越来越多,以往由官方剧团所垄断的演出资源开始向民间流动,官方剧团不再像以往一样是人们听戏看戏的唯一渠道。在本文中,笔者将地方戏曲圈出现的以上这些发展变化视为戏曲的民间化。但笔者通过参与式观察并对相关人员进行深度访谈发现,在岳西县轰轰烈烈的戏曲民间化进程中,这个

---

① 本论文受安徽大学舆情与区域形象研究中心项目资助。

小山城并非如表面上一样平静。岳西县剧团作为岳西县唯一的官方戏曲机构,在 2010 年的文化体制改革中成为岳西县高腔传承中心①,转变为一个完全享受国家财政拨款的官方机构,但其日常主要工作仍然是黄梅戏的演出。在岳西戏曲民间化进程中,官方剧团在支持民间化发展的同时也在某些方面与民间戏曲组织存在着冲突,同时,民间戏曲组织在发展中的相互竞争和冲突也日益凸显出来。可以说岳西县戏曲民间化处处回响着"弦外之音"。

笔者正是要从场域视角出发,听清这些"弦外之音",解读这场地方戏曲发展民间化进程中的冲突与共生②。从社会学发展上看,除了布尔迪厄以外,还有考夫卡等学者从不同角度提出过"场域理论",但本文主要运用的是布尔迪厄的场域理论。按照布尔迪厄的观点,所谓场域,是由附着于某种权力或资本形式的各种位置间的种种客观历史关系所构成,每个场域都规定了各自特有的价值观,拥有各自特有的调控原则。这些原则界定了一个社会构建的空间,行动者即根据他们在空间里所占据的位置进行运作,以求改变或维持其空间方位③。当然,我们可以从场域视角出发揭示地方戏曲的民间化,也是因为地方戏曲圈具有场域全部的特点:首先,地方戏曲圈和场域一样是建立在关系上的;其次,地方戏曲圈和场域一样内部充满了斗争;最后,地方戏曲圈和场域一样相对独立,有自己的规章制度。因此,我们可以把地方戏曲圈看作是一个实实在在的场域。

在笔者看来,在今天这个戏曲民间化大发展的背景下,勾勒出戏曲民间化背后的真实图景是非常有必要的。首先,它能为我们的政策施行者呈现一个真实的民间化进程,让人们看清这背后的各种问题,并让政策施行者们在大力扶持戏曲民间化发展的同时,注意兼顾多方的利益,缓和各方矛盾;其次,在今天戏曲民间化大繁荣的背景下,围绕是否取消官方戏曲机构,社会上进行了很多争论,至今尚无定论,本文通过场域视角为人们呈现民间化背后的真实图景,能为我们解决这类争论提供一些思考和帮助。

值得一提的是,笔者的母亲就是一位黄梅戏爱好者,并且是群文艺术团这一岳西县最大民间戏曲组织的成员之一。正是在母亲的帮助下,笔者有幸对岳西地方戏曲活动进行了参与式观察,并与群文艺术团团长郑大国、群文艺术团成员于芳、高腔传承中心副主任陈文建、专业演员何祥云、戏迷协

---

① 本文中提到的"高腔"为岳西民间一个古老的戏种,已经少有人传唱,但通过挂牌"高腔传承中心",岳西县剧团已经成为国家财政拨款的官方机构,实际其日常主要工作仍然是黄梅戏的演出。

② "共生"从传统定义上是指两种密切接触的不同生物之间的互利关系,在本文中,"共生"指官方剧团与民间戏曲组织、民间戏曲组织之间的那种互利共存关系。

③ 朱清河.场域理论视野下弱势群体媒介势弱的形成及其救助[J].新闻大学,2010(1):137.

会主席胡仿军、映山红艺术团成员陈为中、心连心艺术团团长周辉武、会友艺术团成员段鑫洁八人进行了深度访谈,从而对这场轰轰烈烈的岳西戏曲民间化发展有了更深入的认识。

二、真实存在的民间化——基于对岳西戏曲圈的数据分析

在前文中,笔者将地方戏曲民间团体和参与者数量的增多,官方戏曲资源垄断被打破,开始向民间流动的现象称之为"戏曲民间化"。笔者通过参与式观察和与相关人员的交谈发现,在岳西县这个山区小县城里,戏曲民间化现象是非常明显的。为了佐证这个判断,笔者查阅了岳西县官方机构和民间戏曲团体的大量资料,从中勾画出了岳西地方戏曲发展的清晰脉络。在笔者看来,岳西戏曲民间化进程是真实存在的,这主要体现在四个方面:

(一)2010 年以来,岳西县注册在案的民间戏曲组织数量不断增加

通过查阅岳西县戏迷协会的档案,笔者发现,自 2010 年到 2015 年,每年注册在案的民间戏曲组织都较上一年有所增长。其中 2010 年 4 个,2011 年 7 个,2012 年 12 个,2013 年 18 个,2014 年 26 个,2015 年 37 个①。

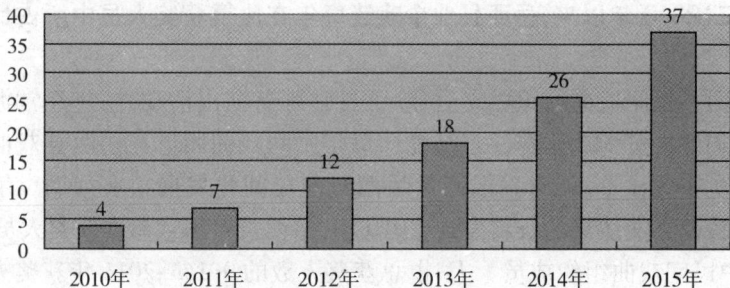

图 1　岳西县每年注册在案的民间戏曲组织数量

从图 1 中可以知道,2010 年以来,岳西县每年都有一批新的民间戏曲组织注册成立,并且每年新成立的民间戏曲组织数量都比上一年多。从这些数据中,我们不难推断出岳西县的民间戏曲组织数量发展很快,戏曲民间化进程非常迅速。

(二)2010 年以来,岳西县民间戏曲组织成员数量急速增长

为了从民间戏曲组织成员的数量上来说明岳西戏曲民间化真实存在,

---

① 2010—2014 年数据来源于《岳西县戏迷协会年度工作报告》,2015 年数据由戏迷协会主席胡仿军告知。

笔者通过电话询问和实地拜访等方式，详细统计了各个戏曲团体每年的人员数量，并对每年全县注册在案的戏曲组织成员进行了总计。结果表明：2010年，岳西县注册在案的民间戏曲组织成员有79人，2011年有102人，2012年有174人，2013年有259人，2014年有361人，2015年有454人。

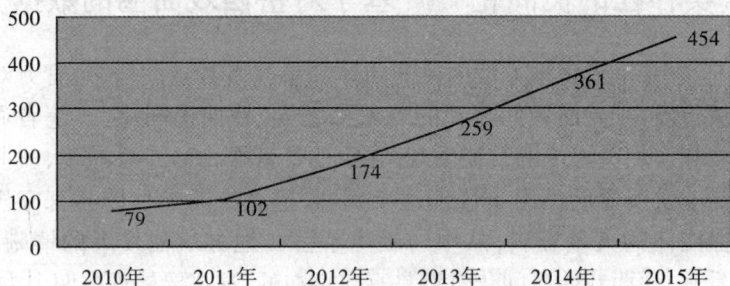

图2　岳西县每年注册在案的民间戏曲组织成员数量

从图2中我们不难看出，岳西县注册在案的民间戏曲组织成员在人数上是逐年增长的，并且2013年至今的涨幅远高于前几年。由此我们可以断定，岳西县戏曲民间化是真实存在的，并且发展非常迅速。

（三）2010年以来，岳西县业余戏迷每年在比赛获奖人员中所占比重不断攀升

岳西县民间戏曲组织成立后，除了日常筹备演出活动外，还经常派成员外出参加各种黄梅戏比赛，因此，统计每年民间戏曲团体在岳西县戏曲比赛获奖人员中的比重，就对我们衡量岳西戏曲民间化发展很有帮助。笔者通过翻阅岳西县文体局的资料发现，2010年，岳西县黄梅戏参赛获奖人员为11人，其中民间戏曲组织成员1人，占总获奖人数的9.1%；2011年获奖人员为13人，其中民间戏曲组织成员3人，占总获奖人数的23.1%；2012年获奖人数为19人，其中民间戏曲组织成员11人，占总获奖人数的57.9%；2013年获奖人员为18人，其中民间戏曲组织成员12人，占总获奖人数的66.7%；2014年获奖人员为26人，其中民间戏曲组织成员18人，占总获奖人数的69.2%；2015年截至10月份，获奖人员23人，其中民间戏曲组织18人，占总人数的78.3%。

从图3中，我们可以清晰地看到业余戏迷获奖者在总获奖人数中的比重是逐年攀升的，这不仅体现了民间戏曲组织成员演唱水平的不断提高和进步，还表明民间戏曲组织在岳西地方戏曲圈中的地位和角色不断提高。这些恰恰说明了以往由官方垄断的一些资源正在向民间流动，是岳西县戏曲民间化的间接证明。

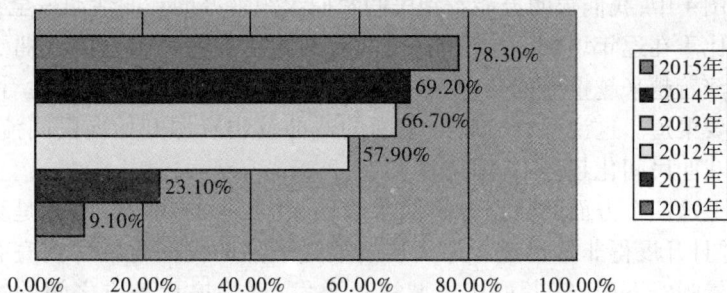

图3 岳西县每年业余戏迷获奖者占总获奖人数的比重

(四)2010年以来,民间戏曲组织筹办的戏曲活动在岳西每年戏曲活动中的比重不断增加

在岳西地方戏曲圈中,每年的戏曲演出活动主要来源于官方剧团和民间戏曲组织的筹备。而近几年,随着民间戏曲组织的发展壮大,他们筹备的演出也越来越多。比较每年民间戏曲组织筹办的戏曲活动数量在岳西全年戏曲活动中所占的比重,能够帮助我们考量岳西县的地方戏曲民间化是否存在。笔者通过翻阅岳西县文体局的相关资料发现,2010年,岳西县规模化的戏曲演出达21场,其中民间戏曲组织筹办的为0场;2011年全县规模化的戏曲演出达33场,其中民间戏曲组织筹办的为3场,占全年戏曲演出活动场次的9.1%;2012年全县规模化的戏曲演出达29场,其中民间戏曲组织筹办的为12场,占全年戏曲演出活动场次的41.4%;2013年全县规模化的戏曲演出达39场,其中民间戏曲组织筹办的为20场,占全年戏曲演出活动场次的51.3%;2014年全县规模化的戏曲演出达42场,其中民间戏曲组织筹办的为27场,占全年戏曲演出活动场次的64.3%;2015年全县规模化的戏曲演出达到史无前例的55场,其中民间戏曲组织筹办的为38场,占全年戏曲演出活动场次的69.1%。

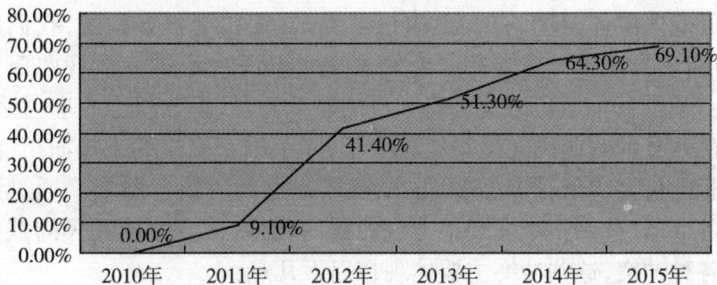

图4 民间戏曲组织筹办的戏曲活动占全县全年戏曲活动的比重

从图4中，我们很明显能看到民间戏曲组织筹办的戏曲活动占全县戏曲活动的比重在逐年增加。这说明，民间戏曲组织在人民群众的戏曲文化生活中扮演着越来越重要的角色，并开始超过官方剧团，成为老百姓看戏、听戏的主要渠道。这说明官方曾经垄断的戏曲演出资源开始向民间流动，岳西县的戏曲民间化趋势不言而喻。

以上这四个方面的数据分析结果表明，岳西县的戏曲民间化是真实存在的，并且开展得非常迅速。那么这场轰轰烈烈的民间化背后到底有着怎样的图景呢？下面，笔者将从场域视角出发，逐一揭示各方之间的冲突与共生。

三、戏曲民间化：一场"没有硝烟的战争"

场域是为了控制有价值的资源而进行斗争的领域，对于场域而言，斗争是永恒的主题。岳西地方戏曲圈作为一个大场域，其内部总是充满竞争和冲突的，而根据参与式观察和深度访谈的结果，笔者认为这种冲突主要体现在两个方面：一是官方剧团与民间戏曲组织的冲突；二是民间戏曲组织相互之间的冲突。在岳西县城这个安逸的小山城里，地方戏曲圈场域无时无刻不在内部上演着各种冲突。

（一）官方剧团与民间戏曲组织的冲突

在岳西地方戏曲圈这个场域中，官方剧团尽管有时与民间戏曲组织处于"共生共荣"状态，但多数情况下，双方仍然是以斗争为主旋律的。这是因为官方剧团作为场域中唯一的权威，会随着民间戏曲组织的越来越壮大而面临资源争夺上的强力竞争。所以，官方剧团与民间组织之间的"冲突"总是时刻存在的。

群文戏曲艺术团团长郑大国就表示："我们戏曲艺术团的发展并非总是受到官方扶持的，官方往往会想尽办法限制我们的发展，因为作为岳西县最大的民间戏曲团体，我们有大批的粉丝受众，相比于官方剧团，我们的受欢迎程度更高，群众基础也更好。"岳西县高腔传承中心的专业戏曲演员何祥云认为："以前我们演出时总会有大批的观众粉丝，演出机会也非常多，但是这几年岳西县的戏曲民间化发展起来了，除了国家安排的正规演出外，我们登台亮相的机会少了很多，观众也没有以前那么依赖我们了。"通过这些相关人员的话语，我们不难发现地方戏曲民间化中，官方剧团和民间戏曲组织存在着各种冲突，这些冲突主要体现在以下几点：

1. 官方剧团的功能作用会因为民间戏曲组织的壮大而弱化

从场域的视角看，在岳西地方戏曲场域中，存在各种各样的资源，其中重要的一种就是"地位"。在地方戏曲民间化发展之前，官方剧团是老百姓听戏看戏的唯一渠道，官方剧团在场域中就代表了"权威"角色，在功能作用上具有不可替代性。但是随着地方戏曲民间化的发展，岳西县出现了大大小小的民间戏曲组织，这些戏曲组织深入县城的每一个角落，培养了自己的成员和忠实粉丝，这就使得官方剧团在老百姓娱乐生活中的作用受到严重削弱，在场域中，这些戏曲组织逐渐开始动摇官方剧团的"地位"，官方剧团不再成为老百姓听戏看戏的唯一渠道，民间组织成了他们休闲生活的一部分。

2. 官方剧团在经济上会因为民间戏曲组织的壮大而受到损失

通过与一些戏曲组织成员的聊天，笔者了解到在岳西这个小县城里，人们都非常喜欢黄梅戏，而在婚礼这样的喜事中，请戏班子唱戏更是必备的内容。特别是在一些乡镇里，人们总是通过在婚礼上聘请戏班子来彰显自己的财力，而唱完戏以后免不了要给一点辛苦费。以往在地方戏曲圈这个场域中，官方剧团总是在争夺经济资源中占据绝对领先地位。但是，随着地方戏曲民间化的发展，场域中的民间戏曲组织逐渐壮大，官方剧团面临极大挑战：一方面，相比于官方剧团受到单位不允许"走穴"政策的限制，民间戏曲组织享有充分的自由；另一方面，相比专业演员高昂的出场费，业余戏曲明星收费也更加便宜。笔者的母亲就是县城一位业余黄梅戏明星，曾获得县城黄梅戏比赛的亚军，每到五一、国庆这样喜事多的节假日，她都会四处演出，忙得不可开交。

3. 民间戏曲组织不再满足于业余爱好，开始挑战官方剧团的专业性

尽管当初民间戏曲组织组建时，大家都是因为业余爱好聚集在一起，但随着戏曲组织的发展和个人演艺水平的提高，这些业余爱好者们不再满足于充当这个场域中的配角，开始加入场域中各种资源的争夺中。这些民间戏曲组织的成员们渐渐发现自己的演艺水平并不比那些专业演员差多少，甚至于比那些专业演员更受到老百姓的欢迎与尊重，因为相比于专业演员，这些业余爱好者们离他们的粉丝很近，在日常生活中甚至是同事、朋友。虽然这很可能是一种"自我满足"，但却引导着这些戏曲爱好者们在行为和言语上不再表达出对专业演员和以往一样的尊重和认可。这就使官方剧团的专业人员感到"落寞"，觉得专业性受到了挑战，并努力要捍卫自己的地位。

4. 民间戏曲组织的存在进一步压缩了官方剧团的生存空间

在地方戏曲圈这个场域中，随着民间戏曲组织的发展壮大，势必在资源的争夺上不断提升竞争力，此消彼长，官方剧团的竞争力和资源控制力就会削弱。由于场域中的受众资源是有限的，因此官方剧团必须为了受众资源

与民间戏曲组织展开冲突和竞争。但随着地方戏曲民间化趋势的发展，从岳西县城的每个角落一直延伸到每个乡镇每个村落，到处都能听到地方戏曲组织带来的黄梅戏演出，这就使老百姓满足了听黄梅戏的需求，他们对官方剧团的演出不再迫切地需要。正是这些民间戏曲组织的发展壮大，压缩了官方剧团的生存空间，削弱了它的存在价值。

（二）民间戏曲组织之间的冲突

在地方戏曲圈场域中，存在一对主要的矛盾，那就是民间戏曲组织之间的竞争。在这个场域中，每一个戏曲组织同时又是一个子场域，它们有着自己的规则，存在着内部的竞争，成员之间充满着各种联系。这些子场域之间相互竞争，处处都体现着冲突的痕迹。面对着有限的文化资源和受众资源，这些民间戏曲组织想尽各种办法，以图在这场竞争中处于领先地位。因此，在相互之间的碰撞中，免不了为了场地、受众、经济等各种资源而产生冲突。

岳西戏迷协会主席胡仿军在与笔者进行深度访谈时就表示："尽管岳西县这么多戏曲团体成立了戏迷协会，但平时在管理过程中非常困难，各个戏迷团体之间摩擦不断，各自为了各种利益进行对抗。"映山红艺术团成员陈为中认为："我们戏迷团体之间是貌合神离，大家不但会为吸引一些年轻的戏曲人才而产生摩擦，也会为了地盘、演出机会而激烈竞争，不同戏曲团体成员之间矛盾很深，很多人甚至像敌人一样防着对方。"通过这些深度访谈的材料和参与式观察，笔者发现戏曲团体之间的冲突主要体现在以下几个方面：

1. 民间戏曲组织为争夺戏曲人才而产生竞争与冲突

在地方戏曲圈场域中，各个民间戏曲组织为了能够争取到更多的受众，就必须提高自己的演出质量。因此，争取更多的民间戏曲人才加入其中就非常必要。在岳西这个小县城，每年都会有各种各样的戏曲比赛，而从这些比赛中脱颖而出的民间爱好者，就会自然而然地成为这个地方戏曲场域中的人才资源。为了争夺这些人才资源，各个民间组织不得不相互竞争，动用人情、荣誉甚至是经济利益等手段。在争夺人才的过程中，其往往为了人才资源而彼此剑拔弩张，产生冲突。

2. 民间戏曲组织为争夺演出地盘而产生竞争与冲突

在任何情况下，场域中的特定资源总是有限的，因而斗争是永恒的主题。在岳西这个小县城中，真正供老百姓休闲娱乐的场所很少，而仅有的几个休闲广场总会成为老百姓茶余饭后的聚集地。因此，在地方戏曲圈这个场域中，这几个休闲广场就成了有限的场地资源。这十几个民间戏曲组织不得不为了占据这几个休闲广场的核心地盘而竞争，因为如果在竞争中失败,就不得不转移到人少且光线阴暗的地方演唱。有意思的是,笔者发现这些民间组织竞争的方式非常有趣:为了占据休闲广场的核心地位,这些民间戏曲组织总是早早地来到广场,把音响放在那里以划定自己的地盘,告诉别人"这里已经属于我了"。这种行为可以看作是在场域内竞争有限的场地资源。而在这种划定地盘的过程中,由于边界的模糊,往往会造成为了一块地方而产生冲突的局面发生。

3. 民间戏曲组织为争夺受众资源而产生竞争与冲突

在地方戏曲圈场域中,斗争是无时无刻不存在的。即使那些民间戏曲组织在争夺休闲广场的核心地盘中获胜,其仍然不能放松神经。因为在不大的休闲广场中,还有好几个民间戏曲组织在同时演出,这时候,一场争夺场域中受众资源的"战斗"又打响了。为了把休闲广场上的人群吸引到自己的地盘,这些民间戏曲组织必须要展开相互之间的竞争。它们在这场竞争中方式有很多:比如通过新颖的节目编排或过硬的演唱水平把受众吸引过来;又比如通过调大音响的声音以盖过广场上其他戏曲组织的演唱。由于这些竞争手段无一不是在抢夺其他戏曲组织的受众资源,故而一些冲突和对抗是难免的。

4. 民间戏曲组织为争夺经济利益而产生竞争与冲突

前文中我们提到,在岳西县这个山区小县城里,办喜事请戏班子唱戏是一个非常有面子的行为,而这实际上也成了民间戏曲组织的经济来源。每一个戏曲组织都乐意去做这样的事,一方面,通过参与这些活动,这些业余戏曲爱好者们获得了更多演出和锻炼自己的机会;另一方面,在参加喜事活动的过程中,他们也获取了一定的经济报酬。但是,在地方戏曲圈这个场域中,这样的演出资源毕竟是有限的,为了获得这样的演出机会,各个戏曲组织不得不展开激烈的竞争,通过自身实力、人情关系等方式抢夺场域中的演出资源。而在这样的竞争中,很多情况下自己获取利益的同时也是对对方经济利益的损害,因此,彼此间的经济冲突经常会发生。

四、戏曲民间化:"共生效应"下的合作博弈

岳西地方戏曲圈就是一个场域,在这个场域里充满了各种千丝万缕的联系。在岳西县地方戏曲的民间化进程中,各方势力群体相互处在一种"共生"状态下,在这里,我们主要讨论两种共生:一是官方剧团与民间组织的共生,二是民间戏曲组织之间的共生。在笔者看来,这种场域内的各种共生关系是积极的,它体现了博弈论的观点。

20 世纪 40 年代,美国普林斯顿大学冯·诺依曼和摩根斯特恩合作的研究成果正式宣告博弈论诞生①。自 20 世纪 70 年代以来,博弈论由一种数学模型方法扩展到人文社科领域,成为关于利益冲突策略的理论,它主要有几种博弈模型,在这里,我们主要涉及一种在社会学中常见的模型——非零和博弈模型。在非零和博弈模型中,各方不再是对立的,一方所得,他方未必有失。这启示我们要意识到竞争者的价值。②

结合笔者所做的深度访谈材料,笔者发现,对于岳西地方戏曲圈这个大场域而言,尽管场域内部的各个组织都在为争夺有价值的资源而竞争,但这种博弈并非是"优胜劣汰",而应该是交织中的"共生共荣"。

(一)官方剧团与民间戏曲组织的共生

岳西官方剧团即岳西县高腔传承中心,在岳西地方戏曲圈这个场域中,它一直扮演着权威的角色,有着官方的背景。而民间组织则努力发展自己的演艺水平和粉丝基础,以争夺场域中的资源。官方剧团与民间戏曲组织存在着多个方面的共生关系。

岳西县高腔传承中心副主任陈文建认为:"尽管我们官方剧团确实与民间戏曲组织存在各种冲突,但是岳西戏曲圈民间化对于我们专业剧团来说,并不全是坏处。一方面,民间戏曲组织的发展壮大,往往需要吸收专业演员作为指导老师来提高影响力和水平;另一方面,通过与我们专业演员合作,也能让他们的演出更有质量和看点。"群文艺术团的成员于芳同样表示:"尽管对专业演员的认可度越来越低,但现实却是往往需要他们的影响力来提高我们团体的知名度。而一些成员也希望在这些专业演员的帮助下脱颖而出。"在深度访谈材料和问卷调查结果中,笔者发现官方剧团与民间戏曲组织的"共生"主要体现在两个方面:

1. 官方剧团通过民间戏曲组织的尊重和认可得到满足

这种满足不仅包括物质上的还包括了精神上的满足。随着民间戏曲组织的蓬勃发展,在地方戏曲圈这个场域中,参与的人越来越多,这也使得"官方剧团"的标签在这个场域中越来越具有价值。剧团的人员受到了这个场域中更多的尊重和认可,从而得到了精神上的满足。而在这些民间组织聘请剧团里科班出身的工作者的过程中,也使这些专业人员在一定程度上得到了物质上的满足。比如笔者母亲所在的群文艺术团,就聘请了一批县剧团已经退休或者尚未退休的员工担任艺术团的老师,并以这些作为对外宣

---

① 罗杰·密尔逊. 博弈论——矛盾冲突分析[M]. 北京:中国经济出版社,2001:1,560.
② 吴峰. 博弈论与媒体竞争策略[J]. 新闻界,2004(1):49-50.

传的噱头。

2. 民间戏曲组织通过与官方剧团的合作来提升自己的水平和地位

场域是不断斗争的,在岳西县地方戏曲圈这个场域中,每个地方戏曲组织不再是单纯的戏曲爱好者集合,而成为场域中争夺资源的势力。在这样一个山区县城里,文化资源和受众资源都是相对有限的,为了争夺有限的资源,地方戏曲组织就必须通过提升自己的演艺水平和知名度来吸引更多的粉丝参与其中,这个时候就需要与官方剧团进行合作:一方面,通过官方剧团人员的知名度来提升自己组织的影响力;另一方面,通过聘请官方剧团人员作为老师,提升自己的黄梅戏演唱水平。

(二) 民间戏曲组织相互之间的共生

如果说岳西县城的地方戏曲圈是一个大场域,那么在这个场域里,民间组织相互之间的对抗就可以看作是为了争夺有价值的资源而斗争。而同时,处在同一个场域中,这些民间戏曲组织又是相互联系、交织在一起的。在这里,民间组织同样体现着一种合作博弈下的"共生"状态。

"民间戏曲组织之间不仅是一种冲突竞争的关系;应该还是互帮互助的。"心连心艺术团团长周辉武认为:"这种竞争同样也能促进各个艺术团不断学习和提高自己的水平,并让我们岳西戏曲整体水平上一个台阶。"会友艺术团的成员段鑫洁则表示:"各个戏曲艺术团的激烈竞争让我们团成员们不敢懈怠,一旦听到哪个团排了一个新节目,我们就会立刻行动起来,创作新的演出节目。而且,如果没有各个团的相互竞争,也不会有咱们县这么好的艺术氛围,大家也不会有这么大的动力了。"结合这些深度访谈材料,笔者认为民间戏曲组织之间的"共生"是体现在两个方面的:

1. 民间戏曲组织通过一种竞争机制不断提高自己的演艺水平

在山城岳西文化资源有限的背景下,民间戏曲艺术团却要面临几十家民间戏曲组织的竞争,为了从中脱颖而出,这些民间戏曲组织就必须不断提高自己的演艺水平和成员质量,以吸引更多的粉丝关注自己,为自己捧场。在这种竞争机制下,每一个为了爱好而组建的民间组织却不得不时刻绷紧自己的弦,这从客观上促进了这些民间戏曲组织的进步,把岳西县的戏曲水平和群众基础推到了一个新的高度。

2. 民间戏曲组织通过共同的努力营造起一个良好的黄梅戏演奏环境

民间戏曲组织的蓬勃发展,正是得益于岳西县良好的群众基础和文化氛围。而这种良好基础和氛围却和民间戏曲组织的努力是分不开的。民间戏曲组织交织在一起,彼此在这种合作的博弈中获益。相反,如果只有一到两家的民间戏曲组织存在,不但会让它们在缺乏竞争中失去前进的动力,还会因为无力掀起县城的戏曲热潮而不再像从前那般有存在的价值。

五、笔者的思考

行笔至此,笔者决定对岳西县戏曲民间化进程的分析到此为止。尽管场域理论作为批判学派的理论,从场域视角出发来探视戏曲民间化,一定程度上决定了笔者是带着批判视角来看待地方戏曲圈中的冲突与交织的,但这种批判更多针对的是地方戏曲圈中的一些不良竞争现象,而非针对冲突本身。就地方戏曲圈场域中的冲突而言,笔者不认为尚有提出解决措施的必要。正如布尔迪厄本人不愿意划定场域的边界,因为他认为边界本来就是场域所争夺的对象。在笔者看来,场域总是充满联系和斗争的,岳西县地方戏曲圈场域中各种力量的冲突与共生本来就是场域中最自然和最常态的现象。无论是官方剧团还是民间戏曲组织,进入这一场域中进行角逐的各方,必须心照不宣地接受游戏规则,接受这种特定的冲突与共生。正是因为如此,我们不必为岳西地方戏曲圈场域中的这种冲突感到担忧,相反这些现象是地方戏曲的民间化进程中不可避免的。但同时,这些背后的现象也告诉我们,我们的政策施行者在扶持地方戏曲发展的同时,应该注意到各方利益的兼顾与平衡;而更让我们应该意识到的是:象征着专业性的官方剧团还远未到退出历史舞台的地步。

当然,笔者更多只是希望能够通过布尔迪厄场域理论的视角,将岳西县轰轰烈烈的戏曲民间化的真实图景展现在读者的面前。但如果自己的这一丁点思考和感悟能够对其他地方文化的发展有所裨益,笔者便是欣慰至极了。

参考文献:

[1] 戴维·斯沃茨. 文化与权力:布尔迪厄的社会学[M]. 陶东风,译. 上海:上海译文出版社,2006:1-25.

[2] 罗杰·密尔逊. 博弈论——矛盾冲突分析[M]. 北京:中国经济出版社,2001:17-22.

[3] 吴峰. 博弈论与媒体竞争策略[J]. 新闻界,2004(1):49-50.

[4] 朱清河,王文龙. 地方传统戏曲的凋敝及其媒介化生存[J]. 现代传播,2014(2):75-79.

[5] 张颖. 政务微博:行走在权力场和网络场[J]. 新闻传播,2013(12):189.

[6] 沙垚. 乡村传播与知识分子——以关中地区皮影的历史实践 (1949—2013)为案例[J]. 新闻大学,2014(4):52-56.

[7] 向芃. 通俗文艺书评与大众文化传播[J]. 新闻界,2005(4): 128-129.

[8] 罗德尼·本森,韩纲. 比较语境中的场域理论:媒介研究的新范式 [J]. 新闻与传播研究,2003(1):2-16.

[9] 吴康. 戏曲文化的空间扩散及其文化区演变——以国家非物质文 化遗产淮剧为例[J]. 地理研究,2009(5):1427-1436.

[10] 钟靖. 空间、权力与文化的嬗变:上海人民广场文化研究[D]. 上 海:华东师范大学,2014.

从仪式性礼物到功能性工具：
乡土社会人情秩序的变迁

——基于临泉县大王营村人情交往的田野调查

（薛青超　安徽大学；刘　兵　上海理工大学）

摘　要：在乡土社会中，人情是表达的基本载体，熟人关系是发生人情现象的基础，乡土社会是基于血缘和亲缘关系的家族制度孕育出的独具特色的人情社会，而人情作为一种礼物的仪式成为乡土社会中维护关系的重要手段。然而经历了现代化和城市化的洗礼，人情交往范围不断扩大，类目也不断增加。研究基于民族志的调查方法，以临泉县大王营村为个案，以期描述村民们人情消费、人情往来和交往规则的概况。研究发现，人情被赋予"共同体的追寻"——寻找认同与故乡的意义，但就像所有对理想社会的追求一样，这条道路上也遍布着荆棘和引人失足的陷阱。人情已经从最具乡土底色的人际交往的象征性仪式变成功能性工具，人情消费负担日益加重，农民在自己编织的意义之网中身受其害而不能自拔，人情异化植根于乡土社会并对乡土社会产生全方位的社会影响。

关键词：人情；乡土社会；礼物；仪式；工具

一、引言

以兵器或以服饰，朋友间要相互愉悦；每个人自己（通过各自经验）就会晓得，互赠礼物的朋友，才是最长久的朋友，只要那礼物往来不辍。

——斯堪的纳维亚古老诗集《埃达》

礼俗，脱离于宗教与社会，而自然形成于社会。即此礼俗，便是后二千年中国文化的骨干，它规定了中国社会的组织结构，大体上一直没有变。所谓历久鲜变的社会,长期停滞的文化,皆不外此。

——梁漱溟

在乡土社会中,熟人关系是农民日常生活依存的社会框架,是人情现象得以发生的条件。农村社会的人情镶嵌在农村社会的架构之中,人情是农村社会的一种表达方式,人情的社会组织结构与村庄的社会结构关联紧密,在某些方面是同构的。人情寄予人们对共同体的期待与认同以及对故乡的追寻。美好生活的向往本就是人类的境况本然的一部分,但就像所有对理想社会的追求一样,这条道路上也遍布着荆棘和引人失足的陷阱。

二、研究目的与研究方法

本文是基于临泉县大王营自然村的田野调查,通过对村民们人情往来情况的描述来反映乡土社会的人情变迁。在问卷调查的基础上进行定量分析,同时试图通过民族志调查以及口述史的方法来呈现这一群体日常的人情往来,并在微观层面上探讨各种社会关系的生产。大王营村虽是个案,并不能反映中国乡土社会的人情变迁的全貌,但作为横截面的大王营村却能反映乡土社会变迁的概貌。

1. 个案研究

以皖北地区的大王营村的农民为田野调查对象,通过对村庄人情交往的描述,试图探讨乡土社会一抹亮色的礼物范式下人情何以向工具嬗变。

2. 量化研究

由于村庄内农民文化素质不高,对于问卷中的量表把握不够,文章主要采用的是个案对象对数据的回忆口述,从而定量分析农民的人情消费情况。

3. 质化研究

通过深入了解大王营村这一横截面的中国乡土社会,运用田野调查的方法,通过口述式与参与式观察的方式,探讨作为礼物的人情向工具属性的嬗变情况以及这种嬗变对于乡土社会关系再生产有何影响。

三、大王营村:对平原团结型村庄的试图性概括

大王营村,土坡乡下辖的自然村之一。土坡乡,临泉县东南边缘,距临泉县城50千米。民间流传土坡乡为古樊城,素有"拆了樊城建颍州,建好以后剩余的砖盖了鼓楼"之说。

(一)血缘:团结之源

在农村,血缘关系是构成社会结构的基础。"血缘是稳定的力量。在稳定的社会中,地缘不过是血缘的投影,不分离的。"①血缘的亲疏与地缘的远近是指导农民行动的逻辑。大王营村农民重视血缘关系,依靠宗族组织活动,整个村就是一个王姓宗族,没有一个外姓旁支。"一棵大树发下来的枝丫,就应该同气连枝。"这是大王营村的约定俗成的规训。

贺雪峰将中国农村分成三大区域类型,即南方团结型村庄、北方分裂型村庄、中部分散型村庄。大王营村虽地处皖北,"团结"为其社会表达,是典型的团结型村庄。所谓团结型,是指在农村往往有较强的宗族力量,农民聚族而居,地缘依附于血缘,村庄内具有较强的自己人认同,村庄与外界有明显的区隔,村庄以外是陌生人社会,村庄以内则是自己人的熟人社会。村庄内不仅是熟人社会,而且是自己人社会。也是因此,在村庄内存在强有力的公共规范。②

大王营村是以血缘关系为主导的宗族组织村落,祠堂和祖坟作为一种集体关系表征,在大王营村表现得尤甚,全村的清明和冬至成为全宗族的一项集体活动。血缘关系的层层延伸在大王营村内以祖坟的形式表现得更加具象,对于农民来说,祖坟是一种作为血缘身份的象征,是宗族身份的表征,也是宗族团结与动员的符号。

(二)平原上的集村

所谓的"乡村聚落形态"是指乡村聚落的平面展布方式,即组成乡村聚落的民宅、仓库、牲畜圈棚、晒场、道路、水渠、宅旁绿地以及商业服务、文化教育、信仰宗教等公用设施的布局。③ 宋代以后,中国出现了数以万计的以祠堂、族田和族谱为核心的血缘聚落。"血缘宗族"作为一种基层的社会组织,血缘关系为其提供了无形的纽带,地域关系则为其提供了有形纽带。④

地理学者根据农家房舍集合或分散的状态,将乡村聚落形态分为散漫型和集聚型两种类型。⑤ 散漫型村落又称散村,每个农户的住宅零星分布,

---

① 费孝通. 乡土中国[M]. 北京:人民出版社,2008:9.
② 贺雪峰. 新乡土中国:转型期乡村社会调查笔记[M]. 桂林:广西师范大学出版社,2003.
③ 鲁西奇. 散村与集村:传统中国的乡村聚落形态及其演变[J]. 华中师范大学学报:人文社会科学版,2013,53(4):113-130.
④ 李艳旗. 湖南地区单一姓氏聚居传统村落建筑布局研究[D]. 长沙:湖南大学,2009.
⑤ 对乡村聚落地理的研究一般是在传统农业经济的定居背景下展开的。原始粗放农业状态下的不定居住、居住在船上的水上人家、游牧人群的季节性移居和季节性定居,都不能形成稳定的居住景观(聚落),也就很难说得上对其形态进行分析。

尽可能地靠近农户生计依赖的田地、山林或河流湖泊；彼此之间的距离因地而异，但并无明显的隶属关系或阶层差别，所以聚落也就没有明显的中心。① 集聚型村落又称集村，由许多乡村住宅集聚在一起而形成的大型村落，规模相差极大，从数千人的大村到几十人的小村不等，但各农户须密集居住，且以道路交叉点、溪流、池塘或庙宇、祠堂等公共设施作为标志，形成聚落的中心；农家集中于有限的范围，耕地则分布于所有房舍的周围，每一农家的耕地分散在几个地点。②

相对于散村的割裂与分离，大王营村属淮北平原，一望无际的平原地形使得这个村落呈现团块状，各家各户彼此相连，也就是平原上的集村。作为一个整体的村落，各农户须密集居住，这样的集村更加有益于动员与团结，起码在地形上给村庄的团结提供了条件。

四、意义之网：村庄中的人情

韦伯把人比作"悬挂在由他们自己编织的意义之网上的动物"。在农村地区，传统人情往来模式是乡村社会文化的重要特征，它以血缘、亲缘和地缘关系为中心，并形成维护这些自然初级关系的交往原则，从而表现出一定的状况和特点。如果说"人情"是在乡村关系网内习俗所认可的人际交往准则，那就可以把"人情消费"界定为农户用于人情往来的礼仪性消费，也就是有关系的双方进行交换的货币、物品或劳务。③

人情靠人物之间的互动关系和彼此之间的角色扮演组织起来，其目标在于完成意义的构建与关系的构建与维护。事件是人情发生的由头，事件就是人情不断延伸的源泉，人情不仅是事件主人的事情，也是一项集体活动，渗透到村庄生活的各个层面。人情具有历时性的天然属性，农民们对它有着自己的预期，在一定程度上建构了农民的集体记忆。

农村的社会实践中，人情主要发生在农民办人生大事时举行的仪式和宴请活动，其间伴随着礼物的交换和意义的生产。在大王营村，宴请活动主要包括结婚、丧葬、生子、盖大瓦房、考大学以及小孩剪辫子等，其中红白喜事是农民生活中最重要的事件。

① 左大康. 现代地理学辞典[M]. 北京：商务印书馆，1990.

② 鲁西奇. 散村与集村：传统中国的乡村聚落形态及其演变[J]. 华中师范大学学报：人文社会科学版，2013，52(4)：113－130.

③ 朱晓莹."人情"的泛化及其负功能——对苏北一农户人情消费的个案分析[J]. 社会，2003(9)：28－30.

（一）人情的构成

人情的完成主要包括四个方面：仪式、往来双方、宴请和礼物的交换。在农村，人情往来的客方包括三类人：一是亲戚，二是朋友，三是邻里（主要是本自然村或村民组的村民）。其实在大王营村并非所有的人情都需要村民参加，仅仅丧葬才是村里几乎所有人都要参加的大事，要大办，其他的事可以小办或不办。小办就是只在较小亲友范围举办，而不扰动村里的其他人。

在大王营村甚至所有农村，死亡是被认为是非常不吉利的，如孔子所说"未知生、焉知死""敬鬼神而远之"等都表现出了极度回避的态度。在大王营村，丧事都要大办且要举行复杂仪式，老人去世，阴阳相隔，是家庭重大变故，无论从哪个方面讲，都是极为重大的事情，因此，丧事仪式往往隆重、神圣而神秘。仪式的公开和象征意义，使仪式成为村庄中社会竞争的手段，盛大的场面在村里就意味更大的面子或者更高的地位。

宴请，用酒席来招待拜访的来客，酒席本身也往往具有象征意义，构成人情的一部分，因为酒席好坏既表明对客人的重视程度（好酒好菜好招待），又可以展现经济实力。

礼物的交换，被认为是人情完成的最重要一步。客人来到有事而宴请众人的主人家做客一般都会带着礼物，进而使得关系得以维护。在大王营村，礼物有着三方面的趋势：物的消失、礼物的货币化以及礼金的不断攀升。

（二）人情的意义

韦伯把人比作"悬挂在由他们自己编织的意义之网上的动物"，认为人类就是"意义的创造者"。在农村，人情也被农民们赋予不同的意义。

首先是互助、互惠。大王营村是传统意义上的农村，依靠血缘为纽带而聚居，经济条件较差，在天灾人祸面前显得束手无策。村民们面对婚丧嫁娶等人生大事时，依靠自己的经济能力则往往显得力不从心，需要得到亲朋邻里的帮助。亲朋邻里通过人情随礼的方式送去一定的钱财，在经济上给予帮助，同时也给面临巨大压力的亲朋邻里带来心理和精神上的安慰。

其次是共同体的认同。在农村，最重视的就是人丁兴旺，交友门路多。当一个家庭有大事发生时，礼物流动就代表双方形成的互助与帮衬，这样就形成了共同体。这个共同体成员包括亲戚、朋友、熟人，也就与外人和陌生人形成鲜明对比。农村人情往来维系了人与人之间的互动，并不间断地生产出相互的熟悉及这种熟悉基础上的共同体。

最低限度的人情往来，也就是俗称的象征性表示，使得农村社会的基本人际交往得以展开。那么，经过现代性的洗礼，人情往来的频率是否与熟人社会的团结呈现正相关? 基于此,大王营村民对于祖祖辈辈经营的人情范式不堪其苦。在大王营村的调查结果显示,人情往来的过频、人情成本不断攀升、人情往来名目的繁多使得人情占据家庭总收入的比例较高,高昂的人情成本可能导致部分社区成员退出人情循环,人情往来不可持续。

五、被绑架的人情:从仪式到功能的嬗变

人情被绑架的结论是以正常的人情模式为参考点的。那么,正常的人情模式是怎样? 贺雪峰认为,不同地区农村人情的公共性程度是不同的,人情在建构地方熟人社会、在发挥社区功能中的作用也是相当不同的,但一般来讲,正常的人情存续必有若干基本前提,人情异化首先表现为正常的人情往来模式无法维系。

他提出三个正常人情得以维系的基本条件:一是人情相对稳定;二是可持续;三是增加了人情参与者的自己人认同,或人情对于社区建设具有正功能。人情的相对稳定,主要包括参与人群的相对稳定、随礼数量的相对稳定、人情名目的相对稳定、人情仪式的相对稳定、酒席档次的相对稳定。之所以说是相对稳定,是因为社会在变化,经济在发展,绝对稳定是没有的。[①]在大王营村,村民们对于人情的功能性嬗变有着最深切的感受。

(一)名目的繁多

在大王营村老人的印象中,生死与娶媳妇才是大事,那是值得全村人带着三五块钱去吊唁或是道贺的。而对于如今的一连串摆酒席与随礼的名目,村里的老人有一些纳闷与不解。

在大王营村的三天走访中,笔者对于村里的人情名目有了一些了解。死亡与结婚仍然是村里头等的大事,村里每户人家除了要来随礼出人情,还要派一个人来打杂干活。因为葬礼和婚礼都有几十桌的人,酒席要摆好几顿,单凭主人家的一己之力是很难完成的,于是村里的人就来帮忙。另外,在大王营村,仍然有着盖大瓦房的传统,屋子的竣工与搬家都是需要来喝酒随礼的。随着高等教育的普及,大王营村的大学生也在不断增加,据不完全统计,大王营村已有20多名大学生(父辈或是较长的村民18岁多已结婚生子),现在考大学请客随礼在大王营村也是一种风气。大王营村的礼越来越多,生小孩满月酒、男孩剪辫子要随礼,生日和小孩周岁要办生日宴,生病要探视,搬家要送红包,老人过寿……时不时冒出的人情使得大王营村的村民

① 贺雪峰. 新乡土中国:转型期乡村社会调查笔记[M]. 桂林:广西师范大学出版社,2003.

们措手不及。

(二)王小林的烦恼：人情猛于虎

衡量人情是否异化的重要指标在于人情是否在参与者的正常感受之内。在大王营村，酒席越来越铺张，新的人情名目不断被发掘出来，随礼金额越来越高，人情超出人们预期与控制，农民因人情苦不堪言，村民们感叹：人情猛于虎！欠的人情怎么都要还！

对于村民王小林来说，人情负担的加剧是具体的。王小林，53岁，家住临泉县土坡乡大王营自然村，小学学历，木匠，共有一女一子，现均已成家。王小林的典型性在于，一方面祖祖辈辈长期居住在村里，人情往来结构是以血缘、亲缘关系为中心的传统模式；另一方面又由于早年在给儿女上学、找工作、办户口的过程中，免不了要求人办事，拉拢人情往来。王小林妻子的口头禅是"烂摊子粘在身上了，甩都甩不掉"，以至于现在家里"礼很大"。

2015年初，在旧年的腊月里，从宜兴打工归家的王小林单单随礼就有2000多块钱，有补礼钱的，也有刚好赶上的。腊月二十二是好日子，竟然有5家要"随礼"。在家的只有王小林和妻子以及儿媳妇，三个人只好兵分三路去喝酒随礼，另外两份则托人把礼钱捎去。

大王营村，适龄劳动力外出务工，年迈父母在家带孩子，同时耕作农田，是目前这个村庄最常见的任务分配结构。尽管年轻人外出务工，但是村里的人情一个都不会落下，基本的情况就是由父母代表和年底务工回来补上人情。

(三)名利场的工具

在大王营村，人情的数额超过预期，村民们因人情苦不堪言，虽然人情循环尚未中断，但是却埋下了断裂的隐患。现在即使维持了人情的循环，但人情已不再具有产生共同体的效应，人情发生了严重的名实分离。

人情的稳定性、可持续和增加自己人认同，又是以人情的相对平衡为前提的。所谓相对平衡，即人情往来的相对平衡，送人情和收人情的礼尚往来的平衡。这种平衡不是当下结算清楚的平衡，而是以送人情、欠人情、还人情来达成的平衡。送人情和还人情，必须有正当的人情名目与理由，这些人情名目和理由是地方人们的共识，不能随意增减。① 尽管王小林人情随礼二十多年了，家里几乎没有办过大事，但是村里的人情一个都没落过。

在现代性的洗礼之下，朴素的大王营村也未能幸免，社会变化的加速

---

① 贺雪峰. 新乡土中国：转型期乡村社会调查笔记[M]. 桂林：广西师范大学出版社,2003.

度、商品经济对于传统乡土社会的冲击首先表现在人情成为追名逐利的工具。

1. 追名

2015年2月初，王小林的侄子结婚，酒席的铺张程度比王小林儿子几年前结婚的时候厉害多了。相对于之前的家中请厨师摆酒席，现在大王营村流行去相隔30多千米的县城里摆酒席。王小林的侄子摆了40桌，每桌酒席不包括酒水花费有800元左右。酒水都用当地的文王贡酒，也在100元左右，单单酒席的花费就有50000元。酒席成本高，所收人情就不能少。王小林侄子婚礼送人情的礼金最少也在200元，一般是300~500元，王小林给了1000元。王小林说："以前人都穷，没什么礼。不知什么时候起，礼一天天加大了，1998年的时候我家建'大瓦房'时，'随礼'的亲朋出的礼金从2到10元不等，大家就是意思一下来吃饭图个热闹。现在出礼一般是200~400元，至亲一般达到1000元以上。"

王小林的哥哥王小福说："我也知道酒席浪费了一大半，但是别人都是带钱来的，如果我不弄的像样子会不体面，比不过别人，让人瞧不起。儿子一辈子也就结这一次婚，咬牙也得办下去。"

大王营村有村民常年在外打工，也有在家守着土地，也有人在相隔数里的集市做着小生意……村里的经济条件分化得越来越明显。经济分化的结果是一碗水不再端平，经济条件稍好的家庭，通过办酒席来扩大社会交往范围，展示自己的经济实力，也在村里攒足了面子，而经济条件较差的农民在面子的驱动下苦苦挣扎在人情负担之中。

2. 逐利

在大王营村，如果送人情金额较小，即使人情频次增加，人情也并不成为家庭巨大负担，人情也是基本畅通稳定的。但是，当有大事宴请时，收人情礼可以赚钱，且越来越多人借办酒席来赚钱（收回人情或赚取盈余）时，每次办事所收人情礼越来越多，酒席理应越办越好。而既然所收人情礼高于办酒席花费，办事有净收益，则酒席办好一点也无所谓。也是因此，几乎在所有人情异化的农村地区，与人情频次越来越密和礼金越来越高相伴随的是酒席越办越好，酒席中的浪费越来越大，一桌酒由以前几十元上升到几百元甚至上千元。

另外，中国乡土社会的一个重要特征就是人脉关系，人情往往还被寄予特殊的关系。王小林说儿子在土坡中学读书，儿子的班主任或者任课教师家里有任何宴请的事他都会随礼，即使自己在外打工，也会让父母代表自己去，目的仅仅是希望老师能够对儿子的学习更上心。王小林这个随礼仅仅是个例，但是这样的个例在大王营村稀松平常。村长家的任何事情都是全村的大事，因为保不准哪天就要请村长提供一些帮助，之前的随礼仅仅是为帮助提供关系的储备。

在大王营村，人情已经由最初的仪式性礼物转变成谋名利的工具，由农民自己编织的意义之网将农民们困在其中而不能自拔。

六、结语：人情与乡土社会

人情作为原始的礼物意义，就是为了追求认同和建构共同体。"共同体的追寻"——寻找认同与故乡——是"人类的境况"本然的一部分，但就像所有对理想社会的追求一样，这条道路上也遍布着荆棘和引人失足的陷阱。在情感和理性之间、同情与戒嗔之间以及行动与认识之间何以平衡？

一个健康的乡土社会必定是低成本、有效率的。目前高成本的畸形运转秩序注定是无法长久内生的。农村人情嬗变的直接后果是人情的不可持续，人情"盛极而衰"的陷阱已经显现。

在大王营村的生活实践中，人情在村民共同体的社会关系的维护和再生产中扮演了极为重要的角色。大王营的平原式团结集村，凭借人情循环与再生产，使得村民的内生团结成为可能。但也正是组团块状的集村，为"盗版"的自觉模范也提供了便利。现代性强力侵蚀传统农村社会时，作为整块出现的村庄感染程度更深。人情的嬗变表现为人情的虚假泡沫式繁荣，但当人情的赋予意义被榨取殆尽后，枯槁的人情必然难以循环而干涸，村民共同体的互动难以维系，人际交往变得摩擦不断，乡土社会里一切坚守珍视的东西都将烟消云散。

参考文献：

[1] 杨涛,吴国清. 物的社会生命：人情伦理与等级秩序——兼论《礼物的流动》[J]. 南京理工大学学报：社会科学版,2008,21(1):71-74.

[2] 尚会鹏. 豫东地区婚礼中的"随礼"现象分析[J]. 社会学研究,1996(6):106-112.

[3] 鲁西奇. 散村与集村：传统中国的乡村聚落形态及其演变[J]. 华中师范大学学报：人文社会科学版,2013,52(4):113-130.

[4] 詹姆斯·W. 凯瑞. 作为文化的传播[M]. 丁未,译. 北京：华夏出版社,2005.

[5] 费孝通. 乡土中国[M]. 北京：人民出版社,2008.

［6］阎云翔. 礼物的流动：一个中国村庄中的互惠原则与社会网络［M］. 上海：上海人民出版社，2000.

［7］宋丽娜. 熟人社会是如何可能的［M］. 北京：社会科学文献出版社，2014.

［8］马塞尔·莫斯. 礼物：古式社会中交换的形式与理由［M］. 汲喆，译. 上海：上海人民出版社，2002.

［9］本尼迪克特·安德森. 想象的共同体：民族主义的起源与散布［M］. 吴叡人，译. 上海：上海世纪出版集团，2011.

［10］李艳旗. 湖南地区单一姓氏聚居传统村落建筑布局研究［D］. 长沙：湖南大学，2009.

规训的牢笼与自由的表达空间：中职学生自我呈现研究

——基于丰都县职业教育中心的体验式观察

（张　勤　薛青超　安徽大学）

摘　要：米歇尔·福柯把现代学校视为一个典型的规训场所，认为现代学校通过组织和运作教育活动，将教育过程演变为规训过程。由于时间规训、空间规训、身体规训、层级化的监督与规范化的裁决将校园生活中的中职学生群体塑造成牢笼中的"好"学生形象，他们扮演着实干的"特权"学生、积极的"学习分子"、尽职的课堂秩序维护者、绝不越轨的乖学生诸如此类的"前台"角色。同时，也是严苛的教育规训，使得中职学生在不受监管、可以自由表达的网络空间呈现出另一番不同的景象——他们抽烟酗酒，打破好学生形象；他们渴望爱情，亟待被需要；他们孤独寂寞，寻求倾诉空间；他们对性好奇，呈现精神越轨趋势。中职学生群体"前台"与"后台"的极大反差正反映了中职学生群体对于教育规训的另类抗争，正是教育规训的桎梏，使得中职学生群体产生强烈的逆反心理，继而在暂不受校园监管的网络空间展现出来。

关键词：规训；自由表达；中职学生；抗争

一、引言

加拿大社会学家欧文·戈夫曼将人类生活的世界视作舞台，并将舞台分为"前台"和"后台"，生活在这个舞台上的人都是演员。舞台上人与人的交往在某种程度上来说是一种表演，在整个表演过程中，人们总是尽量地使自己的行为接近自己想要呈现给观众的那个角色，所以观众所看到的是那个表现出来的角色而不是演员本身。

笔者曾于2013年7月至2014年8月任教于丰都县职业教育中心，之后回校读研,与学生的关系由传统意义上的师生关系,转变为年龄相差不大、有诸多共同语言的朋友关系。2015 年 11 月,笔者重返丰都县职业教育中心,半个月的时间与中职学生群体同吃同住。在以朋辈身份接触的过程中笔者发现,中职学生在课外生活中的形象与其课堂形象不同,他们在网络空间展现出的形象更趋近于其"剥掉华丽外衣"的自我。

　　本文通过个案研究,以丰都县职业教育中心的中职学生群体为研究对象,采用体验式观察的调查方法,以收集的大量的第一手材料为基础,试图探讨中职学生的自我呈现问题。文章试图描述和探讨的问题包括:中职学生生活在怎样的校园空间之中? 他们在校园生活中的"前台"呈现是怎样的? 在自由表达空间他们又扮演着怎样的角色?"前台"呈现与"后台"呈现有怎样的关联?

二、"前台"——牢笼下的"好"学生

　　"规训"是法国后结构主义的代表人物福柯在其知识社会学研究中发掘并最先使用的概念,用以概括近代以来一种新型的管理权力,即通过精确的计算与控制达到对人的生产与组织。根据福柯的理解,规训指"近代产生的一种特殊的权力技术,既是权力干预、训练和监视肉体的技术,又是制造知识的手段……它通过一种持久的运作机制,对人体进行解剖、分配、组合与编排,达到对人体的位置、姿势、形态及行为方式的精心操纵,以此造就一群'驯服的肉体'"[①]。

(一)教育规训设置

　　中职学校大多为寄宿制学校,学生日常生活在校园空间之内,饮食起居和学习生活与校园密切相关。同时,更是基于中职学生群体的特殊性,中职学校的规则制度相对于一般的普通高中要严格许多。中职学校的教育规训技术渗透在教育场域的各个方面,并且通过空间、时间、身体的控制以及层级化的监督、规范化的裁决、考试检查、扣分制度等多种形式加以施展,并且以全景敞视化的结构性监督和权力执行技术的规范性监督的双重规训机制付诸实现。[②]

---

　　① 米歇尔·福柯. 规训与惩罚[M]. 刘北成,杨远婴,译. 北京:生活·读书·新知三联书店,1999.

　　② 高雪莲. 完美的"铁笼":规训"在场"的农村寄宿制学校——主体视角的柳溪村儿童学校教育考察[J]. 北京社会科学,2015(1):44-51.

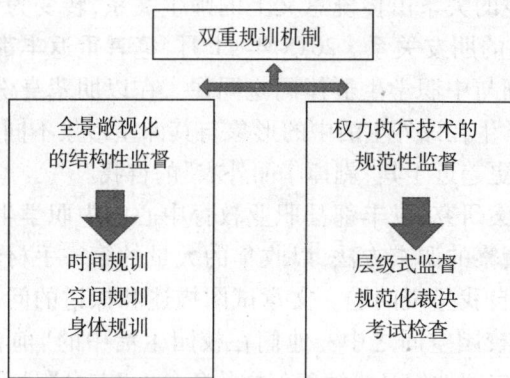

图1　寄宿制学校的双重规训机制

1. 时间规训——程式化时间流的循环往复

中职学生虽然随着年龄的增长，具有一定的自我管理能力，但是由于置身于规范化的校园之中，其行为多受制于学校的规章制度，为教育规训所桎梏。对于学生校园生活时间的控制，最鲜明地体现在一成不变的作息时间表中。

图2　作息时间表

作息时间表这一制度化的规则,将学生日常生活的时间轴分割成不同的板块。中职学生的校园生活以既定的规则的形式被安排,在校事务按照既有的规则有条不紊地进行。以重庆市丰都县职业教育中心为例,学生的生活被做严格安排,每天早上6:30定时播放起床号,准时起床集合,出早操。早操结束的早餐时间被严格规定为半小时,甚至对于学生午休和晚休的时间也有特殊的安排:夏令时午间,学校安排学生必须回寝室午休,不允许在教室逗留,更不允许不经批准擅自离开校园。晚上学校会定时播放就寝号,寝室统一熄灯,宿管定时检查就寝情况,对于不遵守规则的同学全校通报处理。程式化的时间安排,将学生桎梏在"早读—上课—午休—上课—熄灯"的循环往复的圆圈之内。在严格的教育规训之下,学生基于学校的权威,只能被动地接受。

2. 空间的规训——全景监狱下的校园掌控

所谓全景监狱是指"犯人被关在一个个独立的小铁笼中",看守则被安排在一个能观照整个监狱全景的监视台上,"犯人们认为他们一直处于被监视之中",任何违反规则的事都不能逃脱监视者的注意。①

丰都县职业教育中心坐落在距离县城一定距离的水天坪工业园区,园区附近除了校园之外,仅有低矮的厂房和水天坪移民点的居民楼。严格意义上说,这里是与外界世界具有相对距离的地方。丰都县职业教育中心为寄宿制学校,学生学习期间均生活在校园内部,每周五下午统一放周末,每周日晚上统一时间集合上晚自习。基于丰都县职业教育中心寄宿制学校的特性,校园围墙将学生生活与外界隔离开,以此搭建一个相对封闭的不受外界干扰的校园空间。学生在学习期间的生活范围仅限于教室、宿舍、食堂、操场,时刻处在学校的全景监控之下。

在全景监狱的视角下,学生被物化,学生失去了主动性和自主性。基于教育的权威,学校被社会和家长赋权去管理学生,学生便如全景监狱下的"犯人",被要求、被控制甚至被操控。

3. 身体的规训——剑拔弩张的暗中较量

英国学者戴维·哈格里夫在《人际关系与教育》提出假和谐的概念:表面上秩序平静,实质上未能有效地开展教学,形成一种"磋商"局面,即师生运用各自的策略进行不断的斗争和妥协。② 可以说,在中职学生群体中存在着课堂上的假和谐现象。中职学生群体往往因为成绩不好受到老师和家长

① 齐格蒙特·鲍曼. 共同体[M]. 欧阳景根,译. 江苏人民出版社,2003.
② 刘徽. 课堂管理隐喻转变:从全景监狱到蜂群[J]. 当代教育科学,2004(5):20-22.

图 3　校园鸟瞰图

的指责,形成极端自卑的心理,对学校和家长漠视甚至是仇恨。在全景监狱的视角下,学生自然明白自己身处校园之中,受到学校和老师的严格控制,希望挑战"高高在上"的教师的权威。而作为"看守者"的学校和教师自然不会允许权威和尊严被肆意挑衅,因而时时保持警惕,而学生则是虚假地应对着学校和教师的管理,"犯人"和"看守者"在暗中较量。

当然,多数情况下学生的肆意反抗会遭受学校和教师的"镇压"。在中职学校,上课玩手机、午休时间不接受安排、早操不出勤等情况都会成为被通报的原因。任意逃课、打架斗殴、翻墙越门则可能导致被劝退。上课扰乱课堂秩序的学生经常会被任课教师或者班主任老师以罚站、做俯卧撑等形式处罚,而打架斗殴的同学则可能在全校大会上被点名批评,班主任老师也会被牵连接受学校的处罚。在教育规训之下,学生往往是被控制、被驾驭、被塑造的对象。

4. 层级化的监督与规范化的裁决

规则是保证中职学校秩序井然不可或缺的制度,而监督和执行则是保障校园秩序必要的手段。

在丰都县职业教育中心,学生在校期间的生活受到教导处、德育处、宿舍管理处和学生会等学校职能部门和学生组织的监督。上课缺勤、课下打架等违反校园制度的行为都会以公告栏告示和校园广播的形式予以通报。

不按时起床、不做寝室卫生、不按时熄灯等行为会被宿舍管理处计入学生日常行为档案。卫生检查、课堂纪律、寝室环境等种种因素纳入考核范围,考核的结果不仅关系着每个班级的荣誉,还与班主任老师的工资绩效挂钩。在学校层面,学校会定时召开全体会议,通报过去各专业学生违纪处理情况。除了教师课上的监督,学校学生会还设置校园文明监督岗,鼓励学生监督学生的行为,形成互相监督的校园环境,以此形成了校园自上而下和横向的监督网络。

除此之外,学校和专业部还制定多项奖惩政策,将校园陋习一一列出,学生一旦触犯便会在个人档案中不断累计,达到一定标准则会面临留校察看甚至责令退学等处理。

(二)牢笼下"好"学生的角色扮演

戈夫曼在自我呈现理论中建议:为了更好、更有效地促进人的沟通与交流,人们必须设定好固定的场景和角色。每个人都必须对他们所处的环境有所了解,对所要面对的人、面对的事物,有一个基本的判断,去判断他们所处的地位,并在此基础上遵循一个预定的、相对稳定的行为模式。就像舞台上的演员,试图让"观众相信我们是哪种类型的人。但事实上,即使我们并不是这样的人"。①

在全景监狱之下,学生自知自身的行为受到教育规训方方面面的限制,多数学生在纵横交错的监督网络下屈服、顺从,在学校中呈现出"好"学生的基本特征。在教育规训不断施压的过程中,他们渐渐适应规训的体系,遵守规则并利用规则,用海德格尔的话说,他们尽量将自己变成"常人",进入"平均状态"。"平均状态是常人的一种生存论性质……平均状态先行描绘出了什么是可能而且容许去冒险尝试的东西,它看守着任何挤上前来的例外。"②

1. 实干的"特权"学生

最为典型的便是中职学校的学生干部,他们在学校中担任学生会干部、班级班长等职务,他们拥有"平均状态"的学生不拥有的"特权":他们的手机不用上缴,以方便班主任与班级学生最便捷的联系;他们不用按时打扫公共区域卫生,以保证他们有更多的时间在全校范围内监督其他同学。作为被

---

① 阿依很·胡那西别克.戈夫曼"前台"表演与"后台"呈现视阈下微博官员的形象塑造[D].西安:陕西师范大学,2014.

② 海德格尔.存在与时间[M].陈嘉映,王庆节,译.北京:生活·读书·新知三联书店,1999:148.

教师赋予特权的"回报"，他们主动承担起监督其他同学按时上课、交作业、不违反纪律的任务。他们期待得到老师的肯定，努力"看守着任何挤上前来的例外"，积极营造和谐稳定的校园氛围。

2. 积极的"学习分子"

根据丰都县职教中心2014年高考喜报，即便是在重庆市高职对口招生考试中达到职高本科线的同学，其中考成绩（即入学成绩）均在全县6000名开外，而当年丰都县最好的普通高中丰都中学的高中录取分数为720分，录取新生2000余名。由此可见，中职学生群体整体的学习成绩较差，但是，据笔者观察，在校园晨读和夕会上，绝大多数同学能够在老师的监督之下完成既定任务，并能在规定时间完成学校强行性布置的功课。据笔者了解，在中职学校，成绩不是第一位的，在重庆市教学改革的大背景下，中职课堂的活跃氛围成为教改的重点，为了配合教师完成课堂教学，为了给任课老师留下好印象，有心进取的学生会认真学习，其他同学也会在课堂上积极"附和"。

3. 尽职的课堂秩序维护者

现代的课堂教育中，常常有被规训者自愿加入课堂秩序的维护中来，这些人多半是班长等，但是，据笔者观察，也不乏被称为"头头"的对学习并没有兴趣的同学，他们帮助老师管理班级秩序，得到老师不同程度的褒奖和认同。一旦有人在课堂上蔑视规训，则会被他们当作例外。这些例外会被自愿加入课堂秩序维护的中职学生群体即时呵止。

4. 绝不越轨的乖学生

随着年龄的增长、性意识的觉醒，渴望和异性同学交往是青春期性心理发展的必然结果。但是，据笔者观察，在校园生活中，异性同学之间的交流相对较少，即使在课外体育活动环节，男女生的互动也相对较少。即使有极少数的校园情侣，他们也避免上下课以及课外活动时的频繁接触。

三、"后台"——自由表达空间下的"坏"学生

中职学生因为生活在相对封闭的空间，其生活学习受到来自学校和教师的多层次的控制，在学校，他们努力营造出一个完美的"好"学生形象，但是一旦脱离教育规训的制约，脱离全景监狱式的监管，他们在自由表达的网络世界里呈现出另一番不同的形象。

(一)抽烟酗酒:我不是乖学生

图4　中职学生 QQ 空间截图(1)

　　人在现实生活中的形象并不是直接复制到社交网络之上的,而是以一种更加个性和理想的方式显示在个人主页之上。在网络这一独特的空间之中,人们可以依照自己的想法有选择性地呈现自我。

　　学生小夏是笔者所带班级中一名较为优秀的学生,成绩在班级前三名,有足够的实力在中职学生对口高考中冲进本科线。在学校,他是一名按时完成作业,从不逃课,甚至都不会迟到早退的学生,因此,深得班主任以及任课老师的信任。但是,在毫无传统教育规训制度拘束的网络空间,他却变成了一位爱上抽烟与非主流自拍的男生,经常发布抽烟喝酒的照片。在与笔者的一次对话中,小夏表示,自己在校园生活中压力较大,因为不想辜负父母的期待,在读书上极度刻苦,抽烟、喝酒是释放压力的一种方式,能够让自己放松。他表示,那才是本质上的自己。①

学生小程是笔者班上一名年龄较小的女生,其出生于 1999 年,今年只有16 岁。但是这样一位 16 岁的女生已经拥有两年的烟龄。"第一次抽烟是和初中的同学一起,我还记得是躲在学校的公共卫生间里,后来被教导主任发现了,还被叫了家长。"小程对笔者说道。说起现在为什么还在抽烟,小程表示:她原先的"小姐妹"都已经辍学打工,平常和她们一起玩的时候还是会抽烟,只是现在在学校管得比较严格,不敢抽,平常不在学校期间还是会抽的。"QQ 空间上才是真正的我,我的日子就是这样啊!"②

笔者的调查显示,随机抽查的 3 个班级,有 80% 的学生周末时间会三五成群聚在一起饮酒,有超过 50% 的男同学时而会抽烟。而在学校生活期间,一旦被发现公共卫生间或者班级责任区有烟头,会相应扣除分管值日班级的分数。如发现有学生在校园内抽烟、喝酒,则不仅处罚学生,还会处罚相关负责老师。"我们在学校是不会抽的,怕被罚,放假了就管不到我们喽!"学生鸿材表示。

(二)渴望爱情:我也希望被需要

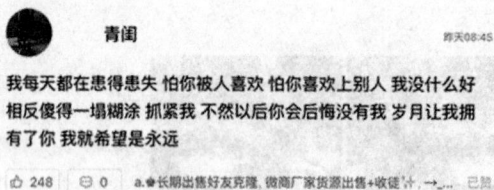

青闺   昨天08:45

我每天都在患得患失 怕你被人喜欢 怕你喜欢上别人 我没什么好
相反傻得一塌糊涂 抓紧我 不然以后你会后悔没有我 岁月让我拥
有了你 我就希望是永远

👍 248   💬 0   a.★长期出售好友克隆,微商厂家货源出售+收徒✦,→... 已赞

图 5　学生 QQ 空间截图(2)

随着年龄的增长、性意识的觉醒,渴望和异性同学交往是青春期性心理发展的必然结果。在学校期间,由于学校制度和老师们对于高中生早恋的强硬反对态度,中职学生在校园中得不到与异性亲密接触的机会。网络,这一信息的大熔炉,为他们期待的美好爱情提供了一个发酵的空间。

---

① 2015 年 11 月 2 日,笔者重返丰都县职业教育中心,与小夏的聊天中所得。
② 2015 年 11 月 2 日,笔者重返丰都县职业教育中心,与学生小程聊天时提及。

笔者在调查中发现，学生的空间中转发的大多都是与爱情相关主题的日志或者说说。"我每天都在患得患失，怕你被人喜欢，怕你喜欢上别人，我没什么好，相反傻得一塌糊涂。抓紧我，不然以后你会后悔没有我，岁月让我拥有了你，我就希望是永远。"一位学生在 QQ 空间里写道。由于校园生活中的规则牵绊以及校园娱乐的单调乏味，中职学生将目标转移到网络世界，从而寻求恋爱的刺激来维持心理平衡。

同时，伴随着中职学生身体的发展和心理的不断成熟，他们自我实现的愿望越来越强烈，他们在毫无束缚的网络空间积极表达对爱情的渴望，他们希望得到异性对自己的关注。

（三）感受寂寞：孤独的自我倾诉

图 6　学生 QQ 空间截图（3）

"其实，我很累了。我习惯假装开心假装难过假装在意假装无所谓，习惯了一个人面对所有……""我的心是一座城，收纳着我的悲喜……"在笔者的调查中，学生的空间内除了关于爱情的转发或者原创内容，数量最多的便是自我倾诉的信息。自我倾诉的信息与该学生的自身经历和心情相关，学生多数抒发自我内心的伤感和忧虑，少数学生会在接下来的时间里以一种全新的姿态对自己进行鼓励，多数学生则沉溺于悲伤的情绪之中。

根据笔者的调查，导致学生不断在空间进行自我倾诉的原因主要有：正如前文所说，教育规训的种种制度掌控着学生的校园生活，多数学生在教育规训的束缚下能够融入其中，达到一个"平均状态"；但是，也有些学生作为自由的个体在进入被规训成功的群体时，成为明显的"例外"，他们难以适应按部就班的校园生活，从"平均状态"中被区分出来，他们被教师贴上不同的标签，并辅之以更为严苛的规则，他们因此感觉到不被学校认可，继而彷徨无助。除此之外，更多的同学则是在特定的阶段因为特定的事由而内心不安与忧虑。现实圆圈式轮回的生活中难以寻求到大段空白的时间进行倾诉，因而，他们将自我倾诉转移到网络空间。

（四）精神越轨：对性的另类关注

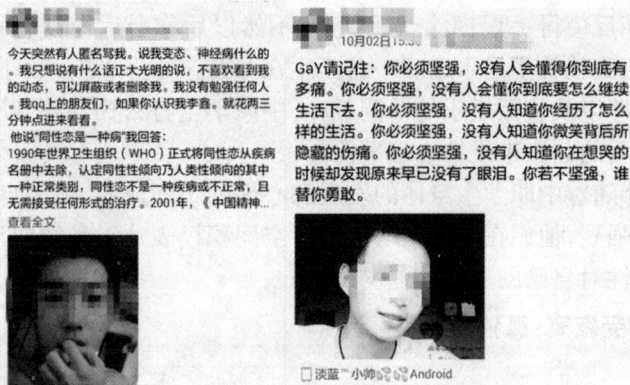

图7　学生QQ空间截图（4）

　　在社会学家看来，越轨行为是指那些背离了既定的社会规范和要求，并因此受到社会否定性评价的行为。一般来说，当一个人被确定为越轨者，他便会受到社会另眼相看，如歧视、谴责、否定直至被打入另册，成为与"正常人"不一样的人。①

　　学生小李在现实生活中是班级中的"好学生"，他在校期间担任班长、广播站站长等职务，高一期间获得校级、县级演讲比赛奖项数十次，还担任校元旦晚会主持人，并连续两个学期成绩名列前茅。这样一个被"优秀"光环围绕的学生，在网络世界中呈现的形象与现实生活中的形象大相径庭，他在QQ空间发布许多同性恋相关的信息，并在社交媒体上公开承认自己是一名GAY。

　　中职学生群体正值十六七岁的年龄，处于生理情况急剧变化阶段，其性心理逐渐成熟，绝大多数同学产生了第二性征。这一时期是从幼稚向成熟过渡的转折点，具有可塑性强、好奇心重、自控力差、善于模仿等特点。他们迫切地希望知道、掌握一些性知识。但是，据笔者观察，中职学校在性教育方面极度缺乏，绝大多数教师以回避的态度对待中职学生的性问题。正是因为校园性教育的缺失，学生无法从正规渠道获得必要的青春期生理知识与心理素质方面的引导，他们则会采用"迂回战术"，从海纳宽广信息的网络世界获取知识。但是网络世界鱼龙混杂，它是一个信息的百宝箱，同时也是

---

① 孙召路. 对当前青少年越轨行为的亚文化探析[J]. 北京青年政治学院学报,2005(3):32-36.

一个信息的垃圾场,学生获取的性知识也是参差不一。从中职学生在 QQ 空间发布的关于性知识的内容不难看出,中职学生群体对性知识的了解并不完全正确,易于受到黄色亚文化的诱惑。虽然多数中职学生并未出现偏离社会伦理规范的越轨行为,但是黄色笑话、黄色信息充斥中职学生的网络空间,学生对自我性角色的认知出现偏差,其精神状态已经偏离正常的轨道,笔者认为这是一种精神越轨行为。

四、"前台"与"后台"的碰撞:对教育规训的另类抗争

在著作《规训与惩罚》中,福柯研究了教育中的规训现象,把现代学校视为一个典型的规训场所,认为现代学校通过组织和运作教育活动,将教育过程演变为规训过程。教育规训,即教育通过不同形式的控制权利和控制技术,竭力把教育活动中的个体培养成"温驯而有用的工具",强制性地把他们造就成特定类型的人。①

正是时间上的规训,将中职学生群体桎梏在"早读—上课—午休—上课—熄灯"的循环往复的圆圈之内。在严格的教育规训之下,学生基于学校的权威,只能被动地接受。程式化的生活方式简单乏味,随着网络社交空间的发展,中职学生群体得以在广阔的网络海洋里寻求新鲜与刺激。

寄宿制学校的围墙将学生生活与外界社会割裂开来,被划分为每一小块的封闭的校园空间犹如一个个设置好的牢笼,学生恰如被关押的犯人,在教育的权威之下,被站在整个监狱全景的监视台上的学校和教师监视着。此时虚拟的网络空间使得校园"高墙"内的主体摆脱了"被监管"的状态,他们在尚未纳入学校监管范围内的网络空间自由表达,展现一个与校园内的"好"学生截然不同的另一个随性的"坏"学生状态的自我。

教育规训的制度约束着学生的校园生活,多数学生能够遵守规则达到一个"平均状态",但是,也有些学生作为自由的个体在进入被规约成功的群体时,成为明显的"例外",他们从"平均状态"中被区分出来,被教师贴上标签,并辅之以更为严苛的规则。他们继而希望挑战"高高在上"的老师的权威。而作为"看守者"的学校和教师自然不会允许权威和尊严被肆意挑衅,因而时时保持警惕,而学生则是虚假地应对着学校和教师的管理,"犯人"和"看守者"在暗中较量。现实生活中身体的不自由被中职学生在网络空间不断放大,寂寞孤独的倾诉开始出现并在学生的社交空间中蔓延开来。

---

① 金生鈜.规训与教化[M].北京:教育科学出版社,2004:31.

同时,层级化的监督与规范化的裁决保证着中职学校的秩序井然,也压抑和约束着中职学生因为生理和心理日趋成熟而产生的对性的追求。由于学校制度和老师们对于高中生早恋的强硬反对态度,中职学生在校园中得不到与异性亲密接触的机会,因而他们将对异性关注的渴求,对性的好奇转移到了网络空间。加之性教育和必要性心理引导的缺失和匮乏,部分中职学生受网络亚文化荼毒,对自我性角色的认知出现偏差,其精神状态已经偏离正常的轨道,呈现出精神越轨行为。

笔者认为,中职学生群体"前台"与"后台"的极大反差正反映了中职学生群体对于教育规训的另类抗争,教育规训的桎梏使得中职学生群体产生强烈的逆反心理,继而在暂不受校园监管的网络空间展现出来。

参考文献：

[1] 米歇尔·福柯. 规训与惩罚[M]. 刘北成,杨远婴,译. 北京:生活·读书·新知三联书店,1999.

[2] 高雪莲. 完美的"铁笼":规训"在场"的农村寄宿制学校——主体视角的柳溪村儿童学校教育考察[J]. 北京社会科学,2015(1):44-51.

[3] 齐格蒙特·鲍曼. 共同体[M]. 欧阳景根,译. 南京:江苏人民出版社,2003.

[4] 刘徽. 课堂管理隐喻转变:从全景监狱到蜂群[J]. 当代教育科学,2004(5):20-22.

[5] 阿依很·胡那西别克. 戈夫曼"前台"表演与"后台"呈现视阈下微博官员的形象塑造[D]. 西安:陕西师范大学,2014.

[6] 海德格尔. 存在与时间[M]. 陈嘉映,王庆节,译. 北京:生活·读书·新知三联书店,1999:148.

[7] 孙召路. 对当前青少年越轨行为的亚文化探析[J]. 北京青年政治学院学报,2005,14(3):32-36.

[8] 金生鈜. 规训与教化[M]. 北京:教育科学出版社,2004:31.

"一带一路"战略下中国对非洲传播策略研究

（吴隽然　中国传媒大学）

摘　要：中国国家主席习近平提出的"一带一路"战略，不仅是中国的国家战略，更是中国向世界履行"负责任大国"义务的全球战略，为中国和非洲大陆的共同发展打开了新的机遇之门，给中国和非洲这两个最大的发展中国家与地区在全球化背景下提供了明确的发展路径，也对推动中国的现代化建设具有广泛而深远的战略意义。

为了给"一带一路"战略提供一个良好的舆论环境，打破西方媒体给非洲民众灌输的"中国新殖民主义论"，中国必须提升在非洲的传播力，在传播理念上要尽量和西方国家进行区隔，淡化政治和意识形态色彩，着眼经济和民生发展，要遵循"中国方式"的传播理念来传播中国和非洲形象，要用发展的眼光报道"真实的中国"和"发展的非洲"。

本文旨在探讨在"一带一路"这一全球战略下，中国该如何提升对中非文化差异的重视，吸取过往传播经验教训和西方成功的传播策略，为新时期中国在非洲塑造良好国家形象及构建有利于中非共同发展的话语体系提供有价值的政策参考。

关键词：一带一路；对非洲传播；策略研究

一、引言

"一带一路"是"新丝绸之路经济带"和"21世纪海上丝绸之路"的战略构想的简称。它的提出为发展与沿线国家的经济合作伙伴关系，打造政治互信、经济融合、文化包容的利益共同体、命运共同体和责任共同体提供了明确的发展路径。"一带一路"战略构想为中国和非洲大陆的共同发展打开了新的机遇之门，为中国和非洲这两个最大的发展中国家与地区在全球化背景下提供了明确的发展路径，也对推动中国的现代化建设具有广泛而深远的战略意义。

为了给"一带一路"战略提供一个良好的舆论环境，打破西方给非洲民众灌输的"中国新殖民主义论"，中国有必要也必须加大在非洲的传播力，澄清事实，建立信任，增进感情，达成默契。由于非洲在历史上长期沦为西方国家的殖民地，在传播方面受到西方新闻传播思想的影响很深，西方思想和殖民文化对整个非洲大陆造成了不小的束缚。因此，我们在传播上要和西方国家有所区隔，尽量淡化政治和意识形态色彩，着眼经济和民生发展，要遵循"中国方式"的传播理念来传播中国和非洲，要用发展的眼光报道"真实的中国"和"发展的非洲"。

二、中国对非洲传播现状

中国目前在非洲面临良好的传播愿景和现实传播效果不佳的巨大"传播赤字"窘境，现有的非洲国际传播秩序和议程设置主要是由西方媒体主导的，"中国威胁论""中国掠夺资源论"等论调甚嚣尘上。在这样一种国际舆论氛围中，我们的对非传播没有很好做出应对之策。此外，由于一些在非洲的投资企业和个人的某些行为影响了中国形象，这也给我们的国际传播带来了很多困难。归纳起来，中国对非传播的现状可以归纳为以下几个方面：

（一）中国媒体在非洲面临市场竞争化的挑战

中国媒体在非洲的媒体竞争中属于后来者和新人，面临着西方媒体扎根非洲近百年历史的挑战。非洲大陆因为历史上长期沦为西方国家的殖民地，从语言、文化、宗教和心理上更加亲近西方。西方媒体如英国的BBC、美国的CNN和法国的TV5在非洲大陆已经经营多年，并且通常占据黄金时段。西方出版的英语或法语报纸、杂志（如《卫报》《经济学人》《时代》），在非洲的许多城市也随处可见。由于非洲国家的经济实力大多较弱，和中国距离又较远，因此，有关中国的新闻和观点几乎都是从西方媒体直接引用。

2012年1月11日，中国中央电视台第一个海外分台——非洲分台（CCTV Africa）在肯尼亚首都内罗毕正式开播，每天制作一小时的英文节目，包括《非洲新闻》（Africa News）、《非洲论坛》（Talk Africa）和《非洲面孔》（Face of Africa）三个栏目，内容涵盖非洲的政治、经济、社会和文化等方面。值得一提的是，在非洲分台的上百名员工中，当地人占了一半左右。虽然非洲分台的建立会大大提高"中国声音"和"中国形象"在非洲的覆盖率和到达率,但是它要面临非洲媒体市场不同于国内的媒体生态环境,需要面对如何减少官方面孔,实现商业化运作的巨大挑战。

从传播合作的本土化策略层面来说,中国要提升在非洲的传播力和影响力就必须在技术、人力和资本等多方面和当地媒体进行全方位的合作。近年来,中非媒体在人员互派、内容互换等形式下加强传播主体融合方面进展比较顺利。譬如,央视非洲分台目前已由原来的 2 个记者站发展到 14 个记者站,招募当地员工逾 100 人。但是,这些合作和西方媒体与当地媒体的合作相比还相对弱势,还远远达不到要在非洲精准传递"中国声音"和"中国形象"的要求。

(二)话语生产主体单一、应急性话语居多

中国当前在非洲的传播话语主要是由官方主导,缺乏提供理论支撑的智库,在国际舞台上尚未形成有较大影响力和品牌的话语体系。西方的智库、NGO、民调机构和媒体密切跟踪形势,长期准备,精心包装,推出的一些概念和提法,能够很快在国际战略、国家安全和发展战略、军事战略等方面主导国际话语权,后来者只有追随或者辩驳。而中国对非洲的传播从根本上说缺乏一个良好的顶层设计,传播话语也基本上是针对西方的指责和歪曲而做出的被动回应。从议程设置上说,没有很好地"以我为主"地设置针对我国在非洲发展的国际议程,其结果必然是拱手将权力让位于西方国家,造成不利于中国的国际舆论环境。

(三)公共外交远远不能适应中国在非传播新常态

中国的国际传播是国家外宣战略的重要组成部分,因此,所有的媒体都必须是官方媒体,无论是报纸、广播、电视还是网络新媒体。而官方媒体的特点就是口径高度一致,传递的是政府的声音,宣传的是政府的政策。这样做的结果就是:传播严肃有余,而亲和力不足,传播效果不佳。与此同时,中国在非洲的公共外交力度虽然进展良好,但是尚存在许多不足。主要表现在以下几方面:

第一,协调机制不合理。公共外交是国家利益延伸和实现的重要手段之一,需要服从和服务于国家和平发展的战略全局,统筹国际国内、官方民间、高层草根的资源和关系,以形成合力,收事半功倍之效。但我们现有公共外交机构运作方式各自为政,缺乏权威机构的领导和有效统筹规划的指导,未能形成清晰的战略和分工协作、优势互补的公共外交大格局。

第二,公共外交缺乏针对性。纵观中国在非洲现有公共外交,我们发现很多重形式轻内容、重表象轻实质、重投入轻产出的不良做法。活动参加的人员级别越来越高,会议的层次越来越高,相关论文的数量越来越多,可是

对非洲传播的研究质量却没有相应提升。

第三，公共外交的参与者未能有效地承担起应有的责任。公共外交是相较于政府外交而言的，其参与者更多是非政府组织、跨国公司和个人。而随着我国在非洲参与投资建设的企业越来越多，一些企业的不负责任和失当的行为也日益凸显。目前，在非洲大陆的华人有70余万人，参与投资建设的公司也超过2000家。在这样一个庞大的群体中，由于对当地语言和文化的了解不够，一些企业的某些商业行为对当地民众的利益造成了一定的伤害，对中国的公共外交工作造成了一定的负面影响。

三、西方国家对非传播策略

（一）法国对非洲的视听传播策略

法国在历史上长期对北非和西非的不少非洲国家实行过殖民统治，因此对非洲的传播历史相对较长，也积累了不少有效经验，这其中最为突出的是法国对非洲的视听传播策略。法国对非洲的视听传播始于1931年的巴黎世博会，在馆内设立针对非洲的殖民地电台。如今，法国对外视听传播控股公司（Holding Audiovisual Exterier de la France）整合了法国国际广播电台（RFI）、法国电视5台（TV5）和法国24小时新闻台（F24）等优质传播资源，对广阔的非洲大陆进行传播。为达到通过舆论控制非洲的目的、牢牢把握法国在非洲的话语权，法国电视5台（TV5）和法国24小时新闻台（F24）开设了专门的非洲频道，聘请当地人担任主播。法国国际广播电台注意根据非洲受众的收听习惯选择合适的语言表达和播放时段。2008年，该电台推出面向非洲的豪萨语和斯瓦希里语频道，使得目标受众变得更加精准。法国媒体对非洲的传播强调"我族中心主义"，有意识地把"法国的价值观"渗透进节目之中，使之成为"展示法国文化的橱窗"。如此，充分表现法国的美丽图景，展示法国人民与非洲人民的情深意长，增加非洲人民对曾经的宗主国的归属感。

（二）英国对非洲的广播节目传播策略

BBC是英国乃至全世界规模最大的广播公司，在对非洲广播上也当仁不让地扮演起领导者的角色。BBC的英语节目覆盖整个非洲大陆，固定播出新闻、音乐、特别策划以及在非洲举办的活动和发生的新闻事件。Focus on Africa每天播出四次，每次半小时，介绍当地的政治、经济、文体新闻。讨论节目BBC Africa Debate根据新闻发生的地点选择在何处录制。Story，Story节目则锁定尼日利亚，讲述当地老百姓的日常生活。

分析英国对非洲的传播策略,我们发现几个显著特点:第一,积极拓展全球新闻范围。在 BBC 电视台的大厅里,有一个雕塑,是一个伸向四面八方的话筒,代表着传播世界性的声音。BBC 透过自己对新闻事件的解读和评论,积极促进不同文化的交流和融合。第二,BBC 擅长以非洲受众为中心来制作节目的形式与内容。在节目内容的选择上,国际和国内的内容得到了有机结合。BBC 的强大报道团队保证了其新闻的国际视角,而对非洲本土的关注又让其比当地的媒体更加全球化地探讨非洲的未来。第三,积极利用公共服务扩大影响力。BBC 声称它有着建立在"告知、教育、娱乐"宗旨上的六大公共目标:公民(citizenship)、学习(learning)、创造(creativity)、社区(community)、全球化(global)和数字化(digital)。BBC 的这些目标旨在促进和非洲当地公民和社会的关系,透过对新闻事件的解读和分析向非洲民众推介英国的自由和民主,向非洲的不同年龄段的人群提供更多卫生、医疗、教育机会,提供非洲受众高质量的创新媒介内容,并将数字化成果向非洲推广。

(三)美国媒体的对非传播策略

美国是全球最大的媒体王国,其媒体影响力也是全球当之无愧的"龙头老大"。据不完全统计,美国现有 2310 家日报和周报,16139 家广播电台和 2258 家电视台。其中美国的有线新闻网(CNN)和美国之音电台(VOA)几乎能够覆盖整个非洲。CNN 全天 24 小时不间断向非洲提供新闻节目,对全世界的突发事件及重大新闻提供现场连线报道。美国的对非传播历史较长,主要体现出以下几个显著特点:

第一,目标受众非常明确。美国战略沟通和公共外交委员会政策协调委员会(PCC)发布了《美国公共外交和战略沟通战略》,明确强调确认目标受众的重要性:成功的公共外交和战略沟通必须考虑一般受众。美国之音(VOA)每天以 60 种语言向全世界传播,其中就包含非洲大陆。美国媒体充分考虑非洲各个国家的文化、习俗、收视习惯和收视兴趣等因素,从而广泛吸引了各个国家的受众,特别是青年族群。美国的很多杂志也会定制非洲版本,以更有针对性地对非传播。

第二,传播网络遍布非洲大陆。美国的传播网络几乎可以在非洲大陆的任何角落找到,有的是美国媒体的卫星和网络的直接传播,有的是美国和非洲当地媒体的合作传播。美联社(AP)虽然成立时间晚于法国的法新社(AFP)和英国的路透社(Reuters),但它却后来居上,在全球设有 300 多个分支机构。今天,全世界每天有超过半数的人从美联社了解新闻。这些传播网络都能保证美国及时地把自己的意识形态、价值观、政治制度和消费文化传播到非洲大陆的每一个角落。

第三，传播方式非常具有吸引力。美国的传播力之所以独霸全球，除了无可争辩的国家硬实力之外，"美国梦"的传播理念是其成功的重要因素，这也就是传播学中的"议程设置"。美国媒体擅于在对非传播中运用议程设置，如政治对立、民族冲突、贫困蔓延、粮食危机及瘟疫肆虐等，这些充满冲突的报道更加容易博得非洲民众的眼球。加之美国是娱乐帝国，美国的好莱坞、时代华纳、迪士尼、MTV 等娱乐大鳄的媒介内容更能将一个虚拟的自由、民主和繁荣的"美国梦"呈现在天性热情、奔放的非洲民众的面前，从而赢得了他们的好感。

四、"一带一路"战略下中国对非传播策略

中国目前亟须弄清"中国形象"被误读的理论根源，增强中国话语生产的能力，提升中国的媒体传播力、到达率和影响率，积极拓宽话语传播的管道，充分利用互联网技术和移动互联网技术，更多地将非洲的年轻族群作为传播诉求对象，积极传播开放、包容、和谐的中国文化。要努力塑造亲和友善的国家形象，减少误解和偏见，尊重当地文化、宗教和政治制度，将中国经济的"硬实力"和中国文化的"软实力"有机地结合起来，从而为中国和非洲的双赢插上"希望的翅膀"。

那么，"一带一路"战略下中国该如何提升对非洲的传播力，构建新型的中国在非话语体系呢？从技术操作层面来说，主要有以下几种具体的策略：

（一）建立具有全球视野的传播机制

中国的媒体在非洲已经建立了一些分支机构，但和西方媒体在规模和覆盖率上相比还有很大的差距。因此，我们首先要培养一支懂语言、通文化的人才队伍。在报道内容选择上一定要多报道非洲当地的民生新闻，在报道形式上一定要多样化，不要太过严肃，要富有亲和力。在重点国家和地区要派驻更多的记者，从而第一时间把当地的信息和中国的观点传播到全世界。此外，应更吸纳非洲本地的传播人才和工作人员，更好、更方便地了解当地民众的资讯诉求，采集更加真实可靠的新闻。中国媒体要真正融入非洲，被当地民众所接纳，在内容上要多报道当地新闻，适度减少中国新闻的比重。此外，在形式上多增加"软新闻"的报道，兼具新闻的故事性和趣味性。当然，"平衡报道"的原则是必须要坚持的。"一边倒"地报道中国的"美丽图景"并不能帮助非洲民众认识一个真实的中国和发展中的中国，也不符合非洲民众的接受习惯。

（二）重视跨文化传播策略

在国际传播中,文化是一个极为重要的因素。美国社会学家罗兰·罗伯森指出,一切国际政治都是文化性的,我们正处在全球范围内的文化政治时期。美国之所以成为全球霸主,除了强大的政治、经济和军事实力之外,富有巨大吸引力的时尚流行文化功不可没。好莱坞大片、肯德基和麦当劳、可口可乐和百事可乐、迪斯尼动画和各种时尚品牌已经成为全世界消费文化的偶像,这些符号都将美国文化的吸引力展现得淋漓尽致。

和谐文化是国家和民族的灵魂,集中体现了中华民族的品格,深深熔铸在民族的生命力、创造力和凝聚力之中。以爱国主义为核心的民族精神和以改革创新为核心的时代精神,不但是中华民族生生不息、薪火相传的精神支撑,是当代中国人民不断创造崭新业绩的力量源泉,也是建设和谐文化的强大精神动力。因此,"和谐文化"能够充分代表中国的国家形象,向非洲国家展示中国的文明成果和文化魅力。中国外交中的求同存异、主持公道、讲求诚信等原则都是吸取了中国传统文化中的"和合"和"己所不欲,勿施于人"的理念。而"中国梦"是建立公正合理的国际秩序之梦,体现了中国在国际关系中尊重人类文明多样性和发展道路多样性,积极参与推动建立公正、合理的国际政治经济新秩序,努力建设持久和平、共同繁荣的和谐世界的愿景。

我们在传播中华文明和文化的同时,也要充分尊重文化的丰富性和多样性,否则就会造成文化误解和冲突,甚至造成两国关系的恶化。非洲文化具有原始而神秘的村社传统和部落精神,和中国的"仁义礼教"文化大相径庭,故而很难理解中国的儒家文化及繁复的礼仪传统。我们要通过我们的国际传播来让非洲了解中国文化、认同中国文化,绝不是一蹴而就的,我们要有充分的耐心,用高超的议程设置技巧和丰满的传播产品来塑造与中国国际地位相称的国家形象。

（三）增强中国对非传播话语创新能力

中国要提升对非洲的国际传播力,必须要增强话语创新力,才能在国际话语舆论竞争中处于有利地位。在这个过程中,智库的作用不可忽视。2013 年 4 月,中国国家主席习近平首次将建设"中国特色新型智库"的目标提升到国家战略高度。中国要提升对非洲的传播力,必须要成立专门的对非智库,将一批具有专业研究背景的学者纳入其中。对和非洲有关的传播问题进行理论、历史和现实等多维度的分析和梳理;多提出一些和非洲国家息息相关的议题,如消除贫困、应对疾病、发展经济、促进民族和种族间的理解等。多在各种媒体上就相关议题发表观点及撰写评论,通过传媒扩大影响。同时,充分利用网络新媒体,把对非洲问题的研究以开放、及时、互动的方式呈现给世界,用意见领袖的声音去进行两级传播。可以创办一批智库刊物,向世界推介研究成果,发起、参与国际论坛,主动传播"中国声音"和"中国话语",能动地设置有利于中国形象的议程,推动中国和非洲互利双赢战略合作在国际上的认可度和接受度。

中国也开始意识到了智库对于话语构建的重要性,2011 年 11 月 3 日,第一届中非智库论坛在中国举行,中国、非洲 27 个国家和非盟等地区组织参加了会议。此论坛成为新形势下中非智库进行对话和交流的共享平台和固定机制,为探索中非更为广阔的发展前景、积极应对困难和挑战、为中非可持续发展及更好地造福于中非人民起到了重要作用。

五、结语

在"一带一路"国家战略下,我们必须思考如何构建中国在非洲的"话语战略",以有力回击西方"中国新殖民主义论"的论调。这就要求我们厘清对非洲跨文化传播规律,总结过往对非传播经验教训,借鉴西方成功经验,提炼出适合中国在非洲传播国家形象、构建中非共同发展话语的策略。并且,我们要加强对在非人员的国际传播技能,通过公共外交真正提升传播效果,为中非在 21 世纪的新型战略合作伙伴关系插上腾飞的翅膀。

参考文献:

[1] 居黎东. 文化与国家形象、国际影响力[J]. 当代世界,2005(12): 14 - 44.

[2] 刘贵今. 中国在非洲的舆情变化和对非公共外交[J]. 公共外交季刊,2012(4):41 - 46.

[3] 王眉. 中国在非洲话语的构建与传播[J]. 当代世界,2014(9): 25 - 27.

[4] 姚晓东. 如何向世界讲述中国故事——美国媒体国际传播的经验及启示[J]. 江海学刊,2010(6):104 - 110.

[5] [美]罗兰·罗伯森. 全球化:社会理论和全球文化[M]. 梁光严,译. 上海:上海人民出版社,2000.

从"搭戏台"到"打擂台"

——戏曲传播方式变迁中的人际关系与身份认同

（阮来祥　安徽大学）

摘　要：戏曲作为一门历史悠久的艺术形式，自古以来便在人们的生活中占据重要位置，无论是农闲节庆或是婚丧嫁娶，戏曲都是人们生活的最好调剂品。本文将戏曲传播大致分为两个阶段进行研究——以"搭戏台"为标志的露天传播阶段和以"打擂台"为标志的电视传播阶段，重点论述戏曲传播方式从"搭戏台"到"打擂台"变化前后人际关系与身份认同所表现出的差异。戏曲传播方式的变迁带来的影响是深远而复杂的，从观众的角度来讲，每个传播阶段因其独特的传播模式会对人际关系产生不同的影响；而从文化传播的角度来讲，戏曲传播方式的变迁所反映的是普通观众对戏曲文化传播从区域的身份认同到高度的文化认同的一个过程。

关键词：戏曲；传播方式；人际关系；身份认同

一、绪论

中国戏曲起源于原始歌舞剧，主要由民间歌舞、说唱和滑稽戏三种不同艺术形式综合而成，是"由演员饰演戏剧角色，综合运用唱、念、做、打等多种手段，在歌舞、语音、动作中展开冲突，为观众表演的一种舞台艺术样式"①。经过汉、唐时代的发展到宋、金时期才形成比较完整的戏曲艺术。戏曲作为我国特殊的艺术表现形式，以其亲民的表演风格和独特的艺术魅力而经久不衰发展延续至今，成为人们文化生活与社会生活的重要组成部分。

社会的发展水平与特定的传播环境决定了戏曲传播方式的多样化，随

---

① 郭克检. 戏曲鉴赏[M]. 上海：上海教育出版社，2011：2.

着传播技术手段的更新换代，戏曲的传播形式也从最初的露天戏台演出发展到近代的戏曲电影，再到现代的以电视为依托的戏曲栏目。"戏曲作为传统文化与现代艺术的双重性，使戏曲积淀了深厚的历史，遭遇了日新月异的现代意识。"①有关戏曲传播研究的问题由来已久，但大多数的研究都是分析戏曲文本，描述传播现象，多关注"传递"意义上的传播以及媒介融合时代戏曲传播面临的困境与出路。但是由于戏曲传播研究并未建立起自己的话语规范和理论体系，以致这些研究多停留在描述戏曲传播渠道或交流现象的层面上，缺乏对传播理论和戏曲传播在"仪式"意义上的探讨，不能将戏曲研究真正纳入传播学视野的范围内。

本文将戏曲传播大致分为两个阶段进行研究——以"搭戏台"为标志的露天传播阶段和以"打擂台"为标志的电视传播阶段。戏曲电影属于两者的过渡时期，因其本身的复杂性与包容性而兼具两阶段的传播特点，在此不作赘述。从观众的角度来讲，每个传播阶段因其独特的传播模式会对人际关系产生不同的影响；而从文化传播的角度来讲，戏曲传播方式的变迁所反映的是普通观众对戏曲文化传播从区域的身份认同到高度的文化认同的一个过程。

二、戏曲传播方式的历史变迁及其特点

作为一门历史悠久的表演艺术形式，戏曲自产生之日起便与传播息息相关。传播是戏曲生存的必要方式，也是其生命力的本质体现。随着时代的进步和传播技术手段的更新，为适应媒介生态环境的变化和迎合受众的观赏习惯，戏曲的传播方式也会产生相应的改变。时至今日，戏曲传播的历史大致经历了从以"搭戏台"为代表的单面传播模式到以"打擂台"为代表的多面传播模式的发展过程，实现从"戏台"到"荧屏"的改变。

(一)戏台时期的戏曲传播

戏曲发展至宋元时期逐渐成熟，当时戏曲的传播格局是星罗棋布，疏而不漏，无论是王侯将相还是乡野黎民，一经接触戏曲，都会被戏曲艺术的瑰丽精彩和绝妙表演深深折服，戏曲因此成为上至皇家贵族下至平民百姓日常生活的主要消遣。史籍中记载了大量的以戏台为娱乐场所的盛况，"每逢赛社之期，必演剧数日，扮演各种故事，如锣鼓、拐子、栅台、台搁之类，形形

---

① 陈平原.现代学术史上的俗文学[M].武汉:湖北教育出版社,2004:303.

色色,令观者有应接不暇之势"①,"正月赛社,土人妆扮登台,名曰杂戏,先以锣鼓旗帜遍游委巷,其古黄金四目,索厉驱疫之遗俗乎,或演剧迎神则高台小伞,骑马点统者率各数十人"②,戏曲在当时的受欢迎程度可见一斑。当时的戏曲传播主要是在勾栏瓦舍和梨园剧院中进行的,是一种面向普通大众的文化消费,四方的露天戏台演绎着人生百态,也承载着民众的喜怒哀乐。

早期的戏曲传播是在相对集中的观戏场所依靠"搭戏台"的形式进行的,严格来说就是一种原始的口耳相传的模式。这种情况下,开放的戏台与分散的观众形成了相对松散的传受关系,由于整个传播过程的即时性与直接性特点,戏曲传播的完成需要传受双方处于同一时空下,观众与演员的互动与反馈也是在传播的过程中完成的。因而,这时的戏曲传播活动是不可复制和不可逆转的。某种程度上来说,在"搭戏台"时期普通观众也是戏曲传播的主要参与者,这不仅仅表现在戏曲传播过程中演员与观众的互动与反馈,而更多地体现在观众在"听戏"之余所进行的商品交换与信息交流等活动。虽然很多观众并不只是为"听戏"而来,但四方戏台却是维系他们进行各种活动的核心纽带,从而将观众的集体活动纳入戏曲传播的范围之内。

(二)荧屏时代的戏曲传播

"打擂台"模式是"荧屏时代"的产物。"电视走进人们的生活,具备了戏曲演出、戏曲知识介绍、戏曲名伶访谈等多层面信息的传播能力"③,限制诸多的"搭戏台"模式因失去赖以生存的媒介环境而被逐渐取代,陷入了"门前冷落车马稀"的境地。媒介传播技术的进步为戏曲传播提供了更多的渠道,为满足戏曲传播的需要,现代传媒家族中的电影、电视和互联网成为被广泛采用的形式,为戏曲的传播带来划时代的革命和翻天覆地的变化。在电视传播时期,以"打擂台"为代表的戏曲综艺栏目最具代表性和影响力。自1985年中央电视台推出戏曲栏目《九州戏苑》以来,各大电视台也相继推出独具地方特色的戏曲栏目,如陕西电视台的《秦之声》,河南电视台的《梨园春》以及安徽电视台的《相约花戏楼》等,戏曲传播随之进入以"打擂台"模式为代表的电视传播的繁盛时期。

传统的戏曲传播是以"人际传播"的模式进行的,而现代的戏曲传播与接受日趋便利化、多样化和日常化,形成大众传播模式的特点。现代社会电视的高普及性也让戏曲由传统的"剧场艺术"摇身变为现代的"客厅艺术"。

---

① 新绛县志[Z].《礼俗略》卷十六.
② 荣河县志[Z].《礼俗》卷八.
③ 焦福民.戏曲网站与戏曲的网络资源[J].兰州大学学报:社会科学版,2010,38(5):151 -157.

这不仅扩展了受众的覆盖范围,同时也把观众从"搭戏台"模式的时空桎梏中解放出来,改变了看戏模式,极大提高了观众欣赏戏曲的自由空间。不过这种改变也在很大程度上削弱了普通观众在戏曲传播中的参与度,相较于"搭戏台"的模式而言,"打擂台"这种传播形式是单向的,缺失了演员和观众现场直接的互动和交流。观众的身份从"搭戏台"时期的"参与者"变为"打擂台"时期的"旁观者",这种身份的改变无疑是戏曲传播方式变迁对普通观众的人际交往产生的重大影响。

表1 "搭戏台"与"打擂台"传播方式对比

	搭戏台	打擂台
传播载体	露天戏台(公共场所)	电视荧屏(电子媒介)
传播内容	戏曲表演	戏曲竞技,戏曲综艺
传播目的	自娱自乐	文化宣传,收视率,盈利
传播过程	人—人	媒介—人
观众身份	参与者	旁观者
传播方式	直接传播	间接传播
传播范畴	人际传播	大众传播

三、从群体性狂欢到个体性娱乐：
戏曲传播方式变迁中的人际关系

戏曲表演以精湛的舞美编排、亲民的故事表达和正确的审美取向吸引、愉悦受众。戏曲为娱乐而存在,娱乐是戏曲的基本功能,从这个角度来说戏曲的传播就是娱乐的传播,娱乐传播是社会传播的主要功能之一,也是社会传播的主要内容之一。

戏曲传播由"搭戏台"时期发展到"打擂台"时期,跟随着传播方式和传播手段的变迁,人际交往关系也开始产生微妙的变化。"搭戏台"时期的戏曲传播是人人都是参与者的群体性狂欢,以戏台为中心形成群体活动的公共场地,个体以一种自娱自乐的方式自愿并积极参与其中,任何人都可以在戏曲传播活动中展开一系列的群体活动,个体之间都是交互的。而在"打擂台"时期,观众却都成了电视机前孤独的个体,除去在现场的极少部分观众,观众之间、观众与戏曲栏目之间很难发生交流互动,只能以"旁观者"的身份被动地接受传播内容,实现个体的身心愉悦。

(一)作为公共场所的戏台：商品交易平台与信息交流场

在缺乏娱乐生活的年代，听戏无疑是舒缓生活压力的良好方式。早期的戏曲传播是以一种面对面的传播模式进行的，表演者与观众之间的约束力不强，并没有形成严格意义上的传受关系。在这种相对宽松开放的环境中，"听戏"这一对受众来说的首要目的的重要性便被大幅度减弱。围绕着戏台在很大的范围内形成一片"公共空间"，在这里便衍生出除听戏以外更多的人际交往活动，成为"搭戏台"传播模式的独特传播景象。或许对很多观众来说，由于文化环境、语言障碍、自身喜好等因素的影响，戏台上的表演并不能对他们形成吸引力，但这却丝毫不会减弱他们对"搭戏台"戏曲传播活动所带来的各种"副产品"的热情。

"搭戏台"打破了乡村为进行商品贸易往来定期举行集市的固定模式，形成了一种自娱自乐式的群体狂欢。相对于听戏带来的精神愉悦，令观众更为欣喜的是，在沟通渠道相对匮乏闭塞的年代，"搭戏台"为受众提供了人员流动、交流感情、文化碰撞、交换信息所必需的公共场所。在唱戏的几天时间里，井喷式的人员集结与流动为商品交易提供了绝佳机会；来自周边乡村的群众所带来的各种消息，大到国家的内情外交、方针政策，小到个人的奇闻异谈、邻里琐事，所有这一切满足了终日被困于田间劳作的群众对信息的强烈渴望。

此时的戏曲传播仅仅是群众进行自娱的一个由头，围绕四方戏台所形成的公共空间才是戏曲传播的精髓所在，在戏台周围的公共场所中进行商品贸易和信息交流成为戏曲传播活动的重要组成部分，人们不会刻意关注戏台之上演绎的才子佳人的悲欢离合，他们的所谈所思都是现实生活中柴米油盐的酸甜苦辣，戏台上的只是娱乐，戏台下的才是生活。

(二)作为传播平台的擂台：戏曲竞技舞台与综艺节目秀

在以"打擂台"模式为代表的戏曲传播时期，从中央电视台到地方电视台都不同程度地设置了戏曲频道和戏曲栏目，戏曲传播方式也开始从"搭戏台"时期单纯的戏曲表演发展到"打擂台"时期的戏曲竞技和戏曲综艺。这一时期的戏曲传播不再是群众自发式的群体娱乐活动，而是组织性和目的性更强、专业程度稍高的戏曲竞技活动。

"随着时代的发展和新事物的不断出现，文化积淀下的观众思维模式、观赏经验、审美情趣也发生了变化。""打擂台"时期形成了"戏曲表演+娱乐+综艺"的传播方式。一方面，戏曲栏目通过综艺式的包装和娱乐元素来吸引更多的观众，提高收视率，并以固定的编排模式与相对专业的戏曲表演对观众的忠诚度与专业素养提出了更高的要求；另一方面，虽然这种混搭风格的戏曲传播仍以戏曲表演为主体,但片段式的戏曲竞技表演及广告植入不能完整地呈现"搭戏台"时期戏曲表演的整体性和艺术性,同时也已然失去了群众自发娱乐的纯粹性。

更为重要的是,对于电视机前的普通观众来说,这种传播方式的变迁让他们的地位从"参与者"的主体身份沦落为无足轻重的"旁观者",相对于"搭戏台"时期个体的高参与度和群体的交互性,在"打擂台"时期,观众失去了早期戏曲观赏的自由度,被牢牢地"限制"在电视机前,由于互动成本的提高和反馈的滞后让观众在参与节目的过程中显得无可奈何。同时,观众之间以及观众与表演者之间的联系与互动被阻隔甚至瓦解,观众只能作为孤独的个体坐在电视机前等待"被娱乐"。

四、从地域局限到文化扩散:戏曲传播方式变迁中的身份认同与文化认同

中国的戏曲传播历史悠久,是世界上一种独特的戏剧艺术。由于中国地域辽阔,民族众多,各地的方言不同,这为形成丰富多彩的地方戏提供了充足的空间。据统计,除了京剧以外,我国还形成了以评剧、粤剧、越剧、豫剧、黄梅戏等为代表的300多种地方戏。不同的地域文化滋养了不同的戏曲表演艺术,也造就了区域文化之间某种抵触与对抗,而这种文化对抗也随着文化交流的深入逐渐"破冰",从而使普通大众通过对不同区域戏曲文化的接受实现从区域的身份认同到对民族文化认同的转变。

(一)深受地域局限影响的戏曲传播——"自己人"效应下的身份认同

"搭戏台"时期的戏曲传播带有非常浓厚的地方文化色彩,此时的戏曲表演是根据地方文化特点进行艺术创作,并依靠着方言及声腔音乐地域性极强的特质来表现地域文化归属性的情感特征,具有很强烈的市民色彩、世俗力量和地方特色。一方水土养育一方人,在独特地域文化的影响下人们形成了独特的价值体系与审美取向。因此,为了保证戏曲的传播效果并符合"搭戏台"传播模式的传播特点,这一时期戏曲传播大都是以方言文化的影响界定范围,受众也局限于本区域的普通大众。

另一方面,由于这一时期交通不便,消息闭塞,普通大众除了日常生活的区域很难与外界产生联系,即便是可以接触到其他的地方文化,但由于风俗习惯、语言障碍和审美情趣等因素的影响也很难打破文化壁垒,他们对其他区域的文化总是秉持一种讳莫如深的态度,并不能理解甚或认同那里的地方文化。因此这一时期的戏曲传播活动主要还是以地方文化为基石,在

"自己人"效应下进行的。行政区域的划分和方言文化的影响决定了观众对戏曲文化的选择，同样的，人们也可以通过彼此透露出的对戏曲文化的喜好判断是否属于同一区域，进行彼此的身份鉴定。

"搭戏台"时期的戏曲传播呈现出"割据式"的状态，每个区域都拥有独特的戏曲文化，通过"自己人"效应促使戏曲文化在本区域内的广泛传播，实现区域文化的认同感与归属感，从而形成本区域的身份认同。实际上，从某种意义上来讲，与其说是大众的积极参与对戏曲的认同，倒不如说是对整个"搭戏台"传播方式衍生的社交活动的一种共鸣，是对自身生活方式与风俗习惯的认同。

（二）大众传播时代戏曲文化的扩散——突破地域文化局限的文化认同

各种因素的交织影响形成了"搭戏台"时期以地域传统文化为载体的"各自为政"的戏曲传播格局，这种情况下形成的身份认同其本质上是地方文化之间的对抗，是一种文化冲突的表现。文化的多样性和变动性造成了不同文化之间、不同人们的文化之间的碰撞、对抗和交锋，文化冲突便是不可避免的。文化冲突产生的原因在于人们对不同文化的认同，即人们对自我身份、角色的不同认知，也就是人们在身份上的冲突；而文化认同往往是文化冲突后的结果。

"打擂台"时期戏曲传播开始突破地域的局限，依托便捷多样的传播工具扩大传播和影响范围，交流频率的增加也使不同区域的人们深入了解、欣赏乃至认同彼此的地方文化。受众媒介素养与专业素养提高后不再仅仅将戏曲作为一项简单的娱乐活动去看待，而是作为一种民族文化的载体去认知。

普通大众热衷于"搭戏台"时期依靠戏曲传播搭建的社交平台，通过戏曲传播活动而对本区域的生活方式、地域文化等产生共鸣。在区域文化基础上形成身份认同，其对戏曲文化本身及其内涵的探究是不够深入的。而在"打擂台"时期，传播方式的改变限制了受众的活动范围，受众不再像"搭戏台"时期那样可以围绕戏曲演出从事各自的社交活动。现代的观众虽然失去了很多群体社交的乐趣，但传播渠道和节目类型的增多让他们可以更加全面、立体地了解戏曲文化，除正常的戏曲表演欣赏之外，有关戏曲表演流派、表演方式、服饰文化、各地戏曲文化的交织等方面的戏曲知识也调动了观众的认知兴趣。相较于早期戏曲传播囿于地域文化影响而促使观众形成的小范围的身份认同，这一阶段的观众开始更多地了解戏曲文化的内涵，摒弃地方戏曲文化之间的狭隘对抗，并自觉地把本区域的戏曲文化纳入整个民族文化的范畴之内，形成一种文化认同的态势。

五、结语

中国戏曲与古希腊悲喜剧、印度梵剧并称世界三大古老戏剧。戏曲不仅是我国文化宝库中的奇葩,也在世界艺术的殿堂中占据重要地位,其作为一门雅俗共赏的艺术形式,自广泛传播以来便与人们的生活产生了千丝万缕的联系。戏曲不只是娱乐的一种方式,更是人们生活状态的一种反映,是人们生活方式变迁的见证。戏曲传播的方式从"搭戏台"时期到"打擂台"时期经历了露天传播、电影传播、电视传播三个阶段,每个阶段的变化都是物质生活改善与传播技术进步的共同产物。

无论是对观众自身来说,还是就戏曲的传播来说,戏曲传播方式变迁带来的影响都是我们始料未及的。一方面,戏曲传播的内容更加全面,更符合现代的生活节奏。同时大众对戏曲文化的共鸣也使他们在心理上产生身份认同之感。但是,这种改变造就了观众从"群体性娱乐"到"个体性娱乐"的孤独,戏曲的快餐式传播破坏了其原有的质感,消解了戏曲独特的文化表达形式。如此种种,更多戏曲传播方式变迁带来的得与失还需要时间的证明。

随着互联网时代的到来,戏曲的传承面临着媒介融合大趋势带来的种种挑战。我们必须承认,由于戏曲受众的老龄化趋势以及年轻观众娱乐生活的多样性等原因,戏曲的受众范围正在急速萎缩。面对日益不景气的戏曲市场,为迎合受众的需求,很多的戏曲只能保留故事情节,舍弃戏曲的表达方式被改编成了电影或电视剧进行传播。"戏曲的传承要适应当代青年的审美需求,中国戏曲浸润着中华民族几千年的文化血脉,在不知不觉中,所积淀下的思维模式、观赏经验、审美心理在潜移默化地规范和限制着人们的意识行为、思维方式以及审美体悟。"如今,戏曲更多的时候只是作为艺术形式和文化符号被认知,如何将戏曲在新媒体时代继续传扬等有关戏曲传播的很多问题仍然值得我们去深思、去探讨。

参考文献:

[1] 焦福民. 从戏台到银幕——浅议戏曲电影传播的特点与出路[J]. 齐鲁学刊,2013,237(6):157－158.

[2] 崔新建. 文化认同及其根源[J]. 北京师范大学学报:社会科学版,2004,184(4):106－107.

[3] 吴平平. 戏曲传播研究:起源与展望[J]. 戏剧文学,2009,310(3):19－20.

[4] 陈健雄. 论电视戏曲节目的现状及发展途径[J]. 当代电视研究与交流,2010,252(8):68-69.

[5] 刘春梅. 新媒体时代的戏曲节目. [J]. 现代传播,2005,137(6):62-64.

[6] [美]詹姆斯·W. 凯瑞. 作为文化的传播:"媒介与社会"论文集[C]. 丁未,译. 北京:华夏出版社,2005:85-90.

[7] 余潇夏. 传统戏曲传播形态演变研究[D]. 江西:南昌大学,2013.

媒与城："建构"中的
"大湖名城 创新高地"

——一项基于《合肥晚报》的考察

（朱玟雅 姜 奥 安徽大学）

摘 要：城市形象作为一座城市的名片，不仅体现着城市竞争的软实力，更是影响城市现代化发展的重要依据之一。本文以合肥"大湖名城、创新高地"为例，基于《合肥晚报》相关报道的考察，分析《合肥晚报》是如何建构"大湖名城、创新高地"以及建构的内容、建构的原因。经分析发现，《合肥晚报》通过"大湖"及"创新"主体建构了一个由政府主导的城市形象。这样构建的原因有二：一是强调地理空间上的"大"，同时突出"全国唯一拥有淡水湖的省会城市"；二是合肥紧抓发展机遇，提升创新实力。

关键词：合肥；城市形象；《合肥晚报》

一、绪论

（一）研究缘起

改革开放以后，国民经济迅速增长，城乡之间的壁垒逐渐被打破，我国的城市化进程取得了快速发展。据统计，2011 年的中国内地城市化率首次突破 50%，达到了 51.3%。2013 年，城市化率已经上升了 3.7%。这些数据表明中国的城镇人口已经超过了农村人口。在迈向城市化的道路上，在现代化转型的道路上，在城市化进入关键的发展阶段中，大大小小的城市都在进行着脱胎换骨的改变。这意味着，在 21 世纪的头十年里，中国城市为"大建设"的浪潮所席卷。

在我国城市化的进程中，各个城市之间的竞争也越来越激烈。城市形象作为一座城市的名片，不仅体现着城市竞争的软实力，更是影响城市现代化发展的重要依据之一。但城市的盲目发展导致城市形象的同质化，形象定位的模糊,城市文化的单一,城市品牌的薄弱,无一不制约着城市前行的步伐。①

安徽,中部崛起的重要力量之一。2014年11月,《国务院关于依托黄金水道推动长江经济带发展的指导意见》首次明确了安徽作为长江三角洲城市群一部分的这一现状,安徽省会——合肥,作为重要参与者,成了世界级城市群的主角之一,这一定位让合肥迎来新的发展机遇。2011年,巢湖撤销地级市,行政区划调整让巢湖成为合肥的内湖。自那时起,关于合肥"大湖名城 创新高地"的构想就已经渐入人心。2013年2月,经过合肥市委中心组理论学习会议,"大湖名城 创新高地"这一城市定位被正式提出。在这样的时间和空间交汇点上,研究合肥的城市形象问题,更有理论与现实意义。那么本地媒体是怎样塑造合肥"大湖名城 创新高地"这一城市形象的呢?本文以《合肥晚报》为例,研究分析《合肥晚报》是如何建构"大湖名城 创新高地"这一合肥城市形象的。

(二)研究目的及意义

有学者曾说过,当下的社会是一个传媒的社会,我们的城市其实是一座传媒之城。② 大众媒介借助着自身不可忽视的舆论影响力,建构着这座城市的形象,日益成为一股影响社会进程的重要力量。

合肥,安徽的省会,这个迅速发展中的城市,自2005年初就开始大规模地推进城区改造建设,今年也恰逢合肥大建设的第10个年头。从一座小县城、小城市到如今"大合肥"的转变,合肥这座城市正是中国现代化进程中很多城市的缩影。本文以合肥为例,重点分析《合肥晚报》这一本土媒体如何塑造和建构合肥的城市形象,建构了一个怎样的城市形象。

对于这一问题的分析具有以下现实意义:随着社会的快速发展,城市形象不再是过去单一的城市建筑规划,而是从外形延伸到内涵,从理念发展到视觉,再到文化心理重构,演变成逐层深入的复杂系统。③ 在媒介迅速发展的今天,研究大众媒介对城市形象的建构具有重要意义。对于城市形象的研究,不应该脱离大众媒介的生态环境。本文将城市形象与传播学理论相融合,分析大众媒体对于城市形象的"再现"。

---

① 刘娜. 网络媒体中的城市形象传播研究——以"新浪网"新闻报道为例[D]. 西安:西北大学,2010.

② 方玲玲. 媒介之城——媒介地理学视野下的空间想象力与城市景观[D]. 杭州:浙江大学,2007.

③ 刘娜. 网络媒体中的城市形象传播研究——以"新浪网"新闻报道为例[D]. 西安:西北大学,2010.

近些年,经济和社会的快速发展让政府和媒体在城市形象构建方面处于更加主动的位置,但盲目、同质化的发展必然会导致城市形象建设出现雷同、中庸等问题。合肥,作为中部崛起的重要力量,这个兼具浓郁的现代气息和深厚的文化底蕴的城市,在政府提出"大湖名城 创新高地"城市名片之后,合肥的媒体是如何建构这一城市形象的,建构了一个什么样的城市形象及其原因,这些是本文所要研究的问题。

(三)研究样本

1. 关于《合肥晚报》

《合肥晚报》的前身为 1957 年 4 月 1 日创刊的《合肥日报》,是合肥资历最老的一家报纸。《合肥晚报》始终坚持"晚报特色",立足合肥,面向全省,发行全国。50 年来,《合肥晚报》综合实力不断增强,在其他各类评比中更是名列前茅。据中国新闻研究中心大众报刊调查显示:《合肥晚报》是合肥地区最具影响力的报纸。[①]

本文选取《合肥晚报》为例的原因主要有两个:一是因为《合肥晚报》于 2010 年正式改版,该报"最合肥、最生活"的口号贴近百姓、贴近合肥、贴近生活;二是因为 2009 年 11 月按照合肥市委部署及传媒业发展新的战略布局需要,《合肥晚报》华丽转身,成功实现了由党报向都市报的转型。这个转变较为特殊,那么《合肥晚报》这样的背景对建构"大湖名城 创新高地"又是否有什么特别之处呢?

2. 关于样本的选择

本文的样本搜集基于《合肥晚报》的电子版,通过百度"高级搜索",以"大湖名城 创新高地"为关键词进行检索。由于 2013 年 2 月,合肥市委中心组理论学习会正式确定"大湖名城 创新高地",而 2015 年 4 月为本研究的截止时间,所以将样本的时间定在 2013 年 2 月至 2015 年 4 月。通过查阅这些新闻发现,许多新闻中虽出现了"大湖名城 创新高地"的字样,但是却不是文章的议题,更多的是一个由头。所以如果文中只是提到"大湖名城 创新高地",却没有以其为议题进行报道的新闻则不算作样本,报道中以"大湖名城 创新高地"为议题的报道才算作样本。根据以上原因选取样本,共搜集 60 篇样本。本文对这些样本采取内容分析的方法,研究分析媒体对于该话题的呈现与建构。

---

① "功勋章"[N]. 合肥晚报,2013 - 09 - 18 (T04).

二、合肥"大湖名城 创新高地"的由来

城市名片是城市形象的一个重要部分。每一座城市都有各自的历史和文化背景,城市名片或代表城市形象的相关宣传标语可以把这种差异化的特质提炼出来,形成一种新的城市竞争力。合肥,这个在新中国成立时期还只是一个约 5 平方公里、5 万人口的小县城,在城市化、现代化不断发展的进程中,从"环城"时代、"现代化大城市"和"现代化滨湖大城市"昂首迈入建设长三角世界级城市群副中心以及打造"大湖名城、创新高地"的新阶段。

曾经的合肥是全国仅有的几座没有濒临江河的省会城市之一。2002 年3 月 6 日,合肥市新的行政区划的调整,原来的郊区用地和控制的城市楔形绿地变为城市发展用地,致使城市向南濒临巢湖发展趋势日益明显。2006年,合肥"141"城市空间发展战略提出了建设"滨湖新区",标志着合肥将从环城时代走向滨湖时代。

2011 年 8 月 22 日,合肥对城市行政区划进行调整,国务院批复同意了《关于撤销巢湖市及有关行政区划调整的请示》,撤销地级市巢湖,将巢湖划入合肥区域。自从巢湖成为合肥市的内湖之后,合肥成了全国唯一独立怀拥五大淡水湖之一的省会城市,合肥从"环城时代""滨湖时代"走向了"大湖时代"。

2013 年 2 月 17 日至 19 日,合肥市委中心组理论学习会正式确定了合肥"大湖名城 创新高地"这一未来发展的新目标,用"大湖名城 创新高地"替换了"三国故地、包公故里"这张合肥老"名片"。

对于"大湖名城 创新高地",合肥市委书记吴存荣是这样阐述的:"大湖",要使巢湖成为生态之湖、人文之湖、融合之湖;"创新"要把创新的精神、理念、模式、文化和资源等全面融入建设与发展中;"高地"要加快形成创新能力与产业高地、科技创新高地、人才高地、生态高地、文化高地、服务高地等;"名城"要进一步在全国找定位、在全球扩影响。[①]

三、"大湖名城 创新高地"的报道分析

在合肥"大湖名城 创新高地"的城市形象的塑造过程中,这座城市的

---

① 任自灵,蒋瑜香,付艳,吴家安.战略:大湖名城 创新高地[N].合肥晚报,2013 - 02 - 20(A18).

媒体也以自己最大的潜能来向世人展示着合肥的关键一笔。那么对于合肥这一重大变化,本地媒体《合肥晚报》又是怎么进行建构和呈现的呢? 为本研究依据样本和问题需要,笔者设计了如下研究方面:报道主体、报道议题、新闻来源、报道体裁和报道倾向。

(一)报道的主体

在对样本的分析中发现,关于"大湖名城 创新高地"数量较多的报道主体为"大湖"和"创新"两类,其他的报道主体较少,包括人才、高地、城市规划、环境治理等方面。"大湖"具体是指巢湖,而"创新"就是合肥的创新现状。为了研究《合肥晚报》建构了一个怎样的"大湖名城 创新高地",笔者主要对与其联系最为直接的"大湖"和"创新"这两个报道主体进行细致研究,将其余主体归为其他一类。

如图 1 所示,以"大湖"为报道主体的样本有 26 篇,占总量的 43%;以"创新"为报道主体的样本有 15 篇,占总量的 25%;其他报道主体 19 篇,占样本的 25%。

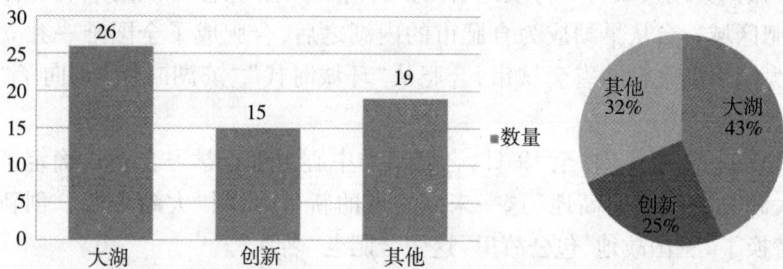

图 1 报道主体

合肥市委书记吴存荣说过:"提到合肥,现在首先想到'巢湖'与'创新',这两点是合肥最大的'卖点'。"①关于"大湖",一直贯穿整个建构当中。在报道初期,将报道重点放在了对巢湖环境的治理。首先肯定了"大湖"的重要地位,"没有巢湖的一湖清水,合肥的建设和发展就会受阻甚至停滞,打造'大湖名城'就是一句空话"②。将巢湖作为合肥建设中一项永不落幕的大

---

① 任自灵,蒋瑜香,付艳,吴芳. 合肥最大的"卖点":巢湖+创新[N]. 合肥晚报,2013 - 02 - 20 (A20).

② 付艳,蒋瑜香,任自灵,郑成功. 没有"一清湖水"何谈"大湖名城"[N]. 合肥晚报,2013 - 02 - 20(A21).

剧。而报道后期的重心放在了对环巢湖旅游产业的报道,主要对"环巢湖旅游大道"进行报道。

关于"创新"新闻主体的报道较"大湖"相比较少,在对"创新"的建构中,主要是对现有取得的创新成果的描述。如《"创新之城"确已名副其实》中提到:"如今,合肥平均每两天就会诞生一家国家级高新技术企业;发明专利授权量已居省会城市第 9 位。"①

(二)报道的议题

图 2 向我们展示了各报道议题的总量和比例。在选取 60 篇样本中,以"计划战略"为议题的报道处于最多的类目,共有 20 篇,占样本总数的 33%;其次是"成果现状"议题的报道,共有 15 篇,占总报道量的 25%;以"畅想展望"为议题的报道共有 12 篇,占总报道量的 20%;而"环境治理"报道有 13 篇,占总报道量的 22%。可以说,"计划战略"和"成果现状"是《合肥晚报》构建"大湖名城　创新高地"的两大议题。

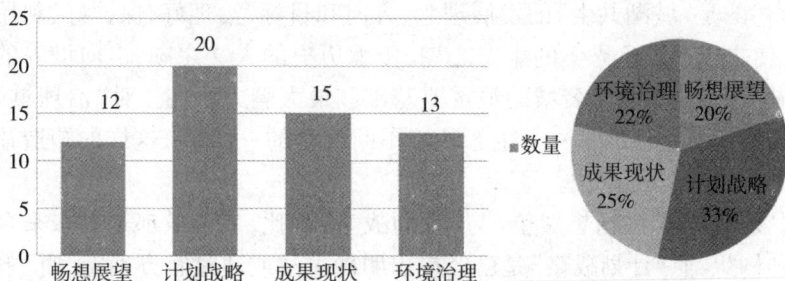

图 2　报道议题

"计划战略":"大湖名城　创新高地"既是城市新形象,又是城市发展的定位和目标。2013 年 2 月 20 日,通过合肥市委中心组理论学习会议正式提出后,这一目标被不断充实和提升到新的高度。如《合肥锁定"中四角"重要一极》《合肥东向发展追求大城梦想》《两年后乘坐地铁上下班》等报道,这些报道主要涉及对城市的整体规划、对交通的规划以及对城市文化建设的规划等方面。这些以"计划战略"为议题的新闻报道,向民众绘制了一幅合肥未来建设的图景,为民众呈现了一个井然有序、不断开拓进取的合肥形象。

"成果现状":"大湖名城　创新高地"的提出已有两年多,总结成果、描述现状也是媒体报道的重要部分。以"成果现状"为议题的报道,一直贯穿

---

① 丁力,罗敏."创新之城"确已名副其实[N].合肥晚报,2013－09－13(B03).

在这两年中。如《重点项目一路看来倍振奋》《"创新之城"确已名副其实》《"大湖名城、创新高地"巨笔华章》等报道。这些报道对合肥已经取得的成果给予正面肯定,获得"全国文明城市""幸福感最强城市"等多项殊荣;让受众看到了政府为"大湖名城"所作出的不懈努力,一定程度上为政府赢得了民心,为建构"大湖名城"营造了一种良好的社会氛围。

"环境治理":在城市建设中,合肥不光将注意力放在经济建设和城市发展上,对环境治理也尤为关注。在关于"环境治理"的13篇报道中,其中11篇将重点放在了巢湖环境的治理上,如《没有"一湖清水"何谈"大湖名城"》《生命不息　治湖不止》《巢湖治理将成湖泊治理样本》等报道。划入合肥行政区域之前,巢湖,五大淡水湖之一,曾一再陷入"蓝藻污染"的泥沼之中,得不到有效的治理,曾经名噪一时的第五大淡水湖也逐渐失去它的地位。"巢湖撤市"后,巢湖的治理工作划归合肥,成为近五年来合肥建设"大湖名城"的重点任务之一,使得巢湖与合肥的城市命运紧紧牵在了一起。依湖建城,依城治湖,可以说,治理巢湖就是"大湖名城"内容的一部分。由于"大湖名城"阐述的是"城湖共生"的发展理念、方向和目标,治理好、保护好、利用好巢湖,使之成为景色秀美的生态之湖、传承历史的人文之湖、走向世界的融合之湖,这是合肥成为名城的最重要基础和最大魅力所在。对"治理巢湖"的新闻报道所呈现的是一个生态环境不断改善的"大湖",这样的塑造让合肥更贴近"名城"的定位。

"畅想展望":"畅想展望"与"计划战略"相比,二者虽都是对未来合肥的一种构想,但"计划战略"是已经提出明确做法或通过官方确定,而"畅想展望"更贴近对合肥的一种畅想与期望。如《合肥要成为"美丽中国"缩影》《登"高"望远　临"湖"扬帆》《交"最美答卷"没有旁观席都是行动者》等报道表达了对合肥的希冀和期望。这部分报道是占样本比例最少的一个议题,表明媒体在对"大湖名城　创新高地"进行塑造时,既展现出对"大湖名城"的美好期望,又减少对其报道的比例,展示出一个务实的形象。

(三)新闻的来源

从新闻来源上看,如图3所示,《合肥晚报》关于"大湖名城　创新高地"的新闻报道中,"无明显来源"的报道有13篇,占总报道量的23%;以"政府会议"作为报道来源的新闻有17篇,占总报道量的30%;以"政府官员"作为新闻来源的报道有11篇,占总报道量的19%;以"政府文件"作为新闻来源的报道有6篇,占总报道量的11%;以"专家个人"作为新闻来源的报道有7篇,占总报道量的12%;以"记者媒体"作为新闻来源的报道有3篇,占总报道量的5%。

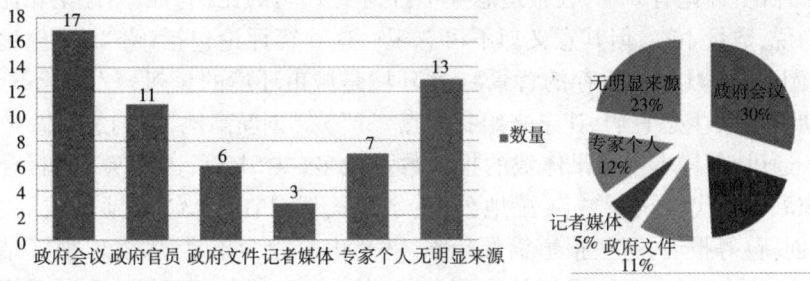

图3　新闻来源

新闻工作者选择谁作为新闻来源、选择哪一部分新闻信息、以怎样的方式对新闻来源进行处理，是奠定新闻报道的基础。从新闻来源中可以看出，"政府会议""政府官员"与"政府文件"虽然是不同的分类，可是它们之间存在一个共性，那就是这三种新闻来源都是具有政府性质的。这三种新闻来源的稿件加在一起共有34篇，约占样本总量的60%，"政府类"来源在新闻来源中占据显著地位。

媒体作为政府和人民的喉舌，但《合肥晚报》在建构"大湖名城"的过程中极少让受众发声，《合肥晚报》选择屏蔽市民的声音。这表明在建构"大湖名城"中，《合肥晚报》意在通过政府引导受众对"大湖名城"的看法，而非接受民众对这一城市形象的质疑。

（四）报道的体裁

如图4展示了《合肥晚报》对"大湖名城　创新高地"的新闻报道中新闻体裁的总量和比例。在选取的60篇样本中，通讯51篇，占总报道量的85%；评论6篇，占总报道量的10%；专访3篇，占总报道量的5%。新闻体裁呈现出重通讯的特点，关于"大湖名城　创新高地"城市形象的新闻稿件篇幅大多较长。

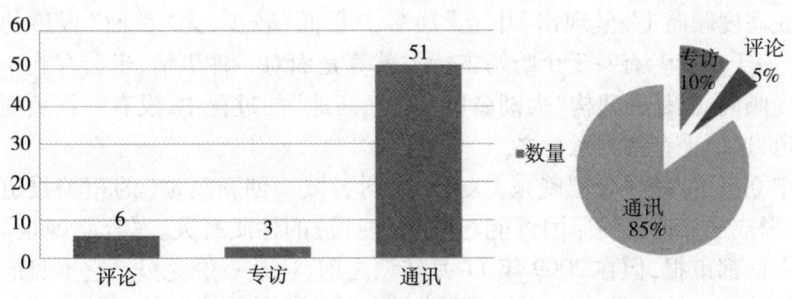

图4　报道体裁

评论：评论有 6 篇,在报道总量中占到了 10% 的比例。虽然评论相比通讯来说,数量不多,但其意义却不可忽视。这 6 篇评论包括《登"高"望远临"湖"扬帆》《城市生存的背景》《水环境是城市环境的灵魂》《生命不息治湖不止》《生态宜居,让未来给我们点"赞"》《"创新高地"我们怎么做?》。

通讯：总样本中通讯体裁的报道数量最多,共 51 篇,占 85%。如《合肥西南崛起现代科技新城》《湿地公园:水草摇摇自在生》《"大湖名城"关键词:创新》等报道,这些报道篇幅较长,并且内容较为丰富,大多以横式结构为主。这表明《合肥晚报》对"大湖名城 创新高地"的新闻报道愈加重视和深入,兼顾"大湖名城"的每一个方面。通讯是一种详细、深入的报道,重视发布综合性的消息,同时详细解读,深入调查,将一个全面透彻的"大湖名城"呈现在受众面前。详细的通讯报道,建构了一个各个方面都在发展的"大湖名城"。

(五) 报道的倾向

从图 5 中可以看出,《合肥晚报》关于"大湖名城 创新高地"的相关报道主要以中立报道为主,共有 47 篇,占总报道数量的 78%;正面报道为 13 篇,占总报道数量的 22%;无负面报道。

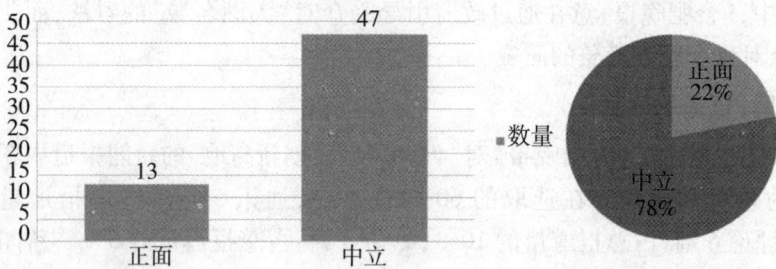

图 5　报道倾向

在态度倾向上,呈现出"中立"居多、"正面"较少、无"负面"报道的局面。"一千个读者有一千个哈姆雷特",就算是面对一件事情,也会存在不同的态度倾向,但是在建构"大湖名城 创新高地"的过程中,没有一篇负面倾向报道,这似乎有些刻意为之。

中立报道占据《合肥晚报》关于"大湖名城 创新高地"的相关报道的 78%,形成这一现象的原因可能与《合肥晚报》的性质有关。《合肥晚报》虽然是一份都市报,但在 2009 年 11 月转型之前,还是一份党报。它本身的定位和特殊的地位决定了《合肥晚报》在选取新闻方面更多地偏向于选择中立的新闻报道。中立报道数量居多,体现出《合肥晚报》从全局与公共利益出发,言论稳重。

虽然相比之下,正面报道数量较少,但是从城市形象的构建出发,正面报道的数量也是不能轻视的。如《生态宜居,让未来给我们点"赞"》《创新让我们的生活更美好》《看合肥:和为贵,谐为美!》等报道,在这些正面报道中,直接表达了对"大湖名城"的赞美之意。这些正面报道一方面肯定"大湖名城"所取得的成果,一方面对"大湖名城"的美好未来给予展望。数量虽然不多,但直接引导受众对城市形象的建构,能够对城市的发展提出赞美与建设性的意见,促进"大湖名城"城市形象的改善和提升。

四、"大湖名城　创新高地"的呈现分析

上文对《合肥晚报》关于"大湖名城　创新高地"的新闻报道进行了数据统计,那么《合肥晚报》对"大湖名城　创新高地"的报道为我们建构了一个什么样的城市形象,以及为什么构建这样的城市形象。

(一)合肥城市形象的建构

笔者发现对于"大湖名城　创新高地",《合肥晚报》主要从两个方面进行建构:一是从"大湖"角度,以巢湖的治理发展为主要内容;二是从"创新"角度,以"描述现有的创新成果"为主要内容。

1. 大湖名城:突出"大"合肥理念

在分析中发现,建构"大湖名城　创新高地"的过程中,提得最多的就是"大湖"。对于"大"有两个层面的建构:

一是突出地理空间上的"大"。以"大湖"为议题,放大行政区划调整效应,强调地理空间的扩大。2011年,由于巢湖撤市,合肥行政区域的变化为合肥带来了地理空间上的扩大,这次区划调整为合肥市下一步向区域性特大城市迈进奠定了坚实的基础。

二是突出"大湖"的"大"。建构"合肥成为全国唯一独拥五大淡水湖之一的省会城市"层面。合肥因水而兴、因水而名,因为巢湖的加入,合肥有了最大的"卖点"——巢湖。区域调整后,巢湖为合肥带来了新的发展机遇,这是合肥所独有的优势与特色,为了彰显唯一,关于巢湖的报道,前期的报道重心放在了对环境问题的治理方面,治湖是议题。而报道后期,重心放在了描述巢湖良好的治理效果以及环巢湖旅游产业带的兴起方面。这些建构了"大"合肥的理念。

2. 创新高地:丰富"创新"形象

合肥的资源禀赋,最大的"卖点"就是"巢湖"与"创新",但是笔者认为

这并非完全正确。巢湖是合肥实际拥有的，是无法改变的，但"创新"一词较为抽象，难以具体衡量。

对"创新"的建构，主要表现在对现有研究成果的描述，建构的是一个有良好创新环境、正处在迅猛发展中的创新城市形象。

(二)"创新的大湖"城市形象建构原因

1. 强调唯一：提高合肥知名度

巢湖的行政区域划分，是合肥拥有独一无二的资源优势，合肥成为唯一拥有五大淡水湖之一的省会城市。

但是对于合肥的独特优势，知名度还有待于进一步提升。所以，在建构"大湖名城　创新高地"的过程过程中，围绕"大湖"的报道，有助于提高"合肥作为唯一拥有淡水湖的省会"这一城市形象的知名度。

2. 凸显创新：抓住城市发展机遇

"创新"并非合肥独有，与其他城市相比较，合肥的"创新"实力难以超越北京、上海等城市，但合肥为什么还要建构"创新高地"呢？

笔者分析，原因在于"建构"是一个过程，对于城市形象来说，"大湖名城　创新高地"的两年发展时间并不算长。关于"创新"，《合肥晚报》报道较多的是合肥的创新现状和成果，客观来说，合肥作为中部城市，没有沿海城市的机遇，所以只能通过不断的改革、发展，抓住一切发展机会。在城市形象的建构中，合肥紧紧抓住现代化大建设的浪潮，给受众呈现一个具有创新实力和潜力的"创新高地"，打造一个现代化开放式环境吸引人才，反过来进一步完善合肥的"创新"形象。同时，"创新"这样开放、现代化的形象也有利于合肥融入长三角城市带，进一步提升城市竞争力。

(三)城市形象与城市演变

从合肥城市名片的纵向上来看，合肥"大湖名城　创新高地"的建构也反映着合肥城市形象和城市发展重心的改变。

在"大湖名城　创新高地"正式确立之前，合肥一直以"三国故地、包公故里"著称。这样的名片想把合肥打造为一个历史悠久、文化浓厚的历史古城的形象，重心在于把合肥打造成一个文化底蕴浓厚的历史古城。

而现在"大湖名城　创新高地"的形象重心在于把合肥塑造成一个现代化建设中的"大城市"形象，凸显的是一个现代化的合肥，一个力求快速发展的合肥。由此，可以看出一个城市的形象和这个城市的演变是有着密切关系的，在追求现代化进程的道路上，"大湖名城　创新高地"为受众构建了一个发展势头迅猛的合肥形象。

五、结语

如今，"大建设"的脚步不断改变着合肥的形象，随着"大湖名城 创新高地"的日益成熟，合肥的现代化大城市梦想已不再遥不可及，一个越来越大的"大合肥"正呈现在市民眼前。从新中国成立初期的5平方公里到如今的"大湖名城"，有着两千多年古老历史的庐州，一次次地实现着自身的转型。这一转型之路或许并不轻松，但却是无数个类似或落后于合肥的城市的缩影。

在城市的发展中，被称为社会上第四种权力的大众传媒，作为城市的一面镜子，以文字、图片、影像等符号来向人们呈现我们所居住的城市。① 公众心目中的城市形象很大程度上都来源于媒介，通过媒介的传播，对这个城市产生认识和理解。

但是，城市的发展不是单一的人口增长或面积的扩大，城市发展应当避免遍地开花，重要的是因地制宜。而媒体根据官方声音来建构城市形象，一味地追求呈现"大"城市形象，究竟是否可取？ 这是需要所有城市和媒体思考的问题。

参考文献：

[1] 姜红. 大众传媒中的安徽形象研究[M]. 合肥：安徽人民出版社,2012.

[2] 高文杰,路春艳. 城市特征形象系统(CIS)规划[J]. 城市规划汇刊,1996(6):33.

[3] 陈俊鸿. 城市形象设计：城市规划的新课题[J]. 城市问题,1994(5):24－27.

[4] 陈映. 城市形象的媒体建构——概念分析与理论框架[J]. 新闻界,2009(5):103－104.

[5] 谢迪君. 地方媒体与城市品牌传播关系研究[D]. 苏州：苏州大学,2008.

[6] 刘娜. 网络媒体中的城市形象传播研究——以"新浪网"新闻报道为例[D]. 西安：西北大学,2010.

[7] 朱群星. 长沙晚报城市形象报道研究[D]. 长沙：中南大学,2012.

---

① 姜红. 大众传媒中的安徽形象研究[M]. 合肥：安徽人民出版社,2012:5.

[8] 张嘉麒. 媒体城市形象塑造研究——以《成都日报》为例[D]. 成都：四川省社会科学院,2014.

[9] 江娟. 纸上空间：一个城市的报纸与它们建构和想象的城市[D]. 合肥：安徽大学,2011.

[10] 汤菁. "换城"故事——情境、传媒与交往中的"巢湖撤市"[D]. 合肥：安徽大学,2013.

[11] 王菁菁. 框架理论视角下的《人民日报》西部报道研究[D]. 济南：山东大学,2013.

返乡人员新媒体使用之于农村传统话语权的重建

——以安徽省阜南县柴集镇为例

（张　静　许　耀　安徽大学）

摘　要：本文基于对农村话语权转移现象的研究，通过访谈及参与式观察等调研方法分析新媒体环境下返乡人员对于农村传统话语权的解构与重建。研究发现，随着新媒体技术的发展，农村中为数不多能够熟练掌握新媒体技术的返乡人员，也逐渐在农村话语体系中占有越来越重要的地位。本文通过探究阜南县柴集镇返乡人员使用新媒体技术行为对于农村传统话语权改变的影响，从而发现新媒体技术在农村生活与人际交往中的重要性。

关键词：新媒体；返乡人员；话语权

一、引言

"话语权"，简单地说就是谁拥有说话的权利，谁说的话最终会对决策的实施起到决定性的作用。过去的农村，政府在传统话语体系中"一家独大"，然而随着有相对较高层次教育经历的、经济地位相对较高的农村返乡人员的不断增多，新媒体开始介入农村传统话语体系。因此，笔者认为现在的农村话语体系虽然是政府仍居主体部分，但返乡人员拥有越来越多的话语权，新型舆论领袖扮演着最贴近农民的角色，使用新媒体经营的农村企业也在农村话语体系中占据自己的一席之地。

安徽的人口大市阜阳，一直是省内农民工等劳动人口输出的主力军之一，阜阳市统计局人口社会科 2013 年的数据显示，阜阳市共有外出人口310.1 万人，且呈现出流量大、分布广、以经济性流动为主等特点。根据人口抽样调查资料推算，2013 年阜阳市共有外出人口 310.1 万，占全市户籍人口总数的 29.4%。也就是说，平均每 3 个阜阳人中约有 1 个外出人。笔者选择的柴集镇其下分布有 15 个行政村,大部分青壮年人口常年外出务工,是阜阳市阜南县的一个比较具有代表性的乡镇。近年来,随着集镇经济的发展,也有越来越多的外出人员选择回乡发展,此外,节假日等特殊日期也会有"返乡潮"的现象。这些现象的出现,为笔者的研究提供了可行的现实条件。

二、返乡人员的构成以及其使用新媒体的优势

(一)返乡人员的构成

随着新农村建设的推进,政府对农村企业扶持力度的不断加大,农村的基础设施和居住环境得到了改善,农村企业在得到发展的同时也需要大量的劳动力,这就吸引了大量外出的人员选择回乡就业,这其中比较有代表性的主要有农村企业家、农民工以及大学生。

1. 农村企业家

城市相对于农村来说有更多的消费需求,所以一些原先家庭条件较好但又不满足于农村生活的人在看到这一点后纷纷去外地创业,开设工厂、作坊等,生产出来的商品便可就近销往需求旺盛的城市。然而在经济飞速发展的今天,城市中的土地、劳动力等成本也在不停上涨,这就使农村的企业家们开始调整发展思路,把眼光重新放在农村。留守在乡村的人可以为企业提供价格较低的劳动力,新媒体及运输业的发展也能够为企业提供良好的销路。

2. 农民工

农民工外出务工一般能获得比单纯在家务农相对更好的收入,由于自己的父母和孩子大多还在农村,缺乏更好的照顾与亲情的关怀;而同时家中仍有田地需要打理,这些田地一般依靠年迈的父母或者直接废弃。因此,一旦农村中有可以保证收入而又能兼顾家庭的工作(如上述乡镇企业的劳动力需求),许多外出农民工便会选择返乡,这类人群一般以女性为主。

在走访柴集镇下属的孙岗村时我们了解到,一家雨具厂就回到了乡村中开办,其中厂里雇佣的工人大多是女性,且以返乡的农民工女性为主。

3. 返乡大学生

一些大学生与农村企业家一样看到了农村环境中可以利用的资源与劳动力优势,也纷纷选择回乡发展现有家乡产业或创业。笔者在调研时入住的宾馆便是一个刚毕业不久的大学生开的,而整个街道上拥有无线网络、网络电视及其他相对较好设备的宾馆也仅有这一家。

除了回乡创业这一途径,大学生返乡或者到乡村去还有另外一种形式,

即大学生村官。

（二）返乡人员使用新媒体的优势

返乡人员都在城市环境中待过很长时间，他们在接触新媒体技术的频次上都或多或少高于其他农村人口，而在受教育程度及媒介素养上一些返乡人员也会有一定的优势。所以他们在接触和使用新媒体时，拥有一定的主、客观方面的优势。

1. 主观方面

大学生和农村企业家有比其他农村人口拥有较好的新媒体信息处理的知识和技能，而这些技能的掌握程度和教育以及先前使用媒体的频次有着密切的关系，他们使用新媒体有的是为了和同学们、其他企业家保持联络、资源共享，有的是为了使用新媒体找工作，有的企业家运用新媒体宣传自己的产品和企业，总之，他们有比其他农村人口更高的接触和使用新媒体的主观意愿。

而农民工为了能在城市中得到更多和更好的工作机会，就同样要保持一个通畅的资讯网络。同时作为一个在外工作的农民工，也许还有自己的父母与孩子留守在农村不能陪伴，因此保证与家庭的联络也至关重要。

2. 客观方面

人们在新媒体的接触和使用方面的基础设施、软硬件设备条件上有一定的差异，这种差距在农村更为明显，当我们在讨论何为"光纤"的时候，他们仍然用着2M、4M网速的宽带。经济地位优越者自然拥有更好的新媒体软硬件设备条件，这时农民工、农村企业家以及有自己收入的大学生在这一方面就比其他农村人口有更多的机会接触和使用新媒体。

三、话语权以及农村传统话语体系

（一）话语权

"话语"一词有广义、狭义之分，劳允栋在《英汉语言学词典》中这样解释狭义的"话语"："一个人在一次言语行为中用词的序列所表白的内容"，"它可以是一个词、一个句，也可以是句以上的单位，如段落、段落群等"；广义的话语泛指人们所说的话。

在1998年有关微软市场垄断行为的美国国会听证会上，Sun Microsystems公司的首席执行官斯科特·麦克尼里评论微软视窗操作系统的统治地位时说："比起视窗来，我唯一宁愿要的东西是英语或汉语或西班牙语，因此，我要求你支付249美元，获取一个说话的执照。"人们说话的权利也是如此，你有说话的权利别人才会听到你的意见，因此，"话语权"是语言权利的一种具体表现形式。"话语权"是"人们为了充分地表达思想、进行言语交际而获得和拥有说话机会的权利"。简言之，"话语权"就是谁拥有说话的权利以及谁说的话最终会起到决定性的作用。我们关注更多的是媒体话语权和政府话语权的研究，对农村话语权的研究很少。在农村是谁在说话，谁或者哪个组织说的话最终起到决定性的作用，新媒体的不断介入对农村话语权起到了什么作用？返乡人员由于拥有较高的文化素养和经济水平，他们在其中扮演了越来越重要的角色。

（二）农村的话语权体系

传统意义上的农村，人们居住较为分散，家族围绕在一起聚居的情况仍较为普遍，政府组织只延伸到乡镇一级，农村自治组织和农民的生活更为贴近，因此笔者认为农村传统话语权的特征可以总结为以下几点：

1. 政府拥有绝对优势的话语权

虽然村两委不是政府机构，而是村民自治机构，但更多地表现为一种上情下达的组织，村民有什么疑问或者纠纷找到村两委，能解决的村两委解决，不能解决的上报给乡镇政府，乡镇政府把处理意见传达给村两委；如果中央有了新的政策，更多的时候是乡镇或者县市一级的政府，派遣相关人员来村里解读和传达；乡村企业如果需要技术支持，大多数情况下也是由政府出面邀请专家来讲解；村民接触到最多的媒体是电视，通过媒体发声的大多是政府机构，新闻中采访的权威机构大多也是政府组织，潜移默化中村民也会认为政府拥有优势话语权，是政府在说话，政府说的话大多数人会选择相信。因此，在农村传统话语体系里，政府拥有绝对优势的话语权。

2. 家族长辈和家庭长辈拥有小范围内的优势话语权

中国农村的乡土性使农村治理主要依靠家长制、宗族制和人情关系，所以长期的历史渊源决定了在农村有很多村落的农民只有一个或两个姓氏，他们推荐自己的族长，家族内部有什么事情比如修宗祠、修族谱、红白喜事等都由族长召集族人商量并做最后的决定。在这其中有很多四世同堂乃至五世同堂居住在一个院子里或者周围，在中国的传统孝道的影响下，家族长辈拥有更多说话的机会，人们通常会听从一个家族长辈的话语进行某项活动，一个小家庭也是如此，祖父母和父亲大多数情况下扮演决策者的角色。因此，家族长辈和家庭长辈就拥有了小范围内的优势话语权。

3. 传统舆论领袖拥有一定话语权

这类人包括：年长而阅历丰富者，乡村教师、乡村医生、媒婆等和农民生活息息相关的有一定职业地位者，以农村企业家为代表的有较高经济地位者等。他们因为在农村的某一个领域里任职或者有较多建树而拥有一定的话语权，比如乡村教师对于农村教育、农村医生对农民家庭成员的健康、媒婆在适婚青年以及大龄青年婚事方面、年长者对于世事的洞察等。举例来说，在原先没有新媒体设备的农村，教师获得教育资源及知识的方式都差不多，而较为年长的教师以其丰富的教育经验更容易得到其他老师及家长的信任，在教育教学方面更有话语权。

四、返乡人员使用新媒体对农村传统话语权的重建

新媒体的传播和发展需要一定的文化素养和经济基础，传统意义上的农村，基础设施建设远不能和城市相比较，但是近年来随着新农村建设的不断推进以及像"家电下乡"等国家级层面的优惠政策的不断实施，以及随着接受了高等教育的、拥有相对较高收入的返乡人员的不断介入，新媒体在农村得到了一定的发展，对传统的农村话语体系产生了一定的冲击。新媒体的使用对传统话语权进行了重新分割，但是政府仍居农村话语体系的主体部分，返乡人员拥有越来越多的话语权，使用新媒体的新型舆论领袖扮演着贴近农民的角色。

（一）政府在农村话语体系中仍占主体地位

政府在传统农村话语体系中的绝对优势地位，随着新媒体的不断介入，这种绝对优势地位开始动摇，甚至开始式微。乡镇政府发现新媒体不断介入农民的生活，其接受信息的方式不再仅仅是通过广播电视或者村两委的传达，更多的是通过新媒体来了解外面的信息，新媒体抢占了诸如返乡务工人员、大学生、乡村青年企业家这些农村的"精英阶层"，政府随即跟上了步伐，创建了自己的官方微博以及微信公众号，比如阜阳市阜南县柴集镇团委发现现在很多的年轻人，特别是到村任职的大学生村官、选调生特别喜欢用微信公众号了解一些时事，于是就组织了一些对新媒体使用较为熟练的大学生村官创建了自己的微信公众号"柴集镇人民政府"。使用新媒体的农民在同时看到政府发布的消息和一个个人或者舆论领袖发布的消息时，更倾向于相信政府发布的信息，因此，政府在农村话语体系中仍占主体地位。

虽然政府开始创建微信公众号，利用新媒体的优势进行宣传，但这其中仍存在着许多问题亟待改进。在笔者想要进一步关注该微信号时就发现了这样一些问题：

（1）农村政府机构官方微博和微信公众号的内容大多直接照抄或者截取官方的报纸、网络，缺乏原创性和贴近性，很难吸引农村受众的深入阅读

和接受,流于形式。

(2)柴集镇人民政府的微信公众号如果要完成关注,必须要经过手机或者邮箱验证,而进一步验证时笔者的手机号没有在政府登记就不能完成关注,也看不到任何历史信息,作为微信公众号的影响范围有限。

因此虽然政府的权威性使得它仍在农村话语体系中占据着主体的地位,但却也在不断遭受着新媒体发展带来的冲击与挑战。

(二)家(族)庭中使用新媒体的成员话语权的提升

随着移动互联网的不断深入发展,在农村家庭中和城市一样最先得到信息的方式不再是通过电视或者报纸等传统媒体,而是手机、互联网等新媒体,新媒体不仅能得到实时的消息,而且在信息的展示方面不再是单纯的视频或者音频,而是在超链接基础上的文字、视频、音频的全方位展示。大部分家族中的长辈因为媒介素养的原因,很难通过新媒体来获取最新的信息,他们在话语权方面就会受到一定程度的限制。而家族中以大学生、青年企业家为代表的使用新媒体的成员越来越多,他们利用新媒体接收实时信息,深入了解和解读事件或者政策,自然而然就拥有了更多说话的权利。即使最后做决定的不是使用新媒体的成员,但是他们的意见和建议也会深刻地影响到做决定的家庭成员。

在与柴集镇街道相距不到两公里的地方,是罗湖村,它是一个新农村建设的试点。在这里笔者遇到了一个初三学生,通过他我们得知罗湖村的街道上目前只有一家有电脑,并且接通了宽带可以上网,而这家的主人就是他的哥哥。他告诉我们他的哥哥之前也是在外地打工,今年回来结婚,然后就在当地找了工作没有再外出务工了。因为镇上的学校里有电脑课,所以他也会使用电脑,自从他的哥哥家买了电脑装上了网络后,他就经常去哥哥家,用哥哥家的电脑去搜一些老师上课说过的教学视频和中考模拟试题。他的奶奶一开始仅从电视上了解到一些关于网瘾少年的负面信息,所以并不同意他接触电脑,但通过其哥哥对电脑知识和用处的介绍及劝解,老人家的态度也逐渐开始改变,允许孙儿上网,但一定要在其哥哥的监督下正确使用网络。此外,近两年淘宝等网上购物现象开始出现并兴起后,会使用网络的年轻人也会通过淘宝买衣服及各种家用物品,因此家里的很多东西都会让他参考并在网络上购买。久而久之,不论大小事务,家里的老人都会去问一问他有没有什么好的想法,或者说网络上有没有什么好的想法。从这里就能看出,在一个家庭或家族中,会使用新媒体的年轻人其话语权开始逐渐提升,甚至开始掌握话语权。

（三）以熟练使用新媒体为基本特征的新型舆论领袖的产生

在传统农村社会,舆论领袖大多"无所不管",是典型的"复合型"舆论领袖,就像上文提到的年长者,婚丧嫁娶、邻里纠纷等事情都要请其出面解决,而随着新媒体的不断介入,舆论领袖更多地向"单一型"方向转变。在农村,青年人自由恋爱的比较少,大部分都是父母通过媒婆来给自己的孩子找对象,那时候媒婆在农村的社会地位也比较高。随着新媒体的迅猛发展,诸如百合网、世纪佳缘等相亲网站、手机 APP 的兴起,新媒体里的"资源"比几十个媒婆拥有的"资源"还要多,这时一个能够熟悉使用新媒体的在特定领域里的舆论领袖,就在农村婚姻方面的话语体系里占据了自己的位置。这时,我们这里所谓的"新型舆论领袖"就不仅仅是指一个人或者一类人了,也许是一款手机 APP,也许是一个和农民生活生产息息相关的网站。

在柴集镇孙岗村,当地有一所条件设施非常落后的小学,加上学前班只有七个班,几乎是一个年级只有一个班,校舍环境也是非常简陋。全校老师都在一个办公室里,加上校长不超过十个人。在学校里进行访谈的时候,办公室的老师们告诉笔者,因为年纪有点大加之农村条件设施跟不上,大部分老师平常很少会接触也不太会使用新媒体,但办公室里一位教英语的年轻女老师除外。通过与这位老师的访谈笔者得知,这位老师是从阜南县城的一所学校调过来的,她告诉我们虽然孙岗村里的设施比不上县城,但好在离家近可以每天回家,所以还是愿意在这里教书。她住在柴集镇上,因为家里有电脑和网络,所以学校里的老师会经常跟她交流一些教学方法,也会让她看看网络上有没有什么好的教学资源等。因此,会使用新媒体的她便成了小范围内的新型舆论领袖,同时在办公室许多年长有经验的老师中有了一定的话语权。

（四）使用新媒体经营的农村企业占据了农村话语体系的一席之位

使用新媒体生产经营的农村企业影响了农村生活的方方面面,正因为如此,在农村话语体系中,农村企业及其经营者们也能够拥有不可替代的话语权。

在阜南县的后湖农场,办公室人员给我们介绍,在现在农场工作中,他们雇佣的一部分工人是从外地打工回来的,因为农场是生产水蜜桃的,所以他们也是有一定生产周期的,这样工人们就可以根据这一周期安排工作时间,利用空闲时间来照顾家庭打理农田,甚至可以外出务工一段时间。作为一个能够提供工作岗位的企业,在当地的村民中间有着极其重要的地位,因此也有了一定的话语权。

同时工作人员还介绍到,他们企业每年都会通过网络进行义卖,所得善款均通过红十字会捐给需要的农村村民,这不仅改善了这些农民的生活条件,而且是一个宣传自己企业的良机,除此之外企业也会组织网络义卖,将所得善款捐给所在的村庄修路。现在,农民遇到什么棘手的事情解决不了,特别是在资金方面,第一个想到的不是政府,也不是金融机构,而是乡村企业的老板,那么这时乡村企业在农村事务中就有更多说话的机会,对乡村事务的处理意见就会得到更多人的支持,自己也在农村话语体系中占据一席之地。

五、结语

2013 年 8 月 1 日,《"宽带中国"战略及实施方案》正式启动,旨在推动我国宽带基础设施快速健康发展。《"宽带中国"战略及实施方案》提出在推广普及阶段(2014—2015),固定宽带用户超过 2.7 亿户,农村家庭固定宽带普及率达到 30%,行政村通宽带比例达到 95%;在优化升级阶段(2016—2020),行政村通宽带比例超过 98%,农村家庭宽带接入能力达到 12Mbps。笔者调研的地点为安徽省阜阳市,既是安徽的人口大市,也是安徽省乃至中部地区新媒体发展的一个缩影,2015 年是推广普及阶段的收官之年,可是在阜阳市阜南县柴集镇,笔者初步的摸底,在其辖下的罗庄村、后湖村等其宽带普及率远达不到百分之 30%。

在宽带发展如此缓慢的农村,新媒体的普及之路仍然漫长而艰巨。但在这样一个初始阶段中,传统的农村话语权就开始产生了分解与重构现象,由此可知随着新媒体技术的进一步发展以及返乡人员对于新媒体普及的驱动力下,农村的话语权重构也仍然会继续下去,而在这过程中也暴露出了许多问题。

(1)官方微博以及微信公众号的原创性。政府的公众号大多复制上级政府的公文,流于形式,没有原创性,因此农村使用新媒体的受众就会很少在意里面的内容,这样很难吸引受众的长期关注。虽然在农村话语体系建设中允许不同声音的出现,但是,政府在这其中必须是最权威的信息源,做到这一点,首先要做到自己的新媒体覆盖到了大部分的受众,这时,有别于传统党报文体的富有原创性的文章会吸引一定的受众群。除了内容,在形式上应该突破地域的限制,能让更多的受众有机会了解到该公众号的内容,而不是通过短信验证的方式限制受众群。

(2)农村新媒体的软硬件设施建设资金、技术支持跟不上新媒体的发展进程。在阜南县柴集镇,很多中小学现在还没有覆盖投影仪,可是在城市或者中心镇中小学已经享受到"班班通"所带来的多媒体福利。学校中的新媒体应用只是农村生活方方面面中的一部分，但从中也能看出农村与集镇在硬件设施方面的差距。因此，要在农村地区加快实施并尽快推动"宽带乡村"工程，将宽带纳入电信普遍服务范围，重点解决"宽带村村通"问题。

（3）加强农村新媒体的监管，谨防邪教、传销等非法组织使用新媒体从事违法犯罪行为。农村的新媒体发展正处于起步阶段，各种制度都还不是很健全，加之农村使用新媒体的受众在媒介素养方面和城市人群有着一定差距，容易给邪教、传销等非法组织以可乘之机，这不仅需要政府机构加强监管，健全制度建设，更需要广大受众来提升自身的媒介素养，不仅能使用新媒体，能通过新媒体来发声，更要能分辨新媒体中信息的真伪、善恶。

参考文献：

[1] 劳允栋. 英汉语言学词典[M]. 北京：商务印书馆，2005：549.

[2] 冯广艺. 论话语权[J]. 福建师范大学学报，2008（04）：54-55.

[3] 郭庆光. 传播学教程[M]. 北京：中国人民大学出版社，2013.

[4] 陈功榕. 新媒体时代公共话语权探析[J]. 东南传播，2012（10）：42-43.

[5] 陈伟球. 新媒体时代话语权社会分配的调整[J]. 国际新闻界，2014（5）：79-91.

[6] 尹嵩. 新媒体时代话语权的博弈与权力关系的重构[D]. 沈阳：辽宁大学，2011.

媒介·权利·表达:新闻传播与网络化社会

农村网络消费的"虚"与"实"

——以安徽省阜南县柴集镇为例

(丁家佳 詹 婷 安徽大学)

摘 要:网络消费在农村社会不再是一个新词,计算机及手机等新媒体在农村社会的迅速普及为农村网络消费奠定了基础。在对阜阳市柴集镇做实地调查后发现,网络消费拉动农村市场经济繁荣的同时也在改变着农村社会的整体风貌,例如网购"意见领袖"的出现、网络消费对于村民亲情的维系、网购作为新型生活方式的兴起等。随着智能手机等移动终端的普及和网络的覆盖,农村网络消费有广阔的成长空间。

关键字:网络消费;农村;媒介

一、引言

随着网络技术的成熟和计算机的普及,网络覆盖率日渐增高,越来越多的人将网购作为一种新的时尚标志。"截至2013年底,我国网络消费者的规模达到3.03亿,较2012年增幅24.7%;2013年网络消费的交易金额达到1.85万亿元,市场占有率为7.9%"①。网络消费具有选择多样性、消费的个性化、消费环境的隐匿性等特点。作为网络时代带来的变迁之一,网络消费已经逐渐嵌入大众的日常生活中,成为一种生活方式改变着人们的生活。

由于媒介使用的特性,网络消费的研究对象侧重于青年群体、城市人群、高收入者等群体,而实际上网络消费的触手已经伸向了处于媒介接触劣势的农村大众。中国互联网信息中心发布的统计报告显示,截至2013年底,我国农村网民达1.77亿人,占28.6%,较城市网民的增长速度高5.5%。农

---

① 闫学元,张蕊. 我国网络消费行为影响因素[J]. 商贸流通,2014(33):10-12.

村具有庞大的网络消费空间和潜力。对目前农村网络化消费现状的研究和探索，包括对受众网络消费频度、消费心理、消费偏好、消费人群等的探究，并从大众传媒的角度来解读媒介对农村社会生活带来的改变，能更好地掌握当下农村经济发展的实态，从而更好地为乡村经济的发展服务。同时作为一种在农村初生的新兴社会现象，对农村网络消费的研究甚少，望本文对阜南县柴集镇的调查研究可抛砖引玉。

二、研究背景

信息时代，就媒介之便，网络消费席卷人们的日常生活，网购不仅成为一种重要的消费方式，更是作为一种生活方式改变着大众的生活。作为媒介与大众实际生活结合的重要方式，网购这种新型的购物模式以其方便快捷等优点，正在瓜分着巨大的市场份额，同时实现资源的高效配置。由于媒介接触的素养要求较高，网络消费人群多是信息接收能力较高及掌握媒介使用技能的青年群体，在区域方面体现在城市居民网购的频次高于乡村居民。但是随着知识鸿沟的逐渐消弭，农村居民媒介素养的提高，网络消费在农村有庞大的需求空间，农村网络市场已出现萌动甚至是崛起之势。将眼光投至农村网络消费是势之所至。

农村市场成为网络电商们的新战地，与城市网络消费相同，货物价格低廉、产品选择性多、运输便利等也是农村网络消费的诱因所在，但是农村网络消费较城市网络消费依然呈现一些新的特点。另外，农村网络消费的迅速发展为农村整体的经济发展带来无限张力，同时网络消费作为一种新型生活方式也在无形中构建着人们的社会关系，重塑着人们的社会生活形态。本文选取了安徽省阜南县柴集镇为研究对象，拟从经济、媒介、社会等多个角度分析该地的农村网络消费现状，并进行归纳阐释。

三、调查现状

(一)调查对象——安徽省阜南县柴集镇

安徽省阜阳市地处安徽西北部，是安徽省人口最多的城市，富余农村劳动力200多万人，为全国劳动力输出重要基地，辖阜南、界首、太和等四县三区。作为阜南县中心镇之一的柴集镇辐射后湖村、罗庄、贾茶棚村等多个村庄，交通较为便利，拥有庞大的农村网络消费市场。

（二）调查方法

本文采用了质化研究和量化研究相结合的方式对调查对象进行研究。具体为通过走访、深度访谈法以及观察法采集文本，并对文本进行分析。据不完全统计，柴集镇共有圆通、申通（兼营天天快递和韵达快递）、中通、邮政四个快递公司站点。笔者对四处物流集散点一一走访并向其负责人详细了解其物流收寄、配送等情况，同时通过走访向柴集镇居民了解其网络消费习惯、心理等。

（三）调查结果

表1　阜南县柴集镇各快递物流点情况一览表

快递公司	中通	申通	邮政	圆通
成立年份	2012年底	2012年底	2009年	2012年
日平均收件数	30～35件	20～25件	65～70件	20～25件
日平均寄件数	4～6件	8～10件	8～10件	4～6件
月平均收寄件数	约1000件	约900件	约2500件	约900件
派送范围	不配送	少数乡镇	不配送	不配送

注：申通服务站点同时兼营天天快递及韵达快递。

笔者通过走访和数据收集了解到，柴集镇的物流集散点的设置时间都较晚，除去邮政，其他的快递集散点均于2012年设立，且对柴集镇所辐射的农村地区来说依然是派送盲区，仅申通快递表示对少数乡镇有派送服务。除去邮政，其他物流集散点均兼营其他业务，例如申通站点同时兼营妇幼保健品，中通快递服务点设置于一家书店内。另外，各物流点的日平均收件数与日平均寄件数有较大悬殊，收件数目远大于寄件数目，走访的各个物流服务点负责人均表示自服务点开设以来，来往包裹数目呈加速增长的趋势，尤其是近一年，业务范围和数目都有较大提升。

在收寄人群方面，根据走访信息数据显示：收件人群年龄多为20至30岁，女性居多，所取物件品种多样，以服装、玩具、鞋帽、化妆品、日用品居多。值得注意的是收件人群中出现相当数量的老年人群体，据负责人介绍，这些老年人多数是收取在外务工子女所寄物品。寄件人群年龄多为50至60岁，中老年人居多，所寄物品多为证件、农副产品、棉被等。

另外，80%有过网购经历的居民家中都安装网络线路并且拥有计算机，部分经常网购的居民表示有过替他人代购的经历。青睐网络消费的主要人群为中青年女性群体，值得注意的是部分居民表示即便没有购买所需时也会浏览淘宝、京东、亚马孙等购物网站，其中以天猫、淘宝居多，除了通过个人计算机网络购物，部分居民表示也曾使用移动客户端购物。

四、调查结果分析

（一）农村网络消费特点

通过对柴集镇网络消费调查结果进行分析以后，发现农村网络消费呈现以下特点：

1. 消费市场不成熟，但前景广阔

由于商业化社会的渗透以及技术基础的支持，网络所触之地均成为电商们的战场，农村地区基础设施较落后，网络消费未代替甚至无法撼动传统的消费方式，农村网络消费市场未臻成熟，但从对柴集各个物流集散点的走访中可以了解到，网络消费的增势迅猛，近年发展的速度呈倍速增长，农村网络消费的人群意愿良好。随着基础设施建设的完善，将会呈现出一个庞大的网络消费市场。

2. 消费人群年轻化，但多样性强

该次调查点所在地——阜阳市阜南县柴集镇位于安徽北方，属重要的务工人员输出地，大部分的青壮年均外出务工，常住人口多数是老年人和孩子，但是随着经济和社会的发展及其他原因，部分年轻人愿意留在家乡，这些人接受新事物速度快、受教育程度较高、技能习得能力强，这些原因造就了农村网络消费的主力军的年轻化。但特殊的人口结构也造成了一种特殊的现象，许多留守老人和孩子反复来往于物流集散地，只为收寄"情亲"，他们将家乡特产寄给远方的家人，取回父母或子女给自己买的衣服、食物等，虽然不是直接的网络消费者，但他们无疑已间接构成网络消费的重要部分。以上因素使得农村网络消费的人群主体年轻化且组成结构多样。

3. 信息技术不完善，但普及速度快

农村地区的基础设施建设不完善体现在信息技术方面直观可感为网络普及率低，乡镇中心地带的网络普及率高于乡镇中心所辖区域，较为落后的地区甚至整个村庄无网络接通点，信息技术的发展在农村地区不平衡且不成熟。但是在发展较为成熟的乡镇中心地带可以做到每家每户都能接通网络，走访的大部分居民表示，家中接通网络时间不长，另有居民表示会考虑在短期内用宽带或无线网络入户，这表示农村居民有上网意愿。另外，智能手机的普及以及移动运营商各种网络资费套餐的推出也使得居民上网的可能和渠道增多。信息技术的不完善和网络偶记速率的加快既给农村网络消

费增添了桎梏也提供了无限前景。

（二）农村网络消费现状分析

在对柴集镇网络消费情况的实地调查中可以明确地感受到电商已经席卷了农村市场，农村网络消费不仅在影响着乡村经济发展，同时也在重塑农村社会关系网，新的生活方式的渗透促进了经济、社会的多重延伸发展。

1. 农村网络消费"意见领袖"滋生

拉扎斯菲尔德在《人民的选择》中提出"二级传播"的概念，即大众传播的信息流并不是直接流向一般受众，而是经过"意见领袖"这一特殊群体进行二次传播将信息传达给一般受众。这些"意见领袖"们活跃在人际传播网络中经常为他人提供信息、观点、建议，并对他人施加影响。如今意见领袖不仅活跃在现实人际网络中，同时也在网络社区频频发声，"意见领袖"们的媒介素养较高，在受教育程度、个人计算机使用技能、信息接收处理、新事物接收度等方面素质高于一般受众。

农村网络消费中也存在着一群"意见领袖"，他们较早掌握了网络购物的技能，同时率先尝试网购并将其作为生活的组成部分。占据了技能和信息高地的农村网购"意见领袖"们向周围的亲友们宣传网购的利与弊，传达网购心得甚至教授或是代替他人网购。在走访柴集镇时，部分经常网购的居民表示他们已有多年网购经验，许多亲友通过他们了解和学习网络购物，这些农村网购"意见领袖"们一般社会地位高、收入水平高、社交范围广，在社会生活其他方面他们也占据着制高点。但是由于网络购物具有一定人群偏好，这些意见领袖呈现出女性居多、年龄偏轻的特点，其中有些居民通过网络消费在其社交网络中成为"中心"，可以说，网购在此时不仅仅是一种消费方式，在某种程度上也在构建一种新型人际关系，在这些人际关系网中存在着由"意见领袖"承担的中心点。

究其本质，仍旧是媒介技术在改变着人们的社会生活，媒介使用与经济消费结合影响着人们的人际关系，乃至改变着人们的社会关系。

2. 收寄中的"亲情纽带"

媒介尤其是电子媒介的兴起，使得实质的人际关系网逐渐虚拟化，电子媒介时代给人们的社会生活带来了诸多改变，网络社区的建立为社会关系的维系提供了更多的空间和可能，通过网络媒介，空间甚至是时间不再是局限人们交往的因素。媒介成为人的延伸，在电子媒介时代整个社会呈现出麦克卢汉所预言的"地球村"的态势，但是媒介满足人们需求的同时，也使得人们面对面的感情交流越来越少，随之而来的是部分人对媒介冰冷的诟病，传统人际交往中的情感在媒介的兴盛中逐渐剥离。

在对柴集镇网络消费的探索中笔者发现情感于媒介中的回归，柴集镇各个快递站点负责人均表示很多老年人来收取邮件，他们在外务工的儿女们通过网络购物为留守的在家老人寄去生活所需，包括衣物、食物等，老人们也可以通过邮寄的方式将农副产品、自家弹的棉被等寄给子女。常年留守在家的儿童也在一次次的收发邮件的过程中感受来自远方父母的关怀。亲情在货物的收发中得以维系。阜阳市是安徽重要的劳动力输出基地，大部分青壮年都外出务工，他们的子女和父母多留守在家，亲人之间感情逐渐淡漠。据柴集镇所辖乡罗庄村委会张姓工作人员介绍，罗庄共有人口4482人，有70%的村民外出务工，留在村中有60%的人口为老年人。传统联系情感的渠道有面对面的交流、书信、电话等，然而信息技术的日臻成熟为人们提供了更多的沟通交流渠道，例如各类网络社交媒体的使用，媒介拓宽着人们情感交流的广度。虽然不是直接通过网络交流感情，但媒介以网络消费的形式于潜移默化中成为农村居民的情感纽带，媒介维系情感的功能在农村网络消费中得以延伸。

3. 现实人际关系的映射

网络与消费相结合使得传统的消费模式发生改变，信息技术的掌握以及网络购物技能的习得给予越来越多的人进行网购的"准入证"，他们足不出户，仅通过网络满足购买所需，这些消费群体和消费行为组成了网络消费的整体，但由于网络的虚拟性，网络消费行为中的"关系"尤其是"熟人关系"的影响逐渐降低。网络消费因其特殊消费方式，现实人际关系的影响在网购中被削弱，但也以其特殊的方式映射在网络消费之中。

现实人际关系网络与虚拟的互联网社交网络有诸多不同，诚然，其关系的搭建和呈现状态也截然不同。"在以往对于'关系'属性的研究中，格兰诺维特从关系强弱程度划分，将'关系'划分为强关系和弱关系，是从相识的时间长短、互动频率、亲密程度、互惠支持四个维度加以划分。"[1]传统人际关系，尤其是在农村地区，人们的社交范围较小，强关系支配着人际交往网络，但是网络的虚拟性正在淡化传统人际关系，人们的社交关系在网络社区似乎逐渐变弱。然而，在走访柴集镇的过程中多数居民表示其网络消费的行为会受到其现实人际交往圈子的影响，包括替熟人代购、为亲友网购等，或受熟人影响发生网购行为，且其所受影响的程度与其现实人际交往关系的强弱呈正相关。可以说，中国人的熟人关系在网络中依然适用，现实人际交往关系在网络消费中仍然能找到其身影。

① 朱逸. 关系嵌入：网络社会中的消费行为刍议[J]. 北京社会科学,2015(1):79-88.

4. 网购造就新型生活方式

媒介在人们生活所扮演的角色不仅仅是工具,在某种层面上接触和使用媒介已经成为大众社会生活的重要组成部分。大众媒介尤其是互联网手机等新媒体出现以后,媒介对于大众的生活渗透更为明显,媒介塑造着大众文化同时其本身也成为大众文化的重要组成部分。新媒体较传统媒介具有平民化、日常化、大众化等特征,简单的计算机和手机操作对于农村居民来说简便易学,互联网手机等新媒体在乡村迅速普及,这使得乡村较易通过新兴媒介获得和掌握信息。可以说,"随着传播技术的大众化、日常化,乡村社会正在成为新型大众媒介的消费场所。"①互联网手机等新兴媒介与传统大众媒介一样,甚至以更迅猛之势嵌入大众文化之中,乡村社会在新媒介介入过程中,其文化形态也在发生嬗变。

网络消费作为媒介与社会经济结合的重要产物之一在广大的农村地区有无限前景。网络消费在农村不再是单纯的购买行为,而是一种娱乐消遣、一种生活方式。在对柴集镇的走访中,部分居民坦言在无购物需求时也会浏览购物网站,并且产生购物欲望购买一些本来不预备购买的物品,浏览购物网站时,他们通过所接触的信息掌握当下的流行趋势,坦言网站中的各类信息的推送会影响自己的购买行为甚至是对于外界的认知。可以说,购买或已成为他们与外界保持联系的一种方式,网购不仅仅是消费而且是农村居民接受和获取外界信息的一种渠道。另有部分居民表示闲暇时间会将浏览购物网站作为自己的消遣娱乐的方式,与观看电视、听广播、看报纸、上网一样,网络购物成为农村居民娱乐方式之一,受众在使用媒介的同时获得娱乐休闲需求的满足,在此,媒介提供娱乐的功能在网络消费中得以体现。

网络消费超越其经济属性,表现出对社会生活及其文化的影响,网络消费行为也超越其消费行为,展现出对人们社会生活、思想观念、娱乐方式等文化心理层面的关涉。大众媒介所传播的信息同时具有经济属性和文化属性,在网络消费中媒介的文化属性更深层次地塑造着农村社会。网络消费行为正在广阔的农村大地构建一种新型的生活方式乃至文化形态。

五、对农村网络消费前景的展望

(一)网络消费拉动农村经济的发展

施拉姆在《大众传播媒介与国家发展——信息对发展中国家的作用》一

---

① 李红艳. 乡村传播学[M]. 北京:北京大学出版社,2010:119.

书中,提出第三世界国家利用大众媒介促进国家发展的设想,并且强调了大众媒介对于国家经济发展的作用。媒介拥有监视环境、教育与娱乐、传承社会遗产、促进社会整合等功能,但是媒介最不可忽视的仍是促进经济发展的功能。尤其是在中国社会主义市场经济飞速发展的今天,媒介与经济之间的关系日益凸显。丹尼尔·勒纳在分析了联合国教科文组织对73个国家的调查数据以后也提出大众媒介对于国家现代化的促进作用,而在国家发展中经济发展无疑是最重要的一环。

信息时代,经济借助媒介不断推动社会发展,尤其表现在网络消费对于农村地区经济进步的促进,网购具有运输方便快捷、产品选择性多、物品性价比高等的优势赢得了受众的青睐,走访柴集镇的过程中,90%的女性村民都表示听说过网购,对于网购这种新型消费方式采取的是接纳和积极的态度,当被问及对于网购的前景展望时均表示认为农村网络消费市场前景好。农村网络消费兼具市场空间庞大、受众消费认同度高等优势,在拉动农村经济发展方面,网络消费具有无限潜力。

(二)移动终端或成消费主要渠道

网络消费在经济、社会、文化等多个维度改变着农村社会,虽然网络消费在农村已有初步发展,但是较城市网络消费的成熟度来看,农村网购市场有很多不足和发展空间。

计算机和网络普及率低,农村居民的媒介素养较低。据柴集镇政府工作人员介绍,柴集镇街道80%的居民家中都接通网络且有计算机,但是柴集镇所辖乡村的计算机普及率很低且未接通网络。然而,柴集镇移动互联网的普及率引起了笔者关注,部分居民表示有过利用手机客户端网购的经历,认为手机移动客户端易携带且操作简单。据中国互联网信息中心第34次调查统计,截至2014年6月,我国手机网民规模达5.27亿人,较2013年增加2699万人。手机上网的网民比例为83.4%,较2013年上升了2.4个百分点。"手机上网比例首次超越传统PC上网比例,移动互联网整体带动互联网发展。"①各类智能手机均支持手机上网功能,且各大网络运营商相继推出的资费套餐中多附赠网络流量,这些均为手机上网的普及提供了条件。

"媒介素养的内涵包括认识大众媒介、参与大众媒介和使用大众媒介三个部分,媒介素养直接影响媒介的使用能力,而城乡之间知识沟的形成与居

---

① 中国互联网络信息中心．第34次中国互联网发展状况统计报告[J]．互联网天地,2014(7):71-89.

民在媒介素养之间的差距有着密切联系。"①在经济、技术等因素驱使下，城市居民在接触媒介方面拥有更多的优势。然而，随着农村智能手机等移动终端及其上网功能的普及和使用，农村居民将获得更多获取信息的渠道和机会。届时，农村网络消费或会在各类移动终端尤其是智能手机的高速普及中蓬勃发展。未来通过移动智能终端网购应是农村网络消费的重要渠道。

（三）农村网络消费内涵丰富

农村网络消费主要的还是通过网络在各类电商上发生购买行为，村民们在网络消费中的主动性不强，其网络消费行为的发生仍有局限性，主动通过网络营销的意识不强。然而在广袤的农村大地，资源丰富，在走访柴集镇的过程中，部分村民已借助网络创造财富。有村民搭建网络销售平台，通过网络将自家木材销售出去；有村民设立专业网站将自家庄园的瓜果推广销售出去，甚至借助微信等平台宣传和销售产品，在一定范围内接受网络订单并配送。虽然这种主动借助网络创收的案例很少，但是可以窥见农村网络消费内涵不再仅仅局限于被动网购，村民已有意识主动利用网络媒介发展经济。农村网络消费的内涵外延，并不断被丰富和拓宽。

六、总结

农村网络消费的现状可在对阜阳市柴集镇的探索中见之一二，网络消费在农村大地的发展和蔓延为农村网络消费的"实"。然而，在这种社会现象之后可以窥见媒介尤其是新媒体以另外一种方式对于农村社会生活和文化形态的渗透和构建，为农村网络消费的"虚"。"实"与"虚"相结合，谱出农村社会形态的新篇章。

媒介服务于人类社会，同时媒介生态环境融入大众社会生态环境之中，改变和重塑社会形态，最终目的是促进社会发展进步。农村经济的发展同样也离不开媒介，网络消费为农村经济跨越和社会发展提供了一个契机，虽然面临诸多问题和挑战，但是农村网络消费的兴起表明新媒介正在悄然驱动着中国乡村的转变和觉醒。

参考文献：

[1] 闫学元,张蕊. 我国网络消费行为影响因素[J]. 商贸流通,2014

---

① 李红艳. 乡村传播学[M]. 北京:北京大学出版社,2010:156.

（33）:10 - 22.

    [2] 朱逸. 关系嵌入:网络社会中的消费行为刍议[J]. 北京社会科学,2015(1):79 - 88.

    [3] 李红艳. 乡村传播学[M]. 北京:北京大学出版社,2010:119.

    [4] 中国互联网网络信息中心. 第 34 次中国互联网发展状况统计报告[J]. 互联网天地,2014(7):71 - 89.

    [5] 李红艳. 乡村传播学[M]. 北京:北京大学出版社,2010:156.

丑闻之后:名人形象修复的
准社会互动关系考察

——以"文章出轨门"为例

(鲁 曼 安徽大学)

摘 要:遇到危机时,名人该如何建立与维护自身形象?本文以"文章出轨门"为研究个案,从公共关系出发,以准社会互动关系为标尺,来评析文章及其团队应对此次危机时的举措。本文随机选取不同时间段网友发布和转发评论的微博作为研究样本,通过分析,认为文章及其团队此次应对危机的举措对于缓和舆论指责和转移舆论焦点是有效的,而其后两次的公关行为是具有突破性的应对,产生了无形中的效果,对于后人的危机公关具有借鉴意义。

关键词:"文章出轨门";危机公关;形象修复;准社会互动;网众;态度

一、绪论

(一)选题来源

明星作为公众人物,个人品牌的建立与形象维护是其面对媒体和公众时的重要工作。但是公众人物的形象也容易受到各种威胁,在危机发生后,如何维护或者重建自己的公众形象成为明星们必须学会的技能。

选择"文章出轨门"这起个案作为研究对象。首先,其在当时引发巨大关注。据统计,文章回应出轨事件发布的新浪微博刷新了中国社交媒体网站的记录,仅14小时就有突破100万的转发量和超过300万的互动量。而"且行且珍惜"和"周一见"也分别以1200万和800万在新浪微博上的话题量成为2014年娱乐圈的最热词汇。虽然后来"陈赫事件"打破了这个记录,但是此类事件是首次引起如此大的关注。其次,此次事件危机公关色彩十分明显,其背后更是有专业的公关团队为其运作,而且整个危机具有相对完整性,每一次公关措施在危机情境发生变化时都做了不同的调整,具有研究的价值。最后,整个事件的主要"交战平台"是新浪微博,新媒体作为主战场,同时与传统媒体相配合,同台唱戏,优势互补。这也标志着娱乐话语权由传统媒体广播型到论坛型(天涯2008年艳照门过后),再到现在的自媒体社交媒体互动型的下放转变[1],也十分具有研究意义。

(二)研究目的

本文研究的危机主体对象为明星,为公众人物,区别于传统媒体环境下的危机主体,其对象通常为政府机构或者企业组织。

本文从公共关系和语艺批评两个方向出发,以形象修复理论为主要架构,以准社会互动关系作为一条流动的线索。探讨:

(1)作为危机主体的文章,在其与受众固若金汤的准社会互动关系发生变动的情况下,采取什么措施来做出形象修复,以稳固或者重建其间准互动关系?

(2)其措施是否起到了预期效果或者引起了什么样的效果?

(3)文章又是如何通过新形成的准社会互动关系调整其对外公关?

(4)最后又如何修复或者重建其间的准社会互动关系?

(5)如何评价其整个公关过程?

(6)整个公关对于其他名人有没有借鉴意义?

(三)研究现状及意义

"准社会交往"(Para-social Interaction)概念是1956年心理学家霍顿和沃尔(Horton & Wohl)在《精神病学》杂志上提出的,用来描述媒介使用者与媒介人物的关系。尽管"准社会交往"这一概念起源于精神病学领域的研究,而且在某种程度上是一个心理学话题,但霍顿和沃尔的研究论文发表后,一直没有得到相应的重视,心理学家很少关注这一概念,传播学者的相关研究也不多。20世纪70年代,大众传媒的相关研究验证了准社会交往的存在,尤其是在"使用与满足"[2]理论(McQuail, Blumler & Brown, 1972;Rosengren & Windahl, 1972)提出后,有关准社会交往的研究才逐渐得以开展。

近年来,准社会交往更多地转入了对名人和电视角色的研究,其中最为

---

① 林宸."周一见":纸媒给新媒体上堂课[DB/OL].[2014-04-01].http://finance.sina.com.cn/zl/international/20140401/114418678541.shtml.

② [美]赛佛尔,坦卡德.传播理论:起源、方法与应用[M].第5版.郭镇之,徐培喜等,译.北京:中国传媒大学出版社,2006,1:252-260.

突出的就是名人崇拜和追星研究①。

现有的研究中，与此理论相关的论文主要是方建移、葛进平、章洁这三人所作。这三人均系浙江传媒学院社科部研究员，从2006年至今，共发表了10篇与之相关的论文，其中有9篇是在2006年至2010年期间所发表，这是中国对该理论课题较早的研究，主要是介绍类、学术探讨类②文献以及个别群体的研究(主要是青少年和老人)。2013年和2014年，这两年也有其他人对该理论进行研究，研究方向也有所创新，主要是对新媒介的研究。

(四)研究方法

本文选择"文章出轨门"作为个案研究对象。首先通过过程——事件分析法，对危机措施进行整体再现，通过对以往新闻报道的定性分析，梳理危机发生的情境，将准社会互动关系与危机措施相结合进行分析。

文章最开始是通过微博发布声明，整个"交战平台"主要为新浪微博，因此以微博文本内容为主，做文本内容分析。

本次研究样本的选取：主要以"周一见"为关键词，以文章团队每次对外公关措施为时间点，具体是以微博爆出、腾讯娱乐首家公开、经纪人作出回应、文章发布道歉声明、文章叫板《南都娱乐周刊》、马伊琍父亲发长微博这些时间点之间的时间段，截取不同时间段网友发的微博或者转发的评论，从中随机抽取微博，最终选取100条有效微博作为研究对象。有效微博是指与该事件相关、有态度表示的微博。每个时间段最终抽取的条数可能不尽相同，是为了能够抽取到100条有效微博。

关于研究样本的采样，之所以以"周一见"为关键词，是因为这个话题伴随着危机爆发到最终结束，一直是危机整个过程的主要话题。而文章团队每次对外所做的公关措施，都会引起网友态度的变化，进而影响到舆论的走向，这是以此选取时间段的原因。选取网友发的微博和转发时的评论作为文本内容来研究，并不是论坛、贴吧的言论，也不是当事人所发微博下网友的评论。主要是因为，整个危机"交战"的"主战场"是在新浪微博，其次当事人所发微博下网友的评论很多是水军所为，相较于网友转发的评论和发的微博，后者更能代表研究对象的态度，这样的选取使得研究样本的选取更加具有接近性。

---

① 章洁,方建移.研究回顾：作为传媒现象的准社会交往[J].新闻界,2009(2):19-21.
② 黄旦,韩国飚.1981—1996：我国传播学研究的历史和现状——对几种新闻学术刊物的简略考察[J].新闻大学,1997(1):20-31.

二、作为危机出现的"出轨门"

按照斯蒂文·芬克1986年将危机划分的四个阶段，"出轨门"从危机潜伏期到突发期、蔓延期，以及最后恢复解决期，前后不过五天的时间。当然这个解决期并非是指文章作为危机主体从危机影响中完全脱离出来，而是指公众的议题关注点开始转移。笔者将事情的整个发展过程整理成了如图1所示的脉络图。

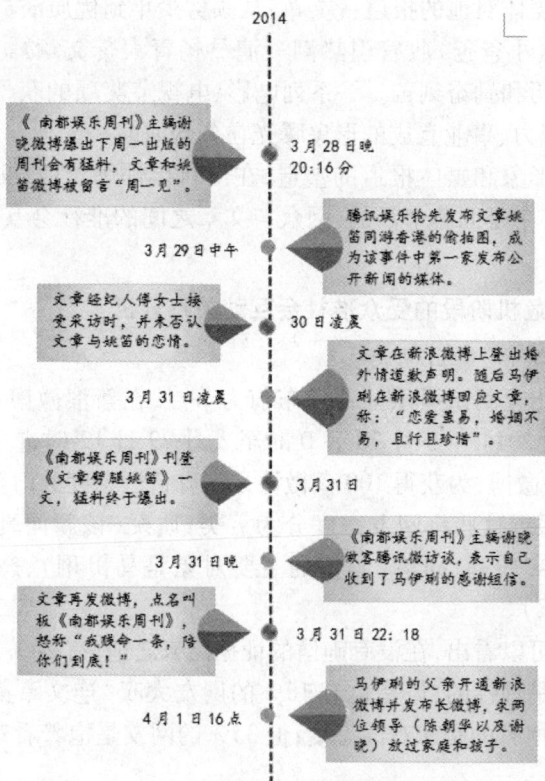

图1 "文章出轨门"脉络图

三、阶段性的准社会互动关系变化

（一）稳固的名人——受众准社会互动关系："好男人"形象深入人心

公众心目中的"好男人"文章首先是来源于其塑造的一系列影视形象：

向南、小贝、刘易阳、王小贱、于果……一个又一个性格鲜明的都市青年。文章塑造的角色身份相似，都是平凡的都市小白领：他们都上进、努力、有责任感，更完美的是，他们对待感情专一、相信爱情至上……他将一个个"好男人"角色塑造得细致入微、深入人心。

当然，除了"好男人"角色，媒体对他的报道也都是偏向于正面。在各种各样的场合，文章和马伊琍都以伉俪情深、夫妻恩爱的形象出现在公众面前。

除了夫妻恩爱，展示在公众视野中的文章还是一个勤奋努力、事业有成的男人。各类媒体对他的报道：《文章：从顽劣少年到优质演员》《文章：小男人的大时代》《〈小爸爸〉收官引热潮　演员杨青大赞文章》，这些宣传的都是他的奋斗经历和勤奋刻苦。一系列电影、电视节奖项的获得更让"好男人文章"的勤奋努力、事业有成的形象曝光在公众面前①。

通过影视形象和媒体报道的塑造，在出轨事件爆出前，文章的"好男人形象"在观众心中是固若金汤的，网众与文章之间的准社会互动关系是相对稳定的。

（二）不同危机阶段的受众准社会互动关系分析

1. 危机发酵，形象出现裂痕

以微博爆出至腾讯娱乐公开发布前为节点，在新浪微博上以"周一见"为关键词，时间 2014 年 3 月 28 日 0 时至 3 月 29 日 12 时进行高级搜索，共搜得 160836 条微博，为获得 100 条微博是附有自己态度的内容，随机抽取了 162 条微博。根据这些将网友态度分为五类：质疑（该新闻真假）、失望（不相信爱情）、幸灾乐祸、同情（同情的主要对象是马伊琍）、怒斥（文章和姚笛）、力挺（文章）。

从图 2 中可以看出，在没有确凿的证据出来之前，有 24%（质疑加冷静）的网友的态度是理性的；但是也有 18% 的网友大叹"连文章都出轨了，我不相信爱情了"，抱有的是悲观的态度；但 35% 的网友是抱着看戏的态度；力挺文章的占有 3%。

虽然还没有确切的证据爆出，但从网友发布或者转发的评论来看，已经有部分网友对文章的好男人形象产生了质疑，虽然态度不太明晰，但是原来稳固的准社会关系已经出现晃动，文章的"好男人形象"出现裂痕。

---

① 李杰，王淼. 从"文章出轨"事件看明星丑闻引发关注的缘由[J]. 新闻世界，2014(7)：364 - 365.

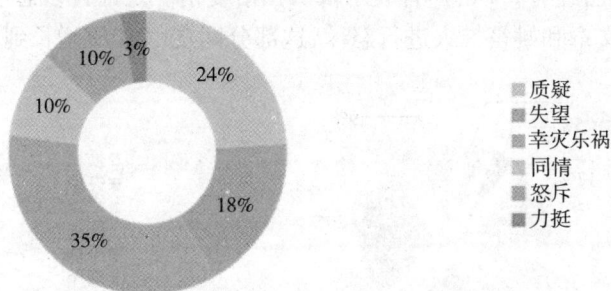

图2　阶段一网友态度

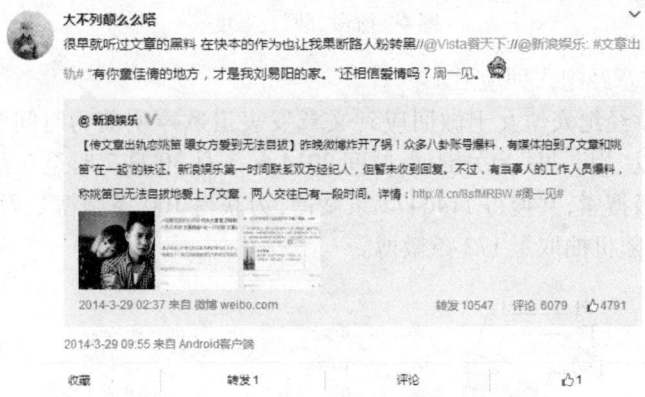

图3　网友微博截图

2. 危机爆发，负面舆论侵袭

（1）文章经纪人回应前

以腾讯娱乐发布新闻至文章经纪人接受采访的时间为节点，在新浪微博上以"周一见"为关键词，时间2014年3月29日12时至3月30日7时进行高级搜索，共搜得944396条微博，为获得100条微博是附有自己态度的内容，随机抽取了141条微博。鉴于网友表达更丰富，因此，在前面划分的五种态度的基础上，更加细分为：质疑、失望、幸灾乐祸、同情、冷静（别人家事，不应多做批判）、怒斥（主要对象为文章和姚笛）、相信爱情、力挺（文章）。

从图4中可以看出，由于腾讯娱乐拿出了确切的证据，对该事件质疑的人已经大大减少，由24%减到了9%。而且出现了一些新的态度：有一些冷静的网友已经意识到这是文章的家事，关注度不应该过大，应该让他们自己解决，但是这部分人只占到了6%。失望、不相信爱情的声音所占的比例依旧很高,但是已经有5%的声音表示依旧相信爱情。之前许多态度不明确的网友开始对文章和姚笛二人进行怒斥,这部分网友由10%增长到了17%。

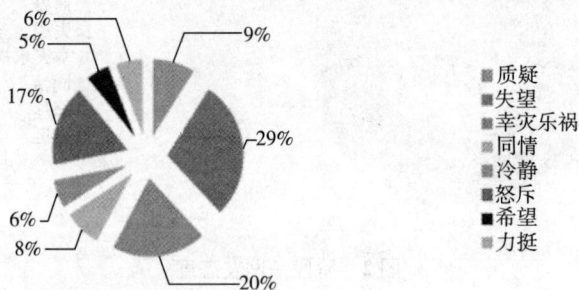

图4　阶段二网友态度

(2)文章经纪人回应后

以文章经纪人傅女士做回应到文章发表道歉声明前为时间节点,在新浪微博上以"周一见"为关键词,时间2014年3月30日7时至3月30日23时进行高级搜索,共搜得1146472条微博,为获得100条微博是附有自己态度的内容,随机抽取了172条微博。

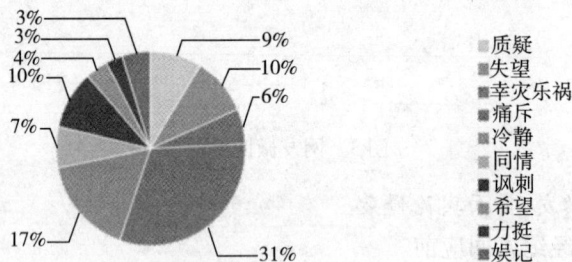

图5　阶段三网友态度

在这个时间段,网友的态度开始更多向理性方向发展,偏向理性态度的网友(质疑+冷静)已经占到了26%。和之前有所变化的是在质疑的网友中,有3%的人呼吁当事人站出来澄清。由于危机酝酿事件过长,一部分网友已经开始理性思考,冷静的网友中12%的人认为这是人家家务事,与我无关。5%认为夫妻一方出轨不是一个人的错,开始指责马伊琍,这是一种新的观点的出现。同时,幸灾乐祸看好戏的网友也减少,态度转向更加明朗化,32%的人开始痛斥文章和姚笛。也有5%的网友观点转向娱记,当然这些观点有正面也有反面。因经纪人的回应,力挺文章的网友减少。

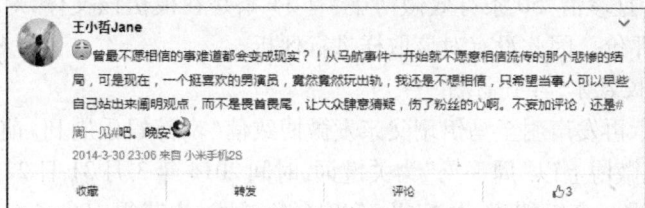

图6 网友呼吁当事人澄清的微博截图

这段时间,网友的态度开始更加明显,呈现两极化发展。一方面,一部分网友开始冷静思考,趋于理性;另一方面,一部分网友由原来看戏一方转为怒斥一方。但是持怒斥态度的网众所占比例大于理性的网众比例。

3. 发表道歉声明,夫妻一致对外

以文章发表道歉声明到其再发声明前为时间节点,在新浪微博上分别以"周一见"和"且行且珍惜"为关键词,时间2014年3月31日0时至3月31日22时进行高级搜索,分别搜得6586028条和5373572条微博,为获得100条和50条有态度倾向的有效微博,分别随机抽取了189条和86条微博。

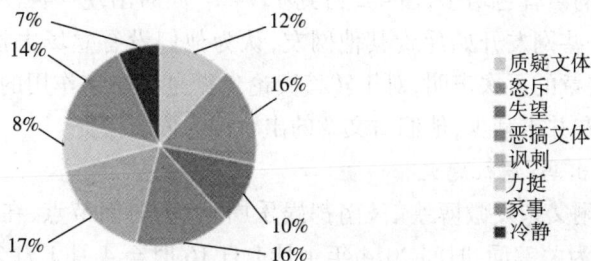

图7 阶段四网友态度

在文章的道歉声明出来后,原本对该事件质疑的人大大减少,对该事件态度主要为四种:一种还是怒斥,占到16%;10%表示失望;17%是一种讽刺的态度;还有7%态度趋于平和,更多表达类似于心灵鸡汤。还有28%的网友更多关注的是声明本身,12%的网友将该声明与高晓松酒驾道歉声明相比较,16%的网友在恶搞该文体,模仿该文体,其实这也是一种讽刺的态度。声明发表之后,力挺文章的网友依旧为4%,之前较多同情马伊琍的网友减少,只有4%的网友力挺马伊琍。从图表中可以看出,这个阶段,网友的态度是比较复杂的,呈现一种众说纷纭的状态,文章和网众之间的准社会互动关系处于一种极度不稳定的状态。

"且行且珍惜"50 条有效微博中,有 34 条是在模仿该文体,对实际事件本身并无评价。因此没有对该取样进行评析。

4. 叫板媒体,再引高潮

以文章再发声明至马伊琍父亲发微博致信《南都娱乐周刊》前为时间节点,在新浪微博上以"周一见"为关键词,时间 2014 年 3 月 31 日 22 时至 4 月 1 日 15 时进行高级搜索,共搜得 758816 条微博,为获得 100 条微博是附有自己态度的内容,随机抽取了 160 条微博。

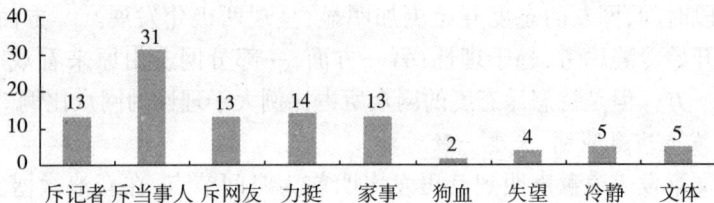

图 8　阶段五网友态度

此段时间,由于文章直接叫板《南都娱乐周刊》,对网友态度有所影响,有 13% 的网友转而怒斥记者,认为记者不应把人家家务事捅至公众面前,同时力挺文章的声音也增多,由 4% 占到了 14%,同时出现一种比例较大的新声音,就是一些网友开始斥责其他网友,认为他们没有立场去指责当事人。由此可见,文章的再次声明,对于转移舆论焦点是有一定作用的。但是怒斥当事人的网友并未减少,他们对文章的出轨行为依旧指责。

5. 岳父出马,危机熄火

以马伊琍父亲发微博致信《南都娱乐周刊》为时间节点,在新浪微博上以"周一见"为关键词,时间 2014 年 4 月 1 日 16 时至 4 月 1 日 24 时进行高级搜索,共搜得 531996 条微博,为获得 100 条微博是附有自己态度的内容,随机抽取了 135 条微博。

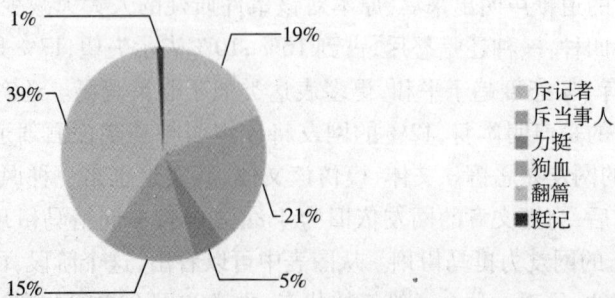

图 9　阶段六网友态度

这个时间段,由于文章岳父直接对《南都娱乐周刊》的声明,要求翻篇的网友大大增加,占到了39%,同时指责当事人的也减少到了21%,指责媒体人的增加到了19%。由此可见,马伊琍父亲对于舆论的导向起到了重要作用,但是也有一部分网友认为这一出比较"狗血",5%的网友认为马伊琍父亲扮演的角色很可笑。

四、形象修复举措与准社会互动关系的交叉影响

(一)数据汇总

根据之前所收集的数据,笔者将其汇总,得到表1:

表1　网众各阶段态度统计表

	微博爆出	腾讯爆出	经纪人回应	文章道歉声明	文章叫板声明	岳父声明
质疑	24	9	9	12	0	0
失望	18	29	10	10	4	0
幸灾乐祸	35	20	6	0	0	0
同情	8	8	7	0	0	0
力挺	3	6	3	8	14	5
斥当事人	10	17	32	16	31	21
斥记者	0	0	2	0	13	19
斥网友	0	0	2	6	13	17
家事	0	0	5	14	13	39
狗血	0	0	3	6	13	14

(二)公关措施与准社会互动关系的分析

从表1中可以看出,由于出轨证据的确凿及当事人的承认,对该事件持质疑态度的网友逐渐减少,直至文章发表道歉声明,本来对该事件持质疑态度的网友转而质疑该声明的真实性,许多网友将该声明与高晓松酒驾的道歉声明相比较,认为这个声明是没有诚意的。

而本来抱有看戏态度的网友也是随着事情的发展逐渐减少,态度转而明朗化,尤其是在文章发表道歉声明后。

从表中可以看出,对当事人持指责态度的网友呈现两个波状的变化,在

文章团队第一次对外作出回应时，网友的指责达到了顶峰。原本很多抱有怀疑态度的网友在得到官方的默认下，情绪达到顶峰。但是在文章发出道歉声明后，紧随其后其妻子马伊琍也发出带有原谅态度的微博，这时，网友的情绪有所缓和，指责态度的网友下降一半，到 16%。如果按这个态势发展下去，原本网友的情绪是可以逐渐缓和的。但是在文章第二次发出叫板《南都娱乐周刊》的声明后，网友的情绪再次回到顶峰，网友开始质疑文章第一次做出道歉回应时的真诚度，指责情绪再次疯涨。但是在其岳父祈求放过的长微博发表之后，许多指责的网友丧失了立场，情绪再次得到缓和，下降近一半。

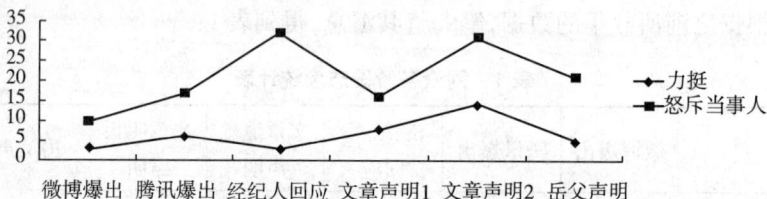

图10　对当事人态度变化图

与此相对应，力挺当事人的网友也是呈现两个波状的变化，但是第一次达到高峰并不是在文章做出回应后，而是在腾讯娱乐曝光该事件后。由于曝光的图片不是很清楚，而且人物有口罩墨镜掩饰，当事人又没有做出回应，力挺文章的网友达到一个小高峰。但是这个高峰在经纪人做出默认回应时，开始下滑。由于文章做出承担责任态度的声明，力挺态度的网友又有所回升。而这个回升在文章第二次声明发表后，再次达到顶峰。这时候，文章一改之前跪求原谅的态度，直接叫板《南都娱乐周刊》，以再伤害家人就拿命奉陪的态度再次拉回一些网友，这时候力挺文章的网友达到一个最高峰。其岳父的长微博的发表，使得诸多力挺的网友转而要求翻篇，但并非意味着这些网友不再力挺文章，而是态度再次转为平和。

根据统计，每个阶段，网友占最大比例的态度从看戏，到失望，到指责，到指责缓和，再指责，最终要求翻篇，这样一个主要舆论倾向的变化正是前一次公关措施的结果。也有人可能会想，如果网众一直持有的是看戏观望的状态，是否不会造成那么严重的危机？也就是将事件停止在文章经纪人对外回应之前的那个点。但是事实情况是事件已经压不住了，如果消极公关的话后果将难以预料。因此其团队按照正常情感危机的流程来"诱发"网友的态度变化，一直到指责缓和这个阶段。这样一种方式看似不主动，实则压缩了网众对该事件关注的时间，这样一个态度变化的过程只花费了三天时间。最后,在网众指责情绪发泄完毕之后,以一种恳求的姿态结束此次危机,转移舆论指责焦点。

(三)"出轨门"危机公关的亮点

如果按照一般的公关流程,公关活动在文章第一次发表声明后就停止了,接下来便是让事件慢慢平息的过程。但是文章背后的团队为什么要再掀波澜?答案是兵行险招。在文章第一次发表声明后,虽然指责的声音已经减少了一半,但是根据上面的网众态度分析可知,那时各种态度势均力敌,文章与网众之间的准社会互动关系是极度不稳定的。因此其团队再次发力,再经过两次的公关后,所有的众说纷纭渐渐平息,转而形成少数几种声音,文章与网众之间准社会互动关系开始稳定下来。

文章的第二次微博看似是自杀式袭击,毕竟导致对其指责的声音上涨一倍,但是螳螂捕蝉黄雀在后,其岳父的声明又让指责的声音降到了其发表微博前。同时,诱导了新的声音的出现,而这种新声音在其岳父发表声明后迅速占据了舆论的主导地位,转移了舆论指责的焦点。这两种新声音一个是指责媒体,一个是要求翻篇。看似是伤敌八百自损一千的"愚蠢"行为,实际上分毫未伤,反而潜移默化地转移了焦点。

文章此次危机公关的亮点就在于其最后两次公关,看似"自杀式",实际是"配套实行"。

五、结语

此次应对危机中,文章及其团队在对外的声明中,极其注重语艺方向的表达。从第一次微博上的道歉声明,马伊琍紧接微博的支持,到第二次叫板《南都娱乐周刊》的微博,到其岳父那篇恳求放过的长微博,整个流程从对外态度,何时该承担责任,何时该表明内心底线,到声明内容,如何转移责任,如何降低外界攻击,如何道歉、修正,都做了十分细致到位的安排。

通过研究发现,文章团队对外公关所发的文字声明,和班尼特提出的形象修复文本一一对应。虽然其团队都用到了这些策略,但并不是照搬模式,按照否认、逃避责任、降低外界攻击、修正行为、认错这个顺序照搬照套,而是在适当的时机做适当的策略安排。在其对外第一次声明中,明确表示的态度就是认错和修正,但是文字间却暗藏了否认、推脱责任的倾向。而其后其妻、其岳父的微博具有降低外界攻击的作用,其第二次叫板的微博起到转移责任、降低外界攻击的效果。在合适的时机做适合的态度表达来影响网众,其团队把握得十分准确。

但是这种安排并不是事先设置好的流程，是根据前一次公关对网友态度的影响，对文章和网众准社会互动关系的变化来调整接下来的公关应对。每个时间段占网友舆论的主要态度倾向都是不同的，而每一次公关措施对上一次网众的态度倾向都是有所调和的。网友主要态度从幸灾乐祸，到失望，到指责，到指责缓和，再指责，最终要求翻篇的这样一个主要舆论倾向的变化，都是其前一次危机公关的结果。而文章与网众之间准社会互动关系，呈现从稳定，到不稳定，到开始有所稳定，到极度不稳定，最终回到稳定这样一个波动的状态。在第二次不稳定状态的时机，其团队巧妙地抓住了机会，以一种看似不理智的叫板行为，配以大打同情牌的岳父出马，最终稳定了二者之间的准社会互动关系，而且将其稳固在相对正向的一种状态。

本研究在对网众态度取样时采取的是固定时段随机抽取的方式，并不是所有网众的态度都会被提取出，难以肯定不会遗漏某些态度，但是笔者在取样时已经力求样本的精确性，最终的数据是具有代表性和参考价值的。

文章及其团队在此次危机公关中的应对一直是处于看似被动实则主动的地位，置之死地而后生的公关行为为其转移了舆论的指责焦点，虽然最终取得了预计中的效果，但是此次危机事件对其形象的影响已经不可避免。明星作为公众人物要做好品牌形象的建设，最根本的就是避免类似负面危机的发生，将其扼杀在摇篮中，洁身自好才是关键。

在这样一个新媒体的时代，虽然信息的流通量大大增加，但是其不确定性和流通的迅速性，加上公众人物自身的核心聚合性，一些名人诸如官员、明星、各类社会精英等都在不同程度上有着遭受形象危机的风险。因此，本文以公众明星文章为案例的研究，对于其他名人也有不同程度的借鉴意义。名人作为公众人物在危机已经发生时甚至还潜伏时要做好公关应对的准备，在对外公关时切勿想着一蹴而就，要实时观测公众反应和舆论风向，根据公众的态度和危机主体与公众间准社会互动关系的变化不断调整公关措施。如果对外公关的方式有所创新，往往能起到意想不到的效果。但是此类情感危机的处理方式如果应用到一些特殊的名人群体，如官员，并不一定能起到类似的效果，作为为人民服务的群体，公众对于此类事件的定性是比较恶劣的。因而此次危机公关对于一般性的名人危机具有借鉴意义，但对于一些特殊的群体仍须特殊处理。

参考文献：

[1] 吴宜蓁. 危机传播：公关关系与语艺观点的理论与实证[M]. 苏州：苏州大学出版社，2005.

[2] 何舟,陈先红. 危机管理与整合策略传播[M]. 武汉:武汉大学出版社,2010.

[3] 方建移,葛进平,章洁. 缺陷范式抑或通用范式——准社会交往研究述评[J]. 新闻与传播研究,2006,13(3):68-72.

[4] 章洁,方建移. 研究回顾:作为传媒现象的准社会交往[J]. 新闻界,2009(2):19-21.

[5] 黄旦,韩国飚. 1981—1996:我国传播学研究的历史和现状——对几种新闻学术刊物的简略考察[J]. 新闻大学,1997(1):20-26.

[6] 梅文慧. 信息发布与危机公关[M]. 北京:清华大学出版社,2013.

[7] 郭建斌,吴飞. 中外传播学名著导读[M]. 杭州:浙江大学出版社,2005.

[8] 刘东平,陈燕. 危机事件报道案例分析[M]. 北京:外文出版社,2007.

[9] 巴伦·李维斯. 媒体等同[M]. 卢大川,译. 上海:复旦大学出版社,2001.

[10] 赛佛尔,坦卡德. 传播理论:起源、方法与应用[M]. 第5版. 郭镇之,徐培喜等,译. 北京:中国传媒大学出版社,2006.

媒介使用新趋势

媒介·权利·表达：新闻传播与网络化社会

私密性与公开性：
中国年轻情侣的媒介使用

（熊科伟　暨南大学）

　　摘　要:媒介在浪漫传播上扮演重要角色。随着手机和互联网在过去20年的发展,中国的浪漫传播研究需要考虑媒介尤其是社会化媒介的作用。以深度访谈为研究方法,以拟剧理论为分析工具,本文旨在探讨中国年轻情侣如何理解用于与恋人沟通的媒介技术以及情侣所处的社会环境如何塑造媒介的意义。借助访谈内容的分析,本文发现年轻情侣对媒介的偏好和使用与他们在浪漫关系上感知到的信息控制有关。他们偏爱短信、QQ等一对一的数字化书写,因为这类媒介为他们提供了斡旋于个人生活和社会生活之间的手段,并且以非介入的方式逾越两个领域的界限,进而使私人生活免受他人的打探。然而,这不表明所有年轻情侣都偏爱不易被人觉察的沟通手段,或者他们不会随情况发生变化而改变其偏好。也就是说,在情侣浪漫传播的语境中,私密性不一定是公开性的对立面。当浪漫关系获得社会圈子的认同时,年轻情侣就会倾向于在公开场合简约地表达爱意,以迎合社会圈子的期待。进一步的研究表明,推动情侣对各种媒介理解的一个重要因素是他们敏锐地意识到社交圈子的监视。严密监视和过度拥挤的生活环境以及与白领父母的密切关系促成了这种意识。愿意或不愿意,年轻情侣在交流时通常会考虑窃听者。因监视而产生的信息游戏主要用于处理角色冲突,确切地说,用于保住面子。隐藏、简约表达、策略性表演、选择性透露或者完全沉默都是年轻情侣应对他人监视的文化工具包的组成部分。

　　关键词:中国年轻情侣;浪漫传播;媒介使用;私密性;公开性

一、研究背景：一个不断变化的景观——中国的浪漫传播

关于中国浪漫传播的研究记录了中国人在浪漫表达方面不断变化的信念和行为。20世纪90年代以前，关于情侣交流的跨文化研究通常发现中国人在表达恋爱情怀上比较间接，在情感上比较漠然。许烺光（Francis Hsu，1981）在中国传统婚姻研究中得出的结论是：与美国夫妇相比，中国配偶不太重视互惠的自我表露和强烈情感的展示（Karen K. Dion & Kenneth L. Dion，1993；Jankowiak，2008）。然而，学术文献中缺乏表情的中国情侣形象在过去20年里发生了一些变化。在对中国北方农村的纵向研究中，阎云翔（Yan Yunxiang，2003）观察到20世纪90年代的女性对擅长讲风流话的男性的倾向性越来越高。正如阎云翔指出的那样，随着传统宗族的瓦解和大家庭的缩减，情侣交流的这种变化部分归因于中国家庭中爱欲的合法化。类似的变化也出现在中国的城市中。法勒（James Ferrar，2002）在关于上海青年文化的研究中指出，那些在20世纪90年代年满20岁的中国青年往往比其前辈更容易接受用言语表达爱。

中国情侣交流行为的变化暗含了中国私人生活和社会关系的转变。以往的研究认为，中国人情感的间接表达是他们集体主义价值取向的结果。与善于用言语表达个人需求并与他人协商的个体主义社会成员不同，集体主义社会成员在表达内心感受和传递信息时非常谨慎细心，喜好用隐晦的方式（Stella Ting-Toomey，1991）。在个体主义社会，成员通常认为有自我表达和自我实现的需要。相比之下，集体主义社会成员内向羞涩，不擅长自我表现，常常将自身置于社会关系中，并把对配偶的外在个人感情视为对范围更广的家庭关系的破坏。正如莱维（Robert Levy）的追随者姜维克（William Jankowiak）和帕拉迪诺（Thomas Paladino）所言，情感表达是语境制约的进化结果。在高度重视个人感情的文化中，感情是"有意识地训练、表达和讨论的"；否则，感情是"匿名、不明说和隐蔽的"（Jankowiak William & Paladino Thomas，2008）。中国人对用言语表达爱的态度的转变表明中国当前社会关系的变迁，即更倾向个人主义，更强调浪漫关系（Yan Yunxiang，2010）。

尽管中国人经历着社会关系的深刻变革，但传播方面的传统信念和规范仍影响着情侣的交流行为。法勒指出，上海青年在表达爱慕之情时经常借助流行歌词、英语或其他方言。正如法勒所说，青年通过语言转换将浪漫表达与一般交谈区分开来，并表明了一种窘迫感。大众媒体对年轻情侣浪漫表达的影响似乎与传统的传播观念（包括源于道家思想的怀疑主义言

论)、传达亲密信息的媒介工具的运用并驾齐驱。

个性化的过程、日益重要的浪漫关系以及浪漫传播的新旧话语共同形成了中国年轻情侣浪漫传播的现状。然而，言语表达的讨论往往混淆了两个不同的传播概念：信息和渠道。信息可以被言说、书写和打印，而每个渠道蕴含一种涉及信息是如何形成的修辞情境。例如在西方历史上，当情话受到严格监管时，情书非常盛行。随着手机和互联网在过去 20 年的发展，不考虑大众传媒所起作用的中国浪漫传播研究将是不完整的。

二、文献探讨

(一) 媒介与爱情：中国的情书

传播媒介在西方爱的历史上扮演重要角色。研究发现，当面对面交流不得体或不可能时，书信、电报和网站为情侣见面创造了虚拟空间。惠蒂(Monica Whitty,2007)指出，纵观西方社会的约会史，情侣普遍关心的问题是谁在监视他们的活动以及谁在他们约会和结婚对象的选择上享有发言权。当择偶需要父母的批准以及约会受到社交圈子严密监控的时候，媒介技术为情侣提供了私下沟通的手段。值得一提的是，人们发现写信在近代欧洲和北美社会重构了隐私的边界。例如，情书在 19 世纪的美国大量存在，而那时的美国受维多利亚时代性道德的影响，严禁发出叫声、身体姿势等恋爱情怀的公开表达(Karen Lystra,1989)。书信和其他媒介形态中的话语实现了与当下时空的分离，让情侣进行跨越社会和物理距离的沟通成为可能。

然而，就中国来说，关于恋人使用媒介的情况知之甚少。尽管中国收集和流通正版私人信函的历史十分悠久，但情书在有文字可考的前近代中国生活史上非常罕见(赵树功,1999)。前近代中国缺乏有记录的情书可能与19 世纪晚期之前民用邮政服务不发达和女性识字水平低下有关，但也说明关于爱情和公私文书的文化信仰在有文化修养的中国人中间出现了分歧。

根据罗伯森(Maureen Robertson,1992)的说法，17 世纪以前留下文学遗产的女性都是"歌妓、艺人、女道士和生活在家庭环境以外的人"。这些女性及文学作品的流传表明了儒家家庭秩序的混乱和对该秩序的反抗。20 世纪前已知的中国情书主要写于儒家家庭制度之外，尤其是青楼女与狎妓者之间的情书。例如，情书和逛妓院的指南一同出现在明代家庭百科全书中(Kathryn Lowry,2000)。在晚明的书信写作手册上，由妻子所写的书信让人联想到家庭责任和配偶的忠贞，反之，那些被认为是由歌妓所写的书信则表现出激情和欲望(Kathryn Lowry,2001;赵树功,1999)。公开流传的情话与抛头露面的女性联系在一起,因而会受到道德上的质疑。缺乏记录在案的情书可与中国帝制时期公私领域的性别化组织边界、艺人与上流女性的阶级划分相联系。

20世纪初,随着反对儒家家庭制度及其两性关系的五四运动的兴起,情书在公共场合的流传激增。20世纪20年代中期到30年代早期,受西方浪漫主义影响的"文学伉俪"创作出版了大量的情书作品集,作为新文化运动的组成部分(Findeisen,1999)。反传统观念习俗者的情书出版彻底改变了中国人对爱情、两性关系和浪漫传播的想象。公私领域的性别边界和女性出现在公共场合的道德过失受到严重挑战。尽管作为传播媒介的书信为有文化的恋人用语言创造亲密世界提供了可能,但运用与解释书信这种传播形态则视特定历史条件下关于爱情、性别和阶级关系的文化信仰情况而定。

(二)媒介技术与文化

中国情书简史说明了媒介技术、文化和社会关系之间错综复杂的关系。尽管传播媒介的发展为跨越时空的情感交流创造了机会,但它们的使用通常出现在特定的文化语境中并由社会关系和社会制度所建构(John Thompson,1995)。例如,印刷类的媒介技术和电视节目类的媒介产品可能以不同的方式运用于多样的社会文化语境中。传播媒介和社会关系之间这种兼具约束和授权的关系让人联想到哈贝马斯(Jürgen Habermas,1962/1989)关于媒介和资产阶级公共领域的论断:当书信和期刊传播帮助创建现代主体和公民批评家时,与这一转型相伴的是小家庭的兴起和资产阶级对自我和他人之间纯粹、人性、真实关系的追求。

延森(Klaus B. Jensen,2008)对媒介和文化作了类似的论断。正如延森所说,工具和技术仅在最初阶段决定媒介的使用。为了理解媒介如何按照原貌呈现自身,人们需要知道媒介能让人们做什么以及使用者是如何把媒介的使用看作是有意义的。遵循亚里士多德关于潜能与现实的二元论思想,延森认为任何特定社会、文化和历史背景下的媒介技术都具有部分实现的潜能。如同延森所说,媒介的三个层面——物质、形态和制度都拥有自己的潜能或可供性,"即不同物质所具有的成为媒介的潜能,而媒介则在特定的社会和文化形态中产生嬗变,并随着时间的推移而积蓄动能(结构性影响)"。正如延森所言,媒介的意义产生于媒介物质与形态的互动之中,也就是说,媒介物质转变为有意义的媒介形态。媒介物质和形态,包括身体、面部、演讲和书写,可能对不同文化群落的使用者具有不同的意义。

格尔森(Ilana Gershon,2010)对美国大学生感情破裂的研究提供了媒介文化意义的示例。格尔森发现,媒介使用者经常基于分手提出者的媒介选择来归结其意图。例如，人们通常认为用手机短信发送分手信息是怯懦或缺少尊重的表现，因为这种行为没有给恋人陈词的机会。人们的这种观念，即面对面交谈为情感及关系协商提供了一个更加民主的过程，是短信中"媒介意识形态"的重要来源。正如彼得斯(John D. Peters, 1999)所指出的那样，尽管面对面交流不一定比使用媒介交流民主，但这一观点反映了西方国家在沟通方面的文化理想，即思想的融合。"无中介"的面对面互动被认为是更加个性化且不易受工具理性目的操控的交流方式。个性化的意义和不带个人色彩的冷淡之间的巨大分野本身就是西方现代化的产物。正如温特布劳(Jeff Weintraub, 1997)所言，私人和公共领域的极化是现代生活的特征，前者被定义为"家庭、朋友圈和初级群体等'具有人情味的'、感情色彩强烈的、亲密的领域"，后者是指"市场和正式制度等不受个人感情影响的、非常工具理性的领域"。因此，无中介的文化理想和公私分明的现状共同促使媒介使用者将意义归因于传播技术和面对面交流。

三、研究问题与研究方法

(一)研究问题

为了理解媒介对使用者具有多大的意义，笔者将从探讨传播的文化话语和媒介使用者所处的社会关系中受益。理解了媒介与社会关系的关系之后，这项研究就中国年轻情侣的媒介使用情况提出如下问题：①他们如何理解用于与恋人沟通的媒介技术？②他们所处的社会环境如何塑造了传播媒介的意义？

(二)方法说明

为了回答这些问题，笔者于2014年寒假在广州进行了一项深度访谈。通过便利抽样法，这项研究招募了19名参与者。其中的15名是广州一所高校的校友或在读生(包括本科生和研究生)，其余4名是其他高校的毕业生。大多数(19名参与者中的17名)参与者是20来岁的年轻人，其感情状况为单身、正在恋爱或刚刚恋爱。只有2名参与者已经结婚，年龄在30岁出头。

访谈是半结构化的，就参与者运用各种媒介与恋人交流的经历提问。参与者谈论自己使用什么样的媒介技术与恋人交流，以及如何理解自己的媒介选择。对访谈的分析遵循了延森传播与媒介的双重诠释，也就是融合了媒介使用者和研究者的视角。其中，研究者特别关注媒介选择、使用者的意义建构与传播的社会语境之间的联系。出于对访谈对象隐私的保护，研究内容中出现的人名均用化名代替。

四、研究内容

（一）尴尬与沉默：数字化书写的隐私

在选择媒介时，年轻情侣担心的一大问题是谁可以看到他们与恋人交流。尽管视频聊天和互通电话因其"看到"或"听到"所爱之人的即时性和可能性而被视为非常理想的媒介，但是年轻情侣认为数字化书写，尤其是QQ即时通信工具和手机短信，为他们的亲密交流提供了更好的隐私保护。面对面交流，如前面提及的视频聊天和互通电话，并不总意味着更好的传播手段，尤其是当媒介不能很好地控制他人获取信息时——不仅包括媒介传播的信息，还包括交流活动的痕迹。这两类信息的泄漏有可能会给那些刚刚坠入爱河还没有适应其恋人身份的年轻人造成一些不必要的尴尬。数字化形式的书写和一对一模式，例如手机短信和QQ即时通信工具，则为他们提供了处理亲密关系与社会角色的更好方式。

在下面节选的内容中，小林联系自己交流的物理语境说明他对手机短信的偏爱：

（跟女友）也打电话，我不好意思在宿舍打，总是在外面打，一点都不放松，我可能比较紧张，她想跟我视频（聊天）我也不愿意，房间里没有别人的话怎样都可以，有别人的话，我不知道该说什么，也不好意思听她说，还有在宿舍会打扰到其他人，所以打电话不方便，短信是最方便的。

小林倾向于手机短信，因为当室友在他的周围时，他觉得和女友互通电话或视频聊天很尴尬。根据戈夫曼（Erving Goffman，1982）的说法，尴尬是个体对社交场合的自我表演的期望没有实现的结果。在小林的叙述中，他的尴尬来自他习惯在室友面前扮演的角色和他应该在电话交谈中扮演的恋人角色之间的可感知的冲突。

人们通常认为，中国年轻人身上的另一个角色冲突发生在恋人和孩子之间。这项研究的多数参与者报告说，他们的感情生活不是家庭中父母与子女之间讨论的话题。年轻情侣小心翼翼地防止父母介入他们的爱情生活。地理空间的分离为两种角色的隔离提供了一种便捷的方法。然而，这种角色隔离一旦遇到学校里的恋人打来的电话就会受到影响。在下面的例子中，小林的女友常悦诉说了她在家里接到小林电话时的不安：

……我妈在的时候，我跟他打电话我就会语气特别冷淡，他就会很不爽，没说几句大家就不开心了……经常都不欢而散，所以还不如不打了……

不好意思嘛……而且怕我妈听到不好。可能是一直在父母面前都还像小孩一样，担心父母不能接受这样的自己吧。

常悦对角色冲突的处理是设法保持女儿角色而非女友角色，并且保持正式和非亲密语气，进而迅速终止电话交谈。由于传播声音和视频的媒介对传受双方的口语、辅助语和身势语提出了要求，这让高校年轻情侣难以在发送和接收两端控制他人获取信息，也让他们难以处理宿舍和家庭的角色冲突。

信息泄露也可能发生在传播渠道中，尤其是当媒介具有类似信件的可见形态时。与信件是私人交流手段这一通常的看法相反，有过相关经历的许多高校学生证明事实并非如此。得知常悦寄往小林家的信件在邮递过程中丢失后，两人如释重负。如果信件到达小林家，它会将小林和常悦的交流内容暴露给小林的母亲，这可能会让小林感到尴尬。同样，另一名恋爱新手将寄给学校一位女孩的情书伪装起来，以免女孩的同窗看到信件后对其产生怀疑。在将情书投入女孩所在班级的邮箱之前，他把一张邮票贴在情书的信封上。没有贴邮票的信件会引起周围人对写信者身份和信件内容的好奇，因为生活在同一校园的写信者本可以告诉收信者同样的信息，除非他们之间有当面难以启齿的事情要说。在中国大学校园里，同一专业的学生被组织成固定的班级，被要求去学习同样的课程，而且经常被安排在相同的宿舍。在大学校园形成的这个关系密切的社会网络中，避免个人信息泄露很困难。一张邮票或许能让情书以出自远方某人之笔的"正常"信函通过，并且减少女孩的同伴们对写信者身份和信件内容的好奇。

年轻情侣尴尬的背后是对社会规则的公然违反。在年轻情侣的例子中，这一组织原则与传统中国人对待性和爱的方式有关。按照许烺光的说法，传统中国人对待性的方式会受到场合的约束，这意味着性只适合出现在生活的特定场所或与特定场所相关的地方。与美国主流文化将性视为个人行为不同，性仅仅与传统中国人的私生活相关。在生活的其他场合，例如社交场合，中国人没有性别特征（许烺光，1981）。作为性的暗示，爱在社会领域或父母面前是不恰当和不适宜的。这就是为什么在他人面前表达浪漫往往被认为是不适宜和不礼貌的，尤其是在 20 世纪 80 年代之前（许烺光，1981）。

互通电话和视频聊天不能将年轻情侣的浪漫角色和其他社会角色隔离开来，因为它们把同伴、恋人和父母等不同群体汇聚在一起。打破空间束缚的媒介模糊了亲密空间与社会空间之间的界限。这种角色冲突不能通过让一方说另一方听的方式获得和解，因为它会将对话变成独白，让电话交谈愈发令人怀疑(小林讲述了他的经历,如果在接电话时只用嗓音回复女友,这会更加明显地让室友知道他在跟女友谈话)。因此,手机短信提供了一种更为私密的选择:它包含无声话语的交流(如同另一名参与者所说的"有去有回"),因而它不太会引起现场其他人的注意,也让年轻情侣更加容易地处理可察觉到的角色冲突。通过帮助年轻情侣处理角色冲突和避免尴尬,以一对一模式出现的数字化书写提供了模糊公私界限的手段。借助手机短信和即时通信工具,这种无声和非介入形式的传播为年轻情侣在关系密切的社会网络中享受亲密生活创造了条件。

(二)社会网络中的熟人和围观

尽管一对一的数字化书写避开了窃听者,但它不一定使年轻情侣摆脱近侧观众的监视。也许,任何传播确实不能完全保密,因为传播就是让他人了解自我。然而,年轻情侣关心的是熟人圈子以外的信息传播。对住在拥挤的学校宿舍的情侣而言,隐私通常意味着免受同伴和熟人的监视。而用户实名注册的社交网站再现和放大了现实生活中熟人对情侣的监视。含蓄表达爱意似乎成了身处这些监视人群中的游戏规则。

洪川在QQ上聊天和人人网上写评论的经历比较全面地揭示了熟人圈子的监视。在与喜欢的女孩进行QQ聊天时,他经常担心被室友看到。尽管他可能会因聊得太久而引起室友的注意,但他往往尽可能地表现自然,以免激起室友的好奇心。洪川认为他的室友对他人的私事太过好奇,他想有更多的"隐私":

如果我宿舍的人看见了,属于熟人范畴,会感觉不好意思,但如果是被陌生人看见就随便了,无所谓。

在洪川看来,尴尬源于将自己的亲密交流暴露在熟人而非陌生人的视线里。依据戈夫曼对尴尬的理论阐释,其原因是熟人的角色期待对年轻情侣更具约束力。在类似洪川大学宿舍这样一个紧密联系的社会网络中,个人生活很可能引发他人的好奇心。为了保持应有的社交面孔,个体不得不参与戈夫曼所说的"信息游戏———一种可能的隐匿、发现、虚假显示、再发现的无限循环"。尽管媒介技术可以实现无声和非介入(例如在笔记本电脑上运行的QQ即时通信工具),但如果社会规则不是要求人们回避他人的私事,那么一个人的身体不得不待在电脑前可能引起他人的注意并招致流言。

群体监视及其社会压力体现在人人网之类的社交网站上。人人网通常被认为是中国版的Facebook。正如许多参与者所述,人人网源于校内网,校内网这一名称表明其使用者的虚拟社会网络主要由大中小学里的同伴和熟人构成。将线下社会网络复制到线上社交网站的做法并没有像许多参与者原本期望的那样,为大学生群体提供更为真诚的讨论;相反,它扩大了熟人圈子的监控效应。

洪川从人人网上删掉自己帖子的经历很好地说明了这一点。在删掉的一条动态中,他表达了对同班一位女孩的感激之情。他发的这条动态立刻引起班上其他同学的注意,进而在人人网上闹翻了天。洪川突然发怒起来,删掉了动态。当被问到为什么删掉引起班上同学注意的那条动态时,洪川反驳道:

> 你说我为什么删?! 你少评论点不就不删了吗!

社交网站上熟人的存在会让任何可疑的情感表达容易受到人们闲话的影响。八卦、吵闹、奚落都是社会圈子向个体施加社会压力的传统方式(Patricia M. Spacks,1985)。人人网为循规蹈矩的古老行为方式走向兴盛提供了虚拟空间。如果年轻情侣觉得有必要让自己的浪漫生活在教室和宿舍等物理空间上摆脱社会圈子的监视,那么他们尽力避免社交网站上相同群体的监视才算合理。信息传播的即时性和大型群体交谈的容纳力让人人网成为同侪压力的潜在放大器。

受到严密监控的环境,不论网上网下,似乎在培养一种避免在社交网站上明确表达爱意的趋势,尤其是当爱情不成熟的时候。含蓄是绕开监视的一种方法。洪川在评论他所喜欢的女孩的帖子的过程中没有透露他们之间关系的特别之处。按照洪川的说法,评论本身就是一种表达关注的方式,而明确表达亲密关系会遭到"围攻"。"围攻"一词无疑带有戏谑和隐喻色彩,因为洪川描述的这种围攻是以闹、折腾和八卦的形式出现的。然而,这个隐喻生动地说明了熟人的"暴力"。当每个人都在关注时,情侣们变得沉默寡言。然而,就表达对社会监视的恐惧和悉心呵护爱情而言,沉默具有和发声一样大的传播力量。正如洪川所言,评论是一种关心行为,表达爱意不需要言语。

大学校园里的年轻情侣特别欣赏交流行为的象征意义而不是言语内容。晓娟,一名刚入校的大学生,回忆了她在高中的经历。在高中校园里,每个人都知道谁暗恋谁,谁给谁写情书。晓娟说,真正的恋人不会写情书或者竭力表达爱意,"说一两句就行了"。恋人们都"心照不宣"。监控严密的生活环境使得学生的亲密信息难以私下传播,除非信息非常含蓄且只能够被预期的接收者解译。年轻情侣的谨慎行为与他们沟通的语境,尤其是社会圈子的监视有关。扮演适合的社会角色和保护私人生活免受他人打探,在很大程度上导致了他们偏爱一对一的数字化书写和公开场合下爱意的简约表达。

(三)公开示爱：信息控制和社会约束

偏爱无声媒介和在熟人面前含蓄表达爱意与过去关于中国传统情侣浪漫传播的研究结果相一致，也符合中国人通常的高语境传播方式。这种偏好与情侣沟通的严密且受监控的环境有很大关系。然而，我们不能草率地下结论说所有年轻情侣都偏爱不易被察觉的沟通手段，或者他们不会随情况的变化而改变其偏好。如果浪漫关系获得社会圈子的普遍认同，那么浪漫传播可能会改变方式。社会化媒介为情侣互相调情和展示情侣身份提供了空间。是否和恋人进行互动有时与浪漫关系在朋友圈内的合法性有关。例如，莉莉，一位新近毕业的大学生，在她的微博上避免提及她男友的任何事情，因为"她的好友还没有认可男友"。然而，对于李健，一名浪漫关系已公开化的博士生，QQ空间是他和女友分享故事和融入社交圈子的地方。信息控制成了情侣为保持浪漫关系和与社会网络协商而玩的一种游戏。

情侣经常玩不对称的信息游戏。这是不能平等获取信息或者是不相匹配的技术专长所致，或者是谨慎传递爱意的结果。这些游戏经常假定情侣双方都能获取背景信息。根据李健的经验，QQ空间的系统漏洞常常让他在解决关系冲突方面占据上风。QQ空间允许用户在访问好友的空间后抹去足迹，但不能对好友空间上统计出来的"访问"次数做更改。这意味着，一名访问者能在好友的访问者名单上隐藏其名字，但无法掩饰有人访问过空间这个事实。当QQ空间的访问者名单上出现了一个匿名的访问者时，李健通常非常开心，因为这个访问者就是他的女友。作为计算机科学与信息工程专业的博士生，李健十分了解自己的女友并能够很好地掌控自己与女友之间的浪漫关系。知道女友秘密访问他的空间，他经常借此和女友言归于好。技术的设计缺陷暴露了后台知识与前台知识存在不匹配的问题。他们以不说话的方式向对方展示冰冷面孔的后面是他们吵架之后可能觉得有义务维持的面子，他们相互访问对方QQ空间的行为表明他们其实还在意彼此。正是泄露出来的关于足迹的后台知识传达了爱和关心的"真实"信息。此外，爱的信息在于"访问"行动而非言语的内容或缺乏言语的内容。铭刻在媒介上的爱与关心的痕迹充当了调解者，这是中国人用于解决冲突和避免尴尬的古老沟通模式。

另一方面，出于关系目的，后台信息可以被有意地"流露"(用戈夫曼的措辞来讲)出来。正如沈洁介绍如何在微博上表达爱意：

以一种不太刻意的方式让他去discover，而不是以硬邦邦的方式告诉他自己的感情，觉得感情表达的效果更好，更促进感情。不能只是每天"我爱你""你爱我",需要些小伎俩。

非指向性的表演让人联想到罗兰·巴特(Roland Barthes)发现的情书悖论:它既是真实的,又是夸张的。缺乏明显的意图暗示对恋人"真实"感情的一种偶然发现。情侣表达的伎俩在于指向的不确定性:它是专门针对我说的还是偶然被我听到的? 社会化媒介上大量传递和大量接收之间的松散耦合让情侣围绕个人和公共指向展开互动成为可能(John D. Peters,2010)。情侣表面上发给每个粉丝的帖子事实上是为所爱之人写的,转发最般配星座的评论、发布恋人所做事情的帖子仅仅是其中的几个例子。

此外,在微博上公布浪漫关系的信息能够在社交上支持情侣对其关系负责,它本身可用来表达爱。例如,沈洁在微博上发布婚纱照以便让她的男友对他们的关系更加安心:

男友感觉(在我们的关系里)没有安全感,发婚纱照片等其实也是做给他看,他能看到我对别人这样说,会更高兴。

通过在朋友圈显示情侣关系,沈洁向男友展示了忠诚的女友形象。这就是说,通过向社会网络发送亲密照片,沈洁向男友传达了她的承诺。她参与了双重对话,即与两组对象——她的社会圈子和她的男友——的对话,并传播了两类信息——她的亲密照片和她的承诺。她发给男友的信息依赖于她的社会圈子对她发送的原始信息——照片——的认知程度。这种传达承诺的方式也是"间接"的。不从口头上让所爱之人确信自己永不变心,在熟人面前表演亲密行为所具有的约束力即使不甚于口头上说的话,也至少与之相当。在社交圈子公开亲密关系意味着公共见证和责任。

情侣还就什么信息可以分享、什么信息不能分享与其社会网络进行协商。例如,沈洁经常在微博上表达对男友的亲密感情,以便让她未来的婆婆高兴。沈洁未来的婆婆是沈洁微博上的一个粉丝,并且经常打电话评论沈洁和其男友发在微博上的帖子。这位特殊的观众对沈洁的信息控制决策起着重要作用:

(有时)把感情放大,旁敲侧击,让他妈妈看到……对儿子有意见,绝不能在微博上说,唯一的办法是保持沉默。

尽管沈洁可以对公开给粉丝的信息做出选择,她在什么信息能够发布和什么角色能够扮演方面也受到粉丝的制约。沈洁的婆婆在沈洁微博更新方面的兴趣抑制了沈洁爱意的表达,这和常悦的母亲对常悦与小林的电话交谈所施加的控制一样。不同的是,沈洁被期望着扮演可爱且令人满意的未婚妻角色,而常悦觉得有义务扮演性冷淡的女儿角色。常悦借助一对一的数字化书写来规避浪漫情人与女儿之间可感知的角色冲突,而沈洁在社会化媒介上为自己量身定制了好媳妇的表演以迎合她的婆婆。一对一模式的数字化书写为情侣提供了私人空间,社会化媒介则让他们想到社会规则和父母的期待。微博、QQ 空间和人人网之类的社会化媒介或多或少地带回了一个人社交圈子中的监视群体。监视群体的压力如果达到极端,就会导致情侣的沉默。

五、研究结论与建议

中国年轻情侣对媒介的偏好和使用与他们在浪漫关系上感知到的信息控制有关。他们偏爱一对一的数字化书写,因为它为他们提供了斡旋于个人生活和社会生活之间的手段,并且以非介入的方式逾越了两个领域的界限。复制了紧密社会圈子的社交网站易于压制爱慕之情的显性表达而鼓励"评论""访问"等爱意的简约表达,尤其是当情侣从"性冷淡"的高中学生过渡到可以要求合法的爱情生活的成年人。对于在社会化媒介上明确表达爱意的 30 岁左右的年轻情侣,公开的爱情传播既意味着戏谑型调情,也意味着道德上的责任。推动情侣对各种媒介理解的一个重要因素是他们敏锐地意识到社交圈子的监视。严密监控和过度拥挤的高校生活环境以及与白领父母的密切关系促成了这种意识。愿意或者不愿意,年轻情侣在交流时通常会考虑"窃听者"。

如果含蓄与社会控制有关,那么爱的公开宣言则考虑了服务于个人目的的社会圈子的存在。参与者经常谈到学生在校园里进行爱的轰动性展示并把它们描述为"浪漫"。例如,一个男大学生让他的朋友手持 iPad 站在他所爱的女孩的宿舍楼下,每个 iPad 上显示"我爱你,×××(女孩的名字)"。这让人想起热门电影中的主角在恋人的阳台前唱情歌的场景。法勒指出,懂得浪漫意味着道德约束的暂停和中国青少年的一次审美体验。在公共场合示爱是浪漫的,因为它大胆突破了爱情这一私人领域周围的边界。目标实现的本身蕴含了有意地接受围观者进入表演。

中国年轻情侣的媒介化交流既是身体的也是精神的,既是实体的也是虚拟的。与倾向于用宫廷爱情作为学习媒介化浪漫的首要隐喻的西方传统不同,中国年轻情侣有意识地关注他们的身体行为以免引起他人的注意,并且清醒地知道"失去面子"(out of face)的可能性。尽管社会化媒介进一步聚合了不同的观众并在西方社会被认定为侵犯隐私(Danah Boyd,2008),中国年轻情侣对社会监视的密切关注并没有表明这一趋势。几乎每个参与者都在访谈中提到了政府对互联网进行审查的情况，尽管笔者并没有提出这一话题。人们有理由认为，年轻情侣的觉察意识源于生活环境中的国家和社会监视。因监视而产生的信息游戏主要用于处理角色冲突，更确切地说，用于保住面子。隐藏、简约表达、策略性表演、选择性透露或完全沉默都是情侣应对他人监视的文化工具包的组成部分。

在中国情侣浪漫传播的语境中，隐私不一定是公开（或戈夫曼术语中的"当着他人的面"）的对立面。相反，它的意思是远离熟人，避开父母、同侪和教师组成的社交圈子，以及摆脱那些可能通过持有某种期望和不断监视来对情侣施加强大社会压力的人。因此，人们有理由认为，通常在公众或陌生人面前被视为道德猥亵的行为可能是严厉的社会监视和陌生人之间的不文明行为的结合体。

总体上看，中国年轻情侣如此在意他们的道德责任似乎有点不合常理。除了自身所处的发展阶段和严格监控的环境，研究的参与者是受过大学教育（如果不是高学历）的学生和（将要成为）专业人士的少数样本这一事实或许可以解释为什么他们的界线感很强。在模糊界线的时代，社会地位日益上升的个体倾向于采取更为强烈的道德立场，以此将自身与粗俗行为区别开来（Norbert Elias,1994）。在未来的研究中，招募背景和年龄段更为多样化的参与者以及比较情侣在媒介技术使用上可能出现的性别差异将是很有益处的。

参考文献：

[1] [丹]克劳森·布鲁恩·延森. 媒介融合：网络传播、大众传播和人际传播的三重维度[M]. 刘君,译. 上海：复旦大学出版社,2012.

[2] [美]许烺光. 美国人与中国人：两种生活方式比较[M]. 彭凯平,刘文静,等译. 北京：华夏出版社,1989.

[3] [美]阎云翔. 私人生活的变革：一个中国村庄里的爱情、家庭和亲密关系[M]. 龚小夏,译. 上海：上海书店出版社,2006.

[4] [美]欧文·戈夫曼. 日常生活中的自我呈现[M]. 冯钢,译. 北京：北京大学出版社,2008.

[5] [德]尤尔根·哈贝马斯. 公共领域的结构转型[M]. 曹卫东,王晓钰,刘北城,译. 上海：学林出版社,1999.

[6] [美]彼得斯. 交流的无奈：传播思想史[M]. 何道宽,译. 北京：华夏出版社,2003.

[7] [法]罗兰·巴特. 恋人絮语：一个解构主义的文本[M]. 汪耀进,

武佩荣,译. 上海:上海人民出版社,2009.

[8] [德]诺贝特·埃利亚斯. 文明的进程:文明的社会发生和心理发生的研究[M]. 王佩莉,袁志英,译. 上海:上海译文出版社,2013.

[9] 赵树功. 中国尺牍文学史[M]. 石家庄:河北人民出版社,1999.

[10] Boyd D. Facebook's privacy trainwreck:exposure, invasion, and social convergence[J]. Convergence the International Journal of Research into New Media Technologies,2008,14(1).

[11] Dion K K,Dion K L. Individualistic and collectivistic perspectives on gender and the cultural context of love and intimacy[J]. Journal of Social Issues, 1993,49(3).

[12] Gershon I. The breakup 2.0:Disconnecting over new media[M]. New York:Cornell University Press,1994.

[13] Goffman E. Interactional ritual: Essays on face – to – face behavior [M]. New York:Pantheon Books,1982.

[14] Farrer J. Opening up:Youth sex culture and market reform in Shanghai [M]. Chicago:The University of Chicago Press,1998.

[15] Findeisen R D. From literature to love:Glory and decline of the love-letter genre[J]. The literary field of the twentieth–century China ,1999.

[16] Jankowiak W. Romantic passion in the People's Republic of China [M]. New York:Columbia University Press,2008.

[17] Jankowiak W, Paladino T. Desiring sex, longing for love:A tripartite conundrum[M]. New York:Columbia University Press,2008.

[18] Lowry K. Personal letters in seventeenth – century epistolary guides [M]. Berkeley:University of California Press,2001.

[19] Lystra K. Searching the heart:Women, men, and romantic love in nineteenth–century America[M]. New York:Oxford University Press,1989.

[20] Peters J D. Mass Media. In W. J. T. Mitchell & M. B. N. Hansen (Eds.). Critical terms for media studies [M] . Chicago and London: The University of Chicago Press,2010.

[21] Patricia Meyer Spacks. Gossip[M]. New York:Alfred A. Knoff,1985.

[22] Robertson J B. Voicing the feminine:Constructions of the gendered subject in lyric poetry by women of Medieval and late imperial China[J]. Late imperial China,1992,13(1).

[23] Thompson J B. The media and modernity:A social theory of the media

［M］. Cambridge：Polity Press，1995.

［24］ Ting – Toomey S.. Intimacy expressions in three cultures：France，Japan，and the United States［J］. International Journal of Intercultural Relations，1991(15).

［25］ Weintraub J. The theory and politics of the public/private distinction ［M］. Chicago & London：The University of Chicago Press，1997.

［26］ Whitty M. Love letters：The development of romantic relationships throughout the ages［M］. New York：Oxford University Press，2007.

［27］ Yan Yunxiang. The Chinese path to individualization［J］. The British Journal of Sociology，2010，61(3).

基于新媒体平台的可沟通城市塑造研究

（王雅铄　殷　航　暨南大学）

摘　要：伴随着互联网的高速发展，政务微博、微信等新兴网络问政新媒体的传播力、服务力和影响力持续增长，政务微传播在可沟通城市中的作用日益彰显。基于媒介融合大背景，本文尝试以"昆明发布"为例，运用个案分析法、内容分析法研究政务新媒体在政务公开、刺激经济、便民服务、文化意义的建构分享等方面对智慧城市凝聚力、认同感、归属感、管理服务建设的作用，并提出促进与市民的政治沟通，加强应急预警、微信营销、媒介联动，开发"指尖微政务"，运用互联网思维进行民族文化传承等提升策略供政务新媒体发展参考。

关键词：可沟通城市；政务新媒体；昆明发布

一、"可沟通城市"：城市即传播

作为传播学正在兴起的研究领域，"可沟通城市"理论融合了传播、社会、文化、政治等多个维度来观照、阐释、反思城市建设和城市人群交流的现实问题，使得原本静态、僵硬的城市研究，焕发出新的动态生机。同时，尽管这一正处于诞生、发育阶段的研究议题包容了多方面的理论内容，其研究边界不甚清晰，但是其基本的知识体系大体承袭了城市社会学的研究脉络，可以从城市社会学中找到理论渊源。

在工业革命的推动下，改变美国国家面貌的三大关键因素是工业化、城市化和大批移民的涌入，而芝加哥无疑是美国新兴大都市的典型代表。以杜威、帕克、库利、米德为代表的芝加哥学派以芝加哥为天然实验室，开始了侧重于"交往"的现代都市研究。杜威认为，沟通是人类形成社会共同体的基本方式,"社会不仅通过传递、沟通继续生存,而且简直可以说,社会在传递中和沟通中生存"①。罗伯特·帕克认为,"沟通创造或至少使得这样一种情况成为可能,构成社会组织的个人是可以达成共识和理解的,这样的社会组织最后决定了个人、社会、文化的特征"②。在他们看来,现代城市是伴随着工业革命而来的"新型社会",这个"社会"除了表示人类社会和用作道德的"代名词",还应该是"人们直接的交流,包括交谈和有具体对象的同情——简言之,就是交际",即可沟通性是城市社会的基本特征和核心理念。而这些经典的理论论述也成为今天架构"可沟通城市"理论模型的学术依据。

然而,有关"可沟通城市"的理论建构却始终没有进入国际传播学界的学术视野。直到近几年,少数站在学术前沿的国外学者才开始逐渐认识到,城市的传播品质会造成人类生活总体品质的重大差异,因而城市的可沟通性需要从城市如何传播与城市如何促进传播这两方面来阐释。2008 年 6 月号的 International Communication Gazette 中以"可沟通城市"为主题,分别从"可沟通城市"的界定、作为媒介和信息的中介性大都市、全球性城市中相异性的并指与传播界面的构建、测量"可沟通城市"的指标体系建立、城市中的冲突和传播等若干议题展开论述。③ 其认为"可沟通城市"不仅是由基础设施、政策、法规和人口组成的集合体,同时也是一个建造的环境,不同文化、政策和法律推动着社会互动、商业贸易、社区和政治行动。④

2010 年,传播学者 Jeffres 在其研究中提出,"可沟通城市"的具体内涵应包括如下方面:①传播模式和政策有助于培养城市凝聚力;②通过传播可以促进不同年龄、族群、性别、社会背景、政治态度的市民之间沟通互动,减少和化解冲突,增进相互了解;③传播基础设施、模式、政策能够为城市最贫困阶层成员提供帮助;④通过传播刺激城市经济活跃;⑤通过传播促进多元文化艺术发展;⑥传承城市传统和历史,在城市新移民和年轻一代的社会化过程中发挥作用。⑤ 尽管这一正在发育的研究领域涉及的议题和理论来源是

---

① [美]约翰·杜威. 民主主义与教育[M]. 王承绪,译. 北京:人民教育出版社,1990:5.

② Robert F. Park. Reflections on Communication and Culturef[J]. American Journal of Sociology,1938,44(2):191.

③ 陆晔. 城市传播:理论与实践意义[C]//陆晔. 交往与沟通:变迁中的城市(中国传播学评论·第五辑). 上海:复旦大学出版社,2012:1-4.

④ Susan J D,Gumpert G. Freedom of Expression in Communicative Cities[J]. Free Speech Yearbook. National Communication Association,2012,44(1):65-84.

⑤ Jeffres L W. The Communicative City:Conceptualizing,Operationalizing and Policy Making[J]. Journal of Planning Literature,2010,24(3):99-110.

多方面的,边界也不甚清晰,但总体上依靠一个开放、平等、民主、有效的公共传播网络,促成国家、城市、群体、公民个人相互之间的有效沟通和公共交流,建设一种体现社会公平、正义的原则,实现经济、文化繁荣以及满足社会成员幸福感的城市生活,是可沟通城市的发展目标。

在20世纪最后十年间,网络的极致形态——互联网出现了,传播与城市的故事掀开最炫目的篇章。传播方式本是社会构成的基本要素,城市的基本形态,是在传播中不断结构又不断解构着。当今信息与传播技术(Information and Communication Technology,简称 ICT)革命既加速城市的去中心化、离散化,也是城市聚合的黏合剂,这一对向心力和离心力正在重塑信息化时代的大都市形态。在现代性框架中,传播与城市并置,形成同构关系。目前国内从传播、交往的视角探索如何建构"可沟通城市"属于集前沿性、前瞻性于一体的新兴课题,相关研究鲜有。2013 年,复旦大学信息与传播研究中心和《新闻晚报》共同策划推出"可沟通城市"特刊,第一期主要展示传播视角中的城市和社区,上海城市创新和可沟通城市,以及国际大都市的沟通和交往,是中国传播学界第一批开展"可沟通城市"研究的学术成果,具有重大理论意义和现实价值。复旦大学信息与传播研究中心研究员、新闻学院教授孙玮认为,"可沟通城市"包含城市实体交往空间和以大众传播媒介及新技术带来的一切可能的虚拟传播平台这两个维度,在城市基础设施建设,治理、城市协商对话和参与、城市共同体建构这三个不同层面上发挥影响,还应该具备三方面内涵:一是信息传递的快速、高效、透明;二是社会交流的自由、通畅;三是文化意义的建构与分享。① 网络的发展使信息交流快速、方便、形态多样,促使网络问政的产生和方式的丰富,政务微博与微信新媒体作为一种新的社会管理和服务新媒介也应运而生。它以前所未有的优势为政府信息公开提供了新平台,为问政开创了新的途径,成为多种信息传播通道的新桥梁,在城市治理、协商对话和参与承载层面发挥的作用尤为重要。

二、政务新媒体在可沟通城市中的作用

城市即媒介,可沟通是城市的首要内涵,昆明在这方面有着自己独特的基础。作为西南地区首次对政府政务微博、政务微信运行情况进行综合评估分析后发布的《云南省政务新媒体综合影响力报告》,其数据统计显示,截

---

① 孙玮. 传播与城市:关乎人类未来[N]. 新闻晚报,2013 - 9 - 7.

至2015年5月31日,云南省县处级以上单位共开设认证政务微博账号2200余个,微信账号700余个,覆盖人数超过3830万。"昆明发布""大怒江在线""普洱发布"包揽2015年1月至5月云南城市政务新媒体综合影响力排行榜前三甲。政务微信群的开通运营,使昆明在拥有雄厚经济实力和较高的社会生活水平的基础上,进一步发挥其强大的连接能力,为实现信息传递的透明畅通、官民交流的自由平等、文化意义的建构分享发挥其不可磨灭的政治沟通价值。云南独特的区位优势使其处于南方丝绸之路的重要地位,使得云南在"一带一路"政务微传播建设中具有重要的作用。"昆明发布"开通时间早,对政务新媒体运营积累了一定的经验,账号栏目设置丰富,内容贴近政府与服务民生兼具,其运营综合指数在云南省市级单位中排名第一。"可沟通城市"建设,也是昆明在"一带一路"战略下城市创新转型的应有之义和当务之急。基于以上阐述,本文试图从城市如何传播,城市如何促进传播两方面以较有代表性的云南省省会城市政务新媒体"昆明发布"作为研究样本,通过对其2015年8月至10月政务微博、微信的指标量化统计,根据"可沟通城市"理念将内容议题主要分为政务公开、刺激经济、文化传承、网络问政、活动营销五大方面,具体分析政务新媒体在可沟通城市中的作用。

(一)传播政务信息,加深政策理解,打造城市凝聚力

微信作为一种最新的传播工具,它最突出的特点是集合了已有信息传播工具的优势,能通过网络快速发送文字、图片、表情、语音、视频等多种信息,而且具有几近百分之百的精准性,因此,可以成为政府发布信息的重要渠道和工具。[①] 根据样本统计数据显示,"昆明发布"双微平均每天推送25条微博,6条微信,政务公开议题内容比例占24%。(如图1)作为运营较为完善的官方微博平台,"昆明发布"不仅为昆明市民参政议政提供便捷渠道,同时也打开了外界了解昆明城市发展的一扇窗口。

政府利用政务微信及时快速发布与广大人民群众密切相关的政府决策信息,可以增加政府工作的透明度,降低政府与公众之间的信息不对称。通过漫画、图解的方式分析昆明民用天然气拟分3档计价举措的实施,结合图片、表格和通俗易懂的问答语言公布昆明市数字城管8月工作情况通报等文章,促进了政务微信政务信息传达的"可沟通"功能,有利于减少公众对政府的误解,同时也树立政府在人民群众中的亲民形象、勤政廉政形象,提高政府的公信力,增强城市凝聚力。

---

① 王勇,王冠男. 政务微信的功能及要求[J]. 现代视听,2014(01):34-39.

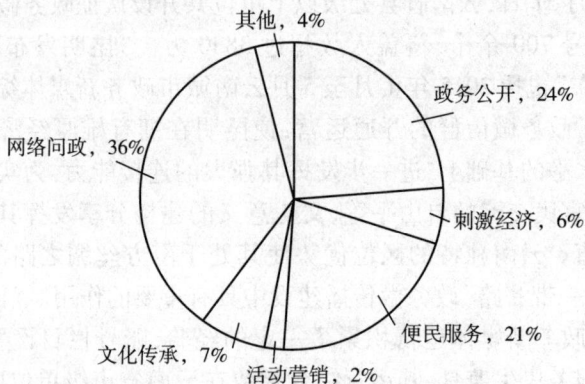

图1 "昆明发布"8月至10月微政务内容比例分布图

(二)宣传区域特色,拉动产业发展,刺激城市经济

少数民族地区的政务新媒体除了需要及时向受众推送权威新鲜的政务信息,播报最新的民生政策,打造"微政务"平台之外,还要明确定位和设定目标,根据受众特点对政务微博进行配置。通过信息资源的及时共享发布和线上线下的互动对话,形成自己的独特风格。云南作为"中国面向西南开放桥头堡"的大省,北可连接丝绸之路经济带,南可连接海上丝绸之路,是我国唯一可同时从陆上沟通东南亚、南亚的省份,其最大的特色就是民族特色,经济、生态、旅游等也备受关注。从"昆明发布"8月至10月政务新媒体微博、微信对比数据可以发现,微信相较于微博更加重视对区域特色产业的宣传,从而刺激经济,所占比例高达18%。

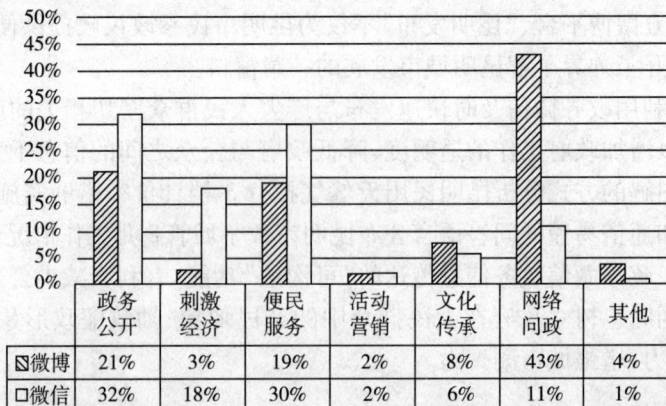

	政务公开	刺激经济	便民服务	活动营销	文化传承	网络问政	其他
微博	21%	3%	19%	2%	8%	43%	4%
微信	32%	18%	30%	2%	6%	11%	1%

图2 "昆明发布"8月至10月政务新媒体微博、微信对比数据

(三)关注市民需求,提供便民服务,提高城市认同

党的十八大报告提出,要建设"廉洁高效、人民满意的服务型政府"。服务型政府要求政府必须优化工作流程、使用现代先进的管理手段和方法,本着方便、快捷、高效、亲切的原则为人民提供服务,其中就包括为人民群众提供便捷、广泛、全面、及时的信息服务。由图 2 我们可以看到 8 月至 10 月份微博关于便民服务的发布量占发布总量的 19% ,内容大概涉及医疗政策、公共交通、手续办理等方面,通过及时的信息发布,简化行政流程,为市民提供便民的服务,增强服务型政府的能力的同时增加了市民的强烈归属感。如 9月 17 号在微博开通办理出入境手续的网络窗口,让市民足不出户完成以往烦琐的手续,以及"昆明市出入境管理局开通了'63357157'综合信息服务热线"等等。这些有效传播不仅符合可沟通城市"信息传递迅速、高效、透明"的内涵,同时也是和谐城市建设的题中之意。

(四)广泛征集民意,拓宽问政渠道,增强城市管理

传播革命,尤其是互联网的兴起,塑造了全新的城市交往形态,其中最突出的是网络化、散点化和脱域化。每个局部甚至每个人都不由自主卷入交往之中并成为其中的一个节点,可随时参与交流、发表意见。相比报刊、广播电视等传统媒体的单向传播,政府网站、政务微博等新媒体无定向性、发散性、开放性传播,政务微信传播具有更好的互动性、定向性、精准性、保密性、便捷性和人性化特点,是政府与微信好友交流沟通的更好渠道和平台。[①]"昆明发布"主动公开市长热线,群众可以通过昆明市委、市政府官方微信公众号"昆明发布"的举报平台、窗口或直接进入昆明市纪委举报网站举报身边违反八项规定精神问题,使意见沟通和反映渠道更加方便快捷。

(五)传承城市传统,弘扬民族文化,形成城市归属

互联网的出现大大增强了虚拟空间的力量。城市"地点"提供的"场所感"独一无二,它承载个人、集体记忆,倾注着公共或私人的情感。每一个城市都有自己的地标性景观,这些地点镌刻城市形象,凝聚着市民们的认同。对于"大杂居,小聚居"的少数民族地区而言,民族文化的传承和发扬尤为重要。

格尔茨说,文化就是人类编织的意义之网,城市文化的塑造,凝聚力的

---

① 蔡雄山. 政务微信成就"指尖上的政民对话"[EB/OL]. [2013 - 12 - 09]. http://www.cnii.com.cn/informatization/2013-12/09/content_1267590.htm.

加强,必得充分实现传统、现实的交流、融合。① 在政务新媒体平台宣扬城市历史文化,有利于实现实体空间和虚拟空间的融合,在平衡感中进一步发挥了城市本身的"可沟通"价值。微博充分地发挥了其在议题形成和扩散上的作用,将昆明的民俗文化、旅游、美食通过多媒体的形式对外传播,增加了城市的知名度、影响力,塑造了昆明旅游城市的美好形象。昆明是联通海陆丝绸之路的要塞,在促使城市新移民和年轻一代的社会化过程中加强不同文明交流以及城市传统和历史传承上肩负重任。

三、政务新媒体在可沟通城市中的提升策略

面向"可沟通城市"(Communicate city),陈映芳(2012)提出,对于传统的城市观,我们往往过于侧重城市的物质形态,更强调它的亚社会性,而相对忽略了人类社会的主体性。她提出,应该让"共同体概念"(Community)在中国城市中复活,城市应该为市民而建,而通过城市居民之间相互连结,形成更好的城市系统,继而通过城市规划、媒介对城市的介入,建立可更好沟通的社会。②

基于此,本文结合当前政务传播运营现状,以"昆明发布"微信和微博为例,考察政务微传播对城市的介入,提出了以下提升策略:

(一)建立应急机制主动公开信息,强化政治沟通

网络时代的政治沟通是指政府或者其他掌控了政治资源的政治主体,利用互联网的媒体特征,通过网络进行政治信息的获取、传递和处理的过程和行为。③ 在此概念下,政府部门、公众是沟通的主体。为了保证公众享有政治社会的知情权、参与权、表达权和监督权,政务微信应提供权威、新鲜、重要的资讯,并保证沟通渠道顺畅、便捷、迅速。作为政务公开的重要平台,"昆明发布"做到每日更新且保证发布内容量与质的结合,而同样作为少数民族地区的政务新媒体"南宁发布",微博平均每日发布条数仅为"昆明发布"的一半,微信平台每天也只推送1~2条信息,政务信息不够畅通。

随着移动社交吸引力不断增强,移动社交网民和政务新媒体数量会大幅增长,并将进一步扩大突发公共事件与社会热点话题的网民参与。④ 当发

① 克利福德·格尔茨,韩莉. 文化的解释[C]. 南京:凤凰出版传媒集团,译林出版社,2008.
② 胡吉. 直面转型中国 探索城市传播——"传播与中国·复旦论坛"(2012)会议综述[J]. 新闻大学,2013(2):142-147.
③ 邵岗. 网络时代中国政治沟通研究[D]. 上海:复旦大学,2012.
④ 张意轩,杨文明,庞胡瑞,等. 2013 关于新媒体的猜想[N]. 人民日报,2013-01-10(14).

生突发事件或谣言盛行时,社会组织、主流媒体与公众等圈子很快形成舆论场,由于信息量爆炸,公众难以识别不实信息,容易受不良情绪蔓延的影响,从而引起情绪恐慌。政务新媒体传播的快速、便捷、精准和高到达率特点可以使其成为政府发布公共事务信息的利器。此时,政务新媒体需快速及时地将有关真实情况、权威信息发送到人民群众中,使人民群众及时获知真实情况,一方面积极采取正确措施加以应对,另一方面消除恐慌心理,保持社会安定。"中国广州发布"微信上线不久,在加强对公共事务的关注力度,配合开展应急管理,进一步树立和增强政府公信力方面做出了突出成效。

(二)利用微营销推广特色旅游业,拉动经济内需

在可沟通城市建设中,城市可以就本土特色产业形态形成自己的风格,建立相应的文字库、图片库、视频库等微博资料库,因为微博、微信更新的速度对内容的要求是海量的、即时的,这就需要政务新媒体的运行人员储备好材料以备不时之需。另外,构建政务微博矩阵,创设微信文后相关信息链接,形成内容联动也是形成自身风格的途径之一。融合新闻生产的优势不仅是信息的互动、搜索、链接和共享,更重要的是信息的共创和共传,是"文脉"(content)的打通、整合和梳理。伴随着受众接受信息的自主性越来越强,任何一则新闻往往需要设置很多超链接以供受众选择更多的相关信息。网络媒介不存在传统媒介的容量限制,不存在传统媒介的只传不受、只传不馈,它是双向传播和"云传播",可以将全网络的信息资源整合编排在一起,担负起了信息检索和链接的功能,让全部信息产品都处于一种可能被激活和推送的"备战"状态。①

(三)开发"指尖微政务"管理程序,简化深化便民服务

政务新媒体具有用户数量庞大和微信传播的便捷性、精准性、即时性、移动性、低成本等特点,政务新媒体综合发布交通、气象、水电气、物价、医疗等各种与人们的生产生活密切相关的其他服务信息,乃至及时发布各种预警信息,满足社会公众的安全需要,开发网上业务办理服务,提供多样化便民服务等,可以使政务新媒体成为政府发送服务信息的良好"可沟通"渠道和平台。"昆明发布"目前在便民服务资讯传达方面做得非常及时和人性化,然而在开发"指尖微政务"办公方面还显不足,仅设有"我要落户"和"我要驾车"便民服务项目。相比之下,"中国广州发布"政务微信平台在"便民服务"菜单中集纳了全市多部门的"微政务"服务资源,可提供实时路况、天

---

① 邵鹏. 媒介融合语境下的新闻生产[M]. 杭州:浙江工商大学出版社,2013:49-50.

气世界、医院挂号、出入境、婚姻登记查询、招考查询、微信报税、商品房买卖合同查询、机动车违章查询、信用等级查询、公共租赁住房保障申请审批进度等21项服务,带来了一站式公共服务,有利于从移动终端简化办事流程,提高政务效率。因此,少数民族地区政务新媒体可以积极开发"指尖微政务"管理程序,提高市民尤其是大量外来务工人员对政府工作的认同,从而强化对城市的认同,体现昆明城市的服务性和包容性。

(四)利用媒介联动回应公众诉求,调动全民舆论监督

哈贝马斯曾提出公共领域的概念,公共领域是介于国家和私人或公共权力领域与私人领域之间的一个中间领域。英国政治学者约翰·科因对此做出了修正,他认为网络舆论更应强调"多元"和"参与",而非必然以理性讨论和达成共识为主要特征。① 其实政务微博就提供了一个类似公共领域的空间,让多元文化团体和代表不同利益的群体、个人、媒体能够与政府沟通,参与到政府事务,实现协商民主。从"昆明发布"的微信信息来源综合统计来看,其发布的信息极大部分来源或整合于纸媒,如《昆明日报》《春城晚报》《城市时报》等,与电视台、广播、网站和新媒体等信息联动量极低,应利用媒介联动发布各方信息,回应公众诉求。(见图3)

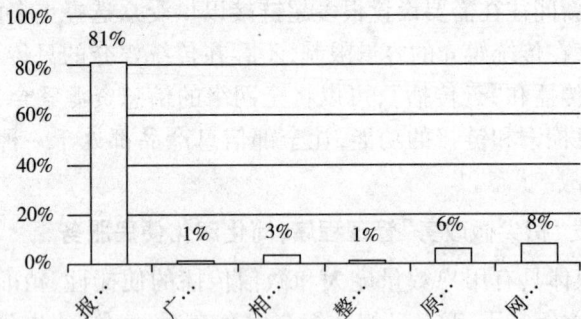

图3 "昆明发布"微信信息源统计

政务新媒体平台使用户和政府部门之间能实现点到点、对等的双向互动关系,理论上,用户只需通过平台便能直接与政府部门沟通。而实际上,不少信息到达政务新媒体后台便石沉大海,得不到有效回复。沟通决定关系,关系决定距离。由此可见,如果把政务新媒体当作一个发布信息的平台,则其"重交流"属性便毫无用处了。为了促进有效的双向沟通,政务新媒体需高度重视民意,了解他们使用政务新媒体的真正诉求,通过解析运营数

---

① 哈贝马斯.公共领域的结构转型[M].曹卫东,译.上海:学林出版社,1999:235.

据,不断地优化账号的内容、功能与用户体验。

(五)运用互联网思维加强民族文化传承,打造城市共同体

孙玮(2012)提出,可沟通城市传播的内涵有三个层面上的意义,技术层面上的连接意味着地理和网络上的交流,而社会和政治层面的沟通则强调公共交往和公共参与,使市民成为城市的主体,形成与政经力量抗衡的力量,最后是文化层面上的共享,没有共同体的知识文化分享,交流中也无法理解沟通双方的意见。[①] 一般认为,大众媒介是"第二城市",大众媒介构成的传播网络建造了一个虚拟的城市,它以独特的方式再现了实体城市,并复制、重构了一个虚拟的城市系统。[②] 城市是一个流动的空间,那么,大众媒介构成的传播网络也是流动的,而且这种流动是双向的。政务新媒体的粉丝量和关注度决定了其影响力,因此,一个好的政务新媒体也需要全方位拓展其人群覆盖面。除了传统的报刊、电视等媒体宣传外,政务新媒体还应打通网站、微博等渠道,实现跨平台协同与联动,形成传播矩阵。同为少数民族政务新媒体的"西藏发布"在 10 月份举办了系列走进高校与师生互动的线下活动,有效地引流了线下受众,增加关注度和影响力的同时培养了一批忠实受众。由于政务信息传播属于"订阅"传播模式,受众掌握主动权,对目标用户的吸引就变得异常重要,这还要求政务新媒体学会运用互联网思维营销自己,从而提高自身影响力。在这方面,"昆明发布"曾策划发布了重金征集城市广告语、"我们眼中的滇池"1 分钟视频征集令、昆明动物园投万元征集新 logo 等活动着力打造城市文化氛围,微博上也发起了诸如"昆明市十三五规划意见建议征集公告"等互动活动,鼓励全民参与城市共同体建设,但经验的欠缺使得活动扩散力度、吸引力不高,并没有达到预期的传播效果。

四、结语

一座世界名城,依照乔尔·科特金的说法,必须具备三个特征:神圣——具有坚固的精神和道德维系;安全——既能容纳并激发市民的多样化天性又能秩序井然;繁忙——拥有充满活力的商业市场,像一首赞美诗所吟唱的:她笼罩了万物,万物经由她得到传扬。这三个特征,无一不是以沟

[①] 胡吉. 直面转型中国 探索城市传播——"传播与中国·复旦论坛"(2012)会议综述[J]. 新闻大学,2013(2):142-147.

[②] "传播与中国·复旦论坛"(2012) 可沟通城市:理论建构与中国实践[C]//复旦大学信息与传播研究中心,复旦大学新闻学院."传播与中国·复旦论坛"(2012)——可沟通城市:理论建构与中国实践论文集. 上海:复旦大学信息与传播研究中心,复旦大学新闻学院,2012:7.

通交往为前提。城市是关系的网络,网络在沟通中穿梭往来。沟通决定城市。可沟通,是城市的生命和活力。建设可沟通城市,防止重连接轻沟通、有连接无沟通,是目前我国城市发展的迫切要求,也是城市创新转型的重大目标。关系决定距离,沟通即是实力和活力。"可沟通"是起点也是未来之基点,建设可沟通城市,应是城市创新转型的应有之义。政务微信新媒体要想在可沟通城市建设中发挥效力,还需要在政治沟通、应急预警、微信营销、指尖微政务、媒介联动、民族文化传承等方面做出努力。

参考文献:

[1] 曼纽尔·卡斯特. 信息时代的城市文化[C]//. 汪民安,陈永国,马海良. 北京:城市文化读本,北京大学出版社,2008.

[2] 约翰·杜威. 民主主义与教育[M]. 北京:人民教育出版社,1990:5.

[3] "传播与中国·复旦论坛"(2012) 可沟通城市:理论建构与中国实践[C]//复旦大学信息与传播研究中心,复旦大学新闻学院."传播与中国·复旦论坛"(2012)——可沟通城市:理论建构与中国实践论文集. 上海:复旦大学信息与传播研究中心,复旦大学新闻学院,2012:7.

[4] 陆晔. 城市传播:理论与实践意义[C]//陆晔. 交往与沟通:变迁中的城市(中国传播学评论·第五辑). 上海:复旦大学出版社,2012:1-4.

[5] 胡吉. 直面转型中国 探索城市传播——"传播与中国·复旦论坛"(2012)会议综述[J]. 新闻大学,2013(2):142-147.

[6] 张意轩,杨文明,庞胡瑞,等.2013 关于新媒体的猜想[N]. 人民日报,2013-01-10(14).

[7] 孙玮. 传播与城市:关乎人类未来[N]. 新闻晚报,2013-9-7.

[8] 侯锷. 井喷!"加速度"发展中的中国政务微信[EB/OL]. 政务微信观察,2014-11-01.

[9] 王勇,王冠男. 政务微信的功能及要求[J]. 现代视听.2014(01):34-39.

[10] 蔡雄山. 政务微信成就"指尖上的政民对话"[EB/OL]. [2013-12-09]. http://www.cnii.com.cn/informatization/2013-12/09/content_1267590.htm.

[11] 克利福德·格尔茨,韩莉. 文化的解释[C]. 南京:凤凰出版传媒集团,译林出版社,2008.

[12] 邵岗. 网络时代中国政治沟通研究[D]. 上海:复旦大学,2012.

[13] 唐螺. 给"中国广州发布"一个点赞[N]. 羊城晚报,2014 - 12 -22.

[14] Robert F. Park. Reflections on Communication and Culture [J]. American Journal of Sociology,1938,44(2):191.

[15] Susan J D, Gumpert G. Freedom of Expression in Communicative Cities[J]. Free Speech Yearbook,2012,44(1):65 - 84.

[16] Jeffres L W. The Communicative City:Conceptualizing,Operationalizing and Policy Making[J]. Journal of Planning Literature,2010,24(3):99 -110.

媒介·权利·表达：新闻传播与网络化社会

沉淀与狂欢：基于使用与满足理论分析移动短视频社交应用的发展前景

——以"小咖秀"为例

（黄卫宁　安徽大学）

摘　要：移动短视频社交应用是近年来开始流行的一种依托于智能手机的社交与视频拍摄应用软件，用户可以将手机拍摄的视频分享于应用的社交区和各大社交平台与好友及众多网友分享互动。移动短视频社交应用成为包括文字、图片、语音的一种多媒体沟通方式，成为移动社交领域的新宠儿。本文以2015年迅速走红的"小咖秀"这一典型的移动短视频社交应用为例，基于大众传播理论中的使用与满足理论和实证调查，对移动短视频社交应用的发展现状和市场前景做出相关的分析和思考。

关键词：网络化社会；短视频；UGC模式；小咖秀；使用与满足

随着移动互联网技术日渐发达，移动终端从仅有电话功能逐渐过渡到包括语音通信、短信、图片、视频、网络等功能的智能终端。2013年，因4G"牌照"得以放行，初步解决流量制约的"舶来品"短视频在国内迎来了发展元年。短视频在社交网络中的传播正逐渐丰富着用户记录、分享、互动的方式，以其适应当下受众碎片化时间的碎片化信息内容和多媒体的呈现方式丰富着人们的社交渠道。

移动短视频社交应用是一种集视频拍摄与社交功能于一体的基于智能移动终端的应用程序，它允许用户拍摄一段极短的视频（一般在30秒以内）并支持快速处理后上传至互联网，直接与多种网络社交平台无缝链接，实现分享与互动的社交功能，是一种集文字、图片、语音、视频于一体的多媒体社交渠道①。这种基于用户自主制作（UGC）、分享模式的视频社交应用一经推出，用户流量成爆发式增长。国内以小咖秀为代表的短视频社交应用在推

---

① 张梓轩，王海，徐丹."移动短视频社交应用"的兴起及趋势[J].2014（2）：107-109.

出一两个月的时间里便能进军各大应用市场的免费应用排行榜前列。但是从百度指数中的搜索数据来看,小咖秀在2015年5月发布以来到7月31日达到搜索数量的顶峰87749次,8月后快速下跌,搜索数量稳定在10000左右(如图1)。作为工具的应用软件天生就有用户留存困难的问题,用户对一款工具从新鲜到疲劳的衰减期非常短。

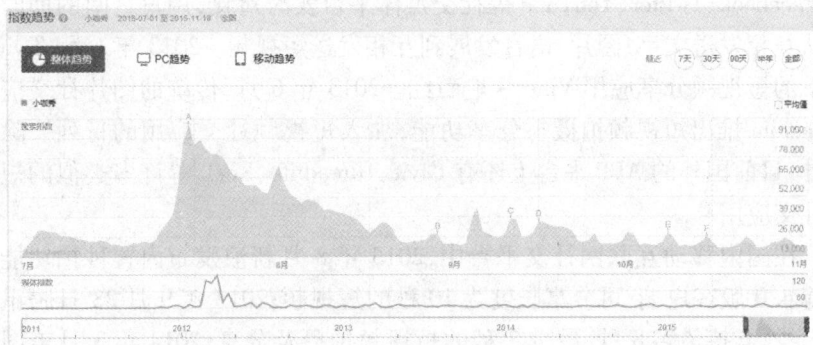

图1 2015年7月至11月小咖秀百度搜索数据趋势图①

不可否认的是,以短视频为媒介载体的社交行为是倡导全媒体时代的今天的大势所趋,基于UGC的短视频社交应用软件是网络社交应用的一大突破,它改变了以往单纯的文字图片语音社交方式,为网络社交应用市场开辟了一片蓝海。如此看来,以小咖秀为代表的移动短视频社交软件如何在今后培养用户利用短视频记录、分享信息的习惯,通过何种方式为移动社交短视频应用的发展续航至关重要。

本文立足于传播学的使用与满足理论框架,采用实证调查的方法,在220份题为"小咖秀用户的使用与满足调查问卷"的基础上进行数据分析并做出统计,并针对以下问题展开研究:小咖秀用户的使用动机和浏览、制作偏好是什么? 小咖秀用户目前的使用满足程度如何? 以小咖秀为代表的移动短视频社交应用目前的发展状况如何? 哪些因素影响着以小咖秀为代表的移动短视频社交应用的发展前景? 从影响因素出发,移动短视频社交应用如何持续发展。最后,基于对小咖秀问卷调查的研究结果,对国内移动短视频社交应用的发展前景做出宏观的分析。

---

① 来自百度指数:http://index.baidu.com/.

一、移动短视频社交应用的发展现状及特点

同众多新兴媒介相同,移动短视频社交应用最先兴起于美国,创办于2010 年的 Viddy 于2011 年4 月11 日最先发布了移动短视频社交应用产品,同 Facebook、Twitter、YouTube 等社交媒体平台实时对接,用户之间的即时交流从互相发送文字、图片、语音发展到互相发送短视频。2013 年1 月,Twitter旗下的短视频分享应用 Vine 一炮而红。2013 年6 月,传统的图片社交应用Instagram 推出短视频拍摄与分享功能,加入短视频社交应用的行列。除此之外,目前国外的 APP 平台上还有 Givit、Threadlife、Keek 等许多类似的短视频社交应用①。

在国内移动互联网社交平台中,2013 年8 月新浪发布内置秒拍功能的微博4.0 版客户端,可分享长度为10 秒的短视频;2013 年9 月28 日腾讯微视上线,支持最多8 秒、最少2 秒的短视频拍摄及分享;2014 年3 月美图秀秀出品的短视频社区美拍正式上线;2015 年5 月秒拍旗下的小咖秀推出,以用户创作和分享对口型搞笑视频为功能进入短视频社交应用市场。

总的来说,移动短视频社交应用在国外社交应用市场推行较早,且国外用户较之于国内用户更具有使用多媒体方式记录分享生活的社交习惯,因而短视频社交应用在国外市场发展更为稳定。国内移动短视频社交应用推行较迟,目前各大短视频社交应用虽在推行初期有一定的反响,但应用本身与其营销团队尚处于发展完善期,国内的大部分受众还未能形成使用多媒体方式记录分享生活的习惯。身为新兴事物的移动短视频社交应用能否在一个个新事物浪潮下留存并使国内用户形成使用习惯决定了类似小咖秀的一类短视频社交应用的发展前景。

移动短视频社交应用具有如下特点:

第一,视频内容个性化。移动短视频社交应用作为一种用户生产内容(UGC)社交软件在拍摄视频上降低了技术门槛,激发了用户的个性创造,在内容生成上由数以亿计的用户主动生成,在传播内容方面具有个性化的特点。

第二,视频信息碎片化。移动短视频社交应用的视频时长极短,且其内容呈现并不需要严格遵循传统视频的叙事逻辑和形式框架。用户使用短视频的方式进行的记录与分享具有随意性,不需要刻意呈现整个事件或事物。

---

① 张梓轩,王海,徐丹.“移动短视频社交应用”的兴起及趋势[J].2014(2):107-109.

第三，视频信息共享化。移动短视频社交应用中，大部分用户制作短视频会在软件的社交区或各大社交平台分享互动，每个用户拍摄的短视频信息皆可实现在大部分互联网社交平台发布共享和实时互动，有极强的社交属性，传播、共享平台多样。

第四，技术门槛较低，应用设计人性化。使用短视频相对于传统的视频拍摄而言，不需要专业的设备和专业的摄影技能。目前的移动短视频应用均具有断点拍摄、对焦、回删、添加主题文字、添加滤镜与配乐、保存到本地、社区互动等功能并在不断地完善新功能中，应用设计理念极为人性化。

二、小咖秀的概况与特点

小咖秀是中国当下一款在年轻人中较为流行的移动短视频社交应用。从 2015 年 5 月 13 日研发秒拍的团队炫一下（北京）科技有限公司推出以"人生如戏，全凭演技"为广告语的对口型视频软件小咖秀到 7 月 27 日的短短 75 天的时间里，小咖秀排名打败国内同品类竞争对手美拍和快手等，冲进人们视线焦点。小咖秀的部分灵感来自德国的 Dubs mash，但是在其基础上做了本土化创新。截止到 2015 年 11 月 20 日，小咖秀累计用户达 1500 万人，每天会有近 50 万人在小咖秀产出近 120 万条视频。

小咖秀与 Vine、秒拍、美拍等一般移动短视频社交应用相比具有其显著的特点：

第一，视频诉求娱乐化。小咖秀应用内置许多有意思的音频素材，用户可配合小咖秀提供的音频和字幕对口型创作为时 15 秒的搞怪视频，并把视频分享到微博、微信、QQ 等社交平台。

第二，用户定位年轻化。小咖秀自推行以来便将目标受众定位在强调个性诉求的年轻人群体，并在年轻群体中开展如"校咖大赏"等一系列活动进行推广。年轻群体为小咖秀社区内的短视频注入了特有的活力和个性。

第三，用户门槛最低化。同一般移动短视频社交应用的技术门槛相比，小咖秀用户的使用门槛最低。小咖秀甚至不需要用户考虑拍什么，直接利用丰富的素材资源为用户提供拍摄内容。

第四，社交产品矩阵化。小咖秀的研发团队为炫一下（北京）科技有限公司，2015 年 5 月发布的小咖秀应用实为秒拍旗下的一款移动短视频社交应用，依托秒拍两年来积累的用户、平台与经验，小咖秀与秒拍、微博形成强有力的社交产品矩阵。

三、对小咖秀用户的"使用与满足"调查

传播学中的使用与满足理论是本研究的主要理论支撑,它从受众的角度出发,强调受众选择媒介的积极性与主动性,是传播学研究历史中的一个里程碑。"使用与满足"研究把受众看作是有特定需求的"个人",把他们的媒介接触活动看作是基于特定的需求动机来使用媒介,从而使这些需求得到满足的过程①。

本研究的假设便建立在使用与满足理论的基础上,假设小咖秀这一移动短视频社交应用的用户是基于某种动机使用小咖秀的,并询问被调查者其动机的满足程度如何。对小咖秀的使用动机与满足程度,本研究做出相关假设并在相关的问题上设置开放性回答,以期获取更多关于小咖秀的使用与满足的信息。在问卷抽样中,本次研究采用随机抽样的方法,通过在线问卷星网民发起问卷调查,在新浪微博中搜寻使用小咖秀的用户进行问卷调查,并加入小咖秀刷粉互粉群、小咖秀 APP 视频交流群两个 QQ 群对小咖秀用户进行问卷在线投放与采集并进行在线访谈。在回收到的 220 份问卷中,去除远超过小咖秀目标受众的 51 岁以上人群的问卷,去除答卷时间低于 20 秒的非认真答卷,共有 205 份有效问卷。

(一)调查结果

1. 小咖秀目标受众对小咖秀的认知情况

小咖秀目标受众为具有个性诉求的年轻群体,但是经调查发现,30 岁以上使用小咖秀的人群并不少。所以本研究小咖秀的目标受众的年龄定位为低于 40 岁的人群。本次调查中,符合这一条件的共有 192 位受访者,其中,知道小咖秀这一应用的有 157 人,而对这一应用毫无概念的人仅有 35 人(如图 2)。但笔者从调查中发现,对小咖秀毫无概念的 35 人中有 23 人为 25 岁以下的人群,这说明小咖秀还没能在最小的目标受众中做到完全知名。

---

① 郭庆光. 传播学教程[M]. 2 版. 北京:中国人民大学出版社,2011.

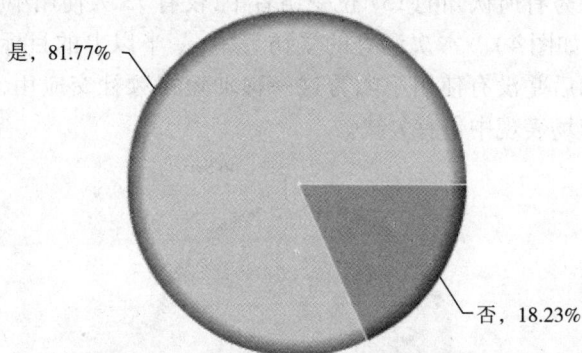

图 2　目标受众对小咖秀的认知情况分布图("是"为知道小咖秀)①

　　在目标受众对小咖秀的认知渠道方面,57.32% 的受访者表示是从新浪微博等社交平台上得知小咖秀,24.2% 的受访者表示是从明星微博中得知小咖秀,仅有 1.91% 的受访者表示看到了小咖秀的广告并得知小咖秀。在"其他"选项中,受访者表示是通过使用 UC 浏览器热门视频中得知小咖秀的(如图 3)。

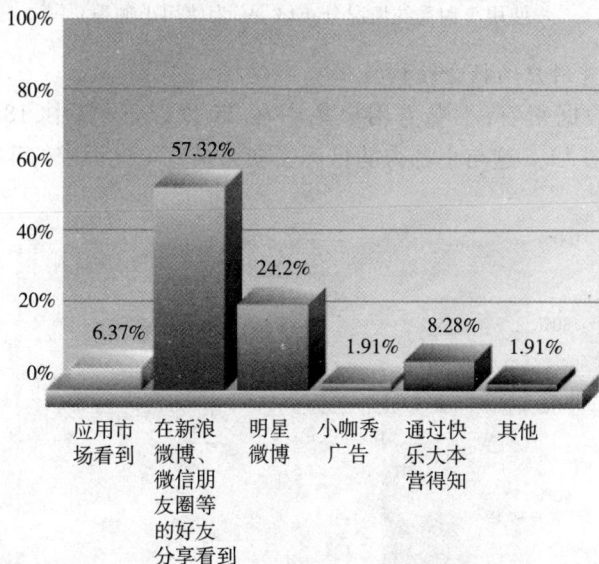

图 3　小咖秀的认知渠道分布

————————————

　　而对小咖秀有所认知的 157 位受访者中,仅有 73 人使用小咖秀,占总人数的 46.5%(如图 4)。本次调查的受访者中,一半以上的目标受众在对小咖秀有所认知后并没有使用小咖秀这一移动短视频社交应用,这说明小咖秀在目前的市场表现中仍有欠缺。

是，46.5%

否 53.5%

图 4　知道小咖秀应用的人群
使用小咖秀的情况分布("是"为使用小咖秀)

2. 小咖秀用户的社会结构特征

　　从调查数据来看,小咖秀用户集中在 25 岁以下,其中,18 至 25 岁占71.62%(如图 5)。这与小咖秀的目标受众为具有个性诉求的年轻一族趋于一致。

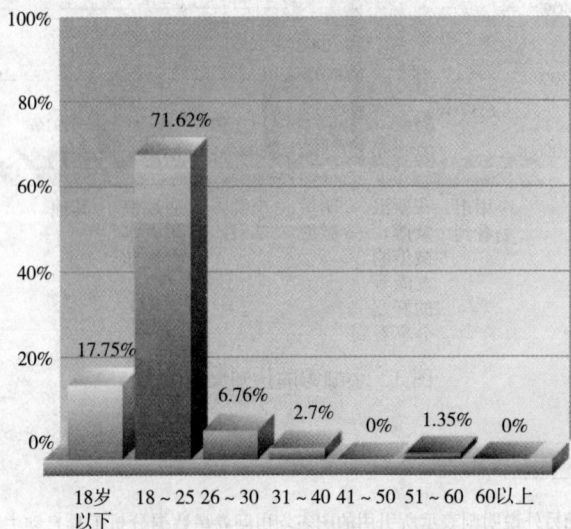

100%

80%

71.62%

60%

40%

20%

17.75%

6.76%

2.7%

0%

1.35%

0%

0%

| 18岁以下 | 18~25 | 26~30 | 31~40 | 41~50 | 51~60 | 60以上 |

图 5　小咖秀用户的年龄分布

　　参加本次调查的受访者中,男性小咖秀用户有 24 位,女性小咖秀用户有 50 位。小咖秀的用户中女性居多(如图 6)。

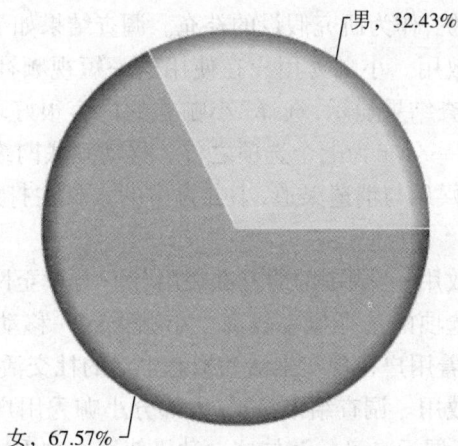

图 6　小咖秀用户的性别分布

　　小咖秀用户的职业集中在在校学生,中学生、大学生和研究生三者一共占到总数的 62.16%。

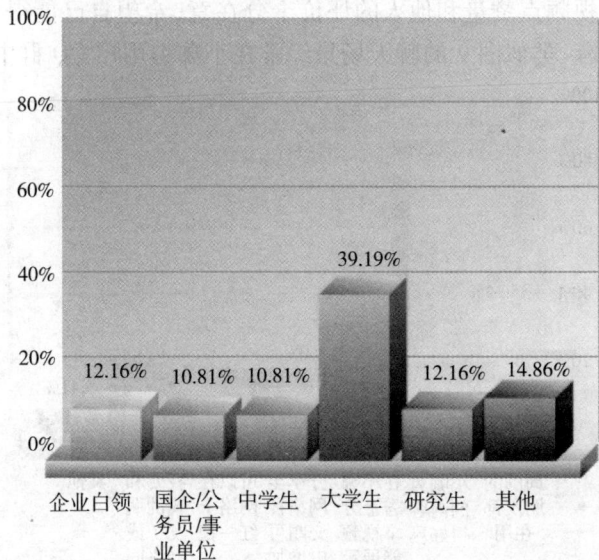

图 7　小咖秀用户的职业结构分布

3. 小咖秀用户的使用动机

本研究在该题目的问卷设计中将其定位为多选题，并基于使用与满足理论与前期调查对小咖秀用户的使用进行了一定的假设。"其他"一项要求必须写出自己的动机，作为研究假设的补充。调查结果如下：

（1）心绪转换效用。小咖秀用户在使用这一短视频社交应用时有娱乐和消遣的动机。调查结果显示，选择"小咖秀的内容很好玩"这一选项的受访者占 78.38%，频率分布为七个选项之首。移动互联网终端是当下快节奏社会人群中的一大娱乐与消遣渠道，小咖秀中的素材主打娱乐牌，顺应了当下受众的需求。

（2）人际关系效用。"周围的朋友都在用"和"分享至网络社交圈可增加朋友对我的印象"选项的选择概率较高。小咖秀这一移动短视频社交应用在某种程度上促进着用户在现实生活和拟态生活的社交活动。

（3）自我认同效用。调查结果显示，大部分小咖秀用户认为自己拥有一定的表演技能，出于展示自己的演技这一动机使用小咖秀这一应用。

（4）竞争心理效用。在调查中笔者发现，很多小咖秀用户会在小咖秀官方比赛中增加自己的视频产出，提高自己对拍摄视频的投入，以期在比赛中能够取得一定的名次。

（5）获取他人评价效应。笔者在小咖秀粉丝群中发现，小咖秀用户对自己的粉丝量、视频点赞量和他人的评价十分在意，希望自己能得到众多网友的关注和好评。类似图 9 的聊天场景经常在小咖秀用户 QQ 群中出现。

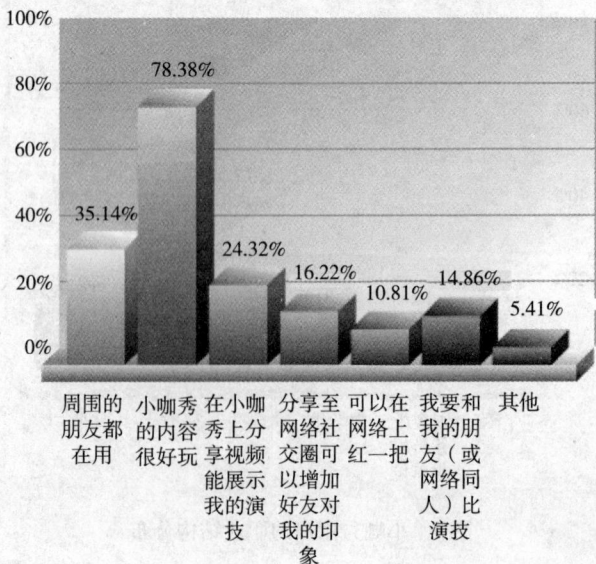

图 8　小咖秀用户的使用动机分布

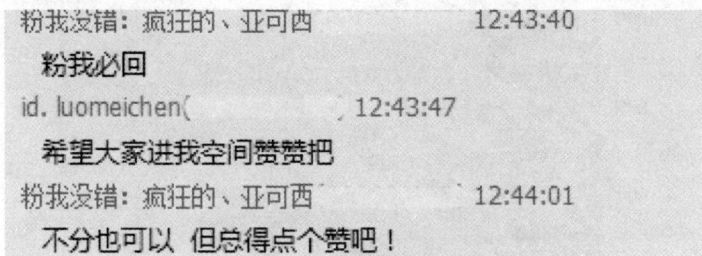

图9　小咖秀粉丝群求粉求赞的聊天记录截图

4. 小咖秀用户的使用情况

从调查结果来看，大部分小咖秀用户会每天或偶尔在小咖秀应用或微博等社交平台上观看他人拍摄的视频（如图10）。其中，在"其他"选项中受访者指出，在有无线网络覆盖的情况下会每天观看他人视频，没有无线网络覆盖则不看。这说明，小咖秀用户产出的视频内容能够吸引大部分用户观看，而网络问题依旧是小咖秀用户观看视频的一大制约条件。

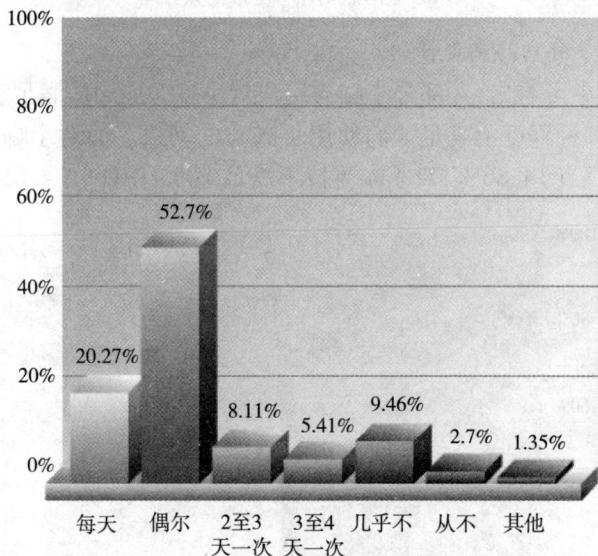

图10　小咖秀用户观看他人视频频率

从调查结果来看，经常在小咖秀上发布视频的用户约54%，其中，"其他"选项中的受访者皆在小咖秀上常发视频。不经常在小咖秀上发布视频的用户约占46%（如图11）。在"其他"中，有受访者指出，他会在小咖秀举行活动（即比赛）时频繁发布。

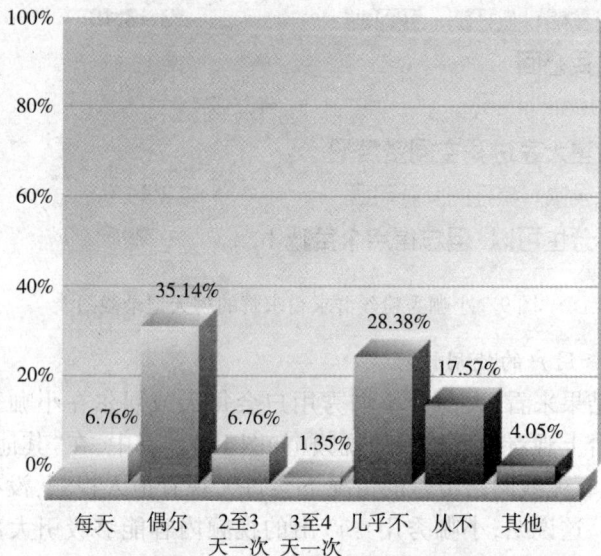

图 11　小咖秀用户发布视频频率

5. 小咖秀用户的满足情况

从图 12 中可看出,大部分小咖秀用户对小咖秀应用成满足态势,认为小咖秀能够在某种程度上满足他们使用小咖秀的动机。而对小咖秀表示完全满足的用户仅有 14.86% ,对小咖秀持不满足态度的用户有 4.05% 。

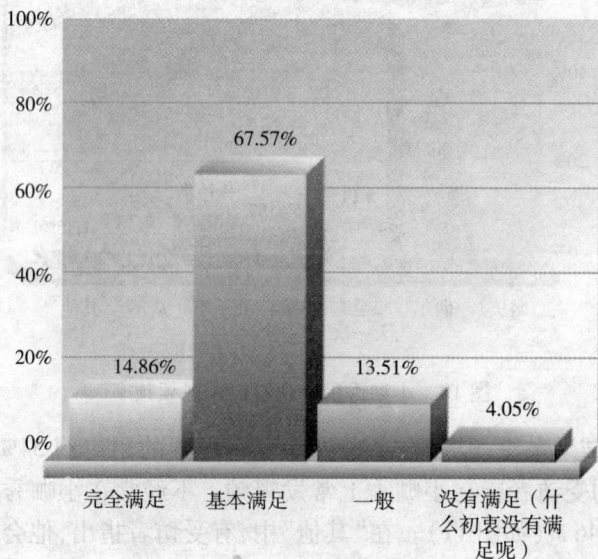

图 12　小咖秀用户的满足程度分布

从图 13 中发现,64. 86%的小咖秀用户在回答"是否会继续使用小咖秀"这一问题时选择了会继续使用,而 16. 22%的用户选择不会继续使用,18. 92%的小咖秀用户持不确定态度,其中 8. 11%的用户认为朋友是否使用小咖秀决定了他是否使用小咖秀,而 10. 81%的用户认为小咖秀以后的更新情况决定了他是否继续使用小咖秀。

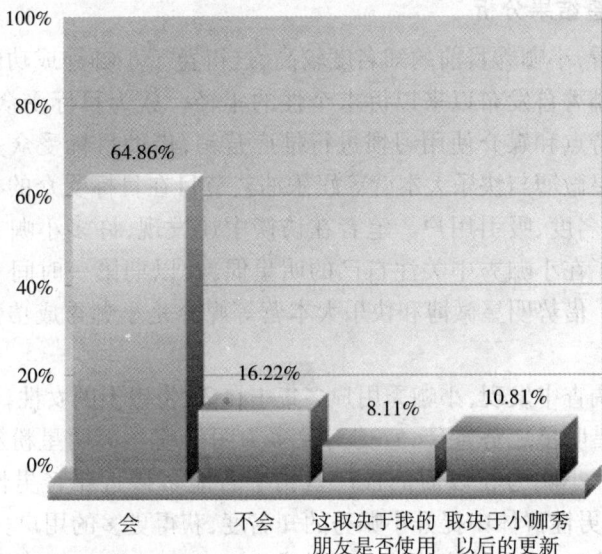

图 13　小咖秀目前的用户忠诚度分布("会"表示会继续使用小咖秀)

序号	提交答卷时间	答案文本	查看答卷
175	11月18日 12:03	没怎么用过。	查看答卷
176	11月18日 12:29	内容没有以前有趣了。	查看答卷
177	11月18日 12:36	希望增加贴图和美图	查看答卷
178	11月18日 12:37	挺多功能不是特别完善,等它慢慢改进吧口	查看答卷
179	11月18日 12:44	滤镜应该多一点	查看答卷
180	11月18日 12:44	暂时没有	查看答卷
181	11月18日 12:50	无	查看答卷
182	11月18日 12:51	V博：小帮ID名	查看答卷
183	11月18日 12:51	没使用,没感觉	查看答卷
184	11月18日 12:51	应该让每个人都能成为大咖,要求广泛点。	查看答卷
185	11月18日 13:21	让我红!	查看答卷
186	11月18日 13:23	希望可以录原创。	查看答卷
187	11月18日 13:27	希望原创都能录	查看答卷
188	11月18日 13:31	1.声音虽然都很好玩,但希望能再多一点。 2.有些时候要加一些好友名字,会经常搜不到,特别是有字母、符号的那种。 !口3.希望小咖秀公平一些！不要只为颜值高但演技不高的人加v!小咖秀明明就是拼演技的,而不是来选美的,为漂亮的人加v也可以,但也别太过分了！有些人演技爆表！颜值虽比不上那些整容的,但也还不错,可偶偶被你们无视！你们是不是不管演技,只看颜值管颜值啊?！还是不是小咖秀了?！！最后说一句,我希望小咖秀能对那些演技好的人公平一些,给他们本就应如此享有的待遇,和那些颜值高的人一样平等,因为不管怎么说,演技高那些人都是实力派！都是真真的好！	查看答卷
189	11月18日 13:50	目前没有	查看答卷

🔲 第一页 🔲 上一页　正在浏览第9/11页　　总共160条记录　　下一页 🔲 最后一页 🔲　每页显示 15 ▾ 条记录

图 14　小咖秀用户的建议截图

在开放题"您对小咖秀的哪些地方不满意？希望它怎么改进？"中，去除36个不表态的回答，共回收124份有效回答。用户的不满主要集中在对网络流量耗费过多、对小咖秀应用的拍摄功能不满、安卓客户端小咖秀不能拍原创视频、小咖秀没有让"我"火起来、很多用户有刷粉刷赞等恶意竞争行为等。

（二）调查结果分析

总的来看，小咖秀目前的知名度较高，这得益于小咖秀成功的用户定位和营销。小咖秀自发布以来以诉求个性的年轻一族为目标受众，根据目标受众的社会特点和媒介使用习惯进行推广营销，借助目标受众关注的强势媒介——明星微博与快乐大本营等娱乐综艺节目在目标受众的视野中频繁曝光，获取知名度、吸引用户。笔者在访谈中还发现，许多小咖秀用户使用小咖秀是为了在小咖秀中关注自己的明星偶像，以期第一时间观看他们的小咖秀视频。借势明星微博和快乐大本营等媒介是小咖秀成功营销的一大特点。

笔者在调查中发现，小咖秀用户多集中在25岁以下的女性，笔者认为这与小咖秀多借明星之势宣传，宣传对象多为明星粉丝而明星粉丝中年轻女性居多有关。小咖秀在以后的推广营销中若能多接近年轻男性的使用媒介，有希望在男性群体中提升小咖秀的知名度，获得更多的用户。

在浏览偏好上，娱乐搞笑的视频最受小咖秀用户的喜爱，热门视频中大部分为长相俊秀的小咖秀用户所拍的视频。在制作偏好上，小咖秀用户更偏向于搞怪视频和网络当红的桥段模仿。研究发现，小咖秀用户存在许多只观看他人视频而很少发布自己视频的用户，这类用户在用户忠诚度上较低，如果在某段时间无法获取自己感兴趣的视频便会卸载小咖秀这一应用。然而，这类用户对于小咖秀来说也是一大机遇。

在用户的使用方面，小咖秀用户的使用动机主要为心绪转换效用，用户希望通过小咖秀娱乐消遣，消磨自己的碎片时间；人际关系效用，小咖秀用户希望通过小咖秀得到朋友圈中朋友的注意，并在小咖秀的拟态社区中认识网友；获自我认同效用，小咖秀用户希望在网络社区中获得他人对自己演技的认同，成为网络红人；竞争心理效用，小咖秀用户在使用小咖秀中有意地和他人比拼演技，并在小咖秀举办的活动比赛中投入很多心思与装备以期获得胜利；获取他人评价效应，小咖秀用户普遍在意自己的粉丝量、点赞数和网友评价，希望获得他人的好评。

在用户的满足方面，研究显示，小咖秀目前能满足大部分用户的使用需求，但是尚有不足。目前小咖秀用户对小咖秀的不满和建议主要包括对小咖秀应用的技术功能方面的不满、对小咖秀后台筛选首页视频的机制不满、对小咖秀不能拍摄分享原创视频的不满、对小咖秀网络流量耗费方面的不满、对小咖秀声音素材库的不满、对小咖秀应用界面设计的不满、对小咖秀拍摄视频画质的不满和用户个人隐私的担忧。笔者在调查中了解到，小咖秀上线至今190天里做过多次更新，解决了搜人功能不完善、作品无法保存至手机相册等问题。

四、移动短视频社交应用的发展前景

根据日本学者竹内郁郎对"使用与满足"过程的基本模式的补充，人们接触媒介的目的是为了满足他们的特定需求，这些需求具有一定的社会和个人心理起源。实际接触行为的发生需要有媒介接触的可能性和媒介印象即媒介能否满足自己的现实需求的评价两个条件，无论接触媒介的结果满足与否，这一结果将影响到以后的媒介接触行为，人们会根据满足的结果来修正既有的媒介印象，在不同程度上改变对媒介的期待①。

移动短视频社交应用于2013年在中国兴起，小咖秀于2015年5月于中国发布，所有中国网民都具有包括小咖秀在内的移动短视频社交应用这一媒介的接触可能性。在全媒体时代，短视频作为人们社交的媒介之一，必然如文字、图片和语音一样具有强大的生命力甚至更甚。宏观来看，移动短视频设计应用在不断的竞争和更新中具有不可估量的发展前景，而根据罗杰斯的创新与扩散原理，一个优质的应用APP在经历火爆之后，也可能会回归平淡②。某款特定的移动短视频社交应用是否能够在用户新鲜度过后还保持用户黏性关系到其发展前景。本研究从调查中对小咖秀这一移动短视频应用的使用动机与满足程度的研究出发，认为以下几个因素影响着特定移动短视频社交应用的发展前景：

（1）移动短视频应用的产品力。调查发现，目前移动短视频社交应用在产品技术与功能方面不够成熟，不能完全满足用户在技术和功能上的需求。技术和功能的欠缺使对该应用有使用动机的用户对应用满足程度低从而放弃继续使用该应用。

（2）移动短视频应用的内容质量。调查结果显示，目前大部分国人尚没有形成拍摄和分享短视频的习惯而停留在观看他人视频的阶段。一方面，

---

① 郭庆光. 传播学教程［M］.2版.辛欣，译. 北京：中国人民大学出版社,2011.
② ［美］埃弗雷特·M. 罗杰斯. 创新的扩散［M］. 北京：中央编译出版社,2002.

由于移动短视频社交应用属于用户自主生产（UGC）模式的应用，这对移动短视频社交应用的内容产出上是一个挑战；另一方面移动短视频社交应用若缺少能满足用户观看兴趣的内容，便会使得一部分以观看他人视频获取娱乐需求为动机的用户丢失。

（3）移动短视频社交应用的社交属性。社交属性可以构建更强大的社交圈，既加大产品的影响力，又可增加用户之间的交流，从而增强用户对产品的黏性。移动短视频社交应用的用户在使用动机方面具有人际关系效用，希望通过网络社区得到朋友圈中朋友的注意并在拟态社区中认识网友；获自我认同效用，希望在网络社区中获得他人对自己演技的认同，达到成为网络红人的目的。社交属性对于移动短视频社交应用来说至关重要。

（4）移动短视频应用的营销手段。小咖秀这一移动短视频社交应用之所以在上线两个月内冲进各大手机应用市场下载排行榜的前列，除了其作为移动短视频社交应用本身良好的产品力，更多的是由于其成功的推广营销方式。小咖秀与众多明星合作，贾乃亮、王迅、蒋欣等一线明星纷纷上传自己的对嘴视频，明星效应使得小咖秀传播的速度进一步加快。将产品植入热门综艺中进行捆绑式营销让应用软件升温。但是经过几个月的营销战，小咖秀在推广营销方面的力度逐渐放缓，慢慢淡出受众视线。应用内不断推出"校咖大赏"等线上比赛，满足用户的竞争心理。活动期间，用户的视频产出量剧增。调查显示，约20%的受访者认为小咖秀的宣传不足。移动短视频社交应用在前期推广是否有持续的营销热度决定了移动短视频社交应用的火爆程度。

（5）移动短视频社交应用的技术门槛。调查发现，移动短视频社交应用的使用者多为非摄影专业人士和非表演专业人士。移动短视频社交应用简单的操作方式和方便的影片处理技术吸引了众多用户，较低的技术门槛决定了用户的广度。然而，约30%的受访者表示小咖秀必须从官方声音库中选取素材而不能拍摄原创视频这种极低的技术门槛令他们不满。移动短视频社交应用在设定技术门槛方面应考虑多方受众的需求，设定合适的技术门槛。

（6）移动短视频社交应用的创新力。调查显示，小咖秀上线不到200天的时间里，已有用户表示对小咖秀的声音素材库不满，认为其没有新意。对于移动短视频社交应用来说，新鲜的内容是吸引用户的一大特色，而新鲜度过去之后用户便会重新归于不满，持续的创新是移动短视频社交应用的生命力之所在。

（7）移动短视频社交应用的盈利模式。目前国内移动短视频社交应用还处于发展阶段,尚无健全的盈利模式。目前移动短视频社交应用的盈利方式主要是通过移动短视频来推送品牌的产品信息,向品牌主收取广告费。品牌主也可以通过创意内容的营销方式,将品牌和产品信息融入短视频中传播,其动态的内容也更为生动,表现形式也会加深用户对品牌的记忆。

五、结语

从宏观的角度看,移动短视频社交应用内含的多媒体的社交方式顺应了当下用户的网络社交需求,具有极好的发展前景。但是从微观的角度看,特定的移动短视频社交应用在发展过程中能否持续发力,打破新兴 APP 短暂的生命周期规律则与其产品力、内容质量、社交属性、营销手段、技术门槛、创新力、盈利模式等因素息息相关。

移动短视频社交应用在产品更新上应做好对用户的使用与满足等前期调查,提升相关技术满足用户需求。

移动短视频社交应用应注重内容沉淀,重点培养用户拍摄、分享短视频的习惯,可以形成一定的激励机制,对拍摄、分享短视频的新用户和经常拍摄、分享短视频的老用户做出一定的奖励。

移动短视频社交应用应提升应用的社交属性,与各大社交网站联动扩展用户圈并形成本应用内部的强社交机制。利用名人效应,增加民间场和名人场两大舆论场的融合度。

移动短视频社交应用应在推广营销方面持续发力。拓宽用户结构,提升用户黏性;应降低用户使用的技术门槛,但兼顾用户的原创需求。不断创新,提升娱乐消遣功能,在用户中形成狂欢之势。在盈利方面应不断挖掘适应特定应用的盈利方式,尽快形成一定的盈利模式。

总而言之,虽然受制于技术环境、经营布局、市场和用户多重因素的制约,短视频运用在目前的国内环境下仍然面临着诸多障碍,但在网络社交领域,集文字、图像、声音于一体的短视频这一社交媒介成为社交网络的主流之一是大势所趋,移动短视频社交应用具有极好的发展前景。而特定的移动短视频社交应用例如小咖秀等能否在大浪淘沙中获得好的发展前景则与上述因素息息相关。

参考文献:

[1] 郭庆光. 传播学教程[M].2 版. 北京:中国人民大学出版社,2011.

[2] 张梓轩,王海,徐丹."移动短视频社交应用"的兴起及趋势[J].2014(2):107-109.

[3] 马婧.重返UGC视频网站的"自我修正"[J].移动互联网周刊,2014(5):40-41.

[4] 郝德秀.小咖秀弯道超车.[J].创业邦,2015(9):68-71.

[5] 傅若岩.聚焦UGC应用社交网络步入短视频时代[J].IT时代周刊,2014(10):27-28.

[6] 李佩佩.对短视频应用发展热的冷思考[J].青年记者,2015(8):48-49.

[7] 李瀛寰.短视频社交的出路[J].新经济,2015(24):14.

[8] 许璐.短视频应用,移动社交升级战[J].广告大观,2014(3):45-46.

[9] 韩言铭.秒拍创始人韩坤:短视频踩上了4G的鼓点[N].中国经营报,2014-02-17.

[10] 艾颂.短视频,新的营销时代[J].广告大观:综合版,2014(3):51.

[11] 雷攀.社交网络进入短视频时代[J].西部广播电视,2014(16):4-5.

[12] 王静波.微博受众的"使用与满足"研究——以湖南卫视微博为例[D].上海:上海师范大学,2012.

[13] 巢乃鹏,薛莹,姚倩.功能满足、心理满意、主观规范:新媒体持续使用意向研究——以中国3G业务的持续使用为例[J].新闻大学,2014(5):125-131.

[14] 曹钦,原辰辰."使用与满足"理论文献综述[J].东南传播,2013(12):18-20.

[15] [美]埃弗雷特·M.罗杰斯.创新的扩散[M].辛欣,译.北京:中央编译出版社,2002.

浅析微信互动传播的情感动因

——以互动仪式链理论为研究视角

（柳　竹　陈　磊　南京政治学院）

摘　要:蓬勃发展的移动社交媒体,实现了人类互动本能的"找回"。然而,用户对于移动社交媒体互动传播的热衷,似乎并不在于对信息本身的追逐或对技术的崇拜,而是存在某种情感动因。本文选择覆盖面与影响力较大的微信为具体实例,基于柯林斯"互动仪式链"理论分析微信互动传播情境所构建的互动仪式诸要素,并通过焦点小组访谈的方式,即在一种无结构、自然的形式下与一个小组的具有代表性的用户交谈,从而对用户参与的微信互动传播仪式进行深入的考察,由此得出用户参与微信互动传播的情感动因在于"符号资本"与"情感能量"的交换,从而进行下一步的互动仪式。

关键词:互动仪式链;微信;互动传播;符号资本;情感能量

移动互联技术的发展与媒介终端的普及,正深刻变革着媒介信息的承载与传播方式。以微信为代表的移动社交媒体,正逐步取代 PC 社交媒体,为用户的互动传播提供了强大的平台支持。目前,围绕移动社交媒体互动传播的研究成果丰硕,但研究视角多拘囿于传播学,学科交叉性研究相对欠缺。美国社会学家兰德尔·柯林斯提出"互动仪式链理论"的相关概念和原理,解释了人的具体行动就是追求情感能量,在互动仪式场中进行资源交换,并不断强化群体成员身份的过程。笔者认为,"互动仪式链"虽然属于社会学范畴,但其对于人类传播行为及动因的关照,在一定程度上能为移动社交媒体的互动传播研究提供新的思维方式与理论支持。甚至从某种意义上来说,基于该理论所进行的传播学研究,将关注点置于"人"本身而非"技术"或"媒介",富有人文精神回归的意味。本文正是基于这样的考量,结合以微信为代表的移动社交媒体互动传播特点与模式,探讨了用户如何在微信为用户创造的互动情境中获得良好的互动体验,以及在互动成员之间交换符号资本,并将获得的情感能量进一步转化投入下一次互动仪式这一过程。

一、"互动仪式链"理论概述

互动仪式链理论是一种研究人类传播行为及其动因的情感社会学理论。最初是由美国社会学家兰德尔·柯林斯在其著作《互动仪式链》一书中正式提出的。柯林斯认为互动仪式是贯穿人类社会发展始终的一种现象。所谓互动仪式,是指互动者通过资本和感情交换而进行的日常程序化的活动。柯林斯认为,互动仪式是将短期的情绪转化为长期情感的转换器。互动仪式是拥有共同的关注点和共享情绪的参与者,面对面的、节奏和谐的互动过程。互动仪式可以是正式的典礼,如宗教仪式、政治仪式;也可以是没有模式化程序的自然仪式,比如谈话①。

在柯林斯的整个理论之中,"情感能量"和"互动仪式市场"是两个核心概念。情感能量中的情感并非我们通常意义上所说的感情或是情绪,而是长期稳定的社会情感。而这种长期稳定的情感始于前文所说的互动仪式要素之一,即"两个或两个人以上的聚焦",通过这种聚焦展开互动仪式,在成员面对面的直接交流和直接关注的互动中产生"共同关注的焦点"和"节奏连带的互动",然后通过"共享情感"和"集体兴奋"之后持续强化形成。在这一过程,情感能量的共享在开始之初是在某种巧遇的情况下出现的,是比较短暂的情绪,而随着仪式互动体验的长期积累,这种情感逐渐趋于稳定并转化为情感能量,并且这种情感能量反过来作用于群体成员,并在成员之间传递加强了群体的凝聚力和对群体的归属感,而这种群体归属感就是情感能量。为了分析情感能量,柯林斯建构了互动仪式市场这一模型。柯林斯认为,在互动仪式中,人们不仅投入情感,也希望所投入的情感有所回报,在分析和比较的基础上渴望最大受益的情感回报。而柯林斯借用经济学市场这一概念比较具体形象地揭示了人们参与某种互动活动的目的与动因。

与情感能量这种资本一样,另外一个在互动市场中的关键资源是人们所拥有的符号资源。但是,符号资本却在某种意义上决定了人们在互动市场中是否能得到良好的互动体验。因为,人们的符号资本存在差异,相匹配的符号资本能够在相同的语境中获得良好的互动体验,反之,不相匹配的符号资本由于传播语境上的不同,没有相同的传播符号和传播语义,因此互动

① 王鹏,林聚任. 情感能量的理性化分析——试论柯林斯的"互动仪式市场模型"[J]. 山东大学学报,2006(1):153.

双方处在一个不平等的地位,也就不能顺畅地进行交流,从而不能获得情感能量的满足。

据此,柯林斯进一步提出,互动仪式有四种主要的组成要素或是起始条件:一是两个或两个以上的人聚集在同一场所,因此不管他们是否会特别有意识地关注对方,都能通过其身体在场而相互影响;二是对局外人设定了界限,因此参与者知道谁在参加,而谁被排除在外;三是人们将其注意力集中在共同的对象或活动上,并通过相互传达该关注焦点,而彼此知道了关注的焦点;四是人们分享共同的情绪或情感体验①。

而相应的,互动仪式有四种主要的结果,即当组成要素有效地综合,并积累到高程度的互相关注与情感共享时,参与者会有以下体验:一是群体团结,一种成员身份的感觉。二是个体的情感能量:一种采取行动时自信、兴高采烈、有力量、满腔热忱与主动进取的感觉。三是代表群体的符号:标志或其他的代表物(形象化图标、文字、姿势),使成员感到自己与集体相关,这些是涂尔干说的"神圣物"。充满集体团结感的人格外尊重符号,并会捍卫符号以免其受到局外人的轻视,甚至内部成员的背弃。四是道德感:维护群体中的正义感,尊重群体符号,防止受到违背者的侵害。与此相伴随的是由于违背了群体团结及其符号标志所带来的道德罪恶感和不得体的感觉②。

二、微信互动传播情境中的仪式互动链

传播学者麦克卢汉"媒介即信息"的观点认为,新媒体的发展并不拘囿于新的传播工具诞生的意义,也并不代表新媒体能在传达社交信息方面具有更强大的功能,媒介发展的本质在于,它是人类表达与交流层面的科技延伸,是人"互动本能"新方式的扩展③。相比与传统大众媒介传播的单向性和传播符号的有限性,以及由媒介主导的被动的牵引式互动过程,新媒体环境中的互动传播的复向性传播突破了存在于传统媒体中的"传者"与"受者"的概念,技术高度发达的新媒体互动平台给传播活动参与者平等的互动地位。

微信是 2011 年初腾讯公司推出的一款社交应用软件。注册用户可以通过微信在移动载体上发送语音、视频、图片和文字,并且切身感受到了微信带来的对其生活方式的变革意义,体会了良好的互动体验。根据腾讯公司

---

① [美]兰德尔·柯林斯. 互动仪式链[M]. 林聚任等,译. 北京:商务印书馆,2009:85.
② [美]兰德尔·柯林斯. 互动仪式链[M]. 林聚任等,译. 北京:商务印书馆,2009:87.
③ 韩璐. 基于互动仪式链理论的移动社交媒体互动传播研究[D]. 兰州:兰州大学,2014.

2015年业绩报告,截至2015年第一季度末,微信每月活跃用户已达到5.49亿,并且覆盖90%以上的智能手机用户,覆盖200多个国家和地区,超过20种语言。此外,各品牌的微信公众账号总数已经超过800万个,移动应用对接数量超过85000个,微信支付用户则达到了4亿左右①。短短几年时间,微信不断地增加用户数量,来源于其"实名制"和"朋友圈"等功能提供的具有强大互动效果的移动社交平台。通过使用"对讲机"和"朋友圈"提供的互动传播,为处于传播活动同一时空的用户之间提供了即时互动的无限可能性,为互动参与者在互动过程中共享意义增值的传播内容提供了平台,也为用户在不断地互动体验中聚集情感能量,使作为互动仪式的微信互动传播很好地融合了媒介工具的大众传播、人际传播和群体传播特性,也让微信主体能够在互动传播中进行平等的情感能量交换。

作为互动仪式的微信互动传播。人际传播是一对一的传播,微信用户之间的私密传播正好是传统意义上的人际传播,而微信的群聊和朋友圈又符合群体传播的特点,其公众号发布信息又融合了大众传播的特性。微信兼而有之的这几种传播方式,可以同时满足用户对社交媒体同时调用文字、图片、视频和声音等媒介符号的需要。而具体说来,微信互动传播由于其好友大都来自于手机通讯录和QQ好友,其互动传播主体相对稳定,并且由于微信传播是基于熟人的传播,因此传播内容相对私密,再者就是微信是基于移动平台和移动网络,其传播过程可以随时进行,即传播平台集中交互随意性较强。基于此,结合仪式互动链的起始要素来分析探讨微信的构成互动仪式的诸要素:一是微信是可以即时传播文字、图片、视频和声音的社交平台,即在两人或两人以上在同一时空下没有时差的进行互动,这样可以加强互动双方的高度关注;二是微信的互动传播是私密的,即使是朋友圈也只能是"圈子内"的群体传播,这样在微信的传播中无疑会加强群体的归属感,在互动情境中能够排除非微信好友的局外人参加;三是微信主体的互动是即时的,这就会使互动参与者有共同的关注点,而朋友圈发布的信息会使微信好友评论和分享转发,如此群体成员之间会出现彼此关注的焦点并产生共鸣和认同,从而增强群体成员间的归属感;四是在微信中,朋友们分享共同的情绪或情感体验,可以通过与微信好友交流,得到情感的回应,也可以通过在朋友圈发布状态,在被点赞和评论转发即得到别人的关注和回应后,使得这种有效的情感互动持续下去。总的来说,微信的互动传播恰好契合了互动仪式的四个起始要素,为分析微信的互动传播提供了理论支持。

---

① 百度:腾讯发布2015微信用户数据报告,http://www.woshipm.com/pmd/200484.html.

微信互动主体的平等情感能量交换。不同于微博的精英化传播,微信可以说在某种程度上实现了草根的平等传播,这是由于微信所基于的社会关系决定的,而不是由其媒介平台决定。具体来说,微信的社会关系来源于手机通讯录,也就是熟人圈子,只不过是用户的现实关系在网络社交平台的立体呈现。正是由于此,微信不存在信息的舆论引导和阶层的划分,而更多的是处于平等地位的熟人之间的情感维系。再者,由于微信可以通过"摇一摇""漂流瓶"和"附近的人"等功能,实现从熟人到陌生圈子的突破,即可以在某一次偶然的际遇中互相加为好友,通过随后展开的互动交流,随着关系的逐渐稳固扩大了熟人的交际圈。在这个意义上,微信互动主体的交流是基于他们处于同等的"情感能量"和"符号资源",即个体之间在相同的传播语境下交流,在了解双方生活和工作的前提下能够了解双方交流信息的意义,从而在这个同等的基础上也加强了互动主体的情感能量。反之,在微信中也存在"情感能量"和"符号资本"不对等的情况,但是这也不影响不对等互动主体之间的互动交流和情感能量的交换。因为不管是高情感能量个体还是低情感能量个体,在一次群聊中或是信息评论中都可以在这一行为中发挥自己的优势,都能够获得与自己相对应的"情感能量"和"符号资本"的交换。

三、微信互动仪式实例分析——基于焦点小组访谈

在之前的互动仪式链的理论分析中,"情感能量"是极为重要的概念。基于这一概念,柯林斯认为,每一个互动仪式参与者都在寻求情感能量收益的最大化。如何来评测互动传播中的"情感能量"呢?柯林斯指出,情感能量可以借助高科技仪器观察个体的各项生理指标,如心跳、脉搏、眨眼次数、声音分贝,以此来判断所获情感能量的高低。然而,大多数互动仪式链的研究者都难以对"情感能量"进行量化。笔者在研究中遇到了同样的技术难题。柯林斯认为,情感能量总是发生在一定的情景链中,因而对情感能量的评测基于具体的情景。鉴于此,笔者拟采用焦点小组访谈的方法(焦点小组访谈,又称小组座谈法,即采用小型座谈会的形式,由一个经过训练的主持人以一种无结构、自然的形式与一个小组的具有代表性的消费者或客户交谈,从而获得对有关问题的深入了解)①,假定了多个微信互动传播的微观情景,邀请受访者就某一情景讨论、交流。在访谈过程中,一方面认真倾听被

---

① 百度百科:http://baike.baidu.com/link? url=Kne6B4zMmJQJQKlW2tgkmcos3Gp9HP0Z3XQK FlnEfizju-5SHABj7U-VV1jvalGfAyHLMu1zmITBeFvehf2ylq.

访者对自身态度、行为的描述，另一方面尝试用互动仪式链的理论框架解释微信互动传播是如何为个体提供情感能量的，从而揭示微信互动传播中的情感动因。

根据企鹅智库发布的《微信平台首份数据研究报告》显示，微信的用户群体非常年轻，18～25岁的中青年为微信的主要用户群体，他们的比例高达86.2%，其中学生群体占到19.7%。最理想的访谈对象是有相似点但彼此并不认识的人，背景的多样性可以激发彼此自由谈话①。基于以上考虑，笔者从南京某大学随机选取14名大学生(7男7女)作为访谈对象。他们都拥有至少一年的微信使用经历，但相互间并不认识。所有访谈于2015年10月至11月之间进行，共实施了两个小组、总共14人的访谈，平均每组访谈时间为40～60分钟。访谈目的是了解微信用户对微信互动的看法以及微信互动传播的具体情况，并根据访谈结果为深入探究"互动仪式链"理论提供支撑。采取由主持人即笔者根据事先拟好的问题发起讨论的访谈方法。主要围绕以下问题：一是微信的使用概况，即初次使用微信的时间、登录微信的频率；二是用户的使用偏好，即用户青睐的微信功能有哪些；三是用户的互动对象，即喜欢与哪些人进行互动；四是喜欢在朋友圈、微信群发布哪些内容以及伴随的"互动期待"。访谈结果分析如下文所示：

从微信的注册时间来看，见表1所列，以注册时间为三年左右的用户居多。而腾讯微信是于2011年1月21日推出的，也就是说微信在推出后的第二年便保持着很高的用户黏着度。

表1 微信注册时间

注册时间	人数	所占比重
A. 一年以下	1	7.1%
B. 一年左右	2	14.3%
C. 两年左右	4	26.7%
D. 三年左右	6	42.9%
F. 三年以上	1	7.1%

从微信用户每天的登录频率来看，大多数受访者表示出对于微信极大的热情，愿意在微信上投入较多的时间。

F7(Female，女性，编号为7)：我早晨起床，开机第一件事就是点开微信

---

① 琼恩·基顿. 传播学研究方法[M]. 邓建国，张国良，译. 上海：复旦大学出版社，2009.

刷朋友圈,已经成为一种习惯。刷完朋友圈我才会去洗漱什么的。

M6(Male,男性,编号为9):无聊的时候,我会拿出手机,点开微信,看看大家在朋友圈说些什么,看看公众号推送的文章。

F2:我不光是一个人待着的时候玩微信,就算和朋友、家人在一起我也会时不时地掏出手机看看微信,偶尔发个状态和朋友互动一下。

M4:我关注了好几个微信公众账号,这些账号推送的文章我感觉很不错。一有推送我就会看看。我还有很多微信聊天群,每天大家在里面你一言我一语的很热闹。闲暇时间跟大伙聊聊很开心。我觉得微信这个 APP 真心好,我一整天都会在线。

F3:我也是整天微信在线,甚至每天起床和睡觉之前,都要玩一会微信。

从互动仪式的意义上来分析,"时间"正是反映用户是否愿意投入"情感资本"的重要指标。很显然,绝大多数受访者表示出愿意在微信上花费更多的时间,表现出对微信的依赖。因为微信中互动仪式链的客观存在,因而也从侧面说明用户对微信所提供的互动仪式持肯定态度。

当笔者问及焦点小组访谈成员"最喜欢的微信功能"是什么时,按照粗略的统计(如图1),微信"朋友圈"成为受访者首选。

图1 用户最喜欢的微信功能

Host(主持人):你们最喜欢微信的哪一功能?

F5:微信朋友圈吧。我觉得微信朋友圈比微博更加私密化了。我发的状态包括状态下面的点赞、评论,只有我的好友才能看到。

M1:在微信朋友圈互动,能让我更多地了解朋友的动态,加强互相之间的联系。

从互动仪式角度分析,朋友圈具备了形成互动仪式的四个要素:一是朋友圈为某一用户的众多好友提供了一个"人们身体共在"的场域,即实现自有信息和他人信息的共享;二是"朋友圈"界定了一个范围,即对非微信好友的"局外人"的排除,使用户获得稳定的成员身份;三是当某一用户对另一用户发布的朋友圈信息进行转发、评论或点赞时，他们的关注点集中在同一焦点上；四是转发、评论、关注等一系列行为实际上是有节奏连带的行动，产生共享的情感，达到好友间的集体兴奋。M3 在访谈中很好地说明了这一点："9.3 大阅兵那天，我的朋友圈里国旗都刷屏了，很多人把微信头像都改成国旗了。大家互相转发、评论、点赞，感觉当时爱国之情都被点燃了。"

当被问及喜欢与哪些人进行互动时：

F1：我的微信好友以家人和朋友为主，陌生人请求添加我为好友我是拒绝的。

M3：我不会随意添加陌生人，不然微信和 QQ 没什么两样了。

M2：微信里互动最多的是我的好朋友，很多时候我们的想法很相似，有话聊。

F3：我习惯为朋友们在朋友圈发布的状态点赞或者点评，因为他们也经常为我点赞或者点评。这让我们的关系更加亲密了。

可见，微信圈子从社交关系来看，是现实人际关系的线上迁移。个体之间具有较为深厚的情感维系，不存在绝对意义上的"精英"与"草根"，因而为信息的自由流动、情感能量的交换提供了较为宽松的氛围。

当被问及在微信朋友圈发布哪些内容时：

F4：我经常在朋友圈发一些跟自己心情有关的内容，比如考试周我常常督促自己抓紧一切时间复习啊，求好友监督啊。

M5：对，除了发一些跟自己相关的内容，我也经常转发学校公众号发布的信息。看到有关家乡的信息也会转发。

M7：我觉得差不多就是这些信息吧，朋友圈经常会出现刷屏的现象，大部分人发同样的信息，这个时候我也会跟着发。

据此，在微信的互动仪式中，互动仪式的参与者在发布内容的同时，不同程度地存在着"互动期待"。而这种"互动期待"是在互动仪式过程中产生的结果，即互动参与者高程度的互相关注与情感共享时的体验。具体说来，一是群体团结，即一种成员身份的感觉，正如 M5 所提到的，他在朋友圈转发有关学校和家乡的信息时，也是对其群体成员身份的体现；二是群体符号，M5 所发布的信息一定程度上能够成为代表其所属群体的符号；三是个体的情感能量，正如 F4 所表达的，在准备考试时通过发表督促自己的话语，表现出主动进取的个人情感能量。另外，群体成员没有谈到互动仪式的第四种结果即道德感，在此不做分析。

四、结语

　　以微信为代表的移动社交媒体的蓬勃发展，在技术层面上实现了人类互动行为的属性功能的回归，也是对人类信息传播需求的满足。然而，媒介技术的发展并不能让人们在技术的迷思中忘记对真实社会的回归。从社会学角度看，社会因人而鲜活，因人的行动而构建发展。正如柯林斯对人类行动解释的那样，推动人类做出行为选择的是人们在互动仪式市场中所交换的情感能量及符号资本。而微信作为现实社会关系的网络立体化呈现，带给人们的并不是冷冰冰的技术，而是日常社会互动的线上迁移。进一步说，微信用户产生对微信的依赖和黏度的根本原因，在于微信为用户提供了"身体共在"的互动仪式场域，用户普遍能从中获得情感能量的交换、补给。这成为解释微信为何能在短时间内积聚大量用户，为何人们热衷微信互动的一个新的突破口。从互动传播的情感动因角度思考新媒体技术，也许对未来新媒体技术及发展具有更大的启发意义。

关系与互动：人际传播视角下
大学生微信朋友圈"点赞"行为研究

（马欣欣　安徽大学）

摘　要：随着网络技术的飞速发展，社交网络在人际交流中的地位日益凸显。为了充分满足人们在社交网络空间表达情感的需要，"点赞"按钮应运而生。作为"点赞"的主要阵地，微信朋友圈开创了人际互动行为模式的新形态，越来越多的人通过微信朋友圈内容"点赞"表达自己的关注和态度。基于不同动机的点赞行为一方面便于表达情感，促进社会互动，还蕴藏一定的经济效益；另一方面也给个人和社会带来新的问题。笔者试图通过对点赞的由来、为什么点赞以及点赞的思考等方面展开分析和阐述，探讨大学生微信朋友圈"点赞"传播行为。

关键词：微信朋友圈；点赞；关系；互动

一、研究背景和方法

（一）研究背景

微信作为一种新型的社交媒介，因其便携性、私人化的特点，日益受到广大手机用户的欢迎。在 2013 年 2 月微信 4.0 版本推出朋友圈功能之后，逐渐形成了一个独立、完善的在线社区，而"点赞"成了微信人际交往中很重要的组成部分。

当下的 90 后大学生群体是伴随网络成长的一代，以微信朋友圈为代表的网络社交媒体更能凸显他们对社会价值、人际关系以及自我认知的观点和态度，而其中"点赞"的功能更是赋予新时代大学生媒介表达新的渠道和场景。在网络人际传播愈加碎片化和浅层化的今天，一个简单的"点赞"符号背后带有怎样的意图和动因，基于不同动机的点赞行为给个人和社会带来怎样影响,是值得我们考量的议题。

1."点赞"技术的出现与使用

国外 Facebook 等很多社交网站都有"赞"功能,QQ 空间自 2010 年开始上线"赞",随后微信、百度贴吧、微博等网站也纷纷添加"赞"功能,网络用户的每一个帖子或者心情、状态下方都有一个大拇指形状的"赞"按钮,点击一下即可表示对此言论的喜爱、赞同,即为其"点赞"。这个符号的诞生大大改变了网络社交的手段,其操作简单,实实在在地顺应了网络快文化的需求。

加拿大媒介理论家麦克卢汉在 20 世纪中期曾提出过"媒介即人的延伸"。他认为,媒介是人的感觉能力的延伸或扩展,显然在网络社交媒介,"点赞"功能的衍生是对人喜爱、赞同等感觉感知最为直接的延伸和表达。持类似观点的还有美国媒介理论家保罗·莱文森,他曾指出:"技术发展的趋势越来越人性化。技术在模仿甚至是复制人体的某些功能、感知模式和认知模式。"①

2."点赞"意义的发展与延伸

"赞"是一种符号,更是一种态度,直接传递个体价值取向,这使它迅速成为一个流行的青年现象。从 2014 年 1 月发布的《中国互联网络发展状况统计报告》来看,2013 年网民的主体是青年群体,其中 20～29 岁年龄段已占到总体的 31.2%;同时有超过 50% 的网民转移到了微信、微博等新型社会化媒体之中。根据微信官方数据,2014 年 7 月,微信每日平均"点赞"次数超过 3 亿,单日"点赞"峰值突破 4.3 亿。

需要指出的是,"点赞"虽然成了受众线上交往的新方式,但同时也潜伏着相应的矛盾与危机。符号互动的观点认为:人类的行为是建立在他们给事物赋予的意义的基础上;意义在人与人的互动过程中被使用和转化。在复杂的社会结构和文化变迁背景下,"点赞"这一符号所传达的意涵随着互动场景的改变也发生了变化——一个小小的"赞",不再局限于"喜欢"和"支持"之意,早已衍生出"朕已阅""幸灾乐祸""嗨,你好"等各种奇妙的意味。"点赞"功能随着在网络人际传播中的不断渗透,逐渐地延伸和异化。

(二)研究方法

本文采用定量研究和定性研究相结合的方法,将问卷调查获取的相关数据作为主要支撑,并且搜集相对权威的调查数据以弥补不足。同时,针对个别有代表性的有效样本,运用访谈法进行深层次的剖析和解读。除此之

---

① 保罗·莱文森. 手机:挡不住的呼唤[M]. 何道宽,译. 北京:中国人民大学出版社,2010:67,69.

外,参考相关文献和比较研究,以传播学为主,综合运用社会学、心理学等理论辅助分析,以期使本研究更加全面、客观和深入。

通过在问卷星网站平台发布调查问卷,并利用数据分析服务进行相关数据整理和分析。笔者于 2015 年 11 月 15 日至 11 月 20 日 6 天内进行问卷发放,依托问卷星网站考察了 300 个抽样对象,获得有效问卷 291 份,有效率达 97%。

二、大学生在微信朋友圈点赞的基本情况

(一)被调查者的年级和学历

本次样本数据来自全国 14 个省份 20 多所高校,其中被调查者所处年级在大一的有 30 人,占总人数的 10.31%;大二、大三、大四分别有 65 人、50 人和 56 人,各自占总人数的比重为 22.34%、17.18% 和 19.24%;另外,处于研究生及以上学历的同学有 90 人,约占总人数的 30.93%。受访者学历差异横跨专科到研究生,可见微信使用在大学生人群中具有普遍性。

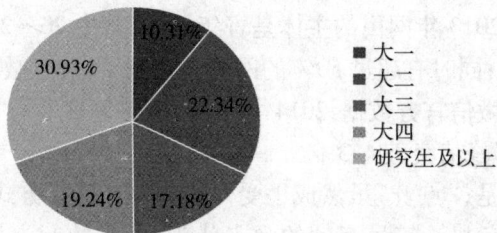

图 1 被调查者的年级与学历构成

(二)被调查者是否使用"点赞"功能

笔者大致将大学生微信朋友圈互动方式构成分为四类:只评论不点赞、只点赞不评论、既点赞又评论、不评论也不点赞。其中不评论也不点赞的有 22 人,不再继续参与后续的相关调查。就最常使用的互动方式来说,既点赞又评论的比重最高,占总数的 52.94%。其中一位同学表示:"点赞和评论相结合的互动方式应该是主流,当我想要对朋友的状态发表具体的看法和观点时,我会主动评论一些文字,有时多有时少,视情况而定。"

而另一位同学表示,自己不善表达,多数情况下就只点个赞,刷刷存在感。由此可见,两种互动方式在一起使用可以扩宽朋友圈交流的语境,增添互动渠道多样性,比较符合多数大学生的习惯。

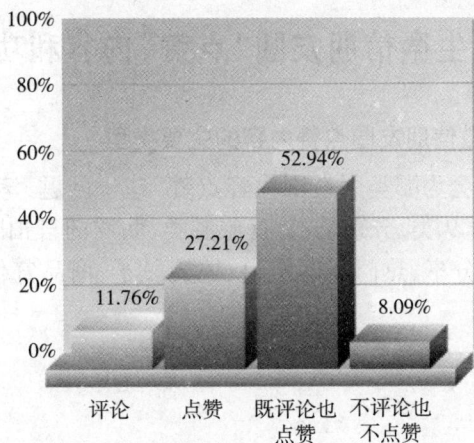

图 2　大学生微信朋友圈互动方式构成

（三）被调查者日平均"点赞"频率

在本题 250 个有效填写样本中，约四成的被调查者表示平均每天使用微信朋友圈点赞的次数在 3 次以下，三成半的同学表示日点赞频率在 3 至 5 次，15.6% 的同学点赞 5 到 8 次，仅有一小部分同学表示点赞频率会在 8 次以上，占总数的 6%。从统计数据来看，受访者点赞频率分布比较正常，多数人点赞态度较为理性。

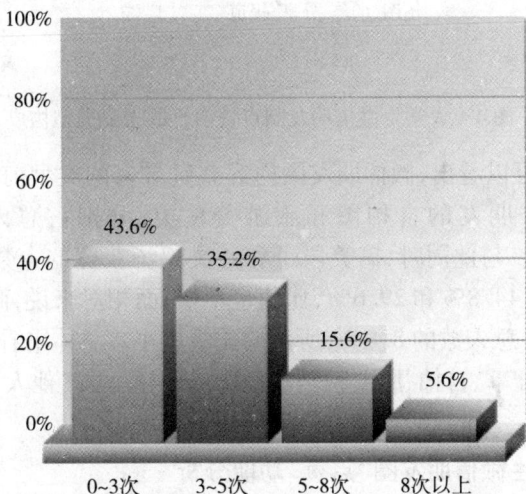

图 3　大学生平均每天使用微信朋友圈"点赞"次数

三、大学生微信朋友圈"点赞"内容和功能分析

（一）大学生微信朋友圈点赞内容的主要类型

关于"你通常会为哪类朋友圈内容点赞"这个问题，笔者将微信朋友圈内容大致分为如下9类，分别是：美食旅游类、朋友的自拍图、朋友特别的经历故事、学术信息分享、热门新闻报道、搞笑段子、商品宣传广告、心灵鸡汤以及其他。

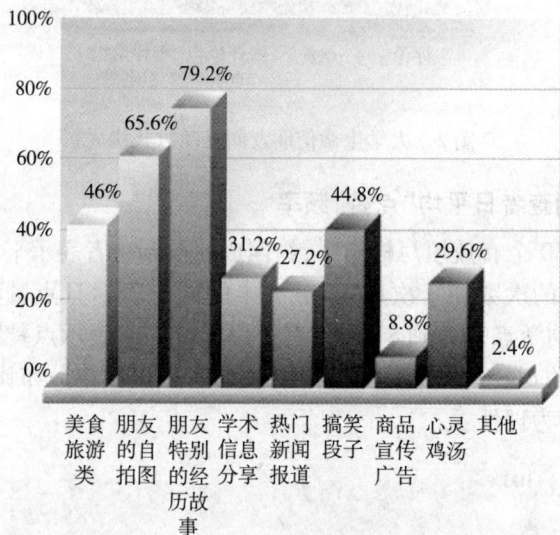

图4　大学生微信朋友圈点赞内容的主要类型构成

从图4中可以看出，微信朋友圈内容获赞最多的类型前三名是：朋友特别的经历故事、朋友的自拍图和旅游美食类，分别占总人数的79.2%、65.6%和46%。与此同时，搞笑段子和心灵鸡汤获赞的人数分别有112和74，占总人数的44.8%和29.6%，比值也不低；而相对来说，商品宣传广告获赞数仅有22，占总人数的8.8%，所占的比重较小。总体来看，大学生对于朋友圈中的生活分享、自拍、朋友特别的经历故事这一类"他人"所呈现的生活场景比较关注。

（二）大学生微信朋友圈"点赞"功能分析

1. 交往互动中的点赞

"朋友圈"作为一个新兴的网络社交平台，其最突出的功能就是交往功能。不同于微博、贴吧等网络社区的弱关系场域，微信朋友圈提供的是一个

基于熟人和半熟人圈子的强关系交流场域。根据克莱舍基提出的"湿世界"的概念：由于社会性软件的存在，"人与人之间充满了人情味，变成了具有黏性，湿乎乎的存在"。在其描绘的湿世界中，将人们凝聚在一起的不是制度和规矩，而是群体共同的兴趣和情感取向，而微信恰恰契合了社会黏性化与人性化的发展方向。①

朋友在虚拟的社交空间——朋友圈晒自拍晒生活，通过一个小小的"点赞"举动，可以表达信息接受者对分享者的反馈和关注，以维持现实生活空间难以到达的黏性关系。"赞"所具有的可量化、广外延及低成本的特性，顺应了 Web2.0 时代的要求，使"赞"超越了信息本身，成为一种更快捷、便利、积极的人际互动方式。

2. 娱乐分享中的点赞

我们身处在一个娱乐的世界，人们通过交往获得信息，通过信息来传递欢乐。越是有娱乐性的信息越会引起大家的关注。

"朋友圈"携带与生俱来的娱乐性，而"点赞"这一行为将"朋友圈"娱乐功能进一步放大。人们乐此不疲地在圈中晒自己生活中的趣事和囧事，为的就是博大家一笑，其他朋友看到这个搞笑的事情点个赞，也收获了快乐和喜悦。比如一个人在朋友圈中抖机灵发了条原创搞笑的状态，5 分钟后收到了 30 多个赞，自己也开心得不得了。图 4 中朋友圈恶搞段子类型占了44.8% 正是说明了这个问题。通过点赞的方式把"朋友圈"的娱乐功能进行了更深入的开发，将"娱乐至死"精神发挥得淋漓尽致。

3. 商业营销下的点赞

随着其商用功能逐渐开发和利用，如今的"朋友圈"已经形成了一套符合自己特点的销售模式，很多有想法的个人或商家开始逐渐开发"朋友圈"更大的传播价值。例如，"朋友圈"的集赞功能就被很多商家所运用，通过消息的扩散和更多的转发来对自己本身进行宣传和炒作。集齐一定数量的"赞"可以赢得旅游门票、星巴克水杯、面膜套装等等，扩散能力惊人，商家的销售模式通过微信朋友圈点赞得到了成功的开发和拓展。

然而，这种集赞传播销售模式给微信用户带来利益的同时也伴随着烦恼，从图 4 中就可以看出商品宣传广告获赞票数占总人数的 8.8%，所占的比重最小。相信有人曾对朋友求点赞的要求不堪其扰，也有人参与了集赞活动但是得到的产品质量良莠不齐甚至上当受骗。随着"朋友圈"的普遍化和功能的更新，其商业功能将会更深层地得到开发和利用，商业形式也会更

---

① 何渔阳. 基于使用与满足理论的大学生微信使用研究[D]. 保定：河北大学,2014.

加多种多样，更加符合人们的消费习惯和消费行为。

四、大学生微信朋友圈"点赞"原因分析

多数人把"点赞"视为一种网络语言，是社交网络中成功的交流工具。而面对点赞的流行及点赞族的疯狂，我们是否思考过自己为什么要点赞？我们究竟如何对这意涵丰富的点赞有一个理性的认识呢？或许我们需要借助一定的理论知识对其加以分析。

（一）点赞之主观原因：自我满足与呈现

表1　大学生微信朋友圈"点赞"的心态构成

心态	人数	百分比
点赞狂魔，习惯性点赞	48	19.2%
懒得评论，互动方便	78	31.2%
跟上大众的潮流	49	19.6%
对方曾给自己点赞，礼尚往来	84	33.6%
朕已阅，刷存在感	78	31.2%
人际关系的需要，一种沟通联系方式	132	52.8%
为亲近某人而没有勇气评论	40	16%
感同身受或真的觉得很赞	141	56.4%
表示调侃、"嘲讽"	58	23.2%
其他	3	1.2%
只看不点赞	2	0.8%

从表1中可以观察出，大学生微信朋友圈"点赞"的心态成因中，排名第一的是认为"感同身受或真的觉得很赞"，占到了约56%的比重，紧随其后的原因认为是"人际关系的需要，一种沟通联系方式""对方曾给自己点赞，礼尚往来"。

大学生热衷于点赞这一行为的首要驱动因素是人际交流和交往，是出于一种强烈的心理动机和需求。"使用与满足"理论认为受众基于特定的需求动机来接触媒介，从中得到满足。社交平台互动可以被看作是虚拟的人际传播，内容分享者使用媒介的动机是想获得认可、关注及有效回馈，回复者则希望建立新的或巩固已有的人际关系。因此，就出现了不以内容为标

准,而是从人际关系出发,提高自身角色的存在感和他人好感度的处处"点赞"现象。这样一来,双方使用媒介的预期都能通过"赞"获得满足,于是形成了社交平台上的"点赞"热潮。①

除此之外,点赞行为的另外一个驱动因素是自我呈现。社会学家戈夫曼认为,日常生活就像是一个大舞台,社会大众在这个舞台上尽情地展示自己,每个人都希望自己能在他人面前塑造一个良好的易被他人接受的形象。不同于其他网络社交平台的全透明,"朋友圈"中的交流一般都发生在熟人之间,一个人通过发表朋友圈内容来呈现日常生活的状态,而他收到的直接反馈可能就是"赞"的数量,并通过收获点赞数量的多或少来改变调整自身所呈现的形象。因此,使用者在"朋友圈"中建立的角色形象也可能会对现实中的自身形象产生直接的影响。

(二)点赞之客观原因:寻求民意和认同

抛开以上的主观因素,笔者调查了影响大学生微信朋友圈"点赞"的客观因素。6项外在因素中,被调查者需要列举排名前三位的"点赞"原因,统计结果如图5所示。

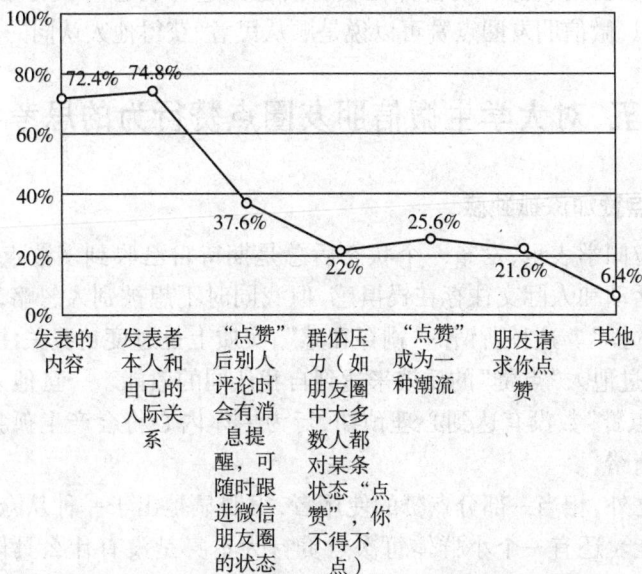

图5 影响大学生微信朋友圈"点赞"的客观因素

---

① 徐叶晶.解读社交平台上的"点赞"热潮[J].青年记者,2015(12):66-67.

在影响大学生微信朋友圈点赞的客观因素中,排名第一的是"发表者本人和自己的人际关系",占到了74.8%的比重;而迫于"群体压力""朋友请求你点赞"的比值也不低,均超过了20%。这说明客观的群体压力和民意会对受众点赞行为造成一定的影响。

"沉默的螺旋"提出,人们在表达自己想法和观点的时候,如果看到自己赞同的观点且受到广泛欢迎,就会积极参与进来,这类观点就会愈发大胆地发表和扩散;而某一观点无人或很少有人理会,即使自己赞同它,也会保持沉默。面对网络社会新变化时的茫然,一部分网民的直接反应是跟风点赞,为的就是不被网络社会淘汰或孤立。以微信朋友圈为例,当某一个朋友发表一个观点收获"赞"较多,那共同的朋友即使不感兴趣或者不支持但也会去点赞;相反,如果获得"赞"较少,那么多数人也倾向于不点赞或者谨慎点赞。这种现象在朋友圈人数较多,且共同好友集群基数较大的时候尤为明显。

此外,人是社会性动物,"点赞"所形成的虚拟同感显得更加必要。因为"点赞"一方面能提供社会支持,让信息发布者接收到远距离的陪伴感,另一方面可以展现自我观点,使自身在参与话题并进行表态时获得足够的身份认同。所以,微信朋友圈点赞可以说是顺从民意、获得他人认同的过程。

五、对大学生微信朋友圈点赞行为的思考

(一)点赞加深孤独感

有一位同学表示,发布一个状态后总是期待自己收到多数点赞,"对现实的社交活动和人际交往存在畏惧感,但我同时不想被别人忽略,所以点赞是最好的选择"。这种所谓的"刷存在感",实质上是过度自我关注带来的后果,想要通过他人"点赞"的反馈来达到自我认同的效能。一旦他人没有"点赞"或者"点赞"数没有达到心理预期,行为主体内心将会产生孤独、失落甚至难过的情绪。

除此之外,相当一部分点赞的使用者,很明显是出于一种从众心理在使用点赞功能。还有一个小群体每次点赞行为本身是没有什么具体原因的,完全是出于习惯,而他们整个点赞习惯的养成则是由于他们对技术的依赖,这种依赖是我们真正需要警惕的,因为它会使我们逐渐丧失自己的思考判断能力,让我们沦为野牧笔下的"容器人"。

(二)点赞加重人际压力

从调查结果来看,有半数受调查者表示会感受到压力。首先从实际应

用来看,"赞"并非只包含正能量。社交网络中,朋友的糗事、伤心事甚至是一些灾难新闻,也常有大量的"赞",让人费解甚至愤怒。

其次,朋友圈里的"点赞",成为维持友情的一种低成本投资,也不可避免地引起了人与人之间的比较心理。我们倾向于将自己的正面消息公布到朋友圈,这种经过粉饰和修缮的"朋友圈生活"会给他人造成一种假象。"有时候我辛苦地做了一天兼职或者在图书馆奋战后,回到寝室打开微信朋友圈,看到某白富美同学又出国度假,谁谁和男朋友一起过了生日,让我觉得别人是如此幸福而我很苦逼,这种落差感还是有的。"一个接受访谈的同学这样说。不得不说,这种情况并不少见,过度的攀比心理还会直接影响人们的生活热情,间接地造成朋友间交往受阻。

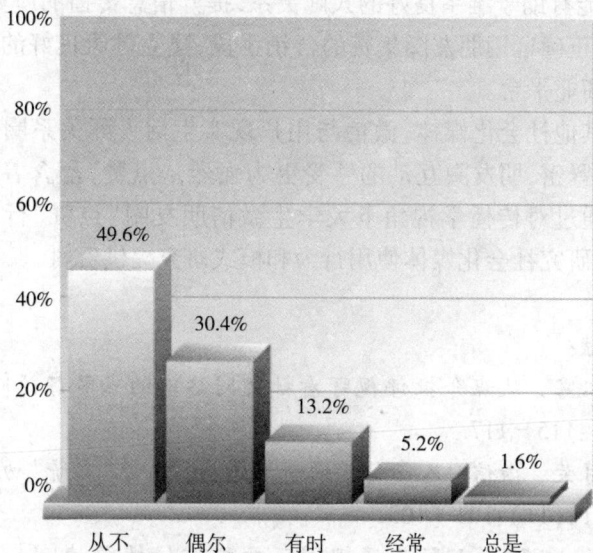

图6 点赞是否会增加人际压力

(三)点赞背后的商业陷阱

此次调查显示,受访大学生对于朋友圈商家营销行为的态度相对宽容,但是上述商品宣传类广告获赞还是很低,仅有 8.8% 。当下微信朋友圈泛滥着公众平台的"集赞营销",一方面,朋友圈内对集赞容易产生负面情绪。点赞也许只是举手之劳,但当帮忙成为一种被动的"任务"时,用户便会对此产生某种负面抵触情绪。另一方面点赞营销泛滥损害用户体验。朋友圈成为商户新的品牌营销平台,"集赞"类似转发微博抽奖,平台改换,营销手段并无本质区别。这种点赞营销只能是暂时性的炒作,依靠转发扩散迅速提高人气和曝光率，但过于泛滥、缺乏公正的第三方抽奖平台，缺乏公信力，既不能留住用户，也无法给用户带来实惠，反而容易损害用户体验。

六、结语

综上所述，笔者对大学生微信朋友圈"点赞"的由来、点赞内容以及点赞原因做了大致的分析和论述，并且对当下大学生使用微信朋友圈"点赞"带来的问题进行了反思。微信朋友圈"点赞"能够对人际交往、社会发展造成影响，同时这种影响可分为正面与负面两方面。对受众来说，适度使用朋友圈"点赞"功能有助于维系良好的人际关系，提升信息传播的质量；对于营销者来说，应该正确运用朋友圈集赞的营销手段，建立健康良好的广告运营模式和干净的商业平台。

不同于其他社会化媒体，微信与用户现实生活人际关系圈的重合度更高，联系更为紧密，朋友圈互动的感受更为强烈，"点赞"蕴含着微信用户的细腻情感。通过对传播学视角下大学生微信朋友圈"点赞"行为研究的同时，希望能为研究社会化媒体使用行为和模式研究提供资料。

参考文献：

[1] 辛尔露. 从媒介批评视野看社交网络中的点赞评论[J]. 东南传播，2014(04)：115 - 117.

[2] 朱月荣. 微信对人际传播的新型建构——以"点赞"功能为例[J]. 东南传播，2014(11)：101 - 103.

[3] 王欢，祝阳. 人际沟通视阈下的微信传播解读[J]. 现代情报，2013，33(7)：24 - 27.

[4] 王斌. "点赞"青年网络互动新方式的社会学解读[J]. 中国青年研究，2014(07)：22 - 24.

[5] 刘一鸥，陈肖静. 微信朋友圈"点赞"行为文化表达的逆向思考[J]. 当代传播，2015(04)：97 - 99.

[6] 宋江波. 微信朋友圈对人际交往的影响研究[D]. 南宁：广西大学，2014.

[7] 李晨旭. 微信"朋友圈"交往方式的社会学分析[D]. 大连：东北财经大学，2014.

[8] 殷洪艳. 微信用户的"使用与满足"研究[D]. 郑州：郑州大

学,2013.

[9] 慈兆泓. 从人人网看校园 SNS 中人际传播的特征[D]. 大连:东北师范大学,2010.

[10] 魏宝涛,王爽. 微信朋友圈"点赞"文化与网络情绪传播[J]. 中原文化研究,2014(06):73－79.

高校网络舆情事件在
微信上的传播模式初探

（王　芳　中国传媒大学）

摘　要：自2011年微信诞生，至2015年9月，微信日登录用户已达5.7亿人，在短短4年时间里，微信作为新的即时通信工具和社交软件不仅改变了人们的社会交往方式，还通过朋友圈、微信公众号、微信支付、微商等一系列功能的开发融入人们生活的方方面面，改变了人们认知和体验世界的方式，它无疑是媒介化社会中媒介实现对社会全方位渗透的有力例证。在高等教育领域中，越来越多的高校开始开设自己的微信官方公众账号，并将其作为信息公开、学生管理、服务提供的优选平台。与此同时，通过微信引爆的高校网络舆情事件也开始出现，2015年9月"人大导师断绝师生关系"事件相关信息在朋友圈引爆舆论，短短几天内在微信上已获得数十万点阅，关于微信是否属于私人领域、微信公众号中是否存在议程设置、如何加强微信时代高校学生的媒介素养等问题再度引发人们的关注。而目前针对此方向的质性研究较多，多是根据工作经验总结归纳得来，因而本文将通过个案研究和内容分析方法，从"人大导师断绝师生关系"事件入手，分析事件在微信平台上的传播过程、传播主体和传播内容，并以此作为参考，对高校网络舆情事件在微信上的传播模式进行初步的探索，以试图丰满当前研究方向。

关键词：微信；高校；网络舆情事件；传播模式

一、研究背景

自2011年微信诞生，在短短4年时间里其已不知不觉中融入人们生活的方方面面。2015年10月25日，在腾讯全球合作伙伴大会上，微信团队发布的《微信生活白皮书》显示，截至 2015 年 9 月，微信日登录用户已达到 5.7 亿人①(199IT，2015)，微信作为人们主要的即时通讯和社交软件的发展不仅改变了人们的社会交往方式、认知和体验世界的方式，更潜移默化地改变了人们的生活方式和思考方式，它无疑是媒介化社会中媒介实现对社会全方位渗透的有力例证。在高等教育领域，思维活跃、易接受新鲜事物、乐于在网络中各抒己见的高校学生成为微信的主要用户群体，在 5.7 亿微信用户中有 3.4 亿即 60% 的用户为 15～29 岁的年轻人，另外 2016 年 6 月腾讯发布的用户数据报告中显示，微信中学生用户数量达到 19.70%②(199IT，2015)，足见微信作为年轻人主要网络社交平台的地位，而高校学生正是这些年轻人中的主要组成人员③(199IT，2015)。为了适应这一变化，也为了更加高效地实现信息公开和传播，越来越多的高校开始开设自己的官方微信公众号、服务号，微信已然成为高等教育信息传播的重要途径。

与此同时，值得关注的是，近两年从湖南大学违规转学事件、复旦大学宣传片抄袭事件到名校明抢状元事件再到"南大"争名事件、人大导师解除师生关系事件，高校网络舆情事件频发，除网媒、微博、论坛、社区外，微信在事件传播过程中的作用也越来越举足轻重。在微信上，网络舆情事件传播渠道主要分为两种：一种为朋友圈传播，一种为微信公众号传播。在传播主体上，虽然每个人都可以借助微信成为传播者，但影响力较大的仍然是部分媒体和个人用户，这方面很多高校虽开设有微信公众号，却并没有发挥好舆论引导的作用，有些甚至因为公布消息的不合理和不及时导致高校名誉的损伤，相反一些个人和企业自媒体公众号在舆情事件传播过程中因独特的视角和迅速的反应而占据了舆论引导主体的地位。我们认为传播研究的最初动机是要检验并提高教育、宣传、电信、广告、公共关系等领域的传播效果和传播效率④(骆玲，2004)，因而本文想要研究的内容，即从传播学的角度看，微信作为传播媒介所带来的高校舆情事件的传播方式的改变及其对高校舆情信息管理和引导工作提出的新的挑战。

目前国内关于高校舆情事件与微信传播相结合的研究文献共有 4452 篇（见表 1），从 2008 年起，每年的文献数量呈现递增的趋势，特别是在最近两年时间内，关于高校微信的研究更是呈井喷之势，研究文献主要集中于三种类型：第一类研究如何更加有效地利用微信，使其作为高校学生教学管理的

---

① http://www.199it.com/archives/396766.html，2015-9-13.

② http://www.199it.com/archives/396766.html，2015-11-1.

③ http://tech.163.com/15/0601/13/AR1F5KE000094ODU.html，2015-11-1.

④ 骆玲.论新闻传播与舆论调查[J].新闻界，2004(3)：42-43.

平台,代表文献如石夷、贺建军的《浅析即时通讯软件在高校教学管理中的应用——以"微信为例"》和董磊的《基于微信公众平台的高校学生工作平台设计与应用研究》;第二类研究涉及高校舆情,但是将微信置于自媒体这个大的框架中进行的研究,并未对微信做针对性的研究,代表文献如邢文雪的《自媒体时代高校网络舆情应对研究》和郑炎山的《自媒体时代高校舆情危机的因应方法探析》;第三类将高校舆情事件与微信传播进行结合,代表文献如万金城《高校校园"微信"的舆情传播探究》,在分析当前高校微信舆情传播与舆论引导现存问题的基础上,从高校整体、专业技术团队、育人功能、学生自身等层面,提出了构建联动协调机制、教育服务机制、监测研判机制、自我管理机制的对策与建议①(万金城,2014),但此类研究多是偏向于质性研究,舆情事件传播过程、传播特点多是根据工作经验得来没有经过相应的内容和个案分析。因而本文将在现有研究成果的基础上,将研究对象锁定于微信和高校舆情事件这两个特定领域,并增加具体个案分析和内容分析,提供数据参考,以试图丰满当前研究方向。

表1 相关文献数量表

年份	2015 年	2014 年	2013 年	2012 年	2011 年	2010 年	2009 年	2008 年
文献数	1604	1947	751	122	21	3	2	2

二、研究方法

本文将采用个案研究法和内容分析法,对在微信上传播的高等教育舆情事件的传播内容、传播过程进行分析。具体在个案选择上,将选取"人大导师断绝师生关系"事件作为研究个案,因为其信息源即来自于微信朋友圈,并在朋友圈引爆舆论,继而发散到微博、传统媒体上,并通过传统媒体、自媒体、高校媒体、企业媒体等微信公众号推送文章进一步扩大传播范围,在高校学生、教师间形成热议之势。

在内容选择上,搜索微信上的相关舆情时,主要来源为个人朋友圈和微信公众号推送消息,因为个人朋友圈的传播信息需要加用户好友才能获得且涉及隐私问题,所以选择微信公众号推送的事件相关文章及评论为主要分析内容。在信息获取的方法上,选择收录有微信公众平台所有文章和公众号信息的"搜狗微信"搜索平台进行信息的获取,同时辅助以微信自带文

---

① 万金城. 高校校园"微信平台"的舆情传播探究[J]. 新闻与写作,2014(8):102-104.

章搜索功能,对搜集到的内容进行补充完善。

三、理论概念

在具体分析研究之前,我们需要厘清的是网络舆情事件、高校网络舆情事件、微信、微信公众号、朋友圈等相关理论概念。首先关于网络舆情事件的概念,刘毅的《网络舆情研究概论》作为国内在网络舆情研究理论方面的第一本专著,给出了网络舆情的界定,即指通过互联网表达和传播的各种不同情绪、态度和意义交错的总和。网络舆情事件作为网络舆情的要素之一,也是核心要素,是触发网络舆情的关键,需能够引发人们在互联网上表达各种不同的情绪和态度,因而我认为其必须具有话题性和争议性,由此将其引申到高校网络舆情事件的概念中,我认为可以将高校网络舆情事件定义为在互联网中,与高校相关的,能引发人们各种不同情绪、态度和意义表达的争议性事件。

其次,我们需了解微信、微信公众号及朋友圈的基本功能。微信是腾讯公司于2011年初推出的一款可以发送图文信息、语音视频信息、支持多人语音对讲等功能的移动社交软件。[①] (腾讯官网,2015)用户可以在朋友圈中和好友实时分享生活点滴,同时,微信也支持使用通过共享流媒体内容的资料和基于位置的社交插件"摇一摇""漂流瓶""朋友圈""公众平台""语音记事本"等服务。微信朋友圈是微信上的一个社交功能,于2012年4月19日更新时上线,用户可以通过朋友圈发表文字和图片,同时可通过其他软件将文章或者音乐分享到朋友圈。类似于新浪微博的是,用户可以对好友新发的照片和文字进行"评论"或"点赞",但不同于微博的是,微信朋友圈更加私密,用户只能看相同好友的评论或赞。

如果将微信朋友圈比作自家的客厅,那么微信公众平台则更偏向于公开的论坛,但相较于微博,因对外至多只能显示50条评论的功能局限,没能形成"舆论场"的效果。作为微信提供的主要功能之一,它提供给每个个人、媒体、企业创立和扩大自己传播品牌的机会,开通微信公众号(以下简称微信公号)的用户可以与账号粉丝进行实时交流和一对一的消息推送,根据微信公号的传播内容原创与否与效果评估,腾讯还在"开发者中心"提供了各种各样后台开发的功能,如自定义菜单、添加评论和赞赏等。

---

① http://www.tencent.com/zh-cn/ps/weixin.shtml,2015 - 11 - 1.

四、"人大导师断绝师生关系"个案分析

在确定研究事件——"人大导师断绝师生关系"事件的基础上,因为个人朋友圈的传播信息需要加用户好友才能获得且涉及隐私问题,所以选择微信公众号推送的事件相关文章及评论为主要分析内容;时间选择上,从事件发生日9月20日直到11月10日(论文完成日)为数据搜集的时间;搜集平台选择上,利用"搜狗微信"搜索引擎和微信自带搜索功能共搜集相关推送文章153篇,来自150个微信公众号,总点阅数达到592091+(超过10万的点阅数微信只显示为100000+),总点赞数达到2373,总评论数185条。在对每个公众号推送的文章日期、标题、大致内容、账号主体、是否原创以及非原创的文章来源进行统计后,下文将对"人大导师断绝师生关系事件"的微信公众号传播主体、传播内容、传播效果进行简要分析,并在此典型性事件的分析基础上对高校网络舆情事件在微信上的传播模式提出自己的一些看法。

(一)传播过程分析

从每日推送文章数量变化上看(如图1),"人大导师断绝师生关系"事件在微信公众号中的传播大致共经历三个演变阶段,分别为舆情酝酿阶段、舆情爆发阶段和舆后反思阶段。其中舆情酝酿阶段十分短暂,仅为9月20日一天,因9月20日中国人民大学历史学院院长、博士生导师孙家洲在朋友圈公开发出《为断绝本人与新招硕士生郝相赫的师生关系告学界朋友与弟子的公开信》,由"点墨轩艺术空间"(企业媒体,现已删除相关文章)公众号转而爆出,刚开始传播时还仅限于朋友圈内部的小群体传播。9月21日至24日为舆情爆发阶段,先是在21日当天,郝相赫公布情况说明,并称接受解除与导师孙家洲的指导关系,但会维护自己作为研究生的权利,当日19时,郝相赫又发文,公开道歉,称希望继续接受孙家洲导师的继续指导,并顺利完成学业。与此同时,北京青年报、新浪、法学学术前沿(自媒体)、MissRUC(人民大学)等共9家媒体对此事件相关信息进行推送。22日,孙家洲教授表示,看到学生的认错态度良好,已连夜给学校写了一份报告,只是不便发表,该师生二人关系已缓和一些。当日推送文章数量达到峰值,传统媒体、网络媒体、自媒体、企业媒体、高校媒体公众号纷纷介入,关注度急剧上升,学术中国(自媒体)单篇文章点阅数达到100000+,澎湃新闻、南方都市报的点阅数也分别有50000+和30000+,除此之外共有四家自媒体的点阅数上万。热议状态共持续三天,相关推送文章数量在25日重新回到个位数,一直

到 11 月 10 日,皆为舆后反思阶段,此阶段的推送文章多以评论为主,每日都有零散几篇,两周内全部文章点阅率仅为 4982。

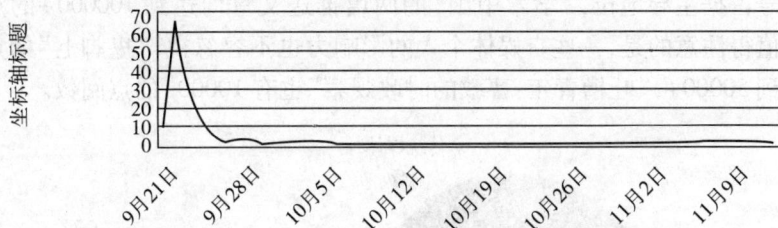

图 1　推送文章时间表

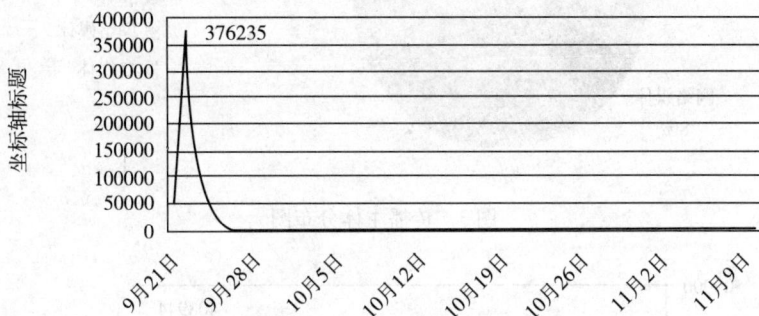

图 2　点阅数时间表

(二)传播主体分析

在搜集到的 153 篇相关微信推送文章中,将其账号主体即传播主体分为传统媒体(光明日报、南方都市报、凤凰卫视等)、网络媒体(新浪网、澎湃新闻、腾讯网等)、自媒体(个人、组织自媒体)、高校媒体和企业媒体五种类型。从数量上看(如图 3),企业和自媒体推送文章占到 60% ,自媒体略高于企业,以 31% 排列第一,其次分别是传统媒体、高校和网络媒体。在点阅数方面(如图 4),自媒体以 400000+的点阅数量遥遥领先于其他传播主体占据第一的位置。与此相反的是,企业账号推送文章的点阅数仅排第四,可见虽然推送相关信息的企业账号基数较大,但影响力普遍偏弱。网络媒体和传统媒体虽然推送文章的数量占比不高,但点阅数较高,与它们大多对舆情的敏感度较强、能第一时间发现并传播舆情以及其线下影响力和知名度有关。值得注意的是,高校在推送文章数量和点阅率上都排在末位,这与高校大部分微信公众号的用户仅限于校内有关,致使微信公众号推送文章在网络中的影响力不足,信息传播效果较差。

　　另外根据文章点阅数的排名情况可以看出(见表2)，在排名前十的微信公众号中，与事件涉及群体如硕士、博士、学术圈等高等教育领域相关微信公众号占据主导地位，"学术中国"的两篇推送文章均达到100000+的点阅数。值得注意的是，一些自媒体个人的影响力也不容忽视，"鬼脚七"的点阅数达到50000+，"吐槽青年：曹政的时政观察"也有10000+的点阅数。

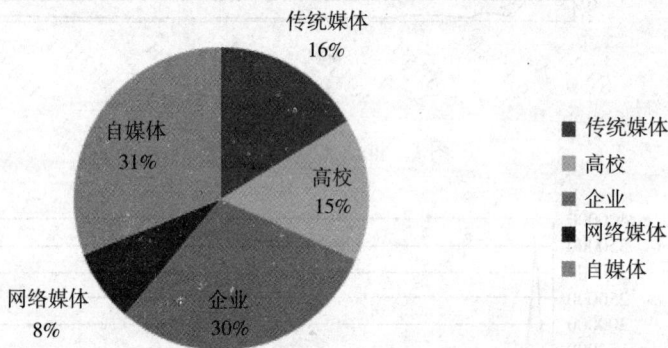

图3　传播主体分布图

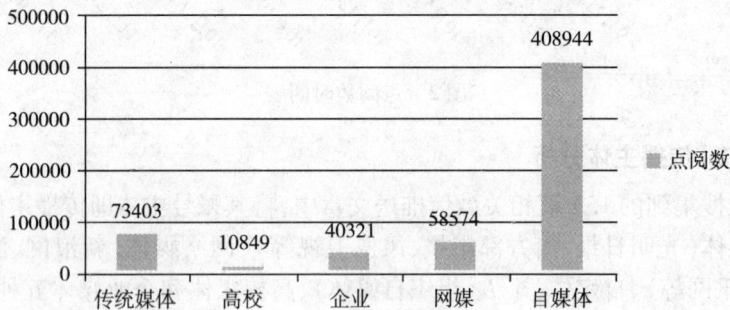

图4　点阅数分布图

表2　点阅数排名前十文章信息表

排名	账号名称	账号主体	时间	点阅数	评论数	点赞数	是否原创
1	学术中国	自媒体	9月22日	100000+	0	280	否
2	学术中国	自媒体	9月23日	100000+	0	511	是
3	鬼脚七	自媒体	9月22日	52290	49	150	是
4	澎湃新闻	网络媒体	9月22日	51177	3	151	是

（续表）

排名	账号名称	账号主体	时间	点阅数	评论数	点赞数	是否原创
5	硕士博士俱乐部	自媒体	9月22日	42801	19	77	否
6	法学学术前沿	自媒体	9月21日	34003	0	189	否
7	南方都市报	传统媒体	9月22日	33371	50	73	是
8	学术中国	自媒体	9月24日	21521	0	146	是
9	中国好学者	自媒体	9月22日	14565	0	53	否
10	吐槽青年:曹林的时政观察	自媒体	9月22日	10904	13	164	是

（三）传播内容分析

根据公众号推送文章的主要描述内容,将153篇文章大致分为四个类型,分别为新闻(事实描述和转述)、评论事件(对事件本身加以评述)、评论媒体(对事件传播的平台——微信加以评述)、话题引申(由事件引发的其他延展性评述)。由图可看出(如图5),新闻描述是传播内容的主体部分,占到一半以上的内容比重,为54%。其次是事件相关和传播媒体微信的相关评论,分别为29%和12%,作为事件的主要传播渠道,在此次网络舆情事件传播过程中,微信平台受到了人们广泛的关注,不断地有专家和评论者针对微信朋友圈是否属于隐私空间,事件影响扩散是否与微信、微博等媒体"炒作"有关,如何在朋友圈处理好和导师之间的关系等发表自己的见解。最后还有5%的文章选择引申话题的传播内容,涉及对历史上曾经有过的师生断交事件进行整理、中外高校师生关系比较等等各方面内容。

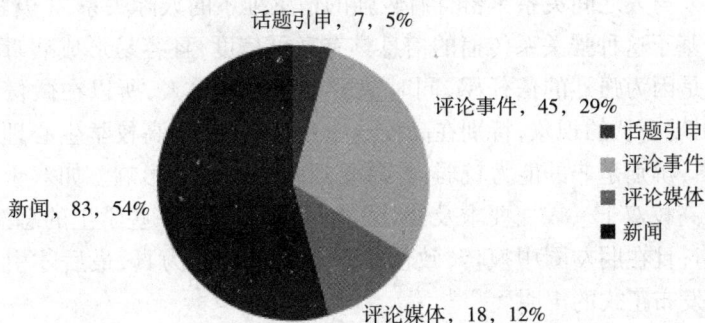

图5　文章类型分布图

在众多关于舆情事件的推送文章中,原创性内容并不多,仅占到38%,同时存在明显的媒体间议程设置,如新闻类文章多取材自北京青年报、澎湃新闻、南方都市报和京华时报四家公众号;评论类文章多取材于"学术中国""麦可思研究""新闻传播学研"等公众号。同质化的内容也催生出了很多标题党,其采用极富争议性的标题吸引受众眼球,但内容却是换汤不换药,也造成一定的信息冗余。

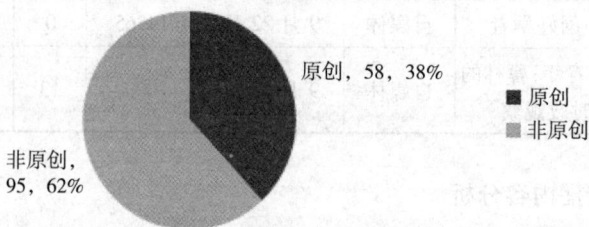

图6　文章原创与否分布图

五、高校网络舆情事件在微信上的传播模式共性初探

(一)群体传播与大众传播的结合

在微信上,高校网络舆情事件的传播在初始阶段主要基于点对点式的人际传播和朋友圈的群体传播,这两种传播方式源自同学间、教师间及其他朋友间的强关系连接。人际关系中的强弱关系由美国社会学家格兰诺维特提出,强关系指产生于家庭成员、同学、同事之间,生活和工作中有较多的互动机会,人与人之间关系紧密且有较强的情感维系的人际关系①(极客公园,2013)。基于这种强关系传播的信息具有高可信度,且容易形成病毒性的传播,也正是因为强烈的信任感,同时缺少专业的把关人,所以在微信朋友圈中极易出现盲从的现象,特别在高校这个集群里,由于高校学生心理上并未十分成熟,辨别是非的能力较弱,容易受到网络言论的影响。如双十一时出现的"各高校双十一表白要求及处分"事件,原本仅是一些学生的恶搞,因为言之凿凿,且在朋友圈中疯传,致使很多学生都信以为真,最后才引发学校的注意,发布正式的声明。

微信公众号在信息传播中则更倾向于大众传播,因为大多数公众号都

---

① http://www.geekpark.net/topics/173917,2015-11-9.

在有规律地、持续不断地推送信息给用户，每个公众号背后都至少有一个运营人员，也可称为编辑，他们熟悉微信后台编辑器，决定推送的内容、形式，继搜狗开启微信搜索功能之后，微信也开启了搜索微信平台上的所有推送文章的功能，使得微信公众号作为大众传播媒体所传播的内容得到更广泛的传播。高校网络舆情事件通常在朋友圈中酝酿，经过微信公众号的传播而爆发，其传播范围更广、速度也更快，虽然传播阶段初期，舆情信息得以成功传递还建立在受传者关注微信公众号的基础上，但在二次传播过程中，微信公众号推送的信息可随意转发，且不再需要"关注微信公众号"这一环节即可以查看内容，使得微信公众号传播的舆情信息动辄有上万的阅读量，一篇篇微信公众号推送的文章就是一个个小的话题讨论区、事件"舆论场"。以本文描述的"人大导师断绝师生关系"事件为例，如果只是学生与导师之间私下的微信朋友圈交流，则只是师生之间的一件私事，不会成为社会性的舆情事件，正是因为在微信多个公众号的频繁转发和相关推送，才导致事件影响扩大，舆论爆发，至少有几十万人参与其中。

（二）隐秘性与公开性兼具，前后台行为混淆

因为"人大导师断绝师生关系"事件的导火索是其学生在朋友圈发表的言论，而引发了人们对微信隐秘性与公开性的探讨。在朋友圈中舆情信息得以成功传播的前提是双方互加好友，并不存在任意一方屏蔽对方信息的情况，基于腾讯发布的数据，微信中有 62.7% 的微信用户好友数超过 50 人，四成多的微信好友数超过 100 人。[①] （企鹅智库，2015）因此在这种小圈子且经过重重"关系"过滤的信息传播具有隐秘性，因为除非你在传播者的"朋友圈"中，且没有被传播者屏蔽，否则你是看不到传播者传播的信息的。但因为互联网技术的发达，朋友圈中的言论可以随时被复制、截屏和收藏，进而通过保存下来的内容进行二次传播，将消息传播到更广阔的范围内。与此同时，与微博不同，微博的匿名性让信息的传播者还蒙了一层面纱，但微信是进行过真实身份捆绑的社交平台，因而一旦事件被广泛传播开，也意味着涉事者和信息传播者真实身份的曝光，因而又不得不说微信具有"公开性"。

在这种"半公开"的互动环境中，极易造成人们前后台行为的混淆。前后台行为由戈夫曼提出，意在阐释人们如何运用符号预先设计或展示在他人面前的形象，即如何利用符号进行表演。以特定表演为参照点，个体表演中有一部分以一般的和固定的方式有规则地发生作用，为那些观察表演的人限定情景。表演中的这一部分就称为"前台"。这部分是可以被观众看到

---

① http://www.jinghuakongqi.com/jhfs/ytjh/17993.html,2015－11－9.

并且使观众从中能获得一定意义的部分。"后台"是相对于前台而言的,指不让观众看到的、限制观众与局外人进入舞台的部分。在后台,表演者可以不必像在前台那样关注自身形象以及布景的限制,表演者的行为是自然与放松的。① (徐钱立,2014)

在微信朋友圈中,因为人际关系的密切,高校学生倾向于展现后台行为,这也意味着行为和言语更加不受拘束,但是随着微信的普及,很多学生的朋友圈中有同学也有父母和老师,要同时扮演家长眼中"孩子"的角色和老师眼中"学生"的角色,就不免出现认知和表现行为的矛盾。以"人大导师断绝师生关系"为例,事件中的硕士生正是因为将朋友圈视为个人私密的领域,将导师视为"朋友",才会说出不加修饰的言论,才会有一系列后台行为的展现。我们决定采取前台或后台行为大部分取决于我们对朋友圈的经验性认知,面对微信"半公开"式的传播和真实身份的捆绑,加强高校相关的媒介素养教育也变得尤为重要。

(三)"信息孤岛"上的议程设置

在微信平台上,每个人都兼具传播者和受传者的身份,一条朋友圈就是一条信息,读朋友发的状态时,你是受传者,选择将什么内容放到朋友圈时,你又是传播者。但是因为个人接收的信息范围有限,微信朋友间的生活圈子又多有交集,因而会经常出现信息的重复和冗余。所以我们选择订阅微信公众号来获取更多外界的信息,在这个过程中就不得不受订阅的微信公众号议程设置的影响,以高等教育领域为例,"大学生励志网""玩转大学"等的订阅量达到百万以上,"学术中国"的微信也有订阅量50多万,单篇推送文章阅读量可达到100000+,足见其在高等教育领域中的影响力。

这种议程设置不仅体现为媒体对个人的议程设置,还体现为媒体间的议程设置,数百万级别的公众号生产的内容无疑是海量的,但真正能够持续性产出优质内容的账号无疑少之又少,在前文的个案分析中,我们也发现,在高校网络舆情事件传播中,微信公众号推送的原创性内容并不多,仅占到38%,同时存在明显的媒体间议程设置,如新闻类文章多取材自北京青年报、澎湃新闻、南方都市报和京华时报四家公众号;评论类文章多取材于"学术中国""麦可思研究""新闻传播学研"等公众号。微信刚刚发展起来时,有人将微信比作"信息的孤岛",因为微信不但把人们的通信内容封闭在微信之内,还将朋友圈的社交内容以及公众号的媒体内容一并与外界隔离开来,过去两年微信平台自身和搜狗搜索相继开启的公众号搜索功能将微信

---

① 徐钱立. 微信朋友圈——亲密关系的表演舞台[J]. 传媒评论,2014(5):62-64.

公众号中的内容公开,无疑将加剧媒体间的议程设置。

六、总结

通过搜集整理微信公众号的相关推送信息的方式,本文对"人大导师断绝师生关系"这一在微信平台上引爆的典型高校网络舆情事件进行了较详细的传播分析,其整个传播过程引爆时间短且持续时间长,大致可分为舆情酝酿阶段、舆情引爆阶段和舆后反思三个阶段;传播主体涉及范围广,多与高教领域相关,传统媒体在信息发掘上、自媒体在评论引导舆情上,都占有一定的主导地位,相反高校自身的公众号处于"弱势";从传播的内容上看,微信平台上的原创内容少,且存在明显的媒介间议程设置;从传播效果上看,舆情爆发期仅一天就有数十万的点阅率,但点赞数和评论数较少。将对事件的分析引申到高校网络舆情事件在微信平台上的传播的一般规律上来看,本文还总结出微信平台上的高校舆情信息传播模式是结合了群体传播与大众传播、隐秘性与公开性兼具且存在媒介对受众的议程设置及媒介间议程设置的传播模式。在越来越多高校学生将微信作为主要社交平台、将刷朋友圈作为一种生活方式、将微信公众号作为获取信息的来源的情况下,在越来越多的高校将微信作为信息公开、学生管理、服务平台的情况下,微信时代高校网络舆情信息的管理和引导以及媒介素养的教育都面临新的挑战。

与此同时,本文还有很多遗憾及不足之处,如因为微信并没有开放所有的公众号数据,评论内容也有显示数量限制,所以没有搜集到关于个案研究中事件的全部推送内容;另外很多公众号都设置针对事件态度的投票,但因为舆情事件的实效性很强,投票在一段时间后就不再能看到结果,加之搜集数据的不及时,因而放弃了媒体是否极化了情绪等方面的更深一步的研究;同时因为自己理论知识方面的欠缺,论文理论层面剖析较为浅薄,也有待日后进一步完善。

参考文献:

[1] 刘建明. 舆论传播[M]. 北京:清华大学出版社,2001:33 - 35.

[2] 刘建明. 当代舆论学[M]. 陕西:陕西人民教育出版社,1990:6 -7.

[3] 李永健. 大众传播心理通论[M]. 北京:中国传媒大学出版社,2008:180 - 225.

[4] 方兴东. 微信蓝皮书2014[M]. 北京:电子工业出版社,2015:

8 -35.

[5] 严宏伟. 媒体舆论引导 策略·方法·案例[M]. 北京:国家行政学院出版社,2013:99 - 100.

[6] [美]凯瑟琳·弗恩. 危机传播——基于经典案例的观点[M]. 陈虹等,译. 上海:复旦大学出版社,2013:210 - 223.

[7] 万金城. 高校校园"微信平台"的舆情传播研究[J]. 新闻与写作,2014(8):102 - 104.

[8] 郑炎山. 自媒体时代高校舆情危机的因应方法探析[J]. 思想教育研究,2015(6):85 - 88.

[9] 骆玲. 论新闻传播与舆论调查[J]. 新闻界,2004(3):42 - 43.

[10] 徐钱立. 微信朋友圈——亲密关系的表演舞台[J]. 传媒评论,2014(5):62 - 64.

[11] 极客公园. 互联网中的"强关系""弱关系"[EB/OL]. [2015 -11 - 9]. http://www. geekpark. net/topics/173917.

[12] 企鹅智库. 你的微信好友数落后于平均水平了吗[EB/OL]. [2015 - 11 - 9]. http://www. jinghuakongqi. com/jhfs/ytjh/17993. html.

作为减压阀的公共空间：
福建漳州古雷PX项目二次爆炸微博
讨论中的归因、冲突与情感表达

（郭云涛　卫凌霞　安徽大学）

摘　要:网络时代语境下,民众对突发公共事件评论的话语权被极大地释放,但常常将较为复杂的问题进行主观归因、情绪宣泄和群体间的利益冲突,与想象期待中的"公共空间"民主空间大相径庭。文章在情感理论框架下结合质化内容分析方法分析"人民日报官方微博""头条新闻""头条福建""福建身边事"第一时间报道此事件时网民的评论,分析了微博讨论中地区冲突、归因等各类话语的具体内容与其所带情感之间的关联,以及讨论中情感表达与其他话语在对话过程中的相互影响。本文发现,微博空间作为减压阀的作用更为突出:微博讨论中情感化批评占据主导;网民情绪会向外扩散;观点的相斥会触发愤怒并减少对话的可能性。本文从完善情感框架理论的建构出发,对理解突发性公共事件中网络的舆论生态、网络工作人员的实践以及政府舆情应对方面皆有借鉴意义。

关键词:网络舆情;微博;PX事件报道;情感表达;归因

20世纪中叶起,不少学者就开始担忧现代社会使民众日益远离公共事务商议和决策,并"釜底抽薪"地损害民主体制的根基。[①] 网络的出现给民主政治另辟蹊径,为公众参与开放理性的政治商议提供了无时空限制的"公共空间"。哈贝马斯和博曼提出公共空间的交往应以理性观点交锋为主题,以共同关心话题为基础,以开放宽容的环境作保障。但在网络的特殊场域下,

---

① Putnam R(2000). Bowling alone:The collapse and revival of American community[M]. New York:Simon & Schuster,2000.

这种标准的适用性还值得商榷。也有学者按话语特征把网络论坛分为"社群主义""公共空间""自由个人主义""反主流群体"等多种取向。笔者认为,在中国特殊的网络场域中,基于情感是信息传播中的重要部分,其传播规律对讨论的过程、结果与理性商议之间必定会有不同。本文在情感理论的框架下,采用质化内容分析法分析微博"头条新闻""人民日报""头条福建""新浪福建""福建身边事"对福建古雷PX项目再次发生爆炸事件第一条微博中的评论和各类话语与其所带的情感的关联及情感与话语的相互影响。

一、文献综述

(一)价值多元的网络舆论政治格局

新媒体的不断发展使民众有了重建"公共空间"的技术条件。线上交流不再受地域或社会地位的限制,对意见的评估也可按照观点说服力而非言者的尊卑贵贱。但实际上在网络空间的讨论却并不是如想象般理性。新浪微博发展到今天,作为网络言论传播的公共场域,有着其他社交网站不具备的传播效力,包含用户匿名性的存在并发表言论,极强的传播能力以及海量信息的历史记录检索。针对公共事件的评论,无论是花费心思精心置评还是口无遮拦、随心所欲的发泄,微博都散发着"公共空间""社群主义""自由个人主义"的气氛。具体到福建漳州古雷PX项目再次发生爆炸事件讨论上,既有对事件起因和解决方法的观点陈述,也有在PX落户地污染问题讨论中维护当地群体利益的"社群主义"话语。当然,本文着眼点是网民在观点陈述中用情绪表达对本次爆炸事件的态度和情感。

(二)利益冲突、归因和情感

情感框架理论从个人信息处理角度解释媒体情感与受众认知的关联。该理论假设个人从媒体中接收到情感和意见信息后,这些信息会在其记忆中留下记忆痕迹以及激活标签。这些记忆中的痕迹和激活标签会影响个人随后的信息处理、态度形成和行为决策。也就是说当个人接收到新的信息并需作出认知或情感上的判断时,当时记忆中最显著、最易获取的记忆或激活标签可能被调用,并激活意义上与之接近的记忆痕迹,共同成为判断的基础,即扩散的记忆模型。学者们也发现,媒体报道公共事件时所带的情感能影响读者对事件或机构的认知和行为意向。网络讨论中,对事件起因归因和解决方法归因(对事件起因和解决方法)为人们定义了"发生了什么"及"如何去应对",这成了对决策最关键的认知,也是最直接的评价来源。新浪微博中的评论充满了吉尔·艾布拉姆森等人所言的"匆忙的意见"，其中多数是网民靠有限的信息和知识储备对公共事件的起因和解决方法做出的估计。这些估计相互影响决定了个人行为和态度。

二、事件回顾

2015年4月6日晚7点左右，位于福建漳州古雷港经济开发区的PX石化发生爆炸，爆炸引起的大火造成现场1人受伤，13人接受检查。令人意想不到的是这已经是两年内古雷PX项目第二次发生爆炸。2013年7月30日，福建古雷石化PX项目厂区曾发生过一次爆炸，官方称无人伤亡。事件一出，即引起舆论的广泛关注。具体到对古雷PX项目再次发生爆炸事件讨论上：微博中既存在归因和利益冲突等多种表达意见观点的话语，也有网络民众在讨论中针对PX项目抒发情感，彼此之间相互影响的形式多样。其表现为网民在作评论或表达利益诉求时借用段子、语气、标点或表情头像等手段来表达感情。联想到情感框架理论的假设，网民在发表意见时会触发不同的情感，而发表意见彼时的情感也会影响发布的内容。据此，提出本文假设：

（1）网民在评论利益冲突、归因等话语体系内容时与评论里所附带的情感相关。

（2）微博评论中形成的微对话中，网络民众表达的情感和各类意见陈述相互关联。

本文把新浪微博的讨论话语作为本文的研究对象，提出以下问题进行研究：

问题1：网络民众对"古雷PX项目二次爆炸"起因和解决方法陈述了哪些观点？

问题2：网络民众对"古雷PX项目二次爆炸"的讨论中运用了哪些"社群主义"话语？

问题3：网络民众对"古雷PX项目二次爆炸"的讨论中表达了哪些情感？

问题4：与西方研究文献提出的分类相比较，中国传播语境下的新浪微博上的讨论有什么特点？

问题5：网络民众讨论中的利益冲突、归因等话语内容与评论里所带的感情如何相关？

问题6：评论中所形成的微对话中，网络民众表达的情感和各类意见陈述如何相互关联？

三、研究方法

(一)文本选择

笔者从新浪微博"人民日报""头条新闻""头条福建""福建身边事"账号在 2015 年 4 月 6 日对事件报道的微博中获得关于"PX"话题的评论分别为 2257 条(19.15%)、688 条(5.8%)、102 条(1.02%)、8748 条(74.14%)(评论收集截止时间为 2015 年 4 月 20 日)。

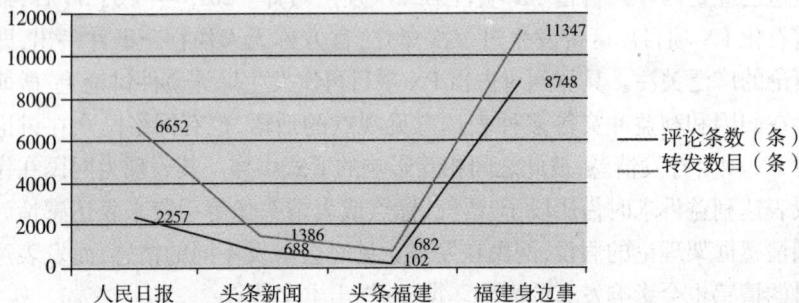

图 1   微博获得关于"PX"话题的评论

除去不相关的广告和聊天后,共截取 1000 条评论供分析,其中包含热门评论、对话。选择这些微博作为研究对象,是因为事件发生后,这些账号对此话题的讨论最为积极活跃。人民日报官方微博与头条新闻微博都拥有 4000 万以上的粉丝,有着极强的新闻传播和扩散能力,选择其作为研究样本,最具代表性。而"头条福建""福建身边事"作为福建省本地的微博传播大号在拥有众多粉丝的基础之上,同时发声又能表明地方官方微博的态度,这样就涵盖了从中央到地方,从主流到多元观点的碰撞。按照网络事件的一般性周期,热点事件在媒体出现到消失大概在 2~3 周时间,但信息源纷繁复杂、良莠不齐导致热点更新加快,其生命周期会大大缩短。采集 4 月 20 日之前的微博评论,是考虑到事件发生后的 1~2 周内评论会呈井喷状态,能为抓取分析样本提供有利的条件和最丰富鲜活的样本。"古雷 PX 项目二次爆炸"事件是典型的突发公共事件,事件性质本身符合情感框架理论的适用范围。本文使用 Nvivo8.0 质化数据分析软件对文本进行系统分析。

(二)样本的编码与分析

在编码的过程中,我们将"公共空间""社群主义""自由个人主义"这三个体系作为划分标准。为了保证编码具有充分的效度,笔者将归纳方法按照文本内容建立开放的编码体系,以方便完成分类后更准确地界定类别背后的主题和类别边界。第一轮编码结束后,笔者将文本搁置一周,再进行第二次编码,将两次编码根据重合度进行比较,然后进行调整,保持类别的严谨性,以更好地进行解释。通过编码共发现 5 类评论和 2 种情感表露。为此,根据类别给出的操作程序笔者选取了典型个例建立编码表。(见表1)

根据编码结果,笔者对照问题 1~4,分析网民讨论该事时情感与其他话语的相互作用如何在微博中建构事件意义。

表1 样本编码表

类别	操作化定义	典型个案
归因:解决办法	对古雷 PX 二次爆炸事件原因以及对 PX 是否有害提出自己的看法或对现有的解决办法表达质疑	@ 洛 LUODIN:所以,并不是反对 PX,最致命的也不是 PX,而是在实际生产中那些许诺的安全措施根本就没有人去落实,这才是真正致命的。@罗正纯:核能安全么?应该归咎于管理漏洞。
归因:起因	对 PX 事件抵制的原因以及对此次事件的看法	人祸:@ 刘家坳-环保卫士:又给那些强调 PX 项目无危害的人们一记响亮的耳光!无论怎么论证,PX 项目建在靠近集中居住区的地方总是不合适的。 本身的危险性:@许愿今冬降雪:2007 年 5 月下旬,随着工程的推进,对厦门海沧 PX 化工项目一无所知的厦门市民接到了一条短信,短信的内容是:"翔鹭集团合资已在海沧区动工投资(苯)项目……
情绪:愤怒、反感	个体就古雷 PX 二次爆炸事件表示愤怒	@ o01074:都不知道为什么会允许这种毁灭城市的项目。@七爷的博:谁说很安全来着,出来走两步,我保证不打死你!! @ 木箩筐:希望 PX 撤离古雷!撤离漳浦!!
情绪:哀叹	个人对 PX 事件表达悲伤	哀其不幸,怒其不争!@ 林惠敏-H 😞😞😞 伤害的都是百姓。
社群:经济发展与地区环境之间的矛盾	站在本地居民的立场,维护自己地区的利益,杜绝 PX 项目在本地落户	@ 自然农夫:厦门那时候游行示威反对 PX 项目落户海沧,今天看来有时候老百姓才有眼光。@Louisa 弦思年华:当年在厦门上大学,我强烈地感受到厦门人民对 PX 项目的抵制,爱护和维护自己爱的城市。@张远勇 M:从海沧赶走对了。

（续表）

类别	操作化定义	典型个案
元话语：反思媒体	对媒体在 PX 报道的倾向方面	@王师天威：预测一下@环球时报明天的社论：漳州古雷 PX 项目再次发生爆炸，乃发展中的阵痛……我们要时刻警惕别有用心的人勾结外国势力……
套用与戏谑	套用网络段子、人气话语对此次事件进行戏谑	@水香舟：那些说 PX 无毒的人呢？都去哪了？出来走两步？先不跟你们说生产过程中是否会产生有毒物质和排污是否有毒，先讲讲今天的事儿，不要告诉我爆炸产物只是二氧化碳和水。@说好的很安全哦～专家出来呼吸一下。@醉死在实验室的一条单身狗：听！那是打脸的声音！〔doge〕

注：上述在编码的过程中，各种情绪互不排斥，可能网民用既带有愤怒又包含悲伤的语调来评论事件，包含对 PX 爆炸事件原因归因和解决方法归因等看法。

四、研究发现

（一）各个话语类型的频率

古雷 PX 项目再次发生爆炸的讨论中出现了多种话语类型。在评论中还发现批评某媒体的元话语和借用网络段子表达爆炸本身、监管失力等的戏谑。

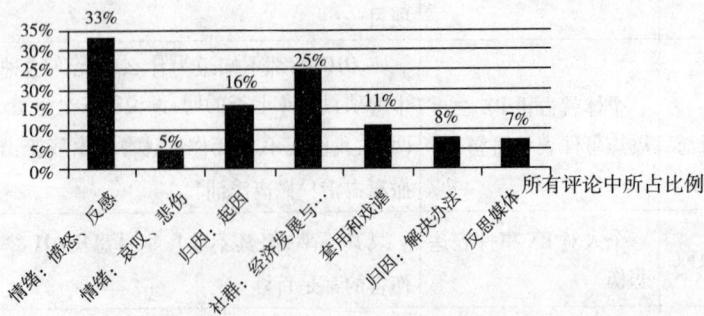

图 2　各类话语的频率分布

由图 2 可知：表达愤怒、反感情绪的评论最多；社群、经济发展与地区环境之间的矛盾次之。从内容上看，前者对 PX 事件的反感和愤怒程度达到了一个峰值。而后者的倾向表明，PX 事件虽然能给当地的经济带来一定的收入，但是人们出于估测，对 PX 项目存在的潜在危害以及出于自身安全的考虑，所以反对声音较为强烈。再加上此次爆炸事件印证了 PX 事件本身具有危险性，杜绝 PX 项目在本地落户从根本上说是经济发展与环境发展之间不可调和的矛盾。在套用和戏谑方面与事件的归因起因方面，评论的比例相对持平，分别占 18% 和 16%。此外，对事件的发生感到不幸，希望没有伤亡以及一切平安的占据 5%。套用和戏谑是此次事件评论中的一大特色，意义多元，含义丰富。从总体分布看，微博上对该事件评论主基调是愤怒、反感、悲伤。线上整体对 PX 项目持反对态度、对古雷 PX 项目再次爆炸感到吃惊和愤怒。

（二）情感话语体系的话语相关、交叉性分析

这一部分笔者将分析不同话语体系内容与情感之间的关系，这里将情感表露中的两个情绪作为纵列，将 PX 事件的解决方法归因、起因归因、社群矛盾、元话语反思、套用和戏谑作为横列，采用交叉性编码分析其中交叉类的评论条数、评论字数以及内容。

表2　情绪与其他话语分类体系的交叉分析　　　（单位：条）

情绪	归因：解决办法	归因：起因	社群：经济发展与地区环境之间的矛盾	元话语：反思媒体	套用与戏谑
愤怒、反感	200	150	221	58	108
哀叹	50	35	46	40	28

在分析的样本案例中，带有愤怒、反感的评论条数多于哀叹的解决办法归因。这表现在其中很多愤怒的解决办法不仅指出 PX 项目的危险性，更指出政府的监管不力，责任不到位。愤怒、反感的解决办法因情绪指向明确，直接表达了对 PX 项目在当地落户的反对以及对政府的安全责任失察的批评，不少网友评论还借助主旋律中的"为人民服务""正能量"等话语资源对政府进行批评。话语风格犀利，言辞激烈。但在分析中也发现这些愤怒的解决办法归因多停留在质疑、批评和谩骂的层面上，却很少给出具体建议。而哀叹悲伤的解决办法归因中，评论大多并非指向政府，也鲜见提出治理方案。多数表达希望对古雷 PX 二次爆炸事件中没有人员伤亡、对事件的发生表示哀叹，对政府的监管不力表示失望。语气比较缓和，抒情成分较重。哀叹与无奈在这一话语体系分类中溢于言表。

古雷 PX 事件起因归因中愤怒、反感与哀叹悲伤的评论数目将近持平。这一类型的话语体系中，网民多通过转发回答的方式回复其他网民的内容。哀叹悲伤的起因归因为古雷 PX 二次爆炸指出明确原因。同时，悲伤情绪在解决办法和起因归因等话语间发生了"传染"。与此对比，愤怒、反感的起因归因中网民更多的是用极具个性化的语言表达情绪和观点，形式上较少与其他网民互动，但很多却获得了大量的点赞。内容上与哀叹悲伤的归因不同，悲伤的起因归因比较多地指向了古雷 PX 项目在发展过程中不尊重人生命财产安全、没有充分保障 PX 项目发展的安全性。如网友评论：兄弟姐妹们，请发展 PX 项目前多考虑一些人民的生命财产安全吧，也请多关注一下中国的污染工业吧！在表达愤怒时，无论谈及古雷 PX 项目的爆炸原因还是解决办法的方法归因，网民的评论都会直接把矛头指向"政府监管部门"，将问题发生和解决的方法产生的问题全部归咎到管理者层面。此类愤怒的评论会将古雷 PX 爆炸与"诚信"等内在不可控因素联系起来。

利益话语突出的表现所带的则是愤怒、揶揄、讽刺。这类话语将发展 PX 项目所造成的今天的恶果归咎于政府，在言辞上表现出了政府和民众之间不可调和的利益冲突。网民和政府站在有利于自己的立场表达情绪。这类评论将古雷 PX 项目二次爆炸的原因简化为政府和民众之间的矛盾，在话语中使用"缺德""无良"等描述主观恶意的词，有意或无意假设政府层面存在的主观恶意，将政府作主观意义上的"污名化"描述。

而反思媒体话语多是对媒体的批评。网民将评论置于微博之下，这类评论批评媒体将古雷 PX 项目发生爆炸认为是我国经济发展中的阵痛，属于正常现象。反感、愤怒的评论多有明确的指示对象，与悲伤的归因类似，悲伤的媒介批评也常与悲伤的解决办法归因相互呼应。与此同时，将网民无明确指向的解决方法归因指向《人民日报》，利用主旋律政治文化中的"人民日报为人民"等口号，批评媒介的立场以及舆论导向。

将套用和戏谑相结合的话语占据的绝对情绪是悲伤和哀叹。这里戏谑的字数较长，网民利用包含集体记忆的网络名词，发挥想象力将事件想象完成。用"临时工"这一包含记忆符号的名词反讽凸显了 PX 项目中的人祸，将原本无力的悲伤和吐槽转化为辛辣有力的反讽戏谑，在无奈之余，运用网络段子、网络用语充分发挥创造想象力，编制虚构叙事吸引注意和赞同。

（三）评论中的微对话

为了考察情绪与其他话语如何在前后相接、与言辞语意相关的"微对话"相互影响，笔者通过整理对样本文本中的微对话进行梳理，并梳理出了其中几个最为常见的模式。

第一种模式是："事件为由头+站在不同的立场表达对 PX 的看法（愤怒）+愤怒情绪"。这一对话模式一般建立在观点不同的网民身上，持不同观点的网民以古雷 PX 项目二次爆炸引申开来，在 PX 项目在国内的安全性上针锋相对。

这类对话中，直接指出 PX 项目在国内发展的不安全性，并将原因归因于中国发展 PX 项目没有遵守国际的安全标准，技术水平不足。这类对话方式显示：发展 PX 项目本身并无问题，这在双方都能达成较为一致的观点。这点事不通过话语在"微对话"中自然承接，为顺利展开对话做好铺垫；对话双方均带有情绪，反感愤怒的情感在不同的话语体系对话中扩散；在这类对话中，总是 PX 项目发展与当地发展安全性之间的矛盾在先，愤怒的解决方法归因随后。往往其中一方包含较为理性的观点，另一方持有较为感性的视角，所以话语冲突较为激烈。

第二种模式为："对事件的感慨+事件原因归因+达成共识、表明态度"。这种模式，往往是发表意见的网民对事件持有相同的观点，最终回归到事件的起因归因上。

该模式中评论稳定的内向归因是把事件的起因推向政府，并在接下来的讨论中类比 PX 项目在其他国家的安全性，继续佐证 PX 项目在我国出现问题的必然性。最终归因回到我国政府对 PX 项目的管理存在问题，并表明态度坚决反对 PX 项目在自己家乡落户。

五、总结与讨论

从四家微博对此事件的第一条微博评论分析看出：情绪化的批评占据绝大部分；愤怒、反感的归因多把古雷 PX 二次爆炸事件的责任归于特定对象或者直接向其对话且较少与他人对话；哀叹、悲伤的归因以否定现状为主或将此次爆炸的原因归咎于外界原因。更多采用转发、@（特定呼唤）等方式与网友交流。环境与经济发展之间的冲突则容易引起愤怒。在对微对话分析的过程中我们发现，由不同情感引发的情绪在不同的受众和话语体系之间进行扩散；不同话语体系借助传播的共享语境形成对话；外在稳定归因触发悲伤情绪。

分析到这里可以得出，情绪化的评论、转发、微对话显示了微博为网民表达建议、批评，宣泄愤怒和悲伤、哀叹的情绪提供了作为公共空间的"减压阀"。在这里，受众不会对公共事件进行理性的内容商议，具有建设性的意见更少，很难形成一致的意见和行为；在与社群主义话语相比较的过程中，发现作为"减压阀"微博评论空间中群体利益的诉求更多怀疑对方或者"妖魔化"对立面，很少重新去巩固意见相一致者之间的同盟关系且缺乏内部交流，"减压阀"虽然也不乏网民自由主义式的个性表达和语言表演，但带有愤怒批评和负面情绪的话语仍是主流话语。网络事件中"减压阀"式评论与党报党刊下的传统媒体的正面宣传形成互补的态势。这时候我们发现，在传统媒体自由发表意见不畅通的情况下，以民间舆论场为代表的微博媒体就为民众提供了一个发泄的窗口，所以我们看到的负面意见和情感在这里被极大地"宣泄"。

在分析中我们也发现情感的作用会影响网民之间的对话和呼应，而在这方面悲伤话语更具有感染力，更容易与其他人呼应成为对话。在反感、愤怒的话语体系里面，网民则往往言辞激烈，凭主观臆断对个人和机构进行批评。目标指向越明确，越难以与其他网民形成对话，但容易形成跟风之势。与此同时，反感愤怒的情绪更清晰具体的指向，悲伤情绪同外部稳定归因间的双向关联及情感在"微对话"中的"扩散"都验证了情感框架效果已有的发现。也就是说，情感的迅速传染及其与其他话语的动态互动成为"减压阀"的舆论形成机制得到进一步的验证。

行文到最后，共同的价值概念在不同话语间的承接作用也提示网络工作者要有意识提升被不同话语社区、不同利益群体广泛使用和接受的关键词在网络讨论中的显著度和出现频率，这些话语未必能直接引导讨论的内容，却会增加论坛中网民间有效呼应和相互对话的可能。

参考文献：

［1］Putnam R. Bowling alone：The collapse and revival of American community［M］. New York：Simon & Schuster，2000.

［2］Dahlgen P. Civic identity and net activism：The frame of radical democracy［M］//Radical democracy and the Internet. New York：Palgrave，2007：55-72.

［3］Habermas J. 公共领域的结构转型［M］. 曹卫东，等译. 上海：学林出版社，1999：158.

［4］Wright S，Street J. Democracy，deliberation and design：The case of online discussion forums［J］. New Media & Society，2007，9（5）：849-869.

［5］陈红梅. 互联网上的公共领域和群体极化——整合视野的思考［J］. 新闻记者，2015（5）：28-35.

［6］Collins A M，Loftus E F. A spreading-activation theory of semantic processing［J］. Psychological Review，1975，82（6）：407-428.

［7］Salancik J R. Inference of one's attitude from behavior recalled under linguistically manipulated cognitive sets［J］. Journal of Experimental and Social

Psychology,1974(10):415-427.

［8］Hastie R, Park B. The relationship between memory and judgment depends on whether the task is memory - based or online［J］. Psychological Review,1986(93):258-268.

［9］Bodenhausen G V,Sheppard L A,Kramer G P. Negative affect and of Social judgement: The differential impact of anger and sadness［J］. European Journal of Social Psychology, Special Issue: Affect in Social Judgments and Cognition,1994,24(1):45-62.

［10］潘霁,刘晖. 公共空间还是减压阀？"北大雕像戴口罩"微博讨论中的归因、冲突与情感表达［J］. 国际新闻界,2014(11):19-33.

［11］Foucault M. The subject and power. In Foucault, M. Beyond structralism and hermeneutics［M］. Chicago:University of Chicago Press.

［12］Lyotard J F. The differend: Phrase in dispute［M］. Minneapolis: University of Minnesota Press.

［13］Dahlgren G. Nietzsche and philosophy(translated by Hugh Tomlinson)［M］. New York:Columbia University.

［14］Nabi R L. Exploring the farming effects of emotion: do discrete emotions differentially influence information accessibility,information seeking and policy preerence?［J］. Communication Research,2003,30(2):224-247.

高校新闻学与传播学学者微博关系与学术交流分析

——基于社会网络分析视角

（吴 倩 武汉大学）

摘 要：从碎片化到专业化，微博已是人们网络学习时进行知识分享与学术交流的重要工具。本文从社会关系与社会资本需求及公共信息获取需求两方面，分析了72位粉丝数在1万以上的高校新闻学与传播学学者微博关注关系网络与学术交流情况。随后，针对微博社会网络关系与学术交流之间的联系，本文以15位高校新闻学与传播学学者2014年全年的微博为样本，以文本个案分析法分析了微博对学术交流的影响。

分析发现，微博具有社会性建构作用，它重塑了社会关系和社会文化。新闻学与传播学学者在微博中所构成的关系网是一个内部连接较紧密的网络，该网络中没有孤立节点，但网络密度需进一步提高。微博的便捷性使学术交流形成及时互动与反馈机制，在线关系的圈群化提高了学术交流的目的性和针对性，意见领袖的影响力使微博成为前沿学术分享的快捷平台，裂变式传播极大地提高学术会议和学术讲座的覆盖率。

关键词：新闻学与传播学；学者；微博关系；社会网络分析；学术交流

一、高校新闻学与传播学学者的微博使用情况分析

曼纽尔·卡斯特在2001年提出了网络社会的概念，他认为"网络建构了我们社会的新社会形态，而网络化逻辑的扩散实质性地改变了生产、经

验、权利与文化过程中的操作和结果"①。

近年来,随着基于社交的 Web2.0 的日趋完善以及基于移动的 Web3.0 的呼之欲出,麦克卢汉"电力技术使社会重归部落化"的预言进一步实现了。社会化媒介建构的网络社会产生了由现实社会关系与网络社会关系融合而成的新的社会关系。于是,当人们越来越将交流和交往的阵地由现实生活转向互联网时,网络社区得以形成并发展。社会网络是社会行动者因互动而形成的相对稳定的关系体系。可以说,"一个社会网络是由多个点(社会行动者)和各点之间的连线(行动者之间的关系)组成的集合。用点和线来表达网络,这是社会网络的形式化界定"②。

新闻学与传播学学者是社会系统中信息流动的加工者之一,是一个拥有特殊社会地位和社会技能的职业群体。本文以社会网络分析为中心分析方法,通过分析学者在微博中的关注关系构建出他们的整体关系网络。在微博内容方面,本文还分析了学者的微博学术交流情况,目的是从学者之间的微博关系和在线交流中寻找微博学术交流网络的结构和特点。

(一)高校新闻学与传播学学者的微博使用现状

在互联网发展过程中微博是一个具有划时代意义的产品,"它集成了即时通信、论坛、博客、SNS 等多种产品的特点,将社交与公共信息传播有机结合起来"③。微博在中国的普及始于 2009 年 8 月新浪开办的"新浪微博",2014 年 3 月 27 日新浪微博正式改名为"微博",成为全球首家上市的中文社交媒体。喻国明认为"微博作为'个人信息即时共享综合平台'正在深刻地改变中国社会,无论是政治生活、经济生活,还是日常生活,微博的影响力无处不在"④。

作为一种媒介,新闻学与传播学学者是较早接触,同时是在微博使用与推广中起积极带动作用的群体。2009 年微博成立之初就有一批研究新媒体的专家率先登录微博,如胡泳、魏武挥、彭兰。同时,有许多学者是微博社区委员会专家成员。现在新闻传播学界开设微博的高校学者已超过 500 人,清华大学新闻与传播学院副院长陈昌凤、中国人民大学新闻学院副院长喻国明、北京大学新闻与传播学院副院长程曼丽等新闻学与传播学学者的微博粉丝数量均已超过 150 万。

① [美]曼纽尔·卡斯特. 网络社会的崛起[M]. 夏铸九,王志弘,等译. 北京:社会科学文献出版社,2003:569.

② 刘军. 社会网络分析导论[M]. 北京:社会科学文献出版社,2004:4.

③ 彭兰. 网络传播概论[M].2 版. 北京:中国人民大学出版社,2012:223.

④ 喻国明. 微博影响力的形成机制与社会价值[J]. 人民论坛,2011(34):10-12.

(二)高校新闻学与传播学学者微博的"使用与满足"分析

社会化媒体的出现使人人都有了话语权,许多学者也开始重视微博的使用。学者彭兰认为微博用户的"使用与满足"更为突出地表现为基于自我记录与表达需求、公共信息获取需求、自我形象塑造需求、社会关系与社会资本需求等方面。

他们在微博中交流、互动并分享学术知识和资源,在微博空间中形成了可观的学术交流社区。清华大学教授沈阳 2015 年 1 月 11 日在微博发表博文《微学术将是新常态》,提出"微学术"概念。他指出"学术从期刊、报纸搬家走向网络原创,再走向随手记录"。随后清华大学副院长史安斌转发沈阳的微博并回复:"以微博、微信为主要平台的微学术应当与以专著、论文为主要载体的传统学术互为补充。"可见,微博已是学者们表达、传播、交流学术的重要平台。

其次,为了拉近与其他学者或普通网民的关系、展示自我,具有高度开放性的微博是公众人物进行自我形象塑造的绝佳平台。传播的社会建构作用使他们在自我形象塑造的过程中形成了一定的社会关系及社会资本。在微博中,相较于一般用户,名人的存在具有特别的意义。因为围观名人、与名人近距离对话是众多用户参与微博的重要目的,这使得"意见领袖"作用在微博中非常突出。新闻学与传播学学者对于新闻专业的学生和对新闻传播学科感兴趣的群体来说,其地位无异于喜爱的演艺明星。学者借助微博可以与大众直接接触,并与粉丝建立起微博社会关系,另一方面,还能与其他学者建立新闻学与传播学学者这一特定职业群体的相互联系,创造和同行的新联系。学者之间通过交流观点,可以紧跟领域内的最新发展趋势、研究动向,获得跨学科、跨领域的视角,从而产生新研究课题,并从中建立起镶嵌于职业群体网络中的社会资本。

二、研究对象与研究方法

(一)研究对象

本文以教育部学位与研究生教育发展中心 2012 年"新闻传播学"学科评估结果为标准,将总分为 70 分以上的 19 所高校为目标对象。通过爬虫工具抓取了以"新闻传播""教授""教师"等为关键词的微博用户搜索结果,本文将粉丝数为 1 万以上的高校新闻学与传播学学者定为总样本。经过后期筛选,最终选定 72 名微博认证的学者为微博关系的分析对象①,并对他们进行人工编码。

在文本分析部分,本文在 19 所高校中分别选出每个高校粉丝量第一的新闻学与传播学学者为议题选择分析的研究对象,以他们 2014 年全年的微博内容为分析样本。

(二) 研究方法

本文主要使用了八爪鱼采集器程序来进行数据挖掘,采集时间为 2015 年 3 月 3 日,抓取了微博中 72 名学者相互关注的信息。对 72 名学者关注信息整理后,用 Excel 制作出他们相互关注的社群矩阵。在这个有方向性的二值矩阵中,1 表示 Q1 对 Q2 关注,0 表示 Q1 对 Q2 不关注。最后,将该社群矩阵导入 UCINET 6.1 程序中进行计算,得出了新闻学与传播学学者在微博中的社会网络社群图。

三、高校新闻学与传播学学者微博关系网络分析

(一) 网络社区与学者微博关系社群图

1993 年霍华德·莱茵戈德提出了"虚拟社区"的概念,指出虚拟社区是网络中形成的"社会性群集",是"足够多的人以充分的情感进行长时间的公共讨论而形成的一种人际关系网络"②。网络社区对社会的建构作用创建了一种新的人际互动模式。在微博中,"关注"就是其形成互动的桥梁,任何人都可以通过"关注"与他人建立联系。迪肯·加西亚认为"网络受众是因共同利益而不是地理空间而分化的"③。对于相同兴趣的群体而言,基于弱关系建立起来的微博关系使得成员之间虽没有明确的社区意识,但是却基于某种兴趣处在一个由许多关系链条构成的虚拟社区中。这种虚拟关系还突出地作用于某种职业群体中,如新闻学与传播学学者群体、记者群体、科学界群体等等。

2014 年 9 月 30 日,清华大学教授沈阳(@新媒沈阳)发布以"建微博群"

---

① 抓取数据的时间为 2015 年 2 月 20 日;暨南大学新闻与传播学院常务副院长、博士生导师董天策教授粉丝数虽超过 1 万,但仅有一条微博,且他已经调任重庆大学并重新申请微博号,故不作为本次研究对象。

② 蔡骐. 网络虚拟社区中的趣缘文化传播[J]. 新闻与传播研究,2014(9):5-23.

③ Ruggiero T E. Uses and Gratifications Theory in the 21st Century [J]. Mass Communication & Society,2009,3(1):3-37.

为话题的微博，称"早晨起来,发现微博内测版更新了,给了一个小惊喜,可以建群了。马上建了五个群：政务微博高端群、新闻传播学者群、媒体官微群、网络大V群(微博舆论最核心群体)、知名媒体人群"。可见群体关系在微博中的重要性和广泛性。

除了可见可观的"群",微博的关系更多是不可见但又确实存在的。对于学术社群来说,在现实生活中,他们的关系网络包括正式的学术合作和私人交往,一般通过分析他们的论文引用和合著情况来说明。从网络社会角度来看,社会化媒体则进一步拓展了他们的关系网络形式,这种关系也是学术交流的延伸。

在微博中,关注者与被关注者之间的关系可以抽象成社会网络图中的节点与节点之间的连线。"点"可视为信息传播主体,"关系"可用于表示信息传播主体之间某些特定的联系,"边"表示信息传播的路径。图1是由UNICET6.1程序中的NetDraw的可视化工具所绘制出的关系网络图。节点之间的连线代表用户间存在关注关系,连线具有方向性,箭头指向一个节点与另外一个节点的关注关系。

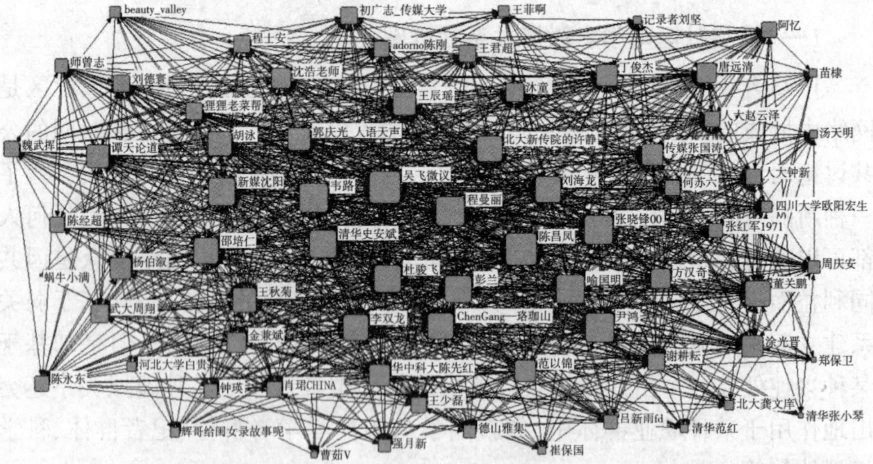

图1　高校新闻学与传播学学者微博关系网络图

该社会网络图是一个关联性网络,所有的节点都具备可达性,没有孤立点存在,说明新闻学与传播学学者在微博中的关注关系紧密。位于图中心的节点代表其微博关系网密集,被关注程度和关注其他人的程度高。图中节点的大小代表其中心度的高低,作为对某一原始用户二重关系扩展所形成的网络图,该网络含以陈昌凤、喻国明、程曼丽、吴飞微议等为核心用户的网络。可以看到,微博有利于新闻学与传播学学者之间的交流,他们之间的关系或许在线下就存在,但在微博上得到了进一步的链接和巩固,并且形成了一个新的社会关系圈。

(二)高校新闻学与传播学学者微博社会资本分析

林南认为,社会资本是"行动者在行动中获取和使用嵌入社会网络中的资源"。人们能从兴趣中发展出一定规模的社会关系网,并从中获得"工具性资源和表达性资源"①。社会资本是个体在社交中的投入与回报。网络社区的交流结构使得投入与回报的比率更趋合理,而且个人对投入与回报的控制能力也得以增强。微博是一个个用户的社会关系网络的聚合,每一个人都是以自己为中心,通过"关注"与"被关注"建立起自己的社交网络,并从中获得自己所希望的某些社会资本②。

1. 整体网络密度

在一个有向关系网中,如果该网络中有 n 个行动者,并且实际关系数目为 m,那么该网络的密度就是 $m/n(n-1)$。密度越大,该网络对每个人的行为和态度等产生的影响越大。③ 对于一个网络来说,密度介于 0 和 1 之间,越接近 1 代表该网络关系越紧密。

通过计算,本文研究的社会网络的密度为 0.3854(Density=0.3854),说明该网络中有近 40% 的网络连接,是一个密度适中的网络;平均距离(Average distance)为 1.658,也就是说,任意两个人在微博中平均只要不到两步即可到达。通过数据来看,该社会网络连通度较好,其网络结构对成员可以产生影响。

2. 中心性分析

微博的"话语权利中心"指的是能够吸引广泛关注,其信息和意见能够对相对广泛的人群产生影响的那些微博用户。在社会网络分析中,拥有"权利"就是他与他者存在关系,可以影响他人。"中心性"是社会网络分析的重要研究指标,是权利的量化研究。如果该点具有最高的度数,则称该点居于中心,该点所对应的行动者也是中心人物,因而拥有更大的权利,他们就是该社会网络在微博中的意见领袖。

点的度数中心度指的是在一个社会网络中,与某成员直接发生联系的其他成员的点数。每个点都有两种局部中心度测度:一种对应的是点入度

---

① [美]林南. 社会资本——关于社会结构与行动的理论[M]. 张磊,译. 上海:上海人民出版社,2005:230-235.

② 彭兰. 网络传播概论[M]. 2 版. 北京:中国人民大学出版社,2012:224.

③ 刘军. 整体网分析讲义:UCINET 软件实用指南[M]. 上海:格致出版社,2009:11-12.

（InDegree），另一种对应的是点出度（OutDegree）。

对该网络进行点的度数中心度分析，结果见表1：

表1 按点入度分析前15排名表（数据时间：2015年3月15日）

		1	2	3	4
		OutDegree	InDegree	NrmOutDeg	NrmInDeg
66	吴飞微议	59.000	58.000	83.099	81.690
11	陈昌凤	44.000	56.000	61.972	78.873
12	喻国明	25.000	54.000	35.211	76.056
2	新媒沈阳	40.000	52.000	56.338	73.239
14	彭兰	30.000	52.000	42.254	73.239
22	程曼丽	34.000	51.000	47.887	71.831
9	尹鸿	38.000	50.000	53.521	70.423
65	邵培仁	41.000	49.000	57.746	69.014
56	杜骏飞	46.000	48.000	64.789	67.606
5	清华史安斌	28.000	48.000	39.437	67.606
67	韦路	55.000	45.000	77.465	63.380
1	郭庆光_人语天声	37.000	43.000	52.113	60.563
28	胡泳	27.000	43.000	38.028	60.563
26	杨伯溆	30.000	41.000	42.254	57.746
17	刘海龙	45.000	40.000	63.380	56.338

表1中，OutDegree指行动者发出关系的点数，即微博中的"关注数"；InDegree指行动者接受关系的点数，即微博中的"粉丝数"。通过社会网络分析，得到排名前15的学者。在除去吴飞自身的情况下，他被71人中的58人关注，处于被关注的最高位置。其他被关注度较高的学者为陈昌凤、喻国明、沈阳等，他们大多来自于清华大学、北京大学、中国人民大学和浙江大学等新闻传播学名校。

3. 中间中心度分析

中间中心度测量的是在控制他人之间交往的程度，如果中间中心度较高则在该网络中处于较重要的连接位置，对其他人的交流起到很大的促进作用。中间中心度是结构洞的重要测量指标。如科学家可以通过与他人建立结构洞，使其获得灵感，进行学术创新。这对于新闻学与传播学学者来说同样适用。表2中，Betweenness是绝对中间中心度，nBetweenness为相对中间中心度。

表2　中间中心度前15排名表（数据时间：2015年3月15日）

	Betweenness	nBetweenness
吴飞微议	329.544	6.631
陈昌凤	182.921	3.680
尹鸿	158.581	3.191
邵培仁	148.693	2.992
郭庆光	133.135	2.679
韦路	114.952	2.313
杜骏飞	108.511	2.183
新媒沈阳	107.562	2.164
喻国明	103.674	2.086
王秋菊	100.435	2.021
肖珺CHINA	97.261	1.957
刘海龙	86.722	1.745
彭兰	85.223	1.715
李双龙	83.711	1.684
程曼丽	77.304	1.555

由表2中间中心度数据分析，与表1对比，中心性和中心度的排名大致类似。微博中的新闻传播意见领袖包括：浙江大学吴飞、清华大学陈昌凤、中国人民大学喻国明等学界领军人物，同时还有清华大学沈阳等学界新秀。

吴飞现任浙江大学传媒与国际文化学院院长，他在新闻编辑、传播法、社会学等多个研究领域有着丰硕的成果。在微博中他常常关注热点新闻事件、分享前沿学术问题并发表自己的见解。在表1中，他对其他学者的关注度也是所有学者中最高的，可见他非常注重对微博关系的经营，他对他人的关注和互动使他成为学者中的中心人物。

其次，研究新闻传播时间还很短的清华大学沈阳教授排名也很高，因为他是致力于新媒体研究并运用新媒体做研究的代表人物。他曾先后是武汉大学计算机学院和信息管理学院的教授。随着数据分析与新闻传播的融合发展，他于2014年跨界调入清华大学新闻与传播学院。他创办了中国首个两微一端新媒体大数据平台——新媒体指数,专注于研究分析全球社交媒体数据。该平台的学术顾问包括北京大学教授胡泳、清华大学教授金兼斌、中国人民大学教授彭兰、中国传媒大学教授沈浩、浙江大学吴飞等,这些人均是新闻传播学界领军人物。

结合以上分析和线下学者的知名度,可以发现新闻学与传播学学者在线下的实际生活中所积累的社会资本越多,那么他在微博中所获得的社会资本也就越多。相应的,他们的线上资本也会对其线下资本起重要的推动作用。

四、高校新闻学与传播学学者微博关系与学术交流的联系

按照鲁曼系统传播的观点,"社会系统乃是通过传播活动来不断实现自我观察与再制"①。知识的价值也在于通过交换与传播来实现新的进步与发展,而学术交流过程便是学术知识的重要传播过程,同时也是学术性的具体体现。传统的学术交流一般通过学术期刊、学术会议、学术论坛、学术征文等线下形式进行。在新媒体环境下,学术交流的方式和载体从传统而单一变为多元,如博客、电子邮件、QQ 等,甚至一些学术会议也可以通过网络来实现,很多学术群体通过互联网建立了各有特色的交流网络。微博凭借其特有的转发、@、微博群及外部链接功能对高校新闻学与传播学学者的学术交流产生了诸多影响。

(一)微博的便捷性使学术交流形成及时互动与反馈机制

基于评论和转发功能,微博相较于传统学术交流最大的优势在于,可以使学术交流形成及时互动与反馈机制。

传统的学术交流不仅周期长、交流效率低,且成本高、范围小。微博中的学术交流可以对传统学术交流进行很好的补充,弥补传统学术交流方式的缺陷。实时在线的优势使微博大大缩短了学术交流的时间、效率和成本,且任何对新闻传播学感兴趣的人都可以表达自己的观点。同时,可以对学者个人零散的知识片段进行记录,形成宽松而自由的学术交流环境。

如 2014 年 9 月,武汉大学新闻与传播学院副教授肖珺(@ 肖珺 CHINA)转发了网友@张小榛想做录音师的一条关于讨论"微博到底行不行"的微博,引发了包括@ Bigface_田田、@ 小远 forsake_it、@ 小常_网传 28 号、@ 秦博昱等多人的评论和转发,他们针对微博的发展,从公共空间、传播机制、传播

---

① 孙维三．尼可拉斯·鲁曼的系统传播概念与应用:旺旺中时集团 vs. NCC 风波的案例分析[J]．新闻学研究．2010(104).

成本等多个学术角度展开激烈的讨论,@肖珺CHINA连续转发次数达25条之多。

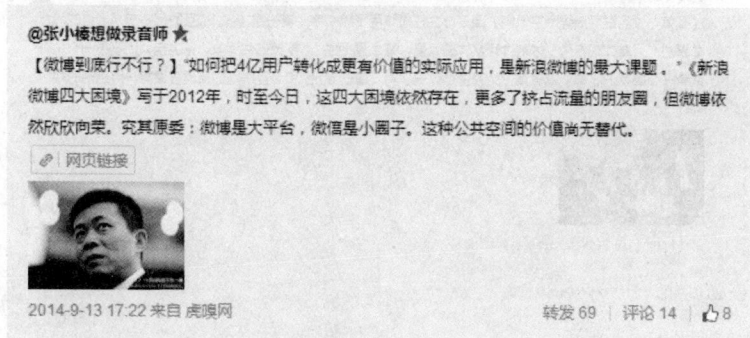

//@你又不是方大同:微博有很多微信不能替代的东西,微博关注更为方便,阅读新闻媒体的和大V的言论更为便捷,而在微信上关注和阅读公众账号都不是那么便利。。况且用久了微博,还有感情在呢!于此,完全改用微信的机会成本,起码对我来说很高。//@肖珺CHINA:已连续三年,《网络传播概论》课程要求学生

@张小棱想做录音师 ★
【微博到底行不行?】"如何把4亿用户转化成更有价值的实际应用,是新浪微博的最大课题。"《新浪微博四大困境》写于2012年,时至今日,这四大困境依然存在,更多是挤占流量的朋友圈,但微博依然欣欣向荣。究其原委:微博是大平台,微信是小圈子。这种公共空间的价值尚无替代。

🔗 网页链接

2014-9-13 17:22 来自 虎嗅网   转发69 | 评论14 | 👍8

图2　针对"微博到底行不行"问题的微博讨论截图

(二)在线关系的圈群化提高了学术交流的目的性和针对性

微博是基于人际关系所形成的复杂网络,这一复杂网络具有强大的连通性、小世界性和传染性。即在新闻学与传播学学者形成的大的社会网络之内,学者还会进一步圈群化并形成多个"小世界",也就是形成了一个个有一定稳定性的小群体。基于微博的@功能,小群体之间的学者可以互相将自己的观点通过转发形式,向被@对象积极主动地表达自己的交流意愿。对方接收信息后,交流便可以水到渠成了。这种主动行为提高了学术交流的目的性和针对性,提升了互动效率。

如2014年9月11日,上海交通大学教授陈永东(@陈永东)针对"国信办谈互联网治理六字方针原则"问题@了@吴飞微议、@喻国明、@杜骏飞、@芮必峰等其他新闻传播学者。随后,@芮必峰评论"我理解这是对国际互联网而言,因为国际互联网的关键技术为少数西方大国掌握,它更多是一种斗争策略,就像当年《新华日报》上一系列反专制、倡民主的文章那样"。

(三)意见领袖的影响力使微博成为前沿学术分享的快捷平台

微博不仅可以表达140字以内的原创文字,同时还有外部链接功能,学者可以分享自己研究或关注的学术前沿,从而引发其他学者的关注。意见领袖阶层的学者通过微博传播可以将信息迅速扩散,产生其他阶层的追随效应。

首先,链接分享可以向大量粉丝展示自己的学术成果,提高自己的学术

关注度。

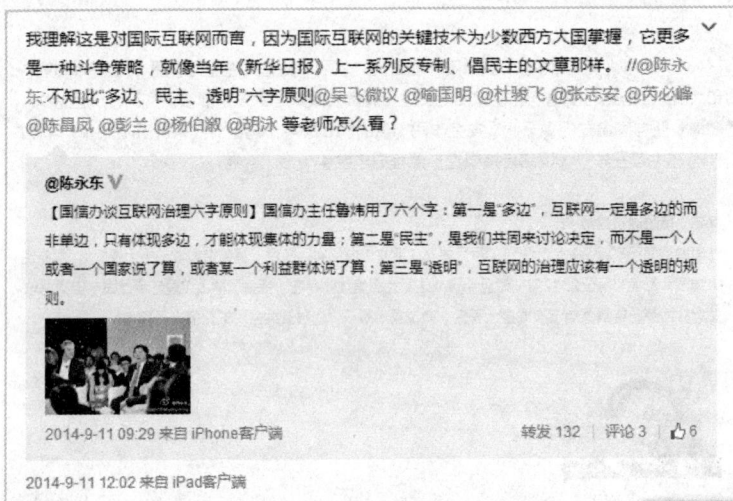

我理解这是对国际互联网而言,因为国际互联网的关键技术为少数西方大国掌握,它更多是一种斗争策略,就像当年《新华日报》上一系列反专制、倡民主的文章那样。//@陈永东 不知此"多边、民主、透明"六字原则@吴飞微议 @喻国明 @杜骏飞 @张志安 @芮必峰 @陈昌凤 @彭兰 @杨伯溆 @胡泳 等老师怎么看?

@陈永东 V
【国信办谈互联网治理六字原则】国信办主任鲁炜用了六个字:第一是"多边",互联网一定是多边的而非单边,只有体现多边,才能体现集体的力量;第二是"民主",是我们共同来讨论决定,而不是一个人或者一个国家说了算,或者某一个利益群体说了算;第三是"透明",互联网的治理应该有一个透明的规则。

2014-9-11 09:29 来自 iPhone客户端   转发 132 | 评论 3 | 👍6

2014-9-11 12:02 来自 iPad客户端

图3　@芮必峰回复@陈永东微博截图

如中国人民大学喻国明(@喻国明)常在微博中分享自己最新的学术成果,他的分享经常被多人转发,产生强大的影响力。下图中喻国明的微博被91人转发,通过"独到传播分析"①工具分析,该条微博净覆盖人数达2236948。这个数字是传统学术交流覆盖人数远不能及的。

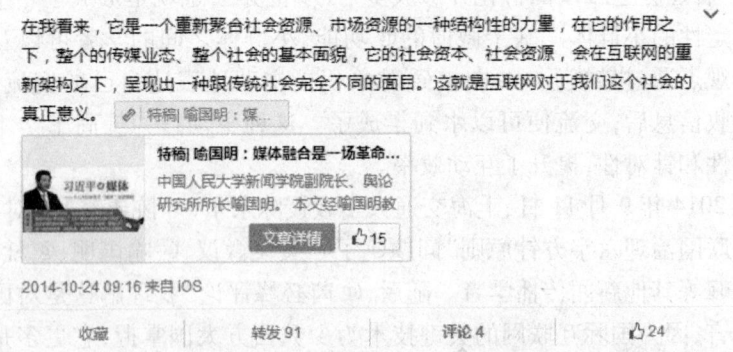

在我看来,它是一个重新聚合社会资源、市场资源的一种结构性的力量,在它的作用之下,整个的传媒业态、整个社会的基本面貌,它的社会资本、社会资源,会在互联网的重新架构之下,呈现出一种跟传统社会完全不同的面目。这就是互联网对于我们这个社会的真正意义。　🔗 特稿| 喻国明:媒

特稿| 喻国明:媒体融合是一场革命...
中国人民大学新闻学院副院长、舆论研究所所长喻国明。本文经喻国明教
文章详情 👍15

2014-10-24 09:16 来自 iOS

收藏 | 转发91 | 评论4 | 👍24

图4　中国人民大学教授喻国明(@喻国明)微博截图

---

①　独到科技创业团队始建于 2011 年,是中国从事社交网络数据挖掘技术的先驱,2012 年 3 月"独到传播分析"上线,是中国第一家对微博传播过程及数据进行统计分析挖掘的公司。网络地址:http://www.doodod.com/.

其次,链接分享不仅可以分享自己的学术成果,还可以分享自身关注的国内外前沿学术问题,提高关注度。

如清华大学陈昌凤(@陈昌凤)在微博中分享了一篇美国宾大教授关于"网络公民行动"的研究。这条微博被 41 人转发,根据"独到微博分析"工具分析该条微博净覆盖人数为 3350666,转发传播层级超过 4 级,清华大学王君超、商丘学院文学院传播学讲师董少伟及青岛农业大学教师高欣峰等高校新闻学与传播学学者在该微博传播中起到了关键的作用。

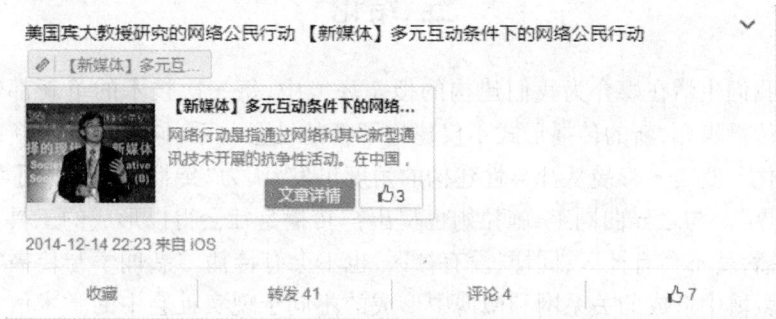

图5　清华大学教授陈昌凤(@陈昌凤)微博截图

(四)裂变式传播极大地提高学术会议和学术讲座的覆盖率

除了学术文章的思想交流,学术会议和学术讲座等也是学术交流的重要构成。碍于地域和场地限制,大多数学者是不能参与到每一场会议或讲座中的,这些信息也不能被快捷地传达出去。微博则成为高校新闻学与传播学学者间的"广播站",学者之间、学者与粉丝之间的环状信息流使会议或讲座信息得以呈几何速度裂变式传播。

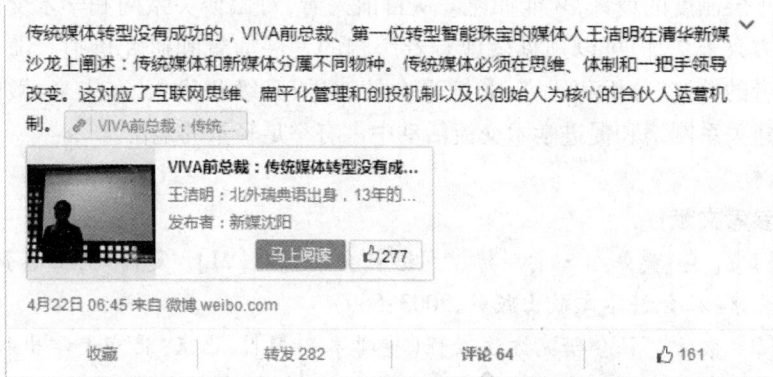

图6　清华大学教授沈阳(@新媒沈阳)微博截图

如 2014 年 11 月,清华大学教授沈阳牵头创建了清华大学新媒体沙龙,不定期请业界和学界知名人士分享关于新媒体行业的观点。到 2015 年 4 月,已经成功举办了 12 期沙龙。4 月 22 日,他在微博中分享了第 12 期沙龙中王杰明的演讲内容,该条微博被转发 282 次。根据"独到微博分析"工具分析可知,净覆盖人数达 14520283 人,相当于超过 1450 万人参加了本次学术交流活动,可见微博这一平台无形中大大扩大了学术交流的规模。

五、结论

我们生活在媒介为我们建构的拟态环境中,每一次技术的革新都带来新的传播媒介,新的传播形式不仅建构了新的社会关系,同时建构了新的社会文化。罗宾·彭曼从社会性建构的角度出发,认为"传播本身创建了我们的世界"。与之异曲同工,施拉姆也提出:"传播是社会得以形成的工具。没有传播,就不会有社区;同样,没有社区,也不会有传播。"新闻学与传播学学者在微博中形成的关系网和微博中形成的不同于现实社会中的学术信息恰恰印证了传播的社会建构作用。

在当今互联网信息问题被提上国家议程上时,信息传播尤其是新闻信息已成为各国之间竞争的砝码。基于对信息的获取需求,与其他学科相比,新闻传播学可以说是与每一个人最紧密联系的学科。所以,有机整合微博中的新闻传播学学术信息,促进该学科的学术交流显得尤为重要,因为这不单单是该学科的交流,更是整个社会的信息交流。

学科的发展除了需要内部的动力,更需要外部良好的生存空间。在更广阔的社会层面上,只有社会结构的优化、文化模式的革新,配合社会动力以及顶层制度的设计,才能如愿。从目前来看,对微博关系网和学术交流的研究方兴未艾,但可以预见微博有着广阔的发展前景和研究价值。随着更多学者的关注、分析和研究,微博平台的改进、升级和优化,在未来,微博将在构建关系网络和促进学术交流活动中占有举足轻重的地位。

参考文献:

[1] [美]曼纽尔·卡斯特. 网络社会的崛起[M]. 夏铸九,王志弘,等译. 北京:社会科学文献出版社,2003:569.

[2] 袁方. 社会研究方法教程(重排本)[M]. 北京:北京大学出版社,2013:469.

[3] 刘军. 社会网络分析导论[M]. 北京:社会科学文献出版社,

2004:4.

[4] 彭兰. 网络传播概论[M]. 2版. 北京:中国人民大学出版社,2012:155－228.

[5] 刘军. 整体网分析讲义:UCINET软件实用指南[M]. 上海:格致出版社,2009:11.

[6] Freidson E. Professional powers:A study of the institutionalization of formal knowledge[M]. University of Chicago Press,1986:9－10.

[7] 黄佩. 网络社区:我们在一起[M]. 北京:中国宇航出版社,2010:148－157.

[8] 唐兴通. 引爆社群:移动互联网时代的新4C法则[M]. 北京:机械工业出版社,2015.

[9] [美]克莱·舍基. 未来是湿的[M]. 胡泳,沈满琳,译. 北京:中国人民大学出版社,2009:142－144.

[10] 李开复. 微博:改变一切[M]. 上海:上海财经大学出版社,2011:123－130.

[11][美]林南. 社会资本——关于社会结构与行动的理论[M]. 张磊,译. 上海:上海人民出版社,2005:230－235.

[12] 徐煜. 新浪微博中的线上关系网络与社会资本获得:以国内新闻传播学术共同体的线上链接关系网络为例[J]. 新闻大学,2014(4):127－135.

[13]肖燕雄,熊敏. 近期中国新闻学研究的学术资源——新闻学论文的外部学科引证研究[J]. 国际新闻界,2010(4):116－119.

[14] 刘于思,杨莉明. 记者微博使用与职业群体社会资本:社会网络分析的视角[J]. 新闻界,2013(21):1－8.

[15] 孙维三. 尼可拉斯·鲁曼的系统传播概念与应用:旺旺中时集团vs. NCC风波的案例分析[J]. 新闻学研究,2010(104).

[16] 盛宇. 基于微博的学术信息交流机制研究——以新浪微博为例[J]. 图书情报工作,2012(14):62－66.

[17] 邢星. 传媒名人微博在新闻社会性建构中的作用研究[D]. 北京:中央民族大学,2012.

[18] 胡泳. 两种社会资本[J]. 中国企业家,2009,338(9):32.

[19] 罗文伯. 社会网络视角下的微博研究[J]. 今传媒,2013(2):108－109.

网络社区中"潜水者"的影响因素和激活策略研究

（殷　航　王雅铄　暨南大学）

摘　要：本文从个人原因、现实环境原因和虚拟环境原因三方面着手，通过问卷分析法、个体访谈法和田野观察法三种研究方法的综合运用来探讨网络社区"潜水者"沉默的影响因素。不仅从网络社区考察中对沉默螺旋理论进行再补充，同时为更好地促进网络社区尤其是青少年年龄层的社群认同，对"潜水者"和网络社区提出了主动克服心理障碍、社群管理者调整话题发布时间、建立网络社群的有效规章制度、注重网络社群中的信息质量等优化建议。

关键词：沉默螺旋理论；网络社区；"潜水者"；影响因素

CNNIC 第 36 次中国互联网报告最新统计数据表明，截至 2015 年 6 月，我国互联网用户已达 6.68 亿，手机上网使用率达 88.9%，手机成为网民最主要的上网终端。其中我国网民以 10～39 岁为主体，占总数的 78.4%，互联网继续向低龄群体渗透。由此可见青少年群体是我国互联网使用的密集人群。可以说互联网潜移默化且深远持久地影响着青少年群体的认知、情感和行为方式。在以往的研究中，研究者过多地考虑如何缩小青少年群体的媒介依赖、控制流言的滋生、减轻舆论的蔓延，反而忽略了如何更好地促进其权利的行使和对公共事件的主动参与。在这种背景下，如何让网络社区中的"潜水者"更加踊跃发言，挖掘"潜水者"的沉默原因，鼓励更多网民发声，使得社交平台活跃，增强手机社交网络的用户黏度，具有十分重要的意义。

本文试图在实证研究网络潜水者的影响因素的基础上，对"沉默螺旋理论"的适用性进行再考察，并对以后网络潜水行为和网络社区中"沉默螺旋理论"应用的研究提供数据上的参考。对"潜水者"现象进行研究,其现实意义在于建立公民对网络的参与机制,从而促进公民对社会事务的参与。因为参与行为对参与者所产生的直接效果,就促进个人的道德发展及知识发展而言,是最有效的方式,它可以赋予公民政治权力感,提高其尊严感及价值感。

一、概念界定

(一)潜水者

"潜水者(lurker)"即潜伏在虚拟社群中,会定期访问社群,但是很少发言甚至从不发言的人①。潜伏通常不是一种消极的行为,其实"潜水者"和积极发言者可能同样关注网络动态(Preece et al. ,2004)②,但是他们在发言方面出现了差异而已。从严格意义上来说,一个"潜水者"应该定义为零发言频率的人,但是有些人偶尔发言也觉得自己是"潜水者",所以潜水者也可以按发言频率更加明确地定义。我们主要把"潜水者"分为两种:一种是在虚拟社群中只浏览但是一点都不发言的,也不做讯息交换、完全沉默的网络使用者,叫作消极持续的潜水者(passive lurkers)③。这一类是最传统意义上的"潜水者",完全遵循只看不说的原则,更从不主动发言创作内容信息。而另一种则是在一段时期内在虚拟社群内发言次数少、互动信息少、大部分时间都是在浏览的网络使用者,叫作主动间歇的潜水者(active lurkers)④。这一类的网络使用者可能会在社群外热衷于私聊,但是都因为各种各样的原因在虚拟社群中沉默。

(二)网络社区

网络社区⑤(Online Community)是存在于互联网上供其会员自由交流的虚拟社区,是由一个信息发布系统组成,比如说 QQ 群、微信群、朋友圈、BBS、贴吧、公告栏、个人空间、无线增值服务等形式在内的网上交流空间。

---

① Blair Nonnecke, Jenny Preece. Lurker demographics:counting the silent[J]. 2000.

② Preece J. , B. Nonnecke, D. Andrews. The top five reasons for lurking: improving community experiences for everyone[J]. Computers in Human Behavior,2008,20(2):201 −223.

③ 李明颖. 网路潜水者的公民参与实践之探索:以"野草莓运动"为例[J]. 新闻学研究,2012(112).

④ Blair Nonnecke, Jenny Preece. Why Lurkers Lurk [J]. Americas Conference on Information Systems,2001.

⑤ Iriberri A, Leroy G. A lifecycle perspective on online community success [J]. Acm Computing Surveys,2009,41(2):1 −29.

在同一主题的网络社区集中了具有共同兴趣的访问者。网络社区已经成为人们在现实生活中社会关系的一种补充。

而本次研究将以一个 QQ 群作为研究对象作为网络社区的代表进行研究。根据人数、活跃度、是否便于研究等因素再三筛选,最后确定研究的虚拟社群为"广州海珠区青少年羽毛球群"这个 QQ 群。该社群共有成员 1451 人,其中发言积分在 10 以上(即活跃成员)的人数有 137 人,即可进行"潜水者"研究的人数有 1314 人。该社群通过跟帖进行运动报名,报名门槛低,有固定的管理者,更便于沟通和了解状况。由于积分的规则是每天获得积分为基础积分乘以当天积分系数,故将"积分为 10"作为定位"潜水者"和"非潜水者"的边界。笔者根据与"潜水者"的访谈和众多中外文献的参考,将影响"潜水者"沉默的因素归为三大类别:个体原因、现实环境原因和虚拟环境原因,根据这三大因素构成本文的研究框架(图 1)对"潜水者"沉默的影响因素进行研究。

本研究选取网络社区的核心成员和负责人进行访谈,了解他们对社群的"潜水者"的想法,以及对提高"潜水者"积极性的建议和渴望;通过参与线下活动接触愿意参加线下活动,但很少有线上发言的 35 名网络社区成员进行深度访谈,了解他们网络"潜水"的原因,以及他们对社群的意见与建议,并作为问卷设计的重要参考因素,佐证问卷影响因素设计的准确性。抽取社群中的 30 名"潜水者"进行在线访谈,了解他们关于自己"潜水"的一些想法和希望社群改进的建议。本次问卷的设计总共分为五大部分,包括人口特征、使用行为特征、"潜水"的个体原因、"潜水"的现实环境原因和"潜水"的虚拟环境原因。针对这五个部分分别研究影响网民在虚拟社群沉默的因素。共派发问卷 400 份,有效回收问卷 362 份,有效回收率为 91%。

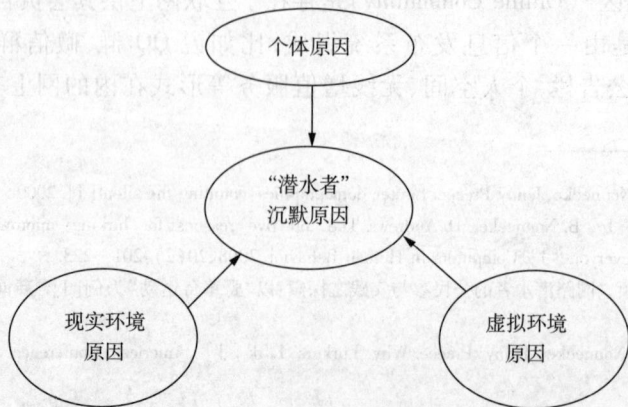

图 1 "潜水者"沉默原因

二、研究假设

本研究主要探讨虚拟社群中影响成员沉默的因素，并做出以下的假设：

假设1：网民在虚拟社群中沉默是与个人使用心态有关。即可能因为害怕或者不愿而导致沉默。

假设2：现实环境也是影响网民在虚拟社群中是否发言的重要因素之一。现实生活中的工作、家庭和设备等原因很有可能是导致网民一直忽视虚拟社群里的信息、不能参与讨论的重要影响因素。

假设3：社群氛围和社群信息不可忽略。虚拟社群中对待不同网民的态度也很能影响他们是否愿意发言，可能一句话的差别都会给敏感的网友带来不同的感受。而网民是否有发言的需求，和他们对于该社群中的信息是否有需求也影响他们的发言态度。

三、数据分析

接受调查者中男性有62人，占总数31.96%；女性有272人，占总数68.04%，可以说明该社群加入群的女性较多，潜水者女性较多。潜水者中19~22岁的年龄段人群最多，其次是23~35岁，年轻人共占群中比例高达85.56%。样本中多数为学生或者已参加工作者，主要以大学本科的学历为主，体现打羽毛球运动量更能吸引学生将其作为课余活动。问卷数据显示，6:00~12:00、14:00~18:00和23:00~6:00这三个时间段"潜水"的人较多，因为这三个时间段多数是上班或者晚上休息时间。

调查问卷的第七道题目是关于"潜水者"沉默的影响因素量表分析（如图2），根据分析结果将影响因素划分为个人心理障碍（害怕孤立与交流，想说但不敢说）、主观性不发言（不想或者不能发言），现实环境的时间、设备或能力，虚拟环境中社群气氛与信息三大类。运用SPSS的因子分析对三大因素重新分类，求取三大因素的平均值，对比分析三大因素的影响排名（图3）。个体原因均值为2.91，现实环境原因均值为2.81，虚拟环境原因均值为3.26。数据明显表明，虚拟环境是三大因素里面对"潜水者"影响最大的，"潜水者"其实也愿意发言，但是因为虚拟环境的氛围和信息问题，加上个体心理障碍等原因，他们长期在社群里面沉默。

媒介·权利·表达：新闻传播与网络化社会

旋转成份矩阵

	成份				
	1	2	3	4	5
第7题(行5)	.735	.169	.031	.216	.045
第7题(行6)	.726	.268	.031	-.084	.083
第7题(行1)	.651	.059	.156	.093	.068
第7题(行4)	.637	.022	.054	.397	.142
第7题(行3)	.636	.277	-.003	-.217	-.200
第7题(行10)	.600	-.110	.155	.285	.102
第7题(行8)	.577	.082	.291	.115	.143
第7题(行21)	.493	.465	.129	.045	-.290
第7题(行11)	.438	.232	.234	.176	.049
第7题(行20)	.036	.763	.175	-.027	.016
第7题(行19)	.185	.690	-.055	.431	-.018
第7题(行23)	.200	.661	.243	-.024	.250
第7题(行22)	.147	.632	.373	.053	.081
第7题(行24)	.194	.539	.395	.041	.182
第7题(行12)	.157	.119	.755	-.082	.025
第7题(行13)	.112	.174	.719	.024	.188
第7题(行14)	.112	.247	.685	.136	-.023
第7题(行18)	.054	.060	.018	.870	-.019
第7题(行16)	.172	-.017	.088	.798	-.129
第7题(行17)	.196	.466	-.143	.595	-.053
第7题(行9)	.053	.117	.480	-.032	.629
第7题(行7)	.238	.085	.452	.059	.554
第7题(行2)	.391	.216	.041	-.185	.544
第7题(行15)	.254	.051	.285	.417	-.489

提取方法：主成份

图2 关于"潜水者"沉默的影响因素量表分析

描述统计量

	N	极小值	极大值	均值	标准差
第7题(行1)	193	1	5	2.57	.928
第7题(行2)	193	1	5	3.65	.951
第7题(行3)	193	1	5	2.93	.966
第7题(行4)	193	1	5	2.53	.968
第7题(行5)	193	1	5	2.68	1.015
第7题(行6)	193	1	5	3.05	.911
第7题(行7)	193	1	5	3.21	.946
第7题(行8)	193	1	5	2.78	1.048
第7题(行9)	193	1	5	3.54	1.099
第7题(行10)	193	1	5	2.60	1.047
第7题(行11)	193	1	5	3.19	1.070
第7题(行12)	193	1	5	3.40	.931
第7题(行13)	193	1	5	3.22	.923
第7题(行14)	193	1	5	3.49	.913
第7题(行15)	193	1	5	2.22	.965
第7题(行16)	193	1	5	2.03	.907
第7题(行17)	193	1	5	2.63	.993
第7题(行18)	193	1	5	2.06	1.044
第7题(行19)	193	1	5	2.91	1.045
第7题(行20)	193	1	5	3.33	.943
第7题(行21)	193	1	5	2.87	.989
第7题(行22)	193	1	5	3.25	.924
第7题(行23)	193	1	5	3.46	.797
第7题(行24)	193	1	5	3.34	.922
有效的 N（列表状态）	193				

图3 三大因素的影响排名分析

　　根据以上数据和访谈我们可以发现,影响"潜水"的因素大都是在虚拟社群原因和个体原因这两个因子中。所以我们可以得出,三大因素中虚拟环境和个体是使得网络使用者沉默的主要原因。

　　接下来我们用单因子变量分析(One-Way ANOVA)来探讨不同的性别、年龄、学历与五个因子的关系,对其进行分析与探讨,并得出如下结论(如图4)：

　　A. 性别的区别对虚拟环境因素的影响有非常显著的差异,女性比男性在虚拟环境的因素方面认同程度更高,女性更为显著。

　　B. 年龄的差别在个体原因和虚拟环境因素中没有明显差异,只对现实环境影响是否"潜水"的因素造成影响。

　　C. 学历的差别在个体原因、现实环境和虚拟环境因素中都没有明显差异,学历对网民在虚拟社群中是否"潜水"没有影响。

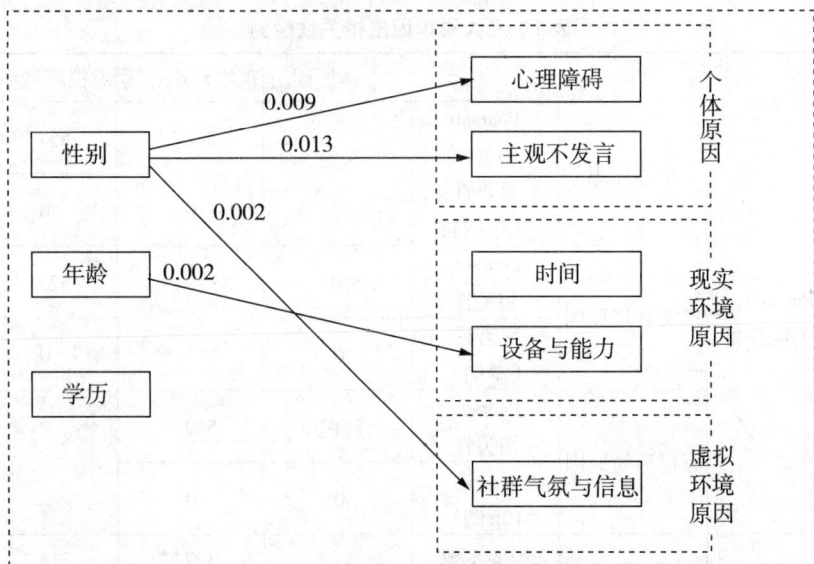

图4　单因子变量分析

　　我们还分析了本研究框架中的三大影响网民"潜水"的原因是否具有相关性。取每个样本在三大影响原因对应问题的综合平均分,将对应数据输入 SPSS 进行相关性分析。（如图5）

　　从三个层面的散点图中可以看出个体和现实环境、个体和虚拟环境还有现实环境和虚拟环境两两之间都成正比,两两之间成正相关关系。

　　为了验证散点图的真实性,笔者分别用了三种相关系数检测它们的相关性。（图6）

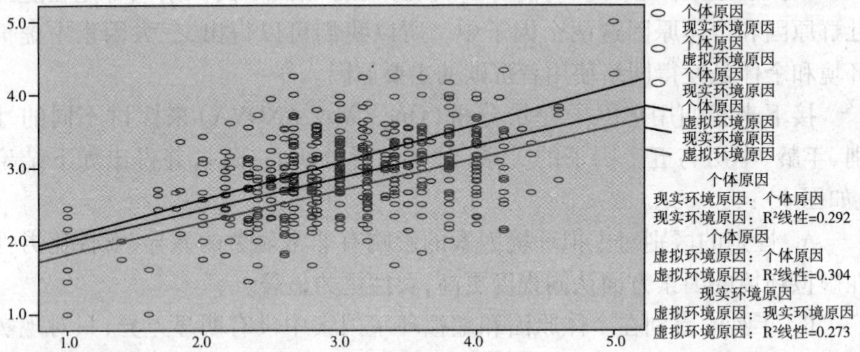

图 5　三大影响因素相关性分析

表 1　三大影响因素相关性检测

			个体原因	现实环境原因	虚拟环境原因
Pearson 相关性分析	个体原因	Pearson 相关性		.540**	.551**
		显著性（单侧）		0	0
	现实环境原因	Pearson 相关性	.540**		.522**
		显著性（单侧）	0		0
	虚拟环境原因	Pearson 相关性	.551**	.522**	
		显著性（单侧）	0	0	
Kendall 相关性分析	个体原因	相关系数		.327**	.314**
		Sig.（单侧）		0	0
	现实环境原因	相关系数	.327**		.310**
		Sig.（单侧）	0		0
	虚拟环境原因	相关系数	.314**	.310**	
		Sig.（单侧）	0	0	

（续表）

Spearman 相关性分析			个体原因	现实环境原因	虚拟环境原因
	个体原因	相关系数		.446**	.418**
		Sig.（单侧）		0	0
	现实环境原因	相关系数	.446**		.412**
		Sig.（单侧）	0		0
	虚拟环境原因	相关系数	.418**	.412**	
		Sig.（单侧）	0	0	
		N	193	193	193
＊＊在置信度（单侧）为0.01时，相关性是显著的。					

　　从数据分析结果可见，三种相关系数检测结果都显示，个人原因、现实环境原因以及虚拟环境原因三个构面的 P 值都在 0.01 水平下（0.00＜0.01），显著相关，即三个影响因素相互影响，共同作用于虚拟社群中的"潜水者"。

四、影响"潜水者"沉默的三大因素

（一）个人因素：性格内向、害怕冲突、躲避亲属群体和习惯性行为

　　由于本来就不喜欢说话，特别是在一群陌生的人群中，沉默成了部分"潜水者"最好的保护色。受访者"芸儿"跟笔者提及自己"潜水"的原因其实只是性格内向不习惯跟一群陌生人一起聊天，没有线上线下区分的，私聊或者单独面谈的时候才会变得更加健谈。根据 Shahira Fahmy[①] 等人的研究结论加上访谈中受访者的分享，也有部分"潜水者"沉默是因为感到在群上发言很难充分表达自己的观点，害怕冲突，特别是与大部分人意见不符合的时候。在网络社区中，很多"潜水者"都表示可能是因为某些活动得到部分人很热烈的回应，在群上积极地讨论参与，所以其他成员即使对活动有某些意见也宁愿选择沉默，选择不发言不参与，而不是发表出自己的想法。正如访谈中 QQ 群成员"晨"对笔者说，"其实我也不是没有空回复，但就是喜欢

---

① Xudong Liu , Shahira Fahmy. Exploring the spiral of silence in the virtual world: Individuals' willingness to express personal opinions in online versus offline settings［J］. Journal of Media & Communication Studies,2011,3(2):45-57.

思前想后，说句话之前忐忑说完又怕吵架，所以我就干脆不说了，反正打球报名可以私聊管理员了。我觉得我就是害怕在群里说话，所以才'潜水'的"。另一重要但是很容易被人忽略的是，其实很多人在网络社群发言之前都会先看看群中成员有什么人，如果有一些自己不喜欢的人或者让自己感到紧张的人，他们会更愿意选择沉默，更加害怕在群中说错话，例如长辈、领导、老师、前任恋人等。

习惯性地去潜水，就是不想说。这个因素是在问卷中最多人反馈的，也是 Catherine Ridings[①] 等研究者假设之一。习惯的力量很大，如果一个人已经认为自己在该群是一名习惯"潜水者"的话，那他很可能就会持续性地忽视该群。"潜水者"的常态就是习惯了屏蔽，习惯了忽视，习惯了自己独自浏览，服从安排，不喜欢参与讨论。

（二）现实环境因素：与工作、家庭时间冲突

访谈中，"潜水者们"大多会反映讨论的时间与工作、家庭时间冲突问题。由于工作太忙或者下班后需要照顾家庭，如果总是在 6:00～12:00、14:00～18:00 这两个最为忙碌的时间段发布活动信息，除非是家庭主妇或者工作较为空闲的人，基本没有办法参与讨论。"上班公司不允许登录 QQ，下班回家要煮饭做家务，没什么时间群聊。可能就是睡觉前在床上玩玩手机或者公司中午午休会看下手机顺便看到有打球的就报名，否则还真的懒得发言。"受访的"潜水者"也是球友之一的 Joey 跟笔者说："我们羽毛球群有一点还不够好的就是发布报名信息的时间不稳定，什么时间段都有，所以有时候想去，但是一下忽略了信息就去不了了。"

在网络社区一旦回复就代表在接下来的一段时间内要忙着跟其他成员接话，如果热情的社群内不回复可能会被人认为性格高傲等，但是不断接着回复会对工作和生活造成一定的影响。为了避免走进这个两难的选择，很多社群成员干脆选择从一开始就沉默"潜水"。受访者 QQ 群成员"日月星"表示："不懂为什么有些人真的那么有空可以一天到晚都上 QQ 聊天，可以不断地回复，一般来说我都懒得插嘴，插一句又潜水如果有人接自己的话，不回答就会显得很不好。"相对于在群上聊天，很多人在网络社群上找到了支持自己的人，但是也有很多人认为在网上与一群陌生的人聊天很没有意义，因为网友通常很难交心并且成为现实中的朋友，所以干脆也懒得去参加群

① Catherine Ridings, David Gefen, Bay Arinze. Psychological barriers: lurker and poster motivation and behavior in online communities[J]. Communications of the Association for Information Systems, 2016, 18 (16):329-354.

聊了。在现实环境中,正如 Blair Nonnecke[①] 的研究发现所示,时间是一个很重要的影响因素,无论是没有时间,还是认为浪费时间,都是时间因素的一部分。

(三)虚拟环境因素:社群陌生感与资讯弱需求

对社群的内容不了解,对群内成员不熟悉,没有话题。网络社群可能在最初的时候凝聚力较大,因为人数较少,成员间相互熟悉,容易迁就,但随着社群的发展,成员增加的速度越来越快,所以成员间相互熟悉的程度逐渐减少,甚至一段时间没上群就感觉群中都是陌生一片。女性比男性在虚拟环境的因素方面认同程度更高,女性更为显著。本研究发现,女性的内心更为细腻敏感,相比于男性,虚拟环境氛围的改变和信息质量更容易影响女性成员。只要有一丝的排斥、沉默、反对,女性成员可能都会感觉到,终而沉默不言。

关于从社群中获取资讯方面,如果在社群中只是浏览就可以获得足够资讯,别人已经回答了或者谈及了自己所需;或者只是想参加线下活动,在线上没有什么想问的,对于其他人提出的问题也没有所知,所以只能沉默了。李明颖[②]在其研究中曾提及过,对于"潜水者"来说,其实有时浏览比发问获得的资讯更多。即使自己对某些问题有疑虑,但是还不需要自己提问,已经有其他人在群中回答了,只是浏览就足够获得所以自己想要的信息了,就没有发言的必要性了。

另一种情况是,网络社群中闲聊的人太多,其他成员得不到自己感兴趣的有用信息,往往就会忽视该社群,成为一名"潜水者"。受访者之一"大敏"说:"最讨厌群中有推销行为,再者就是一大堆人在闲聊,完全看不到自己想要的信息。难得想讨论个问题,问了居然还被那些闲聊给刷屏,真是气疯我了,以后也不想再说什么了。"可以看出社群成员对于信息质量还是较为重视的。网络社群过于热闹会让人容易屏蔽,过于冷清容易让人忽视。David Gefen[③] 在研究中表示,网络社群的信息数量对于"潜水者"的影响很大,或多或少都会引起社群成员的不满,从而引起沉默甚至屏蔽。

---

① Blair Nonnecke, Jenny Preece, Dorine Andrews, et al. Online Lurkers Tell Why[C]//Americans Conference or Information Systems,2004.

② 李明颖. 网路潜水者的公民参与实践之探索:以"野草莓运动"为例[J]. 新闻学研究,2012(112).

③ Catherine Ridings, David Gefen, Bay Arinze. Psychological barriers:lurker and poster motivation and behavior in online communities[J]. Communications of the Association for Information Systems,2016,18(16):329-354.

五、结论与建议

想要构建良好和谐的网络社群，让群里成员做到充分发言，无论是组织活动还是商议决策的时候都更加公平公正，得到更多人的响应与支持，并且为了增加充实网络社群中更多有价值的信息交流，结合本研究得到的结论和访谈中得到的资料，笔者试着从本研究的三个主要研究因素着手提出建议，谈谈网络社群该如何提高社群内成员的发言积极性。

（一）"潜水者"要克服心理障碍，说出自己的观点

个人原因影响"潜水者"沉默也可以称为内在动因，两个环境的因素可以称为外在动因，面向内在动因的激励研究主要是探究如何使社区论坛潜水者消除不自信、害羞、知识匮乏、懈怠等因素，从而参与到社区论坛中，获得个人所需信息或满足感、体验感以及归属感。但目前从内在动因出发对潜水者进行激励的研究非常少，研究者并未进行实证性的研究，只是提出了自己的预测性观点和看法。如 Ridings[1] 等在对虚拟社区中潜水者和发帖者的动机与行为的研究中提出，要激励潜水者转变为积极发帖者，社区论坛管理者应积极与潜水者交流互动，增强潜水者对社区论坛的信任感，并保证潜水者的隐私安全，从而消除潜水者的不自信和担忧，进而带动潜水者积极参与并发帖讨论。也有研究者说，如果有人愿意为"潜水者"说话，他们就会变得更加大胆（Neuwirth and Frederick，2004）；如果一个人有同伴的支持，鼓励他们说出意见，即使他的意见被孤立，他也会说出自己的想法（Peter Sloep；Liesbeth Kester，2009[2]）。

受访者"蝴蝶"是一名典型的线下活跃线上沉默的网络社区"潜水者"，为了让自己不用经常看着群关于活动的信息公布，"蝴蝶"跟几名关系比较好的线下球友加了微信，有活动大家知道了就在那里说一声，自觉报名后再轮流着看谁有空就帮忙去群里跟管理员或者跟帖报名。这也能从侧面看出朋友在私下的鼓励、支持对于在网络社群上的发言是有用的。除了朋友的鼓励，网络社群的成员对于社群的信任度增加也会使得"潜水者"发言，提高群内成员对虚拟社群的信任也是使得有个体原因的"潜水者"愿意发言的关

① Catherine Ridings，David Gefen，Bay Arinze. Psychological varriers：lurker and poster motivation and behavior in online communities[J]. Communications of the Association for Information Systems，2016，18（16）：329－354.

② Peter Sloep，Liesbeth Kester. From Lurker to Active Participant[M]//Learing network services for professional development. Springer Berlin Heidelberg，2009：17－25.

键(Leimeister et al. ,2005①)。研究已经发现信任对于线上线下活动的关联是如此重要。

(二)网络社群管理者调整话题发布时间,改变设备与能力

从调查问卷的第八题可以看出,其实很多"潜水者"并非不想发言参与讨论,很有可能是因为现实环境中的时间、设备等原因让他们不能参与,可他们最终也是会参与线下的活动的,但是,这样的线下活动可能就并非他们心目中最为理想的了。所以怎样能通过网络社群组织策划商议出最受广大社群成员喜欢的线下活动,讨论的时间非常重要。"潜水"的现实环境原因中,有三条都与时间有关系,证明讨论时间与是否"潜水"有很密切的关系。根据问卷第六题的分析可得,在 12:00~14:00 和 18:00~23:00 这两个下班休息时间段里,社群成员更愿意参加讨论。根据网络社群成员工作情况分析,样本中 98.45% 都是学生与正在工作的人,他们都是有固定休息时间的人,在他们上课、上班时间进行讨论,无疑只能让他们被排斥在讨论之外。访谈中也有受访者谈及这个问题,15 名受访者中有 9 名成员在说到自己"潜水"原因的时候都会提及时间不对这个问题。网络社群的组织者应该尝试在 12:00~14:00 和 18:00~23:00 这两个休息时间段里面发起话题讨论,以便更多的成员可以参与到讨论商议之中,活跃社群气氛。

人际网络是激发社会运动参与的重要动力,所认识的人际圈决定了个人使用的设备和对手机电脑的使用能力(何明修,2005②;Della Porta & Diani,2006③)。现实环境中的另一重要镜像因素就是设备与能力,所以影响因素中有年龄一项,因为年龄的不同,对设备和网络社群的学习能力和认识程度不同。认识的人际交往圈中如果有困难的网友能够得到亲人朋友的帮助,那会使得他们更加容易学会并且运用工具在虚拟社群中发表己见。而虚拟社群如果想要这部分的成员可以更加愿意发言,社群的其他成员在知道这部分成员发言的时候可以给予一定的鼓励,或者放慢发言讨论的速度,帮助他们说出自己的意见。

---

① Leimeister J M, W Ebner, H Krcmar. Design, implementation, and evaluation of trust-supporting components in virtual communities for patients[J]. Journal of Management Information Systems,2005,21(4):101-135.

② 何明修. 绿色民主:台湾环境运动的研究[M]. 台北:群学出版社,2006.

③ Della Porta, Donatella. Making the Polis:Social forums and democracy in the global justice movement[J]. Mobilization,2005,10(1):73-94.

媒介·权利·表达:新闻传播与网络化社会

（三）摸索建立网络社群的有效规章制度，注重网络社群中的信息质量，不强迫发言

之前有研究者从心理学的视角探究了外在激励对内在动机的挤出效应和机制[1]，证明了想要让更多网络社群成员发言，虚拟环境起着十分重要的作用。虚拟环境氛围是否友好、是否有规则、社群信息是否有质量是一个网络社群成员是否会发言十分重要的因素。之前的研究表明，想要维持良好的社群氛围和提高社群信息质量，让社群成员更加愿意发言，社群管理者必须制定一系列的规章制度，如 Sloep 和 Kester[2] 在研究中提到社区论坛中的外部奖惩机制，积分反馈、报酬回馈等，对于潜水者有着直接的影响；Ridings[3] 等也从社区论坛氛围和技术层面提出了激励策略，如使用邮件或其他形式通告潜水者哪些用户在线以及相关帖文，营造友好和睦的社区论坛氛围进而增强潜水者向社区论坛发帖的决心。这次研究的 QQ 群"广州海珠区青少年羽毛球群"在管理方面也尝试过一些方法，例如有推销、总是与其他成员起矛盾等不良行为的成员就必须踢出社群，无论打球还是群上聊天都多引导社群老成员对新成员欢迎和给予帮助等。

在网络社群中除了数量很重要之外，信息质量也很重要。有一部分比较有空闲的成员总是喜欢在大部分成员忙着上班、学习的时候在社群中闲聊，虽然这是一种喜爱社群的表现，但是却会让很多人反感，最后屏蔽了社群。针对社群信息质量这部分，社群管理者也必须对这部分进行严格监督，防止出现传销、推销、嘲笑成员等不良行为，再者不能让重要的活动信息总是被刷屏，保证社群信息让大部分的成员都可以看到。

"潜水者"没有公开提问，但这不表明他们不想问问题，有研究表明，"潜水者"在网络社群中得到的答案比例是 62.1%，而积极发言者则为 70.3%[4]。这表明，"潜水者"其实对网络社群有关信息的可用性还是有很高期望的，因此想要让更多的"潜水者"被社群吸引，高效的信息发布还是很重要的。控制社群信息质量，营造良好讨论问题氛围，管理监控社群成员发言内容也是一项让网络社群更有凝聚力、向心力、提高愿意发言率的重要举措之一。

---

① 王敏. 外在激励对内在动机挤出效应的机制分析[D]. 上海：上海财经大学，2006.

② Peter S, Kester L. From lurker to active participant [M]//Learning Network Services for Professional Development. Berlin：Springer Verlag，2009.

③ Catherine Ridings, David Gefen, Bay Arinze. Psychological barriers：lurker and poster——motivation and behavior in online communities [J]. Communication of the Association for information Systems，2006，18(16)：329－354.

④ Blair Nonnecke, Dorine Andrews, Jenny Preece. Non-public and public online community participation：Needs, attitudes and behavior[J]. Electronic Commerce Research，2006，6(1)：7－20.

六、沉默螺旋理论的再考察

在网络社群中沉默，即我们所称的"潜水者"，根据我们的研究可以发现，沉默螺旋理论中的主要观点"人们因为害怕被孤立而不发言"的影响因素已经不再合适了。如表 2 所示，研究中该题项的平均分仅为 2.57，同意率仅为 13.92%，大部分的网络使用者已经不再认为"害怕隔离"是自己潜水的原因。

表 2　问卷第七题第一小题结果

题目\选项	非常不同意	不同意	不一定	同意	非常同意	平均分
害怕与别人意见不一被隔离	26(13.4%)	62(31.96%)	79(40.72%)	24(12.37%)	3(1.55%)	2.57

在个人访谈中，笔者也专门就沉默螺旋理论中"因为害怕隔离而不敢发言"设置了一道必问题对 15 名受访者进行询问，其中只有 2 个受访者表示可能会有这种情况，剩余的受访者基本都如一位网名叫"七月"的"潜水者"所说："当然不是害怕被隔离，我在群里面又没有什么奢求的，我怕什么被隔离。只不过是自己说话如果没人回答的时候会有点尴尬而已，但这种情况比较少，QQ 群里的人都挺好的，只是自己有其他不想发言的理由而已。"

在网络时代中，沉默螺旋理论已经有了新的补充。沉默不再仅仅是因为个人原因的害怕隔离，还有害怕冲突、害怕交流、习惯沉默等原因，更加新增了现实环境中时间、设备与能力的影响因素，以及不可忽视的虚拟环境中的社群氛围和社群信息。在网络社群的应用中，沉默螺旋理论仍然能发挥一点作用，它代表着一小部分网络使用者的心态，但更多的社群成员已经因为现实生活的丰富化和虚拟社会的复杂化而增加了更多各种各样的沉默原因，随着科技和社会的不断进步，这些沉默的原因也会越来越多，网络的发展到底是让人们更加沉默还是更加积极发言还是个未知之数，有待以后的研究继续补充发现。

想要让更多人在网络社群中发言，个人、现实环境和虚拟环境三者会相互影响，也需要三方面共同发挥作用、共同努力，缺一不可。只有更多网络社群的成员愿意在社群中发表己见，才能够让最后的活动、决策更加公平公开、受人欢迎。虽然我们很渴望有更多的"潜水者"能够在网络社群中分享自己的信息，但是并不需要迫使"潜水者"参与，忌本末倒置。

参考文献：

[1] 李建军. 利用"反沉默螺旋"积极引导网络舆论[J]. 文学界：理论版,2011(8)：218-219.

[2] 付玉辉. 两种媒体环境两个沉默螺旋[J]. 互联网天地,2012(4)：45-46.

[3] 郭光华. 论网络交往中沉默的螺旋假说的局限[J]. 湖南师范大学社会科学学报,2002,31(06)：103-106.

[4] 葛志军. 倾听"沉默的声音"——准确还原事实真相的方法[J]. 中国记者,2013(5)：80-81.

[5] 管玄. 试论网络潜水现象成因[J]. 淮海工学院学报：社会科学版,2006,4(3)：79-82.

[6] 刘江,赵宇翔,朱庆华. 网络潜水者研究的理论基础及前沿展望[J].情报资料工作,2012,33(06)：39-45.

[7] 胡泳. 网络讨论的参与者[J]. 国际新闻界,2007(11)：46-50.

[8] 陈强,曾润喜,徐晓林. 网络舆情反沉默螺旋研究——以"中华女事件"为例[J]. 情报杂志,2010,29(08)：5-8.

[9] 聂磊,傅翠晓,程丹. 微信朋友圈社会网络视角下的虚拟社区[J]. 新闻记者,2013(05)：71-75.

[10] 黄京华,常宁. 新媒体环境下沉默螺旋理论的复杂表现[J]. 现代传播：中国传媒大学学报,2014,36(6)：109-114.

[11] 刘海龙. 沉默的螺旋是否会在互联网上消失[J]. 国际新闻界,2001(5)：62-67.

[12] 朱庆华,李亮. 社会网络分析法及其在情报学中的应用[J]. 情报理论与实践,2008,31(2)：179-183.

[13] 刘芊,蓝国赈. 基于SPSS软件的因子分析法及实证分析[J]. 科技信息：学术研究,2008(36)：102-105.

[14] 伊丽莎白·诺尔·诺伊曼. 大众观念理论：沉默螺旋的概念[M]//大众传播学：影响研究范式. 北京：中国社会科学出版社,2000.

[15] 斯蒂文·小约翰. 传播理论[M]. 北京：中国社会科学出版社,1999.

[16] 伊丽莎白·诺尔·诺伊曼. 民意——沉默螺旋的发现之旅[M]. 翁秀琪,译. 台北：远流出版公司,1994.

[17] 王莉. 虚拟世界真实人生——QQ传播探微[J]. 湖南科技学院学报,2006,27(1)：194-196.

[18] 靳雅茜. 网络媒介的公共性——解读哈贝马斯的《公共领域的结构转型》[J]. 佳木斯大学社会科学学报,2006,24(1):168-169.

[19] 张绅震. 失声? 无声? ——网络贡献者(contributor)与潜水族(Lurker)沉默考量因素初探研究:以元智大学为例[C]. 2006-03-10.

[20] 刘江,赵宇翔,朱庆华. 互联网环境下潜水者及其潜水动因研究综述[J]. 图书情报工作,2012,56(18):65-72.

[21] Blair Nonnecke, Jenny Preece. Lurker demographics: Counting the silent[C]//CHI 2000 Conference on Human Fators in Computer Systems,2010.

[22] Preece J B Nonnecke, D. Andrews. The top five reasons for lurking: improving community experiences for everyone [J]. Computers in Human Behavior,2008,20(2):201-223.

[23] Blair Nonnecke, Jenny Preece. Why Lurkers Lurk [J]. Americas Conference on Information Systems,2001.

[24] Iriberri, A, Leroy G. A lifecycle perspective on online community success[J]. Acm Computing Survey,2009,41(2):1-29.

[25] Xudong Liu , Shahira Fahmy. Exploring the spiral of silence in the virtual world:lndividuals' willingness to express personal opinions in online versus offline settings [J]. Journal of Media & Communication Studies,2011,3(2):45-57.

从媒介环境学、媒介生态学到网络生态学:传播学领域在生态学范式影响下的发展与变革

(姚利权　上海大学)

摘　要:自20世纪90年代起,国内学术界兴起对北美"Media Ecology"的研究,不少著作被翻译成中文,相关的学术论文也相继发表;尤其是进入21世纪,国内对于媒介生态的研究掀起一股热潮,但同时也存在着不少的争议,如北美"Media Ecology"与中国的"媒介生态学"是不是一回事? 两者之间有何联系? 它们的发展又将去向何方?

本文以"传播学领域在生态学范式影响下的发展与变革"为研究线索,对北美的"媒介环境学"、中国的"媒介生态学"以及目前走入大众视野的"网络生态学"等相关文献进行了梳理,形成了相关学术观点,并对这三个学科今后的发展提出了可进一步加强和完善的研究方向。

关键词:媒介环境学;媒介生态学;网络生态学;生态学范式;传播学

英文的"Ecology",其中"eco"源自希腊文,意思是"家"或"生活场所","-logy"意思是"学问"。[①] 1866年,德国生物学家恩斯特·海克尔首创"生态"这个概念,意指自然环境中各种因素的相互作用,生物体与其互动中如何获得平衡与稳定,其习性形成是与其生存环境密切相关的。[②]

"生态学由生物生态学转向人类生态学,再转向人文生态学是学科发展的必然趋势。于是,从20世纪40年代起,众多学科包括人类学、文化学、社会学乃至哲学、神学、伦理学、政治经济学等开始逐步加入到生态问题的探

---

① 崔保国. 媒介是条鱼——理解媒介生态学[J]. 中国传媒报告,2003(2):4-8.
② [德]汉斯·萨克塞. 生态哲学[M]. 文韬,佩云,译. 北京:东方出版社,1991:1-2.

讨中来,生态学开始了它的人文转向,最终出现了媒介生态学(Media Ecology)。"①

北美的很多"Media Ecology"研究先驱在一开始就有生态学互动、平衡、和谐的意识。② "生态学范式贯穿于整个媒介生态学研究之中,媒介影响着生物生态、社会生态、文化生态是众多媒介生态学家的共识。"③如刘易斯·芒福德(Lewis Mumford)的技术生态学、马歇尔·麦克卢汉(Marshall McLuhan)的媒介感知影响论、哈罗德·伊尼斯(Harold Innis)的媒介偏向论、罗伯特·洛根(Robert Logan)的媒介生态系统论、尼尔·波兹曼(Neil Postman)的媒介环境论、保罗·莱文森(Paul Levinson)的媒介进化论堪称是媒介生态学的几种典型类别,他们的观点也与整个媒介生态学的主调颇多应和。

在国内传播学中,体现这一迥异于现代性范式的新的传播学研究路径的是关于媒介传播的"生态学"研究。从 20 世纪 90 年代裴正义发表《论媒介生态》开始,邵培仁、张国良、童兵、孙旭培、支庭荣、何道宽、崔保国、戴元光、龚炜、夏倩芳、黄月琴等学者多有关注大众媒介的生态环境、传播与环境的关系、媒介生态系统、传媒与其他社会组织系统的相互构建关系等方面的研究。④

到了 20 世纪末 21 世纪初,随着计算机技术、信息技术、数字技术的进步与发展,互联网等新媒体快速崛起,融入整个社会的大潮之中,带来新的社会变革,同时也以一种前所未有的速度和方式深深地影响和改变着人类的生存模式,由此网络生态学也开始进入研究者的视野。网络生态学在生态学范式的影响下,从整体性、系统性及平衡性的基本原理出发,一方面将网络生态放置于整个社会大系统之中,围绕网络生态系统的建设,就系统中各组成部分及其周围环境之间的相互作用展开分析,并重点研究目前网络生态存在的诸多问题,如网络生态污染、网络生态失调等,寻求相关的解决之道;另一方面,网络生态学也逐渐将视线转移到自身,就网络等新媒体技术的发展对网络生态及社会文化的影响进行深入的探讨,分析技术的革新对整个社会生态所带来的深层次影响。

① 邵培仁. 媒介生态学研究的新视野——媒介作为绿色生态的研究[J]. 徐州师范大学学报:哲学社会科学版,2008(1):136.

② 陈浩文. 中西方媒介生态学的研究状况和理论反思[D]. 广州:暨南大学,2008:33.

③ 何志钧. 理解媒介生态学[J]. 南华大学学报:社会科学版,2014(6):91.

④ 袁靖华. 生态范式:走出中国传播学自主性危机的一条路径[J]. 徐州师范大学学报:哲学社会科学版,2010(3):72.

一、媒介环境学：生态学范式影响下的"第三学派"

传播学分为经验学派、批判学派（以法兰克福学派、传播政治经济学派及文化批评为代表）和媒介环境学派。[①] 这种观点是传播学被学界认可的成熟理论。媒介环境学派作为"第三学派"[②]，其学派的起源、建立与发展都深受生态学范式的影响。可以说，生态学的基本思维方式和学科范式在媒介环境学的形成中发挥了重要的作用，当然它的影响也并非一日之功。

（一）起源：三位奠基者

（1）刘易斯·芒福德（Lewis Mumford）：被许多美国的媒介环境学家视为媒介环境学方法的创立者。他的著作《科技与文明》（Mumford，1934）是有助于定义媒介环境学的"媒介时代史学"。在他其余著作中，《机器的神话（第一卷）：技术与人类发展》（Mumford，1964）和《机器的神话（第二卷）：权力的五边形》（Mumford，1966）这两本书为以媒介环境学的方法分析技术对文化的影响提供了极好的例证。[③]

（2）哈罗德·英尼斯（Harold Innis）：加拿大的政治经济学家，也是媒介环境学研究方法的另一位重要学术奠基人。他的著作《帝国与传播》（Innis，1950）和《传播的偏倚》（Innis，1951）属于最早一批探讨传播媒介内在的时空偏倚如何影响文化的图书，其关注点主要是西方文明史。

（3）麦克卢汉（McLuhan）：一直是媒介环境学历史上最有影响力的人物之一。"媒介环境"一词最早也是由他在 20 世纪 60 年代提出的（Lum，2000）。在麦氏许多著名的著述中，有两本研究媒介和文化的经典著作：《古登堡的银河系》（McLuhan，1962）和《理解媒介：人的延伸》（McLuhan，1964）。

（二）建立：开山之父——尼尔·波兹曼

尼尔·波兹曼（Neil Postman）在 1968 年"英语教师全国委员会"（National Council of Teachers of English）年会上所做的演讲中首次公开介绍"Media Ecology"一词，后来该演讲以"革新的英语课程"为题发表，其中，波兹曼将"Media Ecology"定义为"将媒介作为环境的研究"。1979 年，他在《教

---

① 伊丽莎白·爱森斯坦. 作为变革动因的印刷机：早期近代欧洲的传播与文化变革[M]. 何道宽，译. 北京：北京大学出版社，2010.

② 何道宽. 异军突起的第三学派——媒介环境学评论之一[J]. 深圳大学学报：人文社会科学版，2006（6）：104-108.

③ [美]林文刚. 媒介环境学在北美之学术起源简史[J]. 中国传媒报告，2003（2）.

学作为一种保存性的活动》中对"Media Ecology"这一概念再次进行了界定，即把信息环境作为一个整体来研究，以便"理解技术和传播工具如何控制了信息的形式、数量、速度、分布和方向，继而这些信息的结构和偏向又如何影响到人们的观念、价值和态度"①。因此，北美传播学者把波兹曼奉为媒介环境学真正的开山鼻祖。

（三）发展

20 世纪末，北美的多伦多学派和纽约学派整合为 Media Ecology 学派，并在美国成立了这门学科的学会（Media Ecology Association），开始问鼎北美传播学的主流圈子。"北美媒介生态学家更关注的是传播媒介对人、社会、文化的影响，认为媒介构成了人的环境，媒介不仅仅是一种技术和载体，而且影响着权力结构、生存方式、社会形态、知识生产、意识形态。"②

从 2000 年开始，西方媒介生态研究开始进入总结和反省时期。美国 Media Ecology 研究的代表人物兰斯·斯瑞特与林文刚在《新泽西传播学杂志》（The New Jersey Journal of communication）上主编了一期有关"Media Ecology 的学术渊源"的专辑，对 Media Ecology 的研究进行了系统总结。2006 年，林文刚主编《从文化、技术与传播看媒介生态学的学术渊源》一书，围绕文化、技术和传播的相互关系，较为全面地考察了从 20 世纪开始西方媒介生态发展的不同方面。③

（四）述评

媒介环境学借助于生态学的理论和方法，对传播学理论研究进行了发展和延伸，成为一门独居特色的交叉学科，形成了具有生态意义的社会文化研究，从而深刻地影响和改变整个媒介社会。这主要体现在媒介环境学的研究视角及思维主张有明显的生态学"烙印"。从媒介环境学派的发展及研究来看，学派的研究视角并不是一种单一的视角，而是对媒介、人类和社会进行了系统的观察，这具有方法论上的意义。另外，媒介环境学派在思维方式上也主张从分析思维转向整体思维，从功利性思维转向互利性思维，这也充分体现了生态学的思想。

媒介环境学的主要期望在于用相应的知识结构帮助文化或社会保持一

---

① Neil Postman. Teaching as a Conserving Activity[M]. New York：Dell Publishing Co. Inc. ,1979：186,21.

② ［美］林文刚. 媒介环境学：思想沿革与多维视野[M]. 何道宽，译. 北京：北京大学出版社，2007：196—211.

③ 孙滔. 西方媒介生态理论的构建、创新与困境[J]. 中国广播电视学刊,2011(6)：30.

种平衡的状态(体现了生态学的思想),以此来应对媒介化的社会危机,从刘易斯·芒福德、马歇尔·麦克卢汉、哈罗德·伊尼斯、罗伯特·洛根、尼尔·波兹曼、保罗·莱文森等学者的论述中都能看出。由此可见,媒介环境学基于传播与社会文化间的共生及互动关系,认为媒介和文化都是复杂的社会现象而且常常不可预知,通过对于媒介、社会及文化的深入系统研究来警惕媒介化社会危机。

媒介环境学也有其局限性。这里摘取两位学者的观点:其一,"它突破了经验学派和批判学派的理论范式,试图从人性化的新视角思考媒介形态的演化,显示了学科的人文关怀和道德关怀。它忽视了传播主体和政治经济等因素对媒介效果的影响,体现了学科理论范式的局限"①。其二,"西方媒介生态学者未曾建立一套坚实的理论体系。他们对现实问题拼盘式的表现,所得到的一些具有醒世恒言意味的结论,部分来自于他们对于术语表达的偏爱。因此,即使他们勉强搭建了理论框架,理论也显得过于简单化,集中于宏观层面,细节不够"②。

二、媒介生态学:生态学范式中国本土化的融合与发展

(一)"媒介环境学"与"媒介生态学"的比较

1. 相同之处

"两者都坚持了生态学的整体观、系统观和平衡观等研究思维,更加重要的是,媒介环境学和媒介生态学在终极目标上是一样的,媒介环境学关心媒介所建构的符号环境如何左右了人类的思维方式与理解能力,冀图将人类从被媒介奴役的状况下解放出来,而成为媒介的主人,由此获得自由。而媒介生态学将媒介视为理论研究的主体,并赋予其生命意义,但作为一个生命隐喻,关心的还是人类的生存状态。媒介主体性是人类主体性在媒介领域的延伸,它关心的是政治、经济等外在因素如何制约了媒介的自由发展,探讨媒介如何与这些因素互动,以提升自己的主体性,并以走向自由之境作为自己的终极关怀。"③

---

① 刘建明.媒介环境学理论范式:局限与突破[J].武汉大学学报:人文科学版,2009(3):378.
② 单波,王冰.西方媒介生态理论的发展及其理论价值与问题[J].新闻与传播研究,2006(3):11.
③ 阳海洪.媒介生态学还是媒介环境学?关于Media Ecology的汉译问题[J].云梦学刊,2013(5):153.

2. 不同之处

中国人民大学陈力丹在《媒介环境学在中国接受的过程和社会语境》一文中对两者进行了比较和区分，见表1。

表1 西方的媒介环境学与中国的"媒介生态学"之比较①

	西方的媒介环境学	中国的"媒介生态学"
媒介的内涵	媒介形态尤其是媒介技术	媒介组织及传媒行业/产业
基本命题	媒介对人和社会的影响	社会(政治、经济、文化等)对媒介的影响
研究方法	历史的、比较的、思辨的方法	接近政治经济学和媒介经营管理学
前提假设	人是鱼,生活在媒介的环境中	媒介是鱼,生活在社会的环境中

(二)本土化的"媒介生态学"

我国最早提到与北美 Media Ecology 有关系的"媒介生态学"一词的是清华大学尹鸿教授,他在发表于1996年的文章中强调了麦克卢汉的观点,并指出我们需要媒介生态学。之后,浙江大学邵培仁教授2001年发表的两篇文章(《传播生态规律与媒介生存策略》和《论媒介生态的五大观念》)真正开始引发国内学者们对媒介生态学的关注。

主要学术观点:

(1)崔保国界定了媒介生态学,阐释了媒介生态学的主要任务、分析的理论框架、体系的建构。他认为,媒介环境和媒介生态有所不同。媒介生态学可分为两部分:一个是研究人与媒介环境的媒介生态学,另一个则是研究媒介与其生存发展环境的媒介生态学,可能称第一部分研究为媒介环境学更恰当。②

(2)邵培仁提出了"中国特色媒介生态学"的研究对象、内容、宗旨、原则和任务。"媒介作为社会的一个子系统,其构成要素之间、媒介与媒介之间、媒介与外部环境之间也存在着密切的互动关系并保持某种和谐,从而构成了媒介生态的基本样貌和研究的主要对象。"③

(3)其他学者的论述:

李良荣认为:"媒介并不是孤立存在的,它也是一种社会子系统,是社会

① 陈力丹,毛湛文.媒介环境学在中国接受的过程和社会语境[J].现代传播,2013(10):36.
② 崔保国.媒介生态分析的理论框架[A]//2005东北亚传播学国际研讨会——东北亚的文化交流论文或提要集,2005.
③ 邵培仁.媒介生态学研究的新视野——媒介作为绿色生态的研究[J].徐州师范大学学报:哲学社会科学版,2008(1):138.

的有机组成部分,它的存在与发展与其他子系统(诸如政治、经济、文化等)也存在着密切的关系。这种关系的总和即是媒介的生态环境。以社会系统论来看,如果离开与其他社会系统的互动,就不可能完整而透彻的理解。"①

张国良采用实证研究的方式,观察我国最近二十多年来社会转型与媒介生态的变化,重点探讨了互联网等新兴媒介的生态,从中引出理论与实践的科学思考。②

童兵指出:"随着入世后保护期的缩短,政府角色的逐步转换,中国新闻法制同国际法的接轨,受众对传媒需求的变化,一个文明的媒介生态和更为开放的传媒市场的新格局必将在人们的期盼中呈现。"③

(三)述评

国内最早的媒介生态的研究意识源于北美,因此本土化的"媒介生态学"受到北美"媒介环境学"的影响。本土化的"媒介生态学"又结合了中国的文化及社会发展现状,形成了具有中国特色的研究方向。但从"媒介生态学"的学科发展来看,仅仅借用生态学的简单概念和原理对媒介的内部和外部要素进行考察,探寻媒介与相关各要素之间的关系,因此还缺乏丰富的学科构架和深厚的学术传统。与此同时,由于该领域的研究进行的时间还很短,尚未形成不断深入的理论传承关系和研究链条,也就无法拥有一个明确的、稳定的研究共同体。因此,本土化的"媒介生态学"要形成自身的研究范式则还有很长的路要走。

随着对北美"媒介环境学"认识的不断深入,本土化的"媒介生态学"与北美"媒介环境学"虽然有着密切的关系,但两者在研究起源、研究视角、研究内容和研究方法上都有着明显的差异。"中国媒介生态学研究不关注文化研究、学术传统和组织准备的严重缺位,研究方法趋向于定量研究,不作结构性分析。而北美媒介环境学着重探讨媒介本身的变迁和发展对人类社会、文化产生的影响,融入并借鉴了生物学、社会学、生态学、语言学、符号学等方面的研究成果和方法,有着深厚的学术传统,理论根底扎实,知识渊博,思维方式也是多元的。"④因此,笔者认为,如果中西方学者的研究能得到互相补足,综合发展,那么"Media Ecology"将会更接近"生态学"(Ecology)本来的意思。

---

① 李良荣. 新闻学导论[M]. 北京:高等教育出版社,1999:210.

② 张国良. 社会转型与媒介生态实证研究[M]. 上海:上海交通大学出版社,2007.

③ 童兵. 入世一年的中国传媒市场新格局[J]. 新闻记者,2003(1):17.

④ 曹爱民,潘元金. 中国媒介生态学的几点思辨[J]. 新闻爱好者,2012(5):2.

中国媒介生态学的发展及前景。笔者认为,中国媒介生态学的发展一方面继续以实用的姿态,通过传播学定量研究的方法,致力于解决现实社会的一些矛盾和问题,服务于政治,服务于经济,为建设和谐社会做出学科的努力;另一方面,应积极完善学科理论体系,构建学术话语体系,健全学科机制,扩大学科队伍,建立学术共同圈,逐渐形成具有中国特色的、能够在国际学术界产生影响力的学科领域,能与西方传播学形成更多的对话与互动。

三、网络生态学:"媒介环境学"与
"媒介生态学"的交杂与延续

从 Web1.0、Web2.0 到 Web3.0,网络媒介和移动新媒体渐成主流,诞生了更多新的信息中介形式。多元的媒介形态带来的是全新的传播实践,传播学也需要跟随社会实践的发展而更新,充分体现当代信息社会的特征。因此,无论是中国还是世界的传播学者,都迫切地需要寻找能够解释网络传播现象的理论。生态学范式影响下的北美"媒介环境学"和本土化"媒介生态学",对网络新媒体传播产生了积极的作用,并影响着 20 世纪末 21 世纪初开始兴起的网络生态学。

(一)研究源起

网络作为一种新兴的媒介形态,带来了信息传播方式的革命性变革,并日益成为继地球这一实体性地理空间之后的人类第二生存空间。时代和社会的发展,呼唤着生态学与传播学相结合的网络研究。

国内学者对网络生态最早的论述要追溯到 2000 年,南京大学张庆锋在《网络生态论》中指出:"所有的影响网络发展的其他社会系统构成了网络发展的生态环境,当我们用联系发展的眼光分析网络与网络生态环境之间相互作用、相互影响时,便形成了网络生态。"[①]

(二)网络生态学与 Media Ecology

网络是媒介的一种表现形态,因此笔者认为,网络生态即为 Media Ecology(媒介生态)中的一部分。而如上文所述,中西方对于 Media Ecology(媒介生态)的理解和研究都有所不同,并产生了北美的"媒介环境学"和本土化的"媒介生态学"。因此,网络生态学的研究必然将秉承和围绕这两大研究方向,在生态学范式的引导下,形成自身的学科特色。

---

① 张庆峰.网络生态论[J].情报资料工作:双月刊,2000(4):2.

1. 网络生态学与"媒介环境学"

媒介环境学启迪学界重新看待传播技术,将视线从技术本身的特性,转移到技术出现后如何改变已有的社会结构,以及可能带来的对人类生存或思考方式的影响。[①] "比起媒介内容研究的结果来,媒介环境学的研究往往更加难以检验和运用,但它们是有意义的。因为它们表明,媒介不仅仅是在两个或更多的环境之间传递信息的通道,而且是新的社会环境本身的构成者。"[②] 而当下网络新媒体所构成的全新环境,为媒介环境学开辟了多重话题意义,同时也是网络生态学需要去研究和解决的问题。比如:①新媒体如何解构着已有的社会结构。新媒体重新定义了人们的时间观念和空间观念,人们为适应新媒体造成的时空紧张感,则要调整自身的生活方式。[③] 这些新媒体技术带来的影响,为网络生态学提出了一大研究问题。②新媒体渗透、弥漫于日常生活中,"媒介化生存"研究提上日程。在媒介化生存的环境中,需要寻求一种认识框架来界定人与人之间、人与传媒之间的关系,而媒介环境学正是这种认识框架的重要提供者。[④] 传播学需要对新媒体环境下人与媒介、媒介与社会、人与社会之间的关系进行重新阐释,这也正是网络生态学需要去研究的问题,这与媒介环境学的基本思路一致,即将媒介技术作为思考的起点,但思考的落脚点始终是社会、文化和人。

2. 网络生态学与"媒介生态学"

"网络生态是人以及人类社会的生态的反映,从社会职能的角度看,网络生态系统属于人文生态系统的一个部类。网络生态学就是以人为焦点,贯彻整体观、互动观、平衡观、循环观和资源观的指导原则,将网络作为人的生存环境来展开研究的一门交叉学科。"[⑤]

国内"媒介生态学"的代表人物邵培仁在其专著中指出,"媒介生态,是指在一定社会环境中媒介各构成要素之间、媒介之间、媒介与外部环境之间关联互动而达到的一种相对平衡的和谐的结构状态。在这里,媒介生态所关注的是环境而不是机器,是全局和整体而不是局部和个体,是关联互动的

① 陈力丹,毛湛文. 媒介环境学在中国接受的过程和社会语境[J]. 现代传播,2013(10):36-39.

② Cowley&D. Mitchell. Communication Theory Today[M]. Stanford University Press,1994:51.

③ 陈力丹,毛湛文. 媒介环境学在中国接受的过程和社会语境[J]. 现代传播,2013(10):36-39.

④ 陈力丹,毛湛文. 媒介环境学在中国接受的过程和社会语境[J]. 现代传播,2013(10):36-39.

⑤ 李蓉. 传播学视野中的网络生态研究[J]. 西南交通大学学报:社会科学版,2008(4):49.

关系而不是独立封闭的机构"①。可见，媒介生态通过生态学中的一些概念或定义，比如系统、环境、平衡、群落等，来研究和解释在传播学中的一些现象，重点关注了在整个传播过程中人、媒介与内外部环境之间的协调发展，以及媒介环境的改变所带来的影响。自网络出现以来，其在迅速的发展过程中，不仅影响着媒介的发展，也深刻改变着人们的社会生活及交往方式，并将所有的连成一个整体。作为媒介生态中的一部分，由此可见，网络生态学也就是在网络的传播环境中，网络生态各个要素之间相互联系、相互作用、相互影响，形成统一的有机整体。只有将网络放置在由政治、经济和文化等因素所构成的社会系统中，以网络与网络生存环境所构成的网络生态系统为研究对象，揭示出社会系统中影响网络生存的要素及这些要素以何种方式影响网络自身的生存、运作与发展，才有可能真实地把握到网络媒介的存在状态，由此得到的对策与措施才能遵循网络媒介本身的生长规律，促成网络媒介的良性成长。

（三）述评

现阶段网络生态学的研究主要还是从实用主义的角度出发，就目前网络生态存在的问题展开分析及讨论，寻求解决之策。如网络信息污染（指大量的虚假信息、有害信息和非法信息充斥着整个网络，并不断扩散）、网络资源失衡（指网络信息质量低下、冗余信息、无用信息泛滥，造成网络资源的极大浪费）、网络行为失范（指网络主体在使用网络过程中违背法律法规、伦理道德和社会规范）、网络安全危机（指网络病毒、网络黑客、网络犯罪等对网络安全构成了威胁，严重破坏网络生态环境）等，概括起来这些问题可以统称为网络生态污染或网络生态失调，是网络的使用和运营主体在信息的生产、交换和传播过程中的失范行为所导致的。从根本上说，这些网络危机本质上是人的自我危机，是现代社会和文化危机的一个表征，会严重阻碍网络生态的健康发展，破坏网络生态系统的内部平衡。因此，针对这些问题展开对策研究（治理途径），成为网络生态学的重点研究方向。

国内的网络生态学研究更偏重于媒介生态学的方向，即"在传播学的视野中，主要研究网络媒介系统中信息主体、信息资源、信息环境的关系和互动规律，并从人与文化的角度来解决如何实现虚拟空间的家园共建问题，以维护网络的和谐和健康有序的发展"②。它将网络系统放置于社会大系统之中，探讨社会环境（政治、经济、文化等因素）对于网络主体（信息的生产者、信息的消费者和信息的分解者）的作用和影响,如何实现更好的共融共生。而以媒介环境学为方向的网络生态学研究,即"以人为关注焦点,将网络作为人的生存环境,贯彻生态学的整体观、互动观、平衡观、循环观和资源观等指导原则,探讨网络对人和社会的影响",这一块相对较少,也是今后需要加强的方面。

综上,随着新媒体技术的快速发展,新媒体已全方位融入大众生活,网络生态学有其发展和深入的现实基础。在今后研究方向上,可充分依托"媒介环境学"和"媒介生态学"的学科理论,将网络自身的"小系统"与社会的"大系统"相结合,在网络"小系统"中反思网络对人和社会的影响,在社会"大系统"中探讨环境对网络的作用,从而形成自身的研究特色,达到"生态学"的真正境界。

融媒时代下的新闻生产

数字媒体时代公共话语的异化问题探析

（赵璐阳　武汉大学）

摘　要：理想状态中的公共话语，应对公民的普遍利益和国家的民主有所裨益，其对象是公共事务，其载体是大众媒介。数字媒体时代的公众拥有宽松的公共话语空间，但是公共话语却沿着背离其应然状态的方向走，表现出了种种异化现象。从哲学高度看，公共话语的异化归根结底是人的异化、人性的弱点和网络双面性的结合，是公共话语异化的路径。因此，克服人性弱点、警惕数字技术的有限性、敬畏传统以及培养公民意识，是还原正常的公共话语空间的基本对策。

关键词：数字媒体时代；公共空间；公共话语；异化

一、问题的提出

随着一国进入现代社会或者后现代社会，公民自由的问题便受到了人们前所未有的重视，而公民自由最重要的议题便是思想和言论的自由，即公共话语空间存在的自由。围绕这一议题，思想家们展开了丰富而思辨的探讨。19世纪英国自由主义哲学家穆勒，承袭了密尔顿、洛克自由派先驱的思想，强调思想言论的自由以及人类认识的可错性。他们认为真理和谬误必须得到同等传播，因为"人类一见某事不再可疑就放弃思考，这种致命的倾向是其所犯一半的错误之根源"[1]。

自从数字媒体时代来临，公共话语的空间逐渐由传统媒体转移到了互联网世界，并凭借其优势，为公众提供了一个意见充分自由竞争的场域，这一现象看起来似乎达到了自由派哲学家不让"既定观点昏昏沉睡"的目的。

但事实并不是那么完美。若在自由意见市场（主要存在于互联网世界）

上言说的大多是谬误、谣言，并且带有非理性和娱乐化的特点，那么真理的传播反而比以往任何时代都更加艰难了，那么这恰恰是与自由派先驱们所希望的真实的自由意见市场相背离的，而这正是当代中国公共话语空间的存在状态。刚刚拉开的网络谣传者秦火火的审判序幕，正是对公共话语空间异态发展的提醒。在数字媒体时代，公共话语的生存空间前所未有的宽松，但是公共话语却出现了种种我们看来是异化的现象，这不能不引起我们的注意。本文即对数字媒体时代公共话语的异化问题加以探析，试图从哲学的视角解析这一现象。

二、公共话语的理论源流及其特点

公共话语这一概念来源于哈贝马斯的公共领域理论："公共领域首先是我们社会生活中的一个领域，它原则上向所有人开放。在这个领域中作为私人的人们来到一起，他们在理性辩论的基础上就普遍利益问题达成共识，从而对国家活动进行民主的控制。"不仅如此，其实哈贝马斯已经隐约指出了公共舆论、公共话语的特点："具有政治功能的公共领域模式要求公众舆论和理性相一致，认为从客观上讲通过自然秩序或通过严密关注普遍利益的社会组织，可以把利益冲突和官僚决策降低到最低限度。"[2]

依据哈贝马斯基于公共领域对于公共话语的解释，我们可以总结出在公共领域发生的公共话语，应该具有这么几个特点：①公共话语的主体原则上是所有人，但公共话语应具有理性、负责的特点，因此准确地说，合格的公共话语的主体应是成熟的公民；②公共话语的实践方式是公民运用话语权参与有关公共问题的论辩，并在此基础上达成共识；③公共话语的目的在于通过公民的言论和思想的交流砥砺，以达到沟通上下、促进社会信息流通、维护社会安定团结、保障公共利益的效果，也即哈贝马斯所言，实现"对国家活动的民主的控制"。因此，公共话语就是人们聚集在非私人的公共领域所有言论和话语的内容、形式的总和。

三、数字技术时代公共话语空间的存在状态

我们把公共话语发生的场域叫作"公共话语空间"，它并不总是有条件存在的。公共话语空间是介于官方话语和个人之间的公共话语表达的场所，在专制政权的高压控制以及官方意识形态无缝灌输的情况下，公共话语空间几乎是不存在的。公共话语空间存在的必要条件是一个社会存在允许

公众表达的缝隙,并且有承载这种表达的媒介。

自从互联网技术在中国普及以来,我国的公共话语空间逐渐由报刊、电视等传统媒体转移到了互联网世界。在当代中国社会,一些学者甚至把数字技术的普及,视为公共话语空间生长的春天的来临。网络为平民百姓提供了意见表达和舆论监督的空间,在这个层面上,学者们对网络时代构建公共话语空间的乐观期待是不无道理的。然而,由于大众传媒的媚俗特点,在网络空间里泛滥的大多数信息,都披上了娱乐的外衣,正如尼尔·波兹曼断言的"以理性开始,以娱乐结束"。[3]

另外,在互联网世界行使充分自由表达权的,大多是平民大众,研究群体心理的法国社会学家古斯塔夫·勒庞告诉我们,当生活轨迹迥异的大众在互联网世界合流后,由于大众总倾向于成为"乌合之众",那么他们将以狂欢的形式,实现对话语权的重新主宰。他对群体成员的主要特点有精准的描述:"无意识的人格战胜了有意识的人格,开始支配人的感情和行动,而暗示和传染会让这些感情和行动都转为一个方向,倾向于把一些暗示概念立即变为事实。于是这些群体成员都成了一个玩偶,他们不受自己的意志支配,变成了另外一个他们自己都不熟悉的陌生人。"[4]网络为民众提供了一个情感宣泄的渠道,但超过某个边界,互联网世界上的公共话语空间就将变成公众颠覆传统、放纵自身的狂欢天堂,变成公众们非理性言论泛滥、社会责任感缺席、话题严重同质化的混乱场域。[5]而我们所描述的这些,恰恰是当今数字技术时代,我国公共话语空间的存在状态,很明显,它是不符合哈贝马斯所规制的理想的公共话语状态的。

所以,随着网络时代的来临,我国公共话语空间的理想化、有效化发展并没有接踵而至,不仅如此,我们甚至目睹了公共话语正在背离其基本特点的现实场景:由于我国公民社会发育的不健全,对公众的文化启蒙,尤其是政治启蒙的工作尚未做到位,因此徜徉在互联网世界发表观点的人,大多数不具有完备的公民素质。这样一来,毋论理性的、建设性的探讨公共事务,网民们更多的是扮演欢乐的不负责任的看客角色,发挥乌合之众的跟风功能,对大大小小的新闻事件、公共事务,或是拍手称快,或是义愤填膺,更有甚者,还形成了特有的"网络水军"现象,网民们在互联网天堂里,显现出了公众利用话语空间极尽娱乐之能事、不理性、不思考甚至暴力的一面。其次,公众利用公共话语空间进行的淋漓尽致的情感宣泄,就算称得上是对公共事务的"论辩",就算最终达成某种"共识",但这"论辩"是混乱的,而"共识"更可能是可怕的。轰动一时的"药家鑫案",由于公众舆论的过分参与,公众舆论中不理性因素逐渐占据主流,在这个过程中媒体为了"媚俗"和

"代表大众发声",最终导致了可怕的"媒介审判"。变了形的公共话语,居然有如此强大的威力,让媒体倒戈,让司法失声。公共舆论和公共话语的边界在哪里,媒介利用和引导舆论的边界在哪里,这个案件留给我们的启示不可谓不重大。最后,在这样的公共话语场域中,即使有部分理性的公民的声音,也被强大的集体呼声淹没了,在狂热的民粹主义引导下的公共事务决策,通常不能对人们的公共生活有所裨益。

至此,我们可以引出"异化"的概念以及公共话语的异化问题了。哲学上的异化指的是,当主体发展到了一定阶段,分裂出自己的对立面,这对立面变为了外在的异己力量。自从青年马克思在其著作《1844 年经济学哲学手稿》中使用"异化劳动"一词来表现资本主义的邪恶[6],"异化"一词便被学者们广泛引用,并不再局限于人的异化的表述,其所反映的实质内容,不同历史时期的学者有不同的解释。异化概念所反映的,是人们的生产活动及其产品反对人们自己的特殊性质和特殊关系。在异化活动中,人的能动性丧失了,遭到异己的物质力量或精神力量的奴役,从而使人的个性不能全面发展,只能片面发展,甚至畸形发展。将"异化"概念运用到本文探讨的数字媒体时代的公共话语上来,恰能总结当下公共话语的种种背离其本质特点和功能的表现。

翻阅当下的流行报纸,几乎每期都有文章探讨互联网时代给人们带来的负面影响,一些媒体研究者创造出一系列新名词如"拖延症""囤积症""多重任务疯狂症""焦虑疯狂症""网络暴民"等等,来形容数字时代人们的病态表现,我们探讨公共话语空间和公共话语的异化表现,其实归根结底是网络时代人的异化导致了公共话语的异化。被数字技术异化了的人们,表现出了娱乐至死、非理性、狂躁、多重任务疯狂等等异化行为,故而这些异化人类建构了一个异化了的公共话语空间——表面上看,网络是人们意见和思想充分竞争的市场,但正如媒体人张晓舟所言:"……它仅仅提供了民主监督的幻象,仅仅是在极权主义的玉体上引爆了消费主义的欲望狂欢。"[7]在这种情况下,我们所谓的高速成长的公共话语空间,往往可能是被数字时代的"异化人类"所占领的宣泄欲望的场域,这远不是哈贝马斯描述的公共话语空间的形态。在这样一个伪公共话语空间中,充斥的必然是同样异化了的公共话语。

四、数字技术时代公共话语异化的表现

文章前部分用很长篇幅解释了为何将"异化"一词用在数字时代的公共

话语身上,其基本逻辑如下:①互联网时代的人们表现出了一系列异化行为;②由这些"异化人类"构建的公共话语空间,不可能不带有异化征象,因此充斥其中的公共话语亦是带有异化特征的;③根据哈贝马斯对"公共空间"的定义,我们可推导总结出公共话语的几个特点,而数字技术时代的公共话语,恰好背离了它的题中应有之义,反过来证明了公共话语是被异化的。

那么具体来考察当下被异化了的公共话语,它都有哪些表现呢?

最显著的表现是,互联网时代被异化了的公共话语,不再是严肃的、诉诸理性的、逻辑严密的,恰恰相反,娱乐的、非理性的、混乱的、不准确的话语,正在侵入一些严肃的场合,例如电视的新闻节目和法庭。最近的例子莫过于今年两会期间,于3月2日举办的政协新闻发布会上,政协新闻发言人吕新华竟以网络流行语"你懂的"作结,回答了记者提出的敏感问题,一时间成为人们津津乐道的话题。网络时代的公共话语,有时真像塞缪尔·贝尔特的戏剧一样:主题是严肃的,而意义是无法理解的。[8]

其次,在娱乐化和非理性化导向下的公共话语,一般来说是背离了公共性的,即对于公共性事务谈不上建设性的裨益,甚至还可能演变为一幕幕基于非公共性的人肉搜索和无厘头的口水大战。有关公共话语的这一异化表现,清华大学郑恩等人认为在戏谑、狂欢症候的引导下,公共话语会形成"碎片化——共鸣极化组织特征",并主要表现为戏谑和围观的娱乐主义倾向、基于非公共性的人肉搜索、网络暴民与网络审判、以民族主义为大旗的"爱国"民粹主义这几个特点。[9]

关于娱乐倾向,佐证的案例比比皆是,例如"百变小胖""犀利哥""贾君鹏"等,公众在不断的话语"歪楼"中寻找一种想象力被满足的快感,但这种无厘头的讨论和炒作以娱乐开始,亦只能以娱乐结束,对公众事务并无裨益。

至于人肉搜索,随着网络技术的发达和公众借助互联网交流渠道和实时信息交换渠道的拓宽,网民们进行人肉搜索的能力是令人震撼的。例如"表哥"杨达才的微笑图片在网上被公布后,网友们在短时间内对他的眼镜、手表等进行人肉搜索,最终导致了这位"微笑局长"被双规。公民利用网络技术进行反腐监督,这是社会进步的表现,但人肉手段的无限制使用,也将危害到普通百姓的正常生活。公众在舆论的广场中将无辜民众的家底全部兜出,这不仅违反了被人肉者的基本权利,更有可能在无穷无尽的以人肉搜索为乐趣的过程中,给网络谣言以滋生空间。

网络暴民与网络审判则更为可怕。自药家鑫案以2010年6月7日药家鑫被执行死刑了结后,部分公众和媒体才开始反思案件中网络舆论对媒体舆论的片面导向,以至于对法院判决形成了压力。公共舆论和公共话语之间是有边界的,公共舆论中往往夹杂着太多的非理性声音,并且在传播过程中,由于人们的"乌合之众"心理,渐渐由一种声音占上风,最终导致舆论一边倒的局面,而这往往是十分可怕的。这不仅使少数理性的声音在有限的公共话语空间中发不出来,亦无益于公众的公民意识的培养和成长。

狂热的民粹主义当是异化的公共话语最极端的表现了。2012 年 9 月中旬,我国各省市地区的保钓游行中,部分狂热人士在游行中采取极端暴力行动,例如砸毁过路的日系车辆等。公共话语的这一畸形化,若不被加以正确引导和规制,最终甚至将产生毁灭性的影响。

五、数字技术时代公共话语异化的路径

我们已将互联网时代公共话语异化的缘由追溯到了人的异化。但是我们只是在感性认识层面对互联网时代人和公共话语种种异化的表现列举了一番,并没有从源头上追问数字时代的到来到底是通过何种方式导致了人的异化。我们知道,人性中都潜藏着某些弱点,一旦有某种契机,这些潜藏在人性深处的弱点便会被唤醒,从而表现出各种各样的不正常或是邪恶。网络技术作为一种媒介,作为一种便捷的表达机制,一方面为人们的表达自由带来了方便,但在此过程中,无边无际的自由恰恰与人性的某些弱点结合,上演了一出出人的异化大戏。

别尔嘉耶夫曾用精辟而深刻的语言,对这一现象做出了预见性解释:"……而这一个经验世界,是精神自身被异化了的客体化世界。"在客体化世界中,人成了依附于客体化世界之上的一种失去了内在生存的存在,人成了受异化、被决定、无个性的生物,人身上的不可重复的精神因素和个性因素受到了贬低。也正因为如此,人自从被抛入了这一世界之后,便不断地体会到异己感和失落感,人与人的疏远、淡漠、隔绝由此而生。[10]

那么,人性中的哪些弱点,导致了互联网世界这一客体化世界来临时,人们成了"受异化、被决定、无个性的生物"？互联网世界又有哪些特殊性,导致生存其中的大众,表现出种种极其特殊和不寻常的异化行为？人性的弱点和互联网世界特殊性,二者怎样的结合才开出了新时代"人类异化"的这朵奇葩？

首先,人的从众心理和观望心态在互联网这一虚拟世界中更容易实现,并通过从众和观望心理的实现,保障了自己是与多数人同步的,内心的安全感也由此建立。古斯塔夫·勒庞在其研究群体心理的作品《乌合之众》中，明确指出个人一旦融入群体，他的个性便会被湮没，群体的思想便会占据绝对的统治地位，而与此同时，群体的行为也会表现出排斥异议、极端化、情绪化及低智商化等特点，进而对社会产生破坏性的影响。如此一来，便不难解释公共话语空间的舆论一边倒，言语非理性、极端化等等现象了。

其次，囿于思维的惰性或是思维方式的简单，在信息爆炸的互联网时代，人们可以满足自己想要不断掌控的心理需求，但却往往无力甄别筛选信息，而更倾向于听从宣传或被洗脑。陈丹青说："我们今天处在一个讯息和行动比例严重失调的时代，在空前便利的电子传媒时代，我们比任何时候都聪明，也比任何时候都轻飘。"对于大多数人来说，思考是一件痛苦的事情，尤其是当今中国应试教育过来的青年学生，作为在校大学生的主流群体，他们表现出的大多是信息爆炸、行动困境、思维简单、言语木讷。[11]

因此，在大众传媒和电子传媒无比便利的今天，人们越来越依赖于接收信息，因此信息和技术更新速度太快，人们往往处于一种追寻最新消息、把握时代律动的不安定状态中，这种状态虽然是由于人们热烈的探索欲和求知欲，但不可否认的是，它也导致了大家思考时间的减少和思考能力的下降，从而更容易成为意识操纵的对象。由此，我们也能理解为什么大家都时时刻刻挂在网上，发表同样的观点、同样的感叹。

另外，由于传媒的媚俗特征，它的内容发送特征以及与用户互动的方式，导致如今的媒体越来越不严肃甚至轻飘。大众是需要娱乐的，在娱乐信息的播送和探讨中，人们满足了自己的猎奇欲望、偷窥欲望，满足了娱乐心态、看客心态，以及对充满幻想的虚拟世界的热爱。这种全民娱乐的状态，一方面是社会进步的表现，但很明显却是无益于公民社会的发育的，那么寄生于公民社会中的公共话语亦无从谈起。但这恰恰是所有专制者最喜欢的，因为不思考、只娱乐的愚民最好管理。

最后，每人心里都有一颗自负的种子，自媒体时代不断向人们传达的"我的地盘我做主"的暗示，恰好满足了人们颠覆权威、放纵自身的强烈欲望。公众不再迷信于所谓专家和权威人士，而认定自己也有解析一切事务、指点江山的能力。这种狂妄的心态一旦与乌合之众的群体心理相结合，极容易形成非理性的、狂热的民粹主义观点，如此一来，微弱的理性声音，自然不被人们所听到了。

六、走出异化，还原正常的公共话语空间

既然数字媒体时代的人的异化导致了当下公共话语空间和公共话语的

异化,或者说导致了公共话语空间的发育偏离常态,那么要想建立还原正常的公共话语空间,则最终要从摆脱人的异化入手。针对以上篇幅描述的数字媒体时代人和公共话语的异化表现和异化路径,我们至少可以从以下几个方面入手,克服当下公众的种种异化行为。

首先,越是在数字化渗透到我们生活方方面面的时代,越要对数字技术保持警惕。作为广义范围内的科学技术,对计算机科技的开发和应用,已渐渐成为网络时代大多数人的生活方式。网络大大缩短了时空限制,让人们的交流变得更加迅捷;网络世界中内容的丰富性,极大满足了人们的探索欲望;但同时人们也被困于网络世界的虚拟现实中不能自拔。对于科学技术的社会功能的认识,即对于科学技术的社会价值的判断,自近代科学技术兴起以来就一直存在着两种不同的观点。早在 17 世纪,英国的哲学家培根提出了"知识就是力量"的口号,充分肯定科学技术的社会价值。到了 18 世纪,法国思想家卢梭对科学技术的社会价值持否定态度,认为科学给社会带来了罪恶,导致了人类的不平等。同一时期的法国思想家伏尔泰则反对卢梭的观点,把科学技术看作是人类支配自然的手段。

作为 20 世纪最为重要的思想家之一,伽达默尔对于科学技术在 20 世纪当中所享有的至高无上的地位具有非常深刻的体会。在他看来,科学曾是启蒙运动的重要动因之一,然而随着科学在现代社会的无限扩张,科学最终又将导致自身成为被启蒙的对象。科学造成的蒙蔽主要集中为科学对客观性和普遍性的追求,科学对客观性的追求突出地体现在强调其方法的客观有效性并将其推广到一切领域,而与客观性相联系的是对普遍性的强调,过度地追求普遍性将最终消解个体性与独特性。针对现代科学所造成的蒙蔽,伽达默尔认为只有限制科学自身的范围,才能使科学正确发挥其社会功能。

其次,既然数字技术具有有限性,那么与之相联系的一点是,我们一定要保持某些人之为人的传统和敬畏感。何平在《伽达默尔科学技术反思研究》一书中详细梳理探讨了伽达默尔强调科学技术与人的存在意义尖锐冲突的原因,人是有情感的动物而非机器,能动性、创造性和思考力,正是人作为人最为宝贵的东西。别尔嘉耶夫说:"正因为人折射出了另一个冰清玉洁的世界,才使人成为生物界中引以荣耀的个体。当然,这即意味着个体人格以自己的独特性、唯一性、不可重复性突破世界进程。总之,在人的这种个体中,我们感受到的不是肉体的生命,而是灵魂的生命。"[12]因此科学技术只是人类改造世界的一种工具,科技产品可以成为生活必需品,但并不能成为绑架我们的生活方式。例如利用网络进行便捷的交流是可以的,但通过电波和磁场的交流,永远不能代替人们面对面的交流,因为电波和磁场,不能传播人们的气息和丰富的情绪。

俄国作家谢·卡拉-穆尔扎有一独特的观点,他认为科学也是操纵意识形态的工具,传统的消亡作为它的结果和原因,与它一起运动来操纵人们的意识,并引用了雅思贝尔斯的话佐证这一观点:"由于把生命攸关的一切活动都比做机器的工作,社会也就变成了一台把人们的整个生命都组织起来的大型机器。……人成了一种原料,需要对他进行有目的的加工。因而那个过去曾经具有完整自我、思维健全的人,现在就变成了工具。人性的显现是可以的,甚至是必要的,在口头上还宣布说它是主要的。然而一旦目的提出了什么别的要求,它就会毫无商量余地地受到侵犯。所以,绝对要求扩张到哪里,哪里传统的作用就受到局限并将消亡。大多数人却如同沙砾一样,他们是没有根的,正因为这样,所以可以随便利用。"[13]

因此,坚守某些传统,对传统保持敬畏感,对数字技术有充分的警惕,是每个人走出乌合之众圈套的起点,也是公共话语走向理性和营养的起点。

再次,在互联网为我们提供了前所未有的自由的情况下,人们更要有意识地克服某些人性的弱点。互联网世界这一庞大的客体化世界包围了我们,但是我们并不想践行别尔嘉耶夫描述的可怕状态,即异己感和失落感,人与人的疏远、淡漠、隔绝。只有有意识地克服从众心理、观望心态、思维惰性、猎奇欲望、娱乐心态、看客心态、自负以及对充满幻想的虚拟世界的疯狂热爱,才不致使极端的自由变成对人们极端的奴役,公共话语空间的声音,也将不再是娱乐话语泛滥、极端民粹主义话语泛滥了。

最后,每个人都要变成学习型、成长型的公民。我们都知道,正常、有效的公共话语,可以对公共事务有所裨益。但正常的公共话语空间并不是每个社会都具有的,它只有在一个国家的公民社会发育较好的情况下,才能存在。公民社会的发育,对于当代中国的社会转型亦具有重要的作用。那么如何由不理性的、知识匮乏的平民,成长为理性的、有知识结构和分析能力的现代公民,这绝不是仅仅开放言论和话语空间就能达到的目标,而需要每一个原子化的个人,有意识地将自己当作一个合格的公民培养。久而久之,我国的公共话语空间将向着正常的理性论辩、合理协商的平台过渡。

七、结语

综上所述,我们沿着"数字媒体时代的公共话语为什么是异化的—公共话语是怎样异化的—如何走出公共话语的异化"这一逻辑,回答了文章第一部分提出的问题。通过公共话语应然状态和实然状态的对比，我们肯定了数字时代的公共话语确实存在着种种异化表现；通过分析网络的两面性和人性弱点的结合，我们揭示了数字时代公共话语异化的路径；针对公共话语异化的表现和异化的路径，我们从哲学的高度，将公共话语的异化还原为数字时代人的异化，并且对症下药，给出了走出异化、还原正常公共话语空间的方法和机制。

互联网世界为公众提供了一个广阔的舆论空间，但现在看起来从公共舆论到公共话语，还存在着很长一段距离。在自由意见市场上，各个生活轨迹完全不同的公众可以针对公共事务发表意见，但如何将这种非理性的、娱乐化的、异化了的公共话语向理性的、建设性的公民话语的方向引导，这需要大家警惕人性的弱点，意识到数字技术的有限性，对传统保持敬畏感，并有意识地培养自己的公民意识，唯其如此，在数字媒体时代的公共话语才能在正常轨道上运行，我们的公共生活亦将变得更加美好。

参考文献：

[1] [英]约翰·密尔. 论自由[M]. 顾肃，译. 南京：译林出版社，2010：46.

[2] [德]哈贝马斯. 公共领域的结构转型[M]. 曹卫东，等译. 上海：学林出版社，1999：146.

[3] [美]尼尔·波兹曼. 娱乐至死[M]. 章艳，译. 南宁：广西师范大学出版社，2009：54.

[4] [法]古斯塔夫·勒庞. 乌合之众——大众心理研究[M]. 严雪莉，译. 南京：凤凰出版社，2011（11）：53.

[5] 刘琼. 网络：一个公共话语的狂欢世界？[J]. 广播电视大学学报：哲学社会科学版，2005（3）：53.

[6] 马克思. 1844年经济学哲学手稿[M]. 刘丕昆，译. 北京：人民出版社，1979：42-57.

[7] 刘磊. 人人都有"电子眼"：监督还是偷窥？[N]. 中国周刊，2013（8）.

[8] [美]尼尔·波兹曼. 娱乐至死[M]. 章艳，译. 南宁：广西师范大学出版社，2009：79.

[9] 郑恩，龚瑶，邓然. 基于话语分析和公共治理视角的新媒体事件话语生产类型及叙事模式[J]. 长安大学学报：社会科学版，2011（3）：92.

[10] [俄]尼古拉·别尔嘉耶夫. 人的奴役与自由[M]. 徐黎明，译.

贵阳:贵州人民出版社,1994:117.

[11] 尚重生.90 后大学生姿态[M].武汉:华中科技大学出版社,2013:2-5.

[12] [俄]尼古拉·别尔嘉耶夫.人的奴役与自由[M].徐黎明,译.贵阳:贵州人民出版社,1994:64.

[13] [俄]谢·卡拉-穆尔扎.论意识操纵[M].徐昌翰,等译.北京:社会科学文献出版社,2004:318.

中国众筹新闻：兴也勃焉，亡也忽焉？

（郝韶梦　于珂悦　安徽大学）

　　摘　要：社会化网络时代，传统媒介环境发生了巨大的变化，在这样的背景下，依靠群众智慧、群众资金的众筹模式开始与新闻报道发生关联。众筹新闻在欧美国家发展蓬勃，在我国却仍处于矛盾重重的尴尬局面。通过对众筹新闻在中国发展轨迹的回溯，可以更好地思考众筹模式的利弊以及其在中国的适用性，对目前陷入转型"瓶颈"的传统媒体谋求下一步发展具有重要的启示意义。

　　关键词：新闻生产；众筹新闻；网络；变革；发展

　　众筹新闻（crowdfunding journalism），指记者通过公开报道计划，向社会公众募集新闻报道项目启动资金并执行报道。[①] 这一模式起源于美国新闻业，2008 年创建的众筹网站 Spot. us，在世界范围内拥有不俗的影响力。之后，法国、意大利、澳大利亚以及我国台湾地区都崛起了一批专业众筹新闻网站，并进行过一系列成功的新闻报道。

　　中国的众筹新闻虽然起步较晚，但如今已经不算是一个新鲜事物，早在 2013 年 11 月，国内网站"众筹网"就发布了"新闻众筹"平台，上线一个月内，成功进行的新闻项目达到 14 个。然而这一模式在中国的发展之路可谓"其兴也勃焉，其亡也忽焉"，仅一年左右的时间，众筹新闻就逐渐淡出人们视线，国内各众筹网站也难觅新闻项目的身影。2015 年 10 月 12 日，《南方都市报》宣布改版，推出"众筹新闻"版面，这次全新的尝试才让陷入沉寂的"众筹新闻"重新回归公共视野。

---

　　① Aitamurto T. The impact of crowdfunding on journalism：Case study of Spot. us，a platform for community-funded reporting[J]. Journalism Practice，2011，5(4)：429-445.

面对互联网技术发展带来的挑战,近年来传统新闻业对转型、融合的探索从未停止,在平台的合作和业务的共通之后,寻求更深层次的实践成为必然。众筹模式代表的社会化网络背景中群众智慧和资金的汇聚,不仅是生产流程的颠覆,更是生产理念的创新。作为一种崭新的新闻生产模式,众筹给国内新闻业带来许多启示,着眼于众筹新闻在中国的发展道路,思考其"热"与"冷"背后的动因,对于传统媒体在新闻生产和商业运营方面的转型具备一定的借鉴意义。

一、产生：呼唤与突破

众筹新闻虽然是地地道道的"舶来品",但其在中国的产生带有一定的自发成分。2013 年 7 月 2 日,独立调查记者刘建峰发起带有众筹色彩的众筹新闻尝试活动——"独立记录者诚征后援",引发了很大的关注;10 月 10 日,新闻人宋志标在其博客以及微信公共账号上提供小额阅读支付,这也是对众筹新闻的早期探索。① 11 月 29 日众筹网"新闻众筹"平台上线后,众筹新闻的概念更迅速蔓延到学界和业界。笔者认为,众筹新闻的产生具备一定的必然性,既源于传统生产模式下的困境,也源于网络社会新环境的呼唤。

(一)传统新闻生产的无奈

从表面上来看,新闻生产是在特定场域内开展的,具有一定的独立自主性。但事实上,新闻生产受到了社会各种权力的压制,因此新闻生产的理念、流程往往受到新闻场域内外的种种因素的影响,甚至控制。② 在传统新闻生产模式下,一条新闻往往要经过的政治审核、经济的牵制以及媒介内部把关之后,才能够与受众见面。

然而众筹的生产流程却可以在很大程度上规避这些限制,记者或自媒体人将自己的新闻选题发布在网上,只要公众愿意买单,选题就可以顺利进行。从这个角度来说,只要不触及法律底线和国家硬性禁止的领域,众筹可以为一切好的新闻创意提供实现途径。

这一点从中国早期试水众筹新闻的作品中也可见一斑。《21 世纪经济报道》记者侯继勇对成都创业者生存状况的选题有兴趣,却因为时效性不足,无法从报社申请到出差采访的费用;《21 世纪商业评论》记者罗东对中国

---

① 朱汝群. 众筹新闻的实践与发展研究[J]. 青年记者,2015(8):14.

② 曾庆香,王超慧. 众筹新闻:变革新闻生产的权力结构[J]. 国际新闻界,2014(11):83.

本土动漫业的困境有颇多关注,却苦于与他所供职媒体的报道风格不吻合。后来,他们正是通过众筹的方式完成了通过正常方式难以达成的愿望。这种情形正如众筹网创始人盛佳所言:"并不是任何你认为好的选题都可以见诸报端,那些未见诸报端却闪烁着创意火花的选题,或许能通过众筹的方式获得新生。"

(二)转变经营方式的需要

在传统的媒介经营模式中,除了一定数量的政府拨款之外,媒体的收入主要是通过在报纸、杂志上刊登广告,或者在广播、电视上播出广告来获取收入。不管是纸质媒体还是广播电视媒体,其高额的运作成本都需要广告收入来摊平,媒体主要依靠广告收入来运作和经营。[①] 众所周知的是,在市场化的浪潮下,传统媒体的广告收入正在被新媒体"分食",谋求新的经营管理模式,势在必行。

在外部因素上,市场经济条件下,新闻通过买卖关系为受众所收受,而受众为此要付出相应的代价[②],新闻的商品性逐渐形成共识,花钱雇佣记者,付费阅读对于今天的人们而言是一件易于接受的事,此外,日益便捷的移动支付方式,也为公众集资提供了技术上的支持。

众筹模式,是信息技术的产物,也是媒介经营转型需求下的产物,中国众筹新闻早期践行者中,便有许多是来自传统媒体的专业记者,在践行众筹的过程中,他们从传统的新闻生产者变成了生产者和营销者的统一。把受众从吸引广告的"筹码"变成了直接资金来源,拓宽了媒体资金来源的渠道,媒体不仅可以靠广告实现发展,也可以靠公众筹得资金,这一方面解决了部分报道资金短缺的问题,另一方面也可以更好地吸引受众兴趣,形成良性互动的局面。

(三)网络参与的兴盛

1. 更旺盛的需求表达

根据中国互联网络信息中心 CNNIC 第 36 次《中国互联网络发展状况统计报告》显示,截至 2015 年 6 月,我国网民规模已达到 6.68 亿。互联网把更多的人融入其中,让原本很多处在传统媒体报道"视觉死角"的小众需求通过"鼠标键盘"的力量得到表达。同质化大众媒介产品已无法满足日渐多样化的需求,市场倒逼新闻生产做出转变。

众筹新闻就是在这样一个背景下产生的,传统媒体力所不及,网民便自

---

① 杜溪. 新闻运作模式的变革与创新——以众筹新闻为例[D]. 上海:华中师范大学,2014.
② 童兵. 新闻商品性辨正[J]. 当代传播,1994(02):21.

己推选出"代理人"，代表自己表达立场与主张。众筹新闻从上线申请到下线执行，无不体现着公众（资助者）的需求，新闻项目不仅要依靠公众资助决定能否进入执行，在执行过程中也必须随时向其资助者汇报项目进展，垂直化的互动方式，能更好地满足差异化的需求。

2. 更多样的参与方式

众筹新闻从提出到完成的各个环节，人们都可以利用微博、微信等社交网络扩大传播的范围，比如发微博邀请更多的人了解众筹项目，在微博上就报道计划与公众进行互动等。换言之，多样的网络参与渠道轻而易举地就可以打造出一个虚拟的公共空间，而这种人人参与的方式显然更符合网络时代人们的生活习惯。

在传统新闻生产中，媒体也为公众提供了读者来信、听众留言等参与方式，但这种滞后、单一的参与方式已然与快速、多元的网络化社会不相适应。

二、发展：暖潮与寒流

如同很多新生事物一样，众筹新闻在出现伊始确实像一股暖潮激荡起民众的青睐与兴奋，但在被热传一阵之后，却很快遭遇"寒流"。以国内最主要的众筹平台"众筹网"为例，新闻类项目上线不到一个月，就被谨慎地改为"资讯"类，不久之后又归入"其他"类别，旋即难觅踪迹。

美国 Spot. us 从 2008 年 11 月上线到 2012 年 9 月，参与捐助者超过 2 万名，金额达到 16759 美元。① 对比于众筹新闻在国外的声名鹊起，国内众筹新闻更如昙花一现。为何被寄予厚望的众筹模式在国内难以发展壮大？

（一）名人效应减弱

中国的众筹新闻起步有一个显著的特点，就是知名媒体人"光环效应"，无论是在自媒体渠道成名的独立调查记者刘建峰，还是供职于传统媒体的侯继勇、罗东等人，他们都在各自圈内拥有一定的名气和威望。

在被称为中国首条资讯众筹项目的"成都创业者生存环境调查"中，笔者看到，发起人侯继勇为他们的资助者提供了一起跑步、打篮球、参加读书会等回馈，而也确有一些支持者表示"最终目的就是跟他跑步一次……"②名人效应的优势在于更多的关注和更多的信任，既有的群众基础让他们可以

---

① 张建中. 众筹新闻：网络时代美国新闻业的创新及启示[J]. 现代传播：中国传媒大学学报，2103（3）：106.

② 陈中小路，刘韵珊. "新闻众筹"的中国实验[N]. 南方周末，2013，12（5）.

很顺利地达到筹款目标。此外,他们多年从事新闻生产的经验也让他们在面对新闻选题时具备更专业的眼光,在执行新闻报道时更游刃有余,这在很大程度上掩盖了众筹模式不完备的地方。

但是,如果新闻众筹仅靠几个意见领袖唱主角,那么终究撑不起整个市场,势必走向衰弱。[①] 如何让更多的媒体人和普通公众参与其中,是众筹新闻谋求长远发展必须解决的问题。

(二)运作模式局限

在网络众筹平台上进行的新闻众筹,其模式主要分三个环节:首先,项目发起者在众筹平台上对新闻项目提出申请;然后,新闻项目在众筹平台上募集资金;最后,筹资成功的报道计划进入执行阶段,公众获得承诺回报。其基本运作模式如图1所示:

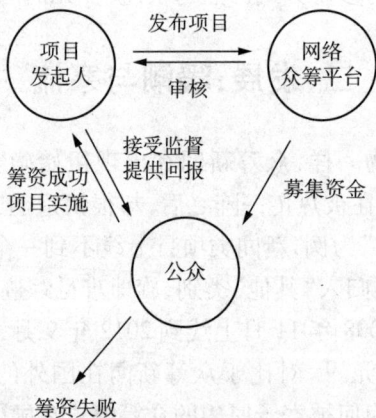

图1　网络众筹平台新闻项目运作模式

可以看出,较之传统媒体层层把关的组织化生产,众筹模式下的新闻制造流程趋向开放、自由,在变革同时,也产生了一系列问题。

1. 公众需求的新闻不等于高质量新闻

众筹新闻的"把关"主要通过平台审核和公众投资来完成,由于平台审核一般仅限于发起者背景和项目基本底线,于是公众的鉴别能力变得至关重要。然而,无数的实践都告诉我们,人民群众喜闻乐见的不一定都是最好的。就中国众筹新闻的实践来说,时尚、揭秘、明星类的咨询往往能非常轻易地募得启动资金,良莠不齐的网民素质让众筹模式下的新闻质量存在

---

① 范小洁. 众筹新闻可以走多远——以众筹网新闻平台为例[J]. 新闻传播,2014(11):20.

隐患。

2. 资助模式下客观公正存疑

在众筹模式的流程中，公众是否"买账"是决定新闻项目能否顺利实施的决定性因素，这就很容易让新闻众筹变成迎合资助者需求的生产，尽管众筹网站为每一笔资助设定了限额，但资助者依然可以通过重复资助的方式扩大自己的报道计划中的影响力。这也是为什么诸多国内学者在谈到众筹新闻时，担心其难以和有偿新闻划清界限。

3. 保障、监管机制缺乏

虽然多数众筹平台都制定了运作规则，但这些监督措施多集中在项目进入执行之前。当筹资目标完成之后，资金的使用权就落到了发起者手里，项目完成的好坏并不影响资金的多少，而所谓的公开进展情况、接受公众监督基本依靠的是发起者的自觉性。通过对众筹网成功新闻项目的调查，多数发起者在执行期间既没有公开资金使用渠道，也没有与公众保持紧密的互动。

（三）政策法规滞后

根据我国2000年颁布的《互联网站从事登载新闻业务管理暂行规定》第七条规定：非新闻单位依法建立的综合性互联网站，不得登载自行采写的新闻和其他来源的新闻，非新闻单位依法建立的其他互联网站，不得从事登载新闻业务。可见，国内众筹网、追梦网、点名时间等众筹网站并不具有开展新闻业务、进行新闻生产的资质，其性质仅限于平台沟通作用，这也就不难理解为什么众筹网谨慎地把"新闻众筹"改为"资讯众筹"。

就目前我国的媒介生态而言，新闻法还没有出台，记者在采访过程中本身就存在着法律边界的问题。而互联网上的法律监管更是不够完善，众筹平台上的新闻降低了新闻门槛，极易触及法律与政策红线。[1] 所以尽管有了形式的落地，但因为缺乏政策的滋养，众筹新闻仍很难在中国扎根壮大。

三、变革：尝试与期待

2015年10月12日，《南方都市报》在头版发布改版消息《南都今日全新改版》，改版后的南都推出了"众筹新闻"版面，并先后在珠海读本、中山读本进行了尝试。南都的这一举措，以传统媒体的身份承载互联网式思维，让众筹新闻首次走下网络平台，迈入与传统媒体融合的道路。

---

[1] 徐旭伟. 我国众筹新闻发展的问题及解决途径[J],青年记者,2015(11):51.

《南方都市报》的众筹流程维持了一般众筹新闻的步骤：在报纸上公布报道计划；读者通过扫码支付的方式进行支持；采写、实施成功的报道计划，寄予资助读者一定的回馈。尽管流程相似，但较之网络平台，南都还是呈现了许多新的特点。

为了更清楚地了解南都新闻众筹模式，本文选取了率先试水的珠海读本，统计了前五期众筹新闻的结果，见表1：

表1　南方都市报珠海读本众筹版面统计表

日期	报道选题	众筹目标	众筹结果	预告选题
10月16日	珠海公共WIFI测试	500元	580元	探寻珠海景区厕所
10月23日	珠海景区公园厕所调查	500元	550元	珠海政务微信公众号调查
10月30日	珠海停车场乱象调查	100元	165元	揭秘新生儿救护车
11月6日	揭秘珠海新生儿救护车	150元	195元	珠海哪些幼儿园、中小学最会玩
11月13日	珠海哪些学校最会玩	500元	500元	快递实名制调查

可以看出，南都的尝试在初期取得了不错的成绩，"首秀"作品《珠海公共WIFI测试》完成度达到116%。笔者认为，这主要得益于三点：一是南都以专业新闻生产机构的名义发起众筹，较之网络平台上散兵游勇的募集，既有品牌公信力的保障，又有后期执行力的保障，更容易得到公众信任；二是选题集中于民生新闻，关注公共领域的问题，更容易引发公众关注；三是回馈机制更加丰富，分红、电影票、代金券等诸多回报对报纸读者有很大的鼓动性。

如同很多新生事物一样，南都的众筹新闻运作同样存在很多问题。以选题方面为例，每周选题预告只有一个，读者只能选择资助或不资助，无法在不同选题间进行选择，"把关"的权力并没有真正交给读者。10月23日预告选题《珠海政务微信公众号调查》，一周之后见诸报端的却是《珠海停车场乱象调查》，而报纸上并未对此做出解释。

更值得我们注意的是，南都的众筹模式实际上无法实现很多众筹新闻突破性的"闪光点"。首先，众筹新闻希望公众能参与到新闻制作的过程中，而南都的实际报道执行依然是在封闭的媒体组织内部完成的；其次，大众媒体的属性让其报道的目光仍投向多数人关注的问题上，处在"长尾"的小众新闻无法得到体现；最后，众筹模式下新闻生产的资金依靠公众的资助，但南都开展报道不依赖于此，众筹到的资金会以"分红"的形式转换为给资助者的奖励，换言之，较之让公众参与新闻生产，南都的"众筹"更像是增强与读者互动的福利活动。

目前南都对众筹的尝试仍处于起步阶段，不管其实践能否成功，这份寻求突破的改革精神都值得赞许。对众筹新闻在中国的发展而言，寻求与传统媒体的合作同样是一个可取的方式，可以很大程度上弥补专业性不足、规范性不够的弊端，也让我国的众筹新闻彰显出更多自己的特色。

四、结语

曼纽尔·卡斯特说，网络建构了我们社会的新社会形态，而网络化逻辑的扩散实质地改变了生产、经验、权力与文化过程中的操作与结果。① 或许尼葛洛庞帝预言中"我的日报"不会真正出现，但在人人拥有"麦克风"的网络时代，单一、孤立的新闻生产被集体性、社会性取代是必然的趋势。

众筹新闻产生于开放、多元的互联网，不可避免地带有低门槛、良莠不齐的局限，一味地为其"喝彩"是不可取的。然而，我们又必须正视其存在的合理性，从中汲取可供传统媒体借鉴的"养分"。在媒介融合大趋势下，新旧媒体的联动不能仅局限在平台共通和业务合作上，谋求更深层次的转型，就不得不在新闻生产的环节上下功夫，培养用户思维，注重公众力量等"众筹思维"就是这个过程中重要的启示。

参考文献：

[1] [美]杰夫·豪. 众包：大众力量缘何推动商业未来[M]. 牛文静，译. 北京：中信出版社，2009.

[2] [西]曼纽尔·卡斯特. 网络社会的崛起[M]. 夏铸九，王志弘，译. 北京：社会科学文献出版社，2000.

[3] [美]克莱·舍基. 无组织的组织力量：未来是湿的[M]. 胡泳，沈满琳，译. 北京：中国人民大学出版社，2009.

[4] 郭庆光. 传播学教程[M]. 北京：中国人民大学出版社，2001.

[5] 杜溪. 新闻运作模式的变革与创新——以众筹新闻为例[D]. 上海：华中师范大学，2014.

[6] 张建中. 众筹新闻：网络时代美国新闻业的创新及启示[J]. 现代传播：中国传媒大学学报，2013（3）：105-108.

---

① 曼纽尔·卡斯特. 网络社会的崛起[M]. 夏铸九，王志弘，译. 北京：社会科学文献出版社，2000：569.

[7] 徐旭伟. 我国众筹新闻发展的问题及解决途径[J]. 青年记者, 2015(11):51.

[8] 曾庆香,王超慧. 众筹新闻:变革新闻生产的权力结构[J]. 国际新闻界,2014(11):81-92.

[9] 王贵斌. 众筹新闻与社会化网络背景中的新闻生产[J]. 青年记者,2015(21):25-26.

[10] 岳娟. 从众筹方式的介入看新媒体环境下的新闻生产变革[J]. 东南传播,2015(1):6-8.

[11] 骆正林. 网络背景下新闻生产模式的变革[J]. 新闻爱好者,2013(12):8-10.

[12] 陈中小路,刘韵珊. "新闻众筹"的中国实验[N]. 南方周末,2013, 12(5).

公共信息传播中的媒介失语
与媒介素养的缺失

——以上海外滩跨年踩踏事件为例

（李秉彝　上海大学）

摘　要：2014 年底上海外滩跨年灯光秀取消，跨年活动移师外滩源，出于种种原因，这一重大信息并未得到有效传达。信息传播的不畅和各方预判的反差，共同构成了外滩踩踏悲剧的深层背景。本文采取定量研究中的内容分析法，统计分析了 2014 年 12 月 24 日至 2014 年 12 月 31 日间的上海本地相关媒体、政府部门发布的微博信息和上海本地报纸的报道内容，并对比分析 2013 年 12 月 24 日至 2013 年 12 月 31 日间的相关微博信息，检验大众传媒内容生产的客观、及时性。

关键词：外滩踩踏；新闻生产；媒介素养；定量研究

一、研究背景

2014 年 12 月 31 日晚上海外滩发生踩踏事件①，造成 36 人死亡，49 人受伤。上海市政府于 2015 年 1 月 20 日发布事件初步调查报告，称造成踩踏事件的一个原因是很多游客并不知道当晚外滩的灯光秀取消，活动转移至外滩源举行②。外滩跨年灯光秀取消，安保措施降级，出于种种原因，这一重大信息并未得到有效传达。信息传播的不畅和各方预判的反差，共同构成了踩踏悲剧的深层背景。那么，是否如同官方报告所言，外滩灯光秀的取消事

---

① 这里引用官方调查报告的说法，采用"事件"而非"事故"这一概念。事件是法律事实的一种，是指与当事人意志无关的那些客观现象，即这些事实的出现与否，是当事人无法预见或控制的。

② 摘自人民网：http://society.people.com.cn/n/2015/0121/c1008-26424397.html.

先并未得到有效传达，这背后是否还有其他值得研究的问题？

公共信息的传播者包括大众传播媒介和新媒体，也广泛依赖于人际传播。由于距离事件发生已过去五个多月，考虑到现实操作性，研究首先选取了《新民晚报》《新闻晨报》及《东方早报》这三家上海本地报纸作为传统媒体的研究数据来源。这三家报纸虽然都属于上海报业集团，但在办报方针上又有所不同，《新民晚报》是面向广大市民的综合性报纸，以"宣传政策，传播知识，移风易俗，丰富生活"为编辑方针，着眼于"飞入寻常百姓家"。在内容上，力求可亲性、可近性、可信性、可读性，是上海本地最有影响力的晚报类报纸。《新闻晨报》属于综合性都市报，是上海早晨零售量最高的日报，也是发行量最大的早报之一。《东方早报》属于财经类综合性日报，它的主体受众定位是经济界人士和影响力、购买力正在上升的新一代市民。

同时，如图1和图2所示，鉴于事件中的遇难者多数为年轻人（18～30岁之间共32人，占比约89%），而且在户籍分布上，非上海本地人共28人，占到了近78%，考虑到这一群体对上海本地报纸媒体的接触有限，习惯使用以微博、微信为代表的社交新媒体，所以笔者选择新浪微博作为新媒体信息来源，挑选归属地区为上海且较有影响力和代表性的八个微博账号，通过抓取微博平台的信息，统计分析相关媒体和政府部门有关外滩跨年活动的预告信息，以检验上述猜测。在时间范围上，研究选择踩踏事件发生前一周即2014年12月24日至2014年12月31日，因为通过前期调查发现这段时间内有关外滩跨年信息的报道较为集中，有利于数据统计。

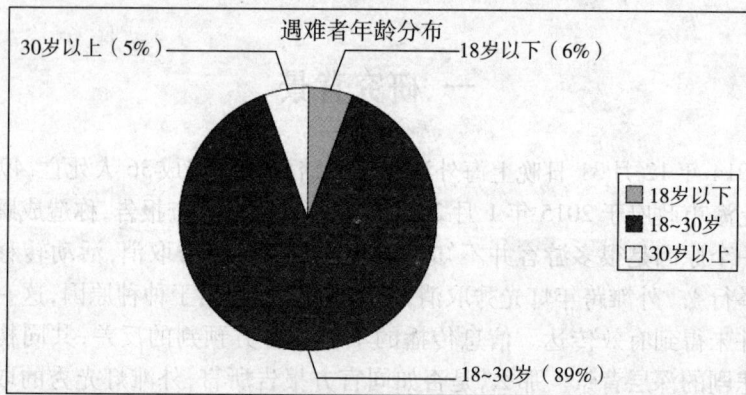

图1　外滩踩踏事件遇难者年龄分布①

---

① 数据来自官方调查报告，作者制图，图2同。

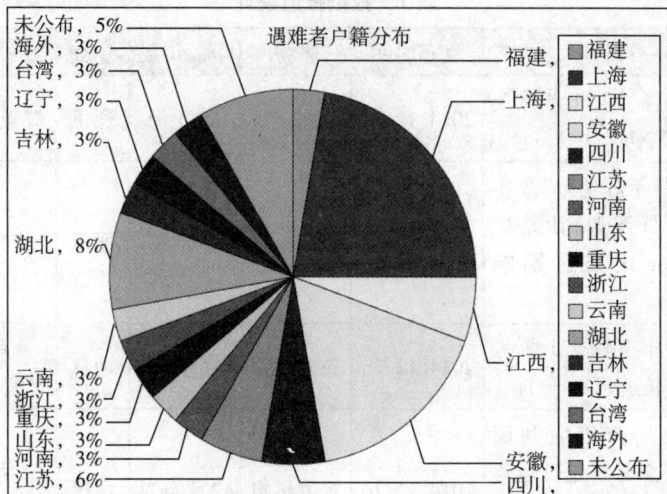

图 2　遇难者户籍分布

二、纸媒报道统计

（一）版面位置分析

通过查阅《新民晚报》《新闻晨报》和《东方早报》电子版内容，同时对比搜报网的关键词检索结果①，这三家报纸在 2014 年 12 月 24 日至 12 月 31 日之间共发表了 12 篇包含外滩跨年信息的新闻报道，其中《新民晚报》共 3 篇，占比 25%；《新闻晨报》共 5 篇，占比 41.7%；《东方早报》共 4 篇，占比 33.3%，见表 1 所列。首先从版面位置上分析，共有 11 篇报道集中在三家报纸的 A 版，多为时事版，占比 91.7%，其中《新年倒计时：流光溢彩外滩源》这则摄影新闻甚至登上了《新民晚报》2014 年 12 月 31 日当期的头版醒目位置，占据了版面近三分之一的空间。余下的一篇报道《迎新倒计时》虽刊登在《新闻晨报》2014 年 12 月 29 日 D3 版，但占据该版头条位置。可见外滩跨年活动在 2014 年末新闻报道中虽算不上最热门的选题，但三家报纸都给出了足够的版面进行宣传报道。

---

①　搜报网检索结果与查阅三家报纸电子版的结果一致。

表1　报纸报道统计

序号	标题	发布时间	来源	版面位置	体裁	主题
1	外滩4D灯光秀今年或停办	2014.12.25	新闻晨报	A6 上海	通讯	灯光秀或停办
2	"跨年灯光秀"今年移师外滩源：让路少封些，让交通影响小些	2014.12.25	东方早报	A6 时事	通讯	灯光秀移地
3	跨年夜轨交1、2号线延长运营80分钟	2014.12.26	新闻晨报	A5 要闻	消息	跨年夜交通提示
4	快乐跨年顺利回家：1、2号线延长运营80分钟 104条公交线加班	2014.12.26	东方早报	A2 大新闻	通讯	跨年夜交通提示
5	跨年夜浦江两岸"火树银花不夜天"	2014.12.27	新闻晨报	A4 上海	通讯	跨年活动预告
6	迎新倒计时	2014.12.29	新闻晨报	D3 热门	通讯	跨年活动预告
7	东方明珠将上演灯光秀跨年晚会	2014.12.30	东方早报	A27 文化动态	通讯	跨年活动预告
8	新年倒计时：流光溢彩外滩源	2014.12.31	新民晚报	A01 头版	摄影图片	跨年活动预告
9	跨年有盛典今晚看"梦圆"	2014.12.31	新民晚报	A21 文化新闻	消息	跨年活动预告
10	跨年新玩法	2014.12.31	新民晚报	A13 大学版	通讯	跨年活动汇总
11	跨年夜，轨交南京东路站不"封站"	2014.12.31	新闻晨报	A09 上海	消息	跨年夜交通运营
12	外滩源跨年灯光秀今夜直播	2014.12.31	东方早报	A07 时事	通讯	跨年活动预告+交通提示

（二）报道体裁分析

有关外滩跨年活动的新闻报道中，文字报道占据主流，共有11篇，占比91.7%，其中《东方早报》的报道体裁均为通讯，《新民晚报》的消息、通讯和摄影图片报道均有一篇,《新闻晨报》以通讯报道为主,占到60%,以上显示的数据与三家报纸的读者定位和办报方针基本一致。在这11篇文字报道中,从报道内容上看,仅有1篇报道明确提及外滩跨年灯光秀移地外滩源,且对外滩源与外滩的不同并未加以区分,下文中将对报道内容进行详细分析。

(三)报道主题分析

经统计分类,三家报纸的报道主题主要涵盖跨年活动预告、交通提示、移地通知这三个方面,其中跨年活动预告共出现7次,占比58.3%;交通提示出现4次,占比33.3%;移地通知出现2次,占比16.7%。这里需要加以说明,《外滩源跨年灯光秀今夜直播》这篇新闻报道同时包含了预告和交通提示的信息。从报道主题的分布上看,大众媒体显然是将报道重点放在活动预告上,对于一场公共活动的报道来说,这的确无可厚非,但有关这场活动的预告中三家报纸的新闻敏感度显然不足,最为重要的移地信息未在预告中明确指出,而《新闻晨报》早期发布的移地通知也模棱两可,对于外滩跨年灯光秀是否停办不置可否。加之跨年夜地铁延时运行和外滩周边不封路的交通提示报道也可能引发当晚人群向外滩涌动,通过对报道主题的分析我们或许能够解释踩踏事件发生的外在诱因。

仅通过对上海本地三家报纸的报道统计我们就能够发现大众传媒的报道定位和主题存在一定偏差,这或许受限于传统媒体严格的审查制度及报纸载体表现形式的单一,那么新媒体的出现是否能够解决这一问题,微博平台上的信息又是如何表现的呢?

三、微博平台信息统计①

研究随后选择了归属地区为上海的8个新浪微博账号,分别为上海发布、警民直通车–上海、乐游上海、上海黄浦、新闻晨报、新民晚报新民网、上海新闻播报和东方卫视番茄台。这8个账号具有一定代表性,既有传统大众媒体如《新民晚报》、东方卫视,又有网络媒体如新浪上海新闻频道,还包含四个政务微博账户,在微博平台上都具有较强影响力。通过新浪微博的高级搜索功能,笔者对这八大账号在踩踏事件发生前一周内发布的微博总数量进行了统计,同时依据"外滩""跨年"这两个关键词进行检索,根据研究需要,对关键词微博数量、同时期内发布总数、关键词微博所占百分比、关键词

---

① 本文所有数据抓取日期截止到2015年5月20日,因新浪微博实时更新,发文时数据可能存在变动,特此说明。

微博最大转发量、账号粉丝数量、微博认证信息进行了分类统计,结果见表2所列。

表2 踩踏事件前一周内微博统计

微博账号	相关数量	发布总数	百分比	最大转发量	粉丝数量	认证信息
上海新闻播报	6	182	3.30%	397	650911	《新浪上海新闻频道》官方微博
上海发布	5	188	2.67%	419	5535123	上海市政府新闻办公室官方微博
警民直通车-上海	2	154	1.30%	435	3927804	上海市公安局官方微博
新闻晨报	2	285	0.7%	242	17868280	《新闻晨报》官方微博
上海黄浦	1	360	0.28%	13	71642	上海市黄浦区人民政府新闻办官方微博
新民晚报新民网	1	185	0.54%	68	2537215	新民晚报新民网官方微博
东方卫视番茄台	0	128	0%	/	3519276	东方卫视官方微博
乐游上海	0	114	0%	/	1934030	上海市旅游局
合计	17	1596	1.07%	/	/	/

经统计发现,在12月24日至12月31日这7天时间里,无论是上海市政务微博还是大众传媒的微博,对于外滩跨年灯光秀的预告提醒数量均不多,相关微博最大转发量也只有435次,未能起到有效的宣传预告功能。根据事后的媒体报道,早在12月9日黄浦区政府就已经申请取消了当年外滩的跨年活动,改为在外滩源举行,然而直到12月30日,黄浦区政府才在微博上发布了这一重要信息,且未对外滩源与外滩的区别进行说明,这一微博随后被上海市政府新闻办公室转发,同样未予以具体说明。

作为旅游信息和公共安全信息重要提供者的上海市旅游局和上海市公安局的官方微博表现又如何呢？经过统计，乐游上海在12月24日至12月31日期间共发布了114条公开信息，但没有一条微博提及外滩跨年活动。更为讽刺的是，警民直通车–上海仅有的2条提及外滩跨年活动的微博还是在当晚发布，如图3所示，23时32分，警民直通车–上海发布微博称当时外滩虽然拥挤但还算有序，而此时距离踩踏事件的发生只剩下3分钟。甚至在踩踏事件发生后，上海公安仍不知情。

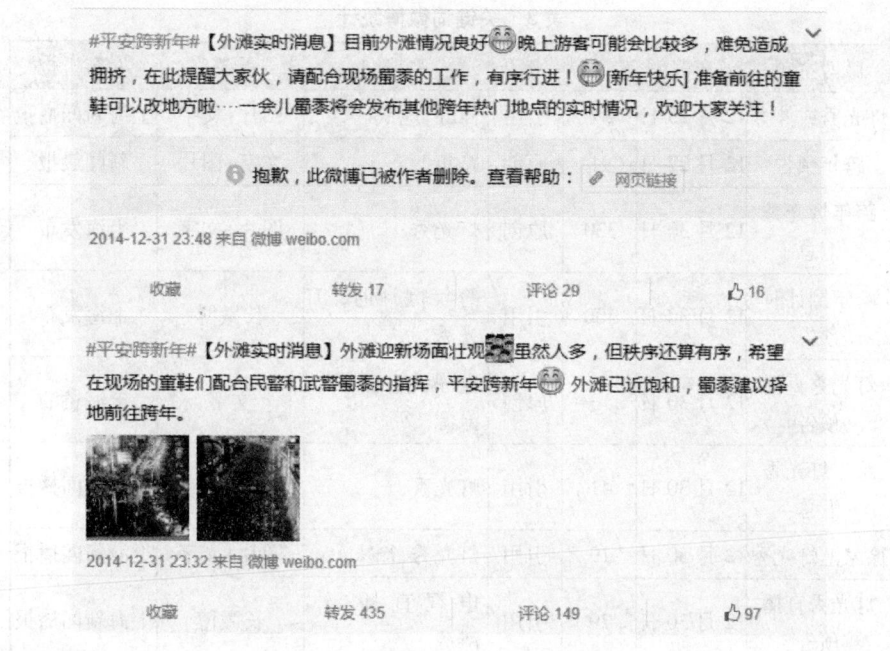

图3　@警民直通车–上海微博截图

通过以公安部门为代表的政务微博初步分析不难看出，各相关部门在此期间均未做到及时有效地提醒，信息发布的不畅导致受众未能及时收到有效信息。既然政府部门信息发布缺失，那么大众传播媒介在新媒体上的表现又如何呢？

本次调查在微博平台上选取了上海地区影响力较大的3家媒体，分别是《新闻晨报》《新民晚报》和东方卫视的官方微博，通过比较发现，这三家媒体对外滩跨年活动的发布信息量分别为2、1、0，其中只有《新闻晨报》在12月31日晚21点58分发布的信息明确提醒市民和游客外滩南京东路一带很拥挤，建议不要前往人群密集区域。作为历年灯光秀活动直播方的东方卫视，却在关键时刻失语，微博平台上7天内大量宣传其跨年晚会的信息，对外滩灯光秀易地的信息只字未提。

经过统计,这 8 家单位或媒体发布有关外滩跨年的微博共计 17 条,本文对这 17 条微博的具体信息进行了细致的统计,分类表格见表 3。由表 3 内容可知,上海新闻播报早在 12 月 25 日就通过其他渠道得知了外滩跨年灯光秀或停办的消息,并将这个消息对外扩散,但这条微博仅有极少的 37 条转发数量。更加令人意外的是,这一消息的信源《新闻晨报》却并未在官方微博中发布这一内容。

表 3 关键词微博统计

微博主题	发布时间	转发量	来源	关键词	形态	发布机构
灯光秀或停办	12 月 25 日	37	引用	停办,地铁	图片+文字	上海新闻播报
跨年预告	12 月 27 日	91	原创	跨年	文字+图片	新闻晨报
跨年灯光秀汇总	12 月 30 日	330	原创	灯光秀	图片+文字	上海发布
跨年倒计时预告	12 月 30 日	400	引用	跨年倒计时,灯光秀	长微博	上海发布
灯光秀直播预告	12 月 30 日	13	原创	电视直播,外滩源	文字	上海黄浦
跨年灯光秀汇总	12 月 30 日	41	引用	灯光秀	图片+文字	上海新闻播报
徐家汇灯光秀	12 月 30 日	19	引用	灯光秀,徐家汇	图片+文字	上海新闻播报
灯光秀直播预告	12 月 30 日	79	引用	电视直播,外滩源	长微博	上海新闻播报
灯光秀直播预告	12 月 31 日	419	原创	外滩源,灯光秀,直播	图片+文字	上海发布
跨年灯光秀汇总	12 月 31 日	146	原创	灯光秀	图片+文字	上海发布
外滩源灯光秀彩排	12 月 31 日	345	原创	外滩源灯光秀	图片+文字	上海发布
外滩实时消息	12 月 31 日	17	转发	外滩,现场秩序	文字+图片	警民直通车-上海
外滩实时消息	12 月 31 日	435	原创	外滩,现场秩序	文字+图片	警民直通车-上海

（续表）

微博主题	发布时间	转发量	来源	关键词	形态	发布机构
跨年现场	12月31日	68	原创	外滩,跨年,现场	文字+图片	新民晚报 新民网
新闻晨报	12月31日	242	引用	外滩,跨年,现场	文字+图片	新闻晨报
跨年现场	12月31日	396	引用	外滩,安全	文字+图片	上海新闻播报
灯光秀彩排	12月31日	76	引用	灯光秀,外滩源	文字+图片	上海新闻播报

　　由以上统计可知,无论是政府部门还是新闻媒体,在微博平台上对此次外滩跨年灯光秀演出移址均未做出过多通告,且信息集中在跨年前两天内发布,导致信息传递滞后,未能起到有效的宣称布告作用。即使提及灯光秀转移至外滩源,但对于外滩源和外滩的区别并未加以提示,和报纸媒体存在同样的疏忽。虽然新闻媒体的表现不尽如人意,但也是我国传媒体制的特殊之处,在公共信息传播的过程中,受到来自内外的审查压力,因而对于官方未公布的信息不能及时对外传播。

四、数据对比

　　仅从2014年的微博统计中或许难以发现规律,为了更加客观地把握本质,研究随后又对2013年同一时间段内这8个账号的微博信息进行了比较,统计数据详见表4所列。

表4　2013年微博数量统计

微博账号	相关数量	发布总数	百分比	最大转发量	粉丝数量	认证信息
上海新闻播报	3	83	3.61%	3153	650911	《新浪上海新闻频道》官方微博
上海发布	5	194	2.58%	874	5535123	上海市政府新闻办公室官方微博
警民直通车-上海	7	154	4.55%	140	3927804	上海市公安局官方微博
新闻晨报	3	348	0.86%	1788	17868280	《新闻晨报》官方微博

（续表）

微博账号	相关数量	发布总数	百分比	最大转发量	粉丝数量	认证信息
上海黄浦	2	198	1.01%	9	71642	上海市黄浦区人民政府新闻办官方微博
新民晚报新民网	3	186	1.61%	104	2537215	新民晚报新民网官方微博
东方卫视番茄台	2	132	1.52%	142	3519276	东方卫视官方微博
乐游上海	0	115	0%	/	1934030	上海市旅游局
合计	25	1410	1.77%	/	/	/

通过对比，我们能够很清晰地看到，2013 年 12 月 24 日至 12 月 31 日期间，这 8 家部门或媒体发布的外滩跨年的微博无论在数量上还是整体百分比上都明显要大于 2014 年。通过观察最大转发量不难看出，2014 年相关微博最大转发量仅有 435 次，这条关于跨年灯光秀预告的微博是由上海市公安局官方账号@警民直通车-上海发布，且发布时距离踩踏事件发生仅有 3 分钟。而 2013 年的 25 条微博当中，转发量过千的微博就有 3 条（详见表 5），分别来自上海新闻播报（3153 次）和新闻晨报（1788 次，1297 次），其分别是针对跨年地铁限行的话题投票和跨年夜外滩现场实况。研究再从 2013 年的这 25 条微博的详细信息进行分析，见表 5 所列。

表 5　2013 年关键词微博统计

微博主题	发布时间	转发量	来源	关键词	体裁	发布机构
跨年夜地铁延时调查	12 月 30 日	3153	原创	地铁	投票	上海新闻播报
外滩灯光秀预告	12 月 26 日	84	引用	灯光秀,外滩	图+文	上海新闻播报
外滩交通管制	12 月 25 日	38	引用	交通管制	图+文	上海新闻播报
灯光秀预告	12 月 31 日	467	引用	外滩,灯光秀	图+文	上海发布
灯光秀预告	12 月 31 日	872	引用	外滩,灯光秀	图+文	上海发布
外滩交通管制	12 月 31 日	407	引用	交通管制	图+文	上海发布
跨年活动汇总	12 月 30 日	323	原创	跨年活动	图+文	上海发布

（续表）

微博主题	发布时间	转发量	来源	关键词	体裁	发布机构
外滩交通管制	12月24日	244	引用	交通管制	图+文	上海发布
外滩灯光秀预告	12月31日	1297	引用	灯光秀,外滩	图+文	新闻晨报
跨年夜现场	12月31日	1788	引用	外滩,跨年	图+文	新闻晨报
外滩交通管制	12月24日	105	引用	交通管制	图+文	新闻晨报
跨年祝福	12月31日	66	原创	跨年	图+文	新民晚报
外滩交通管制	12月31日	8	引用	交通管制	图+文	新民晚报
灯光秀彩排	12月27日	104	原创	灯光秀,外滩	图+文	新民晚报
外滩实时消息	12月31日	48	原创	外滩,秩序	图+文	警民直通车-上海
外滩交通管制	12月31日	24	原创	交通管制	图+文	警民直通车-上海
外滩交通管制	12月31日	27	转发	交通管制	图+文	警民直通车-上海
外滩跨年安全提示	12月31日	6	原创	安全提示	图+文	警民直通车-上海
外滩交通管制	12月31日	19	原创	交通管制	图+文	警民直通车-上海
外滩灯光秀攻略	12月29日	140	原创	跨年,温馨提示	图+文	警民直通车-上海
外滩灯光秀预告	12月31日	140	原创	灯光秀,外滩	图+文	东方卫视
交通管制	12月31日	31	引用	交通管制	图+文	东方卫视
外滩跨年倒计时	12月31日	9	原创	跨年,外滩	图+文	上海黄浦
跨年活动保障工作	12月26日	7	原创	服务保障	文字	上海黄浦
跨年活动保障工作	12月26日	6	原创	服务保障	文字	上海黄浦

这25条微博当中,主题为跨年预告的微博共计9条,占比36%;主题为交通管制的微博共计10条,占比40%;另外研究发现2013年的微博中包含3条安全提示,占比12%,这是2014年的17条微博所缺少的,足以显示2013年各部门对外滩跨年灯光秀的预备工作更加充足;剩下12%的微博主题为彩排信息或祝福等。通过分析,可见2013年同时段内的微博在信息的传播

方面做到了全面覆盖。

五、媒介内容分析

在信息泛滥的时代，作为信息接收方的受众似乎已经习惯了来自媒体的狂轰滥炸，往往没有意识主动甄选辨认信息内容真伪。在国内，一种有代表性的认识是，媒介素养是指媒介受众对各种媒介信息的解读批判能力以及使用媒介信息为个人生活社会发展所应用的能力①。外滩踩踏事件中众多游客对信息的不明确体现出了媒介素养的缺失。在前文当中我们已经看到，其实媒体并非没有公布灯光秀移址的信息，但是较少的受众获知，如下面这条来自《新民晚报》旗下新民网 12 月 23 号的报道：

【新民网·独家报道】2014 年 12 月 23 日，新民晚报新民网记者从多方获悉，连续 3 年在外滩举办的 4D 灯光秀今年将停办。

但是两天之后，上海本地的《新闻晨报》又刊登了一条跟这个消息相左的报道。12 月 25 日刊文称，外滩的跨年庆祝活动是否取消、是否还有"灯光秀"，还未最终确定，目前市、区的相关部门还在商议中。见《外滩 4D 灯光秀今年或停办》，登载于《新闻晨报》2014 年 12 月 25 日 A6 版：

圣诞平安夜的温馨去犹未远，2015 年的新年钟声又仅剩一步之遥。有消息称，已经连续举办多年的外滩 4D 灯光秀今年将停办。昨天，记者从黄浦区相关部门了解到，外滩的跨年庆祝活动是否停办仍未确定，不过曾参与去年外滩 4D 灯光秀的团队称今年将转战东方明珠。与此同时，从浦东到虹口，从黄浦到徐汇，本市各商业中心都在争相抢占"跨年"的制高点，在许多市民和专家看来，在现代都市，元旦跨年的"年味"已经媲美甚至超过春节。

相信此时看过这两则报道的读者都会有些疑惑，究竟灯光秀是否举办，举办地点又在哪里，如果有较高的媒介素养和信息检索能力，经过搜索，我们又会看到同一天《东方早报》刊登的另外一条新闻：

已连续举办 3 年的上海跨年迎新重头戏——"外滩灯光秀"，今年将转换地点，改到外滩源举办。黄浦区相关部门昨日解释，今年的外滩灯光秀仍然借助周边老建筑，主打 4D 概念，转移地点主要是为了减缓中山东一路及周边区域的交通压力，让市民的回家路不再难。

---

① 彭兰. 社会化媒体时代的三种媒介素养及其关系[J]. 上海师范大学学报:哲学社会科学版,2013(3):52—60.

……

一年一度的外滩灯光秀已经成为上海跨年迎新的一个经典节目，至今年已经举办过3次。不过，2014年迎新跨年灯光秀将转移到外滩源举办，希望借此减缓中山东一路等外滩周边的交通压力。

……

这名负责人称，届时现场观众仍将限制人数、凭票入场，上海电视台的相关频道仍将同步为市民直播。

《东方早报》的这则报道《"跨年灯光秀"今年移师外滩源：让路少封些，让交通影响小些》称，外滩灯光秀将移师外滩源。这是上海本地传统媒体首次披露更改地点的消息。《东方早报》着重突出灯光秀移往外滩源后，外滩周边地区的主要交通干道将因此不再受到全面管制，更有利于通行顺畅的效益。外滩源和外滩并不是一个概念，然而，外滩源灯光秀的出现，在一定程度上与外滩灯光秀不再举办这一信息在传播中相互混淆。在《东方早报》的上述报道中，黄浦区旅游部门的一位负责人介绍，改在外滩源举办的灯光秀，将限制观众人数、凭票入场，但报道中没有提及灯光秀的入场门票将以何种途径进行派发或贩售。

两家媒体同属于上海报业集团，但是新闻报道却出现了分歧的现象，在公信力和信息可靠度上，作为专注政治和经济报道的媒体《东方早报》与上海本地发行量最大的早报《新闻晨报》的确难分伯仲。读者需要在众多的信息中利用火眼金睛找出真相实属不易。

我们再看这段时间微博上又有哪些信息，跨年前一天，上海市政府的官方微博"上海发布"发了条快讯：

【快讯：外滩源明晚将上演5D灯光秀！东方卫视全球直播】#最新#明晚，外滩源2000多名市民游客，将与电视机前的观众一起倒数，迎接2015年的到来！@上海黄浦说，倒计时活动将于23：00至次日0：10在外滩源文化广场举行。5D灯光秀将展示代表中华文明的青铜器、青花瓷，代表海派都市魅力的华服、建筑等信息的传递过程。

至于外滩是否还有延续数年的灯光秀、外滩源与外滩的一字之差，@上海发布没有明示。公共活动举行前，官方正式发布最为重要，然而，由上海市政府新闻办公室主办、拥有530多万粉丝的官方微博@上海发布，则一直到跨年夜前一天的12月30日上午11时，才介绍了"外滩源明晚将上演5D灯光秀"的信息。这条微博的长微博附图中则另外指出，今年灯光秀将"启用全新秀场"的特点。但无论是@上海发布的微博文本还是长微博附图说明，都只说明现场将有 2000 名观众欣赏，至于这 2000 人是如何产生的、一般民众是否有办法透过公开渠道购票，这则微博都未加以说明。

在微博评论中回答网友关于入场资格的提问时，@上海发布只简单回复说"您好，是凭票入场的"。而@上海发布对另一位网友的回复，则比自身发布的微博主文更加直接地表明，"您好，是外滩海关大楼那边的灯光秀停了哦"。

@上海发布在 30 日发出的这条微博总转发数量也不过 400 多次，与上海市公共人口相比不过是沧海一粟。至于主办这场外滩源灯光秀的黄浦区政府，当其新闻办官微@上海黄浦在转发@上海发布的这条信息时，仅加了一个笑脸，并未再做任何补充说明或提醒。

目前难以获知，在取消外滩灯光秀后，各区及外滩源灯光秀项目继续举办的动机，以及相关安保评估是什么样的决策过程。但是活动调整的信息发布，不仅不够醒目，而且由于与传统项目名称过于接近，极易令公众产生困惑。

通过对上述政府部门和媒体的微博及报纸新闻的内容进行分析，笔者试图找出他们报道的共同之处。公安部门、政府新闻办、旅游局的信息发布滞后或者根本就没有发布，电视台、报社也存在这些问题，反而是新浪上海新闻频道报道的内容量最大。虽然《新闻晨报》早已向社会发出了通知，且标题足够清晰，但这一新闻却未能够得到广泛的传播。《新民晚报》仅在自己的下属网站上登载内容，传播面更加窄众化。另一方面，因为大众传播媒介上信息量不足又前后矛盾，需要受众自主寻找信息，并具备一定的甄别能力，而这就涉及了媒介素养的内容。很明显的是，这次事件中的多数伤者在接受采访中都表示事先没有获得足够的信息。事实上，以笔者新闻传播学专业的背景，在搜寻信息的过程中也并非一帆风顺，对于广大非专业背景的受众来说，的确是有着不小的困难①。

最后让我们回到信息传播的过程来看，首先由信源发出信息，经由媒介传递至受众方，过程中受到噪音的干扰，最后再反馈至传播者一方。如果信息本身的内容含糊、传播的频率和内容不连贯，则其抵达受众的效率和影响受众行为、判断的说服力都会下降。至于信息在传递时，舆论环境中是否存在"噪音"，亦即受到其他不精准和纷杂的信息影响，则是决定传播效果的关键。

事实上，在大众传播信息泛滥的今天，已不能再单独依靠信源主动提供

---

① 来自作者事发前对外滩跨年信息搜集的亲身经历。

信息,媒介一方应主动出击,挖掘新闻。我们看到,黄浦区相关政府部门在12月30日才在官方微博上正式发布了灯光秀移至外滩源的公告,但相关媒体为何不能提早获知这一消息呢? 这固然与政策性因素有关,但几家媒体的新闻敏感度明显不高。在上海这个外来常住人口占总人口41%①的国际化大都市中,外滩作为著名景点之一,连续三年举办跨年灯光秀演出,已经形成了一定的品牌效应。恰逢当年的元旦假期前夜,跨年灯光秀移地且不对外公开售票这样一个颇具新闻价值的新闻未能被充分挖掘,从这点上来说的确是媒体人的失职。而那些相关预告报道内容也仅是提到了灯光秀移至外滩源,对外滩源和外滩的区别没有详述,一字之差,阴阳永隔。

即便在受众具备充分认知的基础上,受众对行为模式的判断,仍取决于许多其他因素。中山大学李艳红教授在谈到这个事件时说道,"对有的民众而言,即使知道灯光秀转场,他可能还是愿意过去试试运气"②。而此时,政府的信息就不能只是"告知性"的,还必须设计成"说服性"的内容。但这一次,上海市有关当局的临机应对显然缺位,以上诸多因素便形成了外滩跨年信息传播的失位。

六、结语

正如上海大学教授赵士林在《传播学实证研究——假设检验与理论建构》这本书的前言中所说,"实证研究过程中一个最大的感受就是对'事实'和'证据'的近乎偏执的信仰。作为自然科学方法在社会科学研究中的延伸,这种信仰使传播学实证研究充满科学的魅力,也面临巨大的挑战"③。笔者在调查收集数据的过程中,面临着来自个人心理方面的多重压力,一方面是对事实真相迫切的渴望,另一方面是对无辜的逝者深切的悲伤。大众传播媒体在现代社会生活中扮演着重要的角色,所以个人、群体和大型组织为了达到个人和集体目标,必须学会有效利用媒介所掌握发布的信息资源。

本文在研究中运用内容分析法,对三家本地报纸及八家媒体和政府部门在事件前一周发布的微博进行统计分析,验证了文前的假设。在大众传

---

① 数据来自新浪网:上海常住人口突破2400万人 4成为外来常住人口[EB]. http://sh. sina. com. cn/news/b/2014-02-27/081183501. html.

② 财新网. 外滩灯光秀11月被否 信息传播缘何卡壳[EB]. http://china. caixin. com/2015-01-03/100770396. html.

③ 赵士林. 传播学实证研究——假设检验与理论建构[M]. 上海:上海交通大学出版社,2012.

媒信息泛滥的今天,因为种种原因我们需要有意识地培养媒介素养,这不仅是对每个受众的要求,对于处在传播中上游的社会公器——大众媒体来说也是必要的,外滩踩踏事件就是一个深刻的教训,这是值得每个媒体人铭记的灾难。

参考文献:

[1] 赵士林. 传播学实证研究——假设检验与理论建构[M]. 上海:上海交通大学出版社,2012.

[2] [美]艾尔·巴比. 社会研究方法[M]. 邱泽奇,译. 北京:华夏出版社,2009.

[3] 彭兰. 社会化媒体时代的三种媒介素养及其关系[J]. 上海师范大学学报:哲学社会科学版,2013(03):52-60.

[4] 刘毅. 我国大众传媒伦理评价及其影响因素——基于福州受众的调查研究[J]. 新闻大学,2014(02):27-33.

[5] 李健,张国良. 外滩踩踏事件报道引发的新闻伦理讨论[J]. 新闻记者,2015(02):29-32.

[6] 张涛甫. 外滩踩踏事件中的信息沟通缺项[J]. 青年记者,2015(04):92.

[7] 方师师,郭文丰. 转型社会中的政治信任与网络抗议——基于中国网络社会心态调查(2014)的因子分析[J]. 新闻大学,2014(06):82-88.

[8] 汤天甜,李杰. 风险社会中媒介传播悖论及消解路径探析——以"上海外滩踩踏事件"为例[J]. 中国出版,2015(07):24-27.

[9] 财新网. 外滩灯光秀11月被否 信息传播缘何卡壳[EB]. [2015-01-03]. http://china.caixin.com/2015-01-03/100770396.html.

[10] 南方周末. 致命的跨年灯光秀[EB]. http://www.infzm.com/content/106937.

从"逆转新闻"看媒介镜像下的网络舆论反转

——以"淮南女大学生扶老人"事件为例

（王彬凯　安徽大学）

摘　要:自新闻诞生之日起,富有新闻实际经验的工作者和饱览群书的学者都为新闻取了小名,唤作"真实"。范长江有言:"新闻就是大众欲知应知而未知的重要事实"。关于事实说的表述已经是如此明确,而现实情况是大众欲知的事情常被各种因素所掩盖,新闻事件的呈现常出现"反转剧",以至于群众的眼睛不再那么"雪亮",群众的言论却愈加偏激,甚至是前后言论出现重大偏转。网络舆论的形成包含各种因素,新闻工作者不应该追随舆论一起狂欢,让矛盾更加激化,而是客观地记录历史,对新闻真实的瞭望和追求,是肩上永不过时的道义,是对公众良心的坚守。

关键词:扶老人;新闻真实性;逆转新闻;舆论反转

一、新闻事件进程梳理

（一）事件热议阶段

2015 年 9 月 8 日新浪微博的热门搜索出现了一则"寻找证人"的微博,是淮南师范学院的女大学生袁某发的。9 月 8 日,女大学生发布求助微博后,网友@任梵僮称愿意为其作证,证明清白,随后多个官方微博都积极转发此微博。

（二）事件反转阶段

2015 年 9 月 15 日,事件发生重大反转,3 名目击证人愿意作证,指证女大学生撞到老人,并在现场对老人道歉。

2015 年 9 月 17 日,网友通过视频发现证人眼睛向屏幕下方斜瞟,质疑证人看稿子念证词。

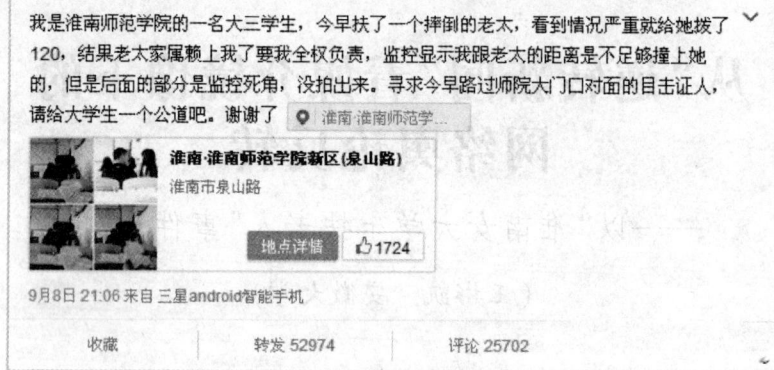

图1　女大学生微博截图

（三）事件判定阶段

2015年9月22日,警方向事件双方下达了《事故认定书》,袁某承担主要责任,桂某承担次要责任。

2015年9月23日,女大学生更新微博继续发声,连发六问质疑警方"多方取证":"我做错了吗?"并上诉申请复核,而复核结果目前不得而知。

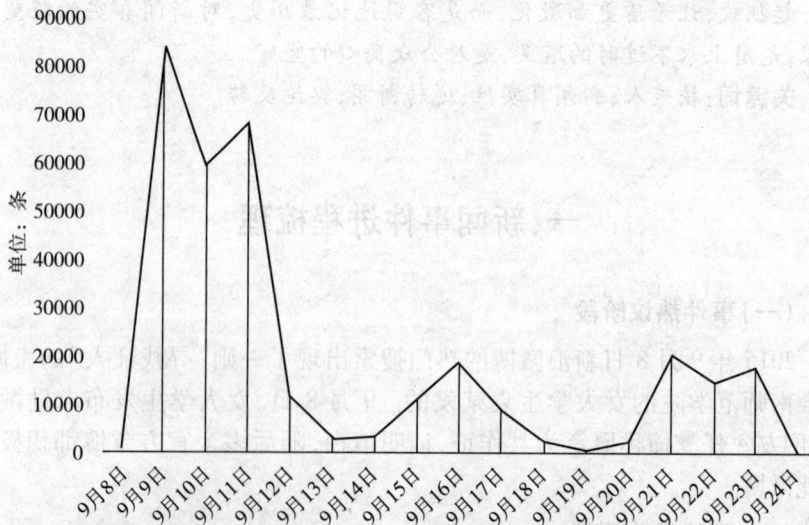

图2　蚁坊软件关于女大学生扶老人微博数量分析图

二、逆转新闻的定义

曾几何时,新闻学的语境中又添加了一位不速之客,有关专家暂且名其为"逆转新闻",也可谓"反转新闻"。目前它还不是一个学术概念,只是一种新闻现象,相关学术文章的定义是:"是指最初报道的新闻方向相反方向转变,随着报道的不断深入,事件真相被更加客观全面地呈现,导致读者立场逆转,并表现出与之前截然相反的态度的新闻现象。"逆转新闻已不是新鲜事情,每年上演的反转剧都会有"神剧情",逆转新闻已经成为新闻界的牛皮癣,而且时常复发。

三、新闻事件的舆论发展

"淮南女大学生扶老人"的新闻得到广泛的传播,而与此相关的舆论更是众声喧哗,9月8日女大学生发布求助微博,微博一出,舆论四起,一夜之间转发、评论的数量就超过2000。而自2006年彭宇案以后,民众对倒地老人"扶不扶"一事可谓谈虎色变,2013年出现大妈讹外籍小伙的假新闻,2014年春晚为反映现实社会问题,上演小品《扶不扶》进行"国问",扶老人成了"情两难"的选择。而"淮南女大学生扶老人"事件,舆论的发酵扩散和转变一直在持续发展,事件的舆论是怎么产生和扩大的,为什么舆论的发展会出现如此尴尬的结果,笔者将分层次梳理,对该事件的舆论始末进行深度解读。

(一)舆情的产生期——舆论为何排队

霍布斯认为,"舆论是人们在讨论中带有'决议'性质的一致意见,发挥劝说和阻止的作用"。虽然很多理论定义不同,但达成共识的是"舆论是多数人对于某一种事件有效的公共意见"。舆情可粗线条地分为两种,即社会舆情和网络舆情,网络舆情作为一种新兴的舆论场,改变传统媒体的单线条结构,呈现的燎原之势值得我们作为主要研究对象进行讨论。

9月8日,淮南女大学生发布"寻找证人"的微博,笔者找出早期报道的新闻,下面是事发几天的重要新闻标题。

表1 关于淮南女大学生扶老人的新闻标题(一)

日期	新闻来源	标题
9月9日	澎湃新闻	安徽一女大三学生称扶老太被讹　网上寻求目击证人

（续表）

日期	新闻来源	标题
9月10日	新浪新闻	女大学生称扶老人被讹　家属:没撞为何垫医药费
9月11日	环球网	女大学生称扶老人被讹　目击者发声:没撞到老人
9月11日	中国青年报	女大学生称扶老太被讹　现场照片公开　目击者:不可能撞倒
9月11日	京华时报	大学生扶老太被讹　事件真相还原　坏人变老了?
9月11日	大众网	好人难当! 女大学生扶老太被讹　目击者公开现场照片
9月12日	法制日报	女学生称扶老被讹　同学回应为何付两千医疗费

我们从事件的源头看起,9月8日至12日处于舆情的萌芽阶段,而在此阶段舆论之所以得以疯狂传播,主要是由于以下原因:一是具有引爆导火索的事件,"扶不扶"本来就是一项颇具话题的议题,加上与新闻事件的结合,受众的关注度非常之高;二是舆论的心理诱因在作怪,这也是笔者主要的关注对象,在舆情的产生期,公众已经自发排队。

1. 弱者的道德优势

女大学生的证人任某发表言论:"都讲老人是弱势群体,我看我们学生才是弱势群体吧,我们没有你们社会实践足,我们说不过你们。"不只是女大学生一方承认自己是弱势一方,公众和媒体也把女大学生认定为弱势群体。如前调查数据显示,约有41.8%的受访者将社会冲突事件的性质定义为"弱者的武器"。笔者观察分析新闻的高频词汇,几乎都避免不了"女大学生""垫钱""被讹""证清白"等字眼,这些词汇带有一定的倾向性,女大学生处于博弈中明显劣势和利益受损的一方,作为社会草根的底层民众很容易无形中形成"抱团"的心理,就此展开道德审判。在媒体的呈现过程中,女大学生作为弱势的一方,被相当大的弱势群体进行天然的关怀,一些不明真相的网民开始道德泛化,打着"弱者就代表正义"的旗帜,开始"替天行道"。网友自发进行站队,几乎一边倒地站在弱者阵营,即女大学生一方,各种批评谩骂老人及其家属的言辞甚嚣尘上。在同情弱者的传统道德理念下,网友为女大学生撑起了保护伞,在"弱者的道德优势"的外壳下,很多网民只不过是借道德之名做了不道德的事,并没有坚守令人敬畏的"心中的道德律"。

2."人物标签化"占领标题

笔者单以标题中的新闻主体形象进行观察分析,媒体大多以"女大学生"和"老人"两个词汇就行主客体对象介绍,央视的态度分析图表也是以"学生"和"老人"进行命题,让公众进行投票。央视的舆论调查研究结果表明,绝大部分人相信女大学生,与此相对应的是,只有不到1%的人选择相信老人。笔者认为这与公众的思维定式固然相关,究其深层原因,是因为对"人物标签化"的解读。笔者通过观察分析"女大学生"和"老人"的媒介形象,发现媒体多以"思维单纯善良的弱者形象""意志薄弱的群体""缺乏自我保护能力的犯罪受害者"定性。而老人的媒介形象多是"身体病弱""保守落伍"。当事双方的媒介形象,无疑让事件的发展态势雪上加霜,而"标签化"的成因和"刻板成见"相关。

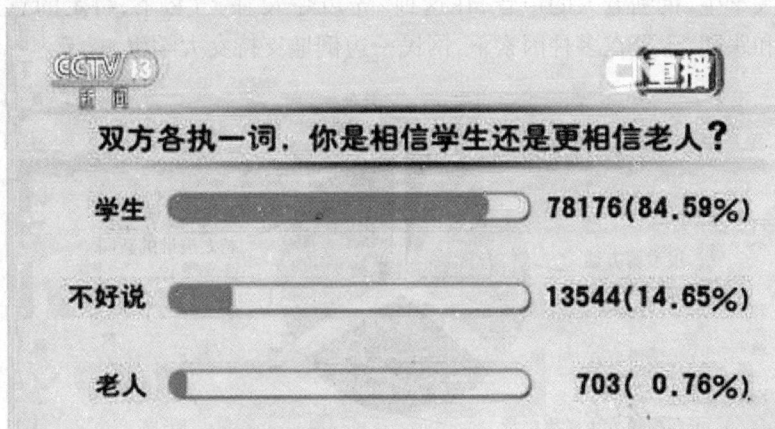

图3　央视新闻截图

李普曼在其巨著《舆论学》中把舆论形成的过程称为"浇铸铅版",也就是我们所说的"刻板成见","成见"通常在人的思维模式中占据支配地位,以至于公众按照既有的思维直接相信女大学生,而媒体的报道也加强了这一定式,媒体既是"刻板印象"的制造者,同时也是受害者,设置的新闻议程出现偏颇,再加上受众的固有成见,媒体和公众就急于站队。斯泰宾也曾大肆宣传他的"罐头思维",他认为"在复杂、多有变化的事情面前,人们在简单、现成的语言中找到了方便的解答,感觉到了把握形势的力量。久而久之,很容易养成一种习惯,接受一些可以免除他们思考之劳的简明论断"。快节奏的社会现实生活,"标签"实际上是"罐头"的另一种形式,人们不愿意多做深刻的思考,却轻易成为"娱乐至死"的生物群体,公众以标签把人分为形形色色、三六九等。

3."前10效应"和"沉默的螺旋"

诺利-纽曼在研究大众媒介对公众意见的影响效果方面曾提出"沉默的

螺旋"理论,诺利–纽曼认为,意见的表明和"沉默"的扩散是一个螺旋式的社会传播过程,一方的"沉默"造成另一方意见的增势,"大多数个人会力图避免由于单独持有某些态度和信念而产生的孤立",人们是否愿意对议题发表意见,主要取决于对意见气候的理解。在此事件中,女大学生利用微博发表求助信息,随后有她本人的采访报道,而且一开始有同学和目击者的证词,而反观老人一方,在初期一直处于昏迷状态,家属也没有利用媒体积极进行自我辩护。而且网络舆论中的"前10效应"表明,"对网络上出现的新闻事件,前10位网友的意见和评论决定了后续的数十甚至成百上千的意见和评论的内容和态度"。笔者观察微博、论坛和新闻的评论,前十位基本都是支持女大学生,批判老人的声音,在这种"先声夺人"的气势下,特定的意见被围观和跟随,于是在多种因素下,网民一边倒地支持女大学生。

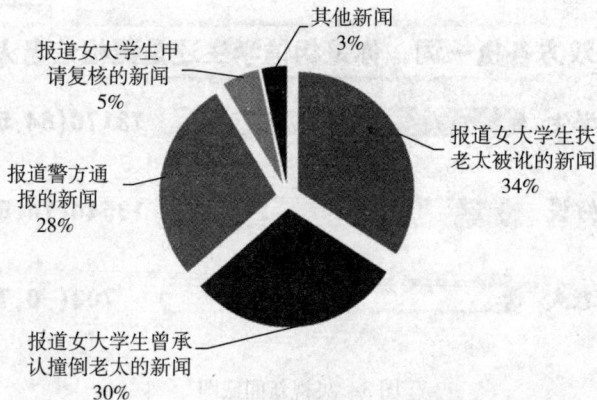

图4 蚁坊软件关于"安徽女大学生扶老人'被讹'"媒体报道分析图

随着前面网民大量的一边倒评论,后面的网民难免有从众的嫌疑,社会学认为从众是"因为真实或想象的群体压力而导致的",后期的从众者越来越多,形成声音越来越大的"马太效应",即强者越强、弱者越弱。塔尔德在《模仿律》中也指出模仿一旦开始,便以几何级数的增长速度疯狂传播。在报道分析图中报道女大学生被讹的新闻占34%,而且通过表格对比发现,大众传媒报道的标题具有高度类似性,甚至是好多家转载一家报纸的内容,只是"新瓶装旧酒"换换标题,同质性信息在大众传媒的传播下,"多数意见"成功地压制不同的声音,而且成功地构建了现实,而在"沉默的螺旋"下,老人一方却渐渐失声,新闻的报道也是偏向于"女大学生被讹"的导向,部分网民成了"沉默的大多数",公众和媒体一起排队,以狂欢的看客心理围观事件,舆论的风暴起来了。

（二）舆情发展期——舆论为何狂欢

9 月 15 日，报道称 3 名目击证人出来作证，证明女大学生撞人。9 月 17 日老人家属也称女大学生承认其撞老人，但也有人质疑证人念稿。笔者截取了这几天的重要新闻的标题，内容如下：

表 2　关于淮南女大学生扶老人的新闻标题（二）

日期	新闻来源	标题
9 月 15 日	澎湃新闻	淮南大学生称扶老太被讹　3 人自称目击者均指女生撞了老人
9 月 15 日	人民网	安徽女大学生称扶老太被讹　目击者：她曾承认撞人
9 月 16 日	人民日报	女大学生扶老太被讹剧情反转：目击者证明其撞人
9 月 17 日	中国网	淮南扶老案：目击者称女生撞老太，老太一方证人疑似照稿念
9 月 20 日	东方卫视	女大学生扶老人疑被讹　目击者作证确实被撞
9 月 22 日	法制晚报	淮南被撞老太儿媳：女大学生让我们帮她隐瞒事实

1. 意见领袖与公众共推议题

事件的起源只是女大学生个人发布"寻求证人"的微博，但随后的事态发展已经不是"个人议题"，而是在一个微博"舆论场"里面的"公共议题"，里面很大的原因是网络大 V 和基层群众的热情参与。

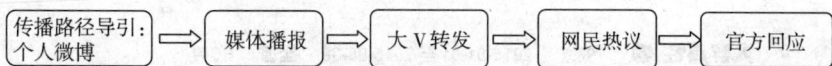

传播路径导引：个人微博 ⟹ 媒体播报 ⟹ 大 V 转发 ⟹ 网民热议 ⟹ 官方回应

拉扎斯菲尔德最早提出"意见领袖"的理论，他认为大众传播不是直接"流"向受众，而是要经过意见领袖这个中心环节即"信息是通过大众媒介传播到'意见领袖'，再从'意见领袖'扩散到其追随者中去"，在网络舆论传播中意见领袖的作用未减反增。个人微博发布以后，@澎湃新闻、@人民网、@新浪新闻等官方微博起到了推波助澜之势，而且一些媒体人的持续关注，也在引导着公众的舆论走向。勒庞曾把领袖当作"头羊"、把大众比作"羊群"来说明意见领袖的精神领导力量。

如果把领袖和公众比作金字塔，那么站在金字塔底端的公众言论，也是值得我们关注的，而且舆论的扩展很大程度是由于公众的推动。微博发出求助信息之后，舆论在三天时间得到大量的点赞、评论和转发，声势和规模好大，猝不及防，这种像崩玉米花式的爆发属于"爆米花"模式。"病毒式传播"成为微博话题快速传播的主要特征，感染源和感染群体是信息发生裂变式传播和扩散的主要原因,感染群体主要是参与议题的公众。公众的言论形成巨大的舆论风暴,微博中的"微内容"扩展到舆论风暴,是网络舆论"蝴蝶效应"作用下的结果。

2. 草民话语权和群体极化

通过分析图,可以明确看出,对于此事的关注大部分是普通民众占73.9%,达人占17.9%,而这两类人群正是草根阶层,他们占据了绝大部分的比例,即草根阶层占了91.8%。人民网安徽频道舆情监测研究中心发布的群体极化群体分析,中青年容易成为群体极化群体。作为草根阶层的公众,具有群体性、互动性、匿名性的特点,草民的话语权地位与日俱增,以一种强大的力量左右着舆论的发展,即使是在围观,也能形成"围观改变中国"的力量。但我们必须要擦亮审视的眼睛,群众的力量固然强大,但网络中的群众却可以通过极端言论掩盖部分受众的声音,网络是群体极化的高发源头,是极端主义的温床。

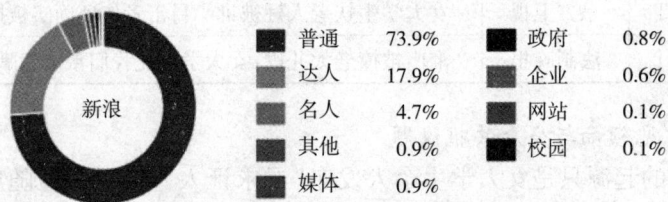

■ 普通	73.9%	■ 政府	0.8%
达人	17.9%	企业	0.6%
名人	4.7%	网站	0.1%
其他	0.9%	校园	0.1%
媒体	0.9%		

图5 蚁坊软件关于对此事关注人员身份分析图

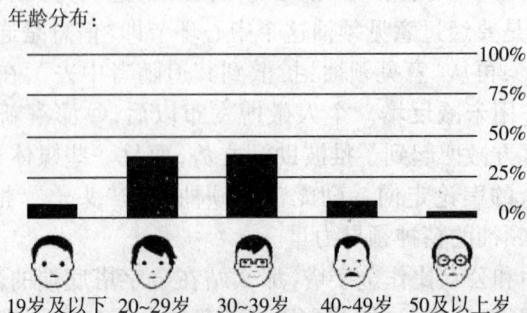

图6 人民网2015年上半年度安徽舆情分析报告人群属性分析图

自媒体更是为草民赋予了权利,在人人都有麦克风的时代,草民表达可以随意极端化,勒庞在《乌合之众》中指出,"聚集成群的人们,感情和思想总是会转到同一个方向,自觉的个性消失,形成一种集体心理……群体的无意识行为代替了个人的有意识行为,是目前这个时代的主要特征之一",在勒庞笔下群体已经成为"暴民"的代名词。群体极化是指在群体进行决策时,集体讨论往往会使群体中多数人的意见得到加强,群体极化也存在网络群体中,网络群体极化现象是一种"社会病",滋生出极端意见和不当行为,事件中网民对老人和女大学生的大规模攻击,都是网络群体极化的表现。网络成了"多数暴政"的常发地,部分网民在没有时空限制的网络空间,仿佛是插上了"魔鬼的触角",对事件双方都肆无忌惮地抨击和诋毁,人人手持心中圣旗,满脸红光走向"罪恶"。

(三)舆情消亡期——舆论为何任性

表3　关于淮南女大学生扶老人的新闻标题(三)

日期	新闻来源	标题
9月15日	天涯论坛	淮南女大学生扶老人　女生袁大宸微博连发六问,拷问公平和法制
9月23日	澎湃新闻网	安徽扶老人女生质疑警方责任认定:已申请复核
9月24日	沈阳晚报	安徽扶老人女大学生再发声　连发六问质疑警方责任认定
9月24日	京华时报	扶老女学生不满调查结果申请复核　老人儿媳:人要凭良心
9月24日	北京青年报	淮南扶老人女大学生申请复核　警方称5日内答复

舆论是共同公共意见的表达,是人类情绪的产物,情绪化的东西就带有人为的"任性",为何官方的解释却被公众质疑,并伴随着许多批评的声音,公众为何一直任性而不买政府的账,尽管政府一再声明会妥善处理。而声势浩大的舆论为何逐渐走向消亡,公众关注的结果是否就是最终真相,而公众的舆论却已耐不住"孩子气",迅速转移注意力,舆论却任性地无端开始、无由结束。舆论狂欢之后,是否该沉淀反思一下,舆论的后期还有我们值得关注的现象,要当心"塔西佗"陷阱和"烂尾新闻"。

1. 警惕"塔西佗"陷阱

官方发布的认定报告,却被网民一再质疑,甚至有很多反叛情绪,谩骂和批评之声不绝于耳,包括警察公布监控缺失重要证据和证人被指念稿时,都是群体舆情最激烈时。"彭宇案"时法官按照经验法则——"不是你撞,为何施救"进行撞老人的事实判定，这种判定饱受诟病，以至于后来网络上出现很多段子来讥讽法官的判定。社会公信力和正义感都是易碎品，在媒体和政府做过有损社会公信力的错误时，网民就很容易陷入"塔西佗"陷阱——"当政府不受欢迎的时候，好的政策与坏的政策都会同样地得罪人民"，虽然淮南市政府的判定不无道理，但网民却对此判定不买账。对于"淮南女大学生扶老人"案件，可以看到部分媒体的错误报道，已经损坏了公众民心，而政府的有关措施并不到位，并且在关键时候"失语"，"如果一味地采用'噤声失语'模式，政府刻意回避工作中的失误，'捂盖子'的鸵鸟政策只会激发谣言"。在"新仇旧恨"的夹击下，这一系列问题都加重了公众的不信任，包括警方最后的推理认证，警方的推理言论是："女大学生离老人最近，老人摔倒肯定有外力，所以肯定是女大学生的后轮导致其摔倒。"关于"相互有接触"的定论，一个结果可以对应多种原因，在缺少关键监控视频的情况下，警方就该拿出其他具有说服力的人证和物证，但时至今日，只有含糊不清的证据，而这证据连事发女大学生都不能心服口服，何以服民心！如果处理不当，在整个事件中，女大学生、老人、政府都是输家，媒体也不是赢家，整个社会都在为道德的过失买单！

2. 谨防新闻烂尾

9月22日女大学生继续发声，连问"我做错了吗"，事情持续发展，官方表示会进一步核实，简单的几个字并不能安抚公众的情绪。从百度指数的关注度分析图可以看出，事情的关注度已经大幅降低，按照法律程序，警方应该在5个工作日内给予答复，事件已过去近两月，最终仍未得出定论，前半程众声喧哗，后半截沉默是金，是"烂尾新闻"的天性。"烂尾新闻一般指曾引起广泛关注，并得到官方明确表态要积极介入查处，而经过一段时间后却没有结果的新闻事件"。笔者一直在持续关注事件的最新动态，但时至今日，女大学生申请复核之后，还没有新的进展报道，而最新的新闻报道也是上个月，不知道最后会不会像彭宇案一样过几年才真相大白，只怕新闻快餐化，只做表面浮夸的报道，而不深入实际进行连续报道。

笔者联想到当年彭宇案，最先的报道记者尽是"长枪短炮"，新闻版面也是"铺天盖地"，然而最后的结果却是不了了之，在公众支持彭宇的声音之中，在南京老太含冤之间，几年之后才有最后的报道。最后双方和解息事宁人，媒体没有进行纠正，以至于真相被埋没，多数民众一直被蒙蔽，公众被蒙蔽的时间太久了，媒体却没有担负让公众"耳聪目明"的功能，所以这次不能再犯错误了，在信息爆棚的时代，有没有终极版的报道，我们拭目以待。

（四）"我错了吗?"——我们错了！

9月22日女大学生公开发表言论，连问6个"我做错了吗"，问得媒体和

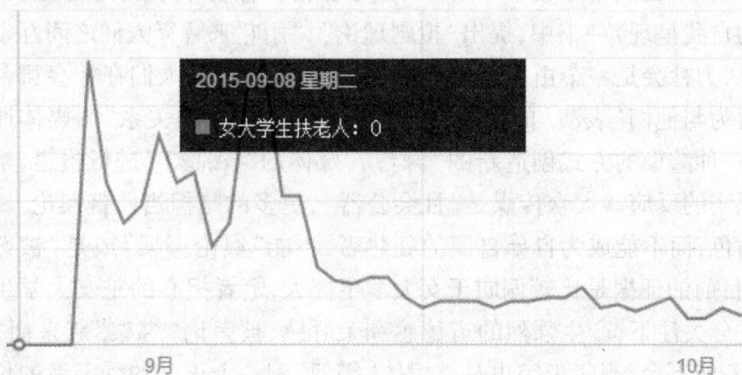

图7 百度指数关于女大学生扶老人事件关注趋势分析图

公众面面相觑,女大学生有没有做错在此不做解答,而媒体的很多错误却有目共睹,理应深深地反思,说一句:"我们错了。"

我们错了,我们制作标题时已经错了,"安徽大学生扶老人被讹",多么刺眼的标题！在"人咬狗"才是新闻的教条之下,雷锋做好事就不再是新闻,而老人做坏事才是新闻。新闻的把关反映了媒体从业人员的素养,把关的过程是对事实选择的过程,虽然包含有对利润的追逐,对发行量和收视率的追求,但不能本末倒置,应该站在受众的角度考虑问题,包括当事者双方,"不然换谁谁都会很气愤"。在信息获取上,记者缺乏质疑精神,没有用专业的新闻视角和社会经验进行判断与筛选,同时在新媒体环境下,新闻的快速生产和发布,也让事实的核对变得更加困难,但能做到"难中求真",才是我们千秋万代不变的素养。

笔者最关注的是女大学生的另一"天问"——"有矛盾就有舆论,不是吗？对方家属顶着巨大的舆论压力指证我的时候,媒体又加大报道,于是很多人开始指责我",看似"满纸荒唐言",笔者却只看到了"舆论矛盾"一词。我从来不愿以最坏的恶意来揣测媒体人,正如前面所提这是"刻板成见"在作怪,但富有正直感和责任心的媒体人,还是要尽量剔除记者的感情因素和固有成见。大众媒体议题的设置也不能只关注一方,造成信息的不平衡,要让事件的双方都有话语权,共同发声以促进事实真相暴露。"大众传播媒介在'现实环境'和'媒介环境'之间充当'中介'角色,为受众塑造'媒介环境'",话虽如此,但为什么当事双方明明想和平解决,而新闻的呈现却是双方矛盾重重,众多网民先是骂完老人再骂女大学生,最后也骂政府,包括网友互相对骂,导致最后整个社会都剑拔弩张。

一个社会的集体冷漠和集体狂热都是病态的社会现象,在这个新闻事件的考场中,我们错了,我们很多人都不及格。社会学家戈夫曼在《日常生活中的自我呈现》一书中,提出"拟剧理论","用它来解释人们之间互动的力学,他认为社会是一个由多重剧幕组合成的大舞台,而人们在社会舞台上的角色行为与他们'表演'的区域——社会情境有很大的关系"。媒体通过报道,以一种渲染的方式创造新的"舞台",媒体的"探照灯"进行报道,给受众一种现实的反应。大众传媒是"社会公器",更多的是担当监督舆论、协调社会的角色,而不能成为自导自演的狂热者,不能"舆论绑架"或是"被舆论绑架"。目前的证据是比较偏向于女大学生撞人,笔者担心的是女大学生在媒体的过分关注下,产生强烈的道德感和荣辱感,被舆论"绑架"起来而"步步惊心"不能下台,当年彭宇也是被媒体"绑架"到一个正义的受害者的位置之上,连他自己也开始翻供,多年之后才改口认罪。这个世界不是非黑即白,人类也不是非坏即好,新闻报道时是否应该更加注重人性的思考,新闻不是"时间、地点、人物"的机械相加,构成新闻的宏达背景和综合情感也是我们考虑的因素,我们走得太远了,可别忘了新闻更多的时候是对人的报道,是人在做报道。

参考文献:

[1] 肖罗娜. 逆转新闻成因及其治理策略[J]. 西部广播电视,2015(15):52-53.

[2] 刘建明. 舆论传播[M]. 北京:清华大学出版社,2001:1.

[3] 熊友华. 社会冲突事件中的群体心理分析[J]. 成都大学学报:社会科学版,2013(5):7-12.

[4] 李艳. 女大学生形象的媒介塑造分析[J]. 新闻世界,2010(S2):97-98.

[5] 李普曼. 舆论学[M]. 北京:华夏出版社,1922:238.

[6] 斯泰宾. 有效思维[M]. 上海:商务印书馆,2008:70.

[7] 张春华. 网络舆情:社会学的阐释[M]. 北京:社会科学文献出版社,2012:23.

[8] [美]尼尔·波兹曼. 娱乐至死[M]. 章艳,译. 桂林:广西师范大学出版社,2004:35.

[9] 李良荣. 网络舆论中的"前10"效应[J]. 新闻记者,2013(02):50-53.

[10] 文远竹. 转型中的微力量:微博公共事件中的公众参与[M]. 广州:世界图书出版广东有限公司,2014:58.

[11] 熊一丹. 解读群体心理[J]. 新闻世界,2014(8):290-291.

[12] 燕道成. 群体性事件中的网络舆情研究[M]. 北京:新华出版社,2010:51,143.

[13] 王建珂. 新闻烂尾,媒体有责[J]. 青年记者,2015(06):91.

[14] 张记洁. 用戈夫曼的拟剧理论浅析虚拟社交网络社会中的社会互动行为[J]. 社会心理科学,2015(Z1):21-23.

[15] 袁军. 媒介素养教育论[M]. 北京:中国传媒出版社,2010:71.

媒介·权利·表达：新闻传播与网络化社会

突发性事件中微博场域的舆论协商与对抗

——基于政府、媒体、意见领袖微博在天津滨海新区爆炸案中的文本分析

（孙志鹏　华中师范大学）

摘　要：本文以"8·12天津滨海新区爆炸事故"中新浪微博的三个样本微博为数据基础，对突发性事件中微博场域舆论的构成和分布形态、构成要素、生成机制进行了分析，并对政务微博、媒体微博和意见领袖微博在突发性事件中所发的微博，从宏观和微观角度进行了解读，分析了三类微博在突发性事件中的框架。分析表明，在微博发布的时间分布、内容形式、消息来源、传播效力、微博的倾向性和主题分布上有着不同甚至是对抗的情况。通过对三类微博的文本进行分析后，本文还发现三类微博在对抗的同时，也存在着协商和统一。最后，本文还对在突发性事件中微博舆论场如何改进提出了一些建议。

关键词：天津爆炸；微博；舆论场；突发事件

一、研究背景与目的

微博自2010年以来，作为一种新型的互联网应用，开始在社会公共领域频频发力，并迅速成为突发事件的舆论中心之一。从"7·23温州动车事故"开始，微博凭借其简易性、即时性、便捷性、裂变性、互动性等特点成为公共事件中的重要的信息传播平台。

突发事件指突然发生、造成或者可能造成严重社会危害、需要采取应急处置措施予以应对的自然灾害、事故灾害、公共卫生事件和社会安全事件[1]。作为发生在社会中的某种负面紧张现象，突然事件一般会在社会舆

论中引起轩然大波,并形成突发事件舆论。同时,一些偶发性、地区性的突发事件,在微博的舆论场上借助微博这一发声工具而被瞬间引爆,突发事件的负面意义远超事件本身,进而演变成公共危机事件。

而在突发事件中,有关事件的各方也在微博上争夺舆论场,力图在微博上发声引导舆论。其中以政府为主导的政务微博由于其官方身份属性无疑最具权威性;媒体微博则凭借其强大的采编力量,不断在微博上发出有深度的调查性报道;而意见领袖作为一个个体,则大多数以一个公民的身份对突发事件发表观点,进而引导舆论。本文将以在某一突发事件中的新浪微博调查数据为基础,对突发事件中微博的框架表达特点、微博舆论的构成等问题进行探究,并进而分析出在微博这一舆论场中不同性质微博间的博弈以及差异。

二、研究对象

2015 年 8 月 12 日 23:30 左右,位于天津滨海新区塘沽开发区的天津东疆保税港区瑞海国际物流有限公司所属危险品仓库发生爆炸。截止到 2015 年 9 月 11 日下午 3 点,天津港"8·12"爆炸共发现遇难者总人数已升至 165 人。

天津滨海新区爆炸发生后,立即在微博上点燃了舆论。根据微博查找功能显示,以"天津爆炸"为关键词,在 8 月 12 日到 9 月 12 日的一个月间共有 66941357 条关于天津滨海新区爆炸的微博,显然人们对天津滨海新区爆炸案给予了高度的关注[2]。由于天津滨海爆炸具备着明显的偶发性突发事件的特征,并且也引发了强烈的社会关注和舆论影响,而在各大微博中该事件也在较长时间内位居话题榜前列。因此,本文将以在天津滨海新区爆炸中的微博为分析样本进行分析,其微博舆论具有代表性。

由于天津滨海新区爆炸这一突发事件在微博上所引起的轩然大波,过多的样本给数据搜集带来了困难。因此,本文将研究对象定位于目前我国最大的微博平台——新浪微博中的 3 类微博,即在该事件中的政务微博、媒体微博和意见领袖微博,对这 3 类微博在突发事件期间所发布的微博进行分析,展开研究。

基于此,本文采用框架理论,结合内容分析法分析在天津滨海新区爆炸事件中,政务微博、专业媒体微博以及意见领袖微博使用何种框架来呈现新闻事实、发表观点,又是如何建构该事件并对舆论产生影响的。

文本资料收集:按照事件发生和演进的过程,将研究样本定于 2015 年 8 月 13 日到 2015 年 8 月 19 日共 7 天内"天津发布""人民日报""思想聚焦"

微博中发布所有关于天津滨海新区爆炸事件的微博文本。

其中"天津发布"是天津市人民政府新闻办公室的官方微博,在天津滨海新区爆炸事故中承担了信息发布的重大任务,许多有关事故进展以及新闻发布会的情况都是通过"天津发布"告知公众的。

"人民日报"是《人民日报》的官方微博,自2012年创办以来凭借着其母报强大的采编力量以及自身新媒体部门的优秀策划,很快成为我国拥有最强传播能力的微博平台。

"思想聚焦"是浙江校导网编辑吴雁的个人微博,其自进入微博社区以来,凭借着尖锐的评论和有思想的观点得到了很多人的关注,并逐步成为网络大V。作为一名舆论领袖,她对于时事非常关注,并且通过转发和直接发布的形式将事件以及自己的观点传播给受众。

本文选取三类微博的标准为:是"政务性微博""官方媒体微博""意见领袖"微博的代表性微博,拥有较大的粉丝量,发布微博的频率较高,在微博场域中有着一定话语权。三类微博的基本情况见表1:

表1 三类微博基本情况

	微博类型	粉丝量	所发微博数	创办时间
天津发布	政务性微博	1666443	26509	2011.12.2
人民日报	官方媒体微博	39000650	51582	2012.7.22
思想聚焦	意见领袖微博	11330000	48514	2011.4.13

三、研究方法和思路

本文采用内容分析法以及文本分析法结合框架理论,对"典型人物"报道进行分析。

(一)主要研究思路

对2015年8月13日到8月19日的一周内"人民日报""天津发布""思想聚焦"三个微博有关"天津爆炸"的相关微博文本进行提取,通过类目构建对三类样本微博进行数据统计、内容分析和框架构建,并最终得出有关三类微博在微博舆论场中的博弈情况。

(二)类目构建

为了提高本研究的信度和效度,并能够达到在客观条件下认识在突发事件中的不同类型微博间的妥协与博弈,本文将从微观和宏观两个角度对样本微博进行分析和解读：①微观角度，即对三类微博在突发事件期间所发微博的相关情况展开分析；②宏观角度，即对不同类型微博的总体特征以及其构建引导的舆论进行探究。

基于此，本文的对三类微博的研究类目构建如下：

1. 微观角度

（1）发布时间、数量：从 8 月 13 日到 8 月 19 日的一周内，"天津发布""人民日报""思想聚焦"三个微博关于天津滨海新区爆炸事故所发微博的总数，以及各个微博媒体所发微博的数量。

（2）发布的内容形式、体裁："天津发布""人民日报""思想聚焦"微博所发微博的具体呈现形式。

（3）消息来源：微博信息来源于哪方面的信源。

（4）传播效力：转发点赞评论情况，指各个微博在天津滨海新区爆炸事故中的传播效力，通过微博的转发、点赞、评论具体体现出来。

2. 宏观角度

（1）微博的倾向性：指三个不同属性的微博所发布信息的倾向性，分为正面、中立和负面倾向。

（2）发布的主题：指三个微博的内容所涉及的各个方面。

四、框架分析比较

（一）微观角度

1. 微博发布时间及数量对比

2015 年 8 月 12 日 23:25，天津滨海新区发生剧烈爆炸。在事故发生后，第一时间将该事件披露出来的不是官方，也不是媒体，而是微博上的个体用户。微博账号@ 小宝最爱旻旻于当夜 23:26 发布了首条爆炸现场的视频微博，随后在事故发生后的 30 分钟内，居住于爆炸中心附近的居民纷纷在微博上发布文字、图片或视频微博。从时效性角度来说，具有自媒体性质的个人微博在天津滨海新区爆炸事件初期凭着其即时性的优势占得了先机。之后国内外各大电视台所引用的爆炸画面也多来自微博网友的视频微博[3]。

而本文所分析的"天津发布"微博、"人民日报"微博和"思想聚焦"微博都是从 8 月 13 日凌晨开始关注天津滨海新区爆炸事件的。从 8 月 13 日到 8 月 19 日的一周内，"天津发布"作为天津市政府的官方微博共发布有关天津滨海新区爆炸事件的微博 312 条；"人民日报"微博发布有关事件微博数为 143 条；作为微博意见领袖的"思想聚焦"则发布微博 51 条。单从微博发布数量看,"天津发布"微博在事件发生后一直持续关注着该事件。

而从三个微博有关该事件的走势图(图1)中可以发现,事故发生后三个微博都对该事件进行了集中的关注,在8月13日当天都发布了大量有关微博,"天津发布"和"人民日报"几乎以每半小时一条有关微博的频率发布相关信息。但在之后的一周内,三个微博有关该事件的微博发布数量出现了分化,"天津发布"发布相关微博的数量在之后的一周内一直持续增加,而"人民日报"和"思想聚焦"微博有关事件的报道则开始持续下降,特别意见领袖"思想聚焦"在8月15日之后,有关天津滨海新区爆炸的微博都在5条以下。

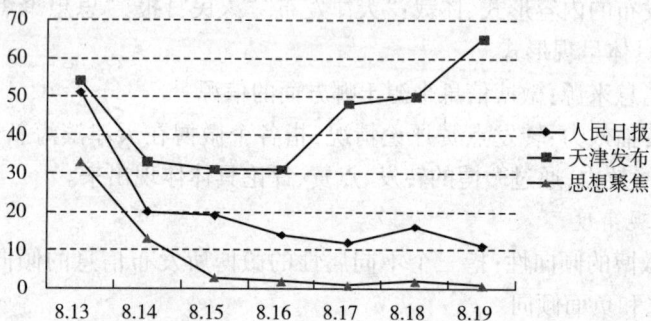

图1　微博数量走势图

2. 发布形式分析

微博平台所固有的传播特点和功能,为突发性事件的发布和报道提供了多种多样的报道形式,主要包括纯文字发布、文字+图片发布、文字+视频发布这三类。

在天津滨海新区爆炸事件中,"天津发布"微博、"人民日报"微博和"思想聚焦"微博都以多样的形式进行微博发布。见表2所列,在此次事件中"天津发布"微博、"人民日报"微博和"思想聚焦"微博都是将"文字+图片"作为它们发布微博的主要形式,所占比例均在60%以上,其中很多微博都配以了事故现场的图片,极大地扩充了微博的信息量,弥补了纯文字微博的不足。但是"天津发布"微博的纯文字微博比较多,占到了33%的比例,这一方面说明"天津发布"的微博主要以有关事故的公告和发布会内容为主,另一方面也说明政务微博在引导舆论、提升受众观感上还有不足。

表2　微博文本发布形式

	纯文字	文字+图片	文字+视频
天津发布(312)	103(33%)	193(62%)	16(5%)

媒介·权利·表达:新闻传播与网络化社会

（续表）

	纯文字	文字+图片	文字+视频
人民日报（143）	8（5%）	120（84%）	15（11%）
思想聚焦（51）	5（10%）	43（84%）	3（6%）

3. 消息来源

在天津滨海新区爆炸事故中，"天津发布"微博、"人民日报"微博和"思想聚焦"微博关于事故所发微博的消息来源主要有政府及政府官员、媒体、社会组织、网络及网友四类。

如表3和图2所示，三个微博的消息来源分布出现了耐人寻味的分化现象。政务微博"天津发布"的消息来源主要是政府及官员，这与其是天津市政府的官方微博有关。"天津发布"的微博主要来源为天津市政府的发布会以及各级政府官员所作出的指示，体现了其作为政务微博对于官方信源的依赖性。

表3　微博文本来源

	政府及官员	社会组织	媒体报道	网络及网友	总计
天津发布	287（92%）	20（6%）	0（0）	5（2%）	312（100%）
人民日报	51（36%）	5（3%）	70（49%）	17（12%）	143（100%）
思想聚焦	5（10%）	2（4%）	20（39%）	24（47%）	51（100%）

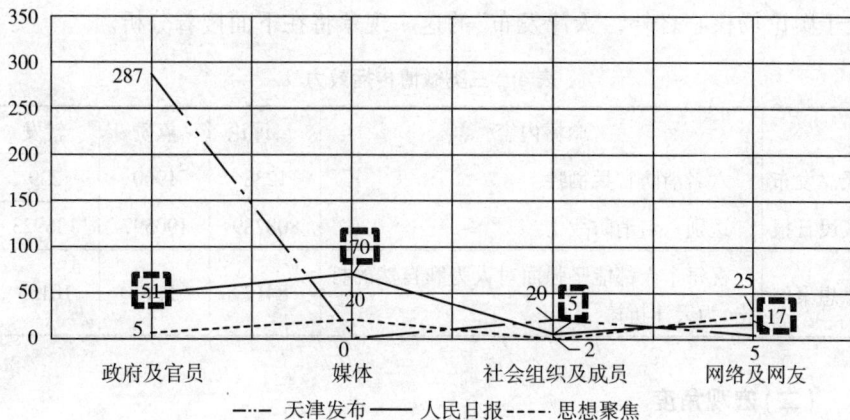

图2　微博文本来源分布图

而"人民日报"微博则与"天津发布"在消息来源上最大的区别在于，其引用的消息来源绝大多数来源于媒体。通过对其微博文本的分析可以发现,其发布的微博多来自于人民日报的记者所采写的新闻,并第一时间将新闻要点发布于微博上。

而"思想聚焦"微博作为一个意见领袖,其微博的消息来源则以网络消息为主。相较于"天津发布"和"人民日报","思想聚焦"微博的消息来源更为"草根",也更为多元化,其引用的消息来源有事故发生时的见证者,也有其他的微博意见领袖,这样一种消息来源使其的微博较其他两个微博的观点更为新颖。当然,其消息来源的公信力还有待进一步探究。

4. 传播效力:转发、点赞、评论的情况

天津滨海新区爆炸事故发生后,震惊全国。而关于事故的信息传播也因为通过网络,从而以"树根桩"多级散射式快速散射,传播效力惊人。而微博的交互性主要体现于每条微博能够"转发""评论""点赞"上,那么通过对"天津发布"微博、"人民日报"微博和"思想聚焦"微博的分析可以探究出三种不同类型微博在突发事件中的传播效力到底如何。

通过对微博数据的提取和分析得出了三个微博在关于事故的微博中"转发""评论""点赞"最多的一条微博。见表4所列,通过对三个微博的量化分析可以发现,人民日报微博其传播效力应该是最为强大的,评论、点赞、转发都在 10 万以上,特别是评论竟然达到 80 余万。而作为政府官方微博的"天津发布",虽然掌握着官方的话语权,拥有较为核心的信息来源,但其传播效力较"人民日报"就微乎其微了,几乎只是"人民日报"评论量的一个零头,甚至还不如意见领袖"思想聚焦"的话语权。虽然身处事故的最核心,却处于舆论场核心之外,"天津发布"的这一现象将在下面接着分析。

表4　三类微博传播效力

微博内容		评论	点赞	转发
天津发布	六名消防官兵牺牲	1238	1900	239
人民日报	送别六名消防战士	808789	190597	136923
思想聚焦	祝每个人都能坚强面对人为和自然的打击,为天津祈祷	8417	1717	10155

(二)宏观角度

1. 微博的倾向性

不同的传播者由于自身立场、所属性质和价值观的不同,其在进行信息传播时,也会有一定的倾向性,从而影响到其信息传播的框架。

本文将"天津发布""人民日报""思想聚焦"在关于天津滨海新区爆炸事件中的微博按照其倾向性分为了正面态度、中立态度、消息态度。通过对文本和数据的分析,结果如表5和图3所示。由图3可以发现,"天津发布""人民日报"在关于天津滨海新区爆炸事故的微博发布中主要还是以中立倾向为主,侧重于客观地报道事故本身的情况以及救援情况。其中从"人民日报"总体来说,中立客观的微博发布所占比例最大(61.5%),这与媒体要客观公正地报道事实的新闻专业主义有关,应该说"人民日报"也基本遵守了这一准则。

而"天津发布"虽然中立性微博的总数量最多,但其正面倾向的微博也是总量最多,而负面倾向的报道最少,主要集中于正能量的宣传鼓动以及对逝者的哀悼,而对事故原因的披露,对事故的追责方面的信息极少发布。这说明"天津发布"作为天津当地的官方政务微博,由于其属性特别,因而主要集中于发布事故救援情况和鼓动民众的微博。

而"思想聚焦"这一微博意见领袖则在此表现出了与"人民日报"和"天津发布"微博截然不同的倾向,其对于天津滨海新区爆炸事故的微博中,负面倾向的微博总数量最多,比重也最大。其微博主要集中于对事故的发生原因背景的探究,并要求揭露事件真相,追责责任人。可见作为自媒体的意见领袖,"思想聚焦"更多侧重于对事故本身的探寻。

表5 微博文本倾向性

	正面	中立	负面	总计
天津发布	84(27%)	210(67%)	20(6%)	314
人民日报	30(22%)	88(65%)	17(13%)	135
思想聚焦	15(29%)	17(33%)	19(38%)	51

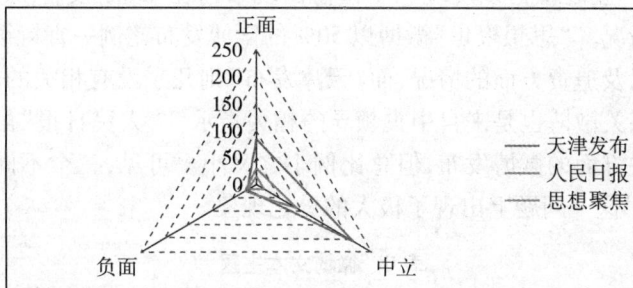

图3 微博文本倾向性分布图

2. 微博内容的主题

主题是一条微博的核心，涉及的是一条微博说的是什么，也是微博作者中心思想的集中体现[4]。在对原始数据阅读分类的基础上，建立了七个主体框架。"天津发布""人民日报""思想聚焦"在天津滨海新区爆炸事故中的微博基本上都是围绕着这七个方面所发布的，具体如下：事故进展及救援情况、政府及官员、遇难者信息、致敬祈福、相关知识、问责追责、辟谣。

通过对"天津发布""人民日报""思想聚焦"微博的文本分析和关键词提炼，得出统计结果见表6和图4。根据图4可以发现，"天津发布""人民日报""思想聚焦"三个微博所发布的信息主要集中于关于事故进展和救援信息方面。其中，"天津发布"关于进展情况方面的微博达到了65%的比例，可见其作为当地的政务微博，在信息披露上占据了主导地位。"天津发布"关于事故新闻发布会和天津消防局及相关部门的发布信息及时进行了更新，使民众能第一时间得知事件的最新进展。

而对于政府部门及官员在事故中的相关信息，"人民日报"和"天津发布"微博也进行了大量的发布，其中以"天津发布"的相关报道最为密集。这一点也在一定程度上为网友所诟病，因为在重大责任事故中，对于政府及领导的相关指示进行发布必然会在一定程度上削弱对事故本身的关注度，更有可能会使事故真相渐渐被人们所遗忘。从这一角度分析，也可以理解为什么"天津发布"作为政务微博却传播效力较低的原因了。

在"遇难者信息"和"致敬祈福"这两个主题中，三个微博都给予了一定关注，主要集中于对牺牲的消防官兵的相关报道。尤其是在事故发生的前两天。三个微博都以"点蜡烛"或者"爱心"的方式表达了对牺牲消防战士的哀悼，或者对失联消防战士的想念，相关微博都得到了网友的大量转发。

而另一个关于天津滨海新区爆炸事故的核心问题即为对相关责任人的追责，在这一主题上可以发现三个微博出现了与在"政府及官员"主题上截然不同的情况。"思想聚焦"微博以50%的微博发布比例一直持续关注着对事故原因以及追责方面的情况，而"天津发布"则几乎没有相关的微博发布，区区3篇相关微博也是来自中央领导的相关指示。"人民日报"虽然也进行了一些相关方面的微博发布，但总比例小之又小。可见，三个不同类型的微博在"追责"这一问题上出现了极大的分化现象。

表6　微博文本主题

	天津发布	人民日报	思想聚焦
事故进展及救援情况	204（65%）	51（38%）	15（29%）

（续表）

	天津发布	人民日报	思想聚焦
政府及官员	60(19%)	14(10%)	2(4%)
遇难者信息	25(8%)	20(15%)	10(20%)
致敬祈福	20(6%)	17(13%)	5(10%)
相关知识	1(0.6%)	7(4%)	2(4%)
问责追责	2(0.7%)	16(13%)	16(31%)
辟谣	2(0.7%)	10(7%)	1(2%)
总计	314(10%)	135(100%)	51(100%)

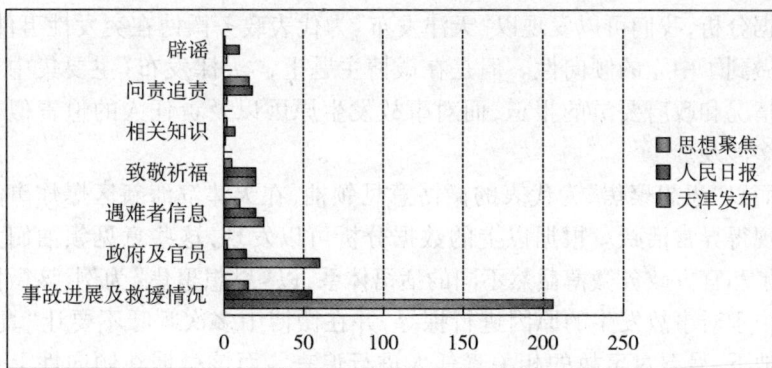

图4　微博文本主题分布图

五、三个舆论场的协商与对抗

　　基于运用框架理论,结合内容分析法分析在天津滨海新区爆炸事件中"天津发布""人民日报""思想聚焦"三个微博的数据,可以基本得出三类微博使用何种框架来呈现新闻事实、发表观点,又是如何建构该事件并对舆论产生影响的。

　　同时,通过以上的数据分析,我们已经可以判断出政务微博、专业媒体微博以及意见领袖微博,作为三种不同属性的微博在突发性事件"天津滨海新区爆炸事故"这一舆论场中,其作用和影响并不是相同的,有时甚至是截然不同的。

　　那么,就像新华社原总编南振中所说"目前我国存在着两个舆论场,一个是民间话语舆论场,另一个是官方话语舆论场"一样,在突发性事件中,同样存在着不同的舆论场之间的博弈与妥协。而在天津滨海新区爆炸事故中,由以"天津发布"为代表的官方政府舆论场和以"人民日报"为代表的专业媒体舆论场,以及以"思想聚焦"为代表的草根意见领袖所构建的舆论场。这三类微博,在突发性事件发生后不断地发布信息、引导舆论,也左右着人们的判断。那么本文将研究具体阶段三类微博是如何在突发性事件中协商与对抗的。

(一)官方⟷意见领袖:激烈的对抗与奇妙的倒逼机制

官方的政务微博拥有的最大优势便在于其自身独特的政治背景,可以使其在突发性事件中成为最早也是最能接触核心信息的微博。而通过其微博,可以迅速地将有关事件的核心信息在第一时间向外界披露。通过之前的数据分析,我们可以发现以"天津发布"为代表政务微博在突发性事件中,基本做到了中立的倾向性。但是在微博主题上,"天津发布"主要集中于对事故情况和政府要员的报道,而对事故发生原因以及责任人的追责似乎没有太多涉及。

而以"思想聚焦"为代表的微博意见领袖,在天津滨海新区爆炸事故中则表现得异常活跃。根据以上的数据分析可以发现,这些意见领袖们大多采取了和官方政务微博截然不同的话语体系,以"思想聚焦"为例,该微博主要集中于对事故发生的原因进行探寻,并在微博中多次呼吁不要让"真相"沉于地下,号召对事故的相关责任人进行追查。而该微博在倾向性上也多倾向于负面性。

可见,在官方政务微博与草根意见领袖间,有着较大的鸿沟,两类微博在舆论场上发生了激烈的冲撞。但是不可否认的是,两类微博所构建的彼此舆论场,除了对抗同样也有妥协和不可避免的依赖。

以"思想聚焦"为例,虽然该微博发布了大量呼吁对事件真相披露的微博,也经常会在微博上要求查处责任人。但是不可否认的是,正是由于以"天津发布"为代表的政务微博及时迅速地将事故进展情况向外界发布,"思想聚焦"才能有机会在第一时间就得到关于事故的最新情况,也就有了更迅速及时发表自己意见的可能性。

而在另一方面,微博给社会带来的最大的变化之一便是,传播过程中传受双方能及时地进行沟通,实现双向互动。[5]在天津滨海新区爆炸事故最初,天津当地的媒体以及政府是处于失语状态的,任凭外界舆论纷纷扰扰。而随着类似于"思想聚焦"不断地发布微博,甚至开始质疑当地政府的救援能力,天津当地媒体在舆论压力下也开始大幅度地报道事故。可见,微博意见领袖们实现了以舆论倒逼政府的"倒逼机制"。比如在天津滨海新区爆炸事故的发布会上，最初是没有公开报道记者提问环节的。但是由于广大意见领袖们在微博上的质疑，从第八场发布会开始，"天津发布"也开始直播关于发布会记者提问环节的实时情况了，有效地实现了传受双方的交互性。

（二）官方←→专业媒体：和而不同

相比于官方政务微博与草根意见领袖所构建的较为激烈的舆论场，官方政务微博和专业化媒体微博在微博这一舆论高地上虽也有冲突，但总体上来说还是较为平缓的。

天津滨海新区爆炸事故发生后，"人民日报"微博是"天津发布""人民日报""思想聚焦"三个微博中第一个开始进行报道的。根据之前的量化分析我们可以看出，"人民日报"微博凭其巨大的粉丝量以及专业化的新媒体报道队伍在突发性事件的舆论场中占据着重要地位。"人民日报"与"天津发布"一样不遗余力地及时迅速报道有关事故的信息，应该说"人民日报"凭借着其强大的关注度在事故发展中起到了良好的传播效力。同时，相较于"天津发布"相对传统的信息发布方式，"人民日报"微博能够运用巧妙的宣传技巧，使信息能够更容易被网友所接受。

当前我们的专业化媒体基本都是属于党委领导下的新闻单位，因而即使是商业化的媒体，其所属关系也基本上都有着官方背景。但这并不意味着专业化媒体会和官方在突发性事件中绝对统一，这一点在中央级媒体《人民日报》下属的"人民日报"微博上也体现得非常明显。

虽然相较于"思想聚焦"往往犀利而又尖锐的质疑，"人民日报"微博显得要平和、中立很多，但是"人民日报"也是以客观、真实的新闻专业主义对事故的全貌进行了发布，相比之下能较之"思想聚焦"和"天津发布"更加客观、中立地将事故展现在网友面前，既避免了统一口径式的宣传，也避免了"尖酸""讽刺"式的质疑。"人民日报"微博用一种温和的方式实现了对事件的追本溯源，同时其凭借着强大的采编队伍也能发出更有深度、更有代表性的质疑声音。比如，在"思想聚焦"这类的意见领袖还在质疑事故原因时，"人民日报"微博已经开始剖析事故责任公司的背景了，这就说明专业化的媒体还是能够在突发性事件面前实现"专业化""集团化"的集中报道和调查。

可见，由于官方政务微博与专业化媒体同属"体制内"，所以二者在舆论引导、议程设置上都有着相似性。在当前我国的舆论环境现状下，以"人民日报"微博为代表的专业化媒体微博对突发性事件的呈现不能完全摆脱官方的意识形态，但是专业化媒体在微博这一五光十色的舆论场上，也在坚守着新闻专业主义,不断地突破自己,不断地去追寻真相。

（三）专业化媒体←——→意见领袖：交互传播、互为补充

相较于官方的政务微博与专业化媒体微博和微博意见领袖间的关系,专业化媒体微博与微博意见领袖的关系就要和谐许多。

"人民日报"和"思想聚焦"两个微博在天津滨海新区爆炸事故中,都对事件进行了大量的信息发布。虽然"人民日报"更倾向于正能量式的信息,通过对救援活动、政府及官员的信息发布来引导舆论,设置议程,而"思想聚焦"更倾向于对事故的问责和真相探寻,但是二者从总体来说是交互传播、互为补充的关系[6]。

一方面,"人民日报"微博通过与"天津发布"相似的传播路径,将有关事故的消息在微博上进行发布,并运用相对高超的传播技巧使其能够得到大量转发和评论,形成了良好的传播效力。以"思想聚焦"为代表的意见领袖们对事故的报道,也大多从这些具有公信力的媒体微博上获得。

另一方面,意见领袖作为活跃在人际传播网络中经常为他人提供意见、观点、建议的人,其对于事件的发展以及舆论场的变化也起到了极大的推动作用。少数意见领袖凭借着其巨大的粉丝量能够将自己的言论和观点在微博上广泛传播。在天津滨海新区爆炸事故这一突发事件中,"思想聚焦"在通过媒体微博或者官方信息公布后,获得了事故有关的信息。但是,"思想聚焦"并不仅仅是信息的传播,更是信息的加工者,它通过自己对事故信息的解读、分析和加工,使信息开始具备了"思想聚焦"自身的观点成分,并通过其粉丝的传播而在微博这一舆论场上广为流传。

最终,当以"思想聚焦"为代表的意见领袖们对事故所发表的观点在微博上形成一种潮流时,意见领袖们的这种观点其实也在潜移默化中成为事故进展中的一部分了。如"思想聚焦"和其他意见领袖们呼吁公开涉事公司的经营情况时,当这一呼吁已在微博舆论场上达成共识时,"人民日报"微博便在其微博上公开其对涉事公司情况的调查,满足了意见领袖和广大网民的呼吁。

这种"专业化媒体发布信息—意见领袖加工信息—形成舆论共识—专业化媒体跟进"的微博舆论场的传播机制实现了"专业化媒体微博"与"微博意见领袖"间的良性沟通机制,也为构建一个和谐的舆论场提供了可能。

六、结论与建议

突发事件大多造成了严重社会危害,需要采取应急处置措施,因而也必

然会引起社会的强烈关注。在信息发布门槛较低、高效率互动的背景下，微博及其他的新媒体工具为突发事件舆论提供了"武器"。在"微博时代"，人们也不再仅仅满足于对官方信息的需求，人们开始更多地尝试去思考，去探寻掩藏在事故表面之下的真相。而借助微博，多样化的信息无时无刻不在冲击着人们，也改变着传统的突发事件中的话语体系。

通过对"8·12天津滨海新区爆炸事故"这一突发事件中分属官方政务微博、专业化媒体微博和意见领袖微博的数据进行统计，对其框架进行分析，基本可以得出以下结论：

（一）政务性微博要更注重引导舆论，设置议程

尽管目前各级政府在突发事件面前，较之以往能够及时迅速地披露事实，公开信息。但是，作为政府发布信息最有效工具的政务微博在引导舆论上还有很大的提升空间。[7]这与政务微博责任缺失有很大关系，在突发事件中政务微博决不能仅仅以发布信息为目标。而是要以第一时间抢占舆论高地，以争取话语权为目标。通过议程设置引导舆论，在确保真实全面披露真相的前提下，注重传播技巧，提升传播效力。

在天津滨海新区爆炸事故中，天津政府在信息披露中相较于以往有很大的进步，通过新闻发布会以及新媒体的方式对事故进展情况进行了大量的发布。但在整个事件中，在微博这样一个庞大的虚拟舆论场中，以"天津发布"为代表的政务性微博并没有占据主导性地位。以"人民日报"和"思想聚焦"为代表的媒体微博和意见领袖们通过新闻采集、质疑等方式在很大程度上夺走了本该属于"天津发布"的舆论话语权。

因而，政务性微博如果想在突发性事件中占据主动，主导有关事件的舆论走向，就必须要摒弃用"传统新闻发布"来生搬硬套新媒体信息发布的窠臼。通过创新传播方式，用更具有技巧性的方法来吸引受众的注意力，通过更加全面的信息发布和有公信力的信息来夺取舆论高地。

（二）专业化媒体微博要更加追求真相

专业化媒体相比于政务微博，基本能做到客观真实地发布信息的情况下，从宏观角度对事件进行解读。但是如"人民日报"在内的大批专业化媒体微博还是在突发事件中不能摆脱"正面化"的窠臼，在进行微博发布时，一定要将突发性事件中的救援信息等作为一个突出点，在此"规定动作"的基础上才进行"自选动作"。这种背离了"受众需求"的传播观点也使其在舆论场上难以时刻占据主导，有时甚至被草根网民们的意见所左右。

因而，以"人民日报"为代表的媒体微博需要借助母报强大的采编力量，不仅仅做到信息披露，更要做到"舆论引导"。通过自身对事实的采集来引

导微博上的舆论向正规发展。

(三)微博意见领袖要理性引导舆论

相较于政务性微博和媒体微博,作为自媒体的微博意见领袖们并没有单位需要挂靠,其信息发布也只是依靠个人的意见集合。因而,意见领袖在微博上进行信息发布时,大多凭借其尖锐的观点意见赢得了大量关注。由于自身的身份特性加上个人运行,所以意见领袖们大多在公共事件中采取质疑的话语体系应对官方新媒体的信息发布。

在天津滨海新区事故中,"思想聚焦"在微博文本主题上与"天津发布"和"人民日报"采用了截然不同的话语体系,集中于对事故本身的反思和对事故追责的呼吁。这样一种话语表达方式相较于传统的政务发布和媒体报道来说,对于普通民众而言更具吸引力,同时也更具有启蒙意识。

但是,毋庸置疑的是以"思想聚焦"为代表的微博意见领袖们在质疑的同时,要牢记自己作为网络意见领袖的责任和义务。在汹涌的互联网大潮中,意见领袖凭借其庞大的粉丝量和关注度,很容易在一定程度上引领舆论。因而,意见领袖们一定要承担起相应的责任,能够引导网络舆论朝着正确的方向去发展。舆论领袖可以质疑、可以追责,但是不可以煽动情绪,相反,一定要将理性的、客观的、专业的信息和观点传递给受众。

参考文献:

[1] 周莉. 政务微博在突发事件中的信息发布及其影响[J]. 新闻大学,2015(2):144-152.

[2] 杨菁. 政务微博与传统媒体微博在灾难传播中的框架表达比较研究——基于雅安地震后政务微博和传统媒体微博1230条微博文本的分析[J]. 西南民族大学学报:人文社会科学版,2014(12):169-172.

[3] 涂光晋. 突发性事件中的微博舆论场分析——以北京7·21暴雨事件为例[J]. 当代传播,2012(6):8-11.

[4] 方毅华. 人民日报官方微博马航失联报道研究[J]. 现代传播,2014(6):20-23.

[5] 陈岳芬. 微博用户对灾难信息的解码方式探微——以7·21北京暴雨为例[J]. 暨南学报,2013(6):150-164.

[6] 郭翔. 传统媒体微博灾难报道特点分析——以人民日报和南方都市报微博马航失联事件报道为例[J]. 新闻爱好者,2014(4):18-21.

[7] 刘华. 灾难性事件中微博传播研究——以舟曲特大山洪泥石流灾害为例[J]. 现代传播,2011(4):89-92.

危机传播视域下的
政府新闻发布策略研究

——基于"8·12天津港爆炸案"14场发布会的实证分析

（王雅琪　安徽大学）

摘　要：新闻发布会作为政府和公众沟通的纽带和桥梁，在重大危机发生时起着至关重要的作用，也是现代政府进行公关工作的必要一环，研究新闻发布会能更好地探讨政府危机传播与公关能力的相关问题。本文以"8·12天津港爆炸案"发生后天津市政府组织召开的14场新闻发布会为研究样本，通过话语分析和内容分析，系统地探讨问答之间的关联性，统计相关数据与用语频率，具体分析现场发言情况、行为表现和人员衔接情况，探析背后隐含的问题，进而探讨政府危机传播相关问题。

关键词：新闻发布会；危机传播；天津爆炸事故

一、引言

"风险社会不是一个革命性的社会，而是灾难性的社会。紧急情况状态有变成常规状态的危险。"[1]正如贝克而言，如今我们已进入一个风险社会，危机成为生活中的常态。近些年来，众多地方政府在面对重大突发事件时，长时间处于"失声""失语"状态，不能及时进行沟通和辟谣工作，造成严重的公关危机。

作为国家公共行政权力的象征、承载体和实际行为体，政府必须在第一时间协调各项社会事务，通过有效传播与公众沟通，进行危机公关工作。新闻发布会作为政府传播的重要形式，已成为现代政府进行公关工作的必要一环,它在协调政府与公众之间的关系、树立与维护政府的形象和处理重大突发事件、开展政府危机公关四个方面,有着不可或缺的作用。因此,研究新闻发布会的相关内容,也能更好地探讨政府危机传播与公关能力的相关问题。

本文循着上述思路,从"8·12 天津港爆炸案"的大背景出发,以爆炸事故发生后天津市政府组织召开的 14 场新闻发布会为研究样本,通过话语分析和内容分析,依据音视频和书面材料,将所有发布会的口语交际过程详细汇总为书面材料,系统地探讨问答之间的关联性,统计相关用语频率,具体分析现场发言情况、人员衔接和掌控情况,探析背后隐含的问题。以这种实证研究的方法将危机传播中问题具体呈现,并更好地为危机传播提供一定策略性建议。

二、"8·12 天津港爆炸案"新闻发布会的流程

(一)14 场新闻发布会的环节梳理

天津市政府在爆炸事故发生后,从 8 月 13 日到 23 日共举办 14 场新闻发布会,在流程方面均采用三个环节:首先由主持人简短致辞,说明事故后期工作进程、现场出席人员以及相关重要问题等,主持人由天津市委宣传部副部长龚建生担任;第二环节由发言人进行事故报告,分别对事故救援进展情况、危化品现场处置情况、环境监测情况、伤员救治情况等几大方面进行详细介绍,通报相关最新数据;最后是记者提问环节,媒体记者针对发言人所做的陈述以及舆情热点问题进行提问,有关负责人进行回答。

笔者就现有的音视频和书面材料对 14 场新闻发布会进行系统汇总。由于央视和天津电视台对 6 场发布会的直播中,有 5 场未直播答记者问环节,首场记者提问环节虽有直播,但当记者问到起火物品到底是什么物品时,直播中止转到了主持人演播室。因此,前 6 场发布会的影像资料本人均从澎湃新闻直播获得并记录为书面材料。

对出席人员、媒体记者的提问(包括中途提问和追问)进行整理,并对这 121 个问题的对应回答进行分析,将其分为正面回答、模糊回答和未回答三类。同时,对问题和回答的长度也进行了统计。

表1　发布会环节梳理表

发布会	时间	出席人员	问题总数	正面回答	模糊回答	未回答	回答长度	记者提问环节直播与否	发布会时长
第一场	8月13日 16:30	滨海区区长张勇 市公安消防局长周天 市卫计委主任王建存 市环保局局长温武瑞	8	2	6	0	与问题相比回答简短	否（中途中断）	25分
第二场	8月14日 10:00	市公安消防局局长周天 市卫计委主任王建存 市安监局副局长高怀友 市环保协会工程师王连卿 南开大学教授冯银厂	10	4	5	1		否	32分
第三场	8月14日 10:00	市公安消防局局长周天 滨海新区常务副区长张锐钢 滨海新区民政局局长郭志寅 滨海新区卫生局局长尹占春	8	2	6	0			12分
第四场	8月15日 10:00	市安监局副局长高怀友 市环保局总工程师包景岭	9	2	7	0			23分
第五场	8月15日 17:00	市公安消防局局长周天 市卫计委主任王建存 志愿者代表李怡爽 共青团天津市委书记徐岗	18	5	10	3			24分
第六场	8月16日 10:00	北京军区参谋长史鲁泽 市环保局总工程师包景岭	10	6	4	0	部分回答较长		54分

媒介·权利·表达：新闻传播与网络化社会

（续表）

发布会	时间	出席人员	问题总数	正面回答	模糊回答	未回答	回答长度	记者提问环节直播与否	发布会时长
第七场	8月17日 11:00	副市长何树山 市环保局总工包景岭 卫计委主任王建存	8	3	5	0	与问题相比回答长度增加、内容变多	是	34分
第八场	8月18日 11:00	市委常委、滨海新区区委书记宗国英 武警天津市总队司令员鲍迎祥 市环保局包景岭	7	5	2	0			36分
第九场	8月19日 11:00	副市长曹小红 天津港股份公司董事长郑庆跃 市环保局总工程师包景岭	7	4	3	0			46分
第十场	8月19日 16:00	市委代理书记、市长黄兴国 市委常委、滨海新区区委书记宗国英 天津市副市长何树山 市环保局局长温武瑞	16	14	2	0			1时5分
第十一场	8月20日 16:00	环保部应急中心主任田为勇 市环境监测中心主任邓小文	8	8	0	0			1时6分
第十二场	8月21日 16:30	天津市副市长王宏江 滨海新区区长张勇 市环境监测中心主任邓小文	8	8	0	0			1时4分

（续表）

发布会	时间	出席人员	问题总数	正面回答	模糊回答	未回答	回答长度	记者提问环节直播与否	发布会时长
第十三场	8月22日 16:00	副市长曹小红 环保部应急中心主任田为勇 市公安局物证鉴定中心匡金枝 市环境监测中心主任邓小文	3	3	0	0	与问题相比回答长度增加、内容变多	是	38分
第十四场	8月23日 16:00	国家卫计委应急办监察专员 应急办副主任张国新 首医大附属北京复兴医院院长席修明 市环境监测中心主任邓小文	1	1	0	0			39分
总计			121	67	50	4			

（二）14 场新闻发布会流程的具体分析

笔者将这 14 场新闻发布会以 6 次发布会为分界线。见表 1 所列,前 6 场新闻发布会的回答中,模糊回答远远大于正面回答,有 4 场直接无视记者提问没有给出回应,而后 8 场则明显正面回答增多,有 4 场中未出现模糊回答。在 121 个问题中,共有 67 个正面回答,占总体的 56%,模糊性回答多达 50 个,超过 4 成,其中在前 6 场发布会就有 38 个模糊回答,可见前 6 场新闻发布会的信息透明度较低,发布信息质量低,政府回应不够积极。

1. 信源混乱——出席者变化多

政府机构举办的新闻发布会是十分重要的新闻来源,有研究表明,在量上,政府机构整合存储了社会信息资源中 80% 的有价值信息;在质上,政府机构是可信度非常高的信源。[2] 因此,在突发事件发生后,发布会能够尽可能地传递完善信息,减少歧义和谣言,让公众准确了解信息。

爆炸事故发生后,天津市政府举办的历次新闻发布会中参会人员均有变化,官方回应层级不统一导致信源混乱。首场新闻发布会上,未见分管主政官员和安监部门出席。此后的新闻发布会上,虽安监部门有所回应,但按照应急管理应该出席的分管市领导却迟迟未露面。直至第七场发布会,分

问题分类

■正面回答 ■模糊回答 ■未回答

未回答
3%

模糊回答
41%

正面回答
56%

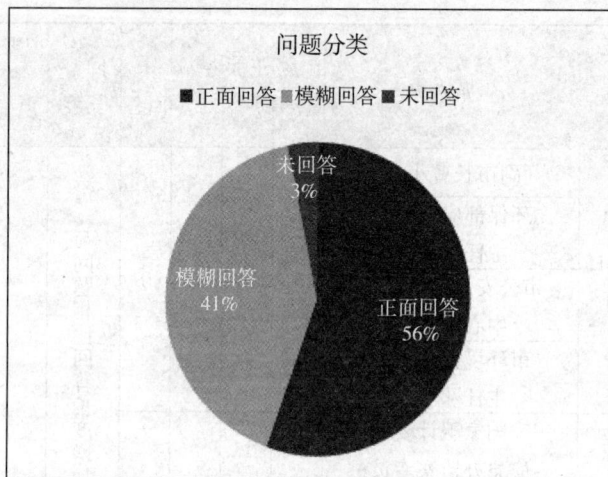

图1　问题分类统计

管安全的副市长何树山才出席发布会回答相关问题,这也是天津市领导在事故发生后首次出席新闻发布会。而媒体关注的天津港负责人正面回应的问题,直到天津港领导首次露面出席第九场发布会才得到解决。

2. 舆情发酵——问答环节直播中断

危机时刻,政府召开新闻发布会并回答媒体提问,象征着政府的坦诚和勇气,不仅能加强沟通,增强凝聚力,更能通过信息透明化增加自身公信力。很多政府在突发事件发生后采用的"封""杀""堵"等手段,已不再可行。通信技术的发展,迫使地方政府必须直面媒体,否则各种或真或假的消息将通过互联网、手机短信等新媒体方式传播[3],使其陷于更为被动的地位。

前6场均未直播答记者问环节,在直播完负责人通报工作后便将镜头切回主持人画面,在13日首次新闻发布会的记者提问环节,央视、天津卫视均切回主持人画面,央视称直播暂停,天津卫视则播放了几首歌曲,然后开始播放连续剧,这一情况让公众大跌眼镜。与此同时在互联网上,相关媒体和个人已上传各种手机视频直播、文字记录,将提问环节的全貌呈现给公众。如今进入全媒体时代,政府掩耳盗铃的行为只会增加公众的质疑,为不实流言创造发酵空间。

3. 统筹混乱——现场衔接工作缺乏

新闻发布会的有序进行,有赖于前期的统筹工作,包括流程确定、人员确定和技术设备维护等,若准备不充分会出现意外状况。在对样本的研究中,笔者发现前6场发布会统筹工作混乱,虽然后几场发布会有所改善,但问题较为明显,分为以下两个方面:

一方面,发言者内部沟通不畅。突发危机事件一旦发生,政府内部传播环节应保持顺畅,被问及涉及多个部门的问题时,应合理分工回答分属不同部门的内容。但在前几场发布会中,当记者发出疑问后,现场官员多表现迟疑,未能有效分配问题,导致多个问题不了了之。

另一方面,记者提问环节的秩序混乱。如图2和图3所示,在前6场新闻发布会上,现场记者毫无秩序,大多数挤在前排采访拍摄,甚至有部分人员站在椅子上面。在提问时,常出现记者提问"冲突""打架"现象。主持人在选择记者时较不专业,多用"这位记者提问""那位记者提问"的言语,造成现场记者提问混乱,常以"谁比声高"的方式取得提问权。在后8场发布会中这一情况明显改善,记者均有序坐在位子上举手提问,主持人点名时也准确地采用"中间穿白衣服的女记者""右侧一排"等言语,较为得当。

图2　记者提问现场(一)　　　　　图3　记者提问现场(二)

三、答记者问环节中的话语——文本分析

问答环节是各类新闻发布会的重要组成部分,也是发布会整体进程当中唯一一个发言人和媒体互动的环节。从语言学的角度观察,问答环节的话语属于在特定的场景当中,以媒体记者和新闻发言人为主体,在事实与情感两个层面进行的一种复杂的人际交往。在特定交际目的的指引下,双方运用各种交际符号——其中以语言符号为主——进行信息的释放和索取,针对事实背景进行交际。[4]

(一)准备不足,不确定回应多

在14场新闻发布会的答记者问环节,"我不清楚,需要问一下同事""我不了解""我不掌握"和"下来了解沟通"等成为负责人回应的关键词。

表2　发布会关键词统计表

关键词＼发布会	不清楚＆不了解	不掌握	不能回答	下来了解沟通	正在调查、很快答复	明天答复	总计
第一场					2		2
第二场	1	1		1			3
第三场	2			3		1	6
第四场	3	1	3	1			8
第五场	1				3		4
第六场	3			1			4
第七场					2		2
第八场							
第九场	1						1
第十场	1						1
第十一场							
第十二场							
第十三场							
第十四场							
总计	12	2	3	6	7	1	31

见表2所列，在所有14场发布会中，共出现31次不确定回应。其中，"不清楚"和"不了解"的回答最多，多达12次，而官员回应"下来了解"和"正在调查""很快给予答复"的回答，也多达13次。甚至在第三场发布会上，当记者问及安评报告何时发布时，发言人直接以"明天上午发布会回答你"带过问题，之后该问题在多场发布会现场被提及，均未得到政府的正面回应。

高频次出现的"不掌握、不了解、无法回答"等词，使得舆论对参会官员的信息掌握程度、自身公信力等都产生较强质疑，极大削弱了新闻发布会应有的正面沟通效果。8月16日第六场新闻发布会上，有记者提问谁负责统筹指挥救援，官员回应"将尽快了解情况"而引爆舆论批评。事故发生数天，公众关注的核心问题——爆炸物是什么、安评报告何时公开、救援总指挥是谁等均未给出正面的回应。而多次答记者问环节出现"下去问一下""找同事核实"等情况，可见发布会筹备中，政府部门对公众舆情发展、媒体报道情况、可能形成的提问，未有预期研判和资料准备，未能有效掌握事故处置的多方信息。

(二)语焉不详，回避关键问题

所谓问答，一问一答，二者之间必然存在关联性。但有时会发生答非所问的情况，以所谓真实陈述掩盖事实所指，尽管发言者回答的是真实的话语，但有意避开一些必需的相关信息匿而不答，造成一种已回答的假象。列举第一场发布会上的问答：

记者：请问污染物多久能在大气中分散掉？

环保局长温武瑞：应该说这次、这个……现在就是……事故现场正在刮的是西南风，所以下风向在几公里，五六公里之后，就是渤海，人呢居住比较少，基本上没有什么人居住。

记者：你自己怎么看待居民区距离危险品仓库距离问题呢？

答：我这几天忙着救援，根本无暇顾及，没办法考虑其他问题，只能履行职责内的工作。

上述问答中，记者想要了解关于污染物分散完毕的时间，但发言人回答时直接回复现场风向问题和人员居住情况，看似有所答复实则毫无关键信息。这种答非所问的方式在14场发布会中比比皆是。

还有一种情况，即记者会就一个情况展开多个提问，发言人在回答时避重就轻、"挑肥拣瘦"，选择相对好答复的内容，回避后面的追问或较难回答的问题。比如第二场发布会中的问答情况：

问：您能详细介绍一下瑞海物流公司取得资格的情况么？这个资格在哪个部门报备？该公司的安评报告何时公布？

答：瑞海物流取得的安评是通过一家甲级的安全评测机构，叫作中滨海盛。一般来说，企业只要通过第三方的权威测评公司取得安评报告，政府后面进行审核。

很明显发言人并未回答到重点问题，以至于在提问环节结束前女记者再次强调"安评信息什么时候公开"的问题时其并未给出明确答复。

(三)用语生硬，发言模式僵化

清华大学李希光教授认为："懂得新闻发布的技巧非常重要。新闻发言人的语言表达要生动鲜活、简洁明快，少讲官话、空话和套话，所讲的话要让记者记得住。善于运用技巧，让政府的声音通过媒体传达给受众，这是更好地服务社会的一种方式。"[5]但发布会现场往往采用墨守成规的新闻发布方式,模式僵硬。

在天津市政府召开的14场新闻发布会中,相关负责人在现场发言并不似"讲话",腔调官方,加之新闻发言人全程念稿,令现场气氛沉闷,甚至被媒体和受众戏称是"通告",形式十分僵化。例如首场新闻发布会中,两位相关领导的部分发言截取如下:

周天:公安部、市委市政府、公安部消防局、市公安局高度重视,各级领导先后赶到现场,消防总队领导班子全体人员及全体指挥部第一时间赶赴现场,成立现场救援指挥部,组织参战消防官兵,组织多个搜救组织小组,全力合作事故组织及人员搜救。在整个事故处置中,全体参战消防官兵不怕危险,英勇奋战,营救遇险群众60余人,疏散群众400余人,事故组织人员搜救还尚在进行中,谢谢大家。

王建存:专家组和当地医务人员逐一对伤员进行筛查,按照重症和轻症进行分组,有序、有力、有效地进行处置……我们的许多医护人员在动员令下达时已经自觉地赶赴各自的工作岗位,主动地到医院值班应诊,保障了我们连夜转运到市里医院的伤员做到了无缝衔接,及时救治。

上述言论中词句明显是官式腔调,本应抓住重点通报救援情况和医治情况,却引用长篇大论的"废话",公众只能在冗长语句中获取仅有的"60余人""400余人"两条有用信息。这种墨守成规的新闻发布方式在会后引起媒体和群众的诟病和极大不满。

(四)互相推诿,部门权责难承担

在发布会上常出现"相关单位没参加这场发布会""这不是我的职责"和"是××管辖范围内"的言论,这种回答属于模糊回答,未为媒体和公众提供有效信息。并且在前几场新闻发布会中,天津市行政主官的缺席使得同级部门在说明信息方面不敢发声、不敢担责,对于其他涉及的单位,也不敢披露信息,有些政府部门之间甚至没有有效的信息交互。

在回答关于"天津港消防员救火不当造成爆炸"和"居民区距离危险品仓库规定"的问题时,相关人员的回答体现得更为明显,此处列举后者在第一场、第三场和第五场的回答情况:

问:根据环保的规定,危险品应该距离居民区多远? 距离是否违规?

答:呃……这个有个限制的标准。这个、这个主要是因为我们是对周围的环境空气质量和水的监测。

答:这个问题下来找同事核实一下,因为是天津港的管辖范围。

答:这个问题不是我的职责范围,我是卫生部门,只负责医疗救援问题。

答：我这几天忙着救援，无暇顾及和考虑其他问题，只能履行职责内的工作。

政府人员多次利用不在职责范围内和管辖范围内的借口，避开回答关键问题。

四、发布会现场中体态语言——行为分析

体态语言，亦称"人体示意语言""身体言语表现""动作语言"等，是人际交往中一种传情达意的方式。了解这一点，不仅有助于理解别人的意图，而且能够使自己的表达方式更加丰富，表达效果更加直接，进而使人与人之间更和谐。[6]突发事件中的危机传播能力，不仅通过言语组织、回答技巧反映，也通过相关人员举手投足展现。

（一）隐藏的合作关系

在新闻发布会现场，除了不同部门间的推诿，也存在着相互合作的行为，俗称救场。笔者将本次发布会的合作行为主要分为三类：一种是直接在回答问题时，对于之前官员回答缺漏的地方进行补充；一种是直接分配问题，对负责的内容进行解疑；最后一种是相关人员对当事人进行现场提示。

第一种通常出现在会话由三人以上参加时，发话者所发布的信息应当是参与会话者中有人未掌握的；换言之，若某话题在场参与会话者中有一人未掌握相关信息，发话者便应予介绍。[7]例如，宗国英在回答针对自己的提问的同时，也帮忙补充回复温武瑞未回答到的前一记者所提问的内容。

第二种则主要出现在行政要员出席的场合中，进行问题分配，由各个负责人进行系统回答。比如8月19日的第十场新闻发布会，天津市委代理书记、市长黄兴国出席会议，这是爆炸事故后历次发布会中发言人层级最高的一次。发布会上，相关官员分别回答问题。

第三种相比前两种，则更偏"救场"，多为发言者在答复时不知所措，其他人员进行提示。比如首场发布会中，当记者问及爆炸物成分时，温武瑞不知所措，此时身边的官员张勇用手碰他，并手指其他官员进行提示，避免了过多尴尬。

这种隐藏的合作关系，其实考验着官员的应变能力，分析发现，从第七场发布会开始这种救场行为明显增多，承接也更为自然。

（二）"沉默"的媒介素养

媒介素养是指人们认识、把握媒介的能力，毫无疑问，新闻发言人比任

何人都需要更多的媒介素养。[8]政治官员型的新闻发言人长期从事行政管理工作,对该部门的情况十分了解,这是其优势。但是,也正是这样的新闻发言人,缺乏新闻发言人所要求的专业素质,所以在突发事件的处理过程中和媒体之间造成了很多误会和矛盾。[9]

在天津市政府组织的前后14场发布会中,多次出现记者提问结束后各位官员面面相觑、出现迟疑的情况。在问及爆炸物、危化物等相关核心问题时,视频中的官员明显反应迟钝,甚至进行短暂讨论,最后得出"不予告知"的答案。在面对一些问题时,官员统一沉默,未回应相关问题。在第五场新闻发布会上,出现3次沉默不予回应的情况,会后这一行径遭到媒体和公众的质疑,政府的公关能力备受怀疑。

除了上述行为,发布会现场还出现每次回答完毕便起身离开的现象。如图4和图5所示,第一场发布会上环保局长温武瑞发言时左顾右盼,在问答结束后记者踊跃提问,但每回答完一个问题当事人便欲离席,在镜头中显得较为慌张和焦灼,这给现场的媒体和观众留下较差印象。此外,作为统筹流程和把控时间的主持人,也在几次发布会上表现不佳。第四场新闻发布会中,当记者问到"氰化物已运离天津,这意味着什么"时,发言人还未表达完毕,主持人便直接请下一位记者提问。

图4 记者提问现场(三)   图5 记者提问现场(四)

(三)显露的神态手势

作为新闻发布会现场目光和镜头的焦点,发言人的一举一动都影响与公众的沟通交流,同时也与语言相互感染和影响,从而达到政府与公众心理的契合和预期的传播目的。在天津市政府举办的十四场新闻发布会上,部分新闻发言人自始至终都在看稿子,读完了才抬头。在几场发布会中,记者提问后出现面面相觑和交头接耳低声讨论的情况(如图6和图7)。

笔者观察多场发布会发言人举止发现,在第十场新闻发布会中,黄兴国的表现较自然,在发言中合理运用手势,强化了传播内容。在当天下午记者

图6　发布会(一)

图7　发布会(二)

提到对涉事企业瑞海公司的追责时,他就此补充表示"对这个事故,造成事故的涉事企业和相关人员,我们市委市政府的态度是不管他是什么人、不管他有什么样的关系,我们都要一查到底,依法依规严肃处理,决不袒护,决不姑息"。

不同的体态行为反映出不同的表现力和渲染力,自然合适、端庄得体的态度不仅显示出政府的自信心和勇气,更能鼓舞和安抚民众情绪。

五、结语而非结论

天津市政府在事故发生后召开的多场新闻发布会,数量之多、时间之久是前所未有的。但必须承认,前中期的总体统筹和与媒体的互动中政府明显准备不足,媒介素养的缺乏也令现场出现很多意外情况,这些无疑是对发布会的考验,虽然后几场发布会明显有了质的提升,但危机发生的最初几小时(若危机持续时间长,则为最初几天),管理者就必须采取一系列关键的行动。[10] 政府必须提前做好相应准备以应对突发事件的爆发。

迈克尔·里杰斯特曾说过:"即使危机没有你想象的那么严重,你也不会因过于谨慎而受到批评,而只会因此获得人们的称赞和同情;反过来说,如果你的措施不得力以致难以应付危机,你则会被斥责为不负责任,缺乏敏感,笨头笨脑,只知道挣钱而利令智昏。"[10] 随着我国新闻发言制度的规范化,发布会在某种程度上已成为政府的象征性符号,体现了政府的权威性和公信力。因此,政府应高度重视以新闻发布会为代表的各种危机传播途径,提高公关意识和媒介素养,更好地肩负起信息透明化、与民众沟通和安定社会的职责。

参考文献:

[1] 乌尔里希·贝克. 风险社会[M]. 南京:译林出版社,2004.

[2] 肖燕雄,尹熙. 新闻发言人制度的存续前提[J]. 国际新闻界,2004
(3):13.

[3] 孙妮娜. 危机门:传媒飓风与品牌成败[M]. 上海:文汇出版
社,2005.

[4] 段丽杰. 新闻发布会的话语构建模式[J]. 中州学刊,2011
(5):253-255.

[5] 陈伟. 我们所期待的新闻发言人[J]. 新闻与写作,2005(06):26.

[6] 袁也. 从政府权威性研究新闻发言人传播技巧的提升[D]. 南京:
南京师范大学,2013.

[7] 胡范铸. 真实陈述·虚假陈述·事实所指[J]. 江苏师范大学学
报:哲学社会科学版,1990(1):138-143.

[8] 韩云. 突发事件与政府新闻发言人[J]. 新闻世界,2009(7):
151-152.

[9] 罗伯特·希斯. 危机管理[M]. 王成,译. 北京:中信出版
社,2001.

[10] 迈克尔·里杰斯特. 危机公关[M]. 郭惠民,译. 上海:复旦大学
出版社,1995.

现场演讲式纪录片的精细打造

——对《穹顶之下》的文本分析

（周航屹　南京师范大学）

摘　要：本文对环保纪录片《穹顶之下》的作品形态、视听系统、叙述方式、表达结构等纪录片文本的因素及其特点进行分析和研究。《穹顶之下》以雾霾调查为主题，通过现场演讲的表达方式，运用视频、动画、数据、图表等多种表现手段，以柴静的"私人恩怨"为叙事切入点，以"雾霾是什么、雾霾怎么来的、我们怎么办"为表达结构，进行调查演说，是一部兼具专业性、趣味性、公益性和普及性的环保纪录片。与其他环保类型的纪录片相比，无论是在作品的题材选择上，还是在精神内涵的表达上，《穹顶之下》都显示出专业的制作水准和独特的审美趣味，值得相关现场演讲式纪录片的创制者进行广泛而深入的学习借鉴。

关键词：现场演讲式；纪录片；《穹顶之下》；文本分析

　　《穹顶之下》是柴静在 2015 年初推出的聚焦雾霾及空气污染的深度调查作品，于 2015 年 2 月 28 日在优酷首播，一经推出点播量就急剧增长。① 作品十分贴合公众关于雾霾的话题，在社交平台如微博、微信朋友圈上引起热议和大量转评，一时成为一个"现象级"社会热点。基于对相关文献研究现

---

① 截止到 2015 年 3 月 2 日上午 9 点 30 分，《穹顶之下》在国内各大视频网站的总播放量接近 2 亿万次，新浪微博的热门话题"柴静雾霾调查"的阅读数达 3 亿。

状的认识，笔者以为对《穹顶之下》进行文本分析是很有"填空意义"①的。

文本分析作为质化研究的一个重要方面，强调从符号层面上的文字、语言、声像等系统入手，进而解析文本的间接含义与深层指向。不同于量化研究依靠调查问卷、实地调研等直接方法，文本分析的方法包括"新批评"方法、叙述学方法、结构主义方法、文化研究方法等，属于间接的研究路径。本文采用的是综合以上几种方法，从作品形态、视听系统、叙述方式、表达结构四个方面分析，保证研究路径上无限接近《穹顶之下》的真实性质与复杂构成，增进对作品的理性认识。

一、《穹顶之下》的作品形态

在对《穹顶之下》进行具体的文本分析之前，对这一作品形态进行界定是很有必要的。为了区别同名的书籍和美剧，百度百科用"穹顶之下（柴静自费拍摄的雾霾深度调查纪录片）"作为词条，认为作品类型属于"纪录片，新闻调查片"。② 腾讯网在报道中对作品的定性是"环保纪录片"，网易、爱奇艺等其他网站也大多称之为调查性纪录片。

作品力求记录和调查的真实性和客观性，这与纪录片的终极追求是一致的。不同于传统纪录片的是，《穹顶之下》并不简单是"镜头配解说"的模式，而是采用 TED 演讲形式，贯穿配合大屏幕上的视频、图片、表格、动画等辅助手段。"大屏幕代替了传统读报时代主持人手边的小屏幕，现场观众不

---

① 向宁、向志强的《〈穹顶之下〉走红的传播学解读》和易雯的《〈穹顶之下〉成功传播的因素分析》通过拉斯韦尔的5W模式（前者还结合传播学的"社会关系""沉默的螺旋"理论），对《穹顶之下》进行传播模式上的分析，其中的内容制作部分只对片子的内容有一些概括性、评价性的表述，未能从微观层面对作品的文本进行分析；王睿、李翠芳著写的《由〈穹顶之下〉引发的关于媒介融合时代新闻产品呈现手段和传播方式变革的思考》一文，主要分析《穹顶之下》采取的独特新闻产品呈现方式，并不涉及作品的文本内容；李娜的《争议中的〈穹顶之下〉："新媒体"混战"旧道德"》并不是学术论文，而是刊物上的采编文章，主要对《穹顶之下》产生的争议进行评说，文章最后简短地提到了片子的新媒体传播方式，也并未涉及文本内容的分析；李胜利的《穹顶之下，媒体何为?》是卷首语，也并非学术论文，主要内容是由《穹顶之下》引发的关于媒体担当的个人议论；吕晓伟写的《柴静〈穹顶之下〉记录风格探析》与本文的研究较相关，从演说方式、以身试教、数据配说词三个记录风格的角度分析了该作品。

② 百度百科．穹顶之下（柴静自费拍摄的雾霾深度调查纪录片）[EB/OL]．http://baike.baidu.com/link? url = Eqk8 - 7dbUbn4I7kZeTT81Uj5Ihzxww3pOjwb9Jw1JhJyRa8jSsrDjj_jYtJP2cJ0-1x7nxDkNc2nQH7B3fx9PBk2i79Xg9Rr_EwNJ7S5AIsi69yWfMveLFa_K6VgeIrR4,2015-03-10/2015-05-01.

再是节目的旁观者,而成为'场景'中的人"①——这种形式,让演讲以更加有冲击力的方式展现在观众面前,使得无论是演播现场的观众,还是屏幕之外的观众,都能获得更为直观、真实的感觉。从这个角度上说,《穹顶之下》是以空气污染深度调查为主题的现场演讲式呈现的纪录片。

二、《穹顶之下》的视听系统

(一)《穹顶之下》的视觉系统

1. 演讲人的"演"

柴静作为整个作品的灵魂,既是演讲人,又是演讲中所播视频的出镜者。这里所说的"演",其实是柴静在演讲现场及视频中试图传达或自然呈现出的"形象"。

干净的短发,轻淡的妆容,卷起袖口的白色无领衬衫,水洗做旧的浅色直筒牛仔裤,带一点鞋跟的黑色皮鞋——柴静看似简单朴素的造型应该是一种设计的产物,以一种更为生活化的状态,求得某种自然真切之感。在这部作品中,柴静第一次把她作为母亲的身份推到了前台,甚至作为作品的"由头"。这应该是她没有穿职业正装的原因——没有硬性穿着要求的束缚,有的是母亲着衣的舒适和朴素。

从出场的缓慢行走,双手放在胸前又自然放下,到演讲时双手下垂,不时转身、走动,眼睛或看观众,或看镜头,或望房顶,或盯地面,柴静的动作没有死板的规定,也没有紧张的感觉,她收放自如地根据内容的展示配合相应的动作。② 同样的,柴静的表情也取决于不同的内容。抿嘴、眨眼、凝视等等,不同的表情有着不同的含义。抿嘴代表一句话或一段话的结束③,眼神的凝视对应的是柴静演讲的抒发情感部分。④

---

① 网易财经.《穹顶之下》爆红:解密柴静的朋友圈[EB/OL]. http://money. 163. com/15/0305/09/AJUDC0NS00253G87. html,2015—03—05/2015—05—01.

② 如在节目进行到00:18:04时,为了说明十一年前PM2.5的含量已经很高,可以达到300到400,柴静一边说"属于今天的严重污染",一边用左手表示数字"三""四",随后握拳,并伴以严肃表情。

③ 如00:02:11在说了"只要一家人在一起平安就好"之后,柴静用抿嘴表示这句话说完,同时引起下一句转折的话:"但是,回家的路上我就感到害怕了"。

④ 如在01:42:15到01:42:24片子的结尾部分,柴静说:"……我们没有权利只知抱怨,不知建设。我们有责任向他们证明,一个被能源照亮的世界,同时可以是洁净和美好的。"这段话是对整个演讲的总结,柴静的眼睛凝视正前方的镜头近10秒,以这种方式表明她说话时的真诚与盼望,观众也在这庄重的凝视中静静思考。

2. 影像语言

影像语言包括画面的构图、镜头的运用、蒙太奇句子、场面、段落等单位。《穹顶之下》虽然是对室内演讲的实录过程,但整个作品从外到内运用了比较丰富的影像语言。"外"指的是演讲现场,其影像语言主要体现为画面构图和镜头运用;"内"主要指的是演讲中在大屏幕上播出的视频,其影像语言主要体现为蒙太奇句子。

(1)演讲现场的影像语言

画面构图。构图是贯穿于图像画面构思与处理的整个思维、组织过程。演讲现场的摄像构图主要体现为完整性。"视觉表达追求完整性的具体体现,在于构图的均衡,即以视觉中心为支点的上下左右前后诸构成元素在视觉重量上呈现出均匀、平衡的态势"①,在柴静的演讲现场,根据演讲人柴静是否处在画面的中心位置划分,分为两种构图模式:中心构图与非中心构图。中心构图即演讲人位于画面中心位置的构图。这种构图重点突出,演讲人即是观众关注的焦点,对应的演讲内容主要是关于演讲人自己的信息。② 非中心构图即除中心构图以外的构图,指的是柴静在画面中的非中心位置,上下左右前后等等,这种构图更强调演讲人与其他人或事的关系。③

镜头运用。要想把演讲现场拍成一个精彩的片子,除了依靠现场的准确调度,还要配合拍摄镜头的恰当运用。景别上,整个片子用到了多种,最主要的是中景(包括中近景、中全景)。中景是常用的叙述景别,其使用是"叙事表意清楚明白的基本保证,因为它既能表现人物的活动以及人与人、人与物的关系,又能展示一定的环境背景"④。对于演讲现场来说,中景是完整叙事、清楚表意的基本手段。在此基础上进行推拉,能更加丰富影像面貌:拉远成全景,可以进一步展示演讲的屏幕背景;推近成特写,可以进一步表现柴静的脸部表情和手势。运动镜头上,演讲现场使用较多的是推拉镜头和摇镜头。推拉镜头用于演讲人与背景屏幕的关系调度,摇镜头服务于

---

① 张宇丹,孙信茹. 应用电视学——理念与技能[M]. 第2版. 昆明:云南大学出版社,2004:80.

② 如从00:00:37柴静说"……但我置身其中,浑然不觉。只有我的嗓子有印象"到00:00:44她说"我就切了一只柠檬放在枕头边上",再到00:00:48她说"回到北京之后,我知道我怀孕了",虽然景别由特景变为近景再变为中景,但是柴静一直处于画面中心位置不变。

③ 接着上面的例子,上一句说完"我知道我怀孕了"时构图还是中心构图,00:00:51则切为非中心构图:柴静在画面的右下、景深的前部,屏幕上她女儿的B超影像位于画面左上,景深的后部,对应的演讲内容是:"这是我第一次见到她的样子,那时候我就觉得她应该是个小女孩。"很明显,因为有其他需要呈现的视觉材料,以丰富和满足观众的视听需求,柴静"退"到了非中心位置,有时甚至退出了画面,只以类似"旁白"的声音显示其"在场"。

④ 张宇丹,孙信茹. 应用电视学——理念与技能[M]. 第2版. 昆明:云南大学出版社,2004:90—91.

演讲人的走动。①

（2）演讲中所用视频的影像语言

《穹顶之下》中的演讲总共播放了 33 个视频，每个视频都有各自的作用。② 而无论是权威人物的采访，还是相关背景的介绍，视频中都存在一个关键特点，即蒙太奇句子的快节奏运用。

蒙太奇"作为电影艺术的专有名词与核心概念，一般解释为组合、构成、剪辑等意。蒙太奇句子指的是能独立表达一个相对完整意义的影像单位"③。对蒙太奇的分类，较为普遍的是两大基本类型：叙述蒙太奇和表现蒙太奇。演讲中所用视频以极高的剪接率，体现出对这两类蒙太奇的熟练运用。

叙述蒙太奇。"记叙事件，表述情节，是影像写人说事、表情达意的基本蒙太奇形态"④，《穹顶之下》呈现在演讲现场大屏幕上的视频主要使用的是叙述蒙太奇中的单线性叙述的连续蒙太奇。连续蒙太奇是按照时间发生和发展的进程或行为动作的先后顺序进行连续的叙述。⑤

表现蒙太奇。表现蒙太奇"表现情态理性，揭示内涵寓意，加强艺术感染力和生动性"⑥。《穹顶之下》呈现在演讲现场大屏幕上的视频主要使用了表现蒙太奇中的积累蒙太奇。积累蒙太奇是将若干性质相同或相似的镜头组合在一起，通过形象的积累，造成具有特定表意指向的烘托和强调效果。⑦

---

① 00:39:55 在揭开某城市污染情况严重、令人意外的时候，镜头进行了光学推进，一种相当于解说者的视觉效果告诉我们："注意——这个让人意外的城市是杭州"。随后 00:40:12 的摇镜头跟随着柴静在演讲中的走动，造成的效果是现场观众和作品观众随着演讲人走动而移动视线，获得连续不断的视阈感。

② 2004 年《新闻调查》有关山西环境污染的采访是整个演讲的背景交代；《中国呼吸》连续 40 天的空气影像记录表明 11 年来中国的污染程度逐步加剧，也属于背景的交代；对医学教授、国内外环保部门人士、石化行业领导等权威人士的采访则分别起到辅助调查证明、引发观点冲突、揭示事情真相等作用。

③ 张宇丹,孙信茹. 应用电视学——理念与技能[M]. 第 2 版. 昆明:云南大学出版社,2004:124.

④ 张宇丹,孙信茹. 应用电视学——理念与技能[M]. 第 2 版. 昆明:云南大学出版社,2004:146.

⑤ 片子的 01:17:54 至 01:21:15 是柴静到洛杉矶观察低碳减排做法的视频,从她乘坐直升机鸟瞰整个洛杉矶城,介绍这座城市的地形、城市规划、车辆尾气排放情况,到她参与加州空气资源局的执法查车行动,介绍柴油车安装 DPF 的环保措施,再到交代加州环保部门拥有强硬执法权力,以及对加州空气资源局执行局局长的采访表明惩罚力度之大,完全按照事情发展、人物行为的顺序展开,从头到尾,由因而果,依次贯连。这样做的好处十分明显,可以在连续的镜头中,条理清晰地展现他国环保部门治理低碳减排的有效经验,便于学习、借鉴。

⑥ 张宇丹,孙信茹. 应用电视学——理念与技能[M]. 第 2 版. 昆明:云南大学出版社,2004:151.

⑦ 片子 01:09:57 至 01:10:47 是柴静用手机拍摄的她山西老家的视频,工作的铲车、飞尘的工地、一个又一个地产广告、集市的货摊、新建的高层楼盘、连续不断的楼盘广告牌——这些视像表明乡村城镇的巨大变化,代表着经济的飞速发展。但是众多扬尘的工地、空着卖不出去的地产对城镇化泡沫的溢出和对人民生命健康的危害也值得警惕和注意。

3. 数据、图表、动画

整个作品总共使用了 33 个数据，出现了 157 个图表。除了在证明空气污染与居民死亡情况存在明显相关性的时候，柴静现场拿了一本蓝色图书表明结果的权威性以及在屏幕上播放视频辅助演讲之外，其他的证明主要是通过数据、图表和动画实现的。甚至片子开头都不设常规的字幕，而代之一张在摇镜头中由左至右逐渐显现的 2013 年 1 月份北京 PM2.5 颗粒物量浓度曲线图。

作为一个以空气污染调查为主题的片子，需要使用大量的数据、图表，用准确真实的事实说话，以科学严谨的调查态度，形象直观地展示相关情况，实现演讲的"可视化"。值得注意的是，片子对所有关于环境、大气、医学、石化等专门学科和行业的数据和图表进行了通俗解释，以使观众更容易明白。亦即在演讲"可视化"的基础上，让内容"可认识"①。

片子的一大特色是对动画的使用，这是出于最大化演讲效果的考量。相较于对数据、图表的通俗解释，使观众在理性思维上"可认识"，动画的使用则是直接作用于观众的感性思维，即让内容"可感知"②。动画中设计多种

① 片子进行到 00:06:00 时柴静开始她演讲的第一部分"雾霾是什么"，现场把灯关掉，只投下一束白光，以让大家直观看到光束中无时无刻不存在的大量尘埃，同时，柴静介绍 PM2.5 是"空气动力学直径小于 2.5 微米的颗粒，所以它们才能折射大量的可见光，留给我们一个能见度很低的世界。但是我看不见它，因为肉眼能看到的颗粒物最小的也是它的 20 倍"。在说完这些专业数据后，她立刻"换句话说"，通俗地解释和总结："这是一个看不见敌人的战争"，立刻让人认识到 PM2.5 的"潜伏性"，观众紧接着根据逻辑上的好奇心，观看柴静如何利用采样仪收集 PM2.5 进行分析。接下来，24 小时采样结果出来，PM2.5 的含量是 305.91 微克每立方米，大多数人对于这个数字是没有概念的，就像她说的"谁也听不懂这个数字对吗"，所以柴静为观众"比较它"。"比较"是通俗化解释的一种手段，目的是将不好转述的事物放到与其他相关事物的横向关系中，进而理解该事物。当把这个数字放到 24 小时 PM2.5 平均浓度限值表格中时，通过对比便可以明显看到，这个数字几乎是中国标准值的 5 倍，让观众自己认识到 PM2.5 含量已经严重超标。

② 作品的 00:09:56 至 00:12:30 是第一个动画，目的是形象地说明细颗粒物对人体呼吸系统、心血管系统的危害。动画采取拟人的手法，将 PM2.5 拟作一群城市中的"黑社会"群体，并以 PM2.5 的第一人称语气，展现它们"攻击人类的闯关游戏"的游戏过程，从"第一关鼻孔""第二关咽喉""第三关下呼吸道"，到到达肺泡与巨噬细胞"交战"并胜利，它们中的"刀锋战士"化身"忍者"用"穿墙术"穿过肺泡直接入血，并最终向心脏发起总攻，最后还放出狠话"颤抖吧，人类"——整个动画看下来，感官上觉得非常刺激，同时将医学知识以比拟的手法贯穿，可说是科学性与戏剧性共有，知识性与趣味性并存，但实际上，因为这是真实发生的危害，所以观后感受并不轻松。片子的 01:33:34 至 01:34:39 是第二个动画，介绍普通人如何对抗雾霾、为空气做点事的种种举措。动画用第二人称的语气，像朋友聊天似的告诉你 11 种普通人的举手之劳，让你在私人及社会生活中都对雾霾有举可施。无论是环保出行、拨打 12369 举报柴油车尾气，还是要求直排油烟餐馆安装过滤装置、拨打 12369 举报工地扬尘及加油站泄气，抑或不烧劣质煤、使用清洁炉灶、随手拍定位工业污染源监督举报违法行为、关注污染企业名单不购买其产品、在大气政策法规听证中表达声音，动画用简洁明了的场景告知你，当你处在这些场景中，你就可以这样去做。

场景,给人强烈的代入感与现场感,能使人较为有效地记忆和实践。

4. 观众的画面

在作品中,演讲现场观众不再是节目的陪衬,而成为真正的"场景"中的人。观众出现的每个画面,并不是简单地切出反打镜头,仅仅起到缓解观看疲劳的作用,更不是随意的切换,而是精心挑选有代表性的、对内容的阐释有帮助的画面以强化效果。①

(二)《穹顶之下》的听觉系统

演讲除了要求演讲人的"演"要过硬,对"讲"的要求也很高,演与讲相辅相成,二者均不可偏废。片子的开头伴随 PM2.5 颗粒物量浓度曲线图出现的,是柴静的声音,她在为图片进行说明,这个过程持续 8 秒,之后才切出她从台下缓缓走向讲台中央的画面。"人未现,声先传",观众听到了久违的柴静的沉静、温婉的腔调,让人想起了她主持《夜色温柔》《看见》时候的声音魅力:自然、安静、不聒噪。

1. 演讲人的"讲"

(1)柴静的讲话方式

柴静的嗓音属中音音色,平静悦耳。因为长期作为电视节目主持人和出镜记者,经历了足够训练,她讲话的语速正常偏快,一大段讲下来,流利自然,没有犹豫迟钝。这说明她对演讲的内容很有把握,私下的排练走场也使得她对内容很熟悉,再加上演讲现场的讲台周围有四个提词器提示内容、帮助记忆,她表现出了极大的自信。这让她的演讲增色不少,也让观众觉得她的内容可靠。

语气上的整体变化不大,陈述的时候自然、稳妥,但会随着内容做细微的调整。如与台下的观众互动时,她的语气会变得亲切,声调提高;提到她女儿的可爱的时候,她的语气变得轻柔,充满疼爱;讲到因为散烧煤炭导致身体受到伤害,甚至濒临死亡的老人时,她的语气变得沉重,语速也变得稍慢;对《大气防治法》一次都没有使用进行设问的时候,语气变得稍硬,语速

---

① 作品的 00:01:00 柴静喜悦地讲述她女儿,"听到她的心跳的那一瞬间,我觉得我对她没有任何别的期望了,健康就好",紧接着切的是 3 秒的观众近景画面:画面的右边是一对年轻情侣(或夫妻),女生靠在男生的肩上;画面的左边是一个女青年,双手握拳托腮。他们都在静静地聆听着一位母亲对女儿平安健康的祝愿。接下来柴静话语一转,介绍她女儿被诊断患有良性肿瘤,出生后就要接受手术,此时切的是 2 秒的观众近景画面:两个坐在一起的女青年,表情惊讶。00:01:27 柴静说到女儿出生后还没有抱她,她就被抱走做手术,切入一名女青年的脸部特写,可以清楚地看到其眼部是湿润的。00:02:25 柴静说她拿一个手绢捂在她女儿的鼻子上,但是女儿挣扎呼吸得更多,此时切的是一个 4 秒的观众近景画面:一个戴着黑色口罩的男青年在聆听。这样切的用意是为演讲的内容搭配相关的画面,使画面与演讲内容之间相互呼应,产生一种指示性和关联性,可谓巧妙剪切。

则短促有力。

（2）柴静的讲话特点

喜欢使用描述性的陈述句。描述出细节，就能抓得住眼球和耳朵，让观众透过细节体悟一种此时此地的在场感，联想到描述背后的氛围。①

善于使用多种问句。疑问、反问、设问等问句类型，被柴静不经意、不自觉地使用，对于探究事情的原因非常合适。疑问驱使调查，甚至可以说，提出问题的过程就已经解决了问题的一半。对于演讲来说，提出问题是对演讲人调查思路的说明，继而顺理成章地展现问题解决的过程、答案的产生；同时也是对观众听取演讲方向的引导，演讲人"替"观众发问的正是观众想问的，一个问题接着、套着一个问题，把问题的探究引向深入。②

2. 视频解说、同期声

片子中出现的视频，除了专门的背景介绍和资料说明，余下的视频均配有解说或同期声，二者交替使用。其中，柴静是解说的主要声音来源，被采访人物则是同期声的主要构成部分。

（1）视频解说

视频解说是一种间接的表达，对社会环境、人物及事件的背景进行更为详细完整的介绍。柴静对视频的解说，语调一般较为低沉，语速稍快，目的是配合视频的快速节奏，介绍更多的背景资料，包涵更多的信息量。解说词

---

① 00:05:32 是柴静女儿看向窗外的图片，柴静是这样说的："有的时候早上醒来我会看到女儿，站在阳台前面用手拍打玻璃，用这个方式告诉我她想出去，她总有一天会问我……"柴静用很多的动词描述，勾勒出女儿由于空气不洁净都不能自由出门的可怜样子。01:14:31 开始，柴静讲述她与丈夫的生活细节，"我先生有一天带我去他小的时候常去的地方。他父亲在那里教会他滑冰、游泳、钓鱼。冬天的时候，他说他最喜欢看看冰纹一轮轮向远去，一直到故宫的角楼……我们俩就看着这一幕，那种心情特别像小孩看着最后一颗糖，你不吃你知道它要化了，你吃你又知道快没有了……"使用"带""教""看"等动词以及比喻手法描摹心理，形象具体地展现当天当地的情景，表达出对北京蓝天的回忆和向往。

② 片子 00:42:22 开始是对柴油车尾气污染的调查，调查以替观众发问的疑问句开始："爱车的人还会有另外一个疑问：'北京的夜里没有车对吗？那为什么污染也这么严重？它真的是车带来的吗？'我也一直有这样的困惑，一直到中科院给我的这张图表。"接下来是用图表和视频对问题的调查，之后又是疑问句："没有任何排放措施的时候，它的排放会是一个什么结果？"排放量的相关图表对此进行了回答。00:45:01 是一个反问："有什么理由去处罚他（柴油车司机）呢？"反问句是陈述句的语态上的改版，但肯定的意思不变，加强语气地说明司机完全合法，没有理由去处罚他们。00:45:50 开始反复使用疑问句和设问句："但是我好奇的是……为什么不去处理他们呢？（疑问句）……这个法律用过多少次呢？一次都没有。（设问句）为什么？（疑问句）……那我们有没有处罚他让他销毁的权力呢？我们有。（设问句）……用了几次呢？一次都没有。（设问句）为什么呢？（疑问句）……"观众和柴静一起，在发问的过程中，理解柴油油品不高原因的复杂性，感知真相获取过程的困难。

的特长在于叙事与说理,不是重复画面上的内容,在配合、贴合画面的前提下,说明画面没有或不能说明的问题,在画面之外交代更多的背景信息帮助观众理解。[①]

（2）视频同期声

同期声是画面内人物之间的彼此对话,主要指的是记者对相关人物的采访声音,是视频内容的直接组成部分,对视频及整个影像表达产生强烈的效果。加上柴静细节追问和直中要害的提问方式,使得整个同期声,在抒情的时候异常柔软,在展现冲突的时候又张力十足。[②]

3. 音乐

音乐是纪录片中最富艺术性的主观声音,它进入纪录片,与其他艺术元素形成良性互动,即"音乐需要其他表现元素作为其产生、存在的基础和载体;音乐对作品总体起着烘托、渲染作用;音乐又借助其他因素深化自身涵蕴,增强作品的艺术感染力"[③]。在《穹顶之下》中,音乐的使用多且贴切,有效配合了片子内容,起到烘托、渲染氛围,揭示、深化主题的作用。片子总共使用了33段音乐,其中演讲现场相对较少,用了5段;演讲中用的视频绝大多数都配有音乐,共用28段。

（1）演讲现场的音乐

现场的音乐不用太多,为的是体现演讲"以深度理性为主,以平易感性为辅"[④]的风格。现场音乐"量少"则为映衬抒情的平易和安静。

00:21:08放完煤炭使用历史和人们对空气污染认识的视频后,切回演讲现场,响起了通透、宁静、清新的钢琴旋律。伴随的话语是柴静对春夏秋冬中理想生活体验的描述,让知道了"雾霾是什么"的观众,通过横向反比再次感受和向往自然的纯真美好。紧接着是一个转折:"但现在呢?"00:21:50到00:22:32是一段生活细节的描述,同时也是从弄清"雾霾是什么"到调查

---

① 00:19:45是关于改革开放以来我国煤炭使用情况及经济发展与环境保护之间关系的视频,柴静用历史白描的手法勾勒20世纪80年代我国对煤炭的大量使用以及巨量污染物的排放情况。"人们在当时并不是没有闻到呛人的味道,但煤炭带来的温暖和能量在当时更重要……我们对污染远远缺乏经验、认识和控制技术,主要污染物没有制定标准。"

② 00:59:38是柴静随环保部到某民营加油站执法的现场视频,同期声音主要是柴静和加油站老板之间的激烈对话。老板的声音结结巴巴,音量提高增加气势和胆量,但表明的是思维的混乱和经营不合格柴油的心虚。对于老板的答复,柴静根据《大气防治法》据理力争,不提音量,只是语速变快。二者之间的声音张力巨大,但老板的声音"道出了某种事物的本质",令人无奈。不过,这丝毫不影响柴静同期声音的水准保持、稳定发挥。

③ 王烈. 电视纪录片创作教程[M]. 北京:中国广播电视出版社,2005:340.

④ 演讲风格在"三、叙述方式"部分论述。

"雾霾从哪儿来"的转承句。① 此时配用的音乐是一段吉他的和弦,简单的旋律正满足她对生活细节的微观描述,达到娓娓道来的效果。同时,音乐本身也具有画面转场的作用,形成段落节奏。

（2）演讲中所用视频的音乐

在演讲所用的视频中,音乐的使用量大增,也拥有了更为广阔的情绪施展空间。相较于演讲现场用的,演讲视频中的音乐,营造的主要听感是紧张,甚至稍显惊悚和可怖。

00：25：27 开始是介绍英国"黑色灾难"的视频,到 00：25：49 这 22 秒的时间是对 19 世纪 60 年代英国煤炭使用背景的交代。② 钢琴乐曲是主歌的旋律重复,看似平静,实欲翻涌。③ 表面平缓的背后,音高在急剧地酝酿着上升,预示着情绪火山的能量积蓄和即将爆发。④ 爆发后的持续高潮,让观众产生身临其境的现场感,以一个进行时的语态进入一百多年前的伦敦烟雾现场,仿佛真切地看到了"交通警察用大灯照着自己,免得被车撞倒"等场景,体会到毒雾的恐怖,认识到其巨大危害。

4. 音响（观众的笑声）

整个片子的音响用得较少,体现在视频中的,除了英国黑色灾难中的火车轰鸣声和急救车声音较为明显外,其余的音响主要体现为演讲现场观众的笑声。作为演讲效果直接的反馈,观众的笑声虽然次数不多,但出现的分寸刚好,给柴静的单向讲述过程,提供一个即时而恰当的声音反馈,形成双向流动的信息传播回路,实现预期演讲效果。

这是传播过程的控制论模式,其基本思想便是运用反馈信息来调节和控制系统行为,实现预期的目的。对传播者（柴静）来说,获取信息反馈要自觉:笑声可以检验演讲效果,使其据此规划和调整目前及下一步的演讲行为;对受众（观众）来说,提供信息反馈要主动:笑声是其意见、态度等信息的

---

① "……我做的第一件事情就是先看一下手机上的空气质量指数……我戴着口罩逛街、我戴着口罩购物、我戴着口罩去跟朋友见面,我用胶条把我家门窗的每一个缝儿都给它粘上……说实话我不是多怕死,我是不想这么活。所以每次有人问我:'你到底要干吗做这件事情?'……这是我跟雾霾之间的一场私人恩怨。"

② 解说词是:"它（南威尔士的煤）曾经驱动过一个世界上最强大的帝国,也给这个国家带来一场可怕的黑色灾难。"

③ 00：25：50 开始的解说是:"巴特西火电站……每个星期大概要烧掉一万吨煤……整个伦敦就像是有上百座微型的火山正在喷发……伦敦已经被煤烟浸透了,人们戴着口罩上学,戴着口罩购物,戴着口罩遛狗,戴着口罩亲吻。"

④ 00：26：30 的几声鼓点后,伴随着老式火车驶来的轰鸣声,是交响乐副歌的开始,管弦齐奏,音高音量均达到峰点,"灾难来的那天,是 1952 年是 12 月 5 号……人们走在大街上没有办法看到自己的脚,甚至要靠盲人来领自己回家……全伦敦一片死寂"。

流通方式,受众可以据此更主动、更积极地介入和理解传播过程。①

三、《穹顶之下》的叙述方式

罗兰・巴尔特认为,"人类只要有信息的交流,就有叙述的存在。叙述本身没有行为和目的之分,可以包括人类语言的一切"②。《穹顶之下》作为纪录片的一种,使用的是纪实叙事。

(一)《穹顶之下》的叙事特点

1. 纪实性本质

真实是纪录片的本质属性,纪实因此就是其本质性的特点,《穹顶之下》的纪实性本质具体表现为以下两个方面。

(1)无我的叙事意境

叙事意境分为"无我"和"有我"两种。二者并不能截然分开,如果从衍化的角度来看,有我是在无我基础上生发的意境。无我指的"是制作者尽量躲避到事件背后,依靠题材取舍、细节增减、镜头选择与转换之间融进的褒贬情绪意蕴以及叙述过程中的场景感等来实现。有我则在无我的基础上,更讲究虚构和假设,强调制作者态度和意见的充分表达。事物的呈现是手段,制作者的意见和态度是目的"③。

尽管《穹顶之下》以柴静的孩子未出生便患病等个人经历作为引子,切

---

① 00:45:43是采访完造假车企老板后观众的笑声,延续3秒,柴静趁着笑声进行了调侃:"不知道非洲兄弟听了什么感觉。"继而又是观众的笑声。车企老板以存在购买需求为借口为自己辩解,柴静就顺势调侃娱乐一下,一方面对其含搪塞进行了讽刺,另一方面,之所可以调侃车企,是因为深层原因并不在其身上,更多的原因指向监管治理层面的不作为。01:01:52的观众笑声是对"现在我怎么觉得,我有的时候就是一个吉祥物呢"的反馈,持续2秒。柴静以其从事环保部门工作的朋友为个体,管窥之前讲的"环保尴尬",从1999年到现在,16年过去了,环保种种"没有牙齿"的现状没有得到多少质的改变,名不副实的结局就是,环保工作人员觉得与吉祥物一样,只存在理想上的美好向往,不能实现现实上的实在作为——观众的笑声是对环保尴尬无力的无奈之笑。01:03:49是在播放完十年前山西环保状况调查的视频中对某药企领导的采访后,引发的观众笑声。对药企领导的"睁眼说瞎话",用"我可能没有你那么好的灵敏度"等变换修辞的话语,拒不承认闻到了刺鼻气味和自身存在的空气污染问题,观众只能报以一种被其气笑的笑声。之后柴静用成本的计算说明空气污染的治理成本,得出十年后她对空气中味道的解释:"空气中是钱的味道"。画面在话音未落之时切到了观众的全景画面,18个画面中的观众,有一半的人在露出笑的表情,但是并没有笑的声音。这种只见画面不闻声音的处理,可以说用心良苦,意味颇深,体现出了音响剪辑技巧的巧妙运用。声音的"沉默"比声音的出现,更具有鞭策与批评的张力;听觉感受的适当空白比听觉感受的持续饱和,更产生情绪及思维上的起伏节奏。

② 王烈. 电视纪录片创作教程[M]. 北京:中国广播电视出版社,2005;264.

③ 王烈. 电视纪录片创作教程[M]. 北京:中国广播电视出版社,2005;268-269.

入主题、展开叙述,并被很多人认为影响调查的客观、公正,但笔者认为,其叙事仍属无我意境。原因在于,一方面,片子并没有将表现目的和表现手段颠倒,而是将态度作为由头与线索贯穿其中,将事实的呈现作为最终目的,即情感偶尔外露但并不为主,相反,其个人的生活经历、母亲的感受主要是作为调查、论证的节奏间歇和调节,反过来促进调查叙述的进行。另一方面,"有我""无我"的叙事意境并不等同于片子中的"有人""无人",即不是出现了个人的经历就成了叙述上的"有我",反之亦然。

这种无我之境,是一种制作态度上对真实的无限趋向。为了增强表达效果,不能否认制作者会根据自身观点对事实进行一定取舍和呈现顺序的调整,但只要事实本身不虚假、不编造,还是可以接受的,这也是为什么没有任何片子能做到完全客观真实的原因。对于制作者来说,片子叙事可能就是一些观众的全部认知过程,为了对这些观众负责,叙事要对得起制作良心;对于观众来说,要时刻意识到,观看片子似乎是在观看一片"真现实",但又不是全部,而是观看处在调查、演讲思路中,为柴静及其制作团队修饰和强调了的"真现实"。

(2)具体的时空过程

纪实叙事要求有具体的时间、环境、情景,"以使一般性的视听语言所表现的抽象内容具有可经历的情境意义"。《穹顶之下》是柴静及其制作团队耗时一年辗转多个地点进行拍摄、采访、调查、剪辑的作品,涉及时间的多节点和空间的多跨度。应该说,观众看到的片子,内容和意义本身都是柴静调查的一年中即时态生活的一部分。

时间的多节点。《穹顶之下》里面存在一天内不同时刻、一年内不同月份的时间节点的展现。具体的时间节点,记录了一段段的亲身经历,充分地呈现了现场的情景和氛围[①],也为片子找到了具体到某个确切的时间刻度的叙事依托。片子中还存在月份的跨越,一方面印证了片子取材的时间跨度之大,另一方面交代给观众一种在时间进程中随柴静调查事实的进行时态。[②]"我在哪儿,我现在在哪儿,我要为您介绍的是什么"——这些问题都

---

① 00:29:28 开始是柴静在 2014 年 10 月份随环保部华北督查中心到唐山巡航、调查工业煤炭污染的视频,画面中的人物全都穿着外套,反映着华北初秋的微凉天气。从下午的开车前行、爬土坡远处望看、升无人机巡航查污,到傍晚时分,开车进入钢铁厂暗拍偷拍,再到晚上进入车间采访作业工人、巡视员在无灯的黑暗中跑步查看情况失足掉入深坑(这一幕在打了照灯后观众才得以看见),整个 1 分钟的视频将一下午的巡视督查过程展现得淋漓尽致、悬念迭起。这样具体的时间节点,比纯粹用一组工厂烟囱排放黑烟的画面来建立一个污染企业的形象效果更为明显和真实。

② 00:42:55 开始是 2014 年 8 月 11 日凌晨 2 点半,柴静随环保部门到延庆康庄收费站对柴油车尾气抽查的视频,画面中人物穿夏装表示当时的季节正是北京的炎夏。

直观地在画面中体现出来,形成一个具体即时的时间进程,维系全片叙事的联系性和整体性。

空间的多跨度。作品涉及的地点十分众多①,有的是展示现状(如唐山的视频),有的是回溯历史(如英国的视频),有的是吸取经验(如洛杉矶的视频)。《穹顶之下》用这种地点的横向聚合,说明空气是全人类共同的资源,但空气的治理各国却阶段不同、现状迥异。它提醒我们,从一种全球化的木桶效应着眼,各国都是构成地球木桶的木板,短板应该积极学习其他长板努力增长,最终保证木桶内全球空气质量的高水位涵量,使穹顶之下的全人类受益。

2. 多维度倾向

为了全面反映生活的多样性和复杂性,《穹顶之下》从不同角度多层次地叙事,重要的是,它"除了从制作者的个体角度看待并反映事实,更强调从观众的多维视角出发,为观众认识事实的本质提供参照"②。这一叙事特点是基于纪实性本质特点基础上的,为观众提供更多的理解上的可能性,因为片子的叙事开放,观众得到更多的思维自由。

无我的叙事意境,不是为了极大地隐去制作者的态度而隐去,而是在隐去直接的宣教的过程中,提供一种思考的方式,这种方式不需要力求封闭或严整——即使是片段性的题材(或者题材的片段),都能激起观众的多层面思考。《穹顶之下》从常识性的认识出发,以"寓知"但不"限知"的态度,告诉观众以及相关纪录片的制作者,"若想说明问题,你可以这样做"③。从这个意义上看,与其说《穹顶之下》呈现的是一个记者使用采访手段不断发现事实的过程,毋宁说它提供了一个公民如何行使合法权利监督政府的可能路径。

视听语言高度自由的时空穿梭也为实现片子的多维度倾向提供了便

① 从在北京肿瘤医院拍摄肺癌患者手术,到在南加州大学医学院采访预防医学教授,从在英国的南威尔士煤矿讲述英国的黑色灾难,到去唐山督查钢铁厂煤炭使用及排放,从在山西临汾的县城拍摄城镇化建设,到在洛杉矶了解当地环保部门执行情况、在伦敦采访煤炭工人和能源大臣论证能源结构调整的重要性。

② 王烈. 电视纪录片创作教程[M]. 北京:中国广播电视出版社,2005:270.

③ 比如"解决问题谁来负责?"00:46:50 柴静问道"为什么大气防治法不能对超标车辆进行召回和处罚",其中确定执法主体要弄清楚"依法行使监督管理权的部门"到底是谁?"每个人都说,我不知道这个部门是谁,那一共跟这个机动车管理的就这几个部门,我就挨个问了一下……环保部说,听说不是我……工信部说绝对不是我……质监总局说应该是我们三个吧……全国人大他们给我的答案是……这条法律看起来执法主体确实不明确。"作品提供给我们的并不简单是确定这个特定的执法主体的信息,重要的是它启发我们,要想说明事实、调查真相,你应该首先弄清担负责任的行为主体。

利。《穹顶之下》的叙事有具体的时空依托,但叙事过程上的具体和明确并不意味着叙事结构上的固守或封闭。作品的主要叙事结构是以"是什么、为什么、怎么做"的进阶式调查逻辑为线索,但如果将整个一年的调查如实记录下来,不仅琐碎更没必要,所以另一条线索其实是她与雾霾之间"私人恩怨"的来龙去脉。这条线索是开放的,它最终说明的是个体的人空气观念的树立和转变,而这显然与片子的主题和旨趣更为贴合。① 虽然叙事的数量要有控制,但叙事结构肯定是开放的,观众在强烈的生活共鸣中也得以明白,由个体构成的我们其实都一样,命运是个共同体。

(二)《穹顶之下》的叙事技法

纪录片叙事是运用视听语言对事件的整个情况进行交代的过程。根据叙事技法之间的相互联系,《穹顶之下》主要运用了两类四种技法进行叙事,分别是自叙为主与他叙为辅、顺叙为主与插叙为辅。

1. 自叙为主与他叙为辅

"自叙是创作者作为事件的'参与者',以'我'或'我们'的身份出现,叙述'我'或'我们'所耳闻目睹的事实;他叙是叙述者作为'局外人'置身事外,内容中只出现'他(她、它)'或'他(她、它)们'"②。因为该片子的主要形式是现场演讲,故自叙的应用成了叙事技法的绝大多数,辅以他叙手法。不过,尽管存在叙述手法上主次的分明,这两种叙述经常是交替使用,不设界限。

(1)自叙为主

自叙,又称"第一人称"叙述,最明显的好处是拉近制作者与观众的距离,主要包括"我叙我""我叙他"。演讲最常见的形式就是"我叙我","我"直接告诉你"我"的经历,面对面的交谈(尽管是单向的)容易让观众直接理解,不需要抹角转弯。"一年当中我做的所有的事情就是为了回答将来她会问我的问题",在作品的"引子"部分,柴静明确地说清了作品的叙述角色是她自己。另外,"我叙他"也是片子的常用技法,"我"告诉你(观众)"他"的事情,让你(观众)能通过"我"间接地了解,虽然经历了一次转述,但"我"和

---

① 无论是柴静个人及其女儿的生活印记(出门戴口罩、出院时用手绢捂在女儿鼻子上、拿胶条把门窗的缝儿粘上等等),还是柴静朋友的环境遭遇(如从事环保工作的朋友形容自己是吉祥物,老郝十年前调侃柴静家乡是全球污染城市之首、十年后其河北老家反被调侃,老范的老家江苏虽不用煤炭但工厂超标排放十分惊人等),都是一个一个具体的身边例子。

② 王烈. 电视纪录片创作教程[M]. 北京:中国广播电视出版社,2005:282.

你(观众)之间交谈的距离还是很近。①

（2）他叙为辅

他叙,又称"第三人称"叙述,叙述者以旁观者和评论员的身份进行叙述。在这种叙述方式中,"摄像机比较自由灵活,可以尝试多角度、多侧面放映事物",故在片子里,他叙主要体现在演讲用的视频中。

视频中的主语用第三人称或名词,使得柴静以一个局外人的身份冷静地陈述发生的事情。② 一个需要说明的问题是,只从字面而不从语义去分析他叙手法是容易出问题的,如在"我们对工业污染远远缺少经验"这句解说词中,虽然出现了"我们",但其语义明显是"(当时的)我们",语义上仍是第三人称,故仍属他叙的范畴。

2. 顺叙为主与插叙为辅

顺序是最常见的叙述方式,指的是按照事件的发生、发展、高潮、结局的顺序进行叙述。插叙是指在叙述主要情节或中心事件发展过程中,暂时中断叙述线索,不依时间顺序而插入相关的另一故事片断或事件,结束后再继续原来的叙述。

（1）顺叙为主

顺叙使事情的前因后果一目了然,片子也层次分明、脉络清楚。《穹顶之下》这种调查性质的片子按照"是什么、为什么、怎么做"的逻辑顺序,次第展开叙述,是符合观众的认识习惯的。不过,顺序叙述犹如平川走马,虽一路跑得平坦,但容易缺少起伏。作品值得学习的是,做到了对素材的精心编辑,于平铺直叙中人为地引出波澜和曲折。③

（2）插叙为辅

插叙的效果就像人在讲述一段话时,插入一个其他相关的部分,再将之

---

① 如"……我就看到它的样子,它不是我想象中的一颗一颗一模一样的小米,它是各种各样的东西混合在一起,这个混合会增加它的毒性,还会让它迅速变得更多更大。它们之间可以发生化学反应"。

② 如"人们当年并不是没有闻到呛人的味道,但是还顾不上它带来的后果……我们对工业污染远远缺少经验……大气污染在无知无觉中已经存在"。

③ 如00:39:34开始"还有一个城市出乎我的意料,'某城市一年的雾霾日达到200天以上'。你可以猜一下这是哪个城市。哪个? 再看一次,青海? 青岛? ——是杭州。说实话我跟你一样吃惊,是因为我一直以为这叫'山色空蒙雨亦奇'"。配合图片的雨雾蒙蒙,柴静与观众进行一次现场互动,一方面是活跃演讲现场的气氛,另一方面是制造悬念,服务于叙事的波折。一张充满白色雾气的景观图片,符合人们的刻板印象,认为只有北方的城市才可能有雾霾,而从铺垫到发问再到揭晓答案虽只有短短23秒的时间,却已经将悬念铺垫得十分吊人胃口,最终当她说出该城市是杭州的时候,观众都大感意外,和她一样我们"一直以为这叫'山色空蒙雨亦奇'",而这就是悬念在顺叙中的巧妙运用。

前的话接下去。如 00:14:31 开始，是柴静在讲述完我国如不有效治理环境发展将面临更艰难的环境后，进行的一段插叙。① 柴静直接用她和她先生在北京 APEC 会议期间的亲身经历及心理活动来进行插叙，巧的是，这段小插叙之中还嵌套了一个她先生回忆小时候的更小插叙。这样做有两个好处，一是缓解了刚刚讲述完国家面临的严峻问题带给观众的沉重感，起到调节气氛的作用，片子的情节也更丰富，内容也更充实；二是回忆曾经的美好生活环境，能够引发观众共鸣，同时展望未来，为下文介绍我们"如何做"做好铺垫。

四、《穹顶之下》的表达结构

结构是谋篇布局的总设计，包括两方面的含义："各个事物的构造形式或外表；各个事物的组成成分或构成原料"②。通俗地说，结构是纪录片的骨架及筋骨，也是纪录片的内容得以依附的基础。正如清人李渔所说，"当其精血初凝，胎胞未就，先为制定全形，使点血而具有五官百骸之势"。

《穹顶之下》的制作者对表现对象是有一定了解的，如"还有另外一个在我出发前远远没有想象到的问题"一句便足以说明，柴静在调查之前已经有了一定的猜测及对猜测的证实。只有这样，才能确立基本清晰的思路以及纪录片的总体表现基调。"（柴静）说，计划一年的时间，做一部纪录片，想搞清雾霾……当时她问我三个问题：雾霾是什么？从哪儿来？该怎么办？"③在其确定拍摄雾霾的题目后，进行了一些采访，掌握了大量资料，确定了大致构想，然后根据构想的立意与结构，到现实中进行拍摄与深入采访，并在这个过程中深化认识、丰富原有构想。

片子的结构遵循了结构的基本形式：开头、主体、结尾。其中，主体是全篇的重中之重，以三个递进的逻辑问题"雾霾是什么、雾霾从哪儿来、我们怎么办"结构起来；开头和结尾加入了更多情感抒发，是引入和升华主体的部分，分量虽小，却也起着重要作用。

---

① "这个是 APEC 期间，我先生有一天早上带我去他小的时候常去的地方，他父亲在那里教会他滑冰、游泳、钓鱼。冬天的时候他说他最喜欢看着冰纹一轮轮向远去，一直到远处，故宫的角楼，那是这个城市古老的优雅之美。我们俩看着这个景色，心情特别像小孩看着最后一颗糖，不吃你还怕它化了，吃了你就知道它没有了。那种又甜蜜、又忧愁、又气急败坏的感觉。"

② 张宇丹，孙信茹. 应用电视学——理念与技能[M]. 第 2 版. 昆明：云南大学出版社，2004：434.

③ 高明勇. 穹顶之下，柴静的调查真相[EB/OL]. http://finance. ifeng. com/a/20150301/13520998_0. shtml,2015-03-01/2015-05-01.

（一）主体条理清晰，说理层层递进

片子的主体部分，由人们最关心且逻辑关联也最紧密的 What、Why、How 构成，可是讲述的过程并非易事。这需要制作者对观众的认知过程进行研究，引导观众理解。最好的效果是，制作者就像观众一样，带着疑问进行探究，一问接一问地追下去，解决一个之后再解决下一个。

1. 雾霾是什么？（What）

"是什么"包括两个层面的意思：是什么物质、是什么性质。物质是客观的，不能改变；性质却更多地在与其他事物的不断运动的关系中表现出来。对应到作品里，即不仅要清楚雾霾是什么物质，更需清楚它的性质。直观观看、实验采样和分析是在弄清其到底是什么物质。[1] 作为志愿者亲身体验实验和对肺癌患者肺部腔镜观察手术的记录，是在弄清其到底是什么性质。[2]

2. 雾霾从哪儿来？（Why）

基于对采样膜的分析，知道雾霾的绝大部分都跟人类活动有关系，归纳起来其大部分"从燃煤和燃油当中来"，也就是大量化石能源的燃烧导致的。它包括三个原因：煤的原因[3]、油的原因[4]、环保部的原因[5]。

3. 我们怎么办？（How）

分析原因之后，认识到之前做法的不够或不对，自然引出对正确做法的

---

① 结论是雾霾（PM2.5）是"吸附很多的致癌物和重金属的空气动力学直径小于2.5微米的细颗粒物"。

② 结论是"颗粒物是人类的一级致癌物"，具有剧烈毒性和强大危害。

③ 煤的原因之一是使用量大。因为煤炭需求量大，所以好煤越来越少，劣质煤越来越多。由此引出煤的原因之二：散烧煤炭时候使用未洗过的褐煤，环保设施不到位，政府管理欠执行。

④ 油的原因之一是车的问题。首先，机动车多、增速快，汽油使用量大。其中穿插ː对公共交通出行、城市精细化管理的间接呼吁。其次，柴油车尾气污染危害更大，但立法不清、执法不严、监管不力、车企造假等深层次问题错综交织。油的原因之二是油品不高。油品不高意味着缺少清洁，可是因为我国的历史原因，制定油品标准的主导权力在石化行业，暗示我国改革亟须深化。油的原因之三是一半的油使用时排放失控，而环保部门存在尴尬没有权利监管。

⑤ 煤和油的原因这么多是为什么？对环保部存在的原因的调查便开始触及"某种事物的本质"。为了赢取微薄的利润，无论是钢铁、煤炭，还是汽车、油品，能省环保部的钱都省去，讽刺的是，钢铁作为过剩产业，不但不能创造价值，还消耗着大量实体经济。这一切固然与环保部的不愿作为、不能作为、不会作为、不敢作为脱不了干系，但最终指向事物的本质：经济发展大大压过环境保护，二者的关系极不平衡。只顾短期利益，不顾持续发展，对环境和经济最终都是毁灭性的打击，鼠目寸光的恶果就是"我们将在用光所有资源之前我们就用光所有的环境容量，这意味着在中国雾霾还只是刚刚开始，堵车只是刚刚开始"。

介绍。按照主体的不同,分为政府的做法和个体的做法。政府的宏观调整①肯定是关键,个人的点滴进步②也必须鼓励。

(二)首尾主旨紧扣,抒情缓缓进行

片子的首尾部分,对于全片来说"比重不大"③,可是要做好需要很高的技巧。制作者用了个体情感代入的方法,贯穿母亲对女儿的感情。开头的主要作用是交代背景,吸引观众的注意力,使得片子不仅"有人看"并想"看下去";结尾的主要作用是深化或升华主旨,给观众以启迪和回味,甚至要再看几遍,即片子虽然"看完了"但觉"看不够"。

1. 开头部分

开头采用的是较为间接表明主题的方式,实现对观众情绪带入的效果。以一幅数据动态浮现的图表④开场,表格再现了两年前的情景,并吸引观众的注意,相对的是,片子的主人公柴静对片子的调查对象雾霾当时"就没当回事""置身其中,浑然不觉"。然后是个人经历及情感的平静抒发。知道怀

---

① 由与"APEC蓝"有关的私人生活及中国政府在中美联合声明中承诺碳排放将降低,引出政府的第一个做法:低碳减排,其可行性参考洛杉矶治理污染的例子;洛杉矶给我国的经验是法治落地,即法律得到严格执行。这样的后果是企业的利益受损,可是美国的例子又说明,环保不是负担,而是创新,保护落后是没有办法创新的。第二个做法是制定好调控标准,保证整个市场的公平竞争。第三个做法是调整能源结构,使用天然气等清洁能源。我国的天然气储量并不低,可是因为能源企业的体制僵化、市场垄断,产量不高,使用率也不高。至此,再次强调政府鼓励市场竞争的重要性和必要性。

② 对普通人的做法,制作者并不仅仅是列出"做法清单",而是从"绿色意识"和"绿色意志"两个角度明确突出个体做法的层次。"绿色意识"是指个体需要意识到绿色的选择是正确的,从观念上对灰色和黑色说不。"绿色意识",一个重要前提是政府的信息公开,政府既然花费了大量财力、人力进行空气质量的预报和检测,我们公民需要意识到的是,不浪费国家的投入,可使用环保组织的APP,实时检测并监督企业的排放情况。如果地方的信息不公开,我们可树立的意识是,根据公民权利,参加公众参与立法的研讨会,制定对信息公开的法律要求。当法律需要强制执行,我们要意识到,根据新环保法的最新规定,诉讼主体可以是符合条件的环保组织。没有参加环保组织的普通人,可以做的也有很多,一个动画让我们知道在生活中的特定场景中,我们尽可以选择绿色,"一念之间,改变雾霾"。"绿色意志"强调个体更需要拥有绿色的意志,在实践层面勇敢尝试,抱定环保理念,一直坚持下去。"绿色意志",意味着受到感染后,具备勇气,敢于迈出第一步。"我们可以记住这几个数字:12369,如果你不打,它就永远只是一个数字",柴静带头亲身尝试,说服工地将裸露的土堆盖上,拨打12369举报并要求小区餐馆安装油烟净化器、举报并监督加油站安装油气回收装置。尽管是微乎其微的一点举动,但是有助于环境变得更美好,心里就会更踏实。"历史就是这样创造的,就是千千万万个普通人,有一天他们会说不,我不满意,我不想等待,我也不再推诿,我要站起来做一点什么,我要做的事情就在此时,就在此刻,就在此地,就是此身",这说明在人类与污染之间的战争中,有了绿色意识还不够,更要有绿色意志。

③ 开头部分从片子开始至00:05:55,计5分55秒;结尾部分从01:38:38至片子结束01:43:55,计5分17秒。

④ 表格是2013年1月份北京的PM2.5曲线,显示一个月连续25天雾霾。

孕后的柴静觉得幸福,可是女儿被诊断为患有良性肿瘤,一出生就要接受手术。幸运的是,女儿手术成功,不过这"失而复得"的新生命让她开始意识到雾霾的可怕。① 母亲倾注了对新生命的爱,为了给女儿一个"不能出门"的说法,柴静有了这次调查的缘由和动机:为女儿的成长健康和知道真相负责。

2. 结尾部分

结尾采用"总结式+回味式"的结构方法,使主旨强调和情感抒发达到高潮,产生一种情绪发酵的效果。总结式是指,不重复片子内容,而从感性的层面表达对美好自然空气环境的渴望;没有空洞无力的口号,呈现的是生命在生活中的真切意义。紧张的调查结束后,柴静仿佛长舒一口气。她强调了个人能做的就是选择绿色并尝试出发,并接着个人做法进行个人抒情,"如果你没有时间做更多的事情,在雾霾严重的时候,至少你可以做一件事,就是保护好你自己和你爱的人"。回应开头,以小熊的图片和柴静抱着女儿的图片作为演讲背景,她补充她女儿手术时的温馨细节。②

回味式是指用画面和印象创造一种意境,含蓄委婉,意犹未尽,留给人回味和思考的空间。配着地球运转的图像,柴静进行了片尾抒情③,对女儿的感情是从小爱出发,但是其调查的客观效果是表达对全人类的大爱,希望人类能够长久健康地生活下去,片子的主旨得以最大升华。

五、结论

通过对《穹顶之下》进行文本分析可以发现,从纪录片制作的角度来说,片子是专业而细致的。笔者从优势和不足两个角度对片子进行总结和评价,以期为相关现场演讲式纪录片的创作者、制作者提供学习借鉴的启示。

---

① 一个十年前的山西调查视频展现了当时山西省污染情况之严峻,而这就是十年后她女儿面临的世界。"孝义是山西的缩影,山西是中国的缩影",无论是北京还是山西,都是中国污染状况的一个侧面,由点及面,表明全国的主要城市雾霾天数都十分可观。

② 看着小熊就想起那些担心失去她的恐惧,以及想要保护她的全部愿望;以女儿望向窗外的图片为背景,她讲述女儿生活中亲近自然的细节:在自己的小花盆里面养了一只蜗牛,每天早上她醒来的时候,就跑到花盆那冲着蜗牛吹一口气,它觉得这样能帮着小蜗牛长大,女儿喜欢这个世界——这个世界也是我们及后代所喜爱的并赖以生存的。

③ "……看到这颗星球孤独旋转,我心中都会有一种难以名状的依恋和亲切,将来有一天我会离开这个世界,但是我的孩子还在其中生活,这个世界就与我有关。所以我才凝视它,就像我凝视你,所以我才守护它,就像我在守护你。"

(一)《穹顶之下》的优势

1. 作品选题的公共普遍性

选定了一个好的题材等于纪录片创作成功了一半。《穹顶之下》选择雾霾作为拍摄的题材，是其能够取得巨大效果的根基。正如其题目所揭示的，雾霾涉及公共利益，每个人都在这个雾霾形成的穹顶之下生存，无人能回避。至于柴静自己所说"这是我和雾霾之间的一场私人恩怨"，与公共利益并不矛盾：私人恩怨只是她调查雾霾的动机，而一旦调查开始、作品开机，私人恩怨已经是公共诉求的表达。

对公共普遍性的另一层考虑是我国的现实国情，"我国的影像制作播出受编排管理方式的影响，以及相关政策法规的约束，作品具备公共普遍性是对片子最终能播出的负责"①。在对雾霾有了较深把握的前提下，制作者需要调节自身并适应社会。柴静的一些做法表明其始终是适应社会的，如她"在 2014 年年底，向全国人大法工委寄送片子的全部采访资料和稿件，意图为大气污染防治法（修订草案）带来借鉴；同时，她也将材料递给正在制订国家油气体制改革方案的小组成员，意图为政策制定者提供参考"②。这些"聪明"的带有"融入社会体制"意味的行为，都是相关纪录片创制者需要认真思考并加以吸收的。

2. 演讲形式的平等交流感

如本文"作品形态"部分所说，《穹顶之下》是以空气污染深度调查为主题的现场演讲式呈现的纪录片。与其他同类纪录片的区别之一就是采用了TED 演讲的形式，在一个干净简练的会场中，演讲人娓娓道来，观众认真倾听并不时反馈。这种形式最早由苹果公司的乔布斯在新品发布会上使用，形式简单却具感染力，克服一般纪录片的单向讲述甚至灌输的弊端，不再出现"全知全能"的讲述者，而以一个平等的人际交流的传播形式，演讲人带着观众一起调查和探究事实，最大程度上拉近传播主体与客体的距离，增进传播过程的亲切感。作品切进观众的画面和笑声，也在力图说明，观众不再被动，而是乐意主动接受信息，这对促进观众的自身思考和演讲人的现场表现都是大有裨益的。

---

① 片子在首播 51 小时后不能找到播放源，和片子在我国的两会期间播出、"干扰"了舆论对两会报道的一致关注具有一定关系，而这也正为选题上公共普遍性的国情考虑提供了一个播出时机上的完整注脚。

② 高明勇. 穹顶之下, 柴静的调查真相［EB/OL］. http://finance. ifeng. com/a/20150301/13520998_0. shtml, 2015-03-01/2015-05-01.

3. 表现手法的丰富多样性

演讲形式不是干巴巴的言说,表现手法的多样性为整个演讲增色不少。除了上文分析的数据、图表、视频、动画,还有实物展示——利用几乎所有的视觉展现形式,服务于讲述的生动形象和便于理解。实物展示虽然具有很强的真实感,但因为观众看不清楚,真实感也会稍打折扣。柴静对此情况的处理就证明了表现手法是如何实现丰富多样的。她在演讲中唯一用到的一个实物是00:19:18时拿的一本蓝色封面的《我国二十六城市大气污染与居民死亡情况调查资料汇编(1976—1981)》,"为了要让大家看清楚",她把书上的结论拍摄成图片并突出结论的文字放到屏幕上,证明那个时候的大气污染,已经跟居民的肺癌死亡率分布一致。对于相关纪录片的创作者来说,有意识地运用丰富多样的手段是一方面,另一方面则是将多种表现手法有针对性地结合起来,汇成作用的合力。

(二)《穹顶之下》的不足

1. 数据事实不够准确

片子中,制作者将雾霾的原因最终归结为煤和油上,其中又重点分析了能源政策和法制症结,这引起了大气、化学、能源等学科和石化行业的不同意见。排除掉凭空的怀疑和针对私人的诋毁,其中一些意见从专业角度出发(虽然也有专业人士对意见再予以反驳),意见交锋引发对片子专业学科严谨的怀疑。

笔者认真阅读了知乎网和果壳网上对《穹顶之下》的"专业评论"①,即使是相关学科的专业评论也从实验条件、实验过程、数据计算的条件和单位、专业术语的特定理解等细节上有了意见分歧,但是可以肯定的是作品的确存在事实上的"不准确"②。相关的纪录片创作者应该仔细核查事实,做到事实的准确无误。应该纠正的一个心理是:数据的一点错误不影响整个论证过程的继续。要知道,对事实细节的不实、不严处理可能说明学术训练严

---

① 知乎.穹顶之下(纪录片)[EB/OL].http://www.zhihu.com/topic/20014676,2015-05-02. 果壳问答.这个链接里对《穹顶之下》的批评靠谱吗?[EB/OL].http://www.guokr.com/question/595723/,2015-05-02.

② 在01:17:41柴静讲到洛杉矶汽车数量增加排污量却减少时,用了题为"美国加州排空技术产业的成功历史"的数据表格,数据来源为"美国南加州空气质量管理局",其中1970年对应的VMT(vehicle mileage traveled,一年的里程数)是1000000millions,而加州官网上的数据显示1970年,加州的VMT是110billions,即110000million,很明显差了10倍。经过对比发现,不仅1970年,而且1980年、1990年、2000年、2010年,作品中的图表数据都是官网上对应年份数据的10倍。虽然10倍的差距并不影响其说明加州汽车数量增加的趋势,但数据的明显错误是被证实的,至少说明作品在引用数据上存在事实上的不严谨现象。

格意识的不足,甚至有事实服务于观点表达而刻意说谎的嫌疑。判断一个作品是否是纪录片,最基本的是看其是否做到了事实的真实,所以这些现象都是纪录片的创作者必须慎重考虑并处理的。

2. 感性因素尺度稍大

柴静的作品风格一直受到两极化的评价,赞赏她的人称新闻人首先是"人",她从一个女人的角度出发做新闻,感性抒发是人性使然;批评她的人称其用个人的情感妨碍了新闻的客观性和叙述的理性。

作品中柴静调查雾霾的出发点和落脚点都是母亲对女儿的浓厚感情,在作为引子的开头部分,柴静讲了其女儿被诊断为患有良性肿瘤,一出生就要接受手术的细节。① 这一部分用时 90 秒,完全是其手术过程的细节描述,没有提到雾霾。这一似乎脱离主题的细节,有人认为是用个人经历代替真确论证,暗示雾霾与肿瘤的因果性。这样说有一定的道理,但并不完全正确,因为这一细节其实是调查的动机本身,只是占据片子的比重确实稍多,即情感尺度稍大。对于同类题材的纪录片创作者和制作者来说,控制情感因素的尺度要视主题的需要而定,加进个人化的情感要适中,以期最大限度地展现一个理性客观的过程。

参考文献:

[1] 百度百科. 穹顶之下(柴静自费拍摄的雾霾深度调查纪录片)[EB/OL]. http://baike. baidu. com/link? url = Eqk8 - 7dbUbn4I7kZeTT81Uj5Ihzxw-w3pOjwb9Jw1JhJyRa8jSsrDjj_jYtJP2cJ01x7nxDkNc2nQH7B3fx9PBk2i79Xg9Rr_EwNJ7S5AIsi69yWfMveLFa_K6VgeIrR4 ,2015-03-10/2015-05-01.

[2] 网易财经.《穹顶之下》爆红:解密柴静的朋友圈[EB/OL]. http://money. 163. com/15/0305/09/AJUDC0NS00253G87. html,2015-03-05/2015-05-01.

[3] 张宇丹,孙信茹. 应用电视学——理念与技能[M]. 第 2 版. 昆明:云南大学出版社,2004.

[4] 王烈. 电视纪录片创作教程[M]. 北京:中国广播电视出版

---

① "回到北京之后,我知道我怀孕了……但是,她被诊断为良性肿瘤,在出生之后就要接受手术,做麻醉之前,医生对我说,她这么小的年纪做全身麻醉是有可能醒不过来了,你要有个心理上的准备,我还没有来得及抱她一下,她就被抱走了……我再见我女儿的时候,她还在昏迷,医生对我说手术很成功,但有一件事情你要原谅我,因为她太胖了,所以刚才麻醉的时候,我们扎了好多针眼才找着静脉。我把她满是针眼的小手放在我脸上,叫她的名字,一直到她睁开眼睛看我一眼。我是一个非常幸运的人,后来我辞职,陪伴她、照顾她,只要一家人在一起平安就好、健康就好。"

社,2005.

[5] 段鹏. 传播学基础——历史、框架与外延[M]. 北京:中国传媒大学出版社,2013.

[6] 高明勇. 穹顶之下,柴静的调查真相[EB/OL]. http://finance. ifeng. com/a/20150301/13520998_0. shtml,2015-03-01/2015-05-01.

[7] 知乎. 穹顶之下(纪录片)[EB/OL]. http://www. zhihu. com/topic/20014676,2015-05-02.

[8] 果壳问答. 这个链接里对《穹顶之下》的批评靠谱吗?[EB/OL]. http://www. guokr. com/question/595723/,2015-05-02.

[9] CA. GOV. Key Events in the History or Air Quality in California[EB/OL]. http://www. arb. ca. gov/html/brochure/history. htm,2015-01-06/2015-05-03.

网络新闻纪实栏目
腾讯《活着》的话语分析

（李文华　苏州大学）

摘　要：影像文化在社会日常生活的全面渗透，为人类建构以"符号"为基础的感知世界，因此新闻摄影图片是摄影记者与受众对话的一种方式，所以，在本文中笔者将新闻摄影图片与图片的配文都作为一种话语进行分析。在腾讯《活着》栏目，记者将镜头对准了教师、学生、医生、农民工等等这些生活中渺小又真实存在的人，"告诉你一个活着的世界，一个光与影交织的故事。时代变迁，百姓沉浮，都自这微小的孔隙中渗透出来，终绘成中国民生万象图"。《活着》栏目恰如社会生活的切片，本文将对其话语文本结构、话语的风格及修辞等方面进行分析，以此为依据探寻该栏目是否具有一定的社会意义。

关键词：腾讯《活着》；网络新闻纪实栏目；话语分析

随着数字时代的到来，我们的交际不再仅仅局限于语言符号，其他符号系统，如图像、声音、颜色也成为我们交流的重要方式。所以理解非语言符号，对其进行多模态解读成为我们获取信息的重要来源。正如英国学者约翰·伯杰在《视觉艺术鉴赏》一书中写道："历史上也没有任何一种形态的社会，曾经出现过这么集中的影像、这么密集的视觉信息。"[1]

在这样一个"影像社会"中，记者用图片新闻、用镜头记录社会真实生活，网络技术将复制技术放大到了无法计算的程度，影像文化在社会日常生活的全面渗透，为人类建构以"符号"为基础的感知世界，因此新闻摄影图片是摄影记者与受众对话的一种方式，所以，在本文中笔者将新闻摄影图片与图片的配文都作为一种话语进行分析。此前已有研究者以韩礼德的系统功能语言学为基础，开始研究图像、声音、动作等非语言符号，进行了多模态话语分析的实践。[2]

在腾讯《活着》栏目,记者将镜头对准了教师、学生、医生、农民工等等这些生活中渺小又真实存在的人,"告诉你一个活着的世界,一个光与影交织的故事。时代变迁,百姓沉浮,都自这微小的孔隙中渗透出来,终绘成中国民生万象图"[3]。《活着》栏目恰如社会生活的切片,本文将对其话语文本结构、话语的风格及修辞等方面进行分析,以此为依据,探寻该栏目是否具有一定的社会意义。

一、《活着》栏目的话语文本结构

(一)主题结构

"专业品质、人本情怀、洞见中国"是该栏目的目标,栏目特色则表现在主题的选取,记者将镜头面向社会生活的各形各色的人,既关注社会热点,对新闻当事人进行深度采访观察,也深入社会基层,关注社会弱势群体、边缘群体;从内容层面,影像中最多的是人,也正如栏目的名字一样,活着的人,以及他们身上的故事;从栏目内容的横向与纵向对比中,我们也能够从中洞悉五年间社会生活的变迁。

樊·迪克在《作为话语的新闻》中说道:"与其他话语类型相比,新闻话语的主题可能扮演着更为关键的角色。"[4]《活着》自 2010 年 5 月创刊以来,到 2015 年 11 月共计 530 期,每周一到两期,每期图片 20 张左右,一年期数平均为 90 期。该栏目每期一个摄影主题,单幅照片的内容相同或相似,本文抽样以期为抽样单位,进行浏览研究。

《活着》的主题摄影图片,或反映了社会进程,或从社会动态中捕捉热点,提炼观点,形成了这一组社会动态影像集,成为社会生活变迁的切片,也是社会生态的"符号"集合,为考察社会进程提供了一个新视角。通过对样本的主题进行分析和总结,主要表现为以下几种主题分类。(见表1)

表1　样本主题分类

主题框架	代表主题	内容	隐含意义
新闻热点事件	72 摩托车大军返乡 73 穿越除夕夜 113 从富士康走出的魔术师 121 动车伤痕 372 孝子弑母	自然和人为事故,以及社会热点话题事件中的代表性人物	人们在经历重大事件或者自然灾难过程中的状态,反映人的精神状态

（续表）

主题框架	代表主题	内容	隐含意义
另类人群特写	2 入殓师：守护生命的尊严 133 编外教师 320 魔鬼保镖训练营 368 自给自足实验室 386 一路向西，就是解放西路	不同社会阶层环境中的特殊职业的生存状态	特殊职业群体反映了社会的特殊需要，呼唤社会的理解与支持
社会现象记录	128 卖菜女孩的夏天 217 考研集团军 234 地铁里的冒险 371 空巢村这十年 376 失独重生 422 "环二代"的童年 427 工伤档案	留守儿童生活与教育问题、失独老人、空巢家庭等社会问题	不同阶层的社会问题
经济社会变迁	8 大学生石油工人 323 离开网购我们还剩下什么 332 "80后"最终长大 448 你好，"二胎"宝贝	经济发展带来了新的变化	经济政治生活的发展与社会生活的发展相适应

1. 新闻热点事件

作为新闻故事图片栏目，对新闻热点事件的关注是必然的，新闻图片的表现形式又要求新闻产品具有观赏性和可操作性，因此无论是春运、富士康事件还是温州动车事故，《活着》都是从新闻人物切入，展现新闻事件主人公的真实生活状态。

2011 年春运，记者将镜头对准了摩托车大军，"321 国道、324 国道和263 省道是骑摩托车返乡民工的主要出省通道，是珠三角城市打工者回广西、贵州、四川等省区的必经之路。面对春运期间一票难求的问题，越来越多的外来打工者选择骑摩托车返乡。从春运开始以来，驶经这些道路的摩托车蜿蜒成一条长龙，从早到晚穿行不息"。记者记录了家住梧州旺甫龙洞村的廖平岭和妻子王菊花，骑摩托车回家过年的十二小时，带着一个四岁、一个七个月的孩子，一路艰苦。

照片的现场感让读者能够亲历事件、同喜同悲，催生集体情感，同时，新闻图片对事件发生时空感的模糊和超越，建构并形塑大批观众的集体意义。

在新闻热点事件的经历过程中,人物的记录与刻画,最能够打动读者,以一个人的故事讲述一群人的悲哀与无奈,图片观看者也能够真切地感知活灾难中的人们是以怎样的姿态活着。

2. 另类人群特写

注意力时代拼的是谁更能够吸引眼球,人们往往对另类的特殊人群好奇,对特殊人群的真实还原,客观叙述既满足了大众的好奇心和心理欲望,又能成功还原被忽视的群体,防止妖魔化或者污化这些群体。

以《活着》栏目第二期《入殓师:守护生命的尊严》为例,入殓师又称葬仪师,是专门为死去的人化妆整仪、纳入棺中的职业,主要出现在日本。在人们的眼里,入殓师是一份特殊、神秘,甚至有点恐怖的职业。而本文中的主人公刘飞就是一位入殓师,她每天的工作是为遗体化妆,还要接送丧户、进炉(将遗体送进火化炉)、搬运遗体等等。刘飞是一位"80后"美丽女孩儿,是单位里唯一的一个未婚女子,有稳定的工作,有良好的收入,人也不差,她和普通女孩一样爱美、恋爱、憧憬未来。社会上对入殓师这一职业存在着诸多不理解和误会,甚至还有歧视,这组图片还原了入殓师日常的工作和生活,他们是人生命尊严的最后守护者。

3. 社会现象记录

新闻图片忠实于记录社会现象,留守儿童、空巢老人、失独家庭都是常见的社会现象。对于社会问题的关注不一定要着力于政策的解读,新闻图片的记录让社会现象成为一个个正在讲述着的故事,生动而鲜活,以人物的视角切入比宏观的叙述往往更具有感染力。《活着》栏目关注社会的弱势群体和边缘群体,怀抱新闻理想的记者忠于记录社会现实,真实的记录就像一面镜子,很多社会问题亟待政府和社会的支持与帮助。

第371期《空巢村的这十年》里为我们讲述了,中分村地处皖南繁昌县,是一个极其普通的村庄,群山环抱,小溪潺潺流过,一条马路贯穿全村。全村100多户人家,300多口人。早年村子穷,不少人外出打工,村子成了不折不扣的空巢村,打工者带回了财富,村子变了,人们的观念也变了。十年前,这些孩子在村子里的小学读书,当时村小学150名学生中,93位是留守儿童。十年后,这批孩子都已经在县城读高中。徐鑫、徐浩然、徐翔和昌杰周末回到村里打篮球,他们的父母现在都住在村子里,不再外出打工。留守儿童问题是经济发展不平衡所引发的社会问题,如今中部和山区的经济也得到了相应扶持,发展速度加快,越来越多的家长不再外出打工,而是就近就业,留守儿童的数量相对减少,是社会经济发展的结果。

4. 经济生活变迁

这一主题尽量避免"宏大叙事"的操作手段,多以"以小见大、细节探微"

图1　留守儿童

注：第 371 期《空巢村的这十年》：十年前，3 岁的叶子兴被奶奶带到了菜地里，她的父母在外地打工，一直是爷爷奶奶在照顾她。

的方法梳理社会经济变迁的历史轨迹的思想、文化、环境等领域的变化。经济社会变迁表现在很多方面，最直接、直观的就是每个人生活细节、生活习惯上的变化，购物不再去超市而是用电脑、手机；大学生不再是香饽饽，也开始走上技术岗位；孩子不再是越多越好，"二胎"政策的变化影响着千万个家庭的组合。

2013 年第 323 期栏目《离开网购我们还剩下什么》，11 月 11 日，一个光棍和败家女同时躁动的神奇节日，最终以支付宝交易总额 350 亿的惊人数字终结了一日疯狂。如今，人们早已习惯用鼠标购买商品，商场变成了试衣间，人们在屏幕前为商品抢红了双眼，当我们抛开"网购"的时候，发现自己早已所剩无几。这是刚兴起了数年的变化，商家玩噱头，消费者们也十分乐意买账，网购已经成为许多人最主要的消费方式，电子商务发展日新月异，网购依赖、网购成瘾都不再是新鲜话题。到了 2015 年，"双十一"临近，《互联网+创二代》栏目介绍了互联网和电商平台如何改变着传统行业的运营方式，从微商、网红到褚时健，互联网已经深入生产、交换、消费的方方面面。

（二）宏观结构

图片容量有限，很难像文字那样对新闻进行细致的描述和深刻的剖析，也不能像电视那样通过连续画面给观众巨大的信息，所以想要达到较好的信息传播效果，为新闻图片配文字，制作一个出彩的标题尤为重要。[5]

在《活着》栏目中，内容主要由图片、标题和图解配文构成，其中标题和图解配文是"语言信息"，标题是最直接的主题阐释，上节是从主题意义上进行阐释，标题本身也是一个分析单位。正如樊·迪克所说："话语的总体意义（宏观结构）不仅有自己的组织原则，它还需要某种总体的句法来限定话题或主题，在实际文本中插入或排列的可能形式。也就是说，在总体上，我们需要传统句子语法中已约定俗成但语义再现却可纳入其中的结构形式。"

1. 标题

我们从样本中抽取了 5 组标题。（见表 2）

表 2　图片标题

期号	标题
5	老赵一家蜗居桥洞
76	乞讨族的致富经
93	矽肺之痛
115	保安歌手的疲惫与哀愁
267	浴火后的民办学校

仅看标题，形容词的使用表明了编辑意欲传达的情感态度，图片形象与语言信息结合才使图片的意义更加清楚，通过标题生产意义是一个最基本的途径。通过对全文本的观察，可以总结，标题可以分为两类：一是对照片主题或主人公的直接阐述，比如说《民工作家王二屎》《水泡娃娃和 31 个妈》《环二代的童年》《山村孕妇》《南水北调穿城过》《越战兄弟连》《哈萨克逐草人》《为母三月》，通过这些标题我们能够很容易地想到相对应的画面和主题，直接生动；二是对事件或人物较为抽象的描述，如《父母的年轮》《希望是解药》《天边的鼓手梦》《你是此生最美的风景》《来自星星的你》《六十年，魂兮归来》《成名之路》《心生》《还乡·那些人》，通过这些标题我们很难轻易地看到主题。

《你是此生最美的风景》讲述的是，台湾妈妈欧子嘉有两个可爱的女儿：苹苹和梨梨，从 2010 年起，她用手中的相机记录下女儿每一天的成长，孩子们欢笑和哭泣的模样，就是人生最美的风景。《来自星星的你》是 4 月 2 日世界自闭症日发布的一组自闭症儿童照片，"自闭症"是一种至今让人无解的终身先天性发育障碍疾病，目前全球自闭症患者已达到 6700 万人，他们总是与周围环境格格不入，很难融入社会，约有 80% 的人没独立社交和生活能力，只能依靠亲人照顾。但是，所有的自闭症患者，都应该被世界温柔对待。

选择较为抽象的标题,表达的是标题背后的含义,耐人寻味,深刻隽永。

2. 配文

《活着》每期报道后都会附上约千字的文字稿,或每张图片下附有 30 至 50 字的配文,通过简洁的背景介绍、大量的人物对话和细致的事件描述与图片新闻组合搭配。对视觉影像的理解仁者见仁,智者见智,因此,配文可以从一定程度上保证信息的准确性,防止在传播过程中信息内容的遗失或读者误解。单纯的人物故事难以激发阅读兴趣,增添必要的背景,引导读者由浅入深地阅读,丰富阅读体验。配文多是讲述百姓故事,札记式的写法摆脱了严肃的新闻模式,拉近读者与新闻的距离。

第 267 期《浴火后的民办学校》照片下的文字说明如下:"2013 年 2 月 19 日,一场毫无征兆的火灾突然降临昆明荣华学校,此时离学校正式开学只剩下五天。应对不及的荣华学校董事长刘正华,为自己长年来无原则的仁慈付出难以估量的代价——荣华学校或将因此次火灾面临无法开学的窘境。"简要说明让火灾后学校的境况最直接地表现出来,成为标题和图片以外的重要信息补充。这组照片展示了学校火灾后,学生如何上课、教师如何工作以及火灾发生的原因,没有过多的煽情或尖锐批判,简单直白的配图文字,越是简单,越是能清晰地展现火灾后的校园,有着"此处无声胜有声"的异曲同工之妙。

3. 微观结构

对文本的结构分析应该还包括相对微观层面的分析和归纳,对拍摄者的选择,拍摄视角的选择等都能反映栏目的风格特点,但每组新闻图片约有 20 张,具体谈每张摄影作品有些困难,从新闻图片、标题和配文中也难以获得更多的微观信息,所以在此不再进行详尽分析。

二、《活着》栏目话语的修辞分析

图片本身是无意识的,但是拍摄者会借助色彩、景别、构图等元素构建起新的意识,每位摄影记者的拍摄主题不同、角度色彩景别构图各具特色,无法总结出统一的结论。但对社会现实的关注与记录、对大社会环境中小人物的关注,是这一栏目最具情怀的关注点。

通过不同拍摄主题的作品,我们可以看到这一栏目中,记者通过镜头景别、角度的选取、构图、色彩的运用,使新闻作品富有意义且具有欣赏性,最终作品或清新,或隽永,或活泼,或严肃冷静。

(一)景别

栏目中对农村教育、城市家庭生活、少数民族等题材的关注较多,以人物的叙述为主体,采用了大量的特写,孩子的一张脸、老人的一双手、深山中一条蜿蜒的小路、医院走廊的一处剪影等等,特写是刻画细节的最好表达;照片拍摄也有大量的中景镜头,用以刻画人物关系、讲述故事的情节、推进事件的演进,其叙事功能更强;较少使用宏大叙事的广角镜头或长镜头。

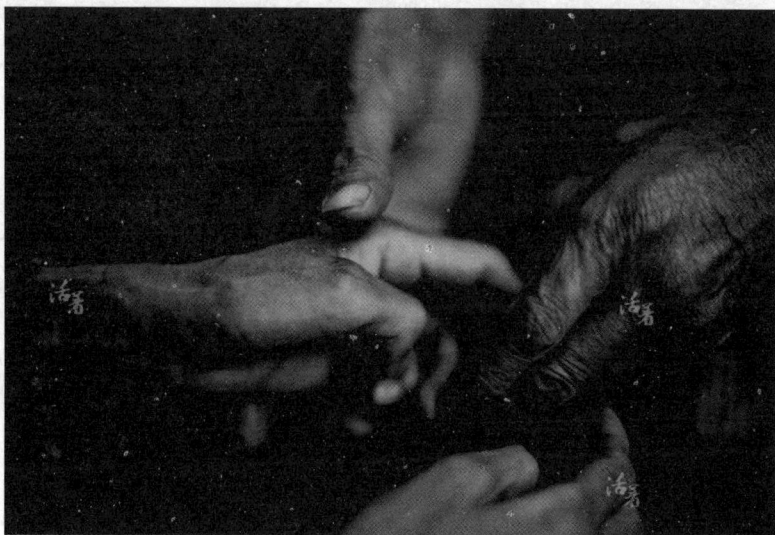

图 2 执子之手

注:第 431 期《执子之手》:除了照顾妻子吃喝,莫顺海不论刮风下雨都每天坚持带她出去绕着小区走几圈。住在附近的人都很熟悉这副景象:莫顺海在前面牵着妻子的手,周群兴 90 度弯着身子跟在后面一小步一小步地前行。

59 岁的莫顺海和 58 岁的周群兴结婚已 34 年,虽然只比丈夫小一岁,但周群兴看上去却白发苍苍,身形伛偻。26 年前,她患上了全身性肌肉萎缩,到现在生活已完全无法自理,而莫顺海不离不弃,悉心照顾患病的妻子,多年来,紧紧牵着妻子的手始终没有放开过。记者将镜头直接对准了夫妻俩的手,它们被时光和生活的艰难刻下了一道道皱纹,执子之手的隐喻和象征被读者默然接受,达到传授主体心灵间至深的共鸣,技术手段的应用结束了社会仅仅作为纯粹记录客观再现工具的时代,"视觉观感的丰富性是引起观众联想,吸收其中意识形态的有效手段"。

(二)色彩

通常主题积极健康,选取的色彩都比较轻快,比如城市生活、儿童、少数民族风俗的展示与介绍;而当主题较为严肃或边缘时,选择的色调则较为暗沉,比如说社会边缘群体、灾难事件和遇难人群。

(三)构图

挣扎在道德与人性之间的易性病人是一个极为特殊的群体,这一题材的拍摄会让主人公受到社会关注,因而变得敏感,这组图片记者拍摄刘霆的生活时,选取的都是主人公的背影、侧面、身体的某一部分、镜子里的投影和童年照片,如果拍摄正面就通过调节光圈,将脸部的五官细节进行模糊处理,把敏感题材拍摄得全面真实而又具有美感,都是通过一系列摄影技巧的运用。

图3　我是"女人"

注:第385期《我是"女人"》:曾经有人问刘霆:"你是不是被媒体包装出来的模范?"刘霆微笑地回答道:"这是我真实的故事。"刘霆觉得,他可以是女人,他也还是模范。模范与性别无关。刘霆对未来充满了期待,而且他已经为自己取了一个新的名字——刘婷。

三、《活着》栏目话语的风格分析

栏目的风格通常源于节目的定位,受到公开性和大众传播性质的影响,在栏目中摄影记者的选题内容和拍摄风格都将影响整体风格。《活着》是腾讯网新闻中心与腾讯公益慈善基金会联合出品的一档专业纪实影像栏目,开网络新闻视觉原创之先河,旨在用图片故事的形式深入浅出地报道新闻事件与社会热点,以"专业品质、人本情怀、洞见中国"为栏目目标,以"用专业影像关注普罗大众,反映社会现实,不回避真实存在的苦难"为栏目宗旨。

用影像冲击心灵，不煽情、不冷漠，在苦难之中发现人性之美，给人以生存的力量。

作为一档专业纪实影像栏目，在栏目的一组组图片中，无论是对社会热门事件还是社会现象、社会人群的关注，不一定要选择宏大的悲壮的历史性的场面，而将视角回落到生活中，以清晰、简洁、具体的画面搭配简要叙述就能创造出好作品。《活着》有鲜明的标签和风格，极具人文关怀，摄影记者也极具新闻理想情怀，"告诉你一个活着的世界，一个光与影交织的故事。时代变迁，百姓沉浮，都自这微小的空隙中渗透出来，终绘成国民生万象图"，这是《活着》栏目所追求的新闻理想，也是许多媒体人想要通过笔与镜头传递给千万读者的。

揭露社会现实是每个拥有悲天悯人情怀记者的梦想，记录是为了让更多的人看见，激发行动，让改变发生，正如在栏目首页中所说，"在这里，传递现实呼声，谋求社会福祉已触手可及"。一切意义的发生，出发点都是社会现实，是政治、经济、文化等等因素综合作用的结果，如何被认识、被了解、被启发、被改变，都将来源于现实、发生于现实，最终改变现实。

论文之初，笔者期望了解《活着》是否真的能够透过"人"去观察其背后的社会与时代。通过简要分析，我们看到，在人物的选择上，《活着》力图扩大职业范围，着力于平凡的人；在主题的推导上，《活着》节目不仅仅着眼于简单的事实呈现，而是通过一些个案引导受众置身于时代背景下进行思考。多元化的时代背景下，一档栏目往往也能折射出当下的社会背景和价值观念现状，人们不满足于简单的新闻信息的了解而更强调探寻新闻背后的事实与真相。

参考文献：

[1] 约翰·伯杰. 视觉艺术鉴赏[M]. 戴行钺，译. 北京：商务印书馆，1999：89.

[2] 范宏雅. 近三十年话语分析研究述评[J]. 山西大学学报，2003，26(6)：97-100.

[3]《活着》图片频道 [EB/OL]. http://news.qq.com/photon/living.htm.

[4] 托伊恩 A. 樊·迪克. 作为话语的新闻[M]. 曾庆香，译. 北京：华夏出版社，2003.

[5] 朱斌. 图片新闻标题的特色及传播效果[J]. 新闻爱好者：上半月，2011(5)：38-39.

新浪天津微博舆论引导研究

——以天津港"8·12"特别重大火灾爆炸事故为例

（吴晨迪　安徽大学）

摘　要：天津港"8·12"特别重大火灾爆炸事故，是一场全国范围内前所未有、爆炸猛烈、影响恶劣、全国人民为之哀痛的灾难事件。该事件的突发性、复杂性和重要性，使得其在传播过程中呈现出与众多其他突发性危机事件不同的特点和问题。本文以新浪天津官方微博(@新浪天津)作为研究对象，运用内容分析法作为研究方法，结合大量的统计数据，对@新浪天津关于天津爆炸事故的报道进行了针对性地分析，试图回答以下问题：①作为天津市极具代表性的自媒体，@新浪天津对天津港"8·12"特大爆炸事故是否发声？②如果发声，其发声方式是怎样的？③其发声方式是否起到良好的舆论引导作用？④影响发声的因素有哪些？最终总结出@新浪天津对天津爆炸事故的传播特点。

关键词：天津港爆炸；@新浪天津；舆论引导；煽情性报道；议程设置

一、引言

随着媒介技术的不断发展与进步，传者与受者的界限愈来愈模糊，社会公众不再被动地接受传统媒体的信息灌输，开始自主、自发地挑选与发布信息。微博凭借其裂变式的传播模式、高速的信息互动等特征得以迅速壮大，以微博为代表的新兴媒体异军突起。这些新兴媒体在一定程度上代替了传统媒体的部分功能，却也面临着前所未有的全新的挑战。它们能否凭借自身的特殊优势，做社会的发声器，能否在这个"人人都有麦克风"的时代，抢占舆论引导的制高点？

本文以新浪天津官方微博（@新浪天津）作为研究对象，运用内容分析法作为研究方法，结合大量的统计数据，对@新浪天津关于天津爆炸事故的报道进行了针对性地分析，试图回答以下问题：①作为天津市极具代表性的自媒体，@新浪天津对天津港"8·12"特大爆炸事故是否发声？②如果发声，其放声方式是怎样的？③其发声方式是否起到良好的舆论引导作用？④影响发声的因素有哪些？

天津港"8·12"特别重大火灾爆炸事故，是一场全国范围内前所未有、爆炸猛烈、影响恶劣、全国人民为之哀痛的灾难事件。该事件的突发性、复杂性和重要性，使其在传播过程中呈现出与众多其他突发性危机事件不同的特点和问题。

在研究对象方面，新浪天津官方微博（@新浪天津）作为天津市影响最深远、活跃度最高的微博新媒体，是天津市外宣微博的领头雁和排头兵，@新浪天津对本市发生的特大突发性事故的报道具有更重大的社会责任，对于事故深度信息的挖掘具有更便捷的渠道，较之其他媒体具有更权威的发言权。故以@新浪天津作为研究样本，更具标准性、客观性和可行性。其次，考虑到微博话题热度持续期一般为3至7天，样本时间界定从事件发生当日到第七天为界，样本统计截止时间为2015年8月19日24点。在此之后，微博的转发和评论数量呈逐渐冷却之势，对结论的影响可忽略不计。

二、@新浪天津对"8·12天津港爆炸事件"的发声程度

笔者以"8·12天津港爆炸事件"发生七天为界，统计七天周期内@新浪天津的微博总量，以及报道"8·12天津港爆炸事件"的微博数量，用分量占总量的百分比来体现@新浪天津的参与度。

统计显示，"8·12天津港爆炸事件"报道期间，@新浪天津在8月12日至8月19日共发布微博365条。所有微博涉及的主题有"天津港爆炸事件""天津身边事""人体健康养生"及其他。其中，发布数量最多的是"天津港爆炸事件"报道，共发布微博326条，占微博总量的89%（如图1）。

统计结果显示，"8·12天津港爆炸事件"发生七天内，@新浪天津对该起突发性事件发布的微博量占绝大部分。这表现出@新浪天津对"8·12天津港爆炸事件"的绝对关注和重视程度，也反映了@新浪天津积极承担本市突发性事件的报道责任，作为社会的发声器，在灾难面前能做到不失声。

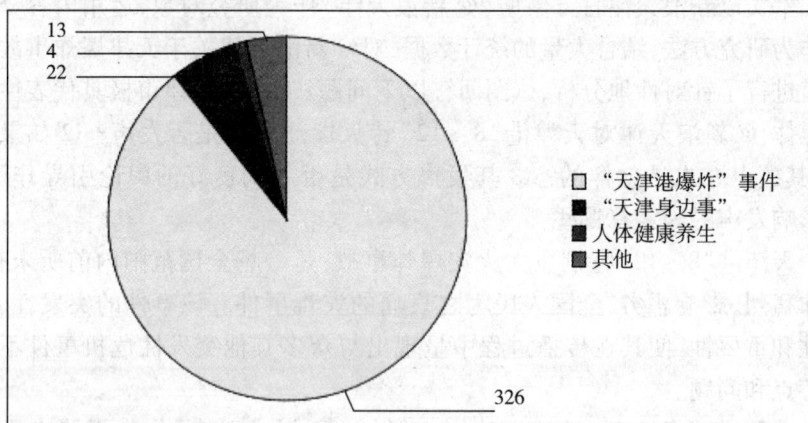

图1　8月12日至8月19日@新浪天津发布主题及数量

三、@新浪天津对"8·12天津港爆炸事件"如何发声

(一)@新浪天津"8·12天津港爆炸事件"报道议题的分析

笔者对"8·12天津港爆炸事件"发生七天内@新浪天津326条相关微博的议题进行观察统计。统计显示,微博议题大致分为七大类,分别是:事件的发展与数据更新、消防员及其救援、医疗与物资救援、情感安慰与祈福、领导视察与讲话、辟谣和其他(如图2)。

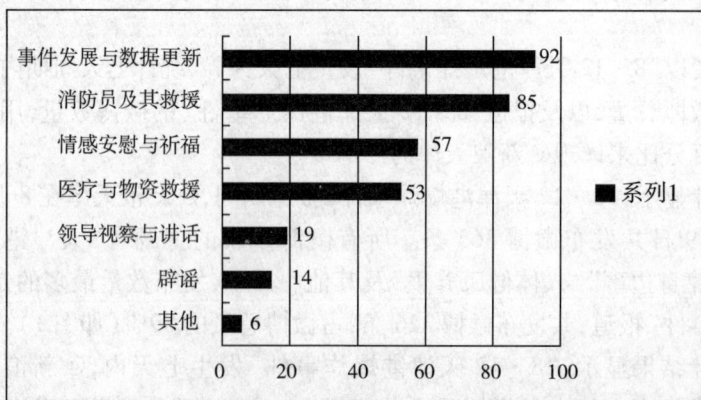

图2　@新浪天津七天内有关爆炸事件微博议题类型统计

统计结果显示,有关"8·12天津港爆炸事件"的发展及数据更新共92

条报道,占据总量的 28.2%,位列第一;有关消防员及其救援的报道共 85 条,占据总量的 26.1%,与第一名几近持平;有关情感安慰与祈福类的报道共 57 条,占据总量的 17.5%,位居第三;有关医疗与物资救援的报道共 53 条,占据总量的 16.3%,位列第四。这四类报道已然占据了报道总数的四分之三。而领导视察讲话与辟谣类报道,分别仅占总量的 5.8% 和 4.3%。

同时,笔者针对以上七大议题,对其每日的微博数量进行统计,并将每日七大议题的数量进行权重对比与分析(见表 1)。

表 1 @新浪天津七天内有关爆炸事件微博议题分布统计

时间\类型	事件发展与数据更新	消防员及其救援	情感安慰与祈福	医疗与物资救援	领导视察与讲话	辟谣	其他
8 月 13 日	32%	25%	14%	23%	3%	0%	3%
8 月 14 日	24%	28%	23%	18%	1%	3%	3%
8 月 15 日	29%	33%	16%	16%	3%	3%	0%
8 月 16 日	29%	27%	12%	15%	7%	7%	3%
8 月 17 日	29%	21%	15%	12%	11%	9%	3%
8 月 18 日	29%	21%	25%	11%	7%	7%	0%
8 月 19 日	31%	19%	13%	19%	6%	12%	0%

统计结果显示,@新浪天津每日发布的议题数量排名基本与图 2 所统计的总量排名一致。其中,"消防员及其救援"的报道数量与"事件发展与数据更新"的报道数量几近持平,甚至于 8 月 14、15 日出现反超。对于"情感安慰与祈福"的报道紧随其后,远远多于"领导视察与讲话"及"辟谣"的报道数量。同时,值得注意的是关于"辟谣"的报道份额由 8 月 13 日的 0% 逐日上升至 8 月 19 日的 12%,辟谣报道的增长从侧面反映出谣言的衍生与传播。

综上可见,在微博议题的设置中,@新浪天津除了大量报道救灾进展及伤亡人数外,还不断对消防战士大唱赞歌,大打温情牌,煽情化报道刺激着受众的感官。然而,对爆炸事件本身的深度挖掘基本没有,也缺乏对事件本身的全面解读,涉及追责问题通常异化为新闻发布会领导讲话稿的形式。议题设置痕迹过于明显,忽略了群众真正关心的问题,造成谣言的滋生。

(二)@新浪天津"8·12 天津港爆炸事件"高转发量微博的分析

笔者将@新浪天津于 8 月 12 日至 8 月 15 日针对"8·12 天津港爆炸事

件"发布的所有微博中转发量前十的微博进行统计,并将其根据舆论引导强度分为"强舆论引导"和"弱舆论引导"。"强舆论引导"是指微博内容更偏重表达哀悼、祈祷、谴责等情感及倡议、评论等观点,价值判断色彩较强;"弱舆论引导"是指微博内容主要偏重报道事实和提供信息,价值判断色彩较弱。有些微博中既有事实,也有意见和观点,这类微博,我们一般按其呈现事实和表达意见的比重确定其类别归属[1](见表2)。

表2　@新浪天津七天内高转发量微博的舆论强度分析

排序	时间	内容	转发量	舆论强度
1	8月13日10:17	【世界上最帅的逆行】①	114619	强
2	8月13日00:25	【塘沽发生爆炸事件,现场升起蘑菇云】②	84494	弱
3	8月13日01:33	【爆炸原因:集装箱内易燃易爆物品发生爆炸】③	19834	弱
4	8月13日08:29	【此刻,转达微博,祝福平安!】④	16048	强
5	8月13日13:27	【呼吁!请让出救援通道,避让救护车】⑤	16048	强
6	8月14日14:13	【现场消防员九句大白话】⑥	11775	弱
7	8月13日01:58	【附近泰达医院已收治50多名爆炸中受伤人员】⑦	7610	弱

---

① @新浪天津. 世界上最帅的逆行[EB/OL]. [2015-8-13]. http://weibo.com/2804827393/CvBt3vOh1？filter=hot.

② @新浪天津. 塘沽发生爆炸事件,现场升起蘑菇云[EB/OL]. [2015-8-13]. http://weibo.com/2804827393/CvxB2hdBH？type=comment#_rnd1448235113337.

③ @新浪天津. 爆炸原因:集装箱内易燃易爆物品发生爆炸[EB/OL]. [2015-8-13]. http://weibo.com/2804827393/Cvy2vc7Mn？type=comment#_rnd1448235285850.

④ @新浪天津. 此刻,转达微博,祝福平安[EB/OL]. [2015-8-13]. http://weibo.com/2804827393/CvALgecFk？type=comment#_rnd1448235522604.

⑤ @新浪天津. 呼吁!请让出救援通道,避让救护车[EB/OL]. [2015-8-13]. http://weibo.com/2804827393/CvCIupZt0？type=comment#_rnd1448235765234.

⑥ @新浪天津. 现场消防员九句大白话[EB/OL]. [2015-8-14]. http://weibo.com/2804827393/CvMrwES58？type=comment#_rnd1448235920240.

⑦ @新浪天津. 附近泰达医院已收治50多名爆炸中受伤人员[EB/OL]. [2015-8-13]. http://weibo.com/2804827393/CvycCbV9z？type=comment#_rnd1448236066953.

（续表）

排序	时间	内容	转发量	舆论强度
8	8 月 18 日 16：08	【天津塘沽大爆炸前后对比】①	6615	弱
9	8 月 13 日 10：27	【航拍爆炸现场】②	6605	弱
10	8 月 13 日 13：22	【事故已造成 44 人死亡】③	5024	弱

　　统计结果显示，弱舆论效果的转发量共 7 条，占总量的 70%。这说明受众更倾向于转发弱舆论导向强度的微博，即受众对于"8·12 天津港爆炸事件"的具体进展更为关注。当然，最值得注意的是，作为强舆论效果的【世界上最帅的逆行】比第二名多出 30000 多条转发量，其转发量是其他 9 条微博所无法比拟的，笔者将在后文中提及。

　　综合上述的统计分析，可以大致总结出@新浪天津对"8·12 天津港爆炸事件"如何发声。@新浪天津主要以新闻发布会领导讲话稿的形式向受众报道事件的进展，具体内容为"灾情安置工作进展""赈灾工作部署"及"死伤人数统计"。在此之间偶尔发布一条辟谣微博，但对于爆炸事件原因的挖掘和全面的解读十分缺失。同时，@新浪天津对消防员大唱赞歌，大打温情牌，以煽情化报道传递社会正能量，其中的一篇强舆论效果博文【世界上最帅的逆行】更是以突破十万的转发量位居榜首。然而，@新浪天津高转发量的微博多为弱舆论引导，这反映出受众此时最需要的是事实的真相，而不是讲话稿式的内容和过度的煽情性信息。

四、@新浪天津对"8·12 天津港爆炸事件"的发声效果

　　为探究@新浪天津对"8·12 天津港爆炸事件"的发声效果，笔者在爆炸事件发生的七天内，抽取每日舆论引导性最强的微博，对其中的"热门评论"进行分析。（见表 3 和图 3）

---

　　① @新浪天津．天津塘沽大爆炸前后对比［EB/OL］．［2015－8－18］. http://weibo.com/2804827393/CwoU4s1Co？type＝comment#_rnd1448236440112.

　　② @新浪天津．航拍爆炸现场［EB/OL］．［2015－8－13］. http://weibo.com/2804827393/CvBxttu0W？type＝comment#_rnd1448236292841.

　　③ @新浪天津．事故已造成 44 人死亡［EB/OL］．［2015－8－13］. http://weibo.com/2804827393/CvCGsbWVD？type＝comment#_rnd1448236361635.

表3 @新浪天津"8·12天津港爆炸事件"受众态度统计

日期	内容	受众态度		
		积极	消极	中立
8月13日 10:17	【世界上最帅的逆行】9名消防员牺牲,仍有多名消防员失联,向勇敢的救援人员致敬。希望这个数字不要再增长了,英雄们,你们要好好地从火场走出来!全世界的人都在等着你们回来!!①	73%	18%	9%
8月14日 14:13	【现场消防员九句大白话】消防员亲口所说的九句大白话,或许谈不上什么文采,也没有多少"高大上"的色彩,但每一句朴实的话语都直戳你的内心和泪点,韩寒在微博中说:战士不会去煽情,他们只战斗。英雄们,你们要好好地从火场走出来!②	20%	73%	7%
8月15日 00:31	【爆炸现场封堵下水道口防有毒物随雨水扩散】8月14日晚上8点多,数辆铲土车进场待命,9点左右,上百名救援人员抵达现场。为应对今晚可能有的降雨,在爆炸现场附近道路进行水道口封堵作业。这些施工人员都是自愿报名的,岁数最大的已接近50岁。致敬!③	14%	57%	29%
8月16日 18:53	【李克强:要一视同仁对待现役和非现役牺牲的消防人员】李克强16日下午来到天津滨海新区临时灵堂,向"8·12"火灾爆炸事故中牺牲的消防人员默哀并三鞠躬。他说,牺牲的现役和非现役的消防人员履行同样的职责,也应一视同仁对待,让他们得到同样的抚恤和荣誉。(滨海发布)④	10%	60%	30%

① @新浪天津.世界上最帅的逆行[EB/OL].[2015-8-13].http://weibo.com/2804827393/CvBt3vOh1?filter=hot.

② @新浪天津.现场消防员九句大白话[EB/OL].[2015-8-14].http://weibo.com/2804827393/CvMrwES58?type=comment#_rnd1448235920240.

③ @新浪天津.爆炸现场封堵下水道口防有毒物随雨水扩散[EB/OL].[2015-8-15].http://weibo.com/2804827393/CvQudgSzJ?type=comment#_rnd1448237142870.

④ @新浪天津.李克强:要一视同仁对待现役和非现役牺牲的消防人员[EB/OL].[2015-8-16].http://weibo.com/2804827393/Cw783k6WT?type=comment#_rnd1448237328686.

（续表）

日期	内容	受众态度		
		积极	消极	中立
8月17日 10:12	【确认2名消防战士罹难】8月17日10时,不幸的消息再度传来,又有2名消防战士牺牲,他们是天津市公安消防总队开发支队蔡家远、保税支队王琪。截至目前,消防官兵牺牲19人,失联5人,受伤69人。天津新闻发布会16日消息:天津港公安局消防支队有72名消防员失联。①	13%	60%	27%
8月18日 16:08	【天津塘沽大爆炸前后对比】在爆炸发生后,有网友整理了一组照片,内容是爆炸事故前后的建筑物和公路对比照片。②	0%	87%	13%
8月19日 08:55	【那个最年轻最帅的消防战士,他的遗体昨日火化了】在牺牲的消防战士中,袁海是第一批被确认,也是年龄最小的,也是第一个家属同意后进行火化的战士,为此袁海所在的支队在昨天下午为他举行了一场遗体告别仪式。袁海的家人说,袁海喜欢部队喜欢战友,我们想把他留在天津。(今晚报)③	14%	57%	29%

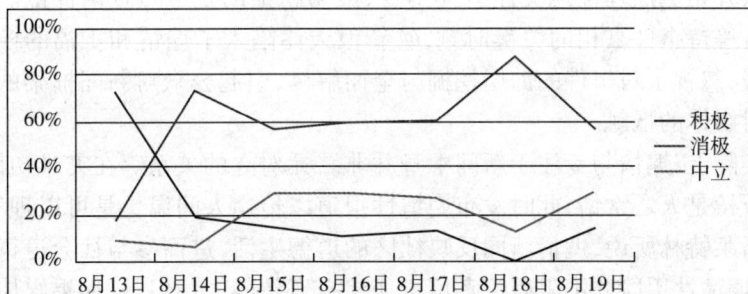

图3 @新浪天津"8·12天津港爆炸事件"受众态度变化分析

① @新浪天津.确认2名消防战士罹难[EB/OL].[2015-8-17].http://weibo.com/2804827393/Cwd9acDm0? type=comment#_rnd1448237691647.

② @新浪天津.天津塘沽大爆炸前后对比[EB/OL].[2015-8-18].http://weibo.com/2804827393/CwoU4s1Co? type=comment#_rnd1448236440112.

③ @新浪天津.那个最年轻最帅的消防战士,他的遗体昨日火化了[EB/OL].[2015-8-19].http://weibo.com/2804827393/CwvuNgNUh? type=comment#_rnd1448238905151.

如表 3 和图 3 所示，受众对于 @ 新浪天津报道的态度虽处于不断变化中，却也存在规律。从总体来看，持积极态度的受众基本呈下降趋势，且下降速度快；持消极、中立态度的受众虽经历了上下起伏，但分别从 8 月 13 日的 18%、9% 提升至 8 月 19 日的 57%、29%。这说明，@ 新浪天津对"8·12 天津港爆炸事件"的舆论引导不尽如人意，@ 新浪天津的发声效果欠佳。

五、@新浪天津"8·12 天津港爆炸事件"发声效果归因

（一）过度煽情偏离新闻轨道

纵观 @ 新浪天津对"8·12 天津港爆炸事件"的报道，其报道重点大致可以分为以下两类：一是事实层面的报道，包括事件进展、赈灾情况、救援情况和应对措施等方面；二是情感层面的报道，主要是对消防战士和遇难家属的煽情报道。满屏的煽情性文字和"心灵鸡汤"，将事件的焦点蒙上了一层不透光的布。

通过表 3 可以看出，在"8·12 天津港爆炸事件"发生的 24 小时内，@ 新浪天津的报道正能量充沛，博文【世界上最帅的逆行】获得极高的转发量和点赞数，绝大多数受众持积极态度，向消防英雄表现出崇高的敬意。

但随着救援牺牲人数的持续攀升，以及事件真相的扑朔迷离，越来越多的受众开始更加理性地关注事件本身，最初积攒的正能量逐渐冲散。在受众苦苦等待事件真相的关键时刻，@ 新浪天津陷入了煽情和祈福的模式无法自拔，忽视了对事件的深层挖掘与全面解读，引起公众对新闻框架的质疑以及对媒体的抵触。

实际上，煽情与专注于新闻本身并非二元对立的关系。在灾难初期，祝福与祈祷是人之常情，此时发布煽情性报道以传递人间温情是可以理解的。正如斯莱特林所说，煽情新闻反映社区的道德生活，进而参与社会道德福祉建设，煽情性手段并不阻碍记者负责任地报道新闻[2]。但是，如果媒体偏离了新闻本身的轨道，过度发布煽情性报道以期通过议程设置引导舆论，但新闻框架太过明显，反而会使媒体的公信力下降。

（二）碎片阅读导致谣言滋生

@ 新浪天津关于"8·12 天津港爆炸事件"的进展报道大多短小而简单，只停留在事件表层上，如"现场惊现蘑菇云""房屋有强烈震感""天空中有白色颗粒"等。在事发后的十几个小时后，仍然不知道是什么爆炸了、爆炸物里有哪些成分、为什么消防员没有得到货物分布的情况介绍等深层次的问题。受众仅凭表层化、碎片化的信息互动，始终在浅阅读的层面里踟蹰不

前,难以形成深层次的思想共识。真相的扑朔离迷、重重迷雾让受众从迷茫转向怀疑,也从侧面鼓舞了受众寻求小道消息的行为,谣言和阴谋论不断滋生与演化。

8月13日至8月16日是谣言传播最活跃的时期,微博中的谣言大致可以分为四大类:一是传播虚假信息诈骗财物,如微博用户@我的心属于拜仁慕尼黑 always 借势讲述悲惨遭遇赚得十余万网友捐助;二是夸大事故影响,如方圆一公里无活口;三是捏造事故原因,如集装箱内安置了定时装置;四是传播虚假政治新闻,如天津市主要领导调整。舆论的质量关键在于理性程度[3],这些谣言势必会影响正常的网络秩序和正确的舆论导向。

六、@新浪天津对"8·12天津港爆炸事件"发声策略

@新浪微博在"8·12天津港爆炸事件"中敢于作社会的发声器,但其发声方式并未取得较好的舆论引导效果。我们需要思考,媒体在遇到突发性事件时应该如何把握舆论引导策略,如何正确地发声? 笔者认为可以从以下三个方面去把握:

其一,做好网络舆情分析,了解社会的心理需求。新媒体时代下,网民队伍不断壮大,参与的低门槛与身份的隐匿性使愈来愈多的网民敢于表达内心的真实感受,网络舆情成为社会情绪的晴雨表[4]。应及时捕捉网络舆论热点,倾听不同网民的诉求。突发性事件发生后,社会公众最迫切的心理诉求就是了解事实真相。在第一时间提供事实真相,满足受众的知情权,赢得受众的信任,是安抚民心、抢占舆论制高点的基础。

其次,把握谣言的传播路径,将谣言扼杀于温床中。由于突发性事件从发生到真相大白有相当一段"空档期",有效信息的匮乏给谣言的滋生提供了温床,人们对新闻的消费速度远远快于新闻产出速度,极易造成谣言的传播。在这种情况下,媒体应准确把握谣言的传播路径,对消息进行严格的把关与核实,努力向公众提供真实、客观的信息。对于不实信息应做到有力、及时辟谣。

最后,在舆论引导话语上,巧用煽情性报道。"8·12天津港爆炸事件"之类的灾难事件中的伤员及其家属需要心灵的慰藉,媒体在采编过程中,应本着人道主义情怀,向社会传递正能量及人间温情,调动公众的积极态度。与此同时,媒体须十分注重煽情性报道的使用时效和限度,不可为了煽情而煽情,或煽情的时机不对,而忽略了及时报道事件进展。

七、结语

在发声及发声程度上,@新浪天津作为天津市具有代表性的微博新媒体,积极承担了对"8·12天津港爆炸事件"的报道与宣传,做到在灾难面前不失声。

在发声方式上,@新浪天津以新闻发布会领导讲话稿的形式向受众报道事件基本层面上的进展,具体内容为"灾情安置工作进展""赈灾工作部署"及"死伤人数统计"。在此之间偶尔发布一条辟谣微博,但对于爆炸事件原因的挖掘和全面的解读较为缺失。与此同时,@新浪天津对消防员大唱赞歌,大打温情牌,以煽情化报道传递社会正能量,其中的一篇强舆论效果博文【世界上最帅的逆行】以突破十万的转发量位居榜首。然而,@新浪天津高转发量的微博多为弱舆论引导,这反映出受众此时最需要的是事实的真相。

在发声效果上,除了博文【世界上最帅的逆行】获得高度的支持,其他煽情化报道的舆论引导强度随时间的推移逐渐下降,受众在灾难初期积攒的正能量逐渐消散,转而开始关注爆炸的原因及追责问题。可见@新浪天津的发声效果并不十分理想。

笔者认为,新的话语环境呈不断变化之势,不仅仅对新媒体,对政府和公众都带来了全新的挑战。政府应积极利用社会化媒体发布权威信息,解决事件本身的深层问题,安抚社会公众的情绪;新媒体在开放的环境下,须以人为本,营造一个有态度的舆论场,并积极学习传统媒体的新闻采编技能;而对于公众,人人手中都有麦克风,作为舆论传播的重要环节,因发言的机会的增加,也意味着更大的责任,个体作为舆论传播的一环,应以追求事实真相为导向,不随意散播谣言,共同维护媒体的公信力。

参考文献:

[1] 姜红,阮晨光."大众麦克风"时代的舆论引导——基于人民日报新浪微博的个案研究[J].新闻记者,2014(5):64-68.

[2] 王传宝,王金礼.新闻煽情主义的伦理批判[J].南京政治学院学报,2010,26(6):106-110.

[3] 陈力丹.舆论学——舆论导向研究[M].北京:中国广播电视出版社,1999.

[4] 韩彪,白羽,包冉.从被时代到我时代[M].北京:中国传媒大学出版社,2010.

网络素材的使用对报纸新闻生产常规的影响分析

——基于几位记者职业生涯的考察

（林素真　安徽大学）

摘　要：网络在形塑个人生活方式的同时，也在变革着行业的一些工作模式与标准。媒体行业对于网络资源的使用似乎已经是不争的事实，这些网络资源的使用在报纸新闻生产常规方面有何作用，笔者通过对几位记者的再现式访谈，了解到网络素材的使用已经比较普遍，但是对于党委机关报以及科技、政策性比较强的领域，网络素材使用不明显，仍然按照之前的新闻生产常规进行内容生产；微博、微信以及新闻网站都是新闻素材的获取方式，记者一般选择比较权威的新闻网站获取新闻资讯；网络素材的使用并不一定带来新闻内容的多元化，但不争的事实是报纸内容同质化现象明显，但是很少出现撞稿的情况。

关键词：网络素材；新闻生产；新闻常规

一、引言

（一）选题背景

笔者曾在某报社的新媒体部门负责微信平台的运营工作，每天早上一上班就开始在网络上看新闻，对于一些具有公共价值的新闻以及与本地密切相关的新闻格外留心，便试着从其他角度切入，做一个专题的报道或者将线索提供给记者进行核实，这与笔者传统认识中的新闻生产模式和过程产生了冲突，因而笔者对于网络影响下的报纸新闻生产产生了兴趣。

网络科技的发展形塑着我们的生活方式和生活习惯，同时对传媒领域也产生了巨大的冲击。作为传统媒体之一的报纸，面临网络科技的影响，究竟会发生什么样的变革,丰富多彩的网络资源是否带来了报纸内容生产中的多元化,多元主体的网络内容生产模式在报纸内容生产时发挥怎么样的作用,同时又带来何种影响,而这些对于我们的新闻生产常规带来何种变化,这是我们面对当下的媒体环境不得不考虑的一个问题。

(二)研究方法及步骤

笔者随机选择了两家报社,Q报社和D报社。之所以选择这两家报社,是因为这两家报社在S省都是发行量和影响力比较大的综合性报社,比较具有代表性。

笔者从网络素材的使用对报纸新闻生产常规的影响切入,通过对数位职业记者的再现式访谈[1],通过记者回忆在不同职业阶段具体新闻报道中新闻生产的流程,来展示报纸新闻生产常规在网络科技影响下的变革脉络。在两个报社内部以滚雪球的形式进行访谈,直到获取所需要的全部信息为止。在这次再现式访谈中,主要访问人员资料信息如下:

表1　访谈资料表

编号	报社	工作领域	工作年限	工作内容
A1	D报社	党委宣传部	5年	根据党委政府的安排负责新闻宣传
A2	D报社	社会新闻	5年	社会新闻的采写
B1	Q报社	科技新闻	6年	科技新闻的采写
B2	Q报社	社会新闻	8年	社会新闻的采写
B3	Q报社	政治新闻	3年	政治新闻的采写

(三)相关文献梳理

1. 新闻生产、新闻常规的概念

有关新闻生产的概念,几位学者的观点较为一致。张志安(2006)在其论文《编辑部场域中的新闻生产》中认为,新闻生产包括新闻从采集、制作到传播的全过程,是传播者对新闻事实进行选择、加工和发布的过程,其生产的主体包括消息来源提供者、媒介组织、新闻从业者等。操慧(2012)认为新闻生产是指新闻机构及从业者对新闻的选择、加工与传播三大主要环节,它是一条单向的链条,由生产主体、生产客体以及所形成的生产关系构成。申

---

① Reich Z. Sourcing the News:Key Issues in Journalism in an Innovative Study of the Israeli Press [M]. Cresskill,NJ:Hampton Press,2009:24-28.

森(2008)在研究路透社新闻生产流程管理时,也把新闻看作是经过若干道工序生产出来的产品。从几位学者的观点中我们基本可以得出,新闻生产是指新闻从最初的采集到最终完整的新闻作品呈现的过程。这也是笔者在文中采用的新闻生产的概念。

有关新闻常规,不同的学者也下了不同的定义。新闻常规是新闻工作者用来完成工作的一系列模式化的、常规的、重复的实践和形式。[①] 它指的是新闻工作者用来处理每天工作任务的习惯方式,包括寻找选题、联络消息来源、判断核实信息、采访、写作等部分。但是关于新闻常规具体包括哪些内容,学者们并没有一个明确的解释。刘慧苓(2014)综合 Tuchman(1972,1973,1978)及 Shoemaker 与 Reese(1996)的看法,认为新闻常规的特点可以归纳为:一是在有限的时间和人力下,组织内建立了路线分派;二是依靠官方与专家信息来源;三是为了让阅读人阅读方便而发展出来的写作和说故事的方式,比如倒金字塔;四是新闻工作者采取一种"客观性报道"应对因查证不清可能遭到的外界批评;五是新闻类型化;六是强调独家;七是媒体之间相互依赖和参照。

2. 新闻生产与新闻常规的相关文献

(1)报纸新闻生产相关文献

有关新闻生产的影响因素,学者们主要从宏观视角进行分析。张志安(2005)在《新闻生产与社会控制的张力呈现》一文中,从新闻生产社会学的角度对《南方都市报》深度报道做了个案研究,他认为,新闻生产的控制因素包括政治、经济、文化、社会、技术等,以及组织自身的价值观、编辑理念与操作流程、从业者群体特征等。芮必峰、房金环(2015)从马克思的新闻观出发,认为新闻生产遵循市场逻辑可以有效避免"异化"现象。陆晔、俞卫东(2003)通过对新闻从业者的调查,认为在社会转型期,编辑部内部权力和新闻价值的判断影响新闻生产。彭兰(2012)从技术角度入手,她认为社会化媒体、移动终端以及大数据影响了当下的新闻生产,公民新闻与专业新闻平分秋色,移动终端改写了消息书写的时空观,数据新闻也改变了传统的新闻生产模式。

几位学者都谈到了新媒体对于当下传统媒体新闻生产的冲击。刘义昆、赵振宇(2015)谈到新媒体的多种形态,社会化媒体、自媒体以及手机媒体等,使得当下传统媒体的优势锐减,独家新闻不再,因此,传统媒体面对新媒体的冲击,应该调整新闻生产模式。操慧(2012)从吉登斯"脱域"的概念入手,认为互联网为新闻生产提供了脱域的条件,而这种脱域主要体现在:

① Shoemaker P J, Reese S D. Mediating the Message[M]. White Plains:Longman,1996:105.

新闻生产的主体多元化、新闻生产的客体多元化、新闻生产的范式互动化。石长顺、肖叶飞(2011)从当下媒体融合的背景出发，认为应该建立一种集约化、数字化、互动性的新闻生产模式。张志安(2011)在《新闻生产的变革：从组织化向社会化——以微博如何影响调查性报道为视角的研究》一文中提到，以微博为代表的网络媒体使得现在的新闻生产模式从组织化走向了社会化，主要表现在三个方面：消息来源，从筛选、梳理、线人爆料转向定制、接近、主动求援；报道机制，从记者主导、单次刊发转向公众参与、循环报道；行业互动，从独立调查、内部沟通到行业协作、公开动员。

综合以上学者的研究，我们发现学者多从市场、政治、技术等宏观角度思考影响新闻生产的因素，并且他们都认为网络技术对于传统的新闻生产模式造成了冲击。

(2)有关新闻常规的文献

白红义(2013)综合分析新闻常规的相关文献，将新闻常规主要分为路线常规、时间常规、新闻来源常规三个方面，同时他认为互联网既给传统的新闻常规造成了冲击，同时传统的新闻常规又吸纳了互联网的积极因素，发生了改变。尹瑛(2014)认为新媒体提供给公民参与新闻生产的途径和方法，在公民新闻语境下，传统的新闻生产中的价值判断也发生了变化。钱进(2013)在《时差、节奏与驻华外国记者的新闻生产常规》一文考察驻华外国记者面临时差、时间因素时的新闻生产过程。尹瑛(2009)认为，新闻常规对进入媒体的新闻事实、消息来源以及具体新闻事实的呈现方式产生影响，导致新闻偏见的产生。

(四)研究问题

综观以上有关新闻生产常规的研究，多从宏观角度研究其影响因素以及变化趋势，笔者试从网络素材使用这个话题出发，结合记者在不同职业生涯的具体实践活动，看报纸新闻生产常规的变化。相对而言，相比于从宏大视角切入，研究记者在面对具体新闻时所采取的处理方法，更具有现实贴近性。张志安曾说，"日常的新闻产品处于圆心位置，围绕日常新闻内容的最小圆环，影响内容的最接近因素——个体，代表着态度、偏见、报道技巧和新闻从业者个体"。论文主要研究以下问题：

① 不同领域的记者采用网络素材时有何区别？使用网络素材时的目的是什么？一般采取什么样的方法搜索网络素材？一般通过哪些途径搜索网络素材？选择何种类型的网络素材？网络素材选择时的价值判断有何变化？

② 传统的获取新闻源的方式或者途径有哪些？现在有何变化？

③ 报社内部主要有哪些条线？不同条线的记者对于网络素材的依赖如

何？使用网络素材对记者的条线有何影响？

④ 使用网络素材对记者的日常工作时间安排情况产生何种影响？

⑤ 使用网络素材，对报纸新闻内容的类型产生何种影响？是否出现过与同行撞稿的情况？行业内对于使用网络素材生产的新闻出现的撞稿是否有所明确说明？使用网络素材对报社独家新闻有何影响？

二、沿革中的报纸新闻生产常规

笔者在访谈过程中了解到，社会新闻的记者、科技新闻的记者以及政治新闻的记者都会使用一定的网络素材，但是不同领域的记者在网络素材使用方面存在一定的差别。因此，网络素材对不同领域的记者在新闻生产常规上产生的影响也不一而足。

（一）新闻源

对于不同领域的记者，在面对数字化的网络时代，对新闻源的态度有很大的差别。"虽说网络报料急剧增加，但我们也看到问题的另一面。那就是在网络时代，虽然记者获取线索的方式有了很大改变，但是对于一个跑线记者来说，最重要的线索来源方式依旧没有变，传统的通讯员报料依旧是主干，依旧是主要的新闻来源，网络报料只是对传统报料的一个极大补充，还不能完全取代传统的线索获取方式。"正如 D 报社邹记者说，"我们虽然是记者，但不是真正意义的记者，我们的活动都是党委政府直接安排的"。邹记者是一个有着 5 年工作经验的党委宣传部门的记者，从对邹记者的访谈中，笔者了解到对于网络上的素材他们几乎不用，新闻的来源多是党委机关部门直接下达的文件。而对于社会新闻领域的记者，新闻来源比较多元化，微博、微信朋友圈、新闻网站、论坛、博客都成为网络素材的获取途径。D 报社社会新闻领域的马记者说，"一般还是从权威新闻网站上获取新闻，比如说中国新闻网、中国网这样的新闻网站上"[①]。从访谈中，笔者发现，尽管网络上的新闻资源十分丰富，但是记者在选择的时候还是有所侧重，对于可靠信源的消息更为依赖。

常用的新闻素材的获取方法主要是关键词搜索法和百度人气搜索法。Q 报社社会新闻王记者说："有时候找不到新闻可写，就在网络搜索，打上关键词，山东（或者济南）、社会新闻、车祸、杀人等，有时候也看百度搜索排行榜，看看最近有什么事情发生。"几位访谈的记者在进行网络素材的搜索时，

---

① 来源于访谈笔记。

多是采用这两个方法，更主要的是受行业竞争压力的影响。

数字时代，记者面对繁杂的新闻源，仍然将权威性作为选择新闻源的主要衡量标准。传统的新闻来源，比如爆料人爆料、热线电话等形式仍然继续延续，只不过说，热线电话的数量较之前少了，取而代之的是通过微博私信爆料给记者的数量在增多。我们可以发现，数字汇流时代带给行业的变化，并不是完全取代旧的新闻生产常规，而是通过技术上的支持，优化其技术环节。因此从角色扮演上，网络素材只是起到了一个辅助性的作用，起到主导作用的仍然是传统的采编系统。这正如王辰瑶所说，对媒体从业者来说，最重要的配置型资源仍然是消息来源，在日常的新闻生产实践中，媒体工作者主要依赖逐渐累积的、现实生活的配置型资源，并从中获取第一手资料，对于匿名空间的配置型资源仅仅作为辅助性的配置型资源。

（二）新闻路线

在过去，报社内部对于记者路线都有详细的划分，为了获取第一手资料和信息，以往记者都会维护好与路线单位的良好关系，现在对于有些信息，记者可以通过网络进行相关素材或者咨询的搜集，减少了直接通过路线单位获取新闻的次数。总体来说，报社记者在日常新闻生产中的路线经营有所淡化。但是对于党政机关工作的记者来说，虽然党政机关有相关的网站，但是更新较慢，能够利用的政府网站信息还是十分有限的。"从现实的实际操作来看，绝大部分记者并没有完全把重心转移到网络上，特别是政策性比较强的条线，比如人大、政协、市委、市政府，这些线还是以传统的拿料方式为主，基本上网络对跑这些线的记者来说仅仅是一种参考，这些记者也会经常看一看网络上的民意舆论怎么样，但很少能发稿。""这几年，我一直跑长清大学城那边的新闻，之前经常和那些学校的宣传部和学校记者团联系，一般学校有什么事情他们就通知我。但是有些负面的新闻，学校不愿意曝光，有的时候我能够从网络上获得消息，我记得之前写的一个新闻，长清×××大学的女大学生坐黑车被杀害，家长到学校去闹，打着条幅——还我女儿，后来我看到学生在微博上发的信息，我就去学校调查这个事件，并做了一个专题。"①

从总体上来说，我们可以说网络素材的使用弱化了新闻生产中的路线常规，但是政策性强的新闻对于传统的路线仍然较为依赖。无论路线记者对于网络素材的使用情况如何，他们一般都会维持与路线单位的良好关系，对于路线单位不愿意曝光的事件，记者们往往会选择从其他角度报道事件，以免损害其关系。

---

① 来源于访谈笔记。

（三）新闻时间常规

时间不仅仅是一种量化的计时工具存在，它也决定着新闻生产的节奏。网络媒体的出现，以其消息的即时性冲击着网络媒体，对于传统的报纸新闻生产流程造成了冲击。网络的出现打破了新闻生产的流程，截稿周期缩短，给予记者更多时间上的压力。笔者在实习时，曾经有一个记者说，"现在我需要每时每刻不停地刷微博，浏览各大新闻网站，生怕漏掉了什么重要信息，写出的新闻稿，也总是害怕别人也已经写出来"。可以看出，网络资源的丰富与快捷也给记者带来了时间上的压迫感，使得媒体之间相互比拼时间。在过去，报社记者每天大概需要生产两篇作品，而现在出于竞争的需要，报社记者有了更多的工作量，因为他们还需要为报社的新媒体平台提供一些支持。因此，记者需要时时整装待发，做好应对一些突发新闻的准备。在数字化时代，"抢新闻"的现象更加明显，尤其是对于同城新闻的记者，顶着更多时间上的压力。D 报社邹记者说："章丘爆炸案发生的时候，当时看到 Q 报社微博上已经发了一条，我就先发了一个长微博，配上网上的图片，事后我又去了现场详细了解情况。"[①]

三、网络素材使用对报纸新闻生产影响

网络以其及时性、内容的丰富性，给报纸提供了新闻生产的多元信息源和内容生产的多方资料，让受众有更及时的信息知晓权，但是不可忽视的是，网络素材因其匿名性也容易导致虚假信息的传播，网搜常规化也容易导致新闻生产的同质化、采访报道的形式主义等问题。

（一）新闻采写的形式主义

新闻的采写形式主义主要表现为采访查证不足和内容的模板化两方面。记者在网络上获取到感兴趣的信息后，可能会出于时间以及成本的考虑，而无法亲自去现场核实，只能通过打几个电话，了解官方的信息。"爆炸（R 市×××区石化企业爆炸案）发生之后，本地的 H 报社、R 报社在当日都做了一则短消息报道，说是具体的事故原因还没有出来，就想着实地去调查的意义不大，就没有过去，搜集了最近几起爆炸事件，通过网络上的一些资料，配上一些图片，写了一个小报道。"记者在面对采用信息不足的问题时，基本上都是通过网络上的一些素材进行补充，比如补充一些新闻背景、一些科普常识，在内容写作上往往采用"具体的原因仍在详细调查中"等写法。记者利用网络信源进行新闻写作的流程，可以总结为信息不足图片配，内容不足背景凑，平衡报道不犯错。

记者面对的不仅仅是专业记者的竞争,同时还面临着公民记者的竞争。在"人人都是报道者"的媒介环境下,记者要想顺应网络新闻发展的速度,需要建立一种固定化的生产模式与流程,用来保证他们的生产效率,同时建立的客观性新闻报道方式也能避免媒体陷入纠纷之中。

(二)新闻内容的同质化现象加剧

在访谈过程中,笔者了解到,尽管网络为记者的新闻生产提供了很多资源,但是能够真正地发展为独家新闻素材的十分少。"尤其是我们(社会新闻),大家都会看网络上的资源,你看见了,别人肯定也会看见,想通过网络寻找独家新闻几乎是不可能的。前一段时间,成都女司机那个事,这是个热点事情,大家都在报道,我们也不得不报道。"①网络的跨地域性使得地方新闻扩散为全国性的新闻甚至是世界性的新闻,很多报社考虑到市场的原因,不约而同地追逐热点事件。记者聚焦目标的同一性,使得新闻报道出现同质化现象。同质化高并不意味着报纸之间会经常出现撞稿的问题。记者面对热点事件往往会选择"冷处理"报道方法,能够很好地避免撞稿的问题。

尽管网络素材提供者的匿名化可能带来虚假信息的传播,但是对于传统媒体的报纸,虚假新闻与网络素材之间没有明显的量化关系。一般来说,对于不确定的信息,报纸不会轻易在报纸上刊登,为了赶时效,报社会选择在新媒体平台上进行刊登,因为这样就算信息有误,撤回稿件的成本或者声誉损失相对较小。

四、结论

正如官方数据统计的一样,报纸的阅读量在逐年下降,但并不意味着报纸的地位便不再重要。虽然网络媒体覆盖面比较广,信息的传播迅速及时,但是新闻生产的内容仍然需要依托于传统媒体强大的采编队伍。但是不可否认的是,网络素材的使用对于传统的报纸新闻生产常规产生了冲击,报社通过变革新闻生产的时间流程、路线常规、新闻采写的方式等来应对当下的网搜天下的局面。同时,不可避免的是,网搜的常规化也带来新闻内容的同质化、采写的形式化,抹杀了新闻作品的个性化。

参考文献:

[1] 张志安. 编辑部场域中的新闻生产[D]. 上海:复旦大学,2006.

---

① 来源于访谈笔记。

［2］操慧．脱域：互联网时代的新闻生产［J］．四川大学学报：哲学社会科学版，2012（3）．

［3］申淼．路透社新闻生产流程体制符理研究［J］．今传媒：学术版，2008（2）．

［4］张文强．新闻工作者与媒体组织的互动［M］．台北：台北秀威资讯科技股份有限公司，2009．

［5］刘慧苓．汇流下的变貌：网络素材的使用对电视新闻常规的影响［J］．新闻学研究，2014（121）．

［6］张志安．新闻生产与社会控制的张力呈现——对《南方都市报》深度报道的个案分析［J］．中外媒介研究，2005．

［7］芮必峰，房金环．市场逻辑与新闻生产——论中国传媒的"异化"现象及其扬弃［J］．江淮论坛，2015（5）．

［8］陆晔，俞卫东．社会转型过程中新闻生产的影响因素［J］．新闻记者，2003（3）．

［9］彭兰．社会化媒体、移动终端、大数据：影响新闻生产的新技术因素［J］．新闻界，2012（16）．

［10］刘义昆，赵振宇．新媒体时代的新闻生产：理念变革、产品创新与流程再造［J］．南京社会科学，2015（2）．

［11］石长顺，肖叶飞．媒介融合语境下新闻生产模式的创新［J］．当代传播，2011（1）．

［12］张志安．新闻生产的变革：从组织化向社会化——以微博如何影响调查性报道为视角的研究［J］．新闻记者，2011（3）．

［13］白红义．冲击与吸纳：互联网环境下的新闻常规［J］．现代传播：中国传媒大学学报，2013（8）．

［14］尹瑛．公民新闻语境下新闻生产常规的再造［J］．宜春学院学报，2014，36（5）．

［15］钱进．时差、节奏与驻华外国记者的新闻生产常规［J］．新闻记者，2013（5）．

［16］尹瑛．从新闻常规视角看新闻偏见的产生——麦奎尔关于媒介文化生产研究的启示［J］．新闻界，2009（3）．

［17］窦锋昌．报纸开放式新闻生产研究——以《广州日报》为例［D］．武汉：武汉大学，2013（3）．

［18］王辰瑶．结构性制约：对网络时代日常新闻生产的考察［J］．国际新闻界，2010．

屠呦呦获奖引发中医争议的
文本分析研究

——基于与中医防治 H7N9 事件的对比

（刘超宇　安徽大学）

摘　要： 近几年随着健康传播愈来愈被重视，中医养生、中医治疗相关话题也成为媒体报道的热点，此类事件每次都会在网络上引起大量转载以及舆论热潮。这其中关于中医不间断的争议性报道及负面言论也一直充斥视野。此次屠呦呦获得诺贝尔医学奖更是再次掀起了社会热议，但却与之前反响有些变化，质疑批判之声渐弱，舆论表现理性且具有思考性。本文选取关于中医争议的不同时期的两个案例，通过文本分析法，对其新闻报道和网络舆论做出研究，以期探究出现这种变化的原因并做出追问。

关键词： 中医；争议；文本分析；网络舆论；屠呦呦；H7N9 防治

一、研究背景与研究方法

（一）研究背景

2015 年 10 月 5 日，中国中医研究院研究员屠呦呦因在治疗疟疾方面的研究成就获得诺贝尔医学奖，此消息立即被各媒体报道及转载，但由于屠呦呦较多运用西医技术进行研究，在网络上也引发了一场关于中医于此项研究是否真正有用、中医不如西医科学的争论。关于中医的质疑及中西医之争已经是绵延几十年的问题了，近代西医传入我国时就已经存在。历史上第一次中西医之争是 1912 年的"教育系统漏列中医案"——中医被排除在正规教育系统之外。近些年，方舟子批判中医非科学、倪海清事件、板蓝根防治 H7N9 禽流感惹争议等事件也层出不穷，大多数媒体报道及言论对传统中医也都保持着质疑态度，对中医角色、价值有诸多争议；当然也有呼吁支持中医的。然而屠呦呦引发的报道及言论较之以往有些不同，极端性言论渐少，媒体思考性报道居多，网络上的讨论也较为冷静理性。

本文选取了以板蓝根为代表的中医预防 H7N9 事件作为与屠呦呦事件的对比。2013 年 3 月 31 日，官方通报称在上海和安徽两地率先发现 3 例人感染 H7N9 禽流感病例，H7N9 的防治成为社会重点关注的议题。2013 年 4 月 3 日，国家卫生和计划生育委员会发布《人感染 H7N9 禽流感诊疗方案 (2013 年第 1 版)》的通知，其中强调要"充分发挥中医药在应对疫情中的作用"。同日，江苏卫生厅制订印发《江苏省人感染 H7N9 禽流感中医药防治技术方案(2013 年第 1 版)》，其中板蓝根作为预防用药出现，板蓝根继 SARS 之后再次因为"预防神药"引起热议。同时，中医药可以预防 H7N9 的事件也引起了网友广泛的讨论。本文选取了中医预防 H7N9 事件作为与屠呦呦事件的对比，期望通过两个案例的比较研究，在得出的文本分析基础上做出追问。

(二)研究方法

本文主要采用文本分析法，研究对象为媒体报道与网络舆论，其中网络舆论分为意见领袖和普通网民两个部分。为从繁复的报道和舆论中甄选出研究所用样本，故对文本选择的方法和时间范围作了限定。文本，有学者认为任何能够表达出探询社会文化深层企图的"客体"都可以是文本①。文本分析是指通过分析手段，对所取相关文本进行比较、分析、整合，发现文本中潜藏的信息，并最终从中提炼出评述性的说明。文本分析是定性分析中的一种，着重对文本中字词句以及符号的解释。文本分析法是一种根据文本的实际情况进行解析的过程，步骤并不固定，一般为文本查阅、鉴别评价、归类整理。在传播学的研究方法中，文本分析强调客观性，但由于现实操作中文本研究容易受到研究者主观判断的影响，所以倾向性、态度性相关分析主要依据文本中是否有明显感性、评价性词语。

二、研究文本的选择

(一)新闻报道文本

以"百度新闻"为搜索工具，综合考虑样本的时效性及研究的可操作性，

---

① 夏春祥. 文本分析与传播研究[J]. 新闻学研究,2006(54):141-166.

将样本采集时间定为一个星期,需要明确的是,因为报道繁杂并且重复、网络平台转载操作的简单性等原因,不同时间使用"百度新闻"进行搜索时,结果会有误差,但误差相对较小。值得注意的是在屠呦呦事件的搜索中有两篇是评论文本,而 H7N9 事件却没有,因此下面的分析将会单独列出评论文本。

屠呦呦事件的选取时间为 2015 年 10 月 5 日至 10 月 11 日,为避免无关或关联度低的文本,在"高级搜索"中以"屠呦呦""中西医""质疑"或"争议"为关键词,并限定关键词位置为"仅在新闻标题中",同时剔除评论文本,检索结果为零;将搜索放在"新闻全文"中进行,共有 63 篇报道,因此以这 63 篇报道为研究样本。

中医防治 H7N9 事件的样本同样选取一个星期,从 2013 年 4 月 3 日至 4 月 9 日。同样以"百度新闻"为搜索工具,同时剔除评论文本,若以"H7N9""中西医""争议"或"质疑"为关键词进行搜索,"标题"搜索结果同样为零,而"全文"搜索到 12 篇报道,因此以这 12 篇报道为样本。

(二)意见领袖文本

20 世纪 40 年代,拉扎斯菲尔德等人在《人民的选择》一书中正式提出"意见领袖",认为大众传播并不是直接"流"向一般受众,而是要经过意见领袖这个中间环节,即"大众传播—意见领袖——般受众"。相比一般受众,"意见领袖"接触媒体的可能性更大,而如今便通的网络环境更是使其对大众传播效果产生重大影响。微博作为现如今最强的舆论载体更是为意见领袖提供了更加方便快捷、更具有传播效应的平台,微博意见领袖中的代表——大 V 们影响舆论、引导舆论的作用也在一次次的社会性事件中表现出来。他们通常在社会性、公共性事件中具有活跃性、传染力和凝聚力,他们的微博往往能够引起粉丝的大量转发与评论,从而形成网络舆论。因此本文选择微博上的意见领袖作为研究对象。

在微博高级搜索中以"屠呦呦"和"中西医"为关键词,类型选择"名人",时间为 2015 年 10 月 5 日至 10 月 11 日,只有 11 位微博认证名人即大 V 的相关微博 12 篇,结果较少不足以支撑文本。但"屠呦呦"和"中医"为关键词搜索,有 71 位微博大 V 发表了 77 篇博文,忽略不相关言论后有 49 位微博认证用户共 54 篇博文是对此事件转发并表达看法。由于这些微博多数是带有"中西医"相关言论的,因此本研究选择这 54 篇微博进行分析。

在微博高级搜索中以"H7N9""板蓝根"和"中医"为关键词,类型选择"名人",时间为 2013 年 4 月 3 日至 4 月 9 日,结果为零。若不设定"名人"为选择类型,搜索到的 340 篇微博中,共有 32 位个人微博认证用户发表了

32篇微博,虽然大多并非大V,但也是"认证用户",网络身份的不同使其比一般微博用户拥有更多的关注度和影响力,因此将这30个样本都作为分析对象。

(三)普通网民文本

这部分样本从百度贴吧选取。百度贴吧是一种基于关键词的主题交流社区,通过关键词的搜索寻找同类,并进行在线交流,具有很强的针对性。百度贴吧是所有网民的聚集地,不需要过多技术支持、身份辅助、知识水平等因素,准入门槛低且没有交流障碍,每个人都可以进入贴吧寻找信息、发表意见。贴吧中的传播大致可以归为两种:一种是人际交流,网民个人与个人之间的交流;第二种是群体交流,具有共识的一个群体与其他具有共识的群体进行交流。

屠呦呦事件的文本选取"屠呦呦吧",在"吧内搜索"中以"中医"为关键词进行搜索,共有55篇帖子,发帖时间在2015年的有42篇,剔除掉新闻转载贴和"水贴"等后,有9篇是与此事件关联度较大的,因此以这9篇帖子为研究文本。中医防治H7N9的文本选择"H7N9吧",在"吧内搜索"中以"中医"为关键词进行搜索,由于此事件发生在2013年,因此在搜索到的帖子中符合时间选择的共有601篇帖子,其中还有相当多数量的新闻转载贴和"水贴",还有很多借此机会给某些药类品牌和保健品做广告的广告帖。介于此,考虑到这场中西医的争论很大程度上因为板蓝根而扩散,所以重新将关键词定为"中医"和"板蓝根",共检索到37篇帖子,再次经过筛选后,共有10篇关联度较大的帖子。

三、研究结果及分析

(一)文本内容分析

笔者在搜索、整合上述所有文本时发现其内容大致可以归为两类:一种是探究思考性文本,另一种是倾向性文本。探究类是对此事件中的中医价值或作用进行探讨,并无相关态度性词语。倾向性依据是否有明确态度、价值取向的词语,看其是否发表自己对此事件的何种看法,或因态度不同而产生争论,具有相当的主观色彩。需要注意的是,虽然新闻报道应遵循客观性原则,但在实际操作中又不免带有主观性,所以这部分文本同样以探究思考性报道和倾向性报道进行分类。

1. 媒体报道更加冷静理性

通过对屠呦呦事件关于中西医争议的 63 篇报道和中医防治 H7N9 事件 12 篇报道的标题关键词的提炼，可得知这些报道的主题。屠呦呦事件的 63 篇新闻文本中，有较多是转载，忽略这些重复文本并经过整理归纳后，发现探究思考类的新闻报道共有 4 篇，倾向性报道共有 12 篇（其中支持赞扬类 10 篇，质疑类 2 篇）。而 H7N9 事件的 12 篇新闻文本除了对事实的客观呈现以外，部分媒体报道也用上了具有倾向性的用语。有些标题意义是重复、相同的，运用"图悦——热词分析工具"对这些报道进行分析，得出如下具有代表性的词语、短语，见表 1。

表1

	主题关键词
屠呦呦事件	骄傲、里程碑、胜利、肯定、争议、文化冲突、结合、启示、思考
中医防治 H7N9 事件	质疑、抢购、争议、明确、做好、荒唐、显著疗效、并非神药

从屠呦呦事件的热词来看，值得注意的是"启示"和"思考"进入视野，另外还有一个新的声音是"结合"。在中医防治 H7N9 事件中，是没有对这方面的关注的。除了宣传国家出台的防治办法的新闻报道以外，大多数都是对中医防治办法质疑的暗示性报道，大多都是一边倒的反讽和批评来表达对中医不满的态度。可见屠呦呦事件的报道相比 H7N9 事件而言要更冷静理性。

2. 意见领袖中支持性态度和探究类较受关注

屠呦呦事件的这部分文本中，探究类微博很少，只有 9 位微博用户的 11 篇微博是此类型的。其他 43 篇微博都是倾向性文本，其中有 40 篇微博是支持、赞扬态度，3 篇持质疑态度，并且持质疑态度的这 3 篇微博转发率、点赞率都不高，评论也不多，而持支持态度和探究思考类的微博转发、点赞和评论的都很多，尤其是探究思考性的微博。单从点赞率就可以看出这些意见领袖的言论哪些较有影响力，由于质疑类只有 3 个样本，因此统一选取每类点赞率前三名作比较，如图 1。

中医防治 H7N9 的 30 篇微博样本中，探究思考性微博有 6 篇，其余 24 篇都是倾向性类，其中只有 2 个样本对此抱相信态度，而另外 22 个样本都是对这种说法的嘲讽、调侃或直接批评，态度明显而直接，并且转发率、评论率和点赞率都几乎没有，对比可知屠呦呦事件中研究类以及持正面态度的言论较之以往更为有影响力。

媒介·权利·表达：新闻传播与网络化社会

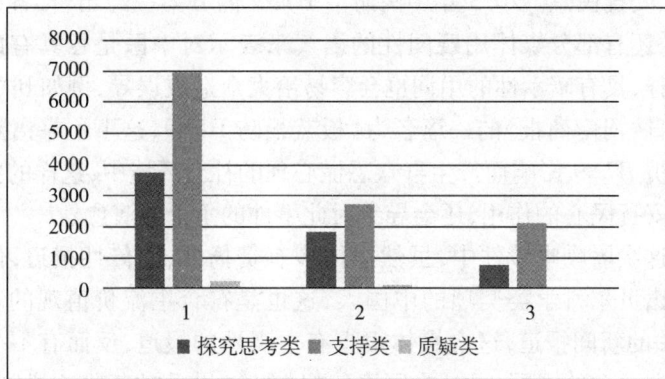

图1

3. 普通网民文本言论平和性显著

两个案例的类型分布见表2所列。

表2

	探究思考性	倾向性	总数
屠呦呦事件	1	8	9
中医防治 H7N9 事件	4	6	10

　　屠呦呦贴吧的探究思考性内容是一篇名为"真不知有些人为什么非要黑中医中药,非要搞中西医对立"的帖子,发帖人阐述了自己的看法,截止到笔者查阅当日(2015 年 11 月 15 日)该贴已经有49 条回复。倾向性的内容有赞成有反对,但大多言语都较为温和,且多有名词,如"骄傲""自豪",还有直接下定论的判断性词语如"是"。H7N9 的 10 篇帖子中有 4 篇是探究思考类,都是对于中医有没有防治 H7N9 功效的疑问与探讨;倾向类虽然只有6篇,但这些文本都带有嘲讽和疑问用词,此类帖子参与讨论的网友也比较多,诸多回复也如同这些发帖一样言语之间负面用词较多。如名为"中医治禽流感也不行吗?"的主题帖,该贴已有 278 条回复,而其中超过一半的回复都对这个问题抱有否定的看法,并且言语都较为激烈甚至有极端性。相对而言这次屠呦呦事件的相关网民言论都较为平和。

(二)文本倾向性变化分析

1. 媒体思考性报道增多,主观性、暗示性减弱

　　社会公共事件尤其是突发性事件中媒体的作用很重要,这种紧要关头媒体承担着"上通下达"的作用,要把国家出台的相关政策传播给大众,也要

传递民情、安抚民意。2013年中医防治H7N9的方案一经出台，各媒体不仅竞相报道，还有部分媒体用疑问性的语气来表示对中医是否具有此功效的怀疑。同样，具有暗示性的用词也会容易给大众造成误导，例如刊登在2013年4月8日《河南商报》的一篇名为《板蓝根防H7N9，这事不靠谱》的报道，在当时因被H7N9影响而产生群众恐慌心理的社会环境中，这样的报道不仅没有起到安抚民心的作用，还会导致对此事件的争论愈演愈烈。

而在这次屠呦呦事件中，虽然媒体多有赞扬性、宣传性报道，但作为第一位获得诺贝尔科学类奖项的中国人，这也是符合主流价值观的。但相比H7N9相关的新闻报道，这次媒体很少有主观性的报道，反而有不少思考性报道出现在大众的视野。如《中国青年报》的《"屠呦呦获奖争议"折射中西文化冲突》就对出现争议做出了原因思考，转载率也很高。

2. 理性舆论居多，言论暴力减少

由上述文本内容分析可知，屠呦呦获奖相关报道也有"启示""思考"之声。如中国新闻网的报道《屠呦呦获诺奖启示：中西医结合当为未来方向》被转载了53次；中国广播网的报道《屠呦呦凭青蒿素摘诺奖，专家：中西医结合研究思路获认可》被转载了13次，这都可以看出关注中西医的争论都已经渐趋理性，思考性的报道也为受众开辟新的视野。

相对而言，这次屠呦呦获诺奖引发的关于中医以及中西医的热议更像是讨论而非争论，意见领袖或普通网民作为话题讨论的参与者都张弛有度。也有极个别网络用户比较激进，在贴吧里有一位用户名为"红楼一梦千古传"的用户，发了一篇名为"西医滚出中国"的主题帖，笔者初次看到这个帖子的时候，第一反应是这个帖内应该会产生一场激烈的争论——正如"中医治禽流感也不行吗？"的主题帖一样。但是事实是这篇帖子并没有很多人参与讨论，回复只有8条，去掉重复和不相关的回帖后，有效回复只有3条，分别为"楼主快洗洗睡吧""太过了"和"这样说很片面"。再加上微博相关点赞率的分析，我们可以得知这次事件中网络舆论表现得较为理性平和，大多数网民都会思考后发言，言论暴力现象较H7N9事件变弱很多。

3. 评论性文本情感分析

评论文本情感分析是指通过评论文本进行言辞用语情感匹配的方法，和基于机器学习分类算法的方法，从中获取能够表达评论者评论态度的一些主观信息，如立场、建议、情绪、态度等，从而判断出评论文本的情感倾向强度。本文主要采取第一种方法。

本文查找到的两篇评论性文本分别为董国昌的《屠呦呦获诺奖是中医对世界贡献的肯定》和王德华的《屠呦呦获奖是中医的骄傲》。从标题关键词"肯定"和"骄傲"就可得知,这两位作者对中医持正面态度。董国昌从中医治疗研究和屠呦呦研究青蒿素的历史来论述中医的作用,论述专业度高且具有说服性。他在文中谈到"此次屠呦呦的获奖,是对中医这一国粹的认定和传承"①,认为屠呦呦的研究是基于《肘后备急方》,"所以,对于中医这一中华文化的传统经典据此以正视听,不应再存质疑";董国昌提出"加强保护、弘扬中医刻不容缓",他认为"之前对中医的质疑之声不绝于耳",与相关政府部门对中医药成果的模棱两可的态度有关。

王德华的评论虽然也是从青蒿素研究史来论证,但语言较为随性。除了肯定中医在这项研究中的价值以外,王德华还认为青蒿素的研发"是现代医学与中国传统医学相结合的辉煌成果,屠呦呦荣获诺贝尔奖是我国中医的骄傲,也为中西医结合造福人类揭开了崭新的一页"。这倒是再次为上述"理性舆论居多"提供了文本支持。

通过对评论性文本的情感分析可得出,评论性文本虽然在态度上都是正面支持态度,但并没盲目赞扬,而是用很多过往研究来论证,并且都有提出自己的意见——加强保护、开发中医与中西医结合。

四、追问探究

出现上述变化的原因有很多。大众媒体的传播是很重要的原因,相关报道越来越多,人们才会更多了解中医。自健康传播走进人们视野以来,中医文化传播一直是被关注的议题。2009年,国务院下发了《国务院关于扶持和促进中医药事业发展的若干意见》,明确指出中医药文化是我国文化软实力的重要体现,扶持和促进中医用药事业的发展,推广中医文化。中医养生知识也更多被报道,或以电视节目的形式出现。媒体通过议程设置着重强调中医养生,在一定程度上也对受众产生了影响。例如湖南卫视的《百科全说》节目,《百科全说》在栏目自身发展过程中不断调整内容、形式以寻找最有利的发展方式,最终养生内容成为栏目的最终定位,并且在众多养生类栏目中收视率稳居前列。

其次,大众的观念变迁也是重要因素,现代社会,生活水平的提高使人们越来越关注自身的健康,因此人们越来越关注养生。大众对中医的接受更加容易,不仅关注媒体传播的信息,还会主动了解。虽然由于中医不像西

---

① 董国昌获诺奖是中医对世界贡献的肯定[OL].[2015－11－17].http://guancha.gmw.cn/2015－10/06/content_17256570.htm.

医那般有临床研究与现代技术支持而争议不断,但不可否认的是大众的态度相较以往更为包容了。

此外,新媒体在健康传播及中医文化传播中也有其作用。中医文化是需要大量文字来说明的,有些养生方法也与时节相关,因而依靠传统媒体和电视节目来传播中医文化、报道相关新闻是不够的。而新媒体传播的便捷性、广泛性以及及时性正好可以填补传统媒体的不足。如微博话题"#惊蛰养生#",说的是在惊蛰节气时分,养生应该要注意哪些方面。这种系列性的微博一般都会隔时发送,这样不仅可以吸引受众的关注,也不会因为一次性发布的大量文字让阅读者产生疲劳导致不关注,还可以方便微博用户收藏以备日后所需。并且,通常情况下由于传统媒体传播渠道的受限,多会在网络平台再次发送传播,双方的融合也促进了中医的传播。

五、结语

事物的问题并不全部来自于外界,中医深陷争议也不例外。虽然历史上由于西医的传入中医曾受到打击,现在仍然会把中西医放在一起进行比较,但近些年来关于中医的争议并不是因为西医造成的,我们要明确这一点。这大多是因为大众不够了解中医文化或被部分新闻报道误导以及混乱的舆论环境。以往中医文化在研究方法上与西医没有太多相似之处,但随着科学技术的发展,如新媒体与传统媒体的融合一样,现代科学技术与中医的融合正在成为中医发展的新形势。关于对中医的争议,在这方面媒体的引导作用和大众自身的观念、媒介素养都很重要。

参考文献:

[1] 徐燕. 基于传播学文本分析方法的张悟本事件研究[D]. 合肥:中国科学技术大学,2011.

[2] 郭庆光. 传播学教程[M]. 北京:中国人民大学出版社,1999:69.

[3] 刘贤友. 面向电子商务的评论文本情感分析研究[D]. 合肥:中国科学技术大学,2015.

[4] 刘志明,刘鲁基. 基于机器学习的中文微博情感分类实证研究[J]. 计算机工程与应用,2012,48(1):1-4.

大数据时代下可视化数据在时政报道中的运用技巧和前景分析

——以央视"数字两会"报道为例

（王志龙　阎　安　南京政治学院）

摘　要：数据新闻的兴起，数据可视化途径的运用，给时政报道提供了更加广阔的思路。可视化技术让数据呈现更加直观，动画的效果使画面更加流畅，"场景+数据"的运用使报道互动感更强。而数据实时化、数据互动化、深挖数据资源、深化报道层次，将成为可视化数据运用于时政报道的一大趋势。

关键词：可视化数据；时政报道；"数字两会"

近年来，随着信息技术和数字技术的发展，信息量呈现爆炸式的增长，大数据时代已经来临。电视新闻业正面临着前所未有的挑战，对庞大的数据进行搜集、整理、挖掘和呈现，已然成为电视新闻报道的一大趋势。

为了顺应这一趋势，中央电视台在"两会"报道中逐步引入大数据的概念，并将可视化数据运用于时政报道中，最终形成了"数字两会"报道形式。它借助大数据技术选择网民所关注的热点话题，并对数据进行可视化呈现，让观众感觉耳目一新。本文以"数字两会"为关键词，发布时间选定为"1年内"，以"CNTV"为站点来源，最终遴选得到了11期节目。分析可视化数据在时政新闻中的运用技巧和发展前景，对于时政报道实现内容和形式上的创新具有一定的借鉴意义。

一、数据新闻的兴起与数据可视化

数据新闻，又称为数据驱动新闻，"它指的是对数据进行分析与过滤，从而创作出新闻报道的方式"①。数据新闻大致经过了"基于强大计算能力的结果预测阶段、基于公共利益的精确新闻阶段和基于商业价值的数据新闻阶段"②。数据新闻被认为是精确新闻的产物。20世纪60年代，菲利普迈耶提出了精确新闻的概念，它"通过对事件精确地客观描述让新闻的受众真实地感知事件发生和发展状况"。随着新媒体的发展，新精确新闻主义逐渐催生了数据新闻的概念，而"可视化作为数据新闻传播的主要形态，是数据新闻不可或缺的元素之一"③。

可视化传播并非是一个崭新的研究领域，利用视觉元素传播信息也并不是新闻传播领域的新现象。相关资料显示，人类产生语言之前，最基本的交流方式就是"视觉传播"。可视化数据最早可以追溯到气象信息图表的制作。1686年，由艾德蒙德·哈德绘制的第一张气象图出现在报纸上。1875年4月1日，弗郎西斯·高尔顿第一次在伦敦《时代》杂志上发表每日天气预报图。在电脑图表出现之前，电视中天气预报员经常对手绘在黑板上或幻灯片上的信息进行分析解释。20世纪70年代，电视台开始尝试使用电子气象图饱和度的方法：气象预报员站在标有绿色、蓝色的电子图表前，预报员身后的美国全国信息在不停地随着摄像机的运动向前滑动。

20世纪90年代初期，一个称为"信息可视化"的研究领域被人们发现，用于给来自众多领域中的不同性质、抽象的各种数据集的分析提供必要的支持。而今，大数据时代的来临，信息数量急剧增长，它成为新闻报道重要的资源，但这并不意味着，新闻只是对数据简单的堆砌，而是需要对信息更加清晰地呈现、更准确地分析和更深层次地解读。所谓数据可视化，"就是在数据集的转换中以可视化的方式进行展现，通过可视化的相关软件设计出清晰明了、简单易懂的样式，方便受众了解新闻事件，熟知事件进程，理解事件真相"④。

央视运用数据可视化的技术报道时政新闻由来已久，早在《改革开放三十年》节目中，就运用了动画技术，随后，2012年的《数字十年》中逐步使用MG动画来表现10年来翻天覆地的变化。2014年《据说春运》和2014年的

---

① 章戈浩.作为开放新闻的数据新闻——英国《卫报》的数据新闻实践[J].新闻记者,2013(6):7-13.

② 苏宏元,陈娟:从计算机到数据新闻:计算机辅助报道的起源、发展、现状[J].新闻与传播研究,2014(10):78-92.

③ 袁晔,范梦娅.电视新闻数据可视化报道的若干"冷思考"[J].西部广播电视,2014(13):52-53.

④ 李希娟.大数据时代下的数据可视化研究[D].保定:河北大学,2014.

——安徽省第七届新闻传播学科研究生论坛论文集→ *379*

《两会大数据》尝试将大数据与可视化技术相结合,制作时政新闻。

二、可视化数据在时政新闻中的运用技巧

可视化数据,被许多学者认为是感性与理性的完美结合,它兼顾了"美学"和"功能"双重性质,让观众不仅能欣赏美丽的图像,还能从中获取隐藏在数据中的大量信息。

(一)静态数据让数据呈现更加直观

在"数字两会"中,有些数据是相对固定的,主要是以静态图表的方式呈现,很少使用动画等其他效果,比如《中国这一年 世界怎么看》中,节目开篇就是一幅世界地图,用红色至浅橙色代表关注度,颜色越深,表示关注度越高。受众可以很清晰地看到世界各国对中国发展的关注热度。

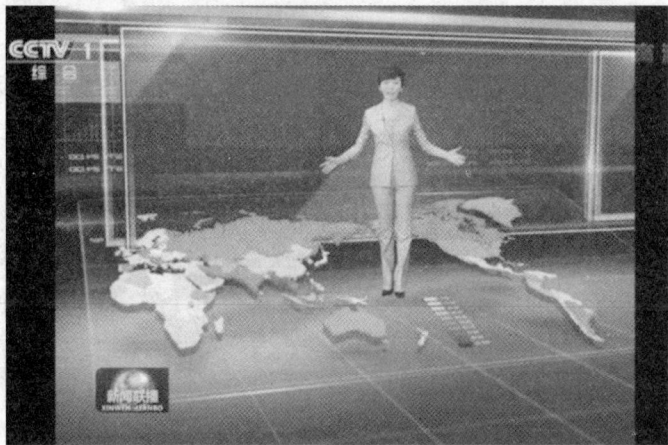

图1

可视化数据非常注重色块的选择。在《晒晒民生对账单》中,共制作了17张表格,16张图表中选用了黄色,11张表格中选用了红色,在其他10期节目也大量选用了黄色和红色等暖色调。一方面红色和黄色等暖色调给人喜庆感,令人心情愉悦,而且红色由于波长较长,往往能在人的视网膜停留较长的时间,有助于强化受众对数据的印象;另一方面,暖色调往往能够拉近受传者的距离。节目注重色块之间的对比。比如《绘制法治中国新蓝图》中,分别用蓝色方框表示"10部修订的法律",用黄色方框表示"新制定的法律",蓝色和黄色分属冷、暖色调,对比感强烈。

媒介·权利·表达:新闻传播与网络化社会

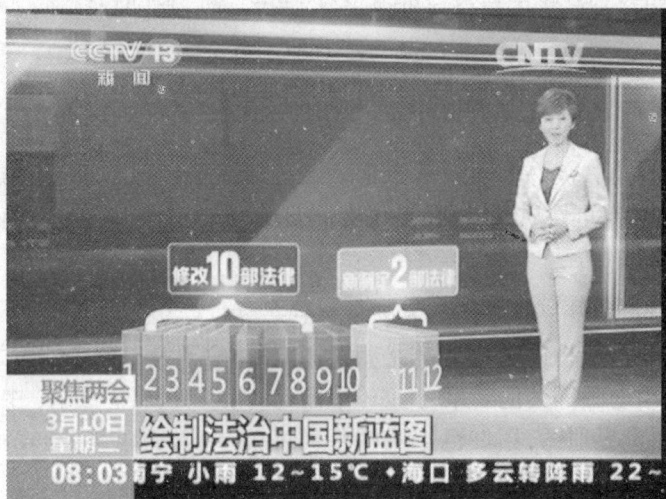

图2

可视化数据还常选用折线图、柱状图、图片、三维贴图等图形元素。在《您享受文化"美味"了吗?》这期节目中,运用了3张折线图、5张三维贴图、5张柱状图、32张图片。具体来说,在节目中为了说明公共文化设施的发展,采用了3D柱形图。在柱状图侧面分别用简易的图案表示"博物馆""文化馆""美术馆"和"图书馆"等内容,这个柱状图借鉴了罗马斗兽场的建筑风格,采用背后镂空的形式,简单易懂,让受众一目了然。再比如,使用的图

图3

图4

片和字幕充分地体现中国元素,所选用的13张中国文化年的图片,里面有舞狮、舞龙、腰鼓等内容。节目最后的"富强、民主、文明、和谐、自由、平等、公正、法治、爱国、敬业、诚信、友善"的社会主义核心价值观,就采用了中国传统印章的风格,也透出了浓浓的中国元素。相关研究显示,"人体中超过70%的感觉接收器集中在眼睛上"[①]。并且人类有80%以上的信息是通过视觉获得的。不难看出,可视化数据通过色彩、图形的运用,能让受众对枯燥的数据有较为直观的认识。

(二)动态数据的运用让画面更具动感

在专题"数字两会"中,另一种表现方式是利用动画技术,对实时变动的数据进行可视化的呈现。比如该专题通过大数据技术遴选了网民们关注的热点话题,制作了简单的动画来表现这种数据变化的趋势。当前国内最常见的就是运用MG动画(Motion Graphic),让它"随着时间流动而改变形态的图形"[②]。

相关研究表明,按照吸引注意力强弱的程度进行排序,分别是动画—图片—文字。动画往往能给人形象直观的感受,把数据编成简易动画,是创作

————————————

① [美]保罗·M.莱斯特.视觉传播:形象载动信息[M].霍文利等,译.北京:北京广播学院出版社,2003:18.

② 百度百科.mg动画,http://baike.baidu.com/view/2916845.htm.

者常用的手法之一。节目《绘制法治中国新蓝图》总共有 14 张图表使用了动画效果。在这期节目中，"网民对安全生产法的关注度"就是一张运用了动画的趋势图。它利用"百度指数"提供的数据形成一条黄色曲线。在趋势分析中，主持人选用了关注点的峰值，在峰值处用黄色空心点进行标记，并有一条垂直线延伸下来。"垂直线使观众的视线逗留在那里，试图在它周围的空间转动。"①而且黄色垂直线在蓝色背景下格外醒目。

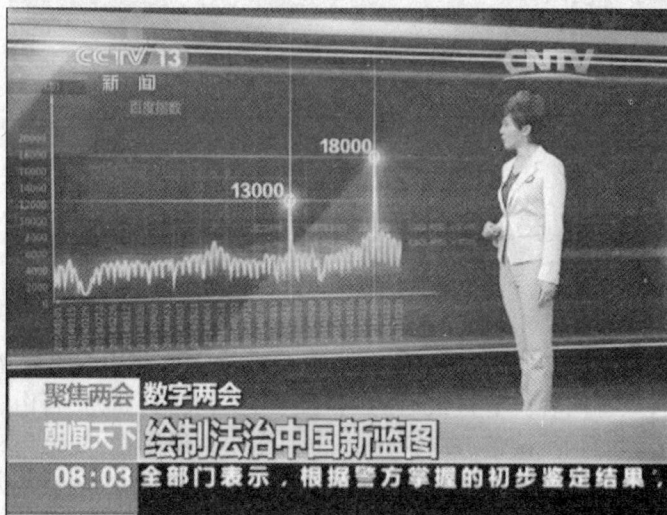

图 5

运用可视化的问卷是展现动态数据的另一种方式。在样本中，有 3 期节目使用了可视化问卷。比如《您享受了文化"美味"了吗?》，节目通过亿赞普大数据公司提供的信息制设计了可视化问卷，着重强调有近 90% 的网民赞同"文化产品的目的就是要'提高全民核心价值观，提升全民素质'"。在动态数据中，也十分注重色块的选择。除了注重多选用暖色调和强调色调之间的对比外，在色块之间还设置了过渡边框，对每个边框加以区分。

简单的图标也是动态数据中不可或缺的元素。它通过简洁的图案传递出丰富的信息。在《"互联网+"带来了什么》中，为了表现网友所说的"互联网就像阳光、空气、水一般，成为我们生活的必需品"的想法。主持人周围就出现了"云朵""水滴""太阳"等简单的三维图标。这些图案的运用，有效增强了时政报道的趣味性。

---

① [美]保罗·M. 莱斯特. 视觉传播：形象载动信息[M]. 霍文利等，译. 北京：北京广播学院出版社，2003：39.

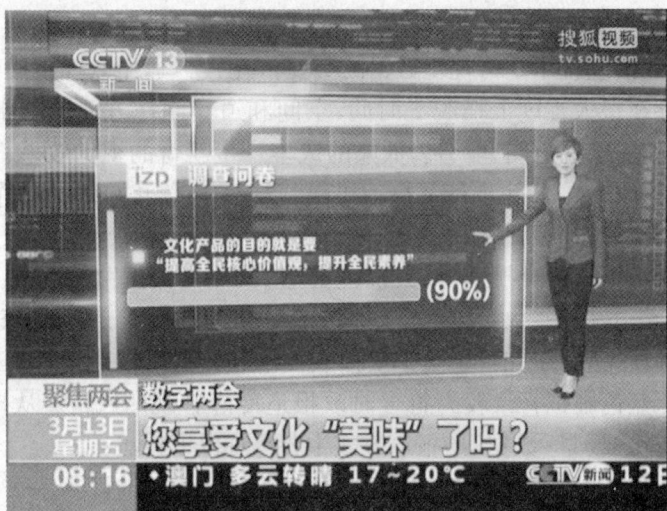

图6

图7

(三)"场景+数据"的运用使报道互动感更强

　　时政新闻由于其话题的特殊性,往往给观众严肃的印象,而且单纯地摆数据也常常令读者感觉枯燥,而"场景+数据"的运用则使报道的互动感增强。节目"数字两会"通常会将虚拟演播室、虚拟的动画人物、虚拟的电子屏幕等放置在主持人周围,和主持人融为一体,主持人甚至可以和动画人物打招呼。虚拟演播室技术和数据可视化技术的运用,实现了主持人与数据的互动效果。

虚拟演播室技术是可视化数据的重要依托，它"运用软件生成背景和道具，使编导在很大程度上摆脱了时间、空间和道具制作方面的限制，获得了更大的创作的想象空间，能够以低廉的成本产生新奇的视觉效果，且能够方便地进行修改"①。它主要依靠摄像机跟踪技术、三维虚拟场景制作、深度键技术和填补彩技术等，制作出具有一定视觉冲击性的场景。

在2014年的两会报道中，央视首次融入了"大数据"的概念，运用虚拟演播室技术，开设了"大数据两会"的特别报道。2015年，央视沿袭"大数据两会"的传统，进一步完善了虚拟演播室技术和数据可视化技术。从场景布置来看，深蓝色虚拟背景较为符合时政报道冷静客观的风格。从搜集的11期节目来看，"场景+数据"的报道方式主要呈现以下特点：

1. 利用虚拟技术为受众创造逼真的场景

样本中有7期节目制作了较为逼真的场景。在《一带一路 世界新期待》中，为了说明东南亚对"一带一路"的轨道交通的期待，演播室迅速切换到虚拟的东南亚的场景；主持人讲述东南亚国家对轨道交通的预算时，虚拟的屏幕上不断变换数据，出现了开动的迷轨动车组。这种场景型的叙事策略，很容易将受众带入情境中，使数据表达更加抓人眼球。

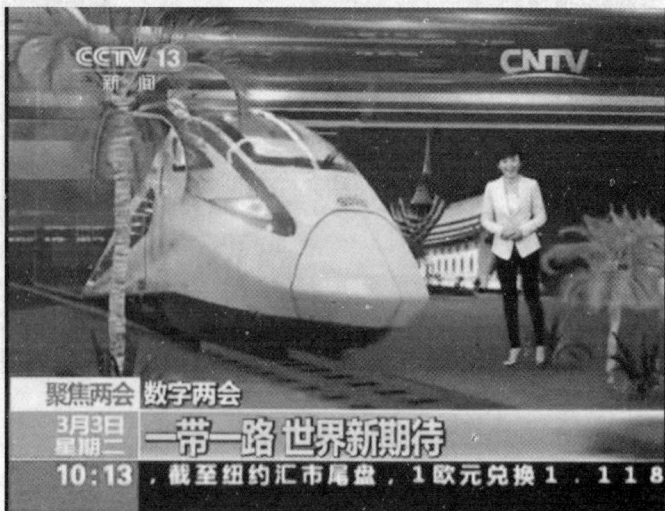

图8

---

① 赵晓元. 数字化演播室的发展趋势研究[J]. 电子世界，2012(3)：14–15.

2. 利用虚拟技术实现主持人与动画的互动

在《舌尖上的安全》中，主持人结合自己买菜的经历，说明食品安全的标准有显著提高。场景迅速切换到动漫菜市场，欧阳夏丹从三轮车上抓起一把豆芽菜。这种类似"变魔术"的场景互动，让观众感觉比较新奇。早在2014年，"大数据两会"的《亚洲国家更加关注中国"两会"》中，就采用了类似的技术，提及秘鲁民众对"两会"的关注度上升的原因时，主持人从虚拟的屏幕后拿出了一个牛油果。"小道具+虚拟技术"的表现手法，既让受众感受到科技的神奇，又增强了报道的生活气息。

图 9

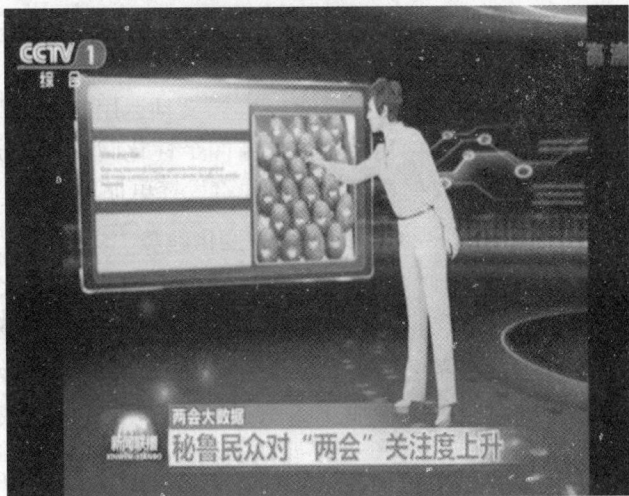

图 10

3. 利用虚拟技术开展故事化叙事

在搜集的 11 个视频中，每个视频中均有相应的卡通人物，比较典型的是《政府花的钱，百姓满意吗》谈及教育投入惠及 3200 万名农村中小学生时，主持人和周围的农村小学融为一体，厨师为农村学生们送上美味的食物。"场景+数据"的形式将枯燥的数字转化为故事化的动画叙事，符合新闻趣味性的要求，在碎片化的信息传播中，能让受众享受到观看时政报道的乐趣。

图 11

三、可视化数据用于时政新闻的前景与展望

可视化数据对于新闻报道而言具有一定意义且运用前景较为广阔。在今后的时政新闻报道中，数据实时化、数据新闻个性化阅读和数据新闻深度报道将成为趋势。可视化数据在时政报道中将发挥更加重要的作用。

（一）数据实时化，反映受众倾向和话题变化趋势

现阶段，依托大数据的收集、挖掘和呈现，无时差地反映受众对话题的关注度和参与度，可以被认为是数据实时化。在"数字两会"中，网民关注的话题内容和热度基本是依靠亿赞普大数据公司、百度指数、腾讯大数据平台获得的。尽管当下的时政报道使用了大数据技术，但生成的可视化数据仍具有滞后性，无法实时地反映受众对议题的关注度。比如 3 月 7 日《中国迎来创业时代》的"政府工作报告网民关注曲线"，使用的是 3 月 5 日的数据。与之形成对比，2014 年，央视与百度公司合作，推出"'据'说春运"专题，根

据两亿部智能手机,绘制出中国大版图上的春运动态迁徙图,利用手机信号产生的定位数据,实现数据的实时更新,当然这只是一种手段。随着物联网和穿戴式移动通信工具的发展,数据实时化呈现将变得更加简便快捷。

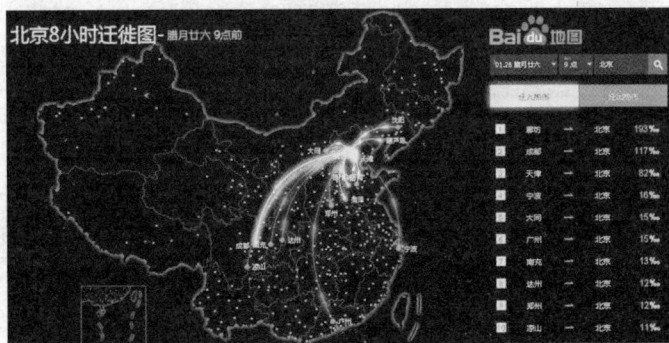

图 12

(二)数据互动化,实现受众个性化的阅读

在传统的电视节目中,受众参与互动的程度有限。随着技术平台日益优化,电视节目开始朝着交互式方向发展,受众成为可视化数据中的一分子,参与节目的互动。在 2015 年央视的春节联欢晚会中,微信"摇一摇"的功能被广泛使用,"春晚微信摇一摇达 110 亿次,峰值达 8.1 亿次/次钟"[1]。从表面上看看,大家摇到的是红包,但实质反映的是观众参与央视互动的数据,这可以被认为是收视率的另一种表现形式。"微信摇一摇"只是受众与可视化数据互动,实现节目个性化的初级阶段。因为现在相当数量的电视并不具备交互功能,所以以微信为代表的新媒体充当了电视与受众互动的中介。随着技术的发展,电视与新媒体的壁垒将逐步打破,电视交互式的特征将更加明显,数据的搜集和呈现将变得更加方便快捷,受众通过电视就能实时地与节目进行互动。

英国卫报制作了一期关于斯诺登的专题,为了说明美国窃密与公民隐私之间的关系,他们特意制作了一张动态图,只要拉动你的朋友人数,立刻就可以知道有多少朋友将受到影响,这些人数大概相当于多大范围的人群,进而可以推算出朋友的朋友将有多少人会受到影响。这个数量相当于美国

---

[1] 2015 央视羊年春晚成红包大战　春晚微信摇一摇达 110 亿次,http://www.guancha.cn/life/2015_02_19_309921.shtml.

多大一个州的人口数,正是通过这种数据的互动交流,实现受众个性化的阅读①。

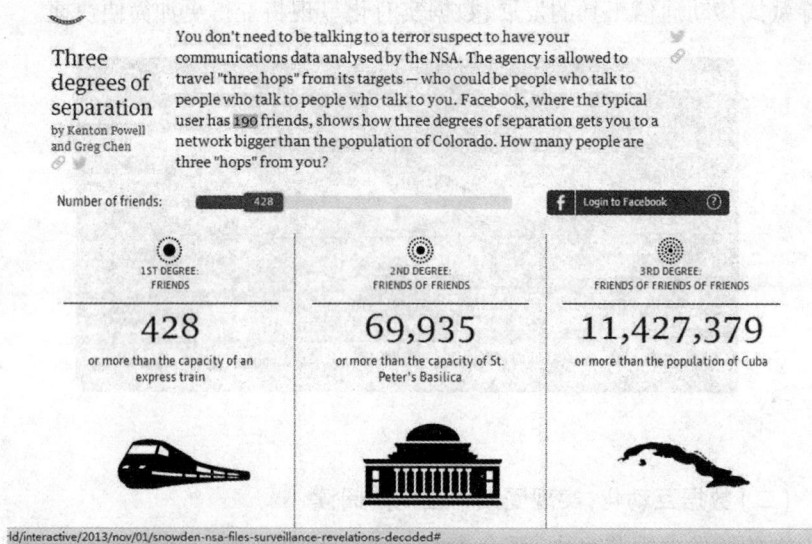

图 13

(三)深挖数据资源,深化报道层次

数据可视化的应用,是时政报道的重要手段之一,而记者和主持人对于数据的挖掘和把握,从根本上决定了数据可视化的效果。综观 2015 年央视的"数字两会"的报道,与"大数据"直接相关,使用了图表、3D 动画等效果,在节目形式上有很大的创新。尽管从亿赞普大数据公司、百度热搜榜和腾讯微博上获得了一定数量的信息,但报道内容仍然停留在表面上。在今后的可视化数据分析和呈现中,应当进一步挖掘。观众对新闻事件的关注,更多是对事件本身的关注,包括对其内容、对社会及自身影响的关注。通过关注,他们更希望了解的是事件对于自身利益的影响,而不仅仅是通过亿赞普大数据公司等了解网民关注的最热话题。对于大型数据的深度挖掘、深刻分析,实现对新闻事实的深度揭示,可以被认为是可视化数据用于时政报道的一大趋势。

① 该图来源于英国卫报网站,https://www.baidu.com/link? url=lSgqnDGXXGCyJUOmad2waiQ7WVkQ2tmg－RyfTx7YItzfMk2JZJfVv8Y2E－rkSWcOMQVh4CKxQ9gr1LuV＿APpazqcs3esijZR－lfydFNfXkvjlpv8t0n0qp2RZKjBo4YXRSDV5hRTbMgYFpym1kFKlNzMHEGc5Lft－cq8b802C－G&wd=NSA%20%20FILES%3A%20DECODED&issp=1&f=8&ie=utf-8&tn=90842413_hao_pg&inputT=19554&oq=%E8%8B%B1%E5%9B%BD%E5%8D%AB%E6%8A%A5A5。

参考文献:

[1] 章戈浩. 作为开放新闻的数据新闻——英国《卫报》的数据新闻实践[J]. 新闻记者,2013(6):7-13.

[2] 苏宏元,陈娟. 从计算机到数据新闻:计算机辅助报道的起源、发展、现状[J]. 新闻与传播研究,2014(10):78-128.

[3] 袁晔,范梦娅. 电视新闻数据可视化报道的若干"冷思考"[J]. 西部广播电视,2014(7):52-53.

[4] 李希娟. 大数据时代下的数据可视化研究[D]. 保定:河北大学,2014.

[5] [美]保罗·M. 莱斯特. 视觉传播:形象载动信息[M]. 霍文利等,译. 北京:北京广播学院出版社,2003:18.

[6] 赵晓元. 数字化演播室的发展趋势研究[J]. 电子世界,2012(3):14-15.

媒介文化与传播史论

电影节与城市复兴:仪式庆典、文化空间与市民生活

（杨　扬　清华大学）

　　摘　要:电影节是电影文化艺术交流的重要载体,它以盛大的规模、丰富的内容和创新的形式,彰显了城市的文化生机与公共魅力,开始成为许多现代城市的新名片。本文将电影节视为城市文化活动的公共盛宴,从仪式观的相关理论出发,分析了电影节对于当代城市的商业契机、人文价值与社会意义。笔者认为,电影节不应仅仅被视为一个无足轻重的娱乐事件,而更应该被看作电影发展的里程碑和市民交流的文化场,成为城市公共生活的一个重要组成部分,发挥节庆仪式应有的重要功能。

　　关键词:电影节;城市文化;公共空间;仪式观

一、引言

　　随着商品经济的发展与城市本身的再定位,电影节越来越成为一种独特的文化现象和城市景观,每年都有许多大型的国际电影节在世界各大知名城市轮流上演。

　　不可否认的是,电影节的兴盛与繁荣在今天有着多重意义,一方面为电影艺术提供了展示的平台,让更多的观众可以在院线之外欣赏到更多优秀的电影作品;另一方面,电影节也具有商业功能,便于片商在影展中找到投资商机,也让小制作的艺术电影能够获得更多的市场关注。特别值得一提的是,电影节越来越成为城市公共文化的新空间,成为市民游憩、娱乐、观赏的开放性场所,丰富了城市的文化生活,让市民们体会到了艺术活动带来的知识、自信和欢愉。

　　在亚洲地区,对电影节的理解和研究才刚刚起步,关于电影节的理论探

索却少之又少,学界往往仅仅将电影节视为一种简单的娱乐现象,却不能看到电影节作为一种会展经济与城市品牌、市民文化之间的内在联系与重要价值。

二、电影节体现文化服务的理念

目前各大电影节均积极体现文化服务的理念,借助市民文化的相关平台,尝试将电影文化与社区文化相融合,培养市民的审美情趣和观赏热情,鼓励更多的普通市民参与到观影环节中来。

夏纳电影节非常注重与本地市民的互动与共享,从 2011 年起,电影节的开幕影片会在开幕式现场和法国电影院同时放映,便于更多观众能直接体验到电影节开幕式的盛况。在夏纳电影节期间,除了封闭的电影院外,露天电影院(Cinéma de la Plage)会在每晚播放一部影片,户外的放映模式大大增进了电影与观众的亲密感。

柏林电影节几乎完全向公众开放,电影节中展演的所有电影都会在连锁院线和部分艺术影院放映,观众可以在官方网站和指定地点购票,柏林电影节的亲民路线还体现在为 18 岁以下的青少年特设了新世代单元(The Generation),鼓励大量年轻观众涌入影院参与观影活动。

在与市民的互动中,上海国际电影节也颇为用心。从 2013 年开始,上海国际电影节与上海市民文化节成功牵手,在活动设计中进一步突出群众参与性的特点,策划推出了红毯特别影迷区粉丝招募、市民影评大赛、影像艺术夜、社区电影周、露天电影放映、观众见面会等活动,进一步丰富市民的文化生活,促进市民关注本土电影艺术。

目前,电影节的意义体现在:一方面它通过会展经济拉动了文化投资与文化消费,提升了当地经济;另一方面,它还将在城市发展中发挥社会建设的职能,通过节庆活动的仪式效应,电影节正在吸引越来越多的市民们愿意关注、参与、投入电影艺术带来的欢狂中来,为城市生活注入了旺盛的生命活力。

理查德·桑内特(Richard Sennett)在《公共人的衰落》中耐人寻味地说道:"我们用艺术来补偿伴随着陌生人在街头上、在现代城市的公共领域中出现的死寂与冷漠"①。在现代社会,人们对于社会变革、传统解体和道德失落有了更多的体察,现实世界挤压人性、抛离真情,作为个体的人总是处于

---

① [美]理查德·桑内特. 公共人的衰落[M]. 李继宏,译. 上海:上海译文出版社,2014.

漂泊无依和孤独无助的状态,城市作为当代人类的主要生活区域,应该营造好的文化空间以加强公众的联系,而电影节作为一种定期举行、吸引全城居民参与的公共性娱乐活动,无疑为现代化视角下的城市生活增添了一抹亮色。

三、作为文化仪式的电影节

笔者认为,电影节与一般电影活动最大的不同就在于创造出了一种仪式活动特有的形式与氛围,从而与真实生活产生一定的区隔与分离。仪式本是人类社会产生的一种特殊行为,多起源于宗教形式,目的在于通过一系列活动唤起人们心中的神圣情感。这种特殊的情感在涂尔干(Émile Durkheim)看来,"是社会的作用在人们内心中所引起的慰藉和依赖的印象"①。仪式作为一种文化现象,并不直接产生于工业社会,它的形成打着原始社会和农耕社会的印迹。在某些原始部族社会中,人们在完成播种、狩猎和战争之前多会举行某种仪式,通过特定的群体性的程式和动作以期与某种神圣力量完成沟通,从而实现一些人力难以企及的目标。仪式从诞生以来,就对群体心态和情绪起着催化剂和凝聚力的功能,能够填平人际交往中的差异,修补神圣世界与现实世界的藩篱,从而维持群体中的某些心理状态。

在笔者看来,电影节作为一种文化节庆活动,是一种类仪式性的文化现象。电影节正在通过潜在地改变参与者的心理与行为状态,影响着电影产业的文化生态,也潜移默化地改变着城市的气质。

(一)电影节:以文化节庆带动全民狂欢

汉娜·阿伦特在《人的条件》一书中尖锐地指出:"使大众社会难以忍受的并不是这一社会中的人口数量,而是人群之间的这个世界已经丧失了使人们相聚、相连而又相离的力量"②。公共生活的衰落是伴随着现代化进程随之而来的一个社会现象,而电影节无疑为生活在城市中的"陌生人"提供了相聚和欢庆的理由。

节庆活动本就具有明显的公共性属性,其意义就在于打破"结构化的社会关系",让人们回归到基于个体诉求而建立起来的自然关系。目前,在城

---

① [法]爱弥尔·涂尔干. 宗教生活的基本形式[M]. 渠东,汲喆,译. 上海:上海人民出版社,1999:304.

② [美]汉娜·阿伦特. 人的条件[M]. 竺乾威,译. 上海:上海人民出版社,2001:40.

市节庆活动中,除了具有历史文化传统的民俗节日外,还涌现出了各类人造性的节庆活动,如电影节、音乐节,等等。这些艺术类节庆活动的兴起反映了城市文化空间从传统到现代的变化,促进了仪式活动与当代生活的融合,而城市也借助节庆的文化形式和内容拓展了人们的生活空间,树立起了一种沟通现代社会人际关系的文化机制。上海国际电影节执行副主席、秘书长任仲伦认为:"一个成功的电影节,除了在业内确立影响,它应该对当地的文化生活、对当地市民的生活方式及消费方式都产生重大的影响"①。今天我们回望电影节的意义,不应仅仅看到它在经济效应和艺术发展上的贡献,还在于突出电影作为一门公共艺术的启蒙价值。

有学者认为,节庆活动所带来的仪式效应,正是让时间的概念发生扭曲:"节日的时间是公共的时间,'小我'(个体的我)必须服从'大我'(社会的我)"②,这是一个非常有意义的发现,节庆的意义正在于激起全体市民的狂欢,让每个人都能够暂时搁置个人的事务而融入公共的氛围中,从而增强人们对于集体概念的认同与关怀。在现代都市,大型文化活动的公众参与性与仪式表演性体现了城市聚合人群的功能,节日的意义就是席卷全民,创造出一个"节庆共同体"的概念,因此电影节想要获得公共认同,就要以人性化的尺度去设计节庆活动的内容和环节,充分动员全城群众的参与,让电影节获得发展与延续的"魂"。

格兰姆斯(Grimes)在仪式研究中将仪式划分为仪式化(ritualization)、礼仪化(decorum)、典礼(ceremony)、巫术(magic)、礼拜(liturgy)和庆典(celebration)③,而电影节属于一种庆典式的仪式。对于这种仪式类型,格兰姆斯认为它的参照框架是表达式的,支配受众的情绪多是喜庆和欢乐的,展示出的基本活动也都是玩耍式的。与其他五种仪式侧重于强迫、期望和强制的动机不同,庆典仪式中没有交易、没有获得也没有期望的结果,其所强迫的自发性与开放性能够激发起公众自愿参与的动机。电影节作一种庆典仪式,无论它的缘起和历史,它都能够将电影爱好者召集起来,一致行动,激发起狂欢的欲望,让个体从自我的、狭小的空间中解放出来,进入统一的场域中,以一致的艺术形式来彰显共同的人性关怀,增加自身的活力。现代意义

---

① 唐丽君. 我们需要怎样的电影:上海国际电影节论坛对话录[M]. 北京:世界图书出版公司北京公司,2012:294.

② 王霄冰. 节日:一种特殊的公共文化空间[M]. 传统节日与文化空间——东岳论坛国际学术研讨会专辑. 北京:学苑出版社,2007:7.

③ Ronald L. Grimes. The craft of ritual studies[M]. Oxford;New York:Oxford University Press, USA,2013.

上的电影节,对于死寂而冰冷的城市而言,意味着"制造热闹"和"创造温暖",也就是说,"全部的仪典的唯一目的就是要唤醒某些观念和情感,将现在归为过去,把个体归为群体"①。电影节的魅力存在于它内在蕴含的娱乐功能和审美功能,可以让人们忘记现实社会,进入一个可以想象的艺术世界,完全地放松自己;同时,电影节给了全城人民一个"撒欢"的理由和场合,人们能够进入这个场域中释放个体内心的焦灼,寻找到集体性的慰藉。

(二)电影节:以集体欢腾培养城市记忆

如果说公共空间是城市精神的物质载体,那么文化仪式可以被视为城市文化的精神载体。面对冷冰的建筑森林,市民越来越找不到关于城市文化的集体记忆与归属感,出现了现代性的迷失,而节庆活动无疑将提供一种修补心灵的有力方式,它促进了生活在不同的社区、不同的阶层人群的整合与融合,让城市空间焕发出应有的社会功能,同时也以特有的魅力与姿态恢复城市的痕迹与记忆,延续城市的文脉与品质,对市民日常生活与社会交往都有着积极的意义。

电影节作为一种文化仪式,最重要的就是具有整合的功能,这正如"仪式的背后都有一种精神机制,这个机制不仅为这些活动赋予了意义,而且还为其提供了道德意涵……这种心理过程还可以使信仰者产生这样的想象:仪式能够产生他们重获新生所需要的精神力量"②。今天城市中上演的类仪式活动之所以重要,就是因为仪式能够最大限度地唤起人们内心共通的情感,让群体中分散的个体联合起来,使群体付诸行动。生活在水泥森林中,现代性造成了个体精神的撕裂和人的孤立的原子化,日常生活让社会情感的丰盈度渐渐稀薄,而仪式无疑将提供一种补偿机制,促进大众将全部的思想集中到一个共同信仰和共同传统上,从而唤醒人们的社会情感,让自己更加强大,正如涂尔干所提及的"正是在仪典中他们重新锻造了自己的精神本性"③。社会的分散状态造成了人人各自为了生存而苦苦奔波,但只要集体欢腾的状态一旦降临,人们就能够回归到本原的生活状态和相连的日常情感中。

城市和人一样,也有独特的记忆方式。电影节正在以隆重的形式、丰富

① [法]爱弥尔·涂尔干. 宗教生活的基本形式[M]. 渠东,汲喆,译. 上海:上海人民出版社,1999:361.

② [法]爱弥尔·涂尔干. 宗教生活的基本形式[M]. 渠东,汲喆,译. 上海:上海人民出版社,1999:329.

③ [法]爱弥尔·涂尔干. 宗教生活的基本形式[M]. 渠东,汲喆,译. 上海:上海人民出版社,1999:342.

的内容和多变的美学风潮凝聚着全体市民,默默地记录着城市的变化,同时将这些变化镌刻在城市肌体里,成为城市永久传承的记忆。今天的电影节作为一种文化活动,记录着城市的史脉与文脉,展示着它丰富独特的文化阅历,塑造着城市独有的个性和身份,成为城市人文历史的一个重要组成部分。

(三)电影节:以视觉设计传达城市聚力

有趣的是,当我们将视角投向电影节的视觉设计上,我们会发现电影节中的视觉传达物就存有某种引向仪式活动的功能。电影节通过一致的宣传语和装饰物塑造城市的个性,激发美好的公共氛围,带动更多的市民参与到电影节的享乐中,间接增强了城市的凝聚力。

在视觉设计中,电影节的 Logo 可以视为仪式中的类图腾化标志,Logo 往往精炼而传神地体现了电影节的功能与用意,同时强烈的色彩更是激发出了市民对电影节向往与参与的热情,这种情感不仅强烈而且具有传染性,这正如涂尔干所形容的"它们就像油渍一样扩散到了占据着心灵的其他所有的精神状态上,尤其渗透或污染到了时刻在我手边或眼前的各种事物的表现之中"[①],这种传染的情绪也让电影节在传播中获得了神圣性效果。

今天,电影节的视觉海报装饰了城市的街道,烘托城市节日气氛,增添城市艺术氛围,也促使大众对电影节的活动产生了向往与认同。以台北电影节为例,其每年都非常重视展会活动的主视觉 Logo 设计,并赋予设计内容以特别的艺术内涵。2012 年,电影节主视觉设计紧扣"就要这 young"的精神及主题城市斯德哥尔摩,以瑞典国宝级作家阿思缇·林格伦(Astrid Lindgren)的经典童话中的"长袜皮皮"(Pippi Longstocking)作为主角,鼓励独立与新锐的影展精神;2013 年,电影节主视觉海报以简单的几何图形勾勒出早期摄影机的轮廓,诉说着拍摄电影的初衷、单纯与美好;2014 年,电影节主视觉设计以掌镜师的摄影器材为概念,从工具箱中取出配件组装完成,整体看来,画面效果就像诞生在掌镜师肩上的蝴蝶,设想师是想借助画面中的童趣感吸引大量年轻影迷们的关注与参与;2015 年,电影节主视觉设计用线条与清爽的湖水绿色,发展出蝴蝶形状的四片羽翼,每片翅膀都象征与观众互动的"对话框",同时传达了"蜕变、新生"的精神,并期许电影节能更加丰富市民的人文生活。海报设计强调创意及视觉语言,其以图形、文字和色彩整合成了一个整体美观的艺术效果,准确、有效地传递着电影节的功能与定

① 爱弥尔·涂尔干. 宗教生活的基本形式[M]. 渠东,汲喆,译. 上海:上海人民出版社,1999:304.

位,在短时间内快速吸引了大量市民的关注,提升了电影节在城市中的传播力。

(四)电影节:以对话交流增进艺术创新

电影节让艺术家回归生活,从而改变艺术;也让普遍市民亲近艺术,从而改变生活。生活在文艺复兴时期的艺术家们早早就意识到:"艺术家不仅仅是艺术品制造者,而是通过自己的工作在参与城市生活中,改变着他的社会地位,使他同其他人之间的关系发生某种变化"①。电影节的仪式效应让艺术家对自身创造的目的有了新的反思,促进了艺术与生活的再度交织与相融。电影艺术具有特殊性,生活在现代城市中的电影工作者,不应该仅是源于自然、发于心灵的创作者,而更要看到电影艺术的公共性,要将作品的创作放置于时代背景之中,深刻剖析现代的城市生活,引领公众的审美取向,启迪民众的艺术思维。电影节促使艺术家对艺术的目的进行周期性的反思,电影节仪式性的参与过程能够促使艺术家们亲近普通百姓,让他们反思到底是"为谁而作",让艺术家与社会建立起了有意义的联系,为艺术家未来的创作积蓄新的能量。

同时,对每个市民来说,电影节创造了一种公共艺术空间,其意味着积极的文化体验,让每个个体与公共文化之间建立起了可供对话的场域。与美术馆、博物馆、影院类似,电影节也可以是城市文化和当代艺术发展的圣地,它促使公众与电影艺术建立起有意义的关联,激发公众思考艺术的真谛,从而影响未来电影的发展。虽然对于每个市民来说,其可以通过多个渠道与生存的历史和生活的城市建立起联系,但是"艺术接受无疑是最贴近生命的,因为它通过感官直接融化为我们的真实体验,并持续影响我们的文化感知,从而增强我们的文化尊严感,满足我们的文化安全感"②。电影节作为新型的公共文化空间,具有实现公众启蒙的意义与价值,其以视听内容的接受为手段,塑造着公众的文化感知方式,促进着市民形成新的文化认同,激励着新一代的受众关注未来电影艺术的发展。

四、电影节中的多元互动与整合

每一个电影节都是一场狂欢的盛宴,每一个参与者都带着不同的期待

---

① [意]欧金尼奥·加林.文艺复兴时期的人[M].李玉成,译.北京:生活·读书·新知三联书店,2003:5.

② 林早.美术馆公共空间的意义[J].美术观察,2011(2):9-10.

来到现场寻找感动和惊喜:电影人关注的是电影艺术的比拼与交流,投资者看中的是产业中的商机与合作,普通市民在意的是文化消费的形式与内容,多样元素在这里交织和碰撞,共同汇聚出了一个色彩纷呈的节庆活动。正是因为电影节向所有的人群敞开了怀抱,在其背后也暗含着多样化的诉求,因此电影节中更需要平衡多方面的关系。

(一)公共性与个体性

首先,电影是一门公共艺术,它向公众传递了生活层面的新信息,向市民们反映了社会发展的真实现况,因此电影节应该关注公共性;但是,完全抹杀个体性的文化活动又缺乏成长的养分,电影的美学特色还在于迎合个体差异化的美学偏好。事实上,电影节首先要平衡公共性与个体性,这正如有学者所总结的"电影节不仅要面向大众化,同时也要面向小众"①。

文化节庆活动虽然是一场集体性的盛宴,但真正的主角永远是民众。今天,学术界越来越倾向认为,电影节的生命力在于民众的参与性,只有在活动中激发起民众个体的审美需求,通过节庆效应强化个体的审美选择,让参与者更加强烈地体验到共享的情感,这样的电影节才是能够赢得民心、获得发展机遇的节庆活动。正如"不是所有的仪式都是成功的"一样,有些文化仪式极为失败、沉闷,甚至会有消极的功用,电影节也是如此。一些电影节若仅有空洞的形式,而没有实质的内容与丰盈的情感互动时,很容易受到观众的漠然和抛弃。有学者这样定义失败的仪式:"缺少或没有群体团结感,没有固定或变化的个人认同感、缺乏对群体符号的尊重、没有升腾的情感能量——或者丝毫不受仪式影响的平淡感觉,或更糟糕的是冗长、乏味与拘谨的感觉,甚至是失望、互动疲乏、有想逃离的愿望"②,糟糕的电影节往往也与此神似。

不可否认的是,任何成功的仪式都会在个人生活中留下难以磨灭的印迹,赋予了个人生命的意义,塑造个体的健康人格,成功地为个体提供情感能量。柯林斯说:"互动仪式最富激情的瞬间不仅是群体的高峰,也是个人生活的高峰",同时"在这些时刻,具有高度的专注意识和高度的共享情感时,这些个人体验也可以具体化为个人符号,而且在用符号重新展现一个人

---

① 唐丽君. 我们需要怎样的电影:上海国际电影节论坛对话录[M]. 北京:世界图书出版公司北京公司,2012:296.

② [美]兰德尔·柯林斯. 互动仪式链[M]. 林聚任,王鹏,宋丽君,译. 北京:商务印书馆,2012:84.

的或大或小的生活领域中保持活跃的状态"。^① 节庆活动创造出的互动体验,将为每个个体提供一种社会化的渠道,帮助我们更好地理解我们生活的城市,帮助我们更好地融入当地生活,这正如柯林斯所言及的"在我们的一生中,我们不断通过我们的互动体验而被社会化"^②。今天的电影节,作为一种现代性的节庆活动,不应仅仅被视为是政府的政绩工程与商家的获利项目,更应该以其包容性、关怀性和开放性成为每个个体生命的成长站点。

(二)商业性与艺术性

任何电影节都面临一个问题,那就是如何处理艺术性与商业性的矛盾。电影节的参与者层次多元且复杂:对将电影视为商机的投资者来说,票房和盈利至关重要;但是对于艺术家来说,影片的灵感与艺术的创新至关重要;而对普通市民来说,电影本身的趣味性、新奇感和启发意义极为关键。但是,商业与艺术往往并不矛盾,优质的艺术电影若有一个好的行业口碑,具备一定的艺术价值,也是推动票房增加的关键因素。

目前各大电影节纷纷开始关注艺术性和商业性的平衡与交融,甚至一些以艺术为宗旨的电影节近年都开始逐渐抛却高冷的定位,转而关注电影交易和电影市场,以世界最古老的电影节威尼斯电影节为例,2012 年,阿尔贝托-巴尔贝拉上任执掌威尼斯电影节以来最重要的改革之一,就是建立电影市场、打造商业平台、促进电影人在威尼斯建立长期项目的合作。为此,威尼斯电影市场设立了数字录像图书馆、商业特别放映、产业-商业中心、产业俱乐部等渠道,以促进电影间交易与流通,让威尼斯电影节成为产生商业价值、凝聚社会影响力的一个节庆盛典。而对中国大陆的电影节来说,近年来又过于强调商业性定位,极重经济效益而忽视文化内涵,以每年的北京国际电影节来讲,媒体和政府更关注电影市场的交易总额,而极少强调电影节的艺术品质与市场口碑。事实上,电影节作为一种艺术类的会展经济,在商业性的定位之外,更要关注艺术作品的本身的质量和整体美学的提升。在今天,节庆的内涵旨在为人们提供审美愉悦、精神享受和文化熏陶,而非仅通过大排场和大气势获得市场关注。

未来,一个成熟的电影市场,不仅需要接纳大量的商业类型片,还需要包容一些小众的、揭示社会深度的文艺片,以及一些被观众广为认可的经典影片,因此电影节的开放程度也将决定电影节的立意与高度。电影节真正

---

① [美]兰德尔·柯林斯. 互动仪式链[M]. 林聚任,王鹏,宋丽君,译. 北京:商务印书馆,2012:73.

② [美]兰德尔·柯林斯. 互动仪式链[M]. 林聚任,王鹏,宋丽君,译. 北京:商务印书馆,2012:75.

的内涵是,既不忽视电影的艺术本质,也不极端追求电影的商业效应,真正为电影的发展提供良好的平台与管道。

(三)本土化与国际化

近几年,全球各大城市纷纷开始扎堆举办电影节,电影节的数量越来越多,质量却没有太大的提升。未来各大电影节要想提升它的档次和社会影响力,很重要的一个趋势就是在国际化中坚持本土化,在本土化中融合国际化。

未来的电影节将持续走向国际化。首先,城市间的竞争面临国际化,特别是城市对资源的竞争,而电影节是城市获取媒介关注、赢得潜在资源的一个关键活动。随着经济全球化的日趋深入,电影节之间的竞争必将越来越激烈,电影节要想取得持续、长久的竞争力必须加强国际化。同时,国际化经营的趋势对各地举办电影节有一种引导性的作用,目前各地电影节举办的活动也具有一定的融合特色,如台北电影节从2002年开始就推出了"主题城市"活动,借由一系列电影放映、展览和各种活动,带领观众认识每年主题城市的电影、历史及文化,巴黎、布拉格、京都、墨尔本、莫斯科、伦敦等世界名城都曾进入主题城市的名单,台北电影节通过这个活动,一方面帮助市民加强对世界文化的了解与认知,另一方面也收获了与这些城市的友好联系,便于未来的互通互惠。

电影节的兴起有着欧洲的基因与血统,在中国是一个"舶来品",但是电影节作为一种文化节庆活动想要延续下去,就必须接地气,要融入本土文化与气息,这样才能获得持续的生命力。对任何电影节来说,将本地的元素融合在庆典活动中,一来可以彰显地方特色,增加本地受众的亲切感,二来也能够在国际舞台上增加吸引力。

不可否认,全球化是政治的、技术的、文化的、经济的,然而在全球化的浪潮中本土文化的面孔并没有完全消退,吉登斯认为:"全球化侵入了行为的本土情景,并没有摧毁它们,相反,出现了新形式的本土文化自主性,呼吁本土文化认同和自我表现"①。电影节也一样,虽然具有全球化的基因,却不能磨灭地方的个性。事实上,任何区域都有其独特的一面,电影节获取发展的一个契机就是挖掘地方特色,让其充满更多新鲜的元素,破除各地电影节同质化的现象,丰富参展影片的内容和风格,让电影呈现开放和多元化的色彩,体现出城市与国家的包容气象与广阔胸襟。

---

① [英]安东尼·吉登斯. 失控的世界[M]. 周红云,译. 南昌:江西人民出版社,2001:108.

五、结语：让电影节回归公共节庆的本质

随着电影热度的提升，每年都有大大小小上千个电影节在世界各大城市轮番举办，推广渠道的增多给电影人提供了机会，也激发了城市的活力，然而我们却悲伤地看到一些电影节正在沦为明星的秀场、政府的会场和商家的战场，失去了电影节真正的本质。未来，电影节要想获取新的发展机遇，那就是将电影节放置于节庆应有的脉络中，明确电影节的主题，运用新形式拓宽节庆的内容，激发起全民的参与热情，同时向世界讲好自己的故事。

目前，一些学者开始提出了"中国式城市文艺复兴"的概念①，强调了市民社会的文化力量。电影节作为一种公共文化活动，最重要的是唤醒全体市民的参与感和行动意识，真正动员市民们能够参与到城市文化活动的互动中来，让电影节充满人性的气息与活力。如果一场电影节能够迎合城市民众的文化取向和审美情结，引起民众的热烈响应和自觉参与，就能让这一活动永葆持久生命力，让电影节成为城市文化的传统和城市记忆的载体。

在今天，电影节不应仅仅被视为一个无足轻重的娱乐事件，而更应该视作为电影发展的里程碑和市民交流的文化场，成为举办地公共生活的一个重要组成部分。涂尔干曾经一针见血地点破："所有的寻欢作乐中都会有某些严肃生活的反映"②，而电影节更是如此，应该在城市的文化空间中发挥应有节庆仪式的重要功能，成为聚合人情、沟通人心的新平台，通过狂欢式的盛宴真正来拉动人与人之间的距离。未来，我们期待着通过电影节等文化活动真正复活城市的内在灵魂，推动城市在可居、可购的基础上达到可游、可娱、可乐的新境界。

参考文献：

[1] 理查德·桑内特. 公共人的衰落[M]. 李继宏，译. 上海：上海译文出版社，2014.

[2] 爱弥尔·涂尔干. 宗教生活的基本形式[M]. 渠东，汲喆，译. 上海：上海人民出版社，1999.

---

① 张鸿雁. 城市文化资本论[M]. 南京：东南大学出版社，2010.
② 爱弥尔·涂尔干. 宗教生活的基本形式[M]. 渠东，汲喆，译. 上海：上海人民出版社，1999：364.

［3］汉娜·阿伦特．人的条件［M］．竺乾威，译．上海人民出版社，2001．

［4］唐丽君．我们需要怎样的电影：上海国际电影节论坛对话录［M］．北京：世界图书出版公司北京公司，2012．

［5］王霄冰．节日：一种特殊的公共文化空间［M］．传统节日与文化空间——东岳论坛国际学术研诗会专辑．北京：学苑出版社，2007．

［6］欧金尼奥·加林．文艺复兴时期的人［M］．李玉成，译．北京：生活·读书·新知三联书店，2003：5．

［7］林早．美术馆公共空间的意义［J］．美术观察，2011（2）．

［8］兰德尔·柯林斯．互动仪式链［M］．林聚任，王鹏，宋丽君，译．北京：商务印书馆，2012．

［9］安东尼．吉登斯．失控的世界［M］．周红云，译．南昌：江西人民出版社，2001．

［10］张鸿雁．城市文化资本论［M］．南京：东南大学出版社，2010．

［11］Ronald L. Grimes. The craft of ritual studies［M］. Oxford；New York：Oxford University Press，USA，2013.

涌动的西方新闻思潮

——象征性言论是否受第一修正案保护之争

（陈　敏　武汉大学）

摘　要："象征性言论（Symbolic speech/Symbolic expression）"是言论自由的一个重要表达形式，发源于美国，其理论从提出至今，经历了80多年时间的曲折发展，本文从时间的维度梳理了象征性言论在美国的发展历史，通过对这一理论发展历程的整理和回顾，以探究其中存在的争论，试图在这样的分析中更深刻地理解象征性言论，进一步探究象征性言论在21世纪陷入困境的原因以及可能存在的解决之道。

关键词：新闻思潮；象征性言论；第一修正案；争论

一、前言

象征性言论，又称象征性表达，英文表述为"Symbolic speech"或"Symbolic expression"，是指以象征性的符号或行动来表达思想、观念、主张、态度的一种言论类型，是言论自由的一种表达形式。①例如焚烧征兵卡以示反战，焚烧国旗表示对政府的不满和反抗，佩戴徽章或者袖章，或展示悬挂旗帜以示对某种主义或者政治主张的支持或者拥护等。② 象征性言论是发源于美国的一个概念，发展至今，已经过去了80多年，其发展的过程中一直存在着不可忽视的矛盾和斗争。

---

① Nimmer, M. B. (1973). Meaning of symbolic speech under the first amendment, the. Ucla L. rev.

② Dyer, J. R. (1990). Texas v. Johnson: Symbolic speech and flag desecration under the first amendment. New Eng. L. Rev. ,25,895.

二、Barnette 案:理论尝试与原初思想

在美国司法实践中,一直到 19 世纪,言论和行为都是被看作相互关联、没有区分的。最早认识到言论与行为纠缠在一起并力图廓清它们关系的是大法官布莱克,他在 1949 年的 Giboney v. Empire Storage and Ice Co 一案中说:"还从未有过认为把行为视作非法就是侵害言论自由或出版自由的先例,即使该行为部分是由语言——不管是口说的,书写的或印刷的——引起的,证实的,或实施的。"①

布莱克大法官认为言论和行为应该是两分的,行为不能同言论一样受到宪法同等的保护,这便是美国历史上著名的"两分法",成为那个时代理解第一修正案的案件,并由此衍生出所谓绝对论对第一修正案的解释。

"两分法"将行为排除在第一修正案的保护范围之外,引起了有些学者的有效性批评和质疑。Baker 教授在论文中指出:"糟糕的是,它既没有通过明确行为的作用来界定应受保护的'表达',也没有运用常识来将表达和行动加以区分。"②

著名的宪法专家 Harry Kelvin 说:"我认为所有言论一定是'言论附加'。如果是说话,它会发出吵闹声会影响他人;如果是书写,有可能是涂鸦。"③

最高法院提出的"言论-行为"两分法,有一个重要的前提,即宪法绝对保护的仅仅是通过口说或书写、印刷的方式表达出来的内容,而对于通过行为等方式表达的内容则被排除在外,这便等于宣告,第一修正案只保护言论的方式,而不保护言论的实质。

最高法院似乎也认识到了两分法的矛盾所在之处,援引了另外几个相关概念来充实象征性言论,象征性言论便是其中一个非常重要的概念。

Stromberg 案是法院最早审理的有关象征性言论的案例,虽然斯特伯格被判处无罪,却不是因为保护象征性言论,而是地方法律表述太过于模糊,法院对于这个案例的审判至少可以看出,最高法院已经意识到,有些行为应当作为象征性表达来加以对待。

在 Stromberg 案结束的 12 年后,美国迎来了象征性言论历史上一个非常

---

① Giboney v. Empire Storage and Ice Co. ,336 U. S. 490(1949) ,at 502.

② Baker,C. E. (1977). Scope of the First Amendment freedom of speech. Ucla L. Rev. 25;964, 1010.

③ Tedford,T. L. & Herbeck,D. (2001). Freedom of speech in the United States. Strata Publishing Company,286.

重要的案例,West Virginia State Board of Education v. Barnette,在这个案例中,象征性言论的原初思想有了更为全面的表述。

1940年6月,西弗吉尼亚州通过立法,要求各学校将历史课纳入教育课程。设立历史课程是为了教育孩子"美国的思想、原则和精神"。根据这一立法,西弗吉尼亚教育委员会要求各公立学校将向国旗行注目礼并宣誓作为学校的常规活动,并要求老师和学生都参加,拒不参加,将受校纪处分。耶和华见证会的几个学生拒绝参加,因为根据圣经,他们只拜上帝耶和华,而不能崇拜任何其他偶像,这样有损他们的宗教信仰。由于不参加行注目礼,这些孩子被学校赶出校园。诉讼因此而起,并一路打到美国最高法院。①

最高法院做出的裁决是:强迫学生向国旗行注目礼违反了美国宪法第一修正案。大法官杰克逊(Jackson)代表最高法院在陈述意见时说:"毫无疑问,具有强制性的升旗敬礼是一种表达形式。象征是一种朴素但很有效的交流思想的方式。使用徽章或旗帜来表示某种制度、思想、体制或人格,是心智与心智之间(交流)的捷径。"②

虽然Barnette案获得了胜利,大法官杰克逊在判决中表达了对象征性言论的肯定,但是还有一点非常重要的便是象征性言论和纯粹性言论之间究竟有着怎样的关系? Nemo在他著名的论文中总结说:"象征性表达不应该有特殊的地位,它毋宁应被赋予与语言同样的第一修正案的对待。"③

每当学者研究象征性言论,Barnette案是一定会提及的重要案例,象征性的原初思想在这个案例中得到全面表述,但是最高法院对其的解释似乎也只是浅尝辄止,没有过多深究,在一方面给了象征性言论法律上的认可,但是从另一方面也存在一定的隐忧,既然象征性言论可以受到一定的保护,那么是不是所有的含有言论的行为都会受到保护,这其中的界限又在哪里? 这是Barnette案没有涉及的方面。

三、O'Brien 案:象征性言论的检验标准

Barnette案结束后,法院对象征性言论的审查基本上沉寂了20多年。一直到20世纪60年代,在美国历史上,这是一个动荡的时代,也是一个更加

① West Virginia State Board of Education v. Barnette,319 U. S. 624(1943).

② Hill,K. Q. & Hurley,P. A. (2002). Symbolic speeches in the u. s. senate and their representational implications. Journal of Politics,64(1),219–231.

③ Nimmer,M. B. (1973). Meaning of symbolic speech under the first amendment, the. Ucla L. rev,89.

关注自由的年代。黑人民权运动风起云涌,美国在越南的军事行动在国内引起了社会动荡,公众为了表示自己的反抗采取了很多行动,引起了一系列"披着象征性言论外衣"以违抗州法律的案例,这便迫使法院不得不考虑在第一修正案下象征性言论的恰当角色,这一时期最为著名的便是 United State v. O'Brien 案。

1965 年 3 月 31 日的清晨,David Paul O'Brien 与其他三名同伴于波士顿法院前焚烧了义务兵登记卡。很多人甚至包括 FBI 的特工目睹了焚烧行为。一群围观者在焚烧行为结束后立刻向 O'Brien 及其三名同伴进行攻击,FBI 的特工见此情形随即将 O'Brien 等四人带到了安全地带。随后,O'Brien 被告知享有会见律师和沉默权,他向 FBI 承认出于反战的信仰焚烧了征兵登记卡,尽管他知道焚烧行为将触犯联邦法律,同时,他同意 FBI 将烧毁的征兵登记卡进行拍照以作为物证。

O'Brien 因为这一行为受到起诉并被马萨诸塞州判罪,因为它"违反了《美国法典》Title 50 APP. Section 462(b)条的规定"。该条法令是 1948 年颁布的全军训练和服役法案的一部分。1965 年国会对其中的第三款进行了修正,规定任何人"放弃、变更、故意损毁、故意损坏,或者以任何方式改变此类证件",将构成犯罪。①

O'Brien 本人对于这一事实并没有争辩,但是在他的辩论中对陪审团表示,他之所以当众焚烧义务兵登记卡是为了"影响别人",让别人接受他的反战思想。他认为其焚烧征兵卡的行为属于受到第一修正案保护的"象征性言论",而 1965 年的修正案对他适用实际上构成了违宪。他认为第一修正案所保障的言论自由包括一切形式的"通过行为进行的思想交流",而他的行为正属于这一范畴,因为他的行为是为了"向战争和征兵示威"。

面对 O'Brien 在陪审团面前对自己行为的辩解,法院无法认同他的观点,首席大法官沃伦(Warren)代表法院陈述了意见:"我们不能接受这样的观点,即任何行为都可以标榜为'言论',尽管行为的主体是想要表达一个意见。因而,虽然 O'Brien 的行为具有传播意见的因素,可以诉诸第一修正案,这也不能使焚烧征兵卡成为应受宪法保护的行为。本法院认为,当'言论'与'非言论'交织在同一行为过程中,一旦对非言论因素加以限制符合至关重要的政府利益,对第一修正案自由予以限制就是正当的……"②

① Arbuckle,M. R. (2003). Vanishing First Amendment Protection for Symbolic Expression 35 Years After United States v. O'Brien. Comm. & L. ,25,1.

② Dyer,J. R. (1990). Texas v. Johnson:symbolic speech and flag desecration under the first amendment. New Eng. l. rev.

很显然，O'Brien 正是抓住了象征性言论的这一漏洞，但是法院并不能同意这样的观点，即"任何行为被冠以'言论'的标签，而从事某种行为的人都是在表达一种思想"。但是法院也同样否决了州政府的观点"非语言的行为超出了第一修正案的范围"，相反，法院承认 O'Brien 行为中的确包含一定的言论因素，但仅仅因为第一修正案名义上的涉及这并不能成为他焚烧征兵卡无罪的借口，不是所有的行为被贴上"言论"的标签都受到法律的保护，很显然，象征性言论的认定需要一定的标准来进行规制。

在对 O'Brien 案进行审判的时候，最高法院制定出了判断象征性言论的标准——奥布莱恩检验标准，只有符合其标准的象征性言论才受到法律的保护。

① 有争议的规则规范符合第一修正案；

② 此项规则有助于政府实现一项至关重要的利益需要；

③ 政府的这项利益需要与压制言论自由无关；

④ 这项规定对于第一修正案的附带性限制不能超过满足政府利益需求的基本限度。①

最高法院认为1965 年修订的《军事普训和兵役法》完全符合这四条标准，故而裁定 O'Brien 有罪。虽然 O'Brien 被判处有罪，但是在当时仍然有人对《义务兵役法案》修正提出质疑，Tribe 教授指出："《义务兵役法案》的修正应该已经引起法院的怀疑，这个法律已经不是它所显示的那样。立法修正案的历史表明修正案的通过是为了惩罚不爱国的行为，而不是为了保护征兵卡。"②

但是法院却拒绝仔细审查国会通过征兵法案可能存在的不适当的动机。法院似乎是说一个法案尽管不合适地通过了，尽管失去效用，可能不会被视为违宪，只有当其影响与第一修正案的原则发生冲突，这项规则也许会被视作无效。③

奥布莱恩检验标准看似给象征性言论提供了一项成文的检验标准，但实际上法院在适用的时候，一般对政府称自己的利益需要是至关重要的观点有所偏袒，正如"奥布莱恩事件"中法院拒绝深入调查立法动机来判定这项利益需求是否与限制表达无关，这一案例并没有对言论自由采取最小程

---

① Dyer,J. R. (1990). Texas v. Johnson:symbolic speech and flag desecration under the first amendment. New Eng. l. rev.

② L. TRIBE,supra note 44,at 824.

③ Ely,J. H. (1975). Flag Desecration:A Case Study in the Roles of Categorization and Balancing in First Amendment Analysis. Harvard Law Review,1482-1508.

度的限制,相反,它仅仅是规定了附带性的限制不能超出满足政府相关利益需要的基本限度。

就 O'Brien 案对第一修正案的深远影响,Tribe 教授认为:"该案把'双轨制'引入到第一修正案的司法分析之中。如果政府规范某种行为但不考虑其传播的信息,那么这属于'内容中立'的规则,可以对其适用'奥布莱恩检验标准'。如果政府进行规范是出于与发言者言论有关的某种危害,这就属于'基于内容'的规则,此时便不能适用'奥布莱恩检验标准',而应当在建设此言论享有第一修正案完全保护的前提下,对其适用严格审查标准。"①

很显然,O'Brien 案并没有给象征性言论提供一项绝对的检验标准,但是引入的"双轨制"却将"奥布莱恩检验标准"对象征性言论的规定更加完善,"基于内容"和"内容中立"在日后象征性言论案例的司法分析中占有重要的位置。

对于象征性言论而言,奥布莱恩检验标准所解决的问题其实是——基本上否定了把所有行为都看成是言论表达的一种方式的可能性。但是象征性言论一直没有解决的一个关键性问题便是:究竟什么样的行为才能应该受到象征性言论的保护。奥布莱恩检验标准在某种程度上其实存在一定的程式化和模糊化,从 O'Brien 案和 Tinker 案以及之后的案例可以发现,最高法院对于如何确认何种行为应受象征性言论的保护经历了很长一段时间的争执和探索。

四、国旗亵渎案:争执不断和地位的确定

在奥布莱恩检验标准提出后,象征性言论的发展进入了一个探索期,法院一直试图探究出什么样的行为应该受到象征性行为的保护。这一期间发生了一系列的国旗亵渎案,通过分析它们能够较为清楚地观察象征性言论在这一时期的发展,国旗亵渎案较为典型,也是因为国旗的特殊性。

众所周知,国旗在美国有着神圣不可侵犯的地位,没有什么其他任何象征能比国旗更为重要和牵动心内的感受,甚至美国的国歌《星条旗永不落》(The Star-Spangled Banner)都是以颂扬国旗为主题。在一般美国民众看来,国旗象征了美利坚民族的辉煌和荣耀,代表了国家的团结和伟大。为此,美国 50 个州有 48 个通过了保护国旗不受玷污的法律。

---

① Barron,J. A. & Dienes,C. T. (1993). First amendment law in a nutshell. West Pub Co,222-223.

世界上反对美国的人,常常通过焚烧国旗来表达他们对美国外交政策和生活方式的不满和愤怒,在美国本土,也有一批对政府不满的美国人,通过焚烧等其他行为来表达自己的观念。

焚烧国旗的行为究竟是否是象征性言论,并且受到第一修正案的保护,对于象征性言论的发展具有举足轻重的影响,毕竟美国 50 个州中的 48 个州都是设有法律禁止这项行为的。这其中比较有代表性的是 Spence v. Washington 案和 Texas v. Johnson 案,在这之前的国旗亵渎案中,法院成功避开了象征性言论的问题,却推翻了违规者的定罪,但在 Johnson 案中法院明确认可了国旗焚烧作为一种受第一修正案保护的表达行为。

很显然,焚烧国旗和焚烧征兵卡都象征着对政府政策的反对,也可能引起潜在的破坏和平的活动,一直到 Johnson 案,最高法院在国旗亵渎案上终于给出了一个明确的裁定。

1984 年,美国民主党全国代表大会在德州首府达拉斯举行,再次推选保守的现任总统里根作为共和党总统候选人,竞选连任。被告约翰逊与部分民众上街举行示威游行,表达对里根政府及一些达拉斯当地大公司某些行为的抗议。其中一位示威者将一家银行门前的国旗递给约翰逊,当他们来到达拉斯市政厅时,约翰逊当众焚烧了这面国旗,达拉斯警方随即逮捕了约翰逊,并指控他违反了德克萨斯州的一项州法。该法禁止亵渎"庄严的东西(venerated object)",它们不仅包括国旗,还包括德州州旗、公共纪念物和墓地。

约翰逊被判处有罪,并且处以有期徒刑一年和 2000 美元的罚款,约翰逊将案子上诉到德州的刑事上诉法庭(the Texas Count of Criminal Appeals),在诉讼中,约翰逊认为"德州法规违反了第一修正案和第十四修正案,因为其禁止他自由表达的权利",并且辩解"我焚烧国旗时正是里根被提名为总统候选人,不管你们是否同意,当时没有其他象征性言论能比焚烧国旗更有力地表达'我们的看法'"[1]。

上诉法庭不仅推翻原来的定罪,而且接受约翰逊及其辩护律师的看法,认定约翰逊的行为乃是一种象征性言论,因此应该受到第一修正案的保护,违反美国宪法的不是约翰逊焚烧美国国旗,而德州的国旗法是违宪的。

这一判决出来以后,引起了普通民众和地方检察官的震惊和反对,但是德州的刑事上诉法庭无权宣布德州州法违宪,因此他们要求最高法院审查州法是否合宪,一直到五年以后,也就是 1989 年 3 月 21 日,最高法院才正式

---

① Texas v. Johnson,491U. S. 397,406(1989).

开庭审理。

在这一案件的最后判决中,最高法院中的自由派和保守派意见针锋相对,布伦南(Brennen)等三位自由派的大法官坚持"言论自由"的绝对性,大法官斯卡利亚(Scalia)虽然是保守派却是言论自由的坚定支持者,首席大法官伦奎斯(Lundquist)等4位保守派则强调,焚烧国旗不是一种言论表达,而是一种有害社会的行为,最后1988年里根提名的大法官肯尼迪投下了关键性的一票,最高法院以5:4的票数通过了维持德州刑事上诉法院原判的决定。

美国国会为了试图回避法院的裁定,并且平定公众情绪,通过了保护国旗的联邦法律《1989国旗保护法》(Flag Protection Act of 1989),禁止对国旗采取任何形式的亵渎,而不论此举是否对他人造成冒犯。就在法律生效的当天(1989年10月30日),为了反对这项法律,一位来自西雅图的Eichman在国会大厦焚烧了一面国旗,Eichman因为违反《1989国旗保护法》被捕,在审理此案时,最高法院再次以5:4的票数判决《1989国旗保护法》违宪,重申了焚烧国旗的合法性。

Johnson案之所以在象征性言论发展的历程中占有非常重要的地位,和焚烧国旗这种行为的特殊性质有关。焚烧国旗是一个有效的但是有带有特有的政治抗议的方法,由于其行为的特殊性,法院只有到象征性言论得到充分发展之后,法院才能使其获得第一修正案的保护,从第一个国旗亵渎案①发生至今,这个过程持续了将近25年。国旗亵渎案最终受到宪法第一修正案的保护,也从另一个侧面说明了象征性言论发展的成熟与完善。

经由国旗与言论自由的纷争,象征性表达终于得到了最高法院的认可,使它享有了与纯言论同样的地位,正式确认了象征性言论在宪法第一修正案中的地位,这意味着不能以违宪的规则强迫或限制象征性言论,不管传达出的信息多么具有冒犯性。但是如果凭此就断定地看待象征性言论日后良好的发展态势,恐怕有点太乐观了。

五、21世纪的困境:象征性言论的危机

第一修正案的学者Vincent曾说过:"宪法第一修正案应该用以解释在国家危机时刻最大限度地保护政治异见,因为在这样的时代,异议的声音最

---

① 指的是发生在1966年的斯特里特诉纽约案(Street v. New York)。

容易受到政府的限制。"①但是历史和现实往往都是相反的。

进入 21 世纪后,美国最高法院尝试修改宪法以禁止焚烧美国国旗,2001 年的 9 · 11 恐怖袭击事件后民族主义日益增长,2003 年伊拉克战争的爆发以及美国对于言论自由支持的日益减少,都在一定程度上造成了美国当代的危机感,这也给象征性言论的发展带来了冲击。

很多案件和趋势都是显示出宪法第一修正案对象征性保护的减弱,象征性言论经过 30 年的发展得以确认受到第一修正案的保护,20 世纪 90 年代最高法院以 5∶4 的决定认为焚烧国旗受到象征性言论的保护,但是进入 21 世纪后,公众的观点以及法院的看法已经发生了改变。

2000 年在 Erie v. Pap's A. M 中,最高法院第二次②禁止裸舞的条例,尽管法院承认"在第一修正案保护的'外部范围(outer ambit)'",裸舞是一种象征性表达。但是同时指出法律禁止公开裸体,跳舞的人要求至少要穿上"胸贴(pasties)"和"内裤(G-strings)",在案件的审判中法院采用了继生效应原理(secondary effects),以 6∶3 的决定引用 1991 年 Barnes v. Glenn Theater 的判决。

大法官奥康纳(O'Connor)在其多数意见的陈词中表述:"裸舞可以被禁止,因为它通常与犯罪、淫荡或不道德的行为联系在一起(继生效应),社区有禁止的利益需要。"③

法院认为该法规是内容中立的并且通过了奥布莱恩检验标准,因为其禁止所有的"公开裸体(public nudity)",而是不会仅仅针对通过裸舞表达的色情信息。

首席大法官伦奎斯特(Rehnquist)、大法官肯尼迪(Kennedy)、大法官布雷耶(Brayer)同意大法官奥康纳的意见,他们承认裸舞是一种表达行为。但是大法官斯卡利亚(Scalia)和大法官托马斯(Thomas)认为裸舞仅仅可以被限制为行为,因为法规"禁止所有的公开裸体"不是"只针对裸舞",没有必要引用继生效应(secondary effects)作为禁止裸舞的原理。

大法官史蒂文斯(Stevens)和金斯伯格(Ginsburg)提出了异议,他们认为

① Blasi, V. (1985). The pathological perspective and the First Amendment. Columbia Law Review, 449-514, 85.

② 第一次发生在 Barnes v. Glenn Theater 案中,1990 年,两个舞者在印第安纳州的南本德市内的格伦剧院门口裸舞,该州法律要求跳舞的人至少要穿上内裤和胸贴,于是他们被捕,但是其认为州法规禁止裸舞侵犯了他们第一修正案下的表达自由权,法院最后援引奥布莱恩检验标准,判处印第安纳州法律合宪。

③ Rumney, P. N. S. (2001). "city of erie et al v. pap's a. m. , tdba" "kandyland": low-value speech and the first amendment. Public Law, 158-167.

Erie 案是代表了"合法信条的戏剧性变化"，法院使用继发效应原理限制被认可的象征性言论。继发效应原理以前被用来判定含有下流娱乐的地方，现在则用来判定完全禁止的象征性言论，大法官史蒂文斯称之为"对言论保护的压制"。他同时更正指出，尽管表达在第一修正案的"外部范围"，也是受到保护的。

Erie 案代表了对象征性言论保护有着重大的缩减，大法官史蒂文斯曾经强烈批评众人对继发效应理论的扩大使用，他指出："我们从不支持使用那种理论判定完全禁止第一修正案的保护"。①

第一修正案的学者 W. Wat Hopkins 认识到了 Erie 案的重要性，即一些法律允许禁止特定一些种类的表达行为，因为"他们不喜欢这些行为中传达出的信息"②。

另一个对象征性言论的保护造成重大挫折的案例是发生在 2003 年 4 月的 Virginia v. Black 案，③Virginia 的《焚烧十字架法》(The cross burning) 规定："任何人意图威胁其他个人或团体，而于他人财产、公路或其他公共场所，焚烧或导致焚烧十字架，为违法之行为……任何焚烧十字架之行为均为意图威胁其他个人或群体之初步表面证据。"但是依然有人焚烧十字架。

在此案中最高法院对焚烧十字架的行为采取了第一修正案的"例外(exception)"裁定，虽然承认其为象征性言论，但考虑到十字架背后所蕴含的历史因素，判定 Virginia 焚烧十字架的法律合宪，其行为不受宪法第一修正案的保护。

大法官奥纳康主笔了多数意见，多数认为十字架背后代表的历史太过于敏感，3K 党与焚烧十字架在美国历史上有着"逃不掉的纠缠(inextricably intertwined)"，当把焚烧十字架作为仪式而不是恐吓，受到言论的保护，但是一般来说焚烧十字架传达的都是一种"恐吓信息(intimidating message)"，法院不能再为纳粹或者其他邪恶组织留有机会。

在 Johnson 案中法院曾指出："不能够仅仅因为行为会产生愤怒或者怨

① Rumney, P. N. S. (2001). "city of erie et al v. pap's a. m. ,tdba" "kandyland": low-value speech and the first amendment. Public Law,158-167.

② W. Wat Hopkins. Communication and the Law,50(3d ed. 2003).

③ 该案实际上是由两起焚烧十字架案件合并审理的案件，案件有两组当事人：一是布莱克率数十名 3K 党成员，在经过土地所有权人同意后在其上举行 3K 党集会，集会结束时众人公然焚烧一个大十字架；其二是埃利奥特等人为报复其黑人邻居，驾车闯入其黑人邻居的土地，并在距其房子约二十英尺(20 英尺 = 6.096 米)处焚烧一个十字架。

恨就禁止言论表达"，①但是 Black 案法院判处禁止焚烧十字架合宪，主要是法院将"明显而即刻的危险（the clear and present danger）"②标准也引入，认为焚烧十字架与报复的威胁有关，如果他们煽动可能发生的违法行为则需要对其进行惩罚。

法院判处 Virginia 焚烧十字架的法律合宪，但是我们都知道早在 Spence 案中便已经指出判定象征性言论要将环境因素考虑在内，大法官霍姆斯也曾指出："每一个行为的特点都必须依据其发生的环境予以判定"。③ 实际上 Virginia 焚烧十字架的行为并不是十分适用，其禁止怀有恐吓目的焚烧十字架的行为，甚至是私人所有也不能避免，这显然是没有将行为发生的环境考虑在内。

从 Johnson 案再反观 Black 案，法院虽然承认焚烧十字架的行为是象征性言论，但是却更多地考虑其行为可能带来的危害，而采用的第一修正案的"例外"来进行裁定，这不可不畏是对象征性言论的一个冲击。

此外，进入 21 世纪后，美国最高法院尝修改宪法以禁止焚烧美国国旗，这似乎也有一定的民意基础。在一项 2002 年由自由论坛（The Freedom Forum）进行的调查中，可以发现，很多公众对于限制焚烧国旗是支持的，调查中 46% 的公众支持宪法修正案禁止焚烧国旗。④

法院对于 Erie 案和 Black 案的裁决可以发现，其对于象征性言论的保护正在缩减，在 Erie 案中法院第一次依靠"继发效应"（Secondary effects）允许对于象征性言论保护的限制，在 Black 案法院创造了"例外"来扩充第一修正案的原则，允许惩罚州不支持表达的观点，甚至是在 10 多年前的 R. A. V 案中被法院明令禁止的。

这些变化已经慢慢使得象征性言论在 21 世纪陷入了发展的困境，30 多年前第一修正案下象征性言论的判例和现在限制象征性言论的继发效应原理和例外原则，这两者显然相互矛盾，象征性言论要继续发展，这样的矛盾势必需要得到解决，但是究竟如何取舍却是现在面对的问题。另外，这两年国会一直在尝试通过宪法修正案禁止焚烧国旗，而且也有一定的民意支持，如果国会真的成功了，那么原本的矛盾似乎更加突出了，象征性言论何去何

---

① Dyer, J. R. (1990). Texas v. Johnson：Symbolic speech and flag desecration under the first amendment. New Eng. L. Rev. ,25,895.

② 由霍姆斯法官于 1917 年提出的"明显而即刻的危险"标准，旨在第一修正案保护的言论与限制的言论之间划出一条界线。

③ Arbuckle, M. R. (2003). Vanishing First Amendment Protection for Symbolic Expression 35 Years After United States v. O'Brien. Comm. & L. ,25,1.

④ State of the First Amendment 2002, The Freedom Forum Online, http://www. freedomforum. org.

从,依然是一个亟待解决的问题。

六、结语

时至今日,象征性言论的法律地位依然在争论中,作为言论自由的一种表达形式,其发展与言论自由的发展有着密不可分的联系,回首象征性言论的发展,其受到保护并且得到较好发展都是在社会注重言论自由的时代,20世纪60年代,美国虽然内外交迫,对外有越战,对内有民权运动,但是这个时代,言论自由却是尤其受到重视,与其相应,象征性言论也取得了阶段性的发展;进入21世纪后,9·11恐怖袭击带来了民族主义的空前高涨,伊拉克战争的爆发,国家处于危机时代,公众对于言论自由的支持减少,与此同时,象征性言论也遇到了困境,为了保证国家安全和社会稳定,即便认定是象征性言论,也依旧被限制,经过这么多年的发展,终于得到了第一修正案的保护,却在这样的年代不断遭到打击和挫折,之前的保护和现在的限制,让其陷入了一个进退两难的境地。

象征性言论的提出是为了弥补"言论-行为"二分法的不足,其提出的本意是为了更好地保护言论自由,但是也引起了一些不必要的争论,象征性言论到底受不受到第一修正案的保护,是象征性言论发展道路上一直探讨的问题,这个问题的答案似乎在不断的争论中慢慢得到答案,却又在临近洞口的地方,看到光亮,而看不到外面的世界,现在这个问题还在探讨中。

心潮逐浪高:移动互联时代"新闻专业主义"的坚守与突围

——以"长江新闻"的浮沉为例

(涂盛雪　安徽大学)

摘　要:在大力推进媒介融合的当下,移动互联网得到迅速发展。各大媒体的移动新闻客户端陆续上线。本文的研究对象"长江新闻"(现已更名为"九派新闻"),是由湖北武汉市委机关报——长江日报集团全力打造的一款包括 APP、微博、微信、PC 端在内的新媒体产品,从今年 6 月组建到 9 月突然更名,再到 11 月内部员工发布在朋友圈的一篇关于"长江新闻"变故的文章,引起业界纷纷猜测。本文就是以 2015 年下半年"长江新闻"浮沉事件为例,旨在探究传统媒体向移动互联客户端转变过程中"新闻专业主义"的坚守与突围,通过分析"长江新闻"发生变故背后的原因,探讨我国一批具有专业主义理想和新闻情怀的传媒人在商业资本、新媒体革新、移动互联网的多重冲击下,如何适应新的形势,以更好的姿态坚守"新闻专业主义",重构"新闻专业主义"的理想。

关键词:长江新闻;九派新闻;移动互联网;新闻专业主义

一、引言

2015 年 7 月,中国互联网信息中心(CNNIC)发布《第 36 次中国互联网络发展状况统计报告》[①],统计到 2015 年 6 月,我国使用手机上网的用户人数已经达到 5.94 亿,占网民总数的 88.9%。网络新闻的使用率位列总排行

---

① 中国互联网信息中心 CNNIC. 第 36 次中国互联网络发展状况统计报[R/OL]. [2015-07-23]. http://www.cnnic.net.cn/hlwfzyj/hlwxzbg/hlwtjbg/.

第二，第一为即时通信。其中，手机新闻用户有 4.6 亿。这一报告中的数据证实了我国网民以及新闻用户向移动端转移的现状。而近年来，我国纸媒的生存环境已不断恶化，更多的纸媒选择走上转型之路，其中搭建自己的新闻 APP 客户端是众多纸媒选择的道路。对于传统的新闻人来说，这意味着不确定性和全新的机会。

2014 年，"新华社发布"和"人民日报客户端"相继上线，尤其是 7 月，澎湃新闻"横空出世"。2015 年更有无界、九派、封面先后上线，业界称新媒体项目形成了"东澎湃、西封面、南并读、北无界、中九派"的格局。

而本文的研究对象"长江新闻"，也是在这样一个转型大潮中的产物。它是由长江日报集团打造的新媒体产品，从今年 6 月组建到 9 月突然更名，再到 11 月内部员工发布在朋友圈的一篇关于"长江新闻"变故的文章，引起业界纷纷猜测。本文以该事件为例，旨在探究传统媒体向移动互联客户端转变过程中"新闻专业主义"的坚守与突围，通过分析"长江新闻"发生变故背后原因，探讨我国一批具有专业主义理想和新闻情怀的传媒人在商业资本、新媒体革新、移动互联网的多重冲击下，如何适应新的形势，以更好的姿态坚守"新闻专业主义"，重构"新闻专业主义"的理想。

新闻专业主义是一种独立于任何权威之外的新闻从业理念，其"客观、真实、准确"的职业理念广受新闻从业人员的推崇。然而，由于追求实际利益等现实因素的规范与制约，新闻专业主义所标榜的"客观、真实、准确"遭到了一定的解构。

芮必峰教授在《描述乎？规范乎？——新闻专业主义之于我国新闻传播实践》①一文中指出，从我国新闻传播实践看，新闻专业主义既不具"描述"意义，也难起"规范"作用，真正对中国媒体和从业者具有"描述"意义或起"规范"作用的是中国传统文化中那些被称之为"底色"的东西，包括入世情怀、爱国主义、精英意识，甚至英雄主义等。

本文所研究的对象"长江新闻"包括很多传统媒体，都有这样一批具有理想主义情怀的新闻人，他们所坚持的"新闻专业主义"，也与中国传统文化的"士""侠"情结是分不开的。但为何在这样一种坚守中，没能抵抗住资本重压，而九派新闻的改革就没有可取之处吗？这些都是本文所要探讨的问题。

---

① 芮必峰. 描述乎？规范乎？——新闻专业主义之于我国新闻传播实践[J]. 新闻与传播研究,2001(1):56—62.

二、"长江新闻"产生动因分析

(一)大环境:移动互联时代下传统媒体的集体突围

目前,我国媒体客户端发展尚不成熟,人们习惯用"跑马圈地"这个词来形容媒体 APP 领域的现状。在中国新闻客户端市场上,搜狐新闻、腾讯新闻、网易新闻、新浪新闻、凤凰新闻、今日头条、百度新闻和澎湃新闻等八款主流新闻客户端产品,占据了国内移动新闻客户端市场 85% 以上的用户份额①。

图 1   我国几大区域的新闻客户端项目代表

而"长江新闻"就是在这样一个大环境中的产物,2015 年 6 月 22 日,由长江日报报业集团打造的"长江新闻"宣布启动首轮招聘。在此之前,湖南《潇湘晨报》采编核心团队原副总编辑杨耕身等多人离职,赴武汉参与"长江新闻"筹建工作。此后,其官方微信公众号"长江新闻"和头条号陆续推送新闻,涉及时政、社会等多个领域,出了一系列颇具影响力的报道,受到业内和读者的广泛好评。

(二)网络时代的 UGC 与受众需求

20 世纪 70 年代由卡茨提出的使用与满足理论强调了受众在传播过程中的重要地位,认为受众在使用媒体时抱有不同的目的,而且受众自身在很

① 比达咨询(BigData-Research)数据中心. 2014 年中国手机新闻客户端市场报告[EB/OL].[2015-02-05].

大程度上掌握着媒体使用的控制权。基于使用与满足理论,有学者认为网络时代的 UGC 对传播产生极大影响,媒介不再是传统意义上的"魔弹",而更多的是根据受众的兴趣来提供信息①。基于卡茨对使用与满足理论的阐释以及麦奎尔等提出的受众使用与满足的四种类型,"长江新闻"作为新媒体项目在传播渠道、传播内容以及传播形式等方面都在一定程度上满足了受众的需求。

(三)全方位的新媒体发展矩阵满足环境监测的需求

随着新媒体的不断发展,受众获取信息的渠道已经不仅满足于传统媒体的传播,移动阅读、网络阅读已经逐渐成为一种新型的信息获取方式并悄然取代传统的媒体传播渠道。"长江新闻"的新媒体矩阵主要包括门户网站、APP 客户端、微信订阅号。其中网站和 APP 的内容、形式一致,微信公共订阅号包括"长江新闻"推送当天最热的文章,主要是给长江用户提供一个沟通和互动的平台。"长江新闻"在运用新媒体各个不同平台时有着不同的关注,门户网站的建立形式类似网易新闻、搜狐等网站,是互联网上较为普及的阅读形式。

三、心潮逐浪高:从"长江新闻"到"九派新闻"

(一)事件回顾

2015 年 9 月 9 日,由长江日报报业集团全力打造的新媒体"长江新闻"正式更名为"九派新闻",并由九派(武汉)全媒体股份有限公司接管。9 月23 日,由"长江新闻"改名而来的新媒体"九派新闻"正式上线,发布名为《心潮逐浪高》的发刊词。"九派新闻"上线首日,长江日报报业集团旗下多家纸媒均刊登专版为其造势。

9 月中旬,"长江新闻"旗下多个微信公众号悄然换上"九派"头衔。此前属于长江全媒体有限公司的"长江新闻""长江号外",分别改名为"九派新闻""九派号外"。

然而事件得到广泛关注是因为 11 月 18 日,九派新闻一名记者的辞职报告"意外"走红。其简洁封面除了必要内容如时间和抬头外,就一句:"我的胸太大,这里装不下"。随后,一篇名为《告别武汉:不畏将来,不念过往》、发

---

① 彭兰. 社会化媒体和媒介融合的双重挑战[J]. 新闻界,2012(1):3-5.

图 2 "九派新闻"APP 正式上线发刊词

表于 11 月 18 日署名为"彭玲玲"的文章被网友扒出①。一个记者的离开引出了一个媒体的变故,更多的人开始反思,一个媒体的变故或多或少折射了整个业界的盲目。

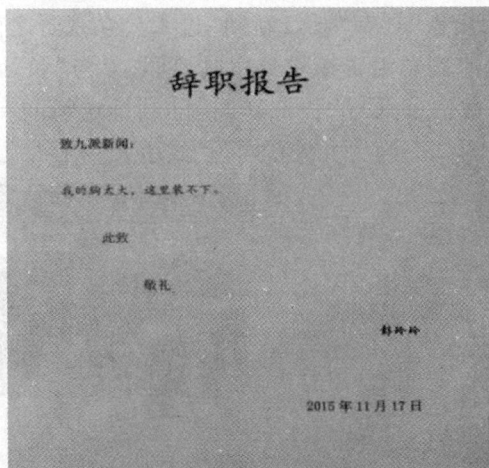

图 3 九派新闻记者彭玲玲写于 11 月 17 日的辞职报告

---

① 该篇名为《告别武汉:不畏将来,不念过往》的文章作者是原长江新闻记者彭玲玲,一开始是发布在朋友圈,后来被传到微博上,但目前最初发布的文章已被删除,只在一些网站上有文章截图和转载的重新编辑。

（二）"茫茫九派流中国"

1. 变故始于改名

据彭玲玲透露，8 月底，报社领导内部宣布长江新闻将改名为"九派新闻"。另外，原定于 9 月 8 日上线的 APP 推迟上线；12 日，公司空降了一名"董事长"和一名"CEO"。这一人事变动，引发了内部采编团队和新近领导之间的冲突。她在《告别武汉：不畏将来，不念过往》中说："从同事口耳相传的言论中得知，分歧主要来自方向性的问题，采编团队坚持做原创新闻，新来的领导却坚持做所谓的'大数据'，抓取新闻，也就是转载新闻。"而后发生的事，在彭玲玲看来"如同一场凌迟"。

首先，高层不准九派记者再做监督类的报道，部分记者被安排在办公室做编辑，转载其他网站的新闻。此举直接导致"内部人心涣散"。其次，九派所有的记者出差被冻结，无法做原创新闻，或写综合稿，甚至在办公室里"闭门造车"。一个记者无法采写稿件，彭玲玲认为"我们的存在失去了意义"。

2. "九派新闻"艰难"出生"

早在 2015 年 5 月，就有业界人士透漏消息，武汉要推出一款类似澎湃的新媒体项目。不过，据长江日报社内部员工反映，之前就组建了一批人马，但是没有实践。到了 5 月，武汉市委宣传部牵头，从人民网引进了一批专业人士，花重金继续组建。还在"长江新闻"进入公众视野之前，湖南《潇湘晨报》采编核心团队原副总编辑杨耕身率队离职，参与"长江新闻"的组建工作。此后，其官方微信公众号"长江新闻"陆续推送新闻。终于，改名后的"长江新闻"，在 9 月 23 日以"九派新闻"正式示人。

图 4　九派新闻 APP 客户端界面首页

图 5　九派新闻 PC 端网站首页

事实上，从"长江新闻"到"九派新闻"，资本注资，更名风波，领导变动，编辑方针的改变，方向性的调整，这一系列变动的背后在某种程度上和我国由来已久的说法即所谓的"文人办报"和"资本办报"有深层的契合。

"长江新闻"新媒体项目在组建之初，吸引了一批有理想和新闻情怀的媒体人，他们充满热情，想要在新媒体市场开拓一片新天地。这些新闻人的身上具备了新闻专业主义的优点：他们客观、强调对于真理的追求，他们努力争取新闻专业主义的"自由度"，但更重要的是，他们将"社会责任论"奉为新闻专业主义的圭臬，但同时他们又十分脆弱。在资本重压和移动互联时代的双重冲击下，如果他们抵抗不了这些压力，又或者在这个迅猛发展到根本来不及思考的大潮中找不到方向时，这些怀揣着新闻情怀的媒体人会不知所措，会找不到自己。

四、"成名的想象"：新闻人的坚守与突围

（一）"文人办报"与"资本办报"

长江新闻客户端是传统报业寻求内容转型的尝试，它的可行性建立在上海澎湃新闻等新媒体之上，以至于向来不是媒体高地的武汉报业界也投入了鲁莽的实验。而从"长江新闻"到"九派新闻"的转变，对怀揣着理想而来的一班新闻人，终究要经受幻灭。由员工的"辞职报告"一窥端倪，不只是长江新闻客户端正在"泯然众人矣"，这种所谓的传统媒体的转型业态也成为问题。21 世纪以来，报业集团在电子版上浪费了太多时间，而后在两微一端上蹉跎既久。过去二十多年间引领媒改运动的"文人办报"模式，已经无法适应当下的环境。在文人办报模式陷入崩溃的阶段，一个成熟的办报办传媒的模式尚在锤炼，"资本办报"接手媒改运动的主导权。

在全球化视野下的媒改运动中，媒体技术形态的变迁促使广义上的媒

体新格局快速成型。资本办报办媒体这个模式,成为一种可视、可触摸、可运作的业态,已经在传媒业内被接受,而且它更好地迎合了用户的需求。在瞬息万变的互联网时代,在资本的冲击下,传统媒体试图开拓自己的新天地,但面对诸如阿里巴巴这种资本新贵,一方面借助资本势力模糊传统媒体与新媒体的区别界线,另一方面又在全方位地确立新型媒体的状态。而这些,恰好是传统新闻人办报的短板。①

(二)新闻专业主义的理想与坚守

1. 新闻专业主义的发展

近年来,在学界和业界,越来越多的人开始关注新的历史阶段下新闻专业主义发展,将新闻专业主义的研究和新媒体结合在了一起。新媒体是不断变化的,在当前网络媒体风头不再的时代,解构与重构、坚守与突围必须赋予新的意义。可以说,这些研究多是把新闻专业主义放在一定的历史阶段或者就个别事件进行研究,或者从中西方以及传统媒体新闻专业主义的差异入手。笔者也对我国关于新媒体、新闻专业主义以及二者相结合的研究情况进行了统计。

表1　中国学术文献出版总库中关于新媒体、新闻专业主义研究情况统计

时间 / 类型	2000 年前	2000—2010	2010—2014	总计
新媒体	460	18765	27618	46843
新闻专业主义	4	647	825	1476
新媒体与新闻专业主义	0	90	83	173
总计	464	19502	28526	48492

新闻专业主义是在新闻职业化的发展中逐渐形成的,在美国表现为自19 世纪 30 年代的"便士报"开始,新闻职业为摆脱党派政治和资本收买、获得社会认可与可持续发展,渐次发展出一套新闻共同体都要加以遵循的新闻专业主义规范,包括客观性理念、言论自由与社会责任、公共服务意识与面向、新闻人个体自律与媒体共同体自律等等。② 正是新闻专业主义的存

---

① 赵云泽,涂凌波."文人论政"与"新闻专业主义":精神的区隔与认同[J].现代传播,2010(10):23-25.

② 吴果中.西方新闻专业主义的历史衍变及其现实悖论[J].湖南师范大学社会科学学报,2006(06):12-15.

在,使得公众与其他行业工作者认识到新闻业自身有一套价值规范和操作规则,也使他们认为呈现在媒体上的新闻是可信的,或者说对媒体上的新闻的怀疑度大幅降低。可以说,没有新闻专业主义,就没有美国新闻业在美国及整个世界的辉煌。

2. 理论与现实:我国新闻从业者的专业主义实践

相对于美国较长时间的新闻实践,新闻专业主义在当代中国新闻业中的大规模实践,基本上始于南方报系。南方报系的实践中,既有新闻理念与新闻伦理等价值层面的,也有新闻采编与媒体经营等操作层面的。从实践效果来看,以新闻专业主义作为理念指导和操作规范的报道与办报办刊准则,获得了公众认可与社会赞誉。这不仅表现在对经济与社会各个领域的新闻报道上,还表现在对敏感领域与议题的报道上。新闻专业主义的媒体实践,让整个社会看到了异于传统新闻话语表达的新视角、新叙事与新模式。

正因如此,我们在业界看到了越来越多的媒体在践行新闻专业主义理念与准则,越来越多的媒体人在实践中以新闻专业主义指导自身的职业行为;在学界看到了更丰富的有关新闻专业主义的理论研究、历史追溯与现实讨论;在意识形态管理部门的实际约束中,越来越能体会到其对以新闻专业主义方式做新闻报道的宽容与认可;在接受信息的公众层面,越来越多的人赋予媒体与媒体人更高的社会赞誉,对其在中国社会转型中的推动能力给予更高的期待。换言之,业界、学界、管理者、公众等社会各方对新闻专业主义都有了新的认识、接受、认可和预期,并将其逐渐确定为对媒体与媒体人的认知与共识。①

但是,这种变化至今仍是一个"在路上"的过程。在市场经济和互联网快速发展的时代,由于追求实际利益等现实因素的规范与制约,特别是随着新媒体技术的发展壮大,传播信息的娱乐化、浅薄化、平庸化等现象越来越严重,这些都对新闻专业主义造成了一定的冲击。

不仅如此,处于不同新闻平台的媒体人,因体制篱笆,造成有隔阂、有轻视、有极少的相互进入。也就是说,整体意义上的新闻共同体建设尚未成功。芮必峰教授就曾说过,在传统"准入制度"和"政治家办报"的"语境"中,媒体谈不上自由独立,也很难做到客观公正;在现实"市场的逻辑"面前,媒体往往从一己之私出发,不能很好地服务于公众。如今传统"语境"与现

---

① 朱清河,张荣华. 新闻专业主义理论与实践的中国近观——兼论社会转型期新闻专业主义的价值旨归[J]. 兰州大学学报:社会科学版,2009(11):10-12.

实"逻辑"同时在起作用,中国媒体有史以来似乎还从未面临如此尴尬的境地。

"新闻专业主义"就是在这种情况下引入的一种"批判的武器"。对此,李良荣教授有过清晰的表述:"新闻专业主义"可以在"政治家办报"和"商人办报"之间起到很好的调节和制衡作用,它可以外化为新闻工作的职业道德,内化为新闻工作者的职业良知。[①] 然而,理想是一回事,现实又是一回事。即使在西方,新闻专业主义在担当如此重任时也显得有些步履蹒跚,力不从心。

3. 我心澎湃如昨:借新媒体谋裂变

对比 2014 年出现的澎湃新闻,到今天,已经运营 16 个月。在一定程度上,它的运用在新的现实背景下,为如何坚守新闻专业理念、坚持新闻理想提供了借鉴。在"澎湃新闻"上线当日,CEO 邵兵撰写的《我心澎湃如昨》在各大媒体以及社交网络上广泛传播。从这份带有浓烈理想色彩的发刊词中,我们就可以看到澎湃人的新闻情怀。可以说,"澎湃新闻"对于新闻专业主义的坚守,成为它在激烈的竞争中取胜的"法宝"。澎湃之所以能成功,除了具有深度和高品质的原创内容,还有专业的内容生产团队。在传统媒体与新媒体激烈争夺市场份额的过程中,"澎湃新闻"通过其精准的定位、优质的内容打响了"战役的第一枪",受到了业界的普遍认同。但是,在当下复杂的传播环境下,"澎湃新闻"能否继续实现突破,取得更大的成功,仍然需时间的检验。

所以,一个移动媒体业务导向的组织要使编辑部、技术和经营团队以新的方式共同工作。从长江新闻到九派新闻,应该形成这样的团队,以新的方式朝着同一个方向努力。

(三) 从坚守到融合转型:传统媒体需要"互联网 DNA"

从一群具有新闻情怀的媒体人的角度来看新闻专业主义的坚守,确实是本文研究的一个视角,但从解构到重构的过程中,媒体人同样需要转换思维。如何摆脱旧的体制与思维惯性,发挥内容生产能力的优势,传统新闻从业者的态度与信念参差不齐。如何在这转型大潮中掌握主动权,更是应该有积极的意义。

"纸媒做不好新闻应用软件,在于他们缺少互联网的 DNA。"学者李佳超认为,过去数年,我国的纸媒经历了两次互联网带来的挑战。但缺少"互联

---

① 王长庚. 媒介整合的背景及应对举措——李良荣教授在暨南大学的专题演讲述评[J]. 当代传播,2002(03):24-25.

网 DNA"的纸媒仍可以通过入股真正的好团队来共同运作。虽说从目前来看，"长江新闻"到"九派新闻"的转变过程中，出现了一些波折，但"九派新闻"应该反思，如何运作一个优秀的团队，让独家头条、原创新闻、监督报道、深度采访重新"充满生机"，打造出有竞争力的新闻应用软件，而不是仅靠大数据时代的转载；同时也应该思考如何择用这样一批有新闻情怀的传媒人，在移动互联时代，更好地把他们所坚守的"新闻专业主义"和大数据时代迅速发展的移动互联客户端等"新媒体"结合。

五、结语

这是一个最好的时代，也是一个最坏的时代，因为我们时时刻刻都处在新与旧交汇转折的浪尖风口。在高速发展的移动互联时代，媒体内涵已经全然一新，从报纸、广播、电视到淘宝、微信公众号、众筹平台、弹幕电影，其外延被资本推动着，媒体边界流变不居。

"长江新闻"最初的负责人杨耕身在 2015 年 6 月接受媒体采访中曾坦言："从深耕多年的传统媒体报纸跨入风起云涌的新媒体，我最自信的是内容生产的能力，以及学习并适应的能力。但最纠结的是怎样让自己真正归零，真正摆脱一些旧的体制与思维惯性，真正成为一个市场人。"

然而传统新闻从业者的态度与信念参差不齐，在传统媒体向移动互联时代的新媒体转型的过程中，出现了很多亟须解决的问题。资本运作方针的转向，内容编辑理念的重新解构，传媒形态的彻底改变，都给传统的新闻媒体人带来了新的挑战。本文以"长江新闻"浮沉一事为例，事实上不只是这家长江新闻客户端出现这样的问题，更应该深思的是这种传统媒体的转型业态和在转型过程中对新闻专业主义的坚守和重构，以及这样一批新闻人应该如何突围。

事实上，新闻专业主义实践并非在中国的所有新闻媒体中进行。由于历史原因与现实约束，中国的新闻媒体中，既存在"政治取向"的媒体，也存在"市场取向"的媒体。比较而言，践行新闻专业主义的媒体，多是后者，其原因既有浪漫的理想主义，也有世俗的市场主义。但无论如何，这样的现实都意味着，在整个中国新闻界，践行新闻专业主义并未真正达成共识，新闻人也没有真正融合成一个共同体。不仅如此，处于不同新闻平台的媒体人，因体制篱笆，造成有隔阂、有轻视、有极少的相互进入。也就是说，整体意义上的新闻共同体建设尚未成功。

从"长江新闻"到"九派新闻"，这其中确实饱含了传统新闻从业者对理想中的"新闻专业主义"的坚守,但坚守并不代表固守到不知变通。我们从另一个具有代表性的移动互联新闻客户端——澎湃新闻这一阶段获得的一些成功的启示可以看出,在转型大潮中,需要坚守的应该坚守,依托数据分析技术,承载媒体资产价值有可取之处。

学者张小琴曾说:"不管技术怎么变,媒体怎么变,使命不变,新闻从业者需要流水般的坚强。希望记者有长江般的力量,流水般的坚强,特别是九派新闻有水的基因在里面。"这段话多少有一些煽情,但媒体人更应该做一个具有行动品质的"理想主义者"。

"九派新闻"在上线发刊词《心潮逐浪高》中曾说过,它并不只想做一个普通的互联网新闻资讯产品,它的目标很大,它想做一个思想的版图、舆论的沙龙、价值的曲线和产业融合的平台。但从现阶段来看,它需要做的还有很多。"茫茫九派流中国,沉沉一线穿南北",88 年以前的壮语,九派新闻用它来勉励自己,但它本就不仅是对"九派新闻"中"九派"来源的注脚,或许有更多的启示。

如今,大数据新理念和技术的注入,同互联网深入融合的媒体形态又开始了新的发展。在这个过程中,传统媒体的生存版图在不断缩减,传统信息的生产方式已经被颠覆,传统媒体人的理念思维一直在经受着前所未有的冲击。所以,我们已然不能再用旧的思维去思考如何坚守新闻专业主义,而是应该融合创新。"互联网+"时代的传媒生态体系还在酝酿,传统媒体的新闻从业者也不是仅冠以"传统媒体"的前缀词,任何今日的新媒体都可能成为明日的旧媒体,如何坚守与突围,这是一个时代赋予新闻人的命题。

参考文献:

[1] 中国互联网信息中心 CNNIC. 第 36 次中国互联网络发展状况统计报[R/OL]. 2015-07-23.

[2] 王宇超. 国内媒体 APP 的发展现状、问题及对策[J]. 新闻世界,2013(9):10-12.

[3] 卞冬磊. "自由"的抗争:从新闻专业主义到公共新闻业[J]. 国际新闻界,2012(5):21-25.

[4] 李沛. 新媒体技术环境下的新闻专业主义[J]. 今传媒,2012(1):133-135.

[5] 林克勤. 从专业自觉到理论重构——中外新闻专业主义精神的实践比较[J]. 当代传播,2008(06):103-105.

[6] 芮必峰. 描述乎? 规范乎? ——新闻专业主义之于我国新闻传播

实践[J]. 新闻与传播研究,2001(1):56-62.

[7] 吴飞. 新闻专业主义研究[M]. 北京:中国人民大学出版社,2009.

[8] 吴越,胡翼青. 李普曼新闻专业主义观溯源[N]. 中国社会科学报,2012(5).

[9] 杨一,黄超. 新媒体时代下的新闻专业主义[J]. 传媒观察,2009(7):39-40.

[10] 陆晔,潘忠党. 成名的想象:中国社会转型过程中新闻从业者的专业主义[J]. 新闻学研究,2002,71.

[11] 陆群. 新媒体革命:技术、资本与人重构传媒业[M]. 北京:社会科学文献出版社,2002.

[12] 黄旦. 传者图像:新闻专业主义的构建与消解[M]. 上海:复旦大学出版社,2005.

[13] 崔保国. 传媒蓝皮书[M]. 北京:社会科学文献出版社,2013.

[14] InMobi. 2014 中国移动互联网用户行为洞察报告[R]. 2014-01.

[15] 赫伯特·阿特休尔. 权力的媒介[M]. 黄煜,裘伯康,译. 北京:华夏出版社,1989.

[16] 哈贝马斯. 公共领域的结构转型[M]. 曹卫东,刘北城等,译. 北京:学林出版社,1999.

网络环境下媒介权力的规训与抵制研究

（杨　建　山东师范大学）

摘　要：如今，我们正处于以新技术引领的网络传播变革之中，网络媒介除了在技术层面上不断给人以全新的体验外，还颠覆了传统的权力关系和权力呈现形式。毫无疑问，上网本身已经成为一种权力，借助网络媒介虚拟自由的意见表达环境，受众对权力的抵抗形式也日益多样。因此，从权力视角来探析受众对主流权威的抵抗将有助于我们了解网络时代受众的文化心理和精神空间。

关键词：网络媒介；媒介权力；规训与抵制

一、引言

媒介权力即是媒介的社会影响力，它一直是媒介文化研究的重点之一，从媒介文化研究的历程来看，我们可以这样理解媒介权力：媒介权力属于文化权力的范畴，大众媒介具有对个人或社会进行影响、操纵、支配的力量。中西方媒介研究中都强调守门人、媒介素养、媒介自律的重要性，究其原因是大众媒介存在着巨大的文化权力。而随着互联网的普及，传统的媒介权力关系正发生着深刻的变化，新媒介技术改变了权力结构及受众对权力的反应模式，话语权的下放使得网民对网络环境下的权力规训进行着微观意义上的抵抗。可以说，互联网的发展既是信息技术不断突破、不断创新的过程，也是各种文化观念的人们思维模式和行为方式不断碰撞、不断变化的过程，在此过程中，权力的博弈呈现出了新的模式。

二、媒介权力与网络传播环境

（一）媒介权力的界定

"权力"一词常常是出现在政治学、经济学、社会学领域的一个专业术语，西方许多思想家都对此作过界定。美国学者丹尼斯·郎在其《权力论》中指出"权力是指某些人对他人产生预期效果的能力"，乔纳森·哈斯的定义则是"强迫他人做本来不愿意做的事的能力"。学者们对"权力"一词的定义都比较宽泛，大多将其视为一种控制和影响他人的能力。

在大众传播领域，人们常用"第四权力"来代表新闻传播媒介在社会中的地位，它表明媒介具有一种社会力量。在此理念下，媒介构成了与立法、行政、司法并立的一种社会权力，并且对这三种政治权力起着制衡的作用，所以我们不能将媒介权力与政治权力混为一谈。媒介所体现的更多的是一种文化权力，即社会影响力，而且这种影响力的实施是一个潜移默化的隐性支配过程，通过媒介的这种隐性支配来对受众进行权力规训。

媒介权力研究归属于大众传播效果研究的范畴，根据陈龙教授的观点，我们可以这样来界定媒介权力这一概念：媒介权力是指"大众媒介通过占有信息资源来传播特定的符号-意义体系，从而实现对广大受众的信息控制，以及对其社会行为的隐形支配。所谓隐形支配，是指这种权力不同于国家上层建筑所拥有的警察、监狱、军队等权力，而是通过话语来操纵和影响人。通俗地说是一种对个人或社会进行影响、操纵、支配的力量，它具有界定事物，论述事物，解释事物，形成或塑造公共认知行为和价值判断的能力"。我们所探讨的也正是网络环境下的这种隐形支配的权力。

（二）媒介权力与网络环境

西方很多学者的媒介权力观多是从社会学、政治学等角度进行宏观意义上的建构，缺乏对某一具体媒介的微观意义上的研究，尤其是对网络媒介权力的呈现模式及网民对权力的抵抗形式的探讨，毕竟网络媒体是在近二十年内才开始普及，而现有的媒介权力研究多侧重于网络传播的自由与控制，或者是对政治权力的研究较多，较少关注网络媒介的文化权力问题。美国学者约翰·奈斯比特在其《大趋势》一书中这样阐述："一个新的权力来源不是少数人手中的金钱，而是多数人手中的信息"。从当下的情况来看，网络媒介无疑成为这一预言的最大实施者，网络媒介的无远弗届使得人们进入信息时代，人们的信息接收愈加便捷，而且信息文本的形式也愈加多样。在网络环境下，接受信息成为一种权力，拥有信息成为一种权力，不同信息的矫正澄清也成为权力博弈制衡的最好体现。因此,网络媒介权力就是指网络信息资源所派生出来的一种力量,通过占据网络信息资源,不同阶级的信息占有者实施着对其他阶层的权力规训与制约。

三、媒介权力的生成机制及其在网络环境下的权力观照

关于媒介权力的生成机制问题,需要从意义建构的角度加以探究。人们习惯于将权力视作一种自上而下的单向实施过程,并且有特定的权力实施阶层,即统治阶级,他们为了维护统治而对其他阶层进行压制,而媒介权力的生成则具有不同于此单向实施的特征,我们将从以下两位学者的观点入手来进行阐释。

(一)福柯的权力生成观及其在网络环境下的观照

1. 话语即权力和网络权力

法国著名的哲学家、社会学家米歇尔·福柯提出了"知识考古学"的思想,他认为知识是一定历史的产物,知识是一定权力的体现,因此在这一通过话语所创造的知识体系里,知识拥有者能够规范和形塑知识接受者,由此,知识便向权力转换。

话语即权力,拥有知识便拥有知识所派生出的话语权力。另一方面,话语又构造着话题,因此我们意识形态中的各种意象都受到话语的规训,都由话语来界定产生,进而话语又影响着我们的各种价值观念,规训着人们的行为方式。换句话说,我们只要使用话语,接受或者生产知识,便要受到话语和知识的规训。

而在网络环境下,生产、传播信息更加便捷,信息的生产者便规定了人们所能接受到的信息内容。根据涵化理论的观点,媒介通过控制其所传播的内容培养了人们的世界观。由此,网络信息占有者便实现了对网民认知的建构。而另一方面,网民又通过点赞、评论等方式来表达对所接收到的信息的意见,这种反馈不仅是对话语权的争夺,某种程度上也是网民对权力实施者的制约。所以不仅上网成为一种权力,意见表达也成为行使权力的一种有效途径。网络环境下争夺话语权就相当于一场"革命",不同意见的博弈成为权力规训与制衡的有力体现。

2. 全景敞视和逆向的全景敞视

福柯认为现代社会是一个规训惩罚的社会,他主张从身体这一微观意义上来建构,他认为惩罚和酷刑是一种社会仪式,其主要目的是规训躯体,迫使躯体进行工作。最典型的对人的躯体进行规训的则是英国法理学家、

功利主义哲学家杰里米·边沁于 1785 年提出圆形监狱设计。圆形监狱由一个瞭望监视塔和环形的囚室构成,瞭望塔处于环形监狱中心,通过这个中央监视塔,监视者可以便利地观察到囚室中犯人的一举一动。福柯根据这一圆形监狱的设计提出了"全景敞视主义",进而将其运用到媒介文化研究当中:媒介代表着一定的权力实施方,而信息接受者则处于被监视的地位。受众始终处于被监视的状态下,久而久之成为媒介权力规范下的"囚徒",时时刻刻迫使着自己循规蹈矩。

不仅如此,对福柯而言,整个现代社会都处于这个监狱的监督之下。在这个大监狱中,现代传播媒介将这种权力常规化和正当化,规训和惩罚无处不在,甚至普遍存在于工厂、学校、医院、军队之中。然而我们个体却未能察觉,这体现媒介权力隐而不彰的特性,这一点与法兰克福学派的观点不谋而合:文化工业使得受众对媒介的依赖性不断增强,久而久之,人被"物化",成为媒介等机器的奴隶,无法得以自由发展,成为"单向度的人"。

而在网络环境下,由于网络具有公共空间的特性,使得全景敞视呈现了新的形式,我们称之为"逆向的全景敞视"。网络将私人和公共置于同一平台中,将各种私人信息暴露出来,一方面网络信息管理者可以监视、控制接收者的信息活动,另一方面信息接收者又在匿名的状态下窥视信息管理者和其他受众,因为信息时代使得每个信息受众都成为一个独立的"节点",在网络公共空间下网民也可以随时进入随时出来,这就使得监视权产生转移,全景敞视因此逆转了监视方向,使得原本被监视的个体可以去监视他人并不被发现,不再是单纯的被支配对象。

(二)布尔迪厄的权力生成观及其在网络环境下的观照

1. 场域和网络场域

法国社会学家布尔迪厄习惯从文化社会学角度阐释媒介权力的运作过程。他提出了"场域"的概念,所谓"场域",布尔迪厄阐释为一个个客观存在的关系空间,在这一个个空间之间具有一定的差异关系。于是他运用"场域"这个概念、将社会生活划分为一个个彼此独立又密切相连的空间,即社会是个大的场域,它由一个个"子场域"构成,每个子场域都具有自身独特的逻辑和规则,每个场域中的能动者都在建构自身的权力规则,并从自身的权力规则中获得自主性和合法性。

布尔迪厄笔下的场域具备两个特性:其一,它是一个充满力量的场域,也就是说场域自身的结构和规则必然会影响参与到其中的个体;其二,它是一个具有抗争性的场域,处于场域下的个体彼此对峙,他们由于在场域结构中占据着不同位置,掌握的信息不是完全均等,或者说不同个体因为认知状态、知识结构的不同,而具有了不同的信息处理方式和不同的信息表达目的,因而会相互制衡,进而维持或改变场域的结构。

网络环境也构成了一个大场域,在这个大场域中,不同的网站、论坛、社区等构成了一个个子场域,这些子场域之间彼此独立又相互联系,在同一网络社区里,网民能够交流分享信息,而且信息交流规则由场域所规定,比如篮球爱好者多关注篮球频道,而电影爱好者喜欢活动于影视论坛。即使是在微博这一公共空间里,不同账号都有特定的倾向性,这些不同的圈子就是一个个不同的子场域,在这一个个子场域中,个体根据场域的特性从事信息的建构与解码,这便是场域中权力运作的不同规则。

2. 新闻场和网络信息场

"新闻场"是布尔迪厄提出的关于系统论述新闻媒介权力运作的一个概念。在布尔迪厄看来,新闻是一个独立的场域,这是一个宏观意义上的场域,它规范着个体的传播行为。这里的个体不仅包括受众,而且包括新闻传播者,新闻场域的权力规训通过媒介素养、伦理规范、新闻专业主义等原则表现出来,包括了对言论自由、信息知情权、客观公正报道等新闻理念的规范,甚至这里的权力还演化成新闻理想、信念。在新闻场域下产生的一套新闻运作规则规定着新闻从业者和信息传播者、信息接受者的信息活动。这就是媒介与政治经济等诸权力所构成的宏观意义上的权力场。那么,个体进入这个新闻场就属于微观意义上的建构,当个体进入新闻场域时,就同时受到权力场域的规训,因为个体无法脱离这个传播场域,只要个体接受信息,就必然受到整个权力场域的规训,而信息无处不在,不管是声音还是语言,都是属于信息的文本范畴。

而在网络环境下,信息的文本形式更加多样,各种可视化数据、多媒体样式充斥着网络,规训着进入信息场域中的个体,而且在网络匿名化、信息极速传播的传播趋势下,新闻场域的权力规训也有了不同的形态。一方面新闻从业者受到新闻专业主义的规范,按照新闻的自律原则进行信息生产传播;另一方面,网络的匿名性和把关的缺失使得各种信息和意见快速传播,而信息传播者由于其新闻素养的欠缺,使得他们忽视了权力规范。也就是说在网络环境下,场域中的权力开始转移至个体,个体通过自己提供信息、反馈信息来重新建构意义和规范,这样使得整个新闻场域得以重新建构。

四、网络环境下媒介权力的实现途径

(一)网络权力实现的要素:网络的公共特性

网络媒介传播已经掀起一场新的传播革命,这场传播革命不仅是因为网络新媒体技术的迅猛发展,还因为网络技术迅速大众化的特点。阿尔文·托夫勒在《未来的震荡》一书中这样预言:"计算机网络的建立与普及将彻底改变人类生存及生活模式,谁掌握了信息、控制了网络,谁就将拥有整个世界。"现在看来,这个预言早已变成了现实,而且可以更进一步地说网络环境已经成为一个新的权力空间。网络的开放性使得网络环境具备了哈贝马斯笔下的"公共领域"的特质,在这个公共领域中,各个阶层的网民都行驶着知情权和话语权,在各种权力的表达和博弈下,网络赋权成为普遍的现象,即使是草根平民,也有了表达自己的权力。而在这场网络权力的博弈中,信息权成了必争之地,各方势力通过控制议程来影响他者的认知,这就是人们所说的"议程设置"功能。与此同时,随着 Web2.0 时代的到来,UGC(用户生产内容)成为网络信息生产的典型,这也赋予了网民更广泛的话语权力,由此,网络真正成为一个"百家争鸣"的公共领域。

(二)网络环境下媒介权力的规训模式

网络媒介权力的呈现具有不同的形式,我们将从以下两个方面进行阐述:网络传播内容和网络媒介性质。网络传播内容分为宏观和微观层面,相应的权力呈现形式为主流文化和权威话语;而就网络媒介性质而言,可以分为网络呈现和网络传播形式两个层面,相应的权力呈现模式为视觉奇观劝服和网络传播结构。

1. 主流文化:文化领导权

主流文化(又称官方文化)是一个社会、一个时代主导群体倡导的、起着主要影响的文化。无疑,主流文化是媒介权力的一个有力实施者,在主流意识形态的引导下,主流文化能够借助其政治经济方面的优势产生其他文化无可比拟的影响力。并且借助价值观的认同优势塑造文化领导权,形成具有高度的融合力、传播力的文化权力。而且在与其他文化的竞争中,主流文化往往能取得强有力的传播效果,正如葛兰西"文化霸权"理论所阐述的:"国家的形成和社会秩序的维系,主要不是靠统治者高压性的统治,而是基于统治者通过各种教育,文化和传播的渠道等意识形态制度及活动,塑造共识及文化领导权"。在这一文化实践过程中,主流文化必然充当着传播介质的重要作用,可以说主流文化就是文化霸权的典型代表。

当然,在网络场域下主流文化的影响力更是其他文化样式无可比拟的,在政府严格的互联网监管之下,各主流门户网站都在规范之下运行,例如对影视剧中暴力色情内容的监管,对反政府邪教网站的屏蔽等措施。当然,主流文化由于其巨大的传播力和影响力,也会产生一定的负面效果,比如思想观念僵化、文本表现形式居高临下、传播手段粗暴单一,甚至呈现出极权化等特点。但是不管如何,主流文化都因为其巨大的信息资源储备而具备了文化领导权,毕竟话语即权力,知识派生权力,在政策支持下,主流文化在网络环境中具有巨大的传播力,甚至逐渐具备公信力。

2. 权威话语:知识精英

知识精英是意见领袖的一种,他们占据的知识,因此具备着一定的权威话语优势,如果说上面提到的主流文化是一种宏观意义上的文化权力的话,无疑知识精英则是一种微观意义的权力探讨。20世纪40年代,美国著名的传播学者拉扎斯菲尔德提出"意见领袖"的概念,意见领袖能够对接收到的信息进行加工阐释,然后再传播给他人。在福柯的理论中,知识精英就是处在全景圆形监狱中心监视塔里的士兵,通过对传播场域的监视,表达意见观点等方法来实现舆论引导,议题探讨,进而实现了对他人的规训。

由于信息的极速传播,网络场域呈现出鱼龙混杂的局面,一些媚俗虚假信息充斥着网络,甚至出现一些网络推手将网民的认知带入歧途。在此情况下,对面临信息轰炸的无主见的受传者便需要意见领袖的引导,而权威话语由于其正确性、科学性,展现出了强大的社会影响力。在此过程中,网民不断接受着知识精英们的知识修正,同时也接受了他们所传播的价值观,这样便受到了知识精英们的权力规训。

3. 视觉奇观:广告消费劝服

由于网络具备可视化、多媒体的特点,便能够产生一种新的权力规训模式:视觉规训。其典型代表就是网络视频和网络广告。广告是现代大众传播媒介的一个重要内容,它能够通过诱导消费者的消费欲望来实施规训。通过消费劝服,消费者成为媒介权力的支配对象,正如鲍德里亚所说的消费话语成为制造需求欲望最突出的手段。在网络环境下,视觉刺激越来越成为广告劝服的重要形式,而且,网络文化也越来越向视觉奇观文化转变。多媒体技术的广泛运用,使得影像生产成为网络媒介文化的重要形态。大众媒介制造出来的影像越来越具有欺骗性,影像视觉符号的逼真性使得受众渐渐丧失辨识力,难以辨认真伪,久而久之,网络媒介便营造出了一个"超真实"的环境,人们无法区别真实和非真实,因为在这个图像转向的过程中,真实和非真实之间的界限渐渐模糊,非真实甚至比真实更真实。这也是鲍德里亚提出的"拟像世界"的观点,人们对现实生活中的事物可能无动于衷,但当媒介呈现出来时,人们不可能熟视无睹,可以说超真实的环境教会了人们什么是现实。

视觉化消费劝服能够潜移默化地将符号转化为一种文化权力,并实现了对信息接受者的规训。只要人们使用网络,便要生活在网络的虚拟复制的文化中,网络对各种对象进行包装,通过意义的嫁接赋予产品事物以意义,同时赋予消费以意义,正如广告语"飘柔,就是这么自信"的深层意蕴就是不用飘柔就不会自信。而在广告的这种长期的耳濡目染下,人们也越来越接受了这样的设定。我们分析一下,自信和飘柔真的有某种必然联系吗?当然没有,其实更多的是因为我们被视觉符号所吸引,当我们看到广告中男演员光鲜自信的外表时,便产生对产品的一种心理期待:我也要像他这么自信,进而会选择消费其产品。同样的,万宝路香烟被嫁接上"男人""牛仔"的符号意义,这都是视觉奇观所产生的效果。

某种层面上而言,视觉奇观的消费体现了媒介文化的感性化趋势,网络媒介传播的内容利用视觉符号的刺激来诱导网民行动。居伊德波用"奇观社会"来描述这样一种环境,网络媒体充斥着各种各样的视觉符号,视觉文化改变了原本以语言为中心的社会文化体系,甚至带来视觉意义"通货膨胀"的局面,娱乐化、奇观化甚至情欲化都成为消费社会的特征,视觉奇观的泛滥也深刻影响着网民的方方面面。

4. 影响流:网络结构产生的权力

网络传播结构是从网络传播形式的角度来探究权力的呈现形式,研究网络传播结构有助于我们理解网络结构所派生出的权力规训。这主要涉及两部分内容:信息流和意见流。美国传播学家罗杰斯提出"影响流"的概念,某种意义上说"影响流"正是由信息流和意见流所产生。

网络影响流的传播结构具有这样几种类型:意见形成结构、意见冲突结构和意见流动结构。意见的形成结构有从上至下、从下至上和平行传播三种:从上至下是指主流意见通过信息的垂直流通至网民,从而实现对网民意见的规训;从下至上是指网民通过意见的表达反馈来迫使信息发布者重新审视自己的信息,进而剔除掉不能得到有效传播的信息;平行传播指社会化媒体的圈层传播,比如微信朋友圈之间的平行传播结构,通过观点的分享也可以实现对朋友的意见影响。意见冲突结构则涉及网络传播的各个阶层,这也是意见本身的较量,更是网民相互之间的权力斗争,不仅涉及话语权的表达,还涉及网民心理状态上的较量。比如在群体互动的过程中,人们心理状态方面的变化,心理学的"从众心理"、费斯丁格的"认知失调"观点、勒庞的群体心理等研究都体现在此。而意见的流动结构则表现为意见的扩散能力,具备更强的扩散能力的意见则具备更大的影响力。

五、网络使用者对权力的抵制模式

有权力规训就有权力的抵制,网络媒介也不会例外,而且随着网络媒介的匿名化、数字化程度的加深,其抵制模式更加多样。针对网络权力的不同呈现模式,网民的制衡方式也更加多元。有主流文化规训就有亚文化建构;有权威话语表达就有民粹主义的传播;有奇观化的消费劝服就有狂欢化的消费权力。同样,有网络传播结构对网民"施压",就有网民对传统文化结构、网络传播结构的颠覆和瓦解。因此,在这里我们将探讨这四种权力的抵制模式。

(一)亚文化的意义建构

亚文化指在主文化或综合文化的背景下,属于某一区域或某个集体所特有的观念和生活方式,亚文化的主要群体有宗教、地理亚文化、青年亚文化、民族、种族、兴趣群体等。亚文化群体内部有着一套属于自己的符号体系,并建构了属于自己的价值认同。例如近年来流行的弹幕亚文化,它是个舶来品,起源于日本,弹幕网站是介于 Web 2.0 与 Web 3.0 时代的视频网站。当前国内比较大的弹幕网站有 A 站与 B 站两家。在弹幕文化中,网民都有属于自己的话语规则,经常会出现比如"阿姨洗铁路"("我爱你"的意思)、"前方高能"(出自《机动战士高达》系列,预示接下来视频一般会出现激烈的内容或画面)、"23333333"(来源于猫扑论坛表情符号的第 233 号,是一张捶地大笑的表情,此后大家就开始把这个加在句末表示在狂笑,而且 3 的个数是随便加的)等吐槽型字幕。在外人看来可能莫名其妙,但这在弹幕群体中则是一种很正常的话语交流方式。

此类亚文化之所以能遍地开花,是因为它属于小众群体,群体里的成员都具有一种群体归属感,他们具有相似的情感诉求,而现实生活中可能很难找到"知音",于是他们都心甘情愿地参与到此类网络空间中,表达自己的权力诉求和愿望。但是正如凯文·凯利所说,颠覆的创新都来自边缘地带,此类边缘文化也逐渐进入了大众的视野,例如现在很多影院开设了专门的弹幕电影,在观影过程中让观众参与讨论交流,获得不同以往的观影体验,并且由于其互动性强的特点逐渐成为一种新的商业模式。

(二)民粹主义话语

网络民粹主义,也可以称作电子民粹主义,是以互联网为平台形成的民粹主义。网络民粹主义极端强调平民群众的利益诉求和价值理想,把平民化和大众化作为话语表达的前提,以"人民"的名义行事,反对既定的权力结构和现有的权威话语。比如对"砖家"的吐槽,以及医患关系中一边倒地反对医方观点,因为专家和医方占据了权威知识,根据福柯的观点,知识产生权力,网络民粹主义反对的正是这种权威,通过对专家权力的抵制而建构自己的话语表达体系,以此来表达自己的权力诉求。

然而，由于民粹主义的煽动，网民极其容易受到群体情绪的感染，而且在网络匿名的情况下，民粹主义通过一些触及人们情感的语言来激发网民的情绪。在无意识群体极化效应的影响下，民粹话语从情感层面不断助长着民粹主义的合理性，使得网民受到情绪的感染和操纵，实现了代表群众方的一种"极权"的局面。这种新格局的产生可以说是媒介话语的一种偏离，更是网络媒介权力争夺的结果。

(三) 消费狂欢

消费狂欢是网民反抗传统权力的一种"妥协式"的形式，网民通过狂欢的文化消费来表达自己的权力诉求，典型代表有粉丝经济、追星文化、狂欢活动等。诚如文化理论学家费斯克所言："追星文化即是对主流文化意义的抵抗"。同样，网络消费也将网民的自主权不断扩大，例如淘宝网站，已经完全成为购物者的天堂，在这里消费者成为主导，掌握着自主选择权，他们可以进入卖家的这个相对的私人空间，去看、去试用不曾拥有的商品，而卖家必须按照消费者的意愿发货、换货，甚至经常出现买家和卖家聊了半天，最后却不买的情况，这都表明权力在向网民一方发生着偏移。

而狂欢活动更体现了网民的自主权，例如近年来一系列网络神曲的风靡，《小苹果》《江南 style》《我的滑板鞋》等，都让我们见识到了狂欢活动的巨大影响力。人们越来越表现出"亢奋注意"的特点，包括近年来广场舞的风靡，都体现了权力发生扭转的现象。另外我们也应该注意：作为一种抗争文化，消费狂欢不过是通过宣泄释放和狂欢活动来反对霸权的一种流行文化罢了，作为一种流行文化，它同时也是一种快餐文化，只能风靡一时，大多不太可能成为经典性的文化。

(四) 恶搞解构

"恶搞"一词来源于日本，日文叫作"KuSo"，原意是认真地"玩烂游戏"。后来作为一种次文化传入中国。在网络得天独厚的平台优势下，恶搞迅速风靡青年阶层，其文本形式多样，涉及文字、图片、音频、视频等各种样式。例如恶搞 PS 图片，视频《一个馒头引发的血案》、动漫《搞笑漫画日和》等。总的来说，恶搞属于一种找乐文化，借助反文化的外衣来强调对现有体制的背离，对传统文化霸权的抵制和对抗。就其文本形式而言，恶搞文化属于菲斯克笔下的"生产式文本"，是一种自由松散的文本形式，网民可以随意地参与其中，按照自己的意愿去创造新的文本，建构属于某一独特群体的话语体系和意义体系。在这个过程中受众不断突破原有的符号体系，甚至舍弃了各种社会和政治监管体系，调侃、解构、戏谑成为他们表达社会诉求的另类手段。另一方面值得注意的是，虽然恶搞文化一度作为反文化受到传统文化的排斥,但是网络媒介的推动已经使其逐渐威胁到传统文化的地位。比如周星驰的《大话西游》在 20 世纪 90 年代一直不受欢迎,而现在他这种无厘头的手法却被奉为经典。

解构作为对传统文化权力的一种抵抗形式,其实不仅表现在文本内容方面,还表现在对传统传播结构的瓦解上。网络场域已经不是传统权力一统天下的时代,网民话语权的膨胀使得他们权力诉求的表达更加强烈。每个网民都成为信息节点,都成为信息发布者,传统的一对多、点对面的信息传播方式已被解构,取而代之的是"多点开花"的传播结构。因此每一个网民都可以突破传统的自上而下的传播结构,网络时代人人都有麦克风,人人都具备话语权,网民不仅可以影响周围人的意见,甚至可以挑战权威话语。

六、权力的收编:商业资本的注入

(一)权力博弈的结果:商业资本的注入

由于网民权力表达诉求明显,网络场域出现了各种各样的权力抵抗模式,随着这些抵抗形式的影响力越来越大,便越来越受到商业资本的关注,比如周星驰的"无厘头"系列电影,逐渐在影视文化中占据着重要地位。因此,各种边缘文化也逐渐进入人们的视野,网民表达权力的愿望也愈加强烈,在这种情况下,商业资本开始介入文化的运作范畴中。动漫、游戏一开始都是边缘群体的文化活动,但是现在这些边缘文化已经形成较为成熟的产业链,各种动漫周边、文具、影视等也都相继出现,满足了网民的不同娱乐诉求。一些网民自发生产的文化开始被企业家用做文化产业的实施对象,并推向市场,最典型的是美国迪士尼的系列作品,不仅涉及动画,还包括电影、主题公园、文具、手办等各个可以盈利的领域,而且还逐渐成为国家文化软实力的代表。

商业资本的注入,使得网民权力表达机制得以重新建构。英国文化研究学者霍尔用"收编"一词来总结边缘文化的命运,其实,对非主流意识形态文化产品的"收编",就是对网民权力诉求的满足,其本身就体现网民强大的影响力和说服力。可以说,权力被商业"塑形"就是权力博弈制衡的结果。

(二)商业资本收编的表现

1. 文化权力受制于商业

物质条件和环境条件是各种文化传播的基础,任何一种文化现象或文化体系要得以维持都需要一定的形式、场地和空间,这就需要借助商业活动来完成。而商业资本在其活动的运作过程中,也不断地向着有利于自身利益的方向发展,即要实现资本盈利的最大化。所以,现在很多边缘的文化抗争都要受制于商业环境,不符合商业利益的文化活动便无法得以开展,例如弹幕电影如果没有网络和影院环境,没有网络运营商和影院的支持,观影者就无法参与到弹幕电影的互动中去。

2. 商业资本对边缘文化的消费和展现

在当前的消费语境下,商业不仅制约着文化权力的实施,而且也在不断消费边缘文化。商业通过奇观化营造将网民纳入其消费体系中去,进而引导消费,构成了后现代主义多元而又单一的媒介话语模式。同样还通过商业营销等手段,塑造了一个又一个大众明星,一个又一个草根大 V,再通过他们来带动文化市场的繁荣,这样,网民文化权力的表达便受到了市场的引导。

当然,从权力抵制到形成一种文化体系再到被商业资本收编是一个不断演进的过程。有些文化权力抵制形式可能离商业收编较远,例如解构,和亚文化体系有所不同,解构尚处在一种文化现象的阶段,对网络传播结构的瓦解可能不会成为一种文化体系受到商业的关注。消费狂欢也更多地表现为一种流行文化,快餐化特点较为明显,商业不会作为一条产业链进行资本的长期注入。但是亚文化则已经具备了较为成熟的文化体系,其群体较为庞大,影响力较为广泛,便逐渐受到商业的关注,而被收编也可以说是必然结果。

参考文献:

[1] [美]尼斯·郎. 权力论[M]. 陆震纶等,译. 北京:中国社会科学出版社,2001:3-6.

[2] [美]乔纳森·哈斯. 史前国家研究[M]. 罗林平等,译. 北京:求实出版社,1988:139.

[3] [美]约翰·奈斯比特. 大趋势——改变我们生活的十个方向[M]. 梅艳,译. 北京:中国社会科学出版社,1984:15.

[4] 陈龙. 媒介文化通论[M]. 南京:江苏教育出版社,2011:14,21,84.

[5] 曾一果. 恶搞:反叛与颠覆[M]. 苏州:苏州大学出版社,2013:1.

从"文本盗猎"到"公民参与"：
詹金斯的"参与性"媒介受众研究

（汪金汉　福建师范大学）

摘　要：美国学者亨利·詹金斯的参与性文化理论从最初的粉丝文化开始一直到融合文化的提出，经历了长达二三十年的时间。从最初关注粉丝的参与性行为，到媒介融合时代关注更大范围受众的参与性行为，其参与性文化理论也随着媒体的发展一步步深入与完整。本文从媒介变迁的角度，从旧媒体到新媒体的转型，阐释受众在创造参与性文化过程中媒介运用的不同以及所产生的参与性文化形式的不同。

关键词：亨利·詹金斯；文本盗猎；公民参与；参与性文化

媒体融合一直以来都是新闻传播界研究的重点区域，特别是近几年来，由于网络自媒体的冲击，传统媒体生存遇到了前所未有的困难，业界跟学界人士都呼吁媒介融合。从传统媒体到新媒体，公民的自主性得到一种质的提升，公民的参与性行为也随着媒介的变迁而发生了变化。在美国，亨利·詹金斯教授就一直在研究这一个问题。从传统媒体的粉丝文化到发展到后来的融合文化，其关注的受众参与理论都在一步步的深化与发展。本文通过对詹金斯"参与性文化"进行一个新旧媒体的比较，试图找出新旧媒体环境下，公民的参与性行为的变化以及这种变化后所产生的影响。

一、詹金斯：一个被忽略的媒介分析学者

亨利·詹金斯（Henry Jenkins）是美国最受人敬重的媒体分析专家之一，在新媒体迅猛发展的态势下他潜心钻研正在以媒体融合形式发生的重要文化变迁。亨利·詹金斯毕业于佐治亚州立大学，主修政治学、新闻学，后进入爱荷华大学，主修传播学，是麻省理工学院媒体比较研究中心的创办人和

主任,主要从事大众文化、传播媒介、数据美学等领域的研究。亨利·詹金斯早期师承于约翰·费斯克,这对其研究方向有很大的影响,所以其研究重点总是集中在社会与文化方面,特别集中在消费者和公民借以改变其媒体环境的力量方面。他拥有并积极更新自己的博客,同时也是 Twitter 的忠实粉丝,这就使得他对粉丝文化以及参与性文化的研究提供了一个很好的兴趣点。1988 年他在《媒介传播的批判研究》(Critical Studies in Media Communication)杂志上发表的论文《星际旅程归来,重读,重写:作为文本盗猎者的迷写作》(Star Trek Rerun,Reread,Rewritten:Fan Writing as Textual Poaching)成为他研究粉丝文化的奠基之作,而这正是后来参与性文化的基础所在。1992 年出版的《文本盗猎者:电视迷和参与性文化》(Textual Poachers:Television Fans and Participatory Culture)一书奠定了詹金斯在学术界的地位。[①] 这本民族志式的粉丝文化专著现已经成为粉丝研究的经典之作,詹金斯也被公认为该领域最有影响力的学者。[②] 2006 年,詹金斯出版《融合文化:新媒体与旧媒体的冲突地带》(Convergence Culture:Where Old and New Media Collide)。他提出的"融合文化"这一词汇受到国内外学者的广泛关注,特别是在媒介融合的大潮之下。而他在 2006 年发表的论文《面对参与式文化的挑战:21 世纪的媒介教育》(Confronting the Challenges of Participatory Culture:Media Education for the 21st Century)则转向了探讨在参与式文化下公众的媒介素养问题。

对詹金斯提出的参与性文化理论,目前国内的研究还是很有限的。就目前来看,研究成果主要集中在以下三个方面:第一,阐释性叙述。周荣庭和管华骥指出:"参与性文化指的是以 Web2.0 网络为平台,以全体网民为主体,通过某种身份认同,以积极主动地创作媒介文本,传播媒介内容,加强网络交往为主要形式所创造出来的一种自由、平等、公开、包容、共享的新型媒介文化样式。"并指出了参与性文化具有门槛低、乐于分享等特征。这些都对参与性文化的进一步理解奠定了理论基础。[③] 第二,参与性文化背景下的媒介素养问题。"在参与性文化背景下,我们需要一种更加系统化的方法来进行新媒体素养教育。要在学校正式课程中全面渗透新媒体素养与参与式

---

① Jenkins Henry. Textual Poacher:Television Fans and Participatory Culture[M]. New York:Routledge,1992.

② Harrington C Lee, Denise D. Bielby:Global Fandom/Global Fan Studies[M]. New York:New York University Press,2007:179-197.

③ 周荣庭,管华骥. 参与式文化:一种全新的媒介文化样式[J]. 新闻爱好者,2010(12):16-17.

文化的思维。""并且媒体应该主动开展参与式文化与新媒介素养的宣传语教育,建立专门的媒介素养网站。"① 还有学者呼吁"我们的网络媒介素养应该引导受众转向社会建构,引导受众以合理的、理性的网络形式参与到社会建构中去"。② 第三,新媒体环境下的参与性文化。"对于新媒体时代下参与式文化的研究,我们既要突破过去对文本意义的关注,同时还要关注其中各方利益的协商,通过寻求打破已经固化的权力勾连,探索新的大众的文化权力实现途径。"③ 还有研究发现,新媒体对参与式文化四个方面——传受关系、共享性文化、个体交往与互动、社会民主都有了新的发展。④ 从研究情况来看,从媒介变迁的角度来阐释詹金斯的"参与性文化"理论中受众行为变化的研究到目前还没有。大部分都在对詹金斯的理论进行一个介绍性的工作,或者关注某一个时期内参与性文化的特点。詹金斯"参与性文化"概念的提出要比"融合文化"提出的时间更久,跨越时间长度也很久。从粉丝文化到融合文化,参与性文化一直贯穿于其研究的始末。詹金斯分析粉丝活动,分析媒介融合下的融合文化,最终的落脚点都在关注公民在不同媒介环境下的参与性行为。

虽然有人称詹金斯为 21 世纪的麦克卢汉⑤,但是他的研究与麦克卢汉有很大的不同。麦克卢汉把大部分权力都归结到作为技术的媒体上,认为消费者的权力几近全无。而詹金斯的研究重点总是集中在社会和文化方面。随着媒介的变迁,消费者的权力逐渐提升,如何规范消费者的这种消费行为与参与行为也成为其研究的课题。所以,在詹金斯看来,"参与性文化"不仅仅是简单的一种文化形式,而更是一种权力,一种消费者与媒介拥有者之间的一种博弈。

二、从"文本盗猎"到"公民参与"：
"参与性"受众理论的发展轨迹

"参与性"受众理论伴随着詹金斯"参与性文化"理论的发展而发展。

① 李德刚,何玉. 新媒介素养:参与式文化背景下媒介素养教育的转向[J]. 中国广播电视学刊,2007(12):39-40.

② 周根红. 网络文化与媒介素养的转向[J]. 现代视听,2009(11):56-58.

③ 岳改玲. 小议新媒介时代的参与式文化研究[J]. 理论界,2013(1):152-154.

④ 蔡骐,黄瑶瑛. 新媒体传播与受众参与式文化的发展[J]. 新闻记者,2011(08):28-33.

⑤ 亨利·詹金斯. 融合文化:新媒体与旧媒体的冲突地带[M]. 杜永明,译. 北京:商务印书馆,2012:2.

1988 年,詹金斯发表论文《星际旅程归来,重读,重写:作为文本盗猎者的迷写作》。这篇论文中,詹金斯第一次提出"参与性文化"的概念,并在以后的论文中使得这一概念不断地丰富和发展。詹金斯在《面对参与式文化的挑战:21 世纪的媒介教育》中对参与性文化做了部分总结,提出参与性文化的形式包括下面四种形式:①从属关系——以各种媒体为中心的网上社区正式或非正式的会员,这种媒体包括 Friendster、Facebook、message boards、mate-gamming、game clans 或者 MySpace;②表达——产生新的创造性形式,例如数字采样、粉丝视频制作、粉丝小说写作、电子杂志;③合作式的问题解决——以正式或非正式的团队方式一起工作来完成任务并生产新的知识(例如维基百科);④传播——塑造媒体流。① 在此基础上,詹金斯认为"参与性文化"的定义包含以下几方面的内容:①艺术表达与公民参与的低门槛;②强烈支持与其他人一起创作和分享作品;③经过非正规式的指导,使得那些被经验丰富的人所知道的东西传递到新手那里;④成员相信他们的贡献是起作用的;⑤成员觉得他们与其他人是有着某种程度的社会联系的。②

从以上对参与性文化的描述可以看出,詹金斯的出发点都是从受众出发,他总结的参与性文化一系列的特点都是围绕参与者这个中心展开的。可以说,参与性文化的历史也是参与性受众的历史。参与性文化的历史可以追溯到复印机——迅速成为"人民的出版社"——为大范围的当代社会上的亚文化群体出版、传播他们的观点铺平了道路。VCR(盒式磁带录像机)使得消费者将他们的播出信号更全面地掌握在他们的手里,以此来建立个人意义上的媒体内容图书馆,而且 VCR 这一媒介,为消费者提供工具以此来促进非专业的媒体生产。随后的廉价录像机、数码相机使人们参与到电影制作过程中。便携式技术,如手机使得我们处在一个越来越相互连接的环境中。③

关于参与性文化,詹金斯把它概括为一种消费主义的新样式。媒介消费的模式因为一系列新媒介技术而遭到了深刻的改变,这些技术使普通公民也能参与媒介内容的存档、评论、挪用、转换和再传播。④ 虽然詹金斯关注

---

① Jenkins, Henry: Confronting the Challenges of Participatory Culture: Media Education for the 21st Century[M]. Boston: MIT Press, 2009: xi-xii.

② Jenkins, Henry: Confronting the Challenges of Participatory Culture: Media Education for the 21st Century[M]. Boston: MIT Press, 2009: 5.

③ Jenkins, Henry: Quentin Tarantino's Star Wars?: Digital Cinema, Media Convergence, and Participatory Culture, New York: John Wiley & Sons, 2009: 555.

④ Jenkins, Henry: Quentin Tarantino's Star Wars?: Digital Cinema, Media Convergence, and Participatory Culture, New York: John Wiley & Sons, 2009: 555.

的是参与性文化,但是文化的创造者是使用媒介的受众。一旦有新的媒介技术的产生,受众对媒介消费形式就必定会有改变,受众的参与行为发生改变,进而参与性文化也就有所改变。"Youtube 说明,Web2.0 技术使得参与性文化得到增长,然而这个结论反过来也是正确的:过去几十年各种参与性文化形式的出现,对各种媒介平台的引进、迅速的采用都奠定了基础。"①可以说,新的媒介产生新的参与性文化,参与性文化的产生刺激受众新的媒介的运用。所以,从媒介发展的阶段来看,从传统媒体到新媒体的发展,我们可以把参与性受众形态分为以下两个阶段。

(一)"文本盗猎":传统媒介视角下的受众参与形态分析

在其 1988 年发表的论文《星际旅程归来,重读,重写:作为文本盗猎者的迷写作》中,詹金斯首次提出了"文本的盗猎者"(Textual Poacher)这一说法,也就是现在说的粉丝。他把粉丝描述成这样的一个群体:被琐事、名人、收藏品所缠的疯子,与社会格格不入的人,许多肥胖的妇女,许多离婚的单身妇女。② 他以《星际迷航》的粉丝为研究样本,分析了他们在消费这样一部影视作品过程中所产生的附加效果:粉丝吸收有益的文本尝试去将自己的社会经验与媒体呈现的内容相融合。在这篇文章中,詹金斯第一次提出了"参与性文化"这一概念,但是只是简单地提及,并没有深加讨论。"消费变成生产,阅读成为写作,旁观者文化成为参与性文化"。而这种参与性文化,是一种粉丝的自我经验和喜好与媒体文本的融合创造后所产生的新文化。它不同于原文本,粉丝只采用他们自己真正喜爱的东西。他们根据自己的想法去重新创作,赋予文本以自己的需求与想要表达的东西。

传统媒体时代,由于互联网技术尚未问世,所以,人们接触到的媒介无外乎下面几种:电视、广播、电影、报纸、杂志、图书……这些媒介大部分都被垄断在少数人手中。这样的一种所有权的形式,使得媒介的内容生产就会脱离广大的受众,而只是少数人的狂欢。受众只能被动接受拥有媒体的少数人推给他们的内容,受众没有权利选择他们自己想要的内容。受众没有能力改变这种单向传播的格局,只好改变自己对媒介内容的解读方式,从霸权解读向协商式解读甚至抵抗式解读转变。

传统媒体时代的参与性文化的产生归功于受众对文本的盗猎,这种文本主要集中在电视文本中。詹金斯主要通过对《星际迷航》的粉丝群这个个

---

① Jenkins H. What happened before YouTube[J]. 2009.

② Jenkins, Henry. : Star Trek Rerun, Reread, Rewritten: Fan Writing as Textual Poaching, Critical Studies in Mass Communication June 1988.

案的分析来阐述文本盗猎行为。詹金斯的"文本盗猎"思想来源于德赛都。德赛都将这种积极的阅读形容为"盗猎",对文学禁猎区的僭越性袭击,仅仅掠走那些对读者有用或者愉悦的东西。德都赛的"盗猎"比喻将读者和作者的关系概括为一种争夺文本所有权和意义控制的持续斗争。① 粉丝的这种文本盗猎并不是完全的照搬,而是有选择性跟融入自己经历的,盗猎的动机则是要展现不同群体的想法。由于媒体的家长式作风,使得媒体内容不见得博得所有受众的喜欢,一定程度上刺激了某些群体的神经,他们想通过自己的努力来对内容进行改造,以达到他们接受的一个程度,这些群体詹金斯称之为"粉丝圈"(Fandom)。粉丝圈是一种被边缘化的亚文化群体(妇女、年轻人、同性恋等),他们在主导性文化再现中撬开了一个属于他们自己的文化空间,他们盗用媒体文本,重新阅读一次来服务于不同喜好的人们,将大众文化转化成为流行文化。② 虽然一部分粉丝只忠实于单一的节目和明星,但更多的粉丝将单部影剧系列作为一个更广阔的粉丝社群的起点,并把各种节目、书籍、漫画和其他通俗材料连成一个互文性的网络。③ 这个群体中许多粉丝是因为他们找到了志趣相投的一群人,找到了归属。对于一些女性来说,她们拿着低薪水,做着家务活,加入这样一个全国性、国际性的粉丝网络授予了他们一种尊重与尊严。

为了与粉丝圈里面分布于不同地区的其他成员保持联系,他们首先采取写信的方式,后来采取更加公开的组织内的简讯(newsletter)、电子信(letterzines)或者粉丝小说(fan fiction)的方式来思考想象节目内容。由于没有网络的存在,这种内部交流的效率很低。但是也有其他的交流形式,例如人际交流。如果一些粉丝之间住得很近,他们之间会进行亲密交谈互动,来了解那些参加地区性、国际性的科学小说大会的粉丝情况。所以召开类似的大会也是粉丝之间交流的一种形式。在传统媒体时代,文化产品的传播主要是通过出版渠道进行的。而这些粉丝圈所产生的文化产品如粉丝杂志也是通过印刷渠道进行流通传播的。粉丝杂志有些时候通过打印、复印、装订,有些时候胶版印刷成册,通过邮件分发传播或者在大会上进行贩卖。尽管粉丝杂志有多种形式,粉丝通常把它们分成两大类:一种是 letterzines,就是围绕着粉丝所喜欢的节目内容所出版的简短的文章跟信件;第二种是 fictionzines,出版关于节目人物和相关概念的小故事、诗歌与小说。

---

① 陶东风. 粉丝文化读本[M]. 北京:北京大学出版社,2009:41.

② Jenkins,Henry:Star Trek Rerun, Reread, Rewritten:Fan Writing as Textual Poaching. Critical Studies in Mass Communication June 1988.

③ 陶东风. 粉丝文化读本[M]. 北京:北京大学出版社,2009:48.

参与性文化使得原先处于边缘地位的亚文化进入人们的视线。女粉丝将《星际迷航》改变成为女性文化，把它从太空戏剧变成女性的爱情剧，使得原剧本中隐藏在男性文本中的女性对抗性文本浮出水面。20 世纪 80 年代，在美国的第二次女权主义浪潮下，女性开始尝试改变他们在电视屏幕上的刻板形象。在《星际迷航》的改编中，绝大部分是女性。女性读者的这种努力——从男性主导文化中脱离出来，展示女性自己的文化文本——使得女权文化回到人们的视野。前文提到，粉丝圈的构成群体是妇女、年轻人、同性恋等，这些群体对文本的盗用、改变，使得符合他们兴趣的，传播这一群体的亚文化文本出现，亚文化成为流行文化，如同性恋文化、摇滚文化等。粉丝圈形成了一种参与性文化，这种文化将媒介消费的经验转化为新文本乃至新文化和新社群的生产。①

可以说，在传统媒体时代，受众是通过对文本的盗猎行为，融入自己的思想，使之成为一种新的创造性的文化，来宣扬自己的政治要求或者文化要求。但是读者并不是只盯着一个文本，而是在不同的文本之间游离。詹金斯又借用了德赛都的"游牧民"的概念来形容这类读者。他们"总是在移动，既不在这儿，也不再那儿，不受永久的财产权所束缚，不断向其他文本挺进，挪用新的材料，制造新的意义"②。他们会关注其他关于某一主题的文本，然后在不同文本之间穿梭，寻找到文本之间的一种互文性关系。

（二）"公民参与"：新媒介环境下受众参与观念的转型

在 2006 年出版的《融合文化：新媒体与旧媒体的冲突地带》这本书中，詹金斯聚焦于有关参与的相互竞争和相互矛盾的观点，这些观点正在塑造着新的媒体文化。而在本书中提出的融合文化，使新形式的参与和合作成为可能。本书围绕着融合、集体智慧和参与者三个核心概念展开，融合文化就是一个"新媒体和旧媒体碰撞、草根媒介和公司媒介交汇、媒介生产者的权力和媒介消费者的权力以不可预测的方式互动"的场域。③ 在书中，作者赋予参与性文化一种政治权力，这些粉丝社群不只是通过创造和传播新思想（对所喜欢的文本进行批判性的阅读）来实施政治影响，而且还通过利用

---

① Henry Jenkins：Textual Poachers：Television Fans and Participatory Culture，New York：Routledge，1992，第 27 页 转引自 岳改玲：《小议新媒介时代的参与式文化研究》，《媒体与传播》，2013 年第 1 期.

② 陶东风. 粉丝文化读本[M]. 北京：北京大学出版社，2009：46.

③ 杨玲. 媒介、受众与权力：詹金斯的"融合文化"理论[J]. 山西大学学报：哲学社会科学版，2011，34（4）：64-70.

新的社会结构(集体智慧)以及新的文化生产模式(参与文化)来实施正式影响。①

电子媒介出现后,受众的自主权力进一步得到提升。网络社区的建立使得原先只能通过信件取得联系的粉丝能够聚集在一起,随时随地进行交流。皮埃尔·利维将这种社区内成员大规模的知识聚集和加工活动称为"集体智慧"②,一种新的知识空间。集体智慧这一概念描述了在网络文化下知识跟权力之间的一种联系。这可能为公民参与提供了一种新的模式——其运作影响跨国资本主义的商品流通或者国家对民众的期望。③ 网络打破了地理上的局限,社区成员可以从一个网络社区跳到另外一个,一个网民可以属于不同的网络社区。但是他们通过相互生产与交换知识联系在一起。④新媒体环境下的参与性文化更多地表现在社区成员或者说因为某一事件而迅速聚集起来的网民之间共同解决问题。

新的电子媒介的出现,增加了网民之间交流的速度,达到了实时交流。传统媒体时代通过邮件而实现的粉丝之间的交流在电子时代似乎完全被淘汰。他们上网就可以讨论最新的剧集。通过电话就可以跟朋友讨论,上网就可以阅读最新的评论。新的媒介大大扩大了交流的领域,实现了全球之间的交流。全球网民可以上网了解不同国家的文化、新闻动态,跨文化的交流成为可能。

新媒介环境下,人们不像原先的文本盗猎者一样,个人从电视文本中掠取文本来加入个人的思考重新创作,更多的是从集体出发,强调一种集体的智慧,从而完成参与。

参与的渠道跟门槛的降低,使得受众参与的程度达到了一种前所未有的高度。以中国为例,截至 2014 年 12 月,中国网民规模达 6.49 亿,其中网民中具备中等教育程度的群体规模最大,初中、高中(中专、技校)学历的网民占比分别为 36.8% 与 30.6%。⑤ 其中使用手机作为互联网接入设备的达到了惊人的 85.8%。这一数据告诉我们,中国的网民现在是移动的,而不是

① 亨利·詹金斯. 融合文化:新媒体与旧媒体的冲突地带[M]. 杜永明,译. 北京:商务印书馆,2012:357.

② Jenkins,Henry. The Cultural Logic of Media Convergence,International Journal of Cultural Studies 2001,7(1):33-43.

③ Jenkins,Henry. Convergence Culture,Convergence 2008,14(1):5-12.

④ Jenkins Henry. Interactive audiences,The collective intelligence of media fans,The new media book,2002:157-170.

⑤ 中国互联网络信息中心第 35 次调查报告 http://www. cnnic. net. cn/hlwfzyj/hlwxzbg/201502/P020150203551802054676. pdf.

固定在某一个节点上的。移动网络、手机终端的大量使用让原先只属于精英阶层的互联网成为一种大众商品,大家都可以消费与使用。受众的参与得到了技术上的允许,网络成为普通受众活跃的舞台,参与热情迅速提高。

在詹金斯看来,新的政治文化——正如新的通俗文化一样——反映了这两种媒体系统你来我往的纠缠和相互作用:一个是广播式和商业性的,另一个是窄播式和草根性的。新思想和替代性的观念更有可能出现在数字媒体环境中,但是主流媒体会监督这些传播渠道,选择可以吸收和加以传播的内容。[①] 也就是说,虽然大量自媒体,例如微博、博客、微信的出现使得公民政治参与的渠道增加,但是由于这些草根性质的自媒体的门槛低,而且管理不严格,容易出现损害政治的倾向,如政治谣言,这就使得传统媒体站出来扮演引导的角色。

在媒介融合的环境下,受众变得更加自主。大量参与性媒体的出现使得受众不仅仅成为消费媒介内容的消费者,更是成为媒介内容的生产者。而原先意义的媒体公司只是成为一个简单提供平台的技术提供商,而内容的提供完全依赖受众。这就使得受众的地位被得到前所未有的重视,因为受众成为整个经济来源的基础,受众成为可交换的商品。以微博为例,上亿的微博用户在微博这个技术平台上编辑属于自己的内容,同时分享别人的内容,共同组成了微博公司所需要的点击量。大量这种自媒体的出现使得受众参与性大大提升,共同参与到网络文化的构建中。这种参与性环境打破了生产者与消费者之间的界限,使得参与者成为知识与信息的生产者,成为一种"produsers"。他们不只是传统意义上参与到内容生产中,而是对存在的内容进行合作性持续性的建立与延伸来追求其深层的意义。[②]

詹金斯将浅薄而格调不高的通俗文化来作为表达政治诉求的一种方式。形形色色的激进主义者、粉丝、戏仿作品作者正利用普通图像软件即Photoshop 来挪用和处理照片,从而表达自己的政治声明。这样的图片也可以看作是草根版的政治卡通漫画——试图在一幅影响力巨大的图片中浓缩他们关注的话题。[③] 这种通俗文化也给不能参加政治活动的儿童和青年人带来了政治参与的机会。政治语言对他们来说既不熟悉也与自己不相干,新闻所呈现的世界与他们日常生活完全隔绝开来。如果想要年轻人参与投

① 亨利·詹金斯. 融合文化:新媒体与旧媒体的冲突地带[M]. 杜永明,译. 北京:商务印书馆,2012:312.

② Bruns A. Towards Produsage:Futures for user-led content production [J]. 2006.

③ 亨利·詹金斯. 融合文化:新媒体与旧媒体的冲突地带[M]. 杜永明,译. 北京:商务印书馆,2012:325.

票,我们必须及早行动起来,改变他们经由社会化成为公民的过程。通俗文化成为造就参与行为最多的公民的一种途径,就是让人们在微观层面上进行权力游戏,在虚构的世界里施加控制。①

但是这种政治参与却不是仅仅停留在网络媒体之上,也存在于传统媒体与网络媒体之间,线上与线下的互动之中。有些创意是自上而下的传播,开始是商业媒体,而后当它们在文化领域传播开来时,又被各式各样的公众采纳与挪用。另外一些创意则是自下而上从各种参与文化网站发起,如果媒体业看到了从中赢利的渠道,就会把它们注入主流培育。草根媒体的力量在于它能促进多样性,广播式的媒体的力量在于它可以起到放大增强的作用。参与的力量并非来自于摧毁商业文化,而来自改写、修改、补充、扩展、赋予其广泛的多样性的特点,然后再进行传播,将之反馈到主流媒体之中。② 新的媒介环境下,公民参与还有另外一种形式,即线上与线下的互动。在线上,人们对某一公共问题进行集体讨论,形成集体围观,人们进行投票、评论、讨论等。这种线上活动容易转移到线下,转移到现实生活中。例如厦门 PX 项目,就是线上与线下互动的一种公民参与的典型事件。

三、结语

詹金斯的参与性文化从 20 世纪 80 年代提出到 21 世纪,历经了二十多年,其理论内涵随着媒介技术的发展也在一步步的丰富。本文主要从两个方面来阐述了詹金斯参与性文化的变迁:传统媒体时代的"文本盗猎"到新媒体时代的"公民参与"。这两种形式都是参与性文化,都是受众在表达自己声音时所表现出来的不同形式。文章的主要切入点在于随着媒介的变化,从而总结出詹金斯"参与性文化"理论在不同媒介环境下所表现出来的不同。这种不同主要表现在人们运用媒介的不同,以及产生的参与文化的不同。

目前中国正处在媒介融合的大流之中,参与性文化理论对中国有着很大的借鉴意义。詹金斯提出在媒介融合下的参与性文化所具备的特点以及为了进一步增强受众的参与性,必须增强受众媒介素养,这些都是值得中国借鉴的。

---

① 亨利·詹金斯. 融合文化:新媒体与旧媒体的冲突地带[M]. 杜永明,译. 北京:商务印书馆,2012:333.
② 亨利·詹金斯. 融合文化:新媒体与旧媒体的冲突地带[M]. 杜永明,译. 北京:商务印书馆,2012:371.

漂浮的符号系统对身份认同的影响

——试分析弹幕，以 bilibili 为例

（侯普曼　安徽大学）

摘　要：弹幕似乎已经成为 bilibili 的代名词，尽管很多网站都已经开设了弹幕系统，但无论是比较弹幕的质量还是数量，b 站在同类网站中的领先地位仍然不可撼动。许多流行的弹幕形式依旧是从 b 站辐射延伸而来。笔者在浏览许多网友关于 b 站的帖子后发现，弹幕在网友欣赏视频过程中的重要性愈发明显，其不仅可以增强视频欣赏过程中的趣味性，更可以为网友提供一种存在感和认同感。由于用户发送的弹幕具有匿名性，这一特点使其不同于一般意见表达的平台，在交流中失去身份却并没有阻碍受众获得身份认同。本文试图分析作为符号系统的弹幕对身份认同的影响。

关键词：弹幕；身份认同；符号系统

弹幕似乎已经成为 bilibili 的代名词，尽管很多网站都已经开设了弹幕系统，但要比较弹幕质量、数量，b 站至今还是处在前列。许多流行的弹幕形式依旧是从 b 站辐射至其他网站。许多网友表示看视频不看弹幕就感觉缺少了乐趣、喜欢在弹幕刷存在感，还有许多网友表示对除了 b 站和 Acfun 以外的弹幕网站的不满。虽然这些普通网站的弹幕使用者有部分是 Acfun 与 bilibili 的用户，但他们还是认为普通网站弹幕无聊，或者说其他网站根本不懂什么是弹幕。"被小学生占领"是他们在这种情况下经常挂在嘴边的一句话。

"弹幕"原意指的是密集的子弹，由于过于细密集中以至于像一张幕布一样。它最早出现在军事领域，指使用密集火力对某一区域进行轰炸，从而将目标摧毁。后来指在某些新型的视频网站上出现的注册会员在观看视频时发表的评论会像子弹一样密集地飞过屏幕，这种形式的评论被形象地称之为"弹幕"。与以往不同的是传统视频网站提供的视频页面，虽然有评论

区,但是很难产生大的影响。弹幕则把视频当作一个平台,用以发布各种个人评论,可以看作是一种观看视频的新的体验方式。以 bilibili 网站为例,弹幕是可以自行开启和结束的,新出现的功能是有选择性地屏蔽视频用户提供的关键字。虽然弹幕可以关闭,但在此意义上它与一般的视频网站的差异也会不复存在,因此本文主要以部分开启和完全开启弹幕的用户为讨论对象。

一、游戏的认同

相比于传统的视频网站,弹幕网站可以说是将传统的评论这一表达自身意见的手段媒介化。一般视频网站的评论区都设置在视频播放窗口的下方,相比于视觉文本,评论区还是摆在了极其不显眼的位置上,在视觉上设置在了视觉聚焦区域的下方,在观看的过程中,即使评论再热烈,也还是不能对观看者产生强烈的影响。而弹幕网站则不同,他人的文字评论是实时出现在视觉文本的播放界面上的,原本的观看者也会实时传送弹幕到原始文本上。这就大大提高了人们的互动自主性。

根据大众传播游戏理论:"大众传播最好的一点是允许人们沉浸于主动的游戏之中,也就是说它令人快乐。"①这一行为也可以说是一个内化的意义赋予的行为。游戏要求它需要是一项高度自主和主动的活动,并且部分时候传播不为信息,传播的活动本身就足够说明它想要表达的东西,传播者享受的是传播活动带来的快乐而非以得到传播的信息为乐。弹幕的使用者往往会因为弹幕感到快乐。发送的信息出现在屏幕,并且可以热烈地讨论和玩乐戏谑。

赫伊津哈也曾试着将游戏定义为:"游戏是在特定的时间和空间中展开的活动,游戏呈现明显的秩序,遵循广泛接受的规则,没有时势的必需和物质的功利。游戏的情绪是欢天喜地、热情高涨的,随情景而定,或神圣,或喜庆。兴奋和紧张的情绪伴随着手舞足蹈的动作,欢声笑语、心旷神怡随之而起。"②由此可见:"游戏所具备的诸多特性:自愿性、非功利性、时空独立性、规则制约性、身心愉悦性与不确定性,等等。"③游戏首先需要自愿,被强迫的

① Stephenson W. The Play Theory of Mass Communication [M]. New Jersey:Transaction Books,1988.

② [荷]约翰·赫伊津哈. 游戏的人[M]. 何道宽,译. 广州:花城出版社,2007.

③ 宗益祥. 作为游戏的传播——威廉·斯蒂芬森的传播游戏理论研究 [D]. 重庆:西南政法大学,2014.

活动不会有愉悦性,由此则不能称为游戏;游戏还要具备非功利性,游戏本身就是目的,并且不带来一般意义上的物质鼓励和利益;游戏的"时空独立性"是指脱离现实生活的领域,暂时脱离日常事务带来的烦恼以及符合社会规则的思想指向;游戏还要有一定的规则,规则的目的是公平公正与井然有序,这就意味着要使参与者反感破坏规则的其他参与人;游戏同时具有愉悦性,可以让人忘我,正如同反复阅读带来的情绪的排解,人们借助于无法获取新的意义的无目的的行为来缓解压力;游戏具有不确定性,这个也可以理解,在没有做一件事情之前就预先知道结果,相信很多人会失去动力。同样参与游戏的人也就必须按照"剧本"走。弹幕是具有这些特点的:弹幕的参与是完全出于自愿,不喜欢的人可以不发送,甚至还可以完全关闭弹幕,而且弹幕的匿名性使得它不能给使用人带来现实利益。在弹幕内容上,发送明显区别于网站氛围的弹幕势必会遭到清除,即使没有这么严重,而只是违反了一些约定俗成的规则时,网站提供了关键字屏蔽服务。这就使得这种内容不能得到意想中的效果。而弹幕的不确定性则在于例如有些弹幕可能会因为一些偏离原文本基调的语句造成气氛的偏差,从而使原本严肃的或者平淡的地方变得娱乐和好笑。弹幕的游戏性还在于消除了弹幕符号的所指,使之变成了无意义的符号。在这个系统里,任何古怪的、不能理解的词语都可以存在。例如"前方高能预警""弹幕护体""大家好,我是×××(一般不涉及现实身份)",还有所谓的"遮脸"系列(同样的语句大量发出遮住视频里面的人物)、关于地域的"××地方的人来刷脸熟"等等,都是在 b 站非常流行的没有实际意义的弹幕。还有例如 b 站红火过一段时间的"金坷垃"系列。"金坷垃"原本是一个非常夸张的关于农业化肥的广告,但因为雷人的台词、夸张的效果和聘请外国演员进行"爱国"的宣讲被 b 站的一位用户制作成视频后广为流传。其后则掀起一股"金坷垃"风潮,在与"金坷垃"毫无关联的视频里将背景音乐配上"金坷垃"的歌词大量刷屏。这些都不是可以预想的,制作者也表示不知道为什么会这么红。也许一开始有的弹幕并不是以取乐为目的,但是它无意中造成的快乐气氛则促使其他使用者广泛传播,就是为了让视频"更好玩儿",这种游戏性的玩乐创造了轻松的气氛,很容易获得更广泛的传播,进而形成某种"特色"成为使用者心中具有代表性的形式。弹幕是一种游戏,那么它所使用的道具就是其创造出的无意义的符号系统。

二、仪式的认同

笔者统计了在百度贴吧里网友自发组织的看视频会不会开弹幕的讨论

中,有23人参加,其中15人表示一定会开,开弹幕看视频才有意思,看不到会不习惯。7人表示弹幕有时候会刷屏影响观看所以会关掉。在与实际生活中b站资深用户的交谈中有人表示看不到弹幕,就无法找到自身的存在感,也许可以为经常在b站视频弹幕中和在其他平台上对b站相关讨论中表示"为了看弹幕,我把剧追完了""找存在感"这样的话找到解释。弹幕的匿名性,这是它区别于其他意见平台的特点。这就意味着即使弹幕的内容受到追捧,也无法获得类似微博平台上某个人突然因为一些事受到追捧然后走红的情况,即弹幕上不会出现有现实意义的意见领袖。

b站以弹幕这种形式得到了前所未有的瞩目。而它的内容更多的是无意义的游戏,这使它更多地带有了仪式性的色彩。坦姆比亚对仪式的定义:"仪式是一种文化地建构起来的象征交流的系统,它由一系列模式化和系列化的言语和行为组成。往往是借助多重媒介表现出来,其内容和排列特征在不同程度上表现出礼仪性的(习俗),具有立体的特性(刚性),凝聚的(熔合)和累赘的(重复)特征。"①仪式就是以符号的象征性为主要特征,弹幕文化的意义附着在各种构成系统的符号体系中。"文化是体现于象征形式,包括行动、语言和各种有意义的物品中的意义形式,人们依靠它相互交流并共同具有一些经验、概念与信仰。"弹幕用户使用的是带有ACG特点的语言,有一系列被基本接受的意义系统。这样弹幕用户就完成了身份认同。使用并遵守弹幕规则的人必定深谙其道,大家在交流中毫无障碍地理解各种符号背后的深层之意。换句话说弹幕制造了一个"想象的共同体"。

"仪式能够在最深的层次揭示价值之所在……人们在仪式中所表达出来的,是他们最为之感动的东西,而正因为表达是囿于传统和形式的,所以仪式所揭示的实际上是一个群体的价值。"由于b站一开始就是作为ACG爱好者的网站,是日系文化的传播集散地,它后来延伸出的投放剧集、电影、音乐、MV都是日系文化爱好者的延伸产物。视频的投放者被称为"up主",类型也可基本分为两种:一种本身不是视频内容的生产者,只是游走于视频网站的"搬运工";另一种是本身是视屏内容的生产者。这两种上传的视频文本都需要经过管理者的审核才能在线上出现,因此,b站是一个虽然松散但是兴趣取向非常明显的整体,大部分用户都或多或少的是动漫游戏、宅系文化的爱好者。这个群体擅长的是恶搞、戏谑、颠覆式的语言游戏。对于新的准入者,如果想获得群体认同,那么首先必须熟悉规则,否则就会遭到"处罚"。弹幕诞生于"二次元"和ACG的土壤上,它所擅长的必然是关于这种

---

① 闫伊默,刘玉. 仪式传播:传播研究的文化视角[J]. 文化研究,2009,7(2):116-119.

亚文化所赋予的特色和价值。弹幕的使用者积极使用和维护的必然是这种文化下的群体价值。并且传播的仪式理论还解释说："传播的仪式观与宗教的关系顾名思义一目了然，而且它源自这样一种宗教观——它并不看重布道、说教和教诲的作用，为的是强调祷告者、圣歌及典礼的重要性。"①"凯瑞注重过程而非结果，他认为呈现在我们面前的符号体系不是为了改变态度或思想，而是为了代表事物的基本秩序。"也就是说，弹幕的使用者在使用过程中，不断强化群体认同的弹幕形式，反过来也加强了弹幕作为一种进入"圈子"的仪式。通过承认准入者则必须通过内化象征符号，才能准确地获得信息，它迫使使用这一工具的人接受它所界定的规则与结构。在弹幕发布时，什么样的弹幕受欢迎，引起别人发笑、模仿等等都会影响到使用者对弹幕的内化理解。弹幕本身的为中心受众所认可的模式会影响新用户。这一理论很好地解释了为什么在匿名性的弹幕里受众可以寻找到存在感。弹幕本身就是一种权力，它界定了准入者对某些文本的特殊解读，并将以往存在于小众的 ACG 领域的话语特色，注入网站上非关于此的内容，造成一种新鲜感。迅速结合当下年轻人寻求娱乐、注重自我意识和自我表达的特征，但归根到底它还是以它原始解构的特色为主体。观看视频时对于此前存在的弹幕了解过后，对什么样的信息可以引起别人的附和、在弹幕信息中占据主要地位后，初次接触弹幕并对此有兴趣的用户就会越来越发掘弹幕信息的特点并加以内化，再加以发挥后发布弹幕去影响他人。使用者的"存在感"存在于对关系的依赖，而非对弹幕文本的着迷。标志性的弹幕语句有很多，但是使用者不是为了这些语句才去发送弹幕。他们所提到的"归属感"实际指的是建立在仪式基础上的弹幕符号构建的关系。其实在一开始弹幕就将自身大部分特色确定了下来，构建出一种以解构原始文本为主的轻松、娱乐化和有明确指向性的交流圈。在这个圈子里人们交流的不仅仅是针对原始文本的解读，还有一种在"圈内"的自我定位。根据这种仪式关系，用户的存在感存在于相互间的身份认同，即使没有名字，但是大家都对弹幕特色有深刻的了解，并且遵守同样的规则。因此，用户的存在感并不需要用户名来确定身份。

三、符号的消费与认同

弹幕的游戏性和仪式性使弹幕用户获得身份认同感和愉悦感，然后驱

---

① 张孝翠. 论仪式传播与参与主体性[J]. 国际新闻界,2009(04):41-44.

使他们更多地投入符号的复制当中去。但身份认同并不仅仅来源于此。弹幕中对词语的使用形成了一种关系,在这个基础上形成了一定的符号系统。大量无意义的符号才是 b 站为人称道的"特色"。

符号是人类文化的基础,无论是文字还是艺术或其他等等都是对自然物的符号化,对于网络更是如此。大量的信息转化为符号的系统充斥于生活。鲍德里亚提出"产品一方面具有物的本身使用结构,另外也具有符号的特性。消费者消费产品,并不只是消费物品本身的功能,也是在通过符号消费来满足需要。现代人的需要已经随着生活水平的提高从单纯的解决温饱上升到对个性的追求,而对符号的消费正好迎合了这一需要,从而产生了符号化的消费形式。消费者在消费时,不只是消费有形的实物,更多的是消费符号来进行心理上的满足,符号消费逐渐使得产品的功能性弱化。在消费行为中,产品的附加意义反而变得更为突出。这样,在鲍德里亚那里,符号逐渐上升到一个前所未有的高度,并逐渐超越了传统意义上的消费概念,而成了只有符号存在的消费盛宴"①。弹幕之前的公共网络平台从始至终总是连接着一个个实实在在的主体,那么弹幕最终呈现的则如它名字一样,是各种漂浮的、无根的符号。弹幕之前的公共平台是由一个个有迹可循的参与者发出的,而弹幕则完全是匿名。每一条漂浮而过的弹幕最终指向的是弹幕背后的符号系统而非实在的参与者。对弹幕符号的消费意义远大于发表实际的评论。弹幕代表的"二次元"特色例如解构、戏谑等等背后的意义才是使用者想追求的。

现代社会尤其是物质极大丰富后,消费已经不同于对物的占有与消耗的刺激性被动地位转,而变为一种建立关系的主动模式。"可以将消费设想为一个我们的工业文明特有的作用模式——条件是……把它作为一种满足需要的程序,释放出来。消费并不是这种和主动生产相对的被动的吸收和占有……消费是一种'建立'关系的主动模式,而且这不只是'人'和物品间的关系,也是'人'和集体与和世界间的关系,它是一种系统性活动的模式,也是一种全面性的回应,在它之上,建立了我们文化体系的整体。"②受众对弹幕的消费也反映了受众对于这样一种符号系统的认同并主动投身于对符号的复制中。在一个使用者追求的符号系统里,认同感便可以轻易获得。这样的符号消费带来的是对虚拟族群的认同以及由此而获得的心理满足,

① 于骐鸣.波德里亚网络符号思想研究[D].上海:上海师范大学,2015.

② 徐琴,曾德华.波德里亚对技术社会的后现代主义批判[J].上海大学学报:社会科学版,2007,14(1):18-23.

以及将自身区别于众。受众不在乎弹幕内容的评论功能,更多的是追求弹幕衍生的各种形式以及能代表"弹幕"的符号。因此可以在视频中见到各种无意义的符号的"狂欢"。也印证了鲍德里亚的理论:"消费是一个系统,它维护着符号秩序和组织完整:因此它既是一种道德,也是一种沟通体系、一种交换结构……这一社会功能和这一结构组织远远地超越了个体,并根据一种无意识的社会制约凌驾于个体之上。"并且关于符号的消费,弹幕的无意义的符号实际也是对符号的浪费。根据鲍德里亚的理论,现代社会的消费中的有种倾向,就是在破坏或浪费中超越、变化。消费的意义则在于此,消费与破坏使得弹幕符号具有了更多的延伸意义。正是由于用户对于弹幕符号的消费,从而构筑了一种有别于传统意义上的交换与交流的空间,越多人消费,就越将这个符号系统的道德构筑得更加完善。可以说用户需求产生弹幕符号,但是弹幕符号脱离主体,形成系统反过来限制主体对于符号的使用。通过这种符号的消费,弹幕系统将用户裹挟进一个"想象的共同体"建立起一个更加紧密的意义的关系网。

四、总结

弹幕产生于亚文化,并且带有亚文化的鲜明特征。此前大部分研究者都将目光聚集在弹幕的语言文本上,将其与微博等媒介中交流传播的不同进行比较,从而揭示其特点和影响。笔者试图从另一方面入手试讨论弹幕网站与使用者的关系。弹幕的文本解读不同于以往人们的感知,甫一出现,其冲击力还是非常能够使人想去了解这个新鲜的事物。轻松、娱乐的气氛,恶搞、戏谑的语言,一定程度上符合了当代流行文化的一种趋势,因而迅速获得了爱好者的追捧。看视频不能没有弹幕,但是弹幕形式如何使受众从匿名性的弹幕中获得自身的认同? 根据以往的经验,身份的认同多是以具有个人符号为基础的。弹幕亚文化的特征使之具有了相当的娱乐性,并且在受众的不断使用中强化弹幕的符号形式,确立了弹幕的仪式感。

参考文献:

[1] 宗益祥. 作为游戏的传播——威廉·斯蒂芬森的传播游戏理论研究[D]. 重庆:西南政法大学,2014.

[2] 闫伊默,刘玉. 仪式传播:传播研究的文化视角[J]. 文化研究, 2009,7(2):116-119.

[3] 张孝翠. 论仪式传播与参与主体性[J]. 国际新闻界,2009(4):

41-44.

[4] 于骐鸣. 波德里亚网络思想研究[D]. 上海:上海师范大学,2015.

[5] 李军华. 符号的颠覆与重构:网络缩略语研究[J]. 甘肃社会科学, 2007(3):250-252.

[6] [法]波德里亚. 物体系[M]. 林志明,译. 上海:上海世纪出版集团,2001.

[7] 王鹏. 鲍德里亚象征交换理论及批判[J]. 理论探讨,2015(5): 70-74.

[8] 孔明安. 从媒体的象征交换到"游戏"的大众——鲍德里亚的大众媒体批判理论研究[J]. 南京大学学报:人文科学·社会科学版,2004,41(2):5-11.

[9] 高亚春. 析波德里亚的象征交换理论[J]. 五邑大学学报:社会科学版,2004.6(3):6-9.

[10] 闫伊默. "礼物"仪式传播与认同[J]. 国际新闻界,2009(04): 45-49.

社会化媒体对同性恋群体身份认同的影响

（贾　瑞　李曼玲　四川省社会科学院）

摘　要：社会化媒体的应用与普及推动了人类交往方式的改变，以同性恋为代表的社会边缘群体得以赋权发声，其身份认同在自我制造、自我传播的声势中显现出逐渐增强的趋势。本文以成都地区30名同性恋者为调查对象，采用问卷调查和量化分析的方法，对社会化媒体广泛应用的社会情景之下，同性恋者的身份认同变化进行了分析和考察。本文认为，社会化媒体的使用促进了同性恋者与初级群体的交流，加深了同性恋者群体归属感，减小了个体的社会舆论压力感知，弱化了以异性恋为主流的文化裁制，进而增强了同性恋者的身份认同。

关键词：同性恋；身份认同；社会化媒体；社会交往

一、引语

同性恋者（homosexuality）是指正常生活条件下，对同性成员持续表现性爱倾向，包括思想、感情及性爱行为，对异性虽可有正常的性行为，但性爱倾向明显减弱或缺乏的个人（CCMD-III）。据相关统计，目前中国同性恋在人群中占比大约为5%，整个中国男同和女同的数量在7000万以上[1]，是社会中举足轻重的群体。

长期以来，同性恋者在异性恋规范的主流思维之下被赋予了一种他者性，其性取向被定义为偏差和病态，得不到主流社会的承认与接纳，这一人群也处于失语和被压制的边缘境地（佘文斌，2013）[2]甚至被认为是对社会性别身份产生严重挑战的"酷儿"（李银河，2003）[3]，其性别身份游离于主流文化与个人认知之间而得不到认同。

但是,依托互联网技术和智能通信技术近年来的勃兴与发展,以博客、微博以及社交网络为主体的社会化媒体迅速崛起,根据 CNNIC 统计,截至 2014 年底,社会化媒体的使用率已达到 45% 左右[4]。社会化媒体的普及和使用营造了更加宽松的社会环境和舆论场域,不少边缘群体得以赋权发声。

以同性恋群体为例,2006 年出现了首个由政府支持的 BBS 同志论坛,2013 年香港艺人何韵诗在网络上发起了声势浩大的"撑同志、反歧视"运动,2014 年社会学家李银河发微博公开个人同性恋身份,2015 年美国最高法院审议后通过了同性恋婚姻合法化的决议引发了我国网民的热烈讨论。在社会化媒体逐渐成为主流社交方式的背景之下,同性恋群体的舆论运动在网端发迹,其成员的身份认同感也随之增强。

因此,本文以社会化媒体对同性恋身份认同的影响为研究议题,对同性恋身份认同的影响因素、社会化媒体使用及二者联系的相关文献进行梳理,通过问卷调查和量化分析的方式证明二者正向相关关系,对同性恋群体的身份认同提供更多启示性的思考。

二、文献综述

(一)同性恋身份认同研究

身份认同溯源于哲学领域,表示对个人生存状况及生命意义的深层次的追问(张海洋,2006)。作为学术概念的身份认同最早由弗洛伊德使用,意指个人与他人、群体或模仿人物在感情上、心理上趋同的过程(车文博,1988)。戈夫曼将身份认同主要分为个体认同、集体认同、自我认同和社会认同四类,而个体认同和集体认同都可以归入社会认同之中(王莹,2008)[5],因而身份认同研究在发展中呈现自我认同和社会认同的分野。

自我认同(self-identity),带有较强的个人性与主观性,强调自我的心理和身体体验(陶佳俊,2004)[6]。该领域研究认为,个人生理层级到心理层级的演进状况,自我意识形态和人格建构,主体身份的占有和承诺是影响个体身份认同的重要因素。而与初级群体的沟通、交流,生活情境的演化,自我意识与他者期待的协商也在个体身份认同过程中施加了影响(张淑华,李海莹,刘芳,2012)[7]。

社会认同将自我与社会一分为二,着重社会对于个人存在和意识的决定性。社会认同把社会制度、社会宏观环境、个体的群体身份塑造(王莹,2008)和社会成员互动(张淑华等,2012)视作个体身份认同的主要考量指标,强调社会系统的泛化效果和综合影响。

同性恋身份认同是身份认同研究领域的分支和延伸,指同性恋者承认身份,并把这种身份整合到自我概念中的过程(张北川,1994)。演绎于身份认同研究,同性恋身份认同以结构主义和功能主义的视差,呈现了个人中心的本质主义与社会中心的建构主义的界别,并基于各自视角对同性恋身份认同的影响因素进行了解读(刘俊,张进辅,2009)[8]。

1. 本质主义

本质主义认为同性恋身份认同隶属性认同,是自己发现和承认自己原有的性倾向的过程。社会学家 Cass 基于人际和谐理论,将此过程分解为认同困惑、认同比较、认同容忍、认同接受、认同骄傲、认同整合六个阶段(Cass,1979)[9],并将同性恋身份认同过程归于线性。

在 Cass 模型的基础上,本质主义研究者将同性恋者身份认同过程进一步细化为觉察阶段、认同困惑阶段、认同假定阶段、承诺阶段(Beaty,1999;Troiden,1993;William,Timothy,1999),并提出个人性格(刘亭亭,2012),初次性经历(李银河,王小波,1989),家庭观念和污名化程度,家人、朋友的态度以及与初级群体交流的质量和频度(普卢默)显著地影响了同性恋者的身份认同。

2. 建构主义

建构主义流派将同性恋的身份认同影响因素归纳为多维度的结构,包括了个人的内在变量(如自尊、幸福感、认同困惑、内化的同性恋恐惧、自杀观念和行为等),人际间的变量(如对外暴露身份、社会支持、参与同性恋群体活动、性行为等)以及一些特殊件(如遭受他人的暴力,第一次达到自我认同的时间等)的综合影响(Mohr,Fassinger,2000)。

建构主义把同性恋身份认同放在一个由自我观念、家庭关系、同班关系和社区关系组成的语境中研究(D'Augelli,1994)[10],主张在真实的情景下考察个人与社会的行为并从外部社会影响和内在心理变化两个方面来说明同性恋认同发展的过程,指出了同性恋身份认同的反复性与可逆性(Rivers,1997)[11]。研究认为社会惯习与文化氛围、群体归属意识、社会舆论环境对同性恋者的身份认同施加了潜移默化的影响。

同性恋认同研究在发展中展现了本质主义与建构主义相互整合的趋势。Alderson(2003)提出生态化模型,主张在真实的情景下考察个人与社会的行为,并从外部社会影响和内在心理变化两个方面来说明同性恋认同发展的过程。Hammack(2005)基于命历程理论(即强调社会、文化,特别是历史环境对个人生活与发展的显著影响)提出了个人的同性恋身份认知模型,认为同性恋者的身份认同是在特定的性文化模式下了解自己的性欲后会产生行为体验和认同假设,提出了个人能动作用对生物性欲和文化因素的中介作用[12]。

(二)同性恋身份认同影响因素

基于以上对身份认同研究及同性恋者身份认同研究的梳理,本文将影响同性恋者身份认同的因素归结为本体论的个人因素与认识论的社会因素两类。

个人因素主要指初级群体交流频度。初级群体的接触能让他们得到群体支持和认同,帮助解决内心的同性恋恐惧以及疏离感,从而获得积极的自我概念(King,Smith,2004;Wong,Tang,2004)。向亲人公开身份是同性恋身份认同的重要环节(普卢默,1984)。和谐的家庭关系比不和谐的家庭关系更有利于同性恋者积极的身份认同(李贝蒂,1999),生活于传统家庭观念的同性恋少年向父母说明同性恋身份的可能性较小(纽曼和莫佐尼格罗)。而同性恋者在恋爱关系中个人情感的充分表达有利于促进其身份认同(Troiden,1993)。

社会因素包含三个影响因子:①群体归属感:同性恋者的这种群体归属感使其能在社会主流文化下保持自己独特的文化属性,更有利于其达到身份认同(李银河,2003)。②文化氛围:同性恋生活在什么样的社会、文化及习俗的影响之中对其身份认同有重要影响(张北川,1994)。而同性恋者的性别认同是在以男性—女性的性别社会化框架中正常进行的,当同性恋者意识到自己爱的是同性时,他们的性别认同开始出现障碍(栗晓红,2007)[13]。③社会舆论环境:同性恋者的个人的行为,情感与认知是在社会环境的影响下进行认知失调斗争,并最终达到认知统一的(Alderson,2003),而社会舆论评判是同性恋身份认同的重要层次(李银河,2003)。

综上,同性恋者身份认同受到个人因素与社会因素的综合影响,与初级群体交流的频度与质量、群体归属感、文化氛围以及社会舆论环境共同作用于同性恋者的身份表达,对其身份表达与暴露行为产生或鼓励或压制的作用,进而影响同性恋者的身份认同。

(三)社会化媒体对同性恋身份认同的研究

社会化媒体(social media)一词最早由美国学者 Antony Mayfield(2007)提出,表示一系列在线媒体的总称,这些媒体具有参与、公开、交流、对话、社区化、连通性的特点。他认为,社会化媒体最大的特点是赋予每个人创造并传播内容的能力。他将社会化媒体的基本形态分为七大类:社交网站、博客、维基、播客、论坛、内容社区和微博,并分别解释了这些形态的运作方式。[14]

相关研究认为,与传统媒体相比,社会化媒体在有三大特点对身份认同了产生影响:①匿名化,社会化媒体提供一种独特的传播情境,使得使用者可以摆脱传统两性文化压力,从而释放本我,将后台的行为转至前台(佘文斌,2013);②脱域化与虚拟性,社会化媒体使本来与本土境遇联系紧密的文化符号从地理的和社会的现实关系中区隔开来,并且通过对于时间和空间的抽象化,使得文化符号不再围于本土的时空定位而可以向外自由拓展(王彦林,2012);③集群化,各种形式的交往互动使群体成员在网络社区中不断获取来自他人的支持和肯定,使他们重新发现了自己的共同性,进而对自己进行确认(周俊,毛湛文,2012)。

社会化媒体在同性恋群体身份认同的影响因素中发挥着作用。美国社会学家普兰和库珀在《LGBT Identity and Online New Media》一书中指出,互联网与社交媒体为 LGBT 群体的自我表达提供了一条补充性路径,营造了一种虚拟宽松的传播氛围,导致该群体在网际活跃的表现,同时也为该群体的身份认同和身份检验提供了传统媒体时代难以想象的机会。英国牛津大学的赫根教授在《社交媒体时代的自我表达》一文中指出了社会化媒体的技术优势,网络内容的及时创造和把关人的弱化,提供了更多张扬个性的机会。

三、研究假设

通过对上述文献梳理,本文认为,同性恋身份认同主要受到初级群体交流频度因素、群体归属因素、文化因素和社会舆论环境因素影响,而社会化媒体的广泛使用则通过影响以上中介因素,增强同性恋群体的身份认同感。

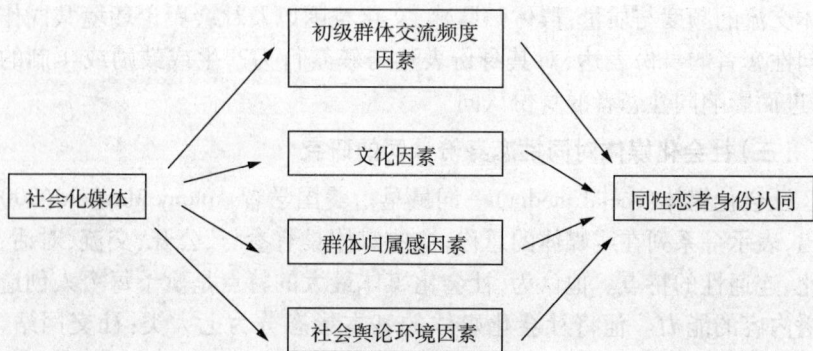

图 1　社会化媒体与同性恋身份认同关联模型

因此，基于以上分析，本文提出研究假设：

H_1：社会化媒体使用会增强同性恋者的身份认同度。

四、研究方法

（一）数据收集与抽样方法

本次调查研究于 2015 年 9 月在成都市展开，主要采用滚雪球法对 30 个有效样本进行了问卷调查和数据收集。样本构成情况见表 1：

表 1　总体样本构成表

		样本数量	样本占比
年龄	18 岁~22 岁	10	33.3%
	23 岁~27 岁	9	30.0%
	28 岁~32 岁	7	23.3%
	33 岁以上	4	13.3%
性别	男	21	70.0%
	女	9	30.0%
学历	专科及以下	12	40.0%
	本科	13	43.3%
	研究生及以上	5	16.7%

（二）问卷设计与测量方法

1. 自变量测量方法

本文以社会化媒体的使用行为为自变量，对自变量社会化媒体的使用频率的数据测量包括使用时长和使用频率。由于社会化媒体包含范围广泛，本调查根据用户量和强弱关系遴选出四个类别和一个自选类别供被调查者考量，分别为 QQ（强 & 弱关系，8.9 亿）、微信（强关系，5.5 亿用户）、微博（弱关系，2.5 亿）、人人网（弱关系，2.8 亿）、BBS（弱关系）和其他。根据使用状况对被调查者的使用频率和使用时长赋予不同的分值，自变量的终值为两个分值的加权平均数。

2. 因变量测量方法

本文同性恋者的身份认同程度为因变量。对因变量的测量主要使用奥克斯和普拉格编制的身份认同量表。该量表为四级量表,共设有 19 个问题,由于同性恋者的身份认同存在一定的特殊性,在问卷设计时增加了 10 个相关度较高的问题,以正向和反向计分的方式得出总分,作为身份认同程度的终值。

原 SIS 量表将身份认同程度的判断指标定为 56~58 分,由于实验用表的特殊性,本文对新增问题的分值进行加权处理后,将同性恋者的身份认同指标定为 67.5 分,高于该值则证明调查对象的身份认同程度较高。

本文使用 IBM SPSS 19.0 软件对所收集数据进行相关分析,并据此得出研究结果。

五、调查结果

(一)同性恋者的社会化媒体使用分析

本研究认为,同性恋者使用社会化媒体的频率较高、时长偏短,主要使用目的是与朋友和家人交流,且认为社会化媒体具有重要影响者占较多数。

对研究结果进行描述分析后发现,同性恋者使用社会化媒体的主要目的是社交,其中与朋友、家人交流(60%)和结识新的朋友(13.3%)在统计中占较大比重,同时有 80% 的调查对象认为社会化媒体在生活中的作用不可或缺。

在使用频率上,76.7% 的调查对象至少每天使用一次社会化媒体,73.3% 的调查对象将每次使用时长控制在 1 小时之内。从表 2 和表 3 中可以看出,同性恋者的社会化媒体使用具有多频次、低时长的特点。

表2 同性恋者社会化媒体使用频率分析

		频率	百分比	有效百分比	累积百分比
有效	两星期及以上	3	10.0	10.0	10.0
	一星期一次	1	3.3	3.3	13.3
	两天一次	3	10.0	10.0	23.3
	一天一次	11	36.7	36.7	60.0
	一天多次	12	40.0	40.0	100.0
	合计	30	100.0	100.0	

表3　同性恋者社会化媒体使用时长分析

		频率	百分比	有效百分比	累积百分比
有效	0.5h	15	50.0	50.0	50.0
	1h	7	23.3	23.3	73.3
	1.5h	5	16.7	16.7	90.0
	2h 及以上	3	10.0	10.0	100.0
	合计	30	100.0	100.0	

在对使用时长和使用频率进行加权平均后得到本研究自变量的终值。从表4可以看出，自变量统计值集中在3.0和3.5之间，标准差为0.6618，数值沿3.0呈正态分布状，由此可以判断，同性恋者对社会化媒体的使用较为依赖，同时又存在一定差异。

表4　同性恋者社会化媒体使用终值描述统计量

	N	极小值	极大值	均值	标准差
使用方式终值	30	1.0	4.0	2.900	0.6618
有效的N(列表状态)	30				

(二)同性恋者身份认同统计分析

对本实验所用的SIS量表所得数据加以分析后看出，同性恋者的身份认同水平较为分散(极值区间为57~83，标准差为6.084)，且整体显示出了较高的身份认同程度(平均数为73.4，高于67.5分的认同指标)。

表5　同性恋者身份认同程度单个样本检验

	检验值=67.5					
	t	df	Sig.(双侧)	均值差值	差分的95%置信区间	
					下限	上限
身份认同终值	5.342	29	0.000	5.933	3.66	8.21

通过对同性恋者身份认同程度统计进行单样本t可以看出：双侧Sig值为0.000<0.05。因此本文认为在0.05的显著性水平下，测量结果与67.5的预期测量值存在显著性差异，测量信度较高。

(三)自变量与因变量相关分析

本文对自变量和因变量进行相关性分析后发现，二者在0.01水平上显著相关,表明社会化媒体的使用对同性恋者的身份认同存在显著影响。

表6 自变量与因变量相关性分析

		使用方式终值	身份认同终值
使用方式终值	Pearson 相关性	1	0.713**
	显著性(双侧)		0.000
	N	30	30
身份认同终值	Pearson 相关性	0.713**	1
	显著性(双侧)	0.000	
	N	30	30

注:**在0.01水平(双侧)上显著相关。

对二者进行曲线估计后得到图2,从观测点分布状况和线性呈现可以观测出,自变量和因变量存在正向相关性,进而证明了本文的研究假设:社会化媒体使用会增强同性恋者的身份认同度。

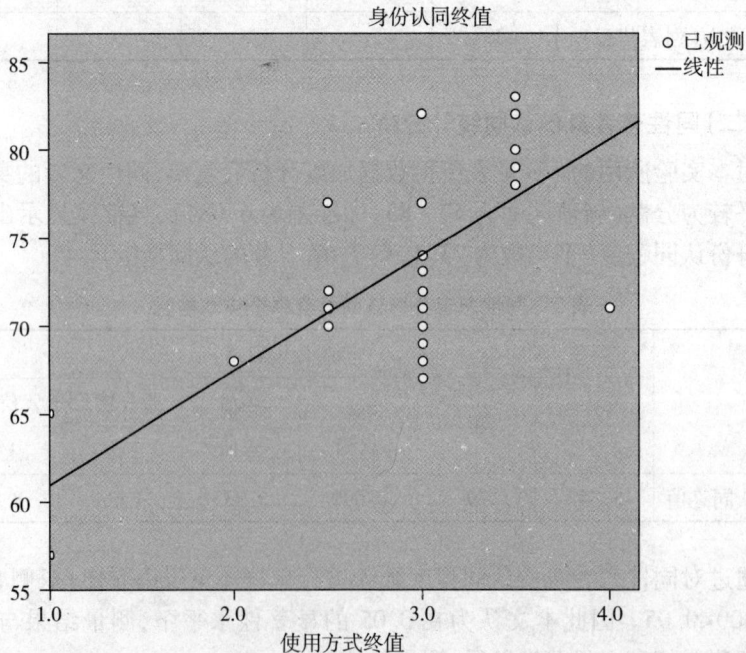

图2 自变量和因变量曲线估计图

六、讨论与结语

（一）结果讨论

从研究结果来看，社会化媒体的广泛使用增强了同性恋群体的身份认同程度，根据文献综述和影响因素分析，主要原因有以下四点：

社会化媒体拓展了同性恋者与初级群体的交流渠道。初级群体指与个体生活密切相关的群体，包括父母、亲人、密友等。根据库利的"镜中我"理论，通过与初级群体的交流，个人会依照他人评价、态度等这面"镜子"来认识和把握自己。就同性恋群体的身份认同而言，初级群体施加了重要影响，由受访者表示出于现实生活中直接沟通的困难以及初级群体的保守态度，其身份认同往往难以完成。

社会化媒体拓展了人际交流的渠道，网络交流最广泛的应用就是人际传播。学者彭兰研究指出："网际关系是现实物理关系的投射，但是它比物理世界的人际传播更轻松，并且可以作为紧张的现实生活的一个泄压阀。"

其原因，一是因为利用微信等社会化媒体交流的间接性，同性恋者可以从现实压力中适当抽离；二是由于个人身份的多重性，同性恋者可以根据交流情景和交流对象的不同转换个人身份；三是由于社会化媒体交流与现实交流的联动效应，即网络中身份表达完成后往往会减小现实中身份认同的阻力，促进现实中的个人身份认同。

社会化媒体加深了同性恋者群体归属感。首先，媒介是人的延伸，社会化媒体延伸了个体的交往触觉，营造了无远弗届的交际网络，个体脱离现实场域自主选择群体的可能性增加，同性恋者可基于个体需求进行跨时空的群体选择；其次，网络交流是一种即时性传播，群体成员就某一议题的沟通更为迅捷，能在短时间内形成共时性的交流机制，并迅速交换意见以达成群体共识，继而维持群体文化，保护群体成员的认同感受；再次，网络技术赋权使得每个网民都有机会表达自我，网络发声的低成本促使网民逐渐缩小客我，放大主我。

在使用社会化媒体过程中，同性恋者一方面借助便捷渠道充分表达主我感受，另一方面其个体意见与群体意见在网际汇流成更大的意见声势，以增强群体归属感的方式踢了自我认同感。

社会化媒体的使用减小了个体的社会舆论压力感知。社会化媒体在传播中带有"反沉默螺旋"运行机理。沉默的螺旋理论的成立需要两个前提条件：一是个人对孤立的恐惧；二是社会意见气候与环境压力。

由于社会化媒体所构建的强弱连接关系具有调节性，同性恋者可匿名为不具识别性的网络IP，其在自我表达时所受到的社会规范约束和心理压力较为有限，因而大大削弱了异性恋主导下的舆论压力。[15]同时，支持同性恋群体的网络运动和少数网络大V的声援，也影响了同性恋者对舆论环境的判断，社会化媒体为同性恋者构建了更为宽松的拟态环境，促使其身份表达更加自由，并带有以社会少数意见挑战多数意见的色彩，形成了舆论反沉默螺旋传播机制，继而反增其自我认同感。

社会化媒体的使用弱化了以异性恋为主流的文化裁制。性别研究当中的"酷儿理论"探索的是男女同性恋者与无所不在且持续排他的异性恋文化之间的关系，其代表人物巴特勒指出，性别分为社会性别和生物性别两类，而"社会性别并非对生物性别的表达，而是文化建构的产物"。在异性恋占据主导地位的社会文化中，同性恋者通过"操演"的方式与通行易解的性别划分标准保持一致，继而使其性别得以巩固和强化。

随着社会化媒体的使用频度增加，同性恋者开辟了网际间的"反异性恋"空间，利用在社会化媒体上对个人性别身份无压力或者弱干扰的表达，实现了"酷儿式"的身份接受。更重要的是，社会化媒体的使用可以削弱异性恋的文化霸权，并通过异性恋群体的密切交流，逐渐形成了同性恋亚文化，以对抗主流的异性恋文化。在此过程中，同性恋者的性别身份认同得以内化和加强。

(二)研究局限与结语

本次研究局限主要存在于量表设计与样本选取方面。第一，目前国内对同性恋身份认同的研究主要以访谈法、文本分析法和质性分析方法为主，缺少实证性的、系统性的定量调查分析，致使本研究在量表选取方面受到局限。就同性恋群体而言，SIS量表的针对性不足，在补充问题设计的严谨程度上还有待提高。第二，迫于人力、资金和时间等客观因素限制，本文主要采用滚雪球的方法对30个有效样本进行了问卷调查，但并未按照性别、学历、年龄等因素进行全面的分层抽样，且总体样本量也有待扩大。针对以上研究不足，本文将在后续研究中加以改进。

本研究的主要目的是在方法和理论上给予同性恋群体研究提供启示性的思考，研究结果证明社会化媒体的使用会增强同性恋者的身份认同程度，本文也期待该结论对进一步研究同性恋群体身份认同感及社会融入有一定的启发。

参考文献:

[1] 投资潮. 中国同志产业透视,人数 300 万,规模超 7000 亿[OL].[2015-6-3]:http://www.inestide.cn/news/123717.html.

[2] 佘文斌. 网络社区中的同性恋身份认同[J]. 安徽大学学报,2013(1):145-146.

[3] 李银河. 酷儿理论[M]. 北京:文化艺术出版社,2003:55-56.

[4] CNNIC. 中国互联网发展统计报告[OL].[2015-2-3].http://news.mydrivers.com/1/381/31898.html.

[5] 王莹. 身份认同与身份建构研究评析[J]. 河南师范大学学报,2008(1):50-52.

[6] 陶佳俊. 身份认同导论[J]. 外国文学,2004(3):38-40.

[7] 张淑华,李海莹,刘芳. 身份认同研究综述[J]. 心理研究,2012(5):23-25.

[8] 刘俊,张进辅. 同性恋认同发展的理论模型述评[J]. 心理科学进展,2009(2):403-407.

[9] 栗晓红. 女同性恋性别认同和身份认同研究[J]. 中国性科学,2007(5):7-8.

[10] 田丽,胡璇. 社会化媒体概念的起源与发展[J]. 前沿,2013(9):27.

[11] 姚珺. 互联网中的反沉默螺旋现象[J]. 武汉理工大学学报,2004(3):287.

[12] CASS V C. Homosexual Identity Formation:Testing a theoretical model[J]. The jounral of sex research,1984:48-49.

[13] D'Augelli A R. Mental health problems among lesbian, gay, and bisexual youths ages 14 to 21[J]. Clinical Child Psychology and Psychiatry,2007:98-108.

[14] Rivers I. Lesbian,gay and bisexual development:Theory,research and social issues[J]. Journal of Community and Applied Social Psychology,1997:15-17.

[15] Hammack P L. The life course development of human sexual orientation:An integrative paradigm[J]. Human Development,2005:26-29.

本土化认同:电视真人秀中
文化混杂现象研究

——以《奔跑吧兄弟》为例

(孙　伟　安徽大学)

摘　要:本文对《奔跑吧兄弟》节目中的本土化行为进行了内容分析,中韩团队共同制作的电视真人秀,势必会带来与以往单单购买版权不同的特征。在此,笔者引入霍米·巴巴的文化混杂理论,认为跑男在语言、图像和情节设置方面存在着不同程度的混杂,尤其是广告图像的植入和商业活动的推广采用了与原版截然不同的方式。此外,网络的便利让许多人具有观看韩版《Running Man》的经历,根据对节目收视主体在校学生进行的问卷调查结果显示,受众对这种混杂节目的观看与评价,将会受到收看韩版节目经验的影响,其中广告与商业营销手段最为显著。

关键词:文化混杂;霍米·巴巴;《奔跑吧兄弟》;收看原版

一、研究起源

电视真人秀属于舶来品,与制作精良的传统综艺节目相比,早期真人秀电视的制作和编辑比较粗糙,无论是镜头关注的普通人,或者影片的剪辑都无法与有着严密流程的传统节目相比。然而以早期成功的真人秀节目《老大哥》为例,它的播出效果却显示人们喜欢这种电视节目,并且可以在全球范围内迅速流行。近些年韩国综艺节目被引入中国的数量呈逐渐增加趋势,在过去的 2014 年,国内一共引进了大约 70 档海外综艺节目,其中,韩国综艺节目从 2013 年的 2 档上升至 12 档①,占比飙升至 15% 左右②,而且几乎

----

① 韩国综艺节目引进价格最高涨 10 倍　国内原创节目遇冷. 每日财经网, http://politics. caijing. com. cn/20150109/3794724. shtml.

② 一说占据 48%,西宁晚报。

都是真人秀节目。在 2015 年第二季度,全国各家卫视上档的 20 余个综艺节目中,有超过一半从韩国引进,像《爸爸去哪儿》《我们相爱吧》《奔跑吧兄弟》等收视新王牌都有着"韩国血统"①,韩式综艺在中国实现了井喷。其中卫视中国真人秀节目实际上都有韩国方面参与制作,或者由韩国团队直接操刀制作,一夜之间大批的韩国制作团队涌入中国,这种跨国文化输入现象在电视史上恐怕也是罕见的。根据相关资料显示:《奔跑吧兄弟》节目由中韩共同制作,团队联合起来总人数超过 150 人,中国团队总人数超过 100 人,韩国团队也派出了 50 人②。

　　电视节目模式使得真人秀节目的制作可以兼顾全球和地方,被引进的电视节目模式往往已经取得高收视率和高额广告收入,对引进方来说能够降低原创节目的风险和成本。然而,网络的便利条件让人们可以轻松收看到国外原版综艺节目,在跑男播出前,遭遇了原版粉丝跪求放过《Running Man》的舆论压力。在一项名为"《Running Man》中国化,你支持吗?"的调查中,高达 95% 的受调查者把票投给了"求放过"③。即使在看过跑男后,因为播出时间的限制④,许多人也会在网络中收看韩国原版节目。这样一种收看原版的经验,会对混杂着中韩两国文化的跑男节目有什么样的影响?

二、文献回顾

　　1994 年,后殖民主义理论家霍米·巴巴在《文化的化定位》自选集里提出了"混杂文化"概念。混杂最初是生物学的概念,指生物或物种意义上的杂交,尤其是人种方面的混杂;后来被应用到语言学、文学等领域,指的是语言,不同语系、语种或方言之间的混杂。从理论层面上讲,混杂意味着对代表同质、同意、同一性的现代宏大叙事的彻底解放。霍米·巴巴看到了强势文化的不稳定和不平衡之处,在全球化无处不在的今天,文化混杂仍具有相当强的解释力。巴巴本人对文化混杂保持着乐观态度,甚至有人宣称"混杂是全球化的文化逻辑"[1]。

---

① 进口综艺一半来自韩国 . 西宁晚报,http://www. xnwbw. com/html/2015 – 07/31/content_47539. htm.

② 人民网 . 揭跑男千人背后制作团队　烧钱豪华大制作 . http://ent. people. com. cn/.

③ 中国日报网 . 传韩真人秀"Running Man"将中国化　网友:求放过 . http://www. chinadai-ly. com. cn.

④ 由于广电总局的政策规定,跑男采用与 running man 不同的季播模式,国内有一段时间内都无法播出。

混杂体现在电视节目方面,是指在保留原来电视节目主框架前提下,加入本土因素——演员、背景、主题等,目的也是为了适应本土市场以获得本国受众的认可。电视台在借鉴国外节目的同时,制作符合我国文化传统和观众欣赏习惯的节目,做到民族化、整合化和品牌化即本土化过程[2]。制作国内版本要想取得成功,必须更加"接地气",节目中也要体现出"正能量"[3]。引进国外电视模式只是起点,要掌握国内受众需求、文化语境和社会心理形成"本土化改造创新",最终成为模式创新原动力的基础[4]。作为在全球拥有多个版本的电视真人秀,其节目形态必定会带有文化混杂的成分。国内研究中,陈阳较早从文化混杂角度对全球化时代电视节目模式的跨国流动进行了分析,并把文化混杂分成克隆、改变和发展三类。同时也要警惕混杂理论的乐观主义倾向,有可能阻碍对全球化中复杂话语权的认识[5]。事实上,混杂文化其实是一种认同研究,当殖民者主导文化和被殖民者边缘性文化接触时,让不同文化被重新阐释,对殖民文化的认同程度的差异,创造出的文化也就不同。先前也有硕士论文运用文化混杂理论去解读《我是歌手》,但还是基于文本层面的普通叙述[6]。基于以上,本文借用混杂理论去分析跑男当中的文本构成,寻找在话语、图像和结构安排等方面中国文化与韩国流行文化的糅合,并通过内容分析和问卷调查的方法,对跑男电视节目进行解构,同时分析混杂文化的认同与观看原版之间的影响。

三、研究文本的选择

《奔跑吧兄弟》是浙江卫视引进韩国 SBS 电视台综艺节目《Running Man》推出的大型户外竞技真人秀节目,由浙江卫视和韩国 SBS 联合制作①。《奔跑吧兄弟》根据韩国《Running Man》的版权制作并在浙江卫视播放,原版节目在韩国的收视率常年保持在 10% 以上,在民众中有着非常好的口碑。此外,由于地域文化上比较接近,受众收视习惯上相比欧美更接近国内的情况,进一步降低引进韩国电视节目失败的可能性,韩国电视节目因此更为国内电视台青睐。目前跑男正在播出第三季,取得了不俗的收视率和社会反响。根据 CSM 的统计数据,跑男第一季平局收视率为 2.635,而第二季则达到了惊人的4.77②。第三季虽然只播了 4 集,平均收视率也在 4③ 以上,足见

① 百度百科. 奔跑吧兄弟. http://baike. baidu. com/subview/14106712/15980438. htm.
② 跑男第一季与第二季收视对比. http://blog. sina. com. cn/s/blog_878524f30102vte8. html.
③ 百度百科. 跑男第三期收视数据.

其受欢迎程度之高。由于跑男在第二季获得了爆发性的收视效果,形成现象级的真人秀节目,同时考虑到文本完整性和保持一致的缘故,本文挑选第一季和第二季作为内容分析的样本。其中除了第一季前四期由韩国团队亲自操刀外,其余都为中国团队单独或者与韩国方面联合制作。

四、混杂内容分析

(一)话语层面的混杂

费斯克认为,跨国媒体为了达到全球化媒体不能提供单一的产品,它们必须具有一定的弹性才能在不同地方和层次上运作,因此"没有地方化,全球化就不真实"[7]。现代的混杂性一词即源自拉丁语"hibrida",原指家养母猪与野公猪交配而生的幼崽。19世纪"混杂"被赋予了语言学意义,用来表示"不同类属语言词根组合而成的词汇",这一语言学意义的出现为之后的文化混杂研究提供了最原始的文献依据,从微观角度去观察单个词根在文化的混合交杂。如果体现到整套节目当中,我们可以用一种中观的角度,类似于叙事分析的方法,去观察组成节目的各种要素之间的搭配使用,形成结构化的效果。首先是主题曲方面,我国的电视节目似乎都有一种"主题曲情怀",不管什么类型的节目几乎都要有自己的主题歌曲。譬如湖南卫视《快乐大本营》和江苏卫视《非诚勿扰》①都有主题曲。然而韩国电视节目对主题曲却不怎么在意,跑男与原版一样也并没有设置主题曲,但是在片尾都会加上由邓超演唱的《超级英雄》。这就将国内主题曲与韩国节目结构混杂起来,国内节目譬如《快乐大本营》每次都在开头播放主题曲,跑男为了适应原版的特点而迁往末尾。此外,跑男同名电影的主题曲同样采用这首歌,歌曲不仅成为电视节目的宣传哨兵,也为电影的宣传做了铺垫。值得一提的是,浙江卫视对跑男的主题曲相当重视,不仅邀请金牌音乐人和当红组合②帮助,还在王牌节目《中国好声音》总决赛舞台上进行表演,多平台的宣传也是原版节目所达不到的。

在早期国内电视节目中,字幕只是一个附加元素,只有在画面解释不了或者解释不好时才会加上字幕,然而在引进的港台、日韩综艺节目中可以发现字幕运用得相当普遍。这一情况随着《爸爸去哪儿》等综艺节目的热播发生着悄然改变,国内节目逐渐重视并尝试使用特效字幕,学习韩国节目熟练

---

① 快乐大本营主题曲为《快乐你懂的》,非诚勿扰主题曲为《往前一步》。

② 制作人为童东东夫妇,当红组合为筷子兄弟。

使用的方法。从受众观看效果来讲,字幕的使用不仅能让观众更容易理解节目内容,同时能提示并增强节目中出现的笑点。跑男的结构中也混杂了特效字幕的成分,可以发现的是,韩国后期团队在字幕制作水准上要比国内团队高出许多,联合制作的方式,能让中国方面的团队迅速学习字幕的生产模式和特点。精心制作的字幕能给观众眼前一亮的感觉,不再只是附加元素。尤其在真人秀节目当中,字幕对节目的故事性和趣味性可以起到画龙点睛的作用。对于国内的观众来讲,跑男节目中出现的电视特效字幕是具有新鲜感的,这些字幕不仅串连了节目内容,也带给观众较好的视觉享受①,还体现出对收视群体年轻化的适应。

图 1

最后是对话内容的混杂。在《奔跑吧兄弟》的节目中,经常会出现"伐木累""ODOKEI"②等语句,英语和汉语的混杂改变了对话的形式和内容。跑男每一位常驻嘉宾都会有定位,从队长、主持人到伙伴不仅有各种外号,还会有专属的口头禅来区别。以邓超为例,他的绰号就包括"邓感超人""学霸超"和"邓公公"等外号,这些简单易记的口号容易让观众留意。此外,在每期的节目中,邓超都会重复述说包括"we are 伐木累""what are you 弄啥嘞?"等口头禅(见表1),这也是韩国综艺精细化的体现。比较而言,虽然我国电视节目也会有分工,但总是局限于一两个成员的互动,类似于相声当中的"捧哏和逗哏"③。韩国节目可以对多个角色进行详细的地位,原版《Running Man》中的七位常驻角色在每集都会有分工,跑男也将其特色混杂进来,譬如

---

① 图片来自视频截图与网络搜索. http://www.zjstv.com/news/zjnews/201503/323945.html.

② "伐木累"是 family 的中文译音,"ODOKEI"是韩语"어떻게"(怎么办)的发音。

③ 对口相声中,通过捧逗的衬托、铺垫,逗哏与捧哏合作,使叙述中逐渐组成包袱,产生笑料。

将原版"周一情侣"变成"周五情侣"。

表 1

姓名	外号	口头禅
邓超	邓队长、超哥、邓感超人、邓护卫、邓德华等	We are 伐木累!!　跟我一起,是需要文化素质的,好吗? What are you 弄啥嘞?　作为一个学霸,这些题都非常简单。
陈赫	陈赤赤、赫宝宝、50 块、令狐赫、天才陈赤	还有谁?　你是猪吗? 我是天才! 论吃饭我一个人可以拼他们六个!
郑凯	小猎豹、郑绿绿、迈克恺、跑王、baby 一日护卫	Call me the King of running　我是猎豹! 剪刀石头布,赢了让我先跑十秒。
李晨	能力者、大黑牛、技术控、体力男、晨哥、晨妈妈	来打一架吧,好想跟人打一架!　这件事是有问题的。 我好像从第一集就一直有保护你! 我又回来了!

(二)图标层面混杂

"图画转向"是由米歇尔提出的概念,他认为人文科学学术视野发生了变化,图像将成为人文科学的中心话题。由于音像制品的普及和电子复制技术的成熟,让一种新的视觉仿像形式和幻觉主义得以形成[8]。技术进步和消费时代的产生,让不少学者将"图画转向"作为"图像时代"或"读图时代"的响亮口号,这种视觉转向构成了视觉文化研究的新方向[9]。米歇尔的"图画转向"的价值在于提出了一种学科领域的号召,把图像表征模式纳入学科研究视野中,基于观看的行为和基于阅读的形式可能是同样深奥,文本的形式可能无法充分解释视觉经验或视觉能力[10]。电视节目中除了语言因素外,更多体现的是一种图像的力量,电视本身就是在视觉和听觉方面具有创造现场感的媒介,图像是其中最突出的部分。不仅电视真人秀与以往综艺节目的拍摄模式存在较大区别,韩国真人秀和欧美真人秀也存在较大差异。镜头运用方面,学习原版人物形象的塑造,跑男也在特定的时间点给出嘉宾的特写。以陈赫为例,跑男节目组对陈赫的面部表情非常关注,他本人好像也很配合这些镜头(如图 2)。而网友也将这些综合成表情素材,在微信社区中获得了较高的访问率①。网络表情是自己自然表情的延伸。在文字

---

① 腾讯网.陈赫个人社区访问量破千万　萌版表情获粉丝追捧. http://ent.qq.com/a/20140415/019635.htm.

符号不能满足人们情感表达时,表情的作用便体现出来[11]。然而,它的作用不仅在于此,人们使用时也包含着跑男节目的记忆。随着表情在微博、微信中的流通,跑男也运用到自媒体的力量。虽然韩国原版节目也注重社交平台的推广,但中国版在此基础上,更注重将图像混杂进来,将爆红网络的表情包结合进来,因为图画解读比语言更易融入民众的网络生活。此外,从整体镜头分配上来讲,由于国情和政策的不同,韩国嘉宾的敬业程度要高于中国嘉宾。国内嘉宾有时会不太适应这种类型的节目,会有较重的明星形象包袱,导致节目录制中很难放得开,在节目中的表现显得较为生硬。所以,跑男还是偏向表现力较强的常驻嘉宾,时常导致主持人锋芒超过了嘉宾,譬如以王丽坤和杨颖同时出现的一期节目为例,节目组会刻意突出后者,无论是特写镜头,还是字幕和主题曲①,都十分地偏向杨颖,这势必会削弱嘉宾的存在感。

图 2

由于韩国监管政策的限制,节目中不允许出现广告,《Running Man》中

———————————

① 由于名字的相似,贾斯汀·比伯的歌曲《baby》,经常会作为杨颖出现镜头的背景音乐。

嘉宾的衣服品牌都会做后期遮挡,游戏道具被禁止植入广告,而且曾经因为过分宣传某移动通信软件的功能甚至被韩国广通委警告①。相反,国内对于综艺节目广告形式的限制相对宽松,第三季《奔跑吧兄弟》的冠名商被国内商家以 3.38 亿的天价取得②,除此之外还在节目中植入了许多产品广告。跑男全季的服饰都由国内厂商提供③,明星们每期节目都身穿此品牌衣服。跑男的赞助商同时也是邓超代言的苏宁易购,其广告的植入往往比较生硬,多次直接在道具盒子上印出"苏宁易购"的字眼。而当艺人们找到有装有物品的盒子时,也会有镜头特写,所以就更能看清广告。此外还有安慕希酸奶④等等,可以发现这些植入广告都和其代言人有着密切的关系。这样的广告模式,是原版节目所不具备的。然而混杂了广告模式的跑男,其制作流程不可避免地会受到影响,为了突出广告客户的品牌而给出的特写,难免会损害节目播出的流畅性和观众的观看体验。在刚刚开播的第三季中,跑男因为广告太多引发吐槽。不仅有植入性广告,跑男还会不断地插播节目赞助商的宣传语,有人统计仅仅开播 28 分钟,就插播了 3 次广告。⑤ 相比原版节目,广告给跑男带来了巨大的资金支持,但也会隐藏着更多来自节目质量降低的压力。

图 3

(三) 结构安排的混杂

跑男每期的情节设置都会依照当期的主题,主要类型有间谍、超能力、高校对决运动会等,游戏环节几乎是照搬韩国《Running Man》,像趾压板、撕名牌、争抢拍照等,很少有原创。不过在同一个韩国原版主题里,跑男在游

---

① Running man 节目中过分宣传广告 遭广通委警告. http://chinese. kpopstarz. com/articles/25501/20140221/running-man. htm.

② 网易娱乐. 跑男第三季广告商易主. http://ent. 163. com/15/0829/16/B26V6VN500032DGD. html.

③ 赞助商为海澜之家品牌,也会不停地滚动播出广告。

④ 杨颖经常会在节目中出现喝酸奶的动作,镜头也会有特写,她也是安慕希的代言人。

⑤ 跑男第三季广告太多引吐槽. http://www. ah. xinhuanet. com/2015-11/10/c_1117098204. htm.

戏本身的设计上,也会有比较包含自己特色的混杂成分。以《Running Man》比较出彩的间谍情节设置为例,如第二季当中"邓超变身内奸"是模仿原版节目在 2011 年的"水枪特辑",同样也是主持人刘在石扮演。与韩版没有任何线索不同的是,跑男在一开始就给了误导性线索,提供了"神秘人"邓超的部分照片拼图,使得其他成员深信不疑存在其他嘉宾,然后使用倒叙的方法,在节目进行到一半左右,向观众是说明邓超是内奸。相反,原版的卧底设置是在节目进行几分钟后,就直接向观众展示了刘在石的反叛。在王祖蓝一步步地拼凑照片,并成功猜出神秘人身份的同时,场景也用了悬疑片的配乐。这样的设置既增加了节目的悬念,也能带动观众的兴趣。在这个方面看来,跑男在本土化创造中,还有着自己的考虑。在第一季后续几期中,也出现中国本土元素的融入,比如打陀螺、打地鼠等原创游戏。比如在"敦煌大劫案"一集中,便利用当地特有的文化资源,把故事情节设置在具有浓厚沙漠风情的敦煌,带有中国古代文化特色。

由于角色定位与原版类似,跑男故事的发展与走势也时常与原版节目相同,但中国文化特色和性格的差别还是混入节目情节的设置当中,使得结果虽然类似但过程却大相径庭的异态。在游戏当中,成员经常会抽离节目之外的串通信息,以此来获取游戏环节的胜利。这样的行为让节目的游戏性下降,反而混杂了大量的表演性质。表演性成分大大超过了游戏的真实性,让人感觉嘉宾在"真表演假游戏"。特别体现在"撕名牌"的环节上,有人便吐槽"不能说是因为做节目就要悠着点,每场撕名牌都是让来让去,半天没撕下来一个名牌真没意思。直到黑人出现我才感觉到了跑男的精神,终于有人在认真地撕名牌了![1]"为了突出节目效果,多次的摆拍,给人一种拍电视剧的感觉。

五、小结与问卷调查部分

经过对跑男的内容分析,笔者得出了《奔跑吧兄弟》在语言、图像和情节设置方面都存在着不同程度的混杂。文化混杂概念最受到肯定的地方,在于它发现了受众解读和抵抗的潜力。混合了各种立场和观念的信息,注定会导致受众理解的多样化,对个人能动性的否定和忽视,已经不能解释全球化时代的文化现实。受众并非对所有外国媒体产品在本国的改编和发展都无条件接受或拒绝,"全球—本土"连接中不伦不类的产品,会引起受众的反

---

① 豆瓣.《Running man》为什么比中国版跑男好看? http://movie.douban.com/.

感^[12]。混杂研究其实就是一种认同研究，其中包含了输出国的文化性质的认同情况，对其解读和抵抗的程度，决定了本土化操作中混杂的比重。对于跑男混杂特征的评价差异，不仅包含对国内综艺的认同感，也体现出对韩国电视文化认同的高低，同时可以透视电视真人秀在本土创新中出现的问题。

所以这里笔者使用了发放问卷的方法，借助李克特量表，去调查受众对跑男这种混杂中韩文化的真人秀的评价。基于前文得出的结论，主要收集在语言、画面和情节设置方面的相关数据，并且通过设置条件来得出看过原版是否对评价产生影响，最后还对跑男周边延伸营销的认同影响进行了调查和分析。根据相关数据的调查，跑男的受众定位主要为在校学生和公司白领（如图 4），所以笔者就以安徽大学学生作为调查样本发放问卷并收集调查结果。^①

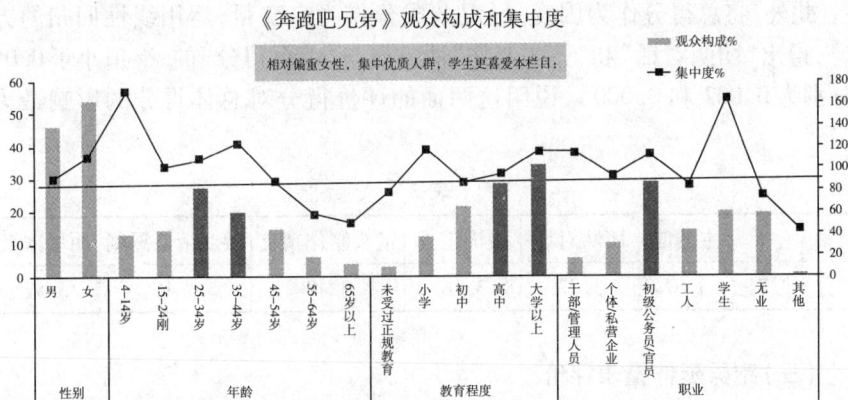

图 4

（一）初步统计结果

本次调查共分发 105 问卷，获得有效问卷 99 份，样本为便利样本。其中男性为 34 人，女性为 65 人。其中研究生以上学历人数为 53 人，占总数的 53.5%；本科与专科分别为 30 人与 16 人。在选择是否看过韩国原版的问题上，有 56 人有着收看过原版节目的经验，样本符合度较好。此次问卷调查结果总体信度为 0.940，可信度较高。其中节目混杂评价方面量表信度值为 0.863，营销延伸量表信度值 0.846，可信度较好，有利于调查结果的正确

---

① 调查采用问卷星的方式在线发送，在 QQ 空间、微博、微信等社交平台发送。

呈现①。

（二）评价方面

在总体的打分方面，跑男的综合得分为 7.38 分（满分为 10 分），评价较好。具体到字幕、主题曲等方面的评价，团队的对话、字幕和主题曲是得分最高的前三位②，而得分最低的是跑男的服饰道具部分。根据前面所述，跑男的热播始终伴随着对广告数量的批评，在游戏道具上过多地植入广告，影响节目的观赏性和受众的收看体验。此外，韩国明星的装扮潮流程度要高于国内，某韩国明星同款甚至会成为产品的卖点。譬如大热韩剧《来自星星的你》中金秀贤的穿衣和发型被国内模仿，淘宝也会有所谓同款产品销售。跑男虽然有国内品牌商的赞助，嘉宾服饰和道具还不足以改变人们心中对于韩国前卫潮流的欣赏态度，对比原版而言跑男的服饰装扮确实要逊色一些。此外，将总得分作为因变量，混杂成分作为自变量，运用线性回归的方式③，得出"团队对话"和"镜头制作"两方面与"综合得分"的 sig 值小于 0.05（分别为 0.002 和 0.000），说明这两面的评价得分对总体得分的影响最为显著。

表 2

项目	字幕	主题曲	团队对话	服饰道具	镜头制作精良	游戏情节深刻	明星露丑
得分	3.71	3.67	3.87	3.16	3.49	3.46	3.57

（三）跑男延伸量表评价

跑男比原版节目混杂较多的成分是商业成分，同名电影、跑男游戏和校园行等活动都是原版所没有的。对这些因素的了解，有助于研究本土化的操作是否会得到受众群体的认同。根据以上总结的情况，本文制作了包含 6 个要素的延伸量表，得分情况见表 3 所列，可以发现延伸量表的得分在整体上要低于内容混杂量表，其中得分最低的为"观看跑男电影"和"下载跑男游戏"，两者的得分都低于 3 分。跑男同名电影是在 2015 年上映的，据称真正拍摄的时间只有 6 天④，而电影的内容和平时的任何一期节目没有多大的区

---

① 此论文以 Cranach's alpha 系数分析各量表的信度。总量表的信度系数最好在 0.8 以上，0.7~0.8 之间可以接受；分量表的信度系数最好在 0.7 以上，0.6~0.7 还可以接受。

② 本文采用李克特量表，1~5 之间，得分越高表示认可的程度也就越高。

③ 线性模型的 R 方为 0.760，说明拟合程度较好。

④ 搜狐. 只拍了 6 天的电影版《跑男》有诚意吗？ http://yule.sohu.com/20150129/n408194556.shtml.

别,引发人们对其诚意不足的质疑,网络评价并不高①。此外跑男手机游戏,只是一款冠名赛车游戏,除了皮肤和头像外,内容与跑男没有丝毫联系,引发舆论对其看重短期收益的批评。其他得分都不是特别突出,其中推荐别人观看的得分较高,说明尽管不太认可跑男延伸产品,但跑男节目的质量还是得到受众认可的。

表3

项目	推荐别人观看跑男	参加校园行活动	跑男适合校园录制	观看跑男电影	下载跑男游戏	参加现实撕名牌
得分	3.52	3.28	3.64	2.95	2.58	3.48

(四)收看原版与评价量表得分以及综合打分

本次调查当中,有56人表示有过收看韩国原版节目的经验,这说明有超过一半的看过《Running Man》,占到总人数的56.7%。所以运用单因素方差的方法,分析"收看原版"与各量表得分之间的关系②,得出的sig值情况见表4所列,除了综合得分,混杂评价量表和延伸量表都会受到"收看原版"的显著影响,其中延伸量表最为明显,说明在受众具有收看原版的经验后,对跑男的评价最容易受到来自广告等商业性因素的影响。

表4

名称	混杂评价量表	延伸量表	综合得分
与观看原版 sig 值	0.036	0.006	0.091②

六、结语以及研究的不足

从某种程度上讲,文化混杂的概念描述了全球文化产品传播某些方面,受众的解读混合了各种立场和观念的信息,注定全球化产品混杂本土化成分的内涵。本文通过对中国版跑男进行分析,得出其节目在语言、图像和情节设置方面存在着不同程度的混杂,尤其是广告图像的植入和商业活动的推广是采用了与原版截然不同的方式。受众对这种混杂节目的收看与评价,将会受到收看原版经验的影响,其中广告与商业推广最为显著。然而文

① 豆瓣对跑男同名电影的评分仅为3.4分. http://movie.douban.com/subject/26274910/.
② 量表得分是指整体的平均得分。

化混杂也存在缺陷与不足，从某种意义上讲，最流行的并不代表最合适，本土化原创的目的不仅在于适合受众的口味，也要追求制作与众不同的出彩节目。跑男从一开始粉丝"求放过"到后来的"快到碗里来"，证明了其制作生产的节目质量得到了受众的认可。然而在随后的本土化操作中，跑男却过多地集中商业成分，从冠名到广告植入，再到电影和手机游戏等。少有从节目内容实质性方面的创新，而且模仿痕迹明显，导致出现"全球—本土"连接中一些不伦不类的产品，从而引起受众反感。

参考文献：

［1］Kraidy M M. Hybridity, or the Cultural logical of Globalization［J］. Philadelphia：Temple University press，2005.

［2］冉儒学. 真人秀电视节目的形态特征及在中国的本土化问题研究［D］. 北京：清华大学，2003.

［3］李娜. 韩国明星真人秀节目的中国本土化探析［D］. 郑州：郑州大学，2014.

［4］方舒瑶. 电视节目模式引进与改造研究［D］. 上海：上海交通大学，2014.

［5］陈阳. 文化混杂、本土化与电视节目模式的跨国流动［J］. 国际新闻界，2009（10）：61-65.

［6］朱琳. 混杂文化视角下的中国明星真人秀节目研究［D］. 上海：上海外国语大学，2014.

［7］约翰·费斯克. 理解大众文化［M］. 宋伟杰，译. 北京：中央编译出版社，2001.

［8］李长生. 重述"图画转向"［J］. 文艺评论，2011（07）：51-57.

［9］徐丽娜. 米切尔与图画转向［J］. 同济大学学报：社会科学版，2012（03）：85-93.

［10］杭迪. W. J. T. 米歇尔的图像理论和视觉文化理论研究［D］. 济南：山东大学，2012.

［11］赵爽英，尧望. 表情·情绪·情节：网络表情符号的发展与演变［J］. 新闻界，2013（20）：29-33.

［12］陈阳. 文化混杂、本土化与电视节目模式的跨国流动［J］. 国际新闻界，2009（10）：61-65.

［13］费斯克. 理解大众文化［M］. 王晓钰，宋伟杰，译. 北京：中央编译出版社，2001.

个人话语权的张扬与后现代的狂欢

——对"青岛38元大虾"引起的网络段子现象解读

（尹　凯　安徽大学）

摘　要:段子,早在《诗经》中已然出现。互联网时代,网络段子的传播机制与原先的段子有哪些不同？以微博微信为代表的社交平台,在移动互联时代又给网络段子带来怎样的变化？这引起了笔者的注意。本文从青岛38元"天价虾"引起的网络舆情出发,考察网络段子带来的话语权的下放以及虚拟世界的狂欢现象。通过文献研究及深入分析,以其描述网络段子在社交平台上的新格局和新特点,并探求公众过度沉迷于网络段子狂欢所带来的弊端。

关键词:青岛大虾;网络段子;个人话语权;后现代狂欢

一、引言

国庆长假中的10月4日,有外来游客在青岛市"善德活海鲜烧烤"吃饭,点菜时已向老板确认"海捕大虾"是38元一份,结账时却变成是38元一只,而且被告知一共吃了40只,结果那一盘冒充"海捕大虾"的普通基围虾,要价1520元。此事如同一颗无形的"原子弹",立刻引爆网络舆情,同时也使一个城市的形象"毁于一虾"。

"一盘虾要价1520元"成为国庆长假"负面新闻"中的最热话题。据人民网舆情监测室统计,截止到10月8日8:00,共有相关新闻报道4126篇,论坛贴文1221篇,博客482篇,各类报刊报道223篇,新浪微博相关讨论574920条。最有才的段子手立刻创作了大量嘲讽的段子,并由此诞生了一个网络新成语——"青岛大虾"。

从文化学的角度审视,段子文化属于亚文化,属于大众文化。这种文化在互联网时代呈现出了全球化的趋势和更加娱乐化的特点,但其反映现实社会与表达情感诉求的作用依然没有改变。段子文化在文化相互交织的环境下,承载了更多的现实意义。

二、网络段子的传播背景分析

尼古拉斯·尼葛洛庞帝曾经说过,"网络媒介是传统媒介的掘墓人"[1]。互联网的崛起,是20世纪下半叶最具有世界震撼力的社会事件。21世纪是全球网络迅速发展的时期,这一发展过程实际上远远超过了国民经济和社会进步的整体速度。互联网时代,首先,段子是一段主题明确的观点、描述、情节或故事片段,其形式不仅包括口头语言表达的"声音段子"(例如传统的相声段子、酒桌段子),形成书面文字的"文字段子"(如手机短信、微博、微信段子),还包括用图片拼贴集合,从而共同表达一个中心观点的"图片段子",以及以画面、声音或文字共同围绕一个主题创作的"视频段子"。

2015年7月,中国互联网络信息中心(CNNIC)发布的《第36次中国互联网络发展状况统计报告》显示:"截至2015年6月,我国网名规模达6.68亿,半年共计新增网民1894万人。互联网普及率为48.8%,较2014年底提升了0.9个百分点,整体网民规模增速继续放缓。"[2]随着网民规模的增长进入平台期,互联网对个人生活方式的影响进一步深化,从基于信息获取和沟通娱乐需求的个性化应用,发展到与医疗、教育、交通等公用服务深度融合的民生服务。同时,"截至2015年6月,我国手机网民规模达5.94亿,较2014年12月增加3679万人。网民中使用手机上网的人群占比由2014年12月的85.8%提升至88.9%"[3]。移动上网设备的逐渐普及、网络环境的日趋完善、移动互联网应用场景的日益丰富三个因素共同作用,促使手机网民规模进一步增长,使社会进入移动互联时代。

传播学大师麦克卢汉说,"媒介即是讯息"[4]。传播媒介的改变会影响传播方式的改变。信息时代,"道听途说、耳语相传"已不仅仅是段子传播的唯一途径,网络成了段子传播的新载体。网络之所以能对段子进行如此全面和深入的介入,一个重要原因就是网络虚拟空间中的"网络写作带有民间的书写特征"[5]。写者总是在努力保持"说话"或"聊"的在场效果,所写东西的内容和形式便相对通俗,力求一种口语化的效果。

"诗言志,诗者,志之所之也,在心为志,发言为诗。情动于中而形于言,言之不足故嗟叹之,嗟叹不足故咏歌之。"[6]段子本就是人们心底的声音,表达人们的思想与感情。网络段子中,生活往往是以一种怪诞荒唐、幽默可笑的方式呈现出来。神圣尊严和美感荡然无存之时,剩下的只有辛辣的嘲笑。这一嘲笑的过程,也是价值结构的过程。

三、揭露与嘲弄:个人话语权的张扬

1. 福柯话语理论

何谓话语? 在《知识考古学》中,福柯这样说:"我们将把话语称为陈述(statements)的整体,因为它们隶属于同一个话语形成……这是由有限的陈述构成的,我们能够为这些陈述确定存在条件的整体。"[7]简单地说,福柯话语理论中的话语,就是在特定社会文化条件下,为了一定目的而说出或写出的论证性话语,它不只是"说"和"写"的问题,而是伴随着"说"和"写"的过程所进行的一系列社会文化操作活动,是一系列"事件"。福柯曾经明确地说:"必须将话语看作是一系列事件,看作是政治事件:通过这些政治事件,它运载着政权并由政权又反过来控制着话语本身。"[8]换言之,话语是在特定社会文化的历史条件下,由某些人根据具体的社会目的,使用特别的手段和策略所制造出来的;它们被创造出来,是用来为特定的实践服务的。所以,话语从来就不是孤立的语言力量,而是与社会文化网络中的一系列力量纠缠在一起的,是活生生的力量竞争和紧张关系,是靠特定的策略和权术来实现的。[9]

"美国《圣路易邮讯报》的编辑就曾指着一条头版新闻说:'这是一篇谎言,而我也知道它是谎言。但是我却必须登它,因为它是一位重要官员的说辞。这位官员的名字和头衔让这段话具有新闻性。如果这是一位名不见经传的人说的话,我早就将它扔进垃圾筒了。'"[10]正因为如此,舒德森认为:"新闻媒介其实一直都是精英们(也只是某些精英)用来交流的重要论坛,于普通民众则不尽然。"[11]在官方舆论场中,政府官员、社会精英等社会地位高、有权势的阶层拥有绝对多的话语权,常常占据舆论高地;而社会地位低、无权势的阶层拥有较少的话语权,常常处于缺席和失语的境地。

2. 段子文化折射的中国官方话语和民间话语现状

此前,人们统一将所有类型的段子都看作是民间智慧的产物、民间舆情的抒发口。实际不然,在新的时期,随着段子规模越来越庞大,种类越来越丰富,段子的创作早已不再单纯是民间自发无组织的自我表达了,段子也不再纯粹是民间草根智慧的舆论表达。

红段子代表了官方和传统社会推崇的主流价值观,而且又受到官方和营利性团体的支持,实际上红段子代表的就是一种主流文化。相对的,那些扎根于网络文化,代表着网络与生俱来的"消解权威"的反主流价值观的叛逆的灰段子、黄段子、黑段子,那些批判的、色情的、消极的东西则被打上"亚文化"的烙印。

红段子代表的主流文化试图压制亚文化,以"清除黑黄毒瘤""抵制黄段子、黑段子"的名义,"整编"亚文化,使作为亚文化的"灰、黄、黑"段子自觉从属于社会主义核心价值体系的主流文化,消除"黄段子",摒弃"灰段子"。而灰、黄、黑段子作为深深扎根于民间的亚文化,正掀起移动互联时代的大众精神消费的狂欢,在社会转型期的中国,消解权威,颠覆传统,将生活的方方面面,以调笑有趣、荒诞戏谑的方式呈现出来,成为大众文化一道亮丽的风景。[12]在这场对抗之中,双方表面上似乎和谐地存在着,但背后涌动的主流文化和亚文化的博弈却从未停止。

3. 网络段子对个人话语权的张扬

有关"青岛大虾"的两则段子:

现在跟女孩表白又多了一种方式了！女:你家做什么的？男:我父母都是普通的渔民！女:我们不太合适！还是做普通朋友吧！(起身要走)男:他们早出晚归,有时候运气不好,只能打到3000来只青岛大虾！女:干吗不早说呢！我就喜欢渔民伯伯那种朴实的风格了！很有家的感觉！你打算什么时候跟我求婚啊？

在青岛要喝青岛啤酒,再点一盘花生米,完了买单,边数瓶子边起身,"老板,几瓶啤酒多少钱?"老板答:"我们青岛人好客,啤酒不要钱白送,我们来数一下花生米。"

网络段子是时代的产物,是社会的记录,是智慧的结晶,是生活的缩影。民众有想法积于胸中,必欲一吐而后快。在网络未普及之前,民众的政治犬儒化倾向加上自由言论空间的匮乏,导致公众极少有机会能实现4A(Anyone、Anywhere、Anytime、Anything)[13],即任何人在任何地方、任何时间报道任何事情。相反,现在是一个数字化武装起来的个人通信时代,我们都是记者。[14]网络段子在移动互联时代承担了民意表达的功能。如果从传播学角度考察,网络段子可以说是一种社会舆论。以其朗朗上口、易传易记、简洁精练等特点,成为个人政治意愿的朴素表达形式。

根据百度指数(图1)的热点统计,2015年10月8日和10月9日,"青岛大虾"的搜索指数达到峰值,这也与当时各种媒体平台对"青岛38元大虾"铺天盖地的爆料与炒作相契合。根据百度指数(图2)人群画像分析可以看出,对"青岛大虾"搜索频率与关注度较高的省份,排名前五的分别是山东、北京、广东、浙江、江苏。其中山东作为此次舆情事件的发源地,高居榜首无可争议。北京、广东、浙江排名靠前的原因,据笔者分析,主要有下面三点：①上述三个地区经济发展水平排在全国前列,人们在假期有较频繁的出行经历,对山东青岛在长假期间的宰客行为有较大的关注度与发言权；②广东、浙江、江苏也有较大的海鲜市场,当地居民对青岛"天价虾"造成山东几亿元的旅游宣传毁于一旦事件有很深的触动；③上述地区均处于沿海地带,经济起步较早,人们综合素质较高,对社会热点事件的关注度与参与感比其他地区更活跃。

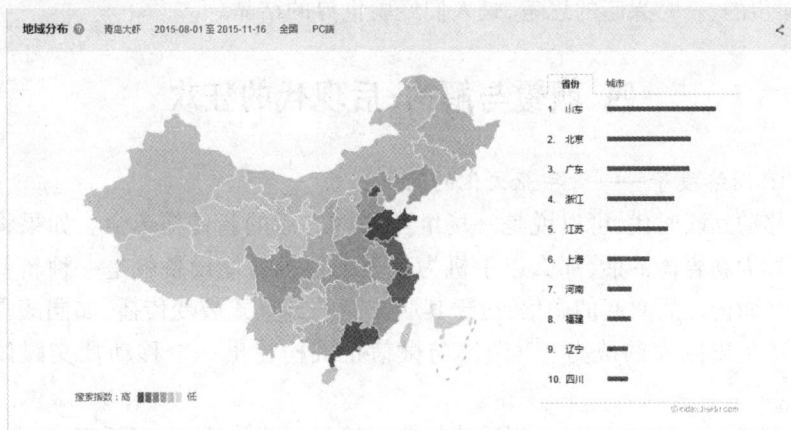

图 1[15]

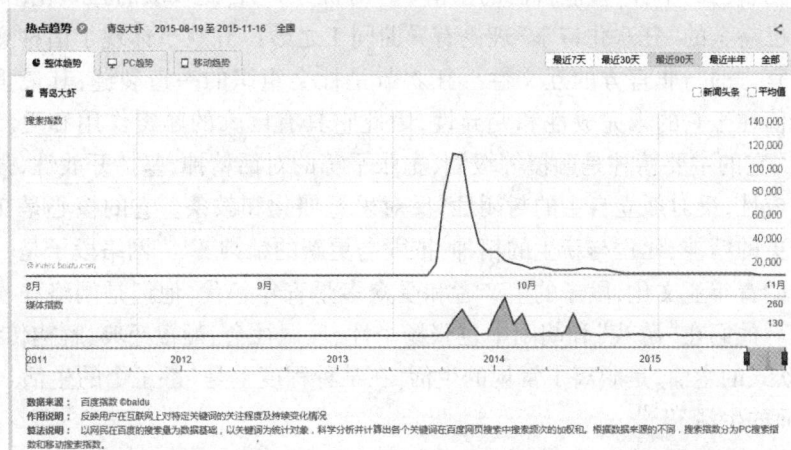

图 2[16]

现如今,社会处于急剧转型的时期,社会秩序的失衡使得人们对于社会问题的评论欲望得到强烈刺激,民众希望通过各种形式来表达自己的政治态度。网络段子作品多是宣泄内心真实情感、针砭时弊之作,往往能够引起众多读者的共鸣,从而带动更多的人参与进来。同时,正因为网络段子是一种社会舆论,所以也就决定评论社会问题的直接性,而网络这个便捷手段使网络段子具有反映社会问题的快捷性。所以,大多数情况下民众没有充分思考的时间,导致段子对于社会问题、社会矛盾的理解肯定具有其不可避免的片面性、情绪性、极端性。网络段子只是对社会问题与社会矛盾的表层的、初步的、一时兴起的思考,是人们经验世界的结晶。[17]

四、颠覆与解构:后现代的狂欢

1. 网络段子——青年亚文化的网络狂欢

移动互联时代,可以说是一场继互联网之后的新传播革命。如果将互联网称为新媒体的话,那么以手机为代表的便携智能设备就是一种新新媒介。在微博之后兴起的微信,由于其朋友圈的分享式裂变传播,如同滚雪球一样产生出巨大的威力。[18] 微博与微信正式构建出一个移动社交媒体的时代。

在这个空间里,人的一切活动都是以符号形式构成的,包括声音、图像、文字等。正如狂欢节上,人们以不同的方式来装饰自己,在这个巨大的广场上张扬自己的个性,宣泄自己的激情。[19] 对抗经典,冒犯权威的狂欢化语言,这与巴赫金的"狂欢化诗学"理论有异曲同工之妙:"狂欢节体现了诸种意识形态官方的与非官方的互文性。狂欢节是社会组织的一道裂缝,其最重要的价值在于它的未完成性和变异性,因此它具有巨大的颠覆作用和更新作用。""它的主要精神是颠覆等级制,主张平等的对话精神,坚持开放性,强调未完成性,反对孤立自主的封闭性,反对思想僵化和教条。它的核心是交替与变更的精神、死亡与新生的精神、摧毁与更新的精神。"[20] 网络段子是一种典型的青年亚文化,段子的生产者和受众多是青年一代,他们是网络狂欢的主体。他们在"游戏"和胡闹中也张扬个性、反讽社会、颠覆经典、解构传统,"狂欢式的生活,是脱离了常规的生活,在某种程度上是'翻了个的生活',是'反面的生活'"[21]。

在网络这个特殊的空间里,"神圣同粗俗,崇高同卑下,伟大同渺小,明智同愚蠢等等接近起来,团结起来,定下婚约,结成一体"[22]。狂欢节上最主要的仪式就是给国王"脱冕"和"加冕"。所谓"脱冕"就是扒下国王的服装，摘下皇冠，加以讥笑和殴打，"加冕"就是给奴隶和小丑等地位低下的人穿上国王的服饰，带上国王的皇冠，使之成为"国王"。把权力、秩序、崇高、严肃等权威和权力从国王身上转移到普罗大众身上。以"青岛大虾"段子为例，普通民众可以通过各方发言平台编写幽默段子嘲讽青岛商家的宰客行为。网络技术真正实现了言论自由权的下放，给公众"加冕"，为公众赋权，从而形成了与官方舆论场相对抗与博弈的民间舆论场，虽然官方话语在舆论场境中总是占据有利地位，但民间话语一直代表着最广大民众的声音。青岛"38 元大虾"曝光后，官方立场一直处于模糊不清的位置。没有积极迅速有效地发出权威声音，这就给网络段子的喷涌而出提供了广阔的空间。

2. 网络段子的解构性与颠覆性

段子的解构性和颠覆性不是在互联网时代才产生的，从段子文化诞生的那天起，它就是以解构的姿态出现在人们的眼前。中国最早的诗歌总集《诗经》分为风、雅、颂三类，其中风大多是民间的歌谣，这些歌谣就具有如今我们所说的段子的一些特征。

《魏风·硕鼠》："硕鼠硕鼠，无食我黍！三岁贯女，莫我肯顾。逝将去女，适彼乐土。乐土乐土，爰得我所！

硕鼠硕鼠，无食我麦！三岁贯女，莫我肯德。逝将去女，适彼乐国。乐国乐国，爰得我直！

硕鼠硕鼠，无食我苗！三岁贯女，莫我肯劳。逝将去女，适彼乐郊。乐郊乐郊，谁之永号！"

《硕鼠》是《诗经》中的经典篇章。全文以冷嘲热讽的笔调形象地刻画出奴隶主贪婪成性、不劳而获的寄生本性，唱出了人民反抗的呼声和对理想生活的向往，显示了奴隶制崩溃时期奴隶们的觉醒。这种形式就是段子的最初原型，整齐划一的句型，押韵，每一章只变换几个字，却能起到回旋跌宕的艺术效果。最重要的特点还是民间口头形式，因而得到较为广泛的传播。[23]

网络段子延续了后现代艺术的颠覆思想，反叛意识、消费意识、娱乐意识，在追求个人感觉的过程中逐渐瓦解了偶像、权威、精英、崇高、群体等观念。公众厌倦了国家文化的政治说教和枯燥宣传的宏大叙事，对精英文化的大而无当、脱离现实、玄而又玄失去了兴趣，越来越沉浸在碎片化的阅读与生活之中。网络段子在对传统进行解构的同时，也为网民带来了极度的愉悦，这也是网络段子能"疯传"并瞬间变成一个热得发烫的焦点的原因之一。巴赫金认为，狂欢式的笑具有两重性，笑声里不可分地结合了戏谑和欢呼、赞扬和辱骂,一切神圣与崇高的东西在嬉笑中统统消解了。

3. 过度狂欢与主体的异化

勒庞在《乌合之众》中描述了这样一种大众心理:"群体中的个人不再是他自己,他变成了一个不受自己意志支配的玩偶。孤立的他可能是个有教养的个人,但在群体中他却变成了野蛮人——即一个行为受本能支配的动物,他表现得身不由己,残暴而狂热。"[24]社会发展带来的高压使人们内心世界已然存在强烈的狂欢欲望,而网络空间又突破时空限制,人们可以随时随地参与到网络狂欢之中。"对公众来说,任何事物的终极归宿都在于娱乐,任何事物都只配用碎片化、零散化的'不正经'姿态加以对待,生存的意义仅仅在于为狂欢而狂欢,其他一切皆可以置若罔闻"[25],于是,"一切工作话语都日渐以娱乐的方式出现,并成为一种文化精神。我们的政治、宗教、新闻、体育和商业都心甘情愿地成为娱乐的附庸,毫无怨言,甚至无声无息,其结果是我们成了一个娱乐至死的物种"[26]。

在智能手机光怪陆离的屏幕闪烁下,聚集在虚拟地球村的无数网民,沉醉在数字化狂欢的迷幻世界中。沉浸在网络之中的个体就像一叶孤舟,漫无目的地漂向一个又一个喧喧嚷嚷的狂欢事件中,一旦放下手机,他们就会被现实拉回到孑然一身。正因此,孤独的狂欢与狂欢的孤独,解释了人们为什么总是在虚拟空间中显得那么脆弱、易感和冲动。

网络段子狂欢并不能真正拯救什么,它只是让个人暂时忘却烦恼和逃避压力。每一次狂欢过后,留下的只有茫茫无际的失落与惆怅。就像安徒生笔下那个可怜的卖火柴的小女孩,尽管她划完了最后一根火柴,但是周围的寒风依然越来越紧,漫天的孤独的雪与漆黑的夜色一起淹没了富饶而又贫穷的城市,圣诞老人终究还是没有到来。

参考文献:

[1][美]尼古拉斯·尼葛洛庞帝. 数字化生存[M]. 胡泳,范海燕,译. 海口:海南出版社,1997:3.

[2][3] 中国互联网络信息中心(CNNIC). 第36次中国互联网络发展状况统计报告[EB/OL]. [2015-7]. http://www.cnnic.net.cn/hlwfzyj/hlwxzbg/hlwtjbg/201507/P020150723549500667087.pdf.

[4][加]马歇尔·麦克卢汉. 理解媒介——论人的延伸[M]. 何道宽,译. 北京:商务印书馆,2000:33.

[5] 万建中. 民间文学引论[M]. 北京:北京大学出版社,2006:67.

[6] 郭绍虞,王文生. 中国历代文论选[M]. 上海:上海古籍出版社,

2001:30.

[7] [法]米歇尔·福柯. 知识考古学[M]. 谢强,马月,译. 北京:三联书店,1998:129.

[8] 高宣扬. 当代法国思想五十年[M]. 北京:中国人民大学出版社,2005:260.

[9] 石义彬,王勇. 福柯话语理论评析[J]. 新闻与传播评论,2011(01):28-29.

[10] [美]伯纳·罗胥克. 制作新闻[M]. 姜雪影,译. 台北:远流出版事业公司,1994:119.

[11] [英]詹姆斯·库兰,[美]米切尔·古尔维奇. 大众媒介与社会[M]. 杨击,译. 北京:华夏出版社,2006:164-187.

[12] 孙慧英. 多色段子——消解权威的精神狂欢[J]. 人民论坛,2010(6):9-10.

[13] 赵战花. 微博客对新闻传播的影响探析[J]. 理论导刊,2010(4):25-26.

[14] Bombing:We Media,The Media center[EB/OL]. http://www. oreilly. com/catalog/We media/book.

[15] 百度指数[EB/OL]. http://index. baidu. com/? tpl = trend&word = %C7%E0%B5%BA%B4%F3%CF%BA.

[16] 百度指数[EB/OL]. http://index. baidu. com/? tpl = crowd&type = 0&area = &time = 20150801%7C20151116&word = %C7%E0%B5%BA%B4%F3%CF%BA.

[17] 周婷. 网络段子的传播学分析[D]. 南昌:南昌大学,2009:36-37.

[18] 张宸语. "微"时代,大狂欢——移动传播时代的网络狂欢现象研究[D]. 长春:吉林大学,2015:31.

[19] 张锋. "网络恶搞"的青年亚文化特性分析[D]. 苏州:苏州大学,2009:09.

[20] 马新国. 西方文论史(修订版)[M]. 北京:高等教育出版社,2002:488.

[21] [俄]巴赫金. 陀思妥耶夫斯基诗学问题[M]. 白春仁,顾亚玲,译. 北京:三联书店,1998:176.

[22] [俄]巴赫金. 巴赫金全集(第五卷)[M]. 白春仁,顾亚玲,译. 石家庄:河北教育出版社,1998:162.

[23] 周婷.网络段子的传播学分析[D].南昌：南昌大学,2009：7-8.

[24] [法]古斯塔夫·勒庞.乌合之众[M].冯克利,译.南宁：广西师范大学出版社,2001：56.

[25] 庞弘.人的解放与人的拘禁——对"网络狂欢"现象的马克思主义解读[J].武汉大学学报：社会科学版,2011(01)：4.

[26] [美]尼尔·波兹曼.娱乐至死[M].章艳,译.桂林：广西师范大学出版社,2004：4.

无情岁月的有情记忆:传播仪式观视角下的综艺节目怀旧景观呈现

——以《年代秀》为例

（詹　婷　任晓利　安徽大学）

摘　要:现代化急速转型期,社会结构转型、观念变迁异常深刻,人们面临社会现实压力缺乏认同感和归属感,由此引发了怀旧文化的盛行。《年代秀》等综艺节目作为一种文化符号,以其高度的混杂性和娱乐性契合综艺表征和仪式传播的特点,满足了当代人怀旧的心理和愿望。节目强化了集体记忆的文化内涵,对现实文化进行塑造和想象,引发了观众的强烈共鸣。综艺节目对怀旧景观的建构,反映了当代文化精神的认同趋势,彰显出文化传播在精神文明引导上的观照作用。

关键词:传播仪式观;综艺节目;怀旧

"传统的消逝"和"怀旧"是现代性的典型征兆,二者之间的张力构成了现代性的两副面孔。美国的传播学家詹姆斯·凯瑞(James Carey)提出了传播仪式观(a ritual view of communication)的理论,认为传播的起源及最高境界并不是质量信息的传递,而是构建一个有秩序、有意义的、能够支配和容纳人类行为的文化世界。他认为传播研究的目标是寻求对人类行为的理解,通过领会他人在说些什么以扩大人类的交流。以集体记忆和身份认同为内容和诉求的综艺节目通过运用符号、象征意义的构建,创造了独特的综艺怀旧景观,引发了观众的怀旧共鸣。本文以综艺节目《年代秀》为例,从传播仪式观的视角探讨综艺节目对当下怀旧景观的呈现,探讨文化现象对于精神家园的观照作用。

一、传播仪式观与怀旧景观

美国传播学者詹姆斯·凯瑞(James Carey)提出了传播仪式观(a ritual

view of communication），指出传播包含了分享、参与、社团、伙伴、共同信念等意思。他认为传播的起源及最高境界并不是质量信息的传递，而是构建一个有秩序、有意义的、能够支配和容纳人类行为的文化世界。他认为传播研究的目标是寻求对人类行为的理解，通过领会他人在说些什么以扩大人类的交流。凯瑞认为，"在我们思想的最深处，对传播的基本理解仍定位于'传递'这一观念：传播是一个得以在空间传递和发布的过程，以达到对距离和人的控制。"[1] 传播仪式观拓宽了传播学的研究视野，使这类文化现象成为传播学理所当然的研究对象，人们如何交流以及交流如何建构人们的日常生活成了传播学科的新使命。[2]

传播的仪式观把传播看作是创造（created）、修改（modified）和转变（transformed）一个共享文化的过程。凯瑞认为文化研究的目标远比其他研究传统来得平实，它不是根据支配人类行为的法则以寻求关于人类行为的解释，也不是把人类行为消解为其所基于的结构中，而是寻求对人类行为的理解。文化研究不是试图预测人类行为，而是试图诊断人类的意义。需要指出的是，无论"信息/传递"框架，还是"仪式/共享"框架，都是观照世界的方式之一，正如信息与文化都是人类的基本需求之一。[3]

怀旧是人们感时伤怀的一种情绪，是人类有关过去的一种含有情感的记忆。它是某种朦胧暧昧的、有关过去和家园的审美情愫，不仅象征了人类对那些美好的但却一去不复返的过往的真实和留恋，还隐含了人类的某种情感需求和精神冲动。[4] 媒体景观指的是能够反映当下社会的主流价值观，引领潮流，同时能够把现实中的矛盾和解决方法艺术化的一种新媒体现象，其类型主要有奢华场景、体育赛事、时事政治等。

怀旧类电视综艺节目，是指以各种蕴含时代记忆、具有广泛社会认同度的经典怀旧元素为表现主体，利用传统电视综艺节目的传播方式，旨在通过此方式唤起不同时代电视受众的时代记忆和身份认同，以达到良好传播效果和社会效果的电视综艺节目类型。创作者需充分运用电子技术手段进行加工制作，并将传统文艺形态进行合理改造，以适应电视媒介的传播特点，使之更具画面表现力和时代气息，从而创造出更大的艺术价值。大众媒体的市场化性质迎合了社会大众的心理机制。[5]

近几年来，我国不断地引入许多国外的优秀电视节目的运作方式，这直接导致了中国电视媒体景观的产生。《超级女声》《中国达人秀》《中国好声音》《爸爸去哪儿》等优秀境外节目的引进引发国人争相追捧的媒介景观。2011 年深圳卫视从荷兰引进的代际节目《年代秀》（Generation Show）主打怀旧牌，得到了业内人士和广大观众的认可。该节目每期邀请"60""70""80"

"90""00"五个年代的 10 位明星嘉宾同台互动①,不同年代的明星分享往事、互动游戏、老歌新唱、竞技答题、回顾时代故事。节目凭借一系列的场景设置、符号象征引发了怀旧景观。

二、参与和分享:程式化的情感回归

仪式为人们提供了一个表达和转述情感的机会,这种机会不仅仅存在于一些人们对其情感类型充满期待和既定观念的仪式中(如婚礼、葬礼、受洗礼),也存在于几乎所有的情境中。如在现代婚礼中,走红毯、新郎新娘交换戒指、亲吻等仪式被赋予了神圣的意义,情感的交流在这些具有仪式化的行动中完成。日常生活中通过仪式所包含的符号和象征意义而有所指代。《年代秀》具有敏锐的文化感知能力,在场景环节的设置、主持人的台词、叙事方式来贴近观众心理以寻求情感共鸣。

(一)经典和娱乐时尚的碰撞

以集体记忆为内容定位和诉求的综艺节目接踵而至,形成电视荧屏的"电视综艺怀旧热",搭建起一个集体记忆文化仪式的狂欢舞台。这种信息的建构方式体现了对大众文化的深刻考察,契合了传统中国人对年代和时间的独特情怀。无论是经典的作品还是经典的造型,都变成了社会各界追捧的时尚元素。《年代秀》的灵魂便在于重现经典,怀旧但不伤感,以娱乐化、时尚化的包装再现经典场景,带来广阔的表达空间。正如《年代秀》的主题曲《纯真年代》所唱的那样:"童年的梦/少年追的风/心动就重逢/爱过的思念种种/最好的年代/最真的存在/最暖的记忆/因为有你在/成长会让人痛/时间会让你等/挥一挥手/岁月已远走/多少夏和冬。"明星们带着观众在影视作品、物品、社会现象、老电影等带有时代印记的世界中徜徉,在曾经的记忆中重温昔日的欢乐。如在 2013 年 11 月 8 日的节目中,歌手温岚展示自己的抖空竹技艺,引起嘉宾对于童年游戏的记忆。歌手徐怀钰重新演绎《我是女生》,配上现代的许多娱乐场景,回顾了 20 世纪 90 年代纯真懵懂的校园时代的青涩恋情。节目答题过程中结合影像、音乐表演、实物展示等时尚元素向五个时代致敬,让嘉宾和观众在看节目的同时,感悟青春,分享故事,体味浓浓的"当年情"。

---

① 2013 年 3 月 15 日起节目进行改版,分为主场队和客场队,但节目环节大致相同。

表1

《年代秀》前几期胜利之歌举例①					
期数	60年代	70年代	80年代	90年代	00年代
一	阿细跳月	我爱北京天安门	年轻的朋友来相会	好汉歌	我的地盘
二	八月桂花遍地开	打起手鼓唱起歌	新长征路上的摇滚	今儿个高兴	快乐崇拜
三	军民大生产	在希望的田野上	爱情陷阱	牵手	洗刷刷
四	团结就是力量	祝酒歌	跟着感觉走	生命之杯	忐忑
五	打把归来	我为祖国献石油	Monica	快乐老家	Nobody
六	游击队之歌	啊朋友再见	路灯下的小姑娘	我最摇摆	Baby
七	咱们工人有力量	阿佤人民唱新歌	冬天里的一把火	我的亲爱	霍元甲

影像、实物、音乐和时尚秀的展示，反映出了我国社会风貌和百姓生活的变迁，透射出社会主流价值观念和社会文化特征的流变——60年代的集体主义，70年代的热血沸腾，80年代的自我意识，90年代的率真个性，00年代的张扬自我。《年代秀》栏目还注重和观众的在线互动，通过官方微博、百度贴吧、官方微信等，与观众进行在线交流。运用微博、论坛等新媒体来进行节目预告和现场直播，吸引年轻一代加入互动讨论。截止到2014年12月27日②，《年代秀》新浪官方微博总粉丝数超过250万，发布微博达到7700余条，百度贴吧月活跃用户70万，累计发帖69万。

（二）幽默化的表达与叙事

《年代秀》节目的主线是穿越时空，节目通过多种娱乐形式如答题竞猜、表演节目、模仿、猜歌词，加以幽默、喜剧色彩的因子，追忆不同时代的文化亮片。各年代的嘉宾作为各时代的"群体符号"，成为年代的标签，对观众形成群体的文化认知。同时，主持人掌握着整场节目的节奏和流程，和嘉宾互动，引导嘉宾和节目的进行。《年代秀》的主持人是阅历丰富、风格稳重、富有文化底蕴的赵屹鸥。赵屹鸥将自己融入年代故事里，表演角色的出场方式和节目寓教于乐的形式及彰显怀旧文化的定位十分契合，其与嘉宾的积极互动也使现场气氛活跃。各个年代的观众方阵也参与现场气氛的调节，在嘉宾答题正确的时候，方阵观众会在嘉宾带动下伴随着年代的胜利之歌

---

① 胜利之歌是在改版前，各观众方阵在嘉宾获得阶段胜利时，现场奏起具有年代感的歌曲，观众在嘉宾带领下随着曲调起舞。各年代的胜利之歌极具代表性，使观众产生代入感。

② 2014年12月27日起，《年代秀》节目停播。

翩翩起舞,场面欢腾,观众也在互动中增强了参与感和认可度。

(三)切中社会心理,寻求共鸣效应

传播学中的"使用与满足"理论认为,在媒介接触活动中,受众并不是在被动地接受信息,相反,他们的媒介接触活动是基于特定的需求动机来使用媒介,从而使这些需求得到满足的过程。如果人们接触某种媒介并使用后,需求得到了满足,他们就会越来越依赖这个媒介。

传播的仪式化对社会起到维系作用,如央视春晚具有盛大性和权威性,在很大程度上变成了观众庆祝春节的一种重要形式。《年代秀》中,代际的合作与交流贯穿始终,节目仪式化特征达到了空前的怀旧效应,契合了观众普遍的对于明星的关注心理和怀旧心态。节目中的怀旧话题的设置、嘉宾的分享和场景的重现,观众处于媒介仪式的整合和控制中,随着节目一起寻找存在心底的幸福和感动。明星嘉宾作为自己时代的代言人,与此同时把各个年代的时代特点融入其中,和观众一起分享自己经历的时代记忆,最终实现了传播效果的最大化。

在观众心理方面,忙碌、竞争激烈的现代生活常常让人们无所适从,求新求异、打破常规的轻松愉悦的生活方式成为年轻一代的情感诉求。在高压力的快节奏生活中,旧有事物不断被替代,逆反、颠覆式的探索、求新心理也在这些修辞格的使用中得到充分展现。而这些都成为怀旧主题综艺节目议题建构的文化背景。《年代秀》跨越60年的时代光影记忆,最大限度地囊括了几代人的文化记忆,以丰富的娱乐形式调动激发了不同时代不同层次观众的情感共鸣、文化认同和参与动力。这种分享记忆、理想、情感的多形式、深层次的分享型娱乐形式,在电视综艺节目中是开创性的。

三、集体记忆与认同:文化象征体系的构建

传播的仪式观并不在于信息的获取,而在于某种戏剧性的行为,在这种戏剧性行为中,读者作为戏剧演出的旁观者加入了这一世界,以此共享文化。这时,我们面对的不是讯息的效果或功能问题,而是形式的呈现和介入在建构读者的生活与事件中所扮演的角色。[1]这里的仪式不仅呈现市民的生活状态,也在建构和塑造市民的生活方式。

(一)符号对于文化的建构

Livingstone曾经将受众研究归结为理解(comprehension)和阐释(interpretation)两大类型,理解是指观众是否接受了特定的节目信息,或者特定的文本偏见是否与观众形成共鸣。阐释是指认文本的意义不是由传播者

决定,而是观众基于自己的理解建构起来的认识,观众不是完全被动地接收或者误解文本的意义。[6]

符号指能够有意义地代表其他事物的事物,是传播意识的一种意愿标志。声音、语言、文字、图画、手势、姿态、表情等都是符号。[7]符号被赋予了意义之后,人们之间的互动就是有意义并且是可解释的。这种互动的过程就是一个传达意义以及意义的解释与理解的过程。鲍德里亚认为,消费社会里,消费控制着整个生活的境地,人们真正消费的不是丰盛堆积的物本身,而是物的符号价值。商品不是简单的物品,而是一连串的意义、指示符号。我们在符号的掩护下并在否定真相的情况下生活着,形象、符号、信息,我们所消费的这些东西,就是我们心中的宁静,与外界的距离则巩固了这份宁静。[8]符号消费成为一种社会基本的行为模式,人们统统沉浸在对符号的热情追逐中,在符号中组织自己的生活。怀旧也是一种符号文化,是连接过去和现实的缓冲带,观众在收看节目的同时,也是在消费符号和价值。

(二)作为符号建构载体的电视

电视作为大众传媒的重要载体,其对于传播主流文化的意义和影响是不言而喻的。它作为文化的载体和连接外部世界的窗口,通过视频、声像将信息传递给观众,让观众能够直接进行感知。电视图像的视觉文化能够让叙事更加生动形象、充满吸引力。对于《年代秀》而言,它利用电视这个媒介将节目的娱乐性发挥到了极致,让观众在视觉上得到了很好的享受。节目借助电视媒介的形式,展出反映各个年代特征的物品、图片和影视资料,展现了国家跨越60年的社会风尚发展和流变,凝聚文化认同感,传递了社会主流价值观。

电视综艺中的集体记忆也不是简单的原型重现,而是一场在文化仪式建构中演绎的新逻辑和新诉求。形成这种新逻辑和新诉求的桥梁又不得不回到电视的符号化阐释上。在丰富多彩的节目环节中构筑起强大的明星阵容,进行跨年代沟通互动,体现出充满阳光朝气的娱乐文化创新能力。[9]它以非强制性的"共享""互动""游戏"等方式,召唤地域化的文化共同体和民间共同体。从各卫视综艺节目的卖点来看,"明星""情感""亲和""娱乐""互动""游戏""现场""文化"这些关键词,都是能够"召唤"大多数平民百姓参与节目的重要因素。当今全球化的浪潮,使得国家认同处于危机与强化的巨大张力之下,大众传媒便充当了这一魔方,通过重新形塑集体记忆,不断为其生产合法性和黏合剂。[10]

(三)集体记忆的呈现

观众通过电视来了解外部世界,在这一文化仪式中,"共同参与者"的身份置换了传播者和接受者传统的"传—受"角色关系,传统的接受者与传播者共同参与信息的生产与再生产的过程,并分享共同的经验,达到穿越时间维系的历史认同感和集体身份意识。

在社会的压力下,大众通过集体怀旧去重建记忆,在对生活的世界产生怀疑的过程中,对过去事、物、人、场景的提问逐渐被提升到事实的理解、记忆、表达和再造等。记忆是个人塑造自我意识的基础、继续生存的意识之根,媒介文化使得集体怀旧获得了公共性,作为一个"公共空间",网络、电视等媒介使观众获得了一个集体追忆的可能,观众的集体情绪、集体困境乃至集体声音都得以表达。通过这些文化要素,他们彼此之间拉近了距离,对自己的身份进行了重新认同,一定程度上消除了内心的孤独感和虚无感,为人们提供了生存的安全感、超脱感。

四、怀旧:温情岁月的现实回想

(一)现代化的内涵延续了经典文化的娱乐性

怀旧类栏目的定位是"怀旧",重温记忆,但并不是单纯的资料的累积和一味地回忆过去,而是把怀旧内容与时尚娱乐元素相结合,不仅展示了经典作品和故事还让这些经典在新时代焕发出新光彩。让新生代明星们穿越时空重新演绎经典剧目、情景再现,引得现场笑声不断。这种新旧结合的方式不仅能够引起人们的共鸣,通过新生代偶像们的全新演绎也赋予了这些经典作品新的意义。通过这样的方式带领观众回到那些"被遗忘的时光",借助明星经典作品的演绎来抒发怀旧情怀。

怀旧不只是一种现代社会转型时期人们的主观意念,更是一种商品化的物化符号。在一个快速发展的社会中,传统正在逐渐消失,当新事物越来越多且越来越快地呈现在我们面前时,一种相反的心理冲动便产生出来,那就是对历史和过去的留恋。于是,怀旧作为一种当代社会的普遍心态便形成了。

(二)文化的共享和再造

詹姆斯·凯利(J. M. Carey)认为传播的最高表现并不在于信息在自然空间内的传送,而是通过符号的处理和创造,参与传播的人们构筑和维持的、有意义的、成为人的活动的制约和空间的文化世界。在他看来,传播活动是人们交往的一种仪式,其作用在于通过符号的处理和创作,定义人们活动的空间和人们在这一空间扮演的角色,使得人们参与这一符号的活动,并在此活动中确认社会的关系和秩序,确认与他人共享的信念或观念。[11]在经济转型发展中,社会问题也在不断涌现,人们的情绪似乎也很焦躁,面对这样的社会现实,人们似乎充满了压力和缺失感。庞杂的社会精神取向在过度消费的漩涡中,出现了明显的失重感和眩晕感。[12]

集体记忆作为一个唤起、建构、叙述、定位和规范记忆的文化框架,在转型期怀旧心理的助推下不断地被重构,电视作为一种"富媒体"其通过声像符号构建的在场感和画面感,成为集体记忆的有效建构场域和表征方式,观众在互动和分享的同时共同参与了文化的创建和再造,电视综艺节目也收获了收视效应和产业价值。《年代秀》节目围绕"怀旧"这个主题,运用视觉元素来构建怀旧的场景,让人们不但能够在视觉上得到满足,而且在怀旧情感上也产生了共鸣。每个人都在共享和创造数不尽的年代符号中重新认识自我、认识世界。

(三)新媒体时代传统的消逝和现实的焦虑

"传统的消逝"和"怀旧"是现代性的典型征兆,二者之间的张力构成了现代性的两副面孔。法国哲学家雅克·德里达认为:记忆是一种时间修辞学,是人们能够将其与现在的现在或将来,并构成现在的在场。[13]后现代社会情境的复杂多变转移了现代人对过去对传统的注意,群体意义上的集体记忆缺失成为时下普遍的一种社会现象。生活中的种种表明,传统正在渐渐退场,新的主流文化却并没有形成,文化被消解,由此出现了认同危机。各族群都运用不同的集体记忆进行自我叙述,以展现自身文化,构建身份认同。

正如《年代秀》在第一期节目中主持人的开场:"《年代秀》提供了一个可能性,就是我们不但可以去找回那些闪亮的记忆、那些岁月,还可以尝试你不曾经历过的岁月,彼此去探讨或者去感怀那些,让我们感动的年年月月。"现代生活节奏的加快、文化的转型导致了现代社会的变动和现代人的生存危机,面对不断加快的生活节奏和不断加大的生活压力,人们往往会感到无所适从,缺乏自我归属感。"离别总是伤感的,还记得第一次外出上学与你在校门口挥别的父母吗? 还记得毕业时各奔东西送你去火车站的室友吗? 许多人、许多地方可能一辈子都不会再见了。你的心中,有没有一次难以忘怀的离别?"于是这样的怀旧情怀和互动常常让人心生慰藉。

怀旧是现代人追寻自我认同最普遍的途径。面对碎片化的现实,怀旧本质上就是通过追溯和追忆等方式重新拾掇起人们成长历程中的碎片,在一种对过去和传统的美好幻想中把破碎的现实进行还原,用于抵制碎片化、商业化现实对人们信念的侵蚀,重获生活的信心和生活的动力。因此,怀旧是一种文化情结,能够帮助我们重新认识自我、找回自我。怀旧常常同时交织着两种时间:过去与现在,怀旧并不仅仅是对旧迹的追寻和凭吊,是从内心深处认同"过去",以至有着某种神圣性,是"现在"所无法替代的。以现在的自己去体验过去的生活,切切实实返回到过去的时间,流连忘情于过去的时间记忆。

2014年12月27日,《年代秀》节目停播,其在官方微博中写道:"2011年的5月27号《年代秀》第一季第一期开播到今天已有1280天,共17季,188期的节目。年代秀已经陪伴着大家走过三年多的时光。希望我们能留在你的回忆录中,在任何时候打开都能够给你带来无限积极生活的能量。未来,我们并肩前行,一同在路上。""这一路上我们不断温习着时光留下的礼物,也跟随着世界的脚步共同成长,在有你们的纯真年代里,每一次欢笑每一次对视每一次相拥都是记忆中最美的珍藏。""《年代秀》的每位导演和深爱你们的每位年糕都深深相信——我们还会再相逢。"①节目的停播使观众怅惘不已,停播当晚的主题微博"年代秀,说不出再见"转发量达3000多,评论量达到8000多。网友纷纷表达了对于节目的留恋和喜爱,分享自己的年代故事,怀旧情绪引起共鸣。

在现代化急速转型期,社会结构转型、观念变迁异常深刻,当下和历史的关系变得非常复杂。一方面,我们不断产生怀旧的冲动和欲望,我们期望在现实的迷失中重新找寻"自我",找寻自我存在的意义;另一方面,我们在当下与过去的联系中变得不迷惘,因为过去的语境已经不复存在,满足于怀旧的那些文化符号最终不过是抽象的、再现的东西,怀旧只是压力之下心灵无家可归的寄托。因此,怀旧的满足和慰藉终究是虚幻缥缈的,夹杂着对未来的憧憬和对过去的回眸,表征了当下中国人在文化身份认同层面的某种迷乱。

五、结语

怀旧是人们借以寻找精神寄托的捷径,也是一种情感需求和精神冲动,当社会压抑个人的情感和寄托并使人感到迷失自我和丢失传统之时,怀旧不失为一种最佳的慰藉方式和情感寄托载体。[14]娱乐节目作为一种文化符号,它以其高度的混杂性和娱乐性关联了诸多元素,满足了当代人怀旧的心理和愿望。但是各种综艺节目也存在良莠不齐的现象,低俗化、煽情化和信仰缺失的问题凸显,因此在电视产业化发展的同时,综艺节目应坚守思想原则,谨防文化审美内涵的式微。

---

① 新浪微博:"深圳卫视年代秀"2014年12月27日微博。

浓浓的人文关怀、深度的代际碰撞,综艺节目凭借年代符号化的呈现和经典事物的再现,以集体记忆为内容定位和诉求,代表了"怀旧"作为一种文化现象所产生的集体想象和身份认同。春去秋来岁月无情,有情的是岁月带来的成熟心境和身边知己相伴,怀旧,并不是在感怀过去,控诉今日,而是让我们在漫漫人生路上不忘来路,有温度的旧日时光伴我们温暖前行。

参考文献:

[1] [美]詹姆斯·凯瑞. 作为文化的传播[M]. 丁未,译. 北京:华夏出版社,2005.

[2] 胡翼青. 论文化向度与社会向度的传播研究[J]. 新闻与传播,2012(03):4-11.

[3] 姜红. "仪式"、"共同体"与"生活方式"的建构——另一种观念框架下的民生新闻[J]. 新闻与传播研究,2009(5):68-76.

[4] 余杰. 心理学视野下的现代人的怀旧情结[J]. 黄河科技大学学报,2007,9(2):66-68.

[5] 冯丹阳,毛东东. 代际元素在电视综艺节目中的传播效果——以深圳卫视《年代秀》节目为例[J]. 新闻爱好者,2012(24):63-64.

[6] Beilby D D, Harrington L, Bielby W T. Whose Stories Are They? Fans' Engagement with Soap Opera Narratives in Three Sites of Fan Activity[J]. Journal of Broadcasting & Electronic Media,1999,43(1):35-51.

[7] 郑杭生. 社会学概论新修[M]. 北京:中国人民大学出版社,2002.

[8] 鲍德里亚. 消费社会[M]. 刘成富,全志钢,译. 南京:南京大学出版社,2001.

[9] 刘琦. 从文化创意产业看综艺节目"年代秀"的成功[J]. 淮海工学院学报:人文科学科学版,2012,10(6):95-97.

[10] 刘国强. 当代传媒形塑集体记忆的方式探析[J]. 社会科学辑刊,2009(2):70-74.

[11] 石义彬,单波. 20世纪西方新闻与大众传播理论概观[J]. 国外社会科学,2000(7):10-17.

[12] 顾丽. 怀旧节目的魅力[J]. 视听界,2012(4):87.

[13] [法]雅克·德里达. 多义的记忆———为保罗·德曼而作[M]. 蒋梓骅,译. 北京:中央编译出版社,1999.

[14] 朱琳. 集体记忆的电视综艺实践研究[D]. 南京:南京师范大学,2014.

仪式传播对集体记忆的建构路径分析

——以纪念抗战胜利70周年阅兵为例

（王玉珏　安徽大学）

摘　要：媒体对纪念抗战胜利70周年阅兵的报道，是一场盛大的仪式传播。本文结合詹姆斯·W. 凯瑞的传播仪式观理论和哈布瓦赫的集体记忆理论，通过抗战阅兵案例进行研究。本文聚焦仪式传播下的记忆共同体、仪式传播对集体记忆的建构过程和仪式传播对集体记忆建构的意义诉求三大方面，分析仪式传播对集体记忆的建构路径。研究发现：仪式传播首先需要文化共识下的记忆共同体形成；利用全媒体的深度参与满足记忆需求、传播的扩散共享可协助共同体形成、符号的传播机制再现共同体的记忆；仪式传播对集体记忆的建构，是为了满足当下的意义诉求。

关键词：仪式传播；集体记忆；抗战阅兵；建构

1945年9月2日，日本向盟军投降仪式在东京湾密苏里号军舰上举行，这是中国近代以来反侵略历史上的第一次全面胜利。2014年2月27日下午，十二届全国人大常委会第七次会议经表决通过，将9月3日确定为中国人民抗日战争胜利纪念日。2015年9月3日，中国人民抗日战争暨世界反法西斯战争胜利70周年阅兵在天安门广场举行，这是中国首次以抗战胜利为主题的阅兵。

抗战阅兵消息自公布以来，大众传媒中涌现了一波关于阅兵仪式的报道浪潮，抗战记忆也由此被提上议程。集体记忆的形成依赖于各种传播媒介，阅兵仪式传播对抗战集体记忆的建构关联重大。阅兵仪式作为一场盛大的仪式传播，到底是如何建构集体记忆的？

本文结合詹姆斯·W. 凯瑞的传播仪式观理论和哈布瓦赫的集体记忆理论，以纪念抗战胜利70周年阅兵为例，通过案例分析研究仪式传播与记忆共同体、仪式传播对集体记忆的建构过程和仪式传播对集体记忆建构的意义诉求三方面,总结仪式传播对集体记忆的建构路径。

一、概念缘起

(一)仪式传播

约翰·费斯克定义仪式为:"组织化的象征活动与典礼活动,用以界定和表现特殊的时刻、事件或变化所包含的社会与文化意味。"[1]仪式通常被视作一种标准化的、表演性的、象征性的,由文化传统规定的一整套行为方式,一种沟通和维持群体活动的途径。

美国传播学者詹姆斯·W. 凯瑞将传播定义分为传播传递观和传播仪式观两类,开启了传播学研究的新思路。传播的传递观强调信息的发送、传递等,传递观一直占据着当今传播学研究的主流地位。在"仪式观"中,"传播"一词的原型是"一种以团体或共同的身份把人们吸引在一起的神圣仪式"。传播的仪式观并非只指讯息在空中的扩散,而是指在时间上对一个社会的维系;不是分享信息的行为,而是共享信仰的表征。[2]

美国传播学者罗斯布勒,沿着凯瑞的思路,指出"任何形式的仪式都是一种传播,仪式通常以符号行为的方式呈现于社会情境之中,仪式以最基本的信念与价值为基础,编码了符号和意义系统的逻辑,仪式的这些特点使其成为最有效的传播形式"[3]。

我国传播学者基于詹姆斯·W. 凯瑞的仪式观,提出自己对仪式传播的不同理解。朱杰认为,从媒介传播信息的过程而言,仪式传播观并不在意于信息的获取,更强调参与者通过对信息的分享,使媒介在参与者的生活和时间中具备角色,担当身份,形成媒介化的人生观、世界观。[4]

(二)集体记忆

哈布瓦赫首次定义集体记忆为:"一个特定社会群体之成员共享往事的过程和结果,保证集体记忆传承的条件是社会交往及群体意识需要提取该记忆的延续性。"哈布瓦赫尤其强调记忆的当下性,认为"往事"不是客观事实,而是在"往事"过后,由社会框架重新建构的,因此记忆是现在、过去和未来。[5]

我国学者李红涛对集体记忆的理解:一是人类记忆只能在集体语境中运作,而任何集体记忆,都需要身处特定时间、空间中的群体的支持。二是以当下为中心的研究传统。三是流行记忆或民间记忆视角。四是记忆的动力机制视角。该视角强调,集体记忆并不是任意操纵的产物,对过去的建构是一个协商和争夺的过程,其分析重心在于过去之意义的生产与媒介化。[6]

国内国外学者对集体记忆都强调几点:一是集体记忆是立足于现在,对过去的建构;二是集体记忆是在社会框架下的记忆;三是集体记忆的形成单位是群体,各种集体记忆都有对应的群体。

二、仪式传播下的记忆共同体

仪式是标准化的、表演性的、象征性的,有规定的一整套行为方式,是沟通和维持群体活动的途径。传播的仪式观,是把具有共同身份的人吸引在一起的仪式。集体记忆的形成单位是群体,各种集体记忆都有对应的群体。集体记忆是由群体或现代社会所共享、传承和建构的。集体记忆不能离开个人,反之,个人记忆也要靠群体去传承。

所以仪式观与集体记忆理论都强调群体的重要性,传播仪式观要求把身份相同的人聚集形成共同体,也就是承载集体记忆的"共同体"。

2015年9月3日的阅兵仪式,是以纪念抗日战争胜利为主题的阅兵。此次阅兵是由国家组织策划,有规定的阅兵流程,体现深刻文化意味的仪式。那么此次阅兵仪式聚集了哪些身份相同的人形成记忆共同体呢?

学者张兵娟认为仪式传播注重文化的共享和信仰的沟通,为我们提供一个"认同的空间"。斯图亚特·霍尔指出,文化认同来自于共同的历史经验和共有的文化符码。

抗日战争已经过去了70年,但是抗战时的感人故事、代价惨烈的重大战役仍然历历在目。抗战留给中华民族乃至世界各地反法西斯国家的创伤依旧存在。这一段抗战记忆,对应的记忆群体,不仅包括中国,广义上还包括受到日本侵华战争伤害的各个国家。所以本次阅兵仪式,针对的是共有抗战经历的国家,尤其以中国为代表的,包括韩国在内的其他国家;共享抗战记忆的群体,以中华民族为代表的,包括海外华人华侨同胞。阅兵仪式传播下的记忆共同体是:以中国为代表的,共有抗战经历和共享抗战记忆的国家、民族。

所以,仪式传播需要一个共同的文化氛围,在认知共享下营造共同体身份。仪式传播对集体记忆的建构,首先需要共同文化认知下的记忆共同体形成。

三、仪式传播对集体记忆的建构过程

哈布瓦赫提出:"保证集体记忆传承的条件是社会交往或群体意识需要提取该记忆的延续性。"集体记忆的建构需要群体性参与,而群体的参与则表现为社会层面的集体活动,全民性的互动交往。只有记忆群体参与社会活动,才能在社会的记忆框架下,构建集体记忆。

仪式需要借助大众传媒的报道,才能提升记忆共同体的社会参与度。大众传媒的参与深度、报道范围、传播机制等都会对集体记忆的建构产生影响。

(一)满足记忆需求的全媒体深度参与

利用大众媒介一系列的宣传活动,可以号召全民参与社会性活动,在社会交往和表达中,满足共同体的记忆需求。在阅兵举行当天,国内各大媒体纷纷推出专题、专版、特刊等跟进报道。那么究竟有多少家媒体参与报道? 怎样形成全媒体的深度报道浪潮? 全媒体报道浪潮怎样满足共同体的记忆需求?

1. 以中央级单位为核心的媒体群

据调查统计,9 月 3 日当天,报名参加大阅兵报道的境内记者达 2743人,这些记者分别来自 23 家中央媒体、10 家北京市媒体。人民日报社、新华社、中央人民广播电台、中央电视台、中国国际广播电台等中央主流媒体均派出了强大的记者队伍。[7] 国内学者王子海、刘冰对抗战阅兵媒介传播情况作了调查,有 98.56% 的被调查者收看或收听了抗战胜利 70 周年阅兵现场直播。通过电视收看直播的被调查者占比最高(73.08%),其次是电脑(56.25%),第三是手机(37.98%)。获取有关阅兵信息的渠道中,电视和网站居前两名,中选率远远高于其他信息渠道。关于抗战胜利日阅兵的网络报道中,央视网、人民网、新华网三家中央媒体网站好评率位列前三,新浪、腾讯、网易等商业网站排名紧随其后,但好评率要差很多。[8]

从上述参加阅兵的媒体单位资格资料和受众对媒介的接触状况统计数据来看:参与阅兵的媒体单位以中央级媒体为核心,中央级媒体的报纸、网络、电视广播等是大众的第一选择。一是因为中央级媒体更靠近北京,地理位置接近性强,便于及时采编;二是中央级媒体技术设备、记者素养等较其他国内媒体偏高;三是中央级媒体的新闻更具有权威性,被地方级媒体多次摘录转载。

2. "传统媒体—新媒体"的深度传播浪潮

传统媒体以报刊、电视为代表,在本次阅兵的契机下,传统媒体结合新媒体技术优势,形成"传统媒体—新媒体"融合报道的传播浪潮,以两微一端和同步视频直播为代表。

(1)两微一端

国内有多家报纸、网站、杂志利用"两微一端"对阅兵进行报道,根据人民网舆情检测室的调查结果,国内媒体"两微一端"融合传播排行榜上显示,《人民日报》的覆盖指数、传播指数、互动指数和总分四项都位列第一。所以,本文以中央级媒体《人民日报》的"两微一端"为代表进行阐释。

内容上:不仅自编原创新闻,用图文、视频等方式对抗战阅兵进行报道,比如人民日报客户端的《抗战阅兵,三大质疑站不住脚》、直播习近平讲话实况等,而且还摘录各大主流报纸、网站的优秀新闻,比如人民日报客户端的 8 月 31 日的《飞虎队老兵来京观看抗战阅兵》,摘自《法制晚报》;9 月 4 日的《十个瞬间见证大阅兵》,摘自《人民日报》。传统媒体有高素质的编辑记者作为把关人,能生产出高质量和权威性强的新闻,"两微一端"将传统媒体高质量内容蕴含于新媒体传播优势中,壮大了主流声音。

阅读量上:《人民日报》微博相关话题阅读量超 11 亿人次;微信公众号推送纪念大会及阅兵相关文章 37 篇,阅读量超过 1500 万人次;客户端推送相关图片、视频、文章、H5 动图等 238 条,总阅读量超过 8700 万人次。[9]

"两微一端"的阅读量是庞大的,结合青年人群喜爱的新媒体微博微信和中年人群喜爱的传统报刊电视,扩大了受众人群,号召更多群体关注。

(2)同步视频直播

中央电视台新闻频道自 9 月 1 日上午 10 时起,开启了主题为"走向胜利"的 48 小时特别直播。9 月 3 日上午 7 点半起,CCTV1、CCTV7、CCTV13 开始电视直播纪念大会现场报道。人民网、新华网、中国网络电视台、中国网、新浪网、搜狐网、网易网、凤凰网、百度网、爱奇艺、腾讯网等各大视频网站也开辟报道专区,将同步直播"9·3"纪念活动这场视觉盛宴。

结合学者王子海的调查,我们选取排名前三的中央媒体网站:央视网、人民网、新华网和商业网站:新浪、腾讯、网易,汇总网站的视频直播特色栏目来分析。(见表 1)

表 1

网站名称	直播视频名称	特色栏目
央视网	专题:纪念大会直播	边看边聊
人民网	纪念大会现场报道《铭记》直播	边看边聊
新华网	纪念大会现场报道《铭记》直播	边看边聊
新浪	直播间大国之风专题	边看边聊、图文回顾
腾讯	三军将校带你全方位看直播	精彩看点、图文直播、嘉宾介绍、明星陪你看直播、助威大数据、老兵不朽、在线阅兵、独家策划、客户专区
网易	专题9·3大阅兵	阅兵·纵深、阅兵·回顾、阅兵·亮点、我要上头条

从表1可以看出:线上各大网站同步直播阅兵视频,以全球互动直播、专家在线解析、相关背景资料链接等多种形式,深度挖掘阅兵的流程、各国嘉宾、精彩片段的高清大图等信息,不仅利用大数据在线为观众答疑解惑,梳理抗战历史,而且让观众在线领略阅兵盛况,通过实时网络点赞、分享行为向抗战历史致敬。

同时线下以中央电视台的全场直播视频为主,派出记者从训练基地、阅兵场地等地多路采访,介绍阅兵实时准备进度;邀请军事专家学者做客节目,普及阅兵流程、中国抗战历史常识等。

3. 全媒体满足记忆需求

以两微一端和同步视频直播为代表的"传统媒体—新媒体"的深度传播浪潮,深层报道,壮大主流声音;利用传统媒体与新媒体的特性,结合各类媒介受众群;全媒体将共同体的求知欲通过传播互动表达出来。线上的传统电视媒体传播,将阅兵仪式普及给大众;线下的网络新媒体传播,满足大众的个性化问题。这样线上与线下的融合传播,实现了大众共识性普及和个性化需求的互补。

全媒体的深度参与激发了记忆共同体的社会参与度,利用传播互动表达共同体的求知欲,满足了共同体的记忆需求。

(二)协助共同体形成的"国内—海外版"扩散共享

本次纪念抗战胜利70周年阅兵不仅是中国的大事,更是抗战记忆共享下共同体成员的大事,吸引了海内外各族同胞的关注。中国媒体积极了解境外媒体需求,利用海外资源优势,加大向外信息推送力度。

《人民日报海外版》在头版头条刊发《天安门广场盛大阅兵》文章,并在"望海楼"栏目发表了《裁军30万,中国树起和平榜样》评论。为强化对外传播,新华社在 Twitter、Facebook、You Tube 三个海外社交媒体平台对纪念大会进行全程直播,多国语种社交媒体账号也做了编译转发。英文报道《V DAY》在 CNC 英语台和 You Tube 一并播出,You Tube 两天观看人次达20万以上。国际台首次使用48种语言微直播,运用国际在线、中华网、Facebook、Twitter、You Tube 等社交媒体,实施发布相关报道。9月3日的直播节目国际台与"今日俄罗斯"网络链接;国际在线日文网视频直播"9·3"当日盛况;首次与日本最大视频门户网站 NICONICO 合作。[10]

中央级媒体编写第一手资料,通过海外版向华人华侨们传达阅兵信息,向西方大众介绍中国抗战历史,理解中国的抗日战争在世界反法西斯战争中重要意义,更传达了中国的抗日精神和国家坚强不屈的意志形象。

　　这样的海外配合扩散传播,将中国的抗战阅兵浪潮推向世界媒体议程,增加了目标受众和辐射范围。中国媒体对海外的抗战阅兵报道,不仅将海内外的华人华侨,聚集在中华民族抗战的集体记忆下,激发爱国情怀,而且利于记忆共同体的形成。

　　积极参与阅兵现场报道和共享新闻信息资源,利用国内版与海外版配合扩散的传播机制,向全球发出声音,有利于记忆共同体的形成,为全民共同纪念这一伟大日子的氛围造势。

(三)符号传播机制与记忆再现

　　象征符号的重要作用在于"使不能直接被感觉到的信仰、观念、价值、情感和精神气质变得可见、可听、可触摸"。传播仪式观理论来源于芝加哥学派的符号互动理论,因此,凯瑞大胆地假设"事物是符号的创造物"。仪式观强调的就是传播中的符号对于人类思想、经验的重要影响。[11]

　　我们生活在一个符号表征的世界,阅兵仪式也是一个符号选择和重组的过程,是一次符号的文化盛宴。在阅兵的每一个流程环节里,都会透露着与抗日战争记忆有关的象征符号。阅兵仪式上有哪些象征符号,符号的所指又是什么? 符号如何唤醒集体记忆的方式?

　　1. 符号的选择和展示

　　阅兵开始就是现场鸣放 70 响礼炮;升旗队列扛着国旗从"1945"和"2015"的红色大字中穿过;20 架直升机在空中组成 70 字样,代表中国抗日战争胜利 70 周年。军乐团奏唱着"团结就是力量"等军歌;鲜艳的红色国旗、红色地毯;阅兵在人民英雄纪念碑前开始和结束等象征着先烈的牺牲,代表着抗日精神的坚强和延续;老兵方阵是曾参加过抗日战争、现仍健在的抗战老兵、支前模范和英烈子女代表;徒步方队前是 7 面锦旗,首次设计八路军、新四军、东北抗联、华南游击队等英模部队代表编组受阅;外国军队方阵中,有苏联红军和美国飞虎队代表等,代表着各方在抗战中的贡献和荣誉;尖端武器的展演,代表着中国自抗战以来的成长和硬汉形象;白鸽和气球是对战争的反思和对和平愿望的表达。

　　阅兵仪式选择与抗战有关的符号,运用符号将过去的抗战历史部分再现于当下,将历史与现实相连接,将不能被直接了解的历史通过符号被大众理解;符号蕴含着情感和价值,在展示中,挑动大众的情感引起共鸣。

　　2. 符号唤醒集体记忆的方式

　　(1)符号解读方式与记忆再现

　　① 个体对符号的解读

　　大众在观看阅兵时,每一个符号都有其深刻的寓意,视觉和听觉符号时刻冲击着受众的心理。选择与抗战有重大关联的典型人物、团队,例如抗战老兵、英模部队代表、苏联红军和美国飞虎队代表等。在仪式的展演中,大众会被仪式的符号能指所引导,沉浸在所指中,在脑海中回忆相应的信息,与群体记忆中的印象匹配,强化脑海中的记忆,调动脑海中的情感,唤醒并再现记忆。

② 解说词对符号的剖析

在阅兵过程中,一直有主持人在对阅兵进行同步解说。解说词与画面声画同步,详细生动的语言,对每一个出现的有意义符号,解析其寓意、演变发展、历史意义等。不熟悉流程的观众、不了解历史的海内外同胞,可能无法自己解析阅兵中许多符号的寓意,可以利用解说词的帮助,熟悉符号的来由和含义。解说词就像是贯穿阅兵仪式始终的钥匙,打开了历史的大门,将一幕幕生动的史实呈现在观众眼前,带领观众畅游历史记忆。

利用当下的符号和过去相联结,使得社会的现在、过去乃至未来通过集体记忆的连续叙事得以整合。符号的选择和解读方式,对集体记忆的再现有不同的影响。符号的选择蕴含着记忆共同体的文化共识,符号的解读方式构建共同体不同的记忆再现模式。

(2)符号对比反差与记忆再现

饱经风霜的老兵方阵代表、高端的军事设备、和平的仪式氛围,与抗战集体记忆中的母亲送稚子上战场、落后于日本军队的武装力量、混乱的抗战环境成为鲜明对比。当共同体成员看到与集体记忆不符的象征符号时,过去与现在的反差对比,会强烈冲击他们的心灵。过去惨烈的抗战记忆会再次浮现他们的心头,让人不禁感慨现在的和平氛围。

这种符号造成的对比反差,也是再现集体记忆的另一种方式。

四、仪式传播对集体记忆建构的意义诉求

国内外学者对集体记忆的研究都强调,集体记忆定格过去,却由当下所限定,且规约未来,即集体记忆是立足于现在,对过去的建构,是以当下为中心的。仪式传播是为了传播深层的情感、价值和意义,那么阅兵仪式传播,是为集体记忆的何种现实诉求而服务呢?

(一)仪式传播中的记忆传承

抗日战争已经过去了 70 余年,中国人民通过长辈叙述、课堂历史教育、音像资料和大众传媒的报道来记忆历史。然而时间流逝,年轻一辈已经慢

慢淡忘抗日战争胜利的艰辛,远离硝烟的一代人在集体记忆上已经出现空缺,甚至扭曲。集体记忆的缺失,使民族国家的文化认同维系出现阻碍,使个体的历史观念受到冲击。我们缺的不是历史,而是对历史的铭记。抗战记忆是一段不可磨灭的历史,是中华民族的集体记忆。我们要将抗战记忆深深留在中华民族的血液里,烙印一代又一代中国人。

哈布瓦赫认为人们有关过去的形象和有关过去的回忆性知识,是在操演中传送和保持的。类似纪念仪式和身体实践的行为往往成为记忆传承的重要手段。仪式具有形式主义和操演作用两大特征,作为一种记忆手段,纪念仪式明确地指涉原型人物和事件,并通过重复操演话语和姿态、手势来使人记忆过去。[12]

国内学者王子海的《抗战胜利 70 周年阅兵媒介大传播》中,对于以何种方式纪念抗日战争最有意义的问题回答上,有 33.65% 的被调查者认为举行阅兵仪式最有意义。

集体记忆必须在仪式性的活动中,才能保持新鲜和传承,所以此次的纪念阅兵也成了传承中华民族抗战集体记忆的仪式。阅兵仪式的传播活动,纠正了人们对抗战历史的错误印象,填补了历史的记忆空缺。

(二)仪式传播下的情感共鸣

国内学者张兵娟认为仪式传播并不是为了传递信息,而是为了传递一种特定的情感,是对"想象的共同体"的建构;注重媒介的呈现和介入在建构观众的生活和时间中所扮演的角色,提供一种"机械团结"的时刻。[13]

阅兵的仪式狂欢,将过去与现在相连接,仪式传播符号体现的:不畏强权的拼搏精神、舍身救国的奉献精神、统一抗战的团结精神、坚持到底的自强精神,在阅兵仪式传播中迅速扩散。海内外同胞形成的共同体,在仪式中共享抗战精神、怀念抗战英雄,群体在获得身份认同时,也融入了集体情感中,群体形成情感共鸣。

(三)仪式传播构成力量来源

国内学者王子海的《抗战胜利 70 周年阅兵媒介大传播》中,对于如何避免日本侵华历史悲剧重演的问题回答上,有 70.19% 的被调查者认为要增强国防实力,69.23% 的被调查者认为要让我们国家经济实力更加强大,58.17% 的被调查者认为需要提升国家科技实力。

哈布瓦赫进一步指出,集体记忆不仅是对于历史的追思与缅怀,更是凝聚群体认同的力量来源。

阅兵仪式吸引了众多的华人华侨,仪式将大家都置于抗战记忆的共享下,形成共同体。对抗战记忆的共享,让共同体成员意识到民族团结和国家和平的重要。民族缺乏集体记忆,无法传承文化精髓;国家缺乏集体记忆,无法建立认同与和平关系。集体记忆共享不仅是对抗战记忆的缅怀,更是构成和平团结愿望的力量。此次阅兵仪式传播对集体记忆的建构,是民族团结和国家和平的力量源泉。

五、结语

在纪念抗战胜利70周年的阅兵仪式案例研究中,我们总结出仪式传播对集体记忆的建构路径。

① 仪式传播对集体记忆的建构,首先需要文化共识下的记忆共同体形成;

② 仪式传播借助大众传媒的深度参与,激发记忆共同体的社会参与度,利用全媒体的深度参与满足共同体的记忆需求;

③ 传播的扩散共享机制,可以协助共同体形成;

④ 符号的传播机制再现共同体的记忆;

⑤ 仪式传播对集体记忆的建构,是为了满足当下的意义诉求。

参考文献:

[1] 约翰·费斯克. 关键概念:传播与文化研究辞典[M]. 北京:新华出版社,2004.

[2] 詹姆斯·W. 凯瑞. 作为文化的传播[M]. 北京:华夏出版社,2005.

[3] Rothenbuhler. Eri. W. Ritual Communieation:From Everyday Conversation to Mediated Ceremony[J]. Thousands Oaks. CA:sage 1998.

[4] 朱杰. 仪式传播观浅议[J]. 当代传播,2007(2):18-19.

[5] 莫里斯·哈布瓦赫. 论集体记忆[M]. 上海:上海人民出版社,2002.

[6] 李红涛. 昨天的历史今天的新闻——媒体记忆、集体认同与文化权威[J]. 当代传播,2013(5):18-21.

[7][10] 杨驰原,高方. 浓墨重彩 各具特色——全国媒体报道纪念抗战胜利70周年活动综述[J]. 传媒,2015(18):8-11.

[8] 王子海,刘冰. 抗战胜利70周年阅兵媒介大传播[J]. 青年记者,2015(28):26-27.

[9] 人民日报社. 全方位采访 全景式展现 全媒体报道——人民日

报社纪念抗战胜利 70 周年报道综述[J].传媒,2015(18):17-18.

[11] 陈力丹.传播是信息的传递,还是一种仪式? 关于传播传递观与仪式观的讨论[J].国际新闻界,2008(8):44-49.

[12] 李兴军.集体记忆研究文献综述[J].上海教育科研,2009(4):8-10.

[13] 张兵娟.电视媒介事件与仪式传播[J].当代传播,2010(5):29-32.

"开眼看世界":译文中的世界知识图景

——对《东亚报》的文本分析

（高思琪　张孜文　安徽大学）

摘　要:晚清时期的中国,青山沉睡,大江不流。内外交困之下,一批远渡日本的少年,他们在日本留学期间积极学习西方先进思想,编辑出版各种刊物,宣传西方先进科技文化,以求打破中国封建传统思想的桎梏,改变闭关锁国、封建落后的国情。《东亚报》作为目前发现最早的留学生在日本创办的中文报纸,以"报告天下万世"为宗旨,将西方思想、意识形态、法学观念、科学和技术等观念传入中国,为国人呈现世界知识的图景。

关键词:东亚报;译文;知识

近代中国的历史可以说是一部自强不屈的人民抗争史,帝国主义疯狂地对中国的主权进行侵犯,对中国的经济进行倾轧,在这样的民族危机空前严峻的形势之下,一批不愿亡国的少年远渡重洋,在异国他乡寻求救亡图存之路。作为日本留学生他们在日本神户创办了刊物《东亚报》,将西方先进思想观念、科技文化传入中国,开阔人们的视野,启迪人们的智慧,也为当时正开展得如火如荼的维新变法运动造势。然而戊戌变法失败之后,《东亚报》也于次月停刊,销声匿迹,随后梁启超在日本创办了《清议报》,其实从某种意义上来说《清议报》也是《东亚报》的继续。本文以《东亚报》前七期的254篇译文为主要研究对象,着重分析了译文的选择来源、主题及内容,试图探析该报如何呈现世界的知识图景。

一、《东亚报》概述

(一)《东亚报》的创刊与发行

1898年是中国农历的戊戌年,也就是清朝光绪二十四年,由一批中国赴日留学生所创办的《东亚报》在这一年的6月29日诞生。这份报纸是最早的在日本出版的中文报纸,比《清议报》还要早半年多。

东亚报的创办是在中国民族危机空前严重的背景之下,其时世界上的主要资本主义国家相继进入帝国主义阶段,是以加紧了对落后地区的侵略和压榨,偌大的中国陷入被列强瓜分的狂潮无力抵抗,而甲午战争的惨败更是加速了中国社会半殖民地化的进程。亡国灭种的危急情势迫使着先进的国人开始寻找救亡图存的道路。

这一时期也是中国的民族资本主义初步发展的时期,帝国主义的资本输出在客观上加速了中国民族资本主义的发展,一些实业家通过"实业救国"的呼声大力发展民族工业,这也为资产阶级开展运动提供了经济的基础,民族资产阶级的壮大使其作为新的政治力量登上了历史舞台。

从林则徐和魏源发出"师夷长技以制夷"的呼声开始,到洋务派持续了近三十年的"自强""求富"之路,到维新的思想渐渐萌芽,国内的维新已势在必行,同时教育改革也被视为重中之重。康有为主张将西方资本主义政治学说与中国传统的儒家思想结合来宣传,与梁启超一起将国内的维新思潮推向顶峰,举国上下将留学东洋视为富强之捷径,"唯游学外洋者,为今日救吾国唯一之方针"①。

如此背景之下,国内学子纷纷出国留学,由于地理的优势和信息传递的便利,日本成为首选。一些赴日的留学生在日本开展了报刊活动,一面翻译西方的著作,一面了解先进的西方科技以供国人学习。简敬可、韩昙首、康同文、韩文举几人创办《东亚报》同样是出于为维新变法制造舆论的目的,就其在日本办报,向国内传播的途径而言,《清议报》其实是《东亚报》的继续,然而这份刊物在目前学界的研究中一直处于至今尚被忽略的状态。

《东亚报》是旬刊,农历的每月一日、十一日和二十一日发刊。创刊人是广东籍的简敬可(新会人,字石劳)、撰稿人有韩昙首(番禺人,字云台)、康同文(南海人,字介甫)、韩文举(番禺人,字树园)、吴天民(顺德人,字介石)等,发行人是叶栋,此外,角谷大三郎、桥本海关和大桥铁太郎三人负责报刊的翻译工作。

报馆地址在日本神户下山手通二丁目三十一番,发行到中国和日本的广大地区,除此之外,在新加坡、马来西亚、雅加达、印度孟买、越南河内、菲律宾的马尼拉、澳大利亚的悉尼、缅甸的仰光、朝鲜、旧金山、海参崴等多地设置了代理发行所。《东亚报》在发行至十一册(卷)时,于1898年10月停刊②。现在北京中央编译局图书馆以及京都大学人文科学研究所东洋学文

---

① 王忍之等. 辛亥革命前十年间时论选集(第一卷)[M]. 上海:三联书店,1960:381.

② 王士谷. 华侨华人百科全书(新闻出版卷)[Z]. 北京:中国华侨出版社,1999.

献中心各自收藏着该报从第一册至第九册的原本①。

(二)东亚报的宗旨

自创刊起《东亚报》就担起将中国与世界连接的责任,成了维新派在海外宣传的重要阵地,韩昙首在报纸的创刊词《东亚报叙》中曾阐述过报刊的宗旨,他认为天下之无道也久矣,"世之贱虏独夫,有饰其术以钳缄口舌者,报道所以至今不光也,此孔子所谓德之贼也,岂不痛哉"②。人们的言论被管制,舆论被钳制,就好像耳朵被塞住嘴巴被堵住了一样,群众听不到自己想听的,看不到自己应该看到的,天下之民都成了被"锢于幽独"的"愚民"。"今之人士,不谙外情,不察内变,犹汲汲然以蔽民为政策,甘为疆邻之贱辱,泰西之供役,嗤嗤焉不能卸其械缚者,职是故也。"

国家处于水深火热之中,为疆邻贱辱,身为有志之士在此危急存亡之时更应该站出来,西方帝国主义的倾轧令国家危如累卵,"为人贱辱,为人供役,为人臣妾,为人媵隶,稍具性者,所弗愿也。黄种之氓,独非神明之胄,血气之伦耶,而克任此也,然犹未也。烹俎之痛,直须时耳,瓜分之图,豆剖之议,中外诸报,说骎骎矣。胶州之据,旅大之夺,威海之取,广州湾之索,其明征矣"。

随后韩昙首分析了西方诸国的报业,指出"报馆其关键矣,列强知其然也,故独逸于东洋创报焉,露西亚于东方创报焉,于海参崴创报焉,英吉利则北清则沪滨则香江则京津,靡弗创报焉"。无论是日本,还是英国、美国、俄罗斯、芬兰、意大利,它们的报馆都是棋布星罗的,百千余家都不在话下,一旦报馆多了,我们能获取的信息就会迅速膨胀,掌握了西方国家的发展模式,那么我们的国家发展也就会越来越迅速。

然而,纵然我国地域广袤博大,值此危难之际,"我中国泰然拥二万里之地,驭四百兆之众,宪政弗革,百窍锢塞,燕巢危幕,火厝积薪,而所谓宗室胄子,朝隐元老,击楫群英,呕心沥血,大声号呼者,唯兹强学官局时务知新湘学国文数报焉,遑问异域哉,东方大局日蹙尔"。于是这一帮热血青年毅然东渡,"独逸于东洋创报焉,露西亚于东方创报焉,于海参崴创报焉,英吉利则北清则沪滨则香江则京津,靡弗创报焉",此乃《东亚报》初创的目的,"悼周室之颠覆,哀生民之多艰,势不能不定作诸经,改创宪制,口授弟子,宣其大义微言,以报告天下万世"。授以温柔敦厚,授以广博易良,授以恭俭庄敬,最重要的,还是要授以最先进的思想以及科技,展现万国之知识情态。

---

① 由于本文参照的是一到七册的影印本,以下都是对到第七册为止的该报进行分析的结果。
② 韩昙首:《东亚报叙》,《东亚报》第1册,影印本第1册。

二、作为译报的《东亚报》

（一）译文主题

《东亚报》作为首份在日本出版的中国报纸，其内容大部分是以翻译的文稿为主，原创的内容很少，更多的是翻译外国媒体发表的稿件，其中最多的又是以中国事务为主的文章。每一册的末尾会是新译的国外比较系统全面的书籍的译稿，同时也比较全面地涉及一些政治商务、思想教育、医学艺学、天文地理等各个部分。《东亚报》作为一份在国外发行的维新派的译报，和国内的一些报纸的目的、内容都有差异，但在中国近代化道路上他们共同起到了介绍西方文化制度、传播先进科学技术的作用，开拓了国人的视野，从而促进了中国近代社会的变迁。笔者对前七册的 254 篇译文进行了粗略统计，制成表 1 与图 1 大致如下：

表 1　东亚报主题分类

宗教	12	4.70%
政治	113	44.40%
法律	10	3.80%
商务	42	17.00%
科技	60	23.50%
其他	17	6.60%

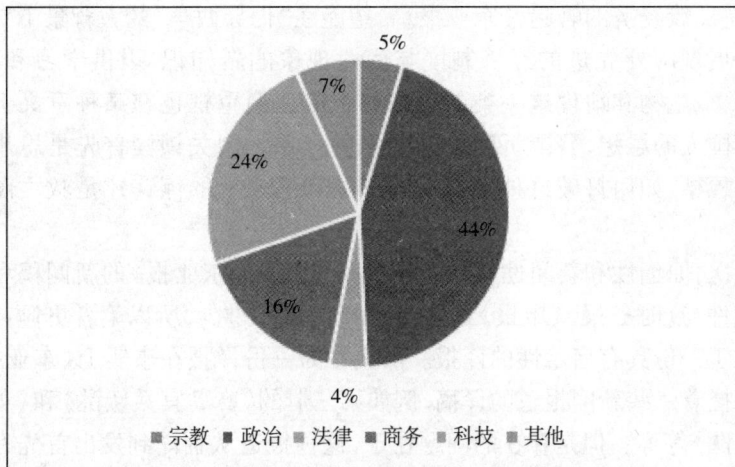

图 1　《东亚报》主题分类

最全面的报纸也无法涵盖到世界上的每一件事，无所不包是不可能的，所以呈现在我们面前的是经过编辑在"筛选"之后的结果，它所反映的除了受到信息材料来源的限制，也更加体现了《东亚报》的编者或者是译者的所关心的事务。观察图1和表1可知，在前七册的共254篇译文中，政治、经济和科技的部分分别占到总数的44.4%、17%和23.5%，也就是说，这三个部分的内容共占到总数的七成以上。在政治方面有《论英国人巧待中国》《论东洋现势及将来》《论法人要求中国条款》《法国政治学校实情》等；经济方面有《中国内地棉丝免税》《日人论借厦门以广商务》《中国厘金概算表》等；科技的稿件有《新发明潜水艇》《美国新式巨炮》《德军创新器械》《考察鸟兽年龄》《新制天然晴雨表》等。

通过表1可以总结出《东亚报》在选题方面的一些特点。首先，政治性很强。在当时那个民族危机日益加深、社会矛盾逐渐加剧的背景之下，国人对时局的关注达到了前所未有的高度，对时局发生的事件以及动态所做的反应体现出报刊对现实事态的关注，另外这些报道高度还原了帝国主义在中国的情形，将其野心用最客观的形式——新闻报道呈现在大众面前，西方列强从来没有停止垂涎中国的土地，面对这种情况，《东亚报》希望引发了全体国民对国家前途命运的思考，激发国人的变法欲望。

其次，知识性强。这里的知识包括了经济和科技两个方面。因为西方列强的入侵主要是对主权和经济的入侵，是以帝国主义在中国的商业侵略也成了国人所关注的问题。另外，西方的迫使在客观上促进了中国资本主义经济的发展，一大批的民族实业家开始提倡"实业救国"的理念，我们知道，中国传统一向有着重农抑商的封建思想，为了打破这种对人们思想的禁锢，支持民族经济的崛起，《东亚报》希望能在"倡导西学"的大背景下更多地向国人展现国外先进的经济制度与商业现象的新知识，以供学习和参考。而像军事、生物和地理这一类的科技知识的普遍重视也在某种意义上起到了开拓国人的思想，警醒沉睡中的国家的作用。闭关锁国首先是思想上的封闭和桎梏，如何打破这种知识上的枷锁和思想上的镣铐才是救亡图存的关键。

再次，原创性和新闻性较弱。作为一种报刊《东亚报》的新闻稿和原创性的稿件与《时务报》《申报》这些报纸相比显然过少，所以笔者更倾向于将其定位于一份具有启示性的译报。那么作为一份译报在事实上《东亚报》中确实穿插着一些新闻报道的译稿，例如第三册的《麻岛官兵叛乱》和《英增太平洋舰队》等等。但是存在的问题在于，这种报道从翻译到发出首先有个时间的差异，在这一段时间之内新闻的时效性是在逐渐流失的。另外，这些少数的新闻报道多为世界上其他国家的事务,除了以供了解之外没有太多的实用性,也不具备接近性,不易引发国民的共鸣。

最后,种类齐全,大多具有较强的实用性。从表1可以看出,《东亚报》的文章有十种类型,比较齐全,政治、经济、法律、科技等多个方面均有涉猎,其中科技又是最有实用性的一个部分。如第一册的《精制驱除动植物虫害药》、第二册的《精制驱除动植物虫害药论石炭能扑灭下水腐败物》、第三册的《试验井水简易法》等无疑都对民众日常的生活有一些帮助,具有很强的实用性。

《申报》里曾经刊载过一篇文章,名为《识时务者为俊杰》,其中有这样的描述:"今之世,通商者数十国,各口交涉事件日繁一日,时务之学不能不讲,泰西翻译之书不能不看。"①而所谓西学,除了语言之外,"天文学、地理学、矿学、气学、化学、光学、重学、格致学、机器学、行船学、算学、医学、电气学、律例学、各国史学、何一非学、即何一不当学"②。《东亚报》也正是如此,秉持"何一不可当学"的精神在构建着一个科学与民主发展并进的世界知识空间,以期我们对外部的了解更进一步,那么自我的发展便可更加顺利。

(二)译文来源

《东亚报》在每册卷末的本馆布告里有言"迩来中国时事日亟,不谙公法,致召外侮。日本大律师角谷先生有志东方时局,为本馆专译法律,以饷海内同人。又于每册附印万国英杰小像,中西地图及新译要书数种,冀以广闻见而快阅者之目焉"。从中可以看出,东亚报的文稿来源主要来自于各国的报刊以及一些较系统的、有体系的著作,主要是以翻译办刊。笔者通过对其稿件来源的研究,制成表2如下:

表2　《东亚报》译报来源

日本报纸	美国报纸	英、德报纸	其他	中国	未知
日本人报	美国技艺报	伦敦报	朝鲜京城报	时事报	动物报
早稻田学报	美国纽约报	英伦报	麻尼剌报	国民报	气象报
东京经济报	美格致报	英京伦敦报	地质学报	时事新报	万朝报
东京日本报	美国艺学报	太阳报	艺业报	国闻新报	地质学报
东洋经济报	美国医报	英外务省报	欧美百家随笔	国民新报	艺业报

① 《识时务者为俊杰论》,载《申报》,1888-07-04。
② 《习西学不宜专事西文说》,载《申报》,1881-11-05。

（续表）

日本报纸	美国报纸	英、德报纸	其他	中国	未知
日本国民报	美工业报	英技艺报			虫害驱除报
外交时报	美国报	英工业报			欧美百家随笔
大阪每日报		英国商务月报			
东京报		德格致报			
神户报		德植物报			
日本报		德国电报			
神户时报		工业报			
东邦协会会报					
大阪朝日新报					
东京日报					
东京时事报					
神户又新报					
朝日报					
东京时事新报					
日本新报					
东京人类学会杂志					
国家学会杂志					
大阪朝日报					

　　笔者共选取了一到七册的 254 篇稿件做了具体整合分析，基本涵盖了57 种报刊，观表 2 可发现，大约一半的来源在日本，其次是欧洲和美国的部分居多，其他的来源刊物加起来不到五分之一。其中的原因固然有报刊是在日本创办的这一地理条件的优势，其中更多的原因在于，《东亚报》是维新派办的报纸，其代表了维新派君主立宪的立场，日本通过明治维新一跃成为资本主义强国，成为亚洲第一个立宪国家，确立了日本近代天皇制政治体制，这种自上而下的现代改革运动正是维新派所大力推崇的，不失温和且成效显著。报刊在戊戌变法期间创刊发行，在戊戌变法失败之后停刊，正是这一点的体现。

　　另外，正是因为《东亚报》是维新派在日宣传的据点，是时代背景衍生下出现的刊物,它在开始发行之后就开始聘请翻译人才,并同东京、伦敦、巴黎、纽约等世界上的大城市的报社和出版社建立联系,以便及时地将各个地方最新的报道以及出版的有关教育、法律、商务等各方面的新书译介到国内。这样的好处在于:第一,保证《东亚报》的供稿稳定,较为固定的稿件来源使得报纸的供稿也处于稳定的水平,不会出现断稿的情况;第二,较稳定的来源能保证翻译的著作更加系统全面的翻译进入中国;第三,十分清楚地显示了该报重视国外报道的倾向,从另一个侧面体现出国人对于世界形势以及新知识的向往与探求。

(三)译文内容

从韩昙首等人来看,报刊的任务是要"以广闻见而快阅者之目",从而启迪民智、开阔视野,成为国人了解世界的窗口。报纸为我们展现了一种可称之为再现关系(represented relationships)的关系网络。何谓再现关系? 往往即是报纸本身设定自己所要扮演的媒介角色。通常像是"报纸是人民的耳目""报纸是自由(liberty)的守护神"之类的"真理",是这种再现关系的理想表现形式,让报纸(媒介)可以说自己和公民的关系就是它是公民的斗士,可以说自己和大众或私人机构的关系就是它乃是它们的看门狗。① 由此观之,《东亚报》在某种意义上将自己塑造为一条联系中国与世界的绳索,定义为一扇通往世界知识的窗口,同样通过笔者对于一到七册的政治商务和艺学部分的统计发现,《东亚报》的报道中关于中国的报道仍旧是占据了最多的部分,而对中国进行了疯狂的资本主义侵略的西方列强则在其次,具体如下所示:

表3 东亚报译稿内容的分类

国家	数量	比例	国家	数量	比例
中国	76	30%	俄国	13	5%
日本	22	9%	韩国	4	2%
英国	20	8%	菲律宾	8	3%
美国	29	11%	其他国家	9	4%
德国	24	9%	世界	43	17%
法国	6	2%	注:以上比例均为约数		

---

① 潘光哲. 开创世界知识的公共空间——时务报译稿研究[J]. 史林,2006(5).

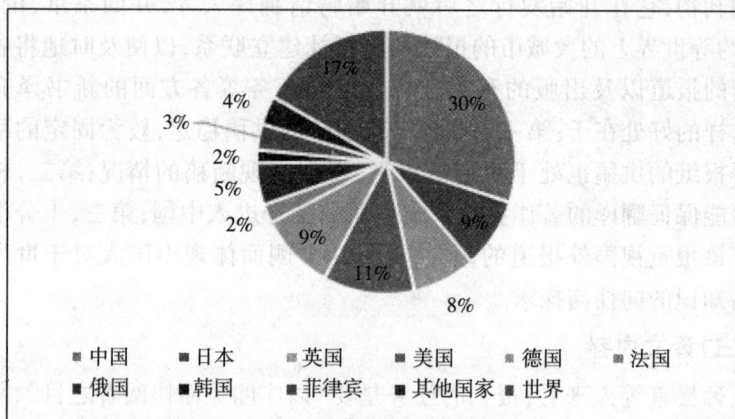

图 2   东亚报译稿内容分类

由于欧洲地区包括英法德意大利等多个国家,实际上关于中国的报道数量是在第一位的。这是《东亚报》在借着列强的眼光反省自身,通过西方的视角来对比自身的不足,分析中国目前的形势,从而谋求发展。其次值得注意的是在译稿中世界部分占了17%,在这个部分主要是法律、天文、地理、生物等先进的科技文化知识,这也说明了《东亚报》非常重视世界知识的宣传,它构建出一个"知识无国界"的图景,无论是欧洲的、美洲的知识,只要是文化的精髓,能够为我所用,就都可以刊载在报纸上。再次则是帝国主义国家的消息,其时英国正如日中天,掌握着海上霸权,其窥伺亚洲之心一直存留,而德国与其相比虽然不敌,但因为其工业与科技较为先进,所以也是《东亚报》的重点关注对象。美国因为美西战争也受到相当多的关注,日本一直以来作为维新变法效仿的对象,在政治、经济方面都有很多的地方值得去学习和借鉴。俄国则是以恢扩疆土为第一要务,其目光一直注视着我国大片的领土,一直希望在东亚占得一席之地,是故必须引起国人的警惕和防备。

从中对中国的报道来看,从《英借广东九龙》《俄法德争论长江铁路》到《俄要筑广西天津九江铁路》《广州湾纷扰》再到《威海卫近况》《广州九龙借地条款》这一系列的报道,呈现了一幅帝国主义在中国的瓜分狂潮的景象,这提供的不仅是新闻,更多的是为了能够激发起国人的思考与防备意识,对西方列强的野心做一个完全的呈现,这些已经足够我们意识到中国现在的处境已经是大厦之将倾,岌岌可危矣。第二册《法俄愤懑》一篇中有言:"夫蕞尔韩国,尚毅然崛起,虽已俄之强大,亦无如何,不料中国四万万人中,竟无一人为之唱议者"①，表达了《东亚报》的编辑们以及千千万万国人心中所想，德国强占胶州湾，法英俄蠢蠢欲动，中国泱泱大国竟无一人敢为之发出不平之呼吁，其中反思、愤懑、慨痛之意溢于言表，而在这样的特殊时期，《东亚报》致力于将各国译稿真实而又迅速传入国内，唤醒沉睡的国人与民族。

另外，由于帝国主义侵略的逐渐深入，关于通商港口的商务方面的报道也逐渐增多，如《日人论借厦门以广商务》《美国在中华贸易现情》《德国扩张亚细亚贸易》等报道，表现了《东亚报》密切关注着中外贸易的消息，这是因为西方列强企图通过战争与贸易经济双侵略的方式来击垮中国，在各方面都处于劣势的情况下，《东亚报》希望通过揭露列强在华的商业情况来警醒世人，同时也有多篇介绍外国贸易商情的文章如《德国商业繁盛记》《横滨生丝市情》以及《美国及加拿大茶况》来供国人学习与研究，这也一定程度上促进了中国的商业并且为改变商业落后甚至停滞局面做出了努力。

三、结论

《东亚报》是第一份在日本创办的中文报纸，但在此之前广为人知的是梁启超的《清议报》，而它比《清议报》早半年，也是维新派的宣传刊物，从某种意义上，认为《清议报》是《东亚报》的继续也不为过。笔者将《东亚报》归于译报一类，重点阐释了其基于维新派的立场，秉持着引进西学的理念，渴求改变中国传统的知识结构与思维方式所做的努力。

首先，《东亚报》是由一批中国留学生在 1898 年 6 月 29 日于日本神户创办的，发行范围广泛，除了中国与日本的广大地区，还发行到世界上的各大重要城市。其开始与结束都与戊戌变法息息相关，戊戌变法失败后，《东亚报》也于次月停刊。

在报刊内容上，主要是翻译了国外报纸的新闻报道以及一些较为系统的专著，较全面地呈现了日本、英国、美国、德国等帝国主义国家的政治与经济的图景以供国人学习与参考，其中值得一提的是重视新科技与新知识的传入是其最大的亮点，对中国的近代自然科学和社会科学的发展都起到了推动作用。

而构建这样的一幅世界图景的原因在于国家正处于危亡之时，要想发展就要抛弃旧的封建思想，学习先进的西方文化与科技，知己知彼，这时《东亚报》的新闻俨然成了一种"公共知识"，可以让读者迅速地掌握时局之变，

---

① 译自英伦报《法俄愤懑》，《东亚报》第二册。

也成为他们理解、认识、阐释世界的依据之一。同时它所构建的政治和经济图景能够为我们展现西方列强争相瓜分中国狂潮的紧迫性,这种求新求变的政治气候,客观上刺激了国民的觉醒与抵抗。

近代有一批类似于《东亚报》这样译报的出现让广大国民重新认识了世界,开阔了视野,启迪了民智,同时对地理、天文、化学、气象、生物、法律、宗教等各个方面的呈现促进了中国近代对自然科学以及社会科学的了解,使中国人在思想上也逐渐进入了近代化。

参考文献：

[1] 王忍之等. 辛亥革命前十年间时论选集(第一卷)[M]. 上海:三联书店,1960.

[2] 段跃中. 在日中国人大全1998~1999年版[M]. 日本侨报出版社,1998.

[3] 王士谷. 华侨华人百科全书新闻出版卷[Z]. 北京:中国华侨出版社,1999.

[4] 潘光哲. 开创世界知识的公共空间——时务报译稿研究[J]. 史林,2006(5).

[5] 栗卫. 寻求世界的知识空间[D]. 上海:华东师范大学,2013.

[6] 邵宝. 清末留日学生与日本社会[D]. 苏州:苏州大学,2013.

[7] 中野克彦. 日本最早中文报《东亚报》研究[J]. 世界海外华人研究与文献收藏机构联合会,2000.

[8] 东亚报(1~7册)[G]. 1898.

媒介·权利·表达：新闻传播与网络化社会

"网红经济"的繁华与迷思

——基于消费主义与传播政治经济学理论的批判视角

（贾　南　安徽大学）

摘　要:2015 年,"网红经济"成为电子商务的新热词。"网红经济"究竟是什么？它带来了怎样的社会影响？作为当下正蓬勃发展的一种经营模式,我们又该以怎样的理性态度去认识它呢？笔者将从消费主义与传播政治经济学的视角出发,探索"网红"文化与"网红经济"现象背后的文化与经济实质,挖掘网络文化生产的物质性力量以及社交媒体中网络劳动形式的新变化。笔者的观点更多偏向于揭示这种经济模式下所反映的网络消费主义,以及提示盲目迷信"网红经济"的人们能够看到其中并不清晰的资本剥削关系。

关键词:网红经济;社交媒体;消费主义;传播政治经济学

一、引言

2015 年,"网红经济"成为电子商务的新热词。来自百度词条的定义,"网红经济"是以一位年轻貌美的时尚达人为形象代表,以网络红人的品位和眼光为主导,进行选款和视觉推广,在社交媒体上聚集人气,依托庞大的粉丝群体进行定向营销,从而将粉丝转化为购买力。①

来自淘宝网的一组统计数据可以说明"网红经济"的火爆:截至 2015 年 8 月,淘宝由网络红人直接或间接经营的店铺已经超过 1000 家②。在日常销售中,部分网红店铺"上新"当日成交额可破千万元,"上新"后 3 天就能完成

---

① 来源于百度词条。

② 网红经济:粉丝转化购买力 . http://news. xinhuanet. com/zgjx/2015 - 09/01/c _ 134575023. htm.

普通线下实体店一年的销售量。在"网红"店铺中,还有开店仅两个月就做到了五钻的案例,堪称淘宝"奇迹"。

"网红经济"究竟是什么?它带来了怎样的社会影响?作为当下正蓬勃发展的一种经营模式,我们又该以怎样的理性态度去认识它呢?

二、"网红经济"的概念厘定

"网红"与"经济"结缘的历史由来已久。其雏形可以追溯到 2008 年火爆 OL 论坛①的"呛口小辣椒"姐妹,她俩频频在论坛上传各种平价的淘宝网购服装饰品的街拍美照,迅速成为风头无两的平民偶像。所购商品通过论坛晒图和分享网址之后被粉丝疯抢,显示了强大的定向广告效果。敏锐的商家从此看到了时尚"网红"强大的号召力,"辣椒同款"迅速成为淘宝的热门搜索词,"呛口小辣椒"姐妹在社交媒体里植入广告越来越多。

新浪微博 2010 年上线之后,涌现了大量时尚板块"大 V",他们借助大 V 的身份担任品牌代言人,植入广告,获得营销收入。这种"网红"+"经济"的模式在国外也比比皆是。今年 19 岁的昆士兰网络红人 Essena O'Neill 在 Instagram 拥有 57.4 万名粉丝,YouTube 有 25 万名订阅用户,Snapchat 有约 6 万名联系人。她收到许多大机构、大公司、大品牌的邀约,收受费用在社交媒体上发布大量美丽照片和视频短片,炫耀名牌服饰和食品,诱惑粉丝购买。她在视频中承认"那些大公司非常清楚社交媒体的力量",视频、照片上的一切都是事先编排好的,包括每天发布视频和图片的时间,公司也会安排好话语要点、规定动作以及如何展示商品。②

在 2012 年淘宝网引入新浪微博分享平台开始,"网红经济"的模式逐渐清晰。一些时尚店铺的店主首先在个人微博分享店铺商品,渐渐地拥有大量粉丝的时尚"大 V"进驻淘宝网开设店铺。微博与淘宝网的结合使得粉丝关注度的直接变现能力有了质的飞跃。2015 年 8 月,淘宝网召开了"网络新偶像——网红现象沟通会",会上正式提出这种经营模式叫作"网红经济"。

笔者认为"网红经济"其实质是"粉丝经济"细分下的一种类型。在《受众分析》中,麦奎尔提出了"媒介迷"(Media Fandom)的概念,指那些对媒介明星、演员、节目和文本极端投入的迷狂者,他们对迷恋的对象过分关注,还

---

① Only Lady,一个时尚女性论坛. http://bbs. onlylady. com/.
② 转引自:澳洲网红揭秘"美图经济":一张照片挣千元. http://style. youth. cn/2015/1106/2664231. shtml. 新闻原载于英国《每日邮报》2015 年 11 月 2 日。

常表现出对其他媒介迷强烈的感知和认同。① 作为社交媒体时代的粉丝,他们是社交媒体的重度使用者,对社交媒体消费的投入是主动的、狂热的、参与式的。偶像崇拜促使他们形成了与粉丝客体兴趣爱好相一致的生活方式,投入大量时间和资源用于媒体消费,从中获得快乐、满足以及社会认可。

在《粉丝经济》一书中,作者定义"粉丝经济"为基于粉丝参与的品牌社群,在其信任关系之上的社会资本平台和商业经营行为。② 粉丝在这一过程中会让渡部分思考主权给粉丝客体,例如作为偶像的人或者共同喜爱的物。因此笔者为"网红经济"给出这样的定义——"网红经济"是将粉丝信任度转化为购买力的一种经济形态。在"网红经济"模式下,基于"网红"个人在某一方面的号召力,一批人对他(她)产生信任,自觉自愿地让渡思考力、决策权给后者,作为粉丝客体的"网红"为企业品牌或者自有商品植入式营销并取得良好的营销效果。

三、研究现状

目前国内对于"网红经济"的分析完全空白,与之相关的"粉丝经济"的分析较多,但是主要集中在两个方向:①从文化分析的角度剖析粉丝文化生产机制以及由此衍生的商业运作模式,如《粉丝经济、快感生产与游牧民——小米手机走红现象的文化解读》(林铁,2013)、《媒介工业与粉丝经济》(郝延斌,2015);②对于粉丝经济的营销分析,如《社会化网络中"粉丝经济"的营销分析》(肖芃,2015)、《"粉丝经济"的发展趋势与应对策略》(李文明,2014)、《浅析粉丝经济的发展》(林小桢,2015)。

笔者认为,目前很多关于粉丝经济的研究成果仍然停留在描述性阶段,至于网红经济的研究更是一片空白。笔者将从消费主义的文化批判与传播政治经济学的批判视角出发,探索"网红"文化与"网红经济"现象背后的文化与经济实质,挖掘网络文化生产的物质性力量以及社交媒体中网络劳动形式的新变化。

四、"网红经济"——繁华表象背后的迷思

笔者整理了15个粉丝量上百万级的"网红"及他们的淘宝店铺,因店铺

---

① [英]丹尼斯·麦奎尔·受众分析[M].刘燕南,李颖等译.北京:中国人民大学出版社,2006.

② 叶开.粉丝经济·前言[M].北京:中国华侨出版社,2014:5.

微信及公众号粉丝量无法获取,仅仅从其微博粉丝量、店铺粉丝量等数据入手进行统计。对比太平鸟集团旗下 2008 年建立的少女装品牌"乐町"(关键词:乐町)与@ 张大奕 eve 绑定的淘宝店铺"吾欢喜的衣橱"(关键词:张大奕),品牌消费者年龄基本一致:喜好度(TGI)①最高的是 18 ~ 24 岁人群,其次是 25 ~ 29 岁人群;"消费层级"②图显示,品牌消费者消费能力也比较接近,其中中档消费能力群体占一半以上,消费能力偏高群体三成多,这些构成了二者的主力购买人群,但是,二者在比对淘宝买家等级③时出现明显偏差,"张大奕"的顾客最大多数是资深网购者,其次是骨灰级网购者;然而"乐町"的顾客群体最大多数是中级网购者,其次是初级网购者。说明"网红店铺"的购买主体和粉丝主体由那些同龄人中新媒体重度使用者构成。

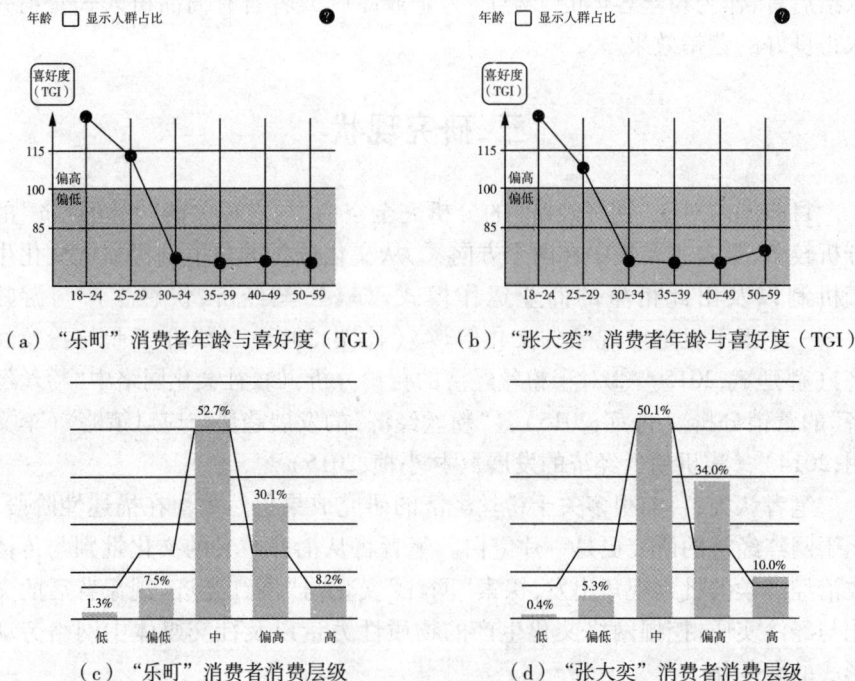

（a）"乐町"消费者年龄与喜好度（TGI） （b）"张大奕"消费者年龄与喜好度（TGI）

（c）"乐町"消费者消费层级 （d）"张大奕"消费者消费层级

图1 消费者层级图

① 喜好度（TGI）=搜索词的该人群占比÷全网的该人群占比×100。

② 该数据反映消费者的消费档次高低;基于用户半年内的购物情况。在同类商品中,是偏好贵的商品还是便宜的。全网中消费档次最高的 8% 被定义为"高"消费层级,消费档次在全网中处于 8% ~25% 的消费者被定义为"偏高"消费层级,以此类推。

③ 淘宝买家等级是通过买家的交易次数进行的评级。

（a）"乐町"消费者买家等级   （b）"张大奕"消费者买家等级

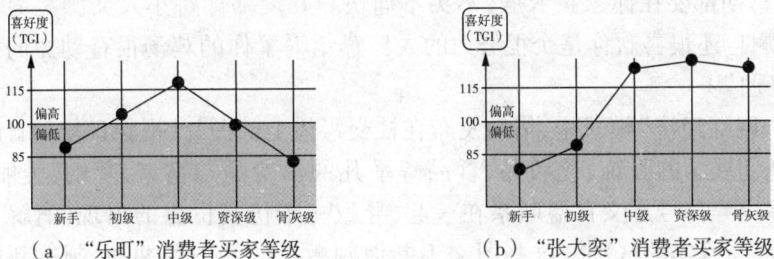

图2 买家等级图

（一）"物恋"的隐喻与消费主义

现代社会向后现代社会的转变,伴随着生产型社会向消费型社会的转变。与传统媒体制造生产型偶像不同,社交媒体从诞生之初就倾向于"消费型偶像"的塑造。作为"消费型偶像"的时尚"网红",他们的生活被打造成公众可见可感的"生活样板",大肆推崇和倡导他们的消费习惯、生活方式等,来刺激一些人对符号象征意义消费的欲望。

先来看网红店主的身份设定:在笔者整理的15家网红店铺主理人的公开资料中,年龄最大的"呛口小辣椒"1983年出生,"85后"有5位,"90后"有6位。① 可见她们基本上是20~30岁的年轻女性。从学历水平来看,显示本科及以上学历的有10位,其中拥有海外留学背景的有3位。而在职业一栏,半数以上显示为××品牌主理人、公司CEO,也有少数会认定自己从事设计师、模特等职业。除此之外,女性粉丝追求的理想生活样本还有家庭幸福。如"网红"@UU_莜莜的微博中经常会出现家里的洋房、可爱的儿子、帅气的老公。"年轻""高知""事业成功""家庭幸福",这些符号含义建构了"网红"的身份。

"网红"的社交媒体平台上呈现的图片、视频上除了呈现美女与漂亮的服饰,画面多以国外美景、豪车、奢侈品等元素做背景。这些图像与文字符号的能指是美女、美衣、美景,而其所指则是"美丽""性感""梦幻""富有"与"浪漫"等象征意义。在"网红"@雪梨cherie的微博下,粉丝评论:"雪梨是亿万富婆,我会天天来留言,向雪梨学习,期待有天也能像雪梨一样,成为亿万富婆。"②在网红的工作生活被抽象为一种成功样板之后,还传达了一些"努力""上进"的正能量。"网红"@ZY喜哥一篇深夜工作的微博下粉丝评

---

① 来源于微博、论坛等资料搜集,但部分网红资料模糊,不可获知。
② 引自@雪梨cherie的粉丝@淘宝天使之泉5712的2015年11月1日微博评论。

论："每期都要在你家买衣服,不买不痛快。好羡慕你娇小人又漂亮简直美美美啊！还很喜欢你是个很努力的人！感觉喝了你的鸡汤很有动力向前冲冲冲呢！"①

"网红经济"模式中,借助发布在社交媒体上的图片、视频日复一日的渲染,她们展示的服饰、化妆品、食品等平凡的消费品与富有、梦幻、美丽、浪漫、幸福等符号意义日益联系在一起,导致一个仿真世界的出现,消解了想象世界与真实的区别。这些图文不断地刺激人们的消费冲动,制造新的消费热点和消费欲望。粉丝消费实物商品,同时也在消费其中的符号象征意义,渐渐陷入集体无意识的狂欢之中。

"对某种现实的、物质性的物的崇拜可以称之为物恋(fetish)……正因如此,我将其称为拜物教(fetichisme)"②,鲍德里亚在分析德·博兹《物恋崇拜的仪式》时提到,从词源学考证,物恋(fetish)原本就有这样一种内涵:它是一种伪造物,一种人工制品,"效仿某种符号"。③"物恋"的主体陷入了一种虚假的、差异性的、被符码化的、体系化了的物之中。作为"物恋"的客体,被象征性符号及其抽象所围绕,这些符号消解、拒斥并驱散了人们的差异性。④由于"拜物教"将象征性的符号体系神圣化,从而产生了对于消费的拜物即消费主义。

本雅明发现,现代社会进入了一个与传统社会迥然不同的"机械复制时代"。在这个时代,一切艺术品都可以被大批量地复制并被广泛传播。"复制技术使得复制物脱离了传统的领域。这些技术借着样品的多量化,使得大量的现象取代了每一件事件仅此一回的现象。"⑤在网络消费主义的浸染下,"网红店铺"的产生与存在形态,呈现出机械化复制的特质,在复制中变成被消费的商品符号。

首先是店铺商品的复制。"网红"店铺为了迎合粉丝对于高端生活的向往,商品很多来源于对奢侈品牌的仿制。比如今年秋季 Chloe 推出的一款毛呢大衣,笔者统计的 15 家网红店铺中就有 4 家出了仿款。

---

① 引自@ZY 喜哥的粉丝@微笑小小 cc 的 2015 年 11 月 17 日微博评论。

② 德·博兹(De Brosses):《物恋崇拜的仪式》(Du Culte des dieux fetiches)(1960),转引自让·波德里亚《符号政治经济学批判》,夏莹,译. 南京:南京大学出版社,2009:76.

③ [法]让·波德里亚. 符号政治经济学批判[M]. 夏莹,译. 南京:南京大学出版社,2009:77.

④ [法]让·波德里亚. 符号政治经济学批判[M]. 夏莹,译. 南京:南京大学出版社,2009:79.

⑤ [德]瓦尔特·本雅明. 迎向灵光消逝的年代[M]. 许绮玲,林志明,译. 桂林:广西师范大学出版社,2004:61.

其次是"网红"外貌的复制。"在消费的全套装备中，有一个比其他一切都更美丽、更珍贵、更光彩夺目的物品，那就是人的身体。"①鲍德里亚清晰地指出，后现代社会，美的身体得到充分展示，大大满足了视觉对身体的渴望与消费。为了获得更多的关注，"网红"店主对美的追求无穷无尽，集中表现在面部的整容与修饰。高鼻梁、浓眉、欧式双眼皮、饱满的额头和小巧的下巴，整容技术的发达使得每张面孔都那么相似，辨识度极低。很多人戏谑自己患了"脸盲症"。

最后是"网红经济"成功模式的"复制"。"网红经济"模式极高的资本回报吸引大量资本开始涌入，直接催生了大量"网红孵化公司"。如淘宝的"莉家""榴莲家"等靠着早期"网红"个人影响力赚得盆满钵满的公司，纷纷转型成为网红孵化公司，从事"网红经济"成功模式的"复制"。"网红经济"存在合理性的逻辑起点是时尚网络红人的美丽、个性与品位，使她们当仁不让的可以充当年轻女性的时尚向导。但是经过包装的"网红"却因逐渐千篇一律的形象和互相抄袭模仿的商品，让粉丝热度下降。

消费社会中，物质商品和文化产品的大批量生产，使得社会生产的同质化趋向不断加强。同质化的商品和文化凝结成话语权力，不自觉地强化了人们的认同感，从而引导和控制人们的消费观念和行为。

（二）社交媒体的赋权与数字劳工

加拿大学者文森特·莫斯可认为，在全球化、企业兼并及科技变革的社会语境下，对知识劳工宽泛的定义可以是参与生产、加工和传播信息的所有劳动力。围绕信息网络建立起的社会，消除了工作和家庭、劳动和休闲、经济价值和社会价值之间曾经清晰的界限，新的社会形态也因此诞生。②尼克·戴尔·威瑟福特（Nick Dyer Whinheford）从理论层面提出了"数字劳工"概念，他汲取马克思"物种"概念用以诠释数字劳工的精神与肉体本质上被当下电子网络和生物技术所异化。③

"网红"粉丝的日常劳动实践由以下几种形式组成：

首先是基于社交媒体平台的点赞、评论与转发。粉丝对粉丝客体——网红店主的个人崇拜，并在"粉丝福利"的诱导下，粉丝参加特定的活动，从

---

① ［法］波德里亚. 消费社会［M］. 刘成富，全志钢，译. 南京：南京大学出版社，2001：139.

② 文森特·莫斯柯，曹晋，杨保达. 信息社会的社会理论与知识劳工［J］. 新闻大学，2009（01）：1-9.

③ 曹晋，文森特·莫斯可，莱斯利·里根·谢德. 传播与社会的批判研究英文读本［M］. 上海：上海译文出版社，2014. 转引自徐婧，秦朝森. 新媒体语境下的传播政治经济学前沿研究综述［J］. 中南民族大学学报：人文社会科学版，2015（03）：133-136.

而获得某些间接报酬或奖励。如@美美 de 夏夏啊的微博发布一条店铺新品预告的帖子："上新当天满减+包邮+折扣，还有免单等惊喜活动等你们[心]接下来,转发此微博@三位好友。抽取一等奖一名送 IPhone 6s 一部,二等奖一名卡西欧自拍神器一台,三等奖两名支付宝直转 1111 元现金,四等奖十五名本期新款任意一件。"①这条帖子获得 25773 的转发量和 12205 的评论量。通过微博的转发功能,信息被病毒式地传播,大规模地复制涌入更多人的视野当中,信息里所含有的文字、图片与视频建构起可供粉丝消费与情感满足的想象空间。大量的转发和评论也促成了饥饿营销的成功——每当上新时间节点,大量粉丝不停地刷新淘宝手机客户端或者电脑网页来抢购已经加入购物车的商品。这种消费狂欢更多地倾向于一种氛围所产生的快感和众多人数形成的群体归属感。淘宝数据显示"吾欢喜的衣橱"每当店铺上新日,当天成交额在全淘宝女装类目常居榜首,甚至出现一批 5000 件商品被 2 分钟内"秒杀"的奇观。

粉丝第二种劳动是直接参与服装款式颜色的选择与定制这一生产过程。网红店铺在打样后,往往会在社交媒体如微博微信上晒图,这个过程叫作"剧透",让粉丝评论留言选择最受欢迎的颜色和款式,从而引导订货与生产。"1:黑色 2:粉色 3:白色 4:灰色 5:香槟色[心]按数字选出你要的颜色来[爱你]评论抽奖送礼,喜掌门等各位英雄来报告。"②来自@小刘小粒赵大喜的微博。另一位网红店主@UU_莜莜发布的一条微博:"专治各种选择恐惧症[doge]你喜欢哪一个颜色? 老规矩评论里面选 5 个宝贝送这件超有分量的毛衣外套!"③这样一条条信息评论量都在万条以上,转发量也近万。网红店主利用这样一个过程,无形中减轻了库存风险,同时也隐含着一种权力的过渡。对于粉丝来说,通过多样化选择,他们得到了一种自主选择的"权力",用于自我个性的阐释,以反抗主流秩序的文化限制。

粉丝的第三种劳动是建立粉丝群,通过从偶像那里借用象征资源以表明自己的社会认同。这被费斯克称为粉丝的声明生产力(enunciative productivity)。声明生产力的产生依赖于一种集体的"认同"感,这种认同主要体现在粉丝对粉丝客体的认同以及粉丝之间的相互认同。许多"网红"的粉丝自发地建立起有规模的粉丝群,在群里互相交流服装购买心得,搭配心得,并且通过"命名"的形式强化社群的群体身份认同。"网红"@张大奕 eve

---

① 引自@美美 de 夏夏啊 2015 年 11 月 10 日微博原文。
② 引自@小刘小粒赵大喜 2015 年 11 月 4 日微博原文。
③ 引自@UU_莜莜 2015 年 9 月 8 日微博原文。

的粉丝亲切地称呼她为"大姨（奕）妈"，称呼自己为 E（奕）罩杯。"每次不高兴男朋友都会说给你买姨妈家，然后瞬间开心。每次不让男朋友玩 LOL，他就说那不让你看姨妈，然后就会妥协。每次在街上看到 E 罩杯，都要抓着男朋友的手摇啊摇，说你看姨妈家的衣服！"①粉丝对@ 小刘小粒赵大喜的爱称是喜宝，而自定义的身份是洗（喜）衣粉。"喜宝，我想到一个主意。你可以在淘宝里设置一个页面放上一些淘宝和微博好看有意义的买家 show，让那些刚认识你的人了解我们为神马这么滴爱你。同意的洗衣粉赞一个让喜宝看见。"②

　　粉丝第四种劳动是原创文本的生产，也就是粉丝的文本生产力（textual productivity）的体现，是粉丝对于媒介提供的文本进行重组和再造，在"网红经济"模式下体现为评论的撰写和主动上传买家秀。"作为姨妈粉的男票确实不容易，双十一那天又要抢衣服，又要值班，抢不到衣服还要被骂［笑 cry］抢到了又要被女盆友墨迹一遍遍询问发货了嘛……发货了又要问到哪里了……收到了又要被问我穿好看吗……没过几天下一轮抢购又开始了。圈圈圆圆圈圈，天天年年天天［笑 cry］"这样一条粉丝评论就被点赞 400 次。粉丝的文本生产还表现在买家秀，被评论几千次。查阅粉丝买家秀的评论，可以看到被上传了买家秀的商品会被大量评论要求补单，进入下一轮的饥饿营销中。值得一提的是，"网红"会经常召集粉丝参与"命题"买家秀，如给定统一的文字口令或规定动作，形成病毒式传播，用以加强粉丝黏度。

　　社交媒体从出现之初，就被打上了"赋权"的标签。"网红经济"模式下社交媒体赋予粉丝这样一种权利：浏览、点赞、评论、转发甚至直接参与到商品生产的环节。然而，粉丝数量、点赞数量、转发数量以及评论数量和内容，实质是一种用户生产内容（UGC：User Generated Content），粉丝已经成为媒介内容的产销者（prosumer）。

　　我们可以认为生产网络文化信息的知识劳工能动性的提高是一种赋权的体现，也是参与信息生产的民主化表达，但同时也必须看到粉丝也在从事一种无报酬的义务劳动。信息资本主义通过这种非货币化与契约化的弹性义务工作，吸收了众多参与者自觉自愿贡献的隐形劳动。这种能动性的提高，带来了令人着迷的"自由"。然而冯建三教授提出的问题才更加值得注意："电脑、互联网与手机等新技术条件所复苏、扩大或催生的参与、合作与分享的生产模式，固然蓬勃进行，惟这种有偿、无偿、志愿与非志愿的劳动，

---

① 引自@ 张大奕 eve 的粉丝@ see 张馨予 2015 年 11 月 13 日微博评论。
② 引自@ 小刘小粒赵大喜的粉丝@ Higher2PM2015 年 11 月 18 日微博评论。

究竟是一种偏向让人产生培力（empowering）经验的'参与'之旅，还是滑向资本增值的航道，从而遭到资本剥削的成分会浓厚些？"[1]可以看出网红经济中，粉丝看似无意识地消遣玩乐并沉溺于此，作为社交媒体的玩工（play-labor）[2]的同时，他们的精神与肉体本质被当下的社交媒体所异化。粉丝的个体劳动被量化后打包出卖给广告商或者直接转化为店铺购买力，正是粉丝自我生产的机制转换为商品再出售的一种形式。除此之外，由于"网红经济"建构在一种基于社会认可、点赞、看图、以粉丝量论成败的体系之上。与资本的原始积累一样，"网红"对于粉丝量的追逐是贪婪与无穷无尽的。他们通过购买粉丝头条、炒作"网红"的形式不断地"圈粉"。于是资本的剥夺在数量的掩盖下，愈发隐形与捉摸不定，劳动与休闲之间的界限模糊使得民众意识不到自己处于被销售与被剥削的状态。

五、结语

资本对市场有着敏锐的触觉，阿里巴巴、新浪等互联网巨头开始进入这一领域，来分享"网红经济"红利。淘宝于2015年7月启动"淘宝红人圈"计划，作为2015年手机淘宝生态圈2.0重点发展的业务，其主体是淘女郎、平面模特等青春靓丽的女性，每天发布靓丽生活照，分享自己在美妆、服饰以及美食等领域的购物体验，带动消费。目前红人圈粉丝量达到了4万~5万，这些粉丝由于经常浏览手机淘宝的"达人淘"，因此相比于其他平台的粉丝转化，有着更加直接的购物行为。9月22日，新浪微博启动微电商达人计划，掘金"网红经济"，探索"社交电商"的发展路径，通过微博的资源、流量等扶持帮助达人将个人影响力变现。

本文写作于"网红经济"萌芽与发展期，因此笔者的观点更多偏向于揭示这种经济模式下所反映的网络消费主义，以及提示盲目迷信"网红经济"的人们能够看到其中并不清晰的资本剥削关系。社交媒体时代，智能手机成了互联网产业收集个人信息最重要的渠道，作为智能手机等用户将源源不断地生产数据。可以预见，阿里平台和新浪微博等互联网巨头对于"网红经济"的大数据和跨平台支持，将会促使网红经济从量变走向质变。笔者也会持续关注"网红经济"的发展，并在后续研究中予以揭示。

① 冯建三. 传播、文化与劳动[J]. 台湾社会研究季刊,2010(3):369-385. 转引自曹晋,张楠华. 新媒体、知识劳工与弹性的兴趣劳动——以字幕工作组为例[J]. 新闻与传播研究,2012(05):39-47.

② 邱林川. 新型网络社会的劳工问题[J]. 开放时代,2009(12):128-139.

参考文献:

[1][英]丹尼斯·麦奎尔.受众分析[M].刘燕南,李颖,等译.北京:中国人民大学出版社,2006.

[2][法]让·波德里亚.符号政治经济学批判[M].夏莹,译.南京:南京大学出版社,2009.

[3][法]让·波德里亚.消费社会[M].刘成富,全志刚,译.南京:南京大学出版社,2008.

[4][德]瓦尔特·本雅明.迎向灵光消逝的年代[M].许绮玲,林志明,译.桂林:广西师范大学出版社,2004.

[5][英]费斯克.理解大众文化[M].王晓珏,等译.北京:中央编译出版社,2001.

[6]德·博兹.物恋崇拜的意识[M].1960.

[7]叶开.粉丝经济·前言[M].北京:中国华侨出版社,2014.

[8]冯建三.传播、文化与劳动[J].台湾社会研究季刊,2010(3):369-385.

[9]曹晋,张楠华.新媒体、知识劳工与弹性的兴趣劳动——以字幕工作组为例[J].新闻与传播研究,2012(5):39-47.

[10]曹晋,许秀云.传播新科技与都市知识劳工的新贫问题研究[J].新闻大学,2014(02):93-105.

[11]曹晋,文森特·莫斯可,莱斯利·里根·谢德.传播与社会的批判研究英文读本[M].上海:上海译文出版社,2014.

[12]曹晋.《信息社会的知识劳工》译者序[J].当代传播,2013(06):84.

[13]文森特·莫斯柯,曹晋,杨保达.信息社会的社会理论与知识劳工[J].新闻大学,2009(01):1-9.

[14]邱林川.新型网络社会的劳工问题[J].开放时代,2009(12):128-139.

[15]徐婧,秦朝森.新媒体语境下的传播政治经济学前沿研究综述[J].中南民族大学学报:人文社会科学版,2015(03):133-136.

[16]李文明,吕福玉."粉丝经济"的发展趋势与应对策略[J].福建师范大学学报:哲学社会科学版,2014(06):136-148.

[17]林铁,费勇.粉丝经济、快感生产与游牧民——小米手机走红现象的文化解读[J].吉首大学学报:社会科学版,2013(06):98-102.

[18] 郝延斌. 媒介工业与粉丝经济[J]. 河南社会科学,2015(08)：11-15.

[19] 肖芃,高森宇. 社会化网络中"粉丝经济"的营销分析[J]. 现代传播：中国传媒大学学报,2015(10)：118-121.

[20] 林小桢. 浅析粉丝经济的发展[J]. 时代金融,2015(03)：8-9.

[21] 朱松林. 论跨媒体叙事中的粉丝经济[J]. 编辑之友,2015(02)：51-54.

[21] 商建辉,陈鑫瑶. 以"伟大的安妮"为例浅析如何把握粉丝经济[J]. 现代视听,2015(03)：72-73.

媒介技术、文化与传播研究

——詹姆斯·凯瑞的文化传播研究

（马　蕊　上海交通大学）

摘　要：北美传播研究文化取向的开创者之一，詹姆斯·凯瑞，作为新闻学教授、媒介批判者、新闻历史学者，为传播学做出很大的贡献。本文将凯瑞关于传播与文化、传播的"仪式观"与"传递观"、技术与文化三个方面的主要观点进行梳理，以史为鉴，希望在网络社会化的时代，对现有的传播研究有一定的借鉴作用。

关键词：詹姆斯·凯瑞；传播仪式；技术与文化；媒介技术

在詹姆斯·凯瑞研究中，一直有一个潜在的主题，在他的职业生涯快结束的时候变得更加明显，这个主题就是社会本身被建构（made）、解构（unmade）以及重构（remade）的历史过程。

一、传播与文化

从芝加哥学派这一源头，詹姆斯·凯瑞得出："关于传播简洁明了同时又富有知性与眼界的定义：传播是一种现实得以生产（produced）、维系（maintained）、修正（repaired）和转变（transformed）的符号过程。"传播是一个符号过程。任何一种符号都具有两种功能，"作为……的符号"和"为……提供符号"。前者表明符号是现实的反映，后者表明符号为现实提供了模板和表征。詹姆斯·凯瑞为我们提供了一个新的视角，"是传播——简言之，通过符号形态的建构、理解、利用创造了现实，并使现实成为一种存在。现实是由命名系统创造的，但这并不是符号形态的唯一功能，或者说现实是由创造这些系统的人创造的——以这种特定的命名强调了现实的存在"。"研究传播就是为了考察各种有意义的符号形态被创造、理解和使用这一实实在在的社会过程。"①

在大众传播媒介制造的符号程序与受众的不断互动中,文化在不断地被创造、被修复、被改变。而文化的核心是有关价值观的问题,价值观涉及人们对是与非、荣与辱、善与恶、美与丑的判断,它指导着人们在现实生活中的活动走向。媒介"文化认同"功能主要是指时间上对社会的维系和整合,"对共同信仰的创造、表征与庆典,将人们以团体或共同体的形式聚集在一起的神圣典礼"。它以各种方式反映、宣传、维护社会主流的价值系统,引导人们的思想和行为。因此,媒介要始终坚定不移地执行这一功能。②"脱离了文化所遗留的痕迹,我们就无法通过客观方式在自然状态下发现传播这种东西,我们理解传播是因为我们能够建构传播过程的模式或表征。"凯瑞将传播放在文化的视角中进行考察,他认为,"当文化观念进入到传播学研究时,它是作为维护某种有机体或系统的环境或是施加在研究对象身上的一种力量而出现的"③。在这里,文化首先代表了一系列的实践,一种人类行动模式,一种现实由此被创造、维系和改变的过程。

传播是社会实践的一个整体,它以概念、表达的方式和社会关系为切入口。这些实践建构了现实(或是否定、改变了现实,或是用仪式展现了现实)。传播通过把技术与观念融为一体的方式移植了人类关系中所采用的人化形式,在实践的每时每刻,关于真实的概念、表达方式和被预见、被认识的社会关系共同发挥着作用,我们可以在每一个点上对实践进行拆分。他说:"于是,传播一下子成了一种人类行为(包括活动、过程、实践),成了一种表达形式的总和,一个被建构了的与正在建构的整套社会关系。"他坚持认为:"无论社会生活之生产和再生产的细节如何,他都是通过传播、通过符号与社会结构的整合关系,社会(或我们最熟悉的事物)才得以创造、维系与改变。"在传播学研究上,凯瑞坚持以文化传播来对抗美国社会日益脱离社会现实的虚假的实证研究,他把传播认为是社会文化整合的基本途径和手段。因此,他认为不但要从传播的意义,而且要从传播的社会文化关系入手来研究传播作为人类社会实践活动的特性。凯瑞的观点正如我们所主张的,传播的意义构建的终极目的,就是实现共享价值,人们之间达成共识,并建立共同的理解和认识。④

在对效果研究的反思中,传播思想的欧洲源流深刻地触及了凯瑞的思

---

① [美]詹姆斯·凯瑞. 作为文化的传播[M]. 丁未,译. 北京:华夏出版社,2005:13,18.
② [美]詹姆斯·凯瑞. 作为文化的传播[M]. 丁未,译. 北京:华夏出版社,2005:28.
③ [美]詹姆斯·凯瑞. 作为文化的传播[M]. 丁未,译. 北京:华夏出版社,2005:46.
④ 姚君喜. 传播的意义[J]. 现代传播双月刊,2006(5):7-11.

维体系,一系列学者的观点也在他的文章中被反复引证。从传播学研究的角度上看,"文化"一直是一个次要因素,只有当数据和资料无法解释传播现象时,文化才被引用,这样的研究往往忽视了"人类是一种悬置于由他自己编织的意义之网上的动物"而陷入纯粹的技术性研究。因此,传播学只有与文化研究相结合才更能显示出人作为传播主体的特性,在这方面,格尔兹"深度描写"的结果显示文化的网络,凯瑞用这个网络进一步研究传播问题。凯瑞写道:"文化概念进入传播研究时,文化浮现出来的样子是需要维护的有机体或系统的环境,或者是控制主体的力量环境"。①

二、传播"仪式观"与"传递观"

30多年前,美国传播学者詹姆斯·凯瑞提出,在以美国主流传播学为代表,强调信息空间性扩散的研究范式之外,还存在一种仪式性的传播模式,它与分享、参与、联合、交往等概念密切相关,强调传播在共同信念的表征和社会的维系方面所扮演的重要角色。以此为起点,媒介仪式这一议题开始进入传播学者的视野。② 相较而言,传递观的研究占有明显的主导地位。

凯瑞传播"仪式观"提出的主要学术资源是杜威和芝加哥学派。借助杜威和芝加哥学派的思想,凯瑞给出了关于传播的两种不同的解释,他把占主导地位的传播学研究称为"传递式"的传播研究,这类传播主要研究的是信息在空间的传递,是一种为了控制的目的进行的信息传递。传播的"仪式观"则把传播看作是文化共享过程,它并非直接指信息在空间上的扩散,它主要是指传播如何在时间上来维持一个社会。传播的起源及最高境界,并不是指智力信息的传递,而是建构并维系一个有秩序、有意义、能够用来支配和容纳人类行为的文化世界。如果说,传递观中传播一词的原型是出于控制的目的而在地域范围拓展讯息,那么在仪式观众传播一词的原型则是一种以团体或共同的身份把人们吸引到一起的神圣典礼。参与者通过对信息的分享,使媒介在参与者的生活和时间中具备角色、担当身份,形成媒介化的人生观、世界观。大众传媒通过呈现和介入,使受众获得戏剧性的满足感,受众追随大众传媒而进入"观念世界"中,化为媒介创造的"观念世界"中

① [美]詹姆斯·凯瑞. 作为文化的传播[M]. 丁未,译. 北京:华夏出版社,2005:65.

② James W. Carey "A cultural approach to communication." in Mc Quail, D. (ed) Mc Quail's Reader in Mass Communication Theory. London, Thousand Oaks and New Delhi: Sage, 2002: 39.

的一员。① 广义的仪式性传播存在于日常的读报、电影交流之中,是我们人性重要的组成部分。"仪式性传播既是世俗的,也是精神的,是人们共享的润滑剂。"

凯瑞提出传播仪式观并不是为了否定传递观,"仪式观并不排除信息的传递过程或态度、行为的改变,它只是主张除非人们从本质上对传播与社会秩序采用仪式的观点,否则他们就无法正确理解这些过程。同样,即使是顽固坚持传播之传递观的学者以必须承认一些东西,例如马林诺斯基的'客观性交流',最后也证实了仪式行为在社会活动中的地位"②。但是,学术研究的一个特点是起点决定终点,对传播学基本概念的理解决定了随之而来的研究路径。传递观强调的是控制与权力,在这一观点的主导下,社会被简化为一张由权利、决策、控制等因素交织而成的网,在这个网中,"语言"成为少数人操纵他人的工具,而不再是用于对话和交流以探寻真理的装置,技术的进步也只会为操纵者提供更有力的控制手段。这样一种立足点决定了接下来传播学的研究方向是以效果研究为中心的实证主义研究,它力图找出最佳的控制技巧和手段,并试图像自然科学那样找到有关传播的规律用以解释人类所有的传播行为。这种研究视角最终带来的问题是:传播学缺少宏观的理论体系建构。在这种情况下,我们就需要对传播学的研究路径做出重新调整,放下"效果研究"转而求助于一种更广泛的研究视野——仪式观。

在这一视角下,"传播"在本质上是一种"互动气",一种以符号为中介的人与人之间的交流,其目的是建构一个使交流者能参与其中的和谐社会。这是一种文化研究的取向,其中心议题是"阐释意义"。这种研究将人类行为(传播行为)作为一种文本或一组符号序列,研究者的任务就是通过对文本的解读,"理解他人加诸其经验之上的意义;建立起一个在其他时期、其他方面以其他方式已经得到陈述的诚实的纪录:通过领会他人在说些什么以扩大人类的交流"③。采取这种研究方向,传播学就会从追求动机和技巧的圈子里解脱出来,从宏观研究的角度来看待传播,从而建立起传播研究与社会的关系。

传播的"传递观"强调的是以控制为目的的信息在空间中的传递,其实实质上也就是一种"偏倚空间"的传播模式,而传播"仪式观"强调的是文化上的共享,实际上也就是对这种"偏倚空间"传播模式的一种矫正,来达到

---

① 朱杰. 仪式传播观浅议[J]. 当代传播,2007(2):18-19.
② [美]詹姆斯·凯瑞. 作为文化的传播[M]. 丁未,译. 北京:华夏出版社,2005:10.
③ [美]詹姆斯·凯瑞. 作为文化的传播[M]. 丁未,译. 北京:华夏出版社,2005:43.

"文化上的稳定"或"平衡"。所以凯瑞的传播"仪式观"，其学术资源并非仅仅取自杜威及芝加哥学派，而是在杜威与芝加哥学派，以及威廉姆斯、吉尔兹、英尼斯等人的共同影响下，由凯瑞另辟蹊径从文化的角度来研究传播而提出来的概念。总之，凯瑞传播"仪式观"的提出刺穿了由传统的经验主义学者所设置的厚厚帷帐，在美国20世纪70年代到80年代重新构建传播研究的标准时，凯瑞的思想产生过很大影响，他本人也成为当时媒介研究理论复兴的一个主要推动者。

当然，如果将凯瑞的观点推向单一强调仪式化传播的极端，认为所有的传播活动仅仅是带有文化含义的象征性行为，这可能是对他的思想的一种误解。事实上，凯瑞一方面充分肯定技术本身为人类社会带来的切切实实的贡献，另一方面用批判的视角和充满反思的精神来做出文化的阐释，这两者之间并不截然对立。在他以电报为个案来论证技术与意识形态之间更为深层的关系时，凯瑞将重心放在了电报对于人们日常观念的改变上。电报的出现不仅将"传播"（Communication）完全从"运输"（Transportation）的含义中独立出来，而且由此改变了人们认识传播的思维方式。这种相当生动的功能主义描述当然是作为传递的传播。①

三、技术与文化

从20世纪70年代末开始，伯明翰小组强调对意识形态和电报的分析，这激起了凯瑞的兴趣，凯瑞对于传播技术如何塑造社会，如何把远距离的社区结合起来，如何使边缘隶属于中心，如何保护民主的公开性等问题产生了很大的兴趣。反之，英国和澳大利亚从事文化研究运动的学者也学习凯瑞对媒介物质属性的历史关切。②

凯瑞对技术与文化的关系带着感性的民主特色，留给人开放性沉思，而非硬性的决议。有关技术的传说对我们理解自身与我们的历史起着独特的作用，技术这一最实在的物质产品，从其产生之日起就彻底是文化的产物：它所展现的观点和灵感实质上是一种创造与表达。最后，这些论文都表明，传播媒介不仅仅是某种意愿与目的的工具，而是一种明确的生活方式：它是一种有机体，是我们思想、行动和社会关系中的矛盾的真实缩影。③ 在技术

---

① 陈力丹,张晶.传播:以文化的名义[N].大众科技报,2008-4-27.
② Morley D. Television audiences and cultural studies[M]. New York:Routledge,1992:278-279.
③ [美]詹姆斯·凯瑞.作为文化的传播[M].丁未,译.北京:华夏出版社,2005:8.

的理解上,凯瑞在合写的一篇文章中,追随刘易斯·芒福德对机器的兴趣,即一连串的技术如何界定大规模的社会政治组织,从芒福德的毁灭感中,凯瑞注意到,技术决定论是没有希望的。

现代技术的出现,究竟使沟通更容易还是更困难了呢?凯瑞的回答并不那么让人乐观。他在《空间、时间与传播手段》一文中,向加拿大的传播学者英尼斯表示了敬意。在英尼斯的字典中,传播这个词包罗万象,从位移上的变动到思想观点的交流全被囊括其中。英尼斯被人广泛关注的是他关于时间与空间关系的论述。他认为,现代西方历史始于时间性建构而终于空间性建构。空间偏向的印刷和电子媒介与时间偏向的口语和手稿传统具有某种此消彼长的效应,当代西方已经出现了倚重空间的媒介替代倚重时间的媒介的现象。正是基于这一洞见,凯瑞认为应该通过对技术神话批判性的研究来与受众进行沟通,偏重让人们更为满足的艺术、伦理和政治价值。①

在《技术与意识形态:以电报为个案》中,凯瑞从仪式角度、运用阐释的方法,对电报做出了如下理解:第一,电报使传播最终从"运输"中脱离出来,并统治后者。信息不仅可以独立于物质实体而运动,还可以快于物质实体而运动,并且它能刺激落在后面的物质实体并成为这一物质实体的控制机制,如信息对火车的调控。当传播一旦从物理空间和运输工具的束缚中解脱出来,人们对"传播"的思维方式也随之发生了变化。第二,时间的统一。电报的出现使原本相安无事的时间差变得尖锐起来。当电报将各地连成一个整体时,个体流动性的增加,商业规模的扩大,时间的多样性成为困扰美国人的一个难题,制定统一的标准时间被提上日程。电报带来的同一时间的要求与其本身作为一项技术的完美结合,使"旧的生活节奏和时间观念被铲除,媒介技术所带来的变革渗透到了普通人的日常生活和实践经验意识之中"。第三,商业模式的变化:期货交易应运而生。电报出现之前,商业投机打的是空间牌,全国的贸易市场是各自为政,利用各地市场的时间差来获取利润是主要的投机方式。而电报出现后,全国统一市场、统一价格,时间战胜了空间,各地的差价变成时间前后的差价,单据交易代替了实货交易。同时买卖的速度和数量也发生了很大的变化,传统以个人为主的经济逐渐被组织化的管理机构所代替。第四,在精神层面开启了公众。一方面上帝的福音通过电报传送到各地,激发了宗教徒们的狂热想象,他们欢呼"终极精神的胜利即将到来"。另一方面,电报的出现也引发了人类无数的世俗的

---

① 陈力丹,张晶. 传播:以文化的名义[N]. 大众科技报,2008-4-27.

想象：对文明的传播、对和平的向往等等，"技术与人性、启蒙、进步联在一起成了人类理想的引擎。"

从凯瑞对电报的阐释中我们可以看出，他将技术和历史、文化的发展相结合，对其进行了全面的理解。这种视野来源于英尼斯，英尼斯设想，电报具有重要的文化意义，凯瑞进一步探测了这个问题，结果证明，电报和社会变革有一种"软"决定性的相关性。凯瑞认为技术一旦产生，就代表一种新的社会形式、社会关系和社会结构的出现，它改变了我们的时空观，改变了我们日常生活的方式，甚至改变了我们的思考模式和意识形态。这样，技术就成为我们思想、行动和社会关系中的矛盾的真实缩影，成为一种文化的阐释。因此，一部媒介史就是一部文化史：媒介如何改变日常生活，如何改变社会政治、经济结构。

从表面上看，凯瑞似乎与技术决定论者有相似之处，例如他对电报的解读：电报解开了"传播"的束缚，带来了商业的进步，引发了人们对美好未来的向往……通过对这一文本的阐释揭示了电报本身的文化内涵。但凯瑞并没有将技术从其产生的政治、经济和文化背景中割裂开来而最终像麦克卢汉那样对技术做出直觉式的判断，而是将技术放在社会历史的发展中，从每个细微之处挖掘它给人类社会生活带来的新的概念体系、新的生活经验。凯瑞对技术的理解根源于仪式观，他认为，在传递观下，报刊、广播、电视等依赖技术的发展而出现的大众媒介跨越空间的优势往往使它们成为统治集团的控制工具。而在仪式观下，传播的关键词是共享和交流，是一种文化仪式，媒介通过对现实的描绘，成为供人类参与其中的戏剧舞台。因此在这一视角下，技术就不再像传递观所认为的那样是一个冷冰冰的传递工具，社会创造了传播技术，因而技术从其产生时起就是文化的产物，它承载了意义与思想；同时技术产生之后所带来的一系列社会变化——社会结构、社会关系、社会形式等本身又是文化的一部分。因此，技术来源于文化又归于文化。

四、詹姆斯·凯瑞研究的意义

《文化研究》2009 年 3 月刊中刊载了许多学者对詹姆斯·凯瑞的研究文章。哈尔特·汉特认为在新闻传播学术领域中，詹姆斯·凯瑞是一个天才的慷慨的贡献者。他反对当代媒介与社会之间逐渐高涨的悲观主义对当代社会、对主导系统的意义和价值保持着一种理想主义，认为一个真正的对话过程可以守住民主存在的阵地。同刊中，斯特恩·乔纳森在《詹姆斯·凯瑞与北美文化研究的阻力》一文中写道:"如今,甚至许多知名学者都将文化研究的机会视为理所当然的,而在 20 世纪 70 年代文化研究学者们却面临着许多困境,凯瑞由于其所处的结构位置以及他工作的个性,努力为别的学者们打开了文化研究的机会。"①亚当 G. 斯图亚特在《詹姆斯·凯瑞与新闻教育的问题》中突出地介绍了 20 世纪 70 年代,凯瑞在美国的学术工作及其对新闻教育训练的影响。杰里哲·巴比认为凯瑞注意区分了传播的不同形式,并努力将传播研究与外界应用联系起来。凯瑞·丹尼尔在《一生的工作》中突出介绍了凯瑞大量以出版书籍的术语集,以及凯瑞截然不同的地方,如:他讨厌写书,与政治科学家约翰·夸克的广泛合作,专注于写作学术书籍的评论等,也指出凯瑞重视将研究应用于实际问题。马文·卡洛琳通过一个个人的描述,对文化和传播学者詹姆斯·凯瑞的个性进行反思。内罗内·约翰的《从媒介中拯救新闻业》一文中探索了凯瑞关于美国新闻业与大众媒介领域的差异的观点,特别是它们与政治的关系的观点,列出了 21 世纪初至今凯瑞对新闻工业的批判,并概括了凯瑞的新闻伦理观以及新闻界的社会政治责任。

尽管现在学界对于媒介事件、仪式传播这些学者后来提出的概念耳熟能详,但在当时,凯瑞的观点毫无疑问是具有开创性的。面对实证主义对文化研究的主要抵制,凯瑞相信,"推动文化研究不一定要把文化简约为意识形态,把社会冲突简约为阶级冲突,把共识简约为顺从,把行为简约为再生产,把沟通简约为高压政治"。凯瑞站在效果研究传统的肩上,尝试建构"文化研究"这种新的思路,通过这一立场回到研究的中心议题上,重新考察效果与功能这些实用研究范围内的概念问题。"知识与观点,连同相关的主观与客观、首要与次要的差别,正是文化研究首先需要消解的东西。"

凯瑞充满包容性的学术态度,为的是为各种传播研究思路打开一扇窗。无论是传递观还是仪式观,都仅仅是传播研究多重视角下的一种。凯瑞使用的"文化"这个包容性更强的词,使得对于传播现象的解释更具张力。而以文化的视角研究传播,某种程度上也可以使得传播学获得真正意义上的其他学科的学术修养。从这一意义上,凯瑞的论述,为传播学研究带来了一种有益的转变。②

凯瑞是传播学领域文化研究的重要人物之一,在 20 世纪 60 年代,凯瑞

---

① Sterne Jonathan. James Carey and resistance to culture studies in Northern America[J]. Cultural Studies Mar,2009,23(2):283-286.

② 陈力丹,张晶. 传播:以文化的名义[N]. 大众科技报,2008-4-27.

对媒介研究和媒介实务有着一定的影响,并被誉为媒介环境学第二代的代表人物。其坚持主张传播学界应该把传播当作文化来研究,虽然他本人并不认同自己与文化研究的关系,但他的仪式分析将传播研究从纯粹描写的死胡同中拯救出来。凯瑞的贡献是坚持着这样一个立场:传播是一个具有重大责任的领域。①

---

① 〔美〕林文纲. 媒介环境学——思想沿革和多维视野[M]. 何道宽,译. 北京:北京大学出版社,2007:197.

后 记

一场秋雨一场凉，多日的阴雨连绵之后，磬苑终于迎来了久违的蓝天白云。此刻，看着已然成册、静候出版的论文集，我的心境也恰如此时秋日的暖阳。

从最初由学院学生自主倡议、组织筹办的校园学术沙龙，到全国范围内具有较大影响力和较高美誉度的学科论坛，我们共同走过了十一个春秋。置身于先贤鸿儒所构筑的知识苍穹之下，安徽大学新闻传播学院一直在努力，试图去搭建一个可供莘莘学子求思问道的学术之家。

正如杜威所言，社会不仅因传递和传播而存在，社会正存在于传递和传播之中。近年来，信息传播蓬勃发展的新态势促成了媒介的革新，人类社会的交流与表达亦随之发生巨变。在这样的背景下，本届论坛以"新闻传播与网络社会的关系"为中心，来自清华大学、中国传媒大学、武汉大学、澳门大学、暨南大学等众多知名高校或科研机构的青年才俊们，从历史的变迁与回溯，到范式的革新与书写，再至时空的突破与联结，围绕"媒介""权利""表达"等子议题，进行了为期两天的讨论和交流。

经过众位专家的匿名评审和指导，数十篇优秀论文从两百余篇投稿中脱颖而出，即将结集出版，并面向社会公开出售。在论文集即将付梓之际，衷心感谢社科院新闻研究所新媒体发展研究中心对本届论坛给予的协作与指导，感谢各兄弟院校对我们论坛一如既往的支持和鼓励，感谢合肥工业大学出版社长期以来对文集出版工作的关心与帮助。

此外，还要感谢在论坛筹备和文集编审期间默默奉献的诸多学界同仁、各位同学。正是由于你们的热忱、努力与付出，我们的论坛才得以在"2015

最受关注的中国新闻传播学学术会议（研究生类）"榜单中名列榜首。这是我们收获的荣誉，更是你们给予的肯定。

言谢至此，唯愿犹记来路，不问归处。希望在探索学术的道路上，我们的论坛可以与莘莘学子一起相伴而行，越走越远。

是为记。

蒋含平

（安徽大学新闻传播学院副院长　教授）

二〇一六年十月